dumont taschenbücher

Felix Freier, geboren 1952, Studium der Pädagogik, Kunstgeschichte und Publizistik an der Ruhr-Universität Bochum; Magisterabschluß; Weiterbildung in Praxis und Technik, Theorie und Geschichte der Fotografie; journalistische Tätigkeit; Lehrtätigkeit in der Erwachsenenbildung zu Medienfragen; Projekte, Dokumentation, Ausstellungen und zahlreiche Veröffentlichungen zur Fotografie; Leiter des Fachbereichs Kreativität der Volkshochschule Iserlohn; seit 1985 Leiter des Bereichs Fotografie und Film am Musischen Zentrum der Ruhr-Universität Bochum; Mitglied der Deutschen Gesellschaft für Photographie (DGPh).
Bei DuMont sind von ihm erschienen: »Fotografieren lernen - Sehen lernen« (DuMont Taschenbücher Bd. 101) und, gemeinsam mit Norbert Sarrazin »Fotos selbst entwickeln - selbst vergrößern« (DuMont Taschenbücher, Bd. 160)

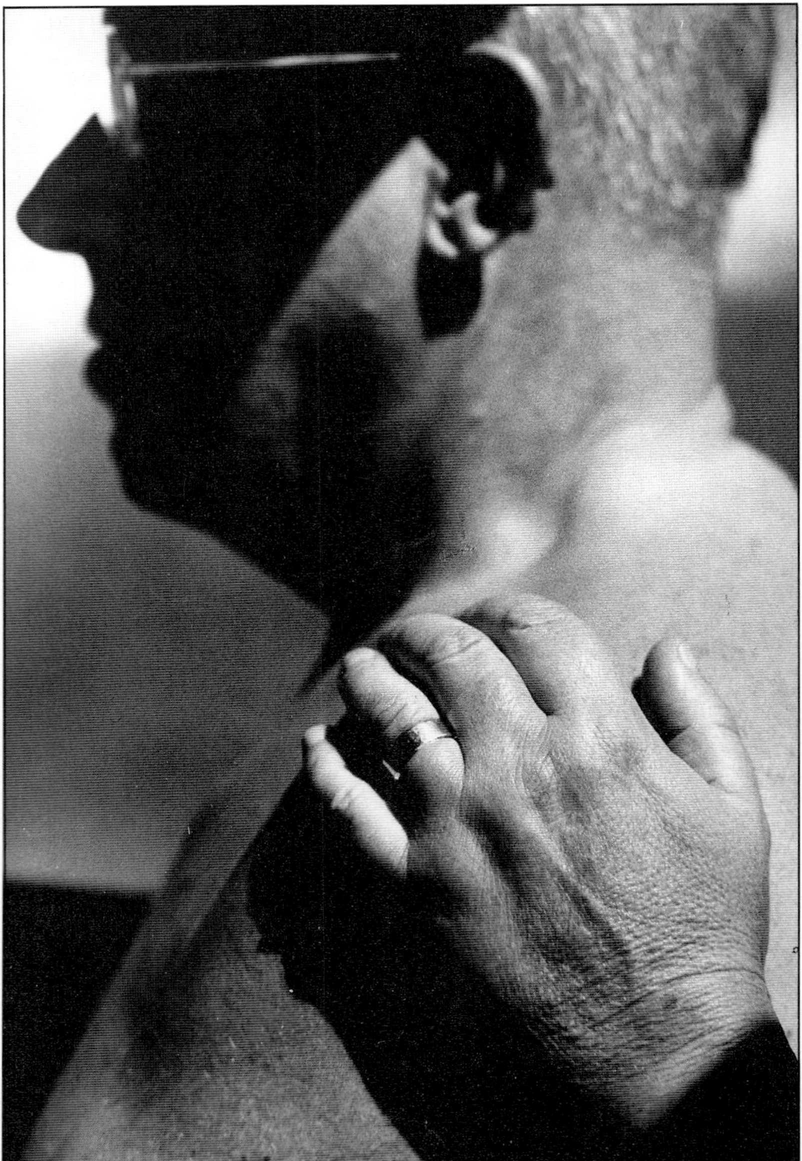

Foto: Vera Bressmann

Felix Freier

DuMont's Lexikon der Fotografie

Technik — Geschichte — Kunst

DuMont Buchverlag Köln

Umschlagfotos:

Vorderseite:
oben links: Pit Mayen
Mitte links: Hama
Mitte rechts: Man Ray, ›Die Malerin Dora Maar‹, 1936
(Museum Folkwang, Essen), © VG Bild-Kunst Bonn, 1992
unten rechts: Harry Handschuh

Rückseite:
oben links: Leitz
Mitte links: Ulrich Albrecht
unten links: Canon
unten rechts: Babette Sponheuer

Sämtliche Fotos, die nicht anders gekennzeichnet sind, stammen vom Verfasser.

Alle in diesem Buch enthaltenen Angaben, Daten, Ergebnisse etc. wurden vom Autor nach bestem Wissen erstellt und von ihm und dem Verlag mit größtmöglicher Sorgfalt überprüft. Gleichwohl sind inhaltliche Fehler nicht vollständig auszuschließen. Daher erfolgen die Angaben etc. ohne jegliche Verpflichtung oder Garantie des Verlags oder des Autors. Beide übernehmen keine Verantwortung und Haftung für etwaige inhaltliche Unrichtigkeiten.

Die Deutsche Bibliothek — CIP-Einheitsaufnahme

Freier, Felix
DuMont's Lexikon der Fotografie: Technik — Geschichte — Kunst / Felix Freier. — Erstveröff. — Köln :
DuMont, 1992
(DuMont Taschenbücher ; Bd. 160)
ISBN 3-7701-2982-2
NE: HST

Erstveröffentlichung

Druck und buchbinderische Verarbeitung: Boss-Druck, Kleve

Printed in Germany ISBN 3-7701-2982-2

Vorwort

Das Bildmedium Fotografie hat sich in fast 170 Jahren von ersten, noch sehr bescheidenen Anfängen in seinen technischen Möglichkeiten mit enormer Dynamik weiterentwickelt und ausgebreitet. Es ist dabei in die verschiedensten Bereiche der praktischen Anwendung, der Wissenschaft, der Kunst und des Alltags vorgedrungen und dort selbstverständlich geworden. Auch in einer Zeit der Euphorie über die Möglichkeiten der Digitalisierung jeglicher Informationen in Bytes und Pixel werden die Silberkristalle des fotografischen Bildes von Bedeutung bleiben; ein produktiv ergänzendes Nebeneinander von Fotografie und elektronischer Bildverarbeitung kündigt sich an, wobei — als Blick in die Zukunft — überlegte Neuorientierung und veränderte Schwerpunkte einzelnen fotografischen Arbeitsfeldern nicht schaden werden.
Von einer Besinnung auf grundlegende fotografische Qualitäten wurde demzufolge die Arbeit an diesem Lexikon bestimmt. Die Vielzahl immer stärker spezialisierter fotografischer Gebiete und Themen verlangt eine aktuelle Orientierung; Fachpublikationen erfordern vom Leser ein zunehmend differenziertes Vorwissen, Bedienungsanleitungen fotografischer Geräte setzen weitreichendes Know-how voraus; Alltagskenntnisse reichen kaum mehr, das Zusammenspiel optischer Gesetzmäßigkeiten, chemischer Vorgänge und elektronischer Signale zu verstehen. Doch lediglich Antworten auf technische Fragestellungen zu geben, würde allein dem Gesamtmedium Fotografie bei weitem nicht gerecht werden; so behandelt dieses Handbuch gleichermaßen Fragen der Gestaltung und vieles von dem, was sich so rege und phantasievoll im Spannungsfeld zwischen künstlerischer und angewandter Fotografie tut. Besondere Bedeutung erhält die historische Entwicklung des Mediums: Alte Verfahren aus der Fotogeschichte werden kurz beschrieben, Stilrichtungen und Genres erläutert und in ihrer Bedeutung eingeschätzt; Kurzbiographien zeichnen die Lebenswege zahlreicher, für die Fotografie wichtiger Persönlichkeiten auf. Daneben ist im alphabetischen Nacheinander der Stichworte besonders viel Raum für ›Verschiedenes‹ gelassen worden, was schließlich auch den Reiz der Fotografie und den Sinn eines Fachlexikons ausmacht.
Priorität hatte das Bemühen um möglichst große Allgemeinverständlichkeit, um den Nutzen für einen breiten Leserkreis zu opti-

mieren. Dabei und bei allem Streben nach einer zweckmäßigen Vernetzung der vielen Einzelbegriffe will und kann dieses Lexikon aber weder Lehrbuch noch Bedienungsanleitung sein, weder differenzierte kunstwissenschaftliche Betrachtungen zu ästhetischen Fragestellungen noch spezialisierte Fachpublikationen zu fotografischen Detailproblemen ersetzen. Aus naheliegenden Gründen sind auch allzu firmenspezifische Bezeichnungen für Produkte und Technologien sowie allzu modische Anglizismen nur in Einzelfällen aufgenommen worden. Es hätte gleichfalls den Rahmen dieses Handbuches gesprengt, alle wichtigen Fotografen/innen biographisch bzw. im Kontext der Fachbegriffe aufzuführen; der Autor bittet dafür um Nachsicht. Grenzen setzte auch eine Tendenz des ›Zeitgeistes‹, viele künstlerische Bildlösungen aus jüngster Zeit und mit ihnen ihre Autoren verschließen sich bewußt einer Kategorisierung und damit auch einer stichwortmäßig erfaßbaren, stark komprimierten, verbalen Definition. So wird auch die ausführliche Würdigung aktuellster fotokünstlerischer Avantgarde anderen Publikationen vorbehalten bleiben müssen. Dieses Lexikon macht also fotografische Neugier und Erfahrungssuche nicht unnötig, aber es will als handlicher Ratgeber erste weiterhelfende Antworten zu Fragestellungen aus den verschiedenen Gebieten allgemein zugänglicher Fotografie geben.

Gedankt sei allen, die den langwierigen Produktionsweg dieser Publikation mit Ideen und Taten, kritisch, konstruktiv und geduldig ein Stück begleitet haben. Dank auch an die vielen Fotografen/innen für die Veröffentlichungsrechte ihrer Fotos und die Bereitschaft, ihre künstlerischen Arbeiten einem Stichwort unterzuordnen, einigen Museen und Sammlungen für die Reproduktion wertvoller Originale, der Deutschen Gesellschaft für Photographie für viele Hinweise und zahlreichen Fotofirmen für die Bereitstellung von Produktfotos. Dank auch an die Freunde und die zahlreichen Studierenden aus vielen Seminaren, die mit ihren neugierigen Fragen, kritischen Anmerkungen und praktischen Hilfen viel zum Gelingen dieses Buches beigetragen haben — unter ihnen besonders Babette Sponheuer und Thomas Vährmann, sowie der Lektor des DuMont Buchverlages, Oliver Waffender, der das Manuskript mit wohlwollender Sorgfalt korrigierte. Der Autor selbst hat mit der Arbeit an diesem Projekt viele spannende Erkenntnisse gewonnen; besonders genossen hat er aber schließlich den Moment, an dem er einen ›Punkt‹ hinter das letzte Stichwort setzte.

Felix Freier

A

Abbildung Begriff aus der Optik; er meint abstrakt zunächst die Vereinigung der von einem jeden Punkt eines Objekts (Gegenstand, fotografisches Motiv) ausgehenden Lichtstrahlen in jeweils einem Bildpunkt, nachdem sie ein optisches System (→Linse, →Objektiv) durchdrungen haben. Die Gesamtheit aller Bildpunkte ergibt das Abbild des Gegenstands. Läßt es sich auf eine Fläche projizieren (oder auf einer →Mattscheibe bzw. einem Film festhalten), spricht man von einem reellen Bild, da sich die Strahlen wirklich vereinigen; das Objekt muß sich dazu außerhalb der dingseitigen Brennweite befinden. Befindet sich das Objekt innerhalb der dingseitigen Brennweite, können sich die von ihm ausgehenden Strahlen nicht mehr in Wirklichkeit, sondern nur in ihrer theoretischen Verlängerung vereinigen; man spricht dabei von einem →virtuellen Bild. Mit der vereinfachten Skizze der optischen A. (Abbildungsgeometrie, Linienoptik) lassen sich das Grundprinzip mit seinen vielfältigen Varianten, der →Abbildungsmaßstab sowie einige →Abbildungsfehler darstellen.

Abbildungsfehler Alle optischen Systeme, wie die zum Fotografieren benutzten →Objektive, unterliegen optisch-physikalischen Gesetzmäßigkeiten (→Lichtbrechung, →Beugung usw.), so daß die mit ihnen erzeugten →Abbildungen mit

Abbildung: Prinzip der reellen Abbildung durch eine Sammellinse (Objektiv)

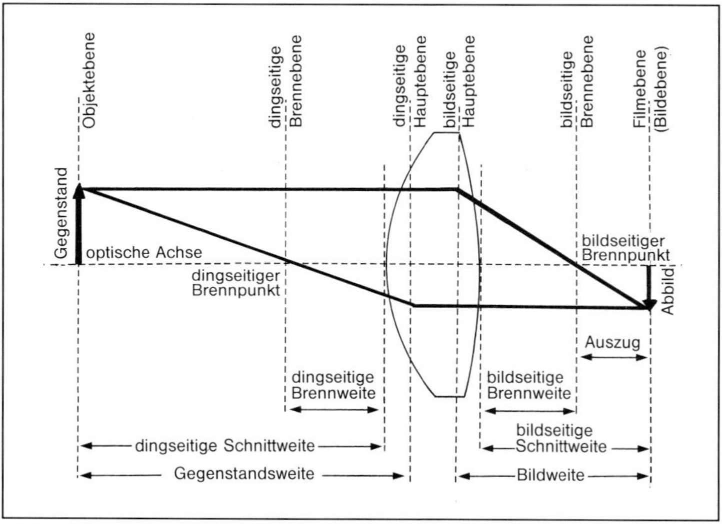

Fehlern behaftet sind. Die wichtigsten A. sind vor allem →Astigmatismus, →Bildfeldwölbung, →sphärische Aberration, →Koma, →chromatische Aberration und →Verzeichnung. Durch die Auswahl einer geeigneten →Objektivkonstruktion, entsprechender Glassorten und sorgfältige Berechnung lassen sich diese A. allerdings soweit minimieren, daß sie im Bild kaum mehr störend in Erscheinung treten. Eine totale Beseitigung sämtlicher A. ist jedoch unmöglich. Jedes Objektiv ist deshalb immer nur auf einen bestimmten Anwendungsbereich hin optimal korrigiert.

Abbildungsleistung →Abbildungsfehler, →Auflösevermögen, →Bildschärfe, →Kontrastübertragung

Abbildungsmaßstab Diese Größe benennt das Verhältnis zwischen der Größe des Objekts und der Größe der Abbildung. Er wird in der Regel als Verhältniszahl, bezogen auf 1, gelegentlich auch als Dezimalzahl angegeben:

$$\text{Abbildungsmaßstab} = \frac{\text{Bildgröße}}{\text{Gegenstandsgröße}}$$

Wird ein Objekt von 3,6 mm Länge formatfüllend auf der Längsseite eines Kleinbildnegativs abgebildet (24 x 36 mm), so wird es 10fach vergrößert; der A. beträgt 10:1. Bei einer Objektlänge von 36 cm beträgt er dagegen 1:10. Der A. hat besondere Bedeutung für den Bereich der →Nahaufnahme. Entsprechend den Abbildungsgesetzen gilt:

$$\text{Abbildungsmaßstab} = \frac{\text{Bildgröße}}{\text{Gegenstandsweite}} = \frac{\text{Auszug}}{\text{Brennweite}}$$

Abblenden Verkleinerung der Blendenöffnung (→Blende). Mit dem A. eines Objektivs wird die bildwirksame Linsenfläche und damit auch das →Öffnungsverhältnis reduziert; die Blendenzahl steigt mit fortschreitender Abblendung an. In der Praxis nutzt man das A. eines Objektivs zur Verringerung des Lichteinfalls, zur Erweiterung der →Schärfentiefe und, in gewissen Grenzen, um die Abbildungsleistung eines Objektivs zu erhöhen (→Abbildungsfehler, →Auflösevermögen, →Beugung).

Abbildungsmaßstab

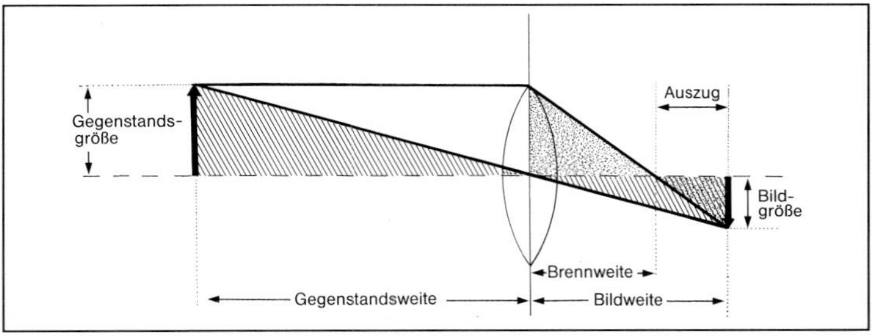

Abblendhebel Eine Vorrichtung an Spiegelreflexkameras, mit der die Blende auf den eingestellten Wert manuell kurzfristig geschlossen werden kann. So ist eine Kontrolle der →Schärfentiefe bei der Durchsicht durch den Sucher vor der Aufnahme möglich.

Abdeckfarbe Deckende Farbe für die Negativ-, seltener auch für die Positivretusche in flüssiger oder pastoser Form oder als Stifte verschiedener Stärke. Häufig werden A.n in Rot für die Retusche in Negativfilmen und →Lithos verwendet.

Aberration Allgemeine Bezeichnung für die Abweichungen eines sammelnden optischen Systems von den theoretischen Vorstellungen einer idealen Optik bei der Strahlenvereinigung. Im Detail sind meist spezielle →Abbildungsfehler, nämlich die →sphärische oder die →chromatische A., gemeint.

Abmustern Abstimmen und Vergleichen von (Foto-) Vorlagen und Druckwiedergabe. Vorausssetzung ist ein kontinuierliches genormtes Licht. Farbdias werden mit der Lichtart D 50, das heißt Daylight 5000 Kelvin (→Farbtemperatur) abgemustert, Aufsichtsvorlagen mit D 65 (mittleres Tageslicht in Mitteleuropa; → Leuchtkasten).

Abschwächer (chemischer) Von deutlich überentwickelten oder überbelichteten Schwarzweißnegativen lassen sich keine einwandfreien Positive erstellen. Um eine höhere Transparenz zu erreichen, ist eine Verminderung des metallischen Silberanteils erforderlich. Bei den dazu erforderlichen A.n unterscheidet man zwischen jenen, die primär die Motivschatten angreifen, und den proportional wirkenden Methoden (beides möglich mit →Farmerschem A.) sowie dem →Lichter-A. Abschwächen ist in jedem Fall ein gravierender Eingriff in die Struktur des Negativs und geht meist mit einer Vergröberung des →Korns einher. Oft ist daher eine →Umentwicklung empfehlenswerter. Im Positivprozeß sind A. nur eingeschränkt, allenfalls zum Anheben der →Spitzlichter einsetzbar. Auch für Korrekturen an Farbdias gibt es A. Da dabei aber die Farbschichten getrennt behandelt werden müssen, ist eine genaue Steuerung der Wirkung schwierig.

Absorption von Licht (Lichtwellen) meint eine Schwächung der Lichtenergie, die beim Durchstrahlen von Materie entweder in chemische (Belichtung fotografischer Materialien; →latentes Bild) oder elektrische (→Fotoelemente in Belichtungsmessern) Energie bzw. elektromagnetische Strahlung (z.B. Wärmestrahlung) umgewandelt wird. Entscheidend für das Ausmaß der A. ist die Wellenlänge der Lichtstrahlen und die Struktur der absorbierenden Materie. So sind viele Materialfarben nichts anderes als komplizierte organische Verbindungen, die bestimmte Anteile des sichtbaren Lichts reflektieren und andere absorbieren. Gegenstände, die kein Licht absorbieren, werden als weiß wahrgenommen; Gegenstände, die alles Licht absorbieren, erscheinen schwarz. Auf der A. bestimmter Wellenlängen basiert auch die fotografische Arbeit mit →Filtern.

Abstandsgesetz
→Beleuchtungsstärke

Abwedeln Partielles Fernhalten von Licht (mit der Hand oder speziellen Blenden bzw. Masken) unter dem Vergrößerungsgerät während der Bildbelichtung. Bei kontrastreichen Negativen ist das Positivmaterial nicht in der Lage, den Kontrast des Negativs zu bewältigen (→Kopierumfang). Hier kann der Fotograf durch A. des Lichts das Bildergebnis verbessern. Vor allem werden schwach gedeckte Partien abgehalten, weil sie sonst auf dem Positiv strukturlos zulaufen. Meist reicht das A. allein nicht aus. Intensiv geschwärzte Motivteile auf dem Negativ, die auf dem Positiv keine ausreichende Zeichnung erhalten würden, werden in einem zweiten Arbeitsgang selektiv nachbelichtet (→Nachbelichten), nachdem die Hauptteile des Bilds ausreichend belichtet worden sind. Um bei diesen Eingriffen in den Belichtungsvorgang sichtbare Unterschiede zwischen normalbelichteten und abgehaltenen Bildpartien zu vermeiden, muß man die Maske/Hand parallel zur Bildoberfläche im Vergrößerungslicht mit einigem Abstand rasch hin- und herbewegen.

Abwedeln: Verschiedene Abdeckschablonen an Drahtstäben

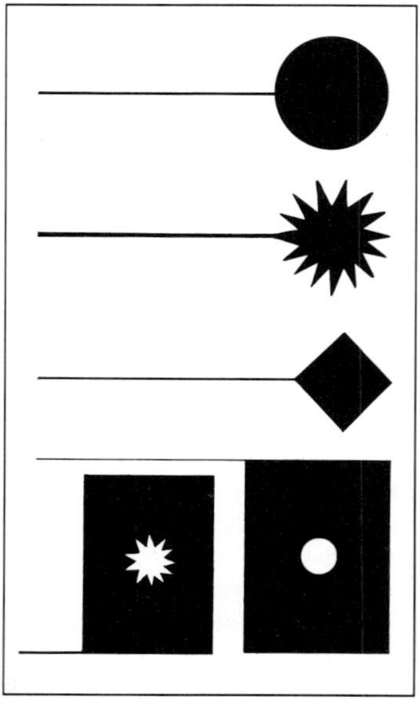

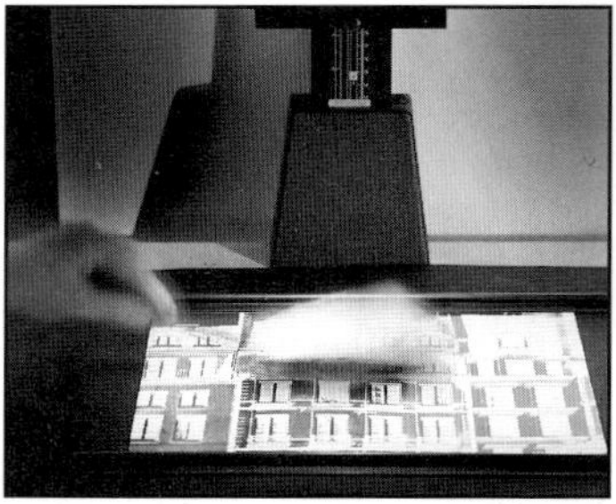

Abwedeln: Um scharfe Konturen zu vermeiden, werden die Abdeckschablonen unter dem Vergrößerungsgerät hin- und herbewegt

Abziehlack Transparenter Schutzlack zur Abdeckung bestimmter Teile von Fotomaterialien bei chemischer Nachbehandlung wie →Retusche, →Tonen, →Abschwächen.

Abzug Positivkopie bzw. →Vergrößerung auf Fotopapier (→Aufsichtsbild). Fertigt der Fotograf selbst oder ein von ihm angewiesener Laborant den A. an, gilt dieser als Original. Verstärkt wird auch die englische Bezeichnung →Print verwendet(Farbabb. 40).

Achromat Bezeichnung für ein für zwei Wellenlängen (meist im blauen und roten Bereich des Spektrums) farbfehlerfreies Objektiv. Es ist durch eine geeignete Kombination von →Sammel- und →Zerstreuungslinsen unterschiedlicher Glassorten hinsichtlich der chromatischen Längsaberration (→chromatische Aberration) weitgehend korrigiert. Die verbleibenden chromatischen Längsaberrationen bezeichnet man als sekundäres Spektrum (→Apochromat).

Adams, Ansel Easton (*1902 San Francisco, †1984 Carmel/Kalifornien) Begann als 14jähriger Landschaften zu fotografieren. Zunächst ausgebildet zum Pianisten, wandte er sich im Jahr 1930 beruflich der Fotografie zu. Gefördert von Alfred →Stieglitz und beeinflußt von Paul →Strand wurde er bald zu einem der führenden Landschaftsfotografen der USA. Ein spezielles Interessengebiet A.' ist die Beziehung des Menschen zur Natur. 1932 war er einer der Mitbegründer der Fotografengruppe →f/64. 1940 verpflichtete ihn das New Yorker Museum of Modern Art zur Mitarbeit bei der Einrichtung seiner inzwischen weltberühmten Fotoabteilung. 1946 schuf A. die Abteilung Berufsfotografie an der California School of Fine Arts. Daneben wurde er als Autor zahlreicher Fotolehrbücher und Bildbände bekannt. Seine Schwarzweißabzüge zeichnen sich durch herausragende Qualität und enormen Tonwertumfang aus. Im Zusammenhang mit seiner Arbeitstechnik steht das von A. ausgeprägte →Zonenmeßsystem.

Adamson, Robert (*1821 Burnside/Schottland, †1848 in St. Andrew/Schottland) Arbeitete ab 1843 mit David O. →Hill in Schottland am Kalotypieverfahren. Er unterhielt ab 1840 das erste fotografische Porträtatelier in England.

Additive Farbmischung
→ Farbmischung

AF → Autofocus

AgX-Kristalle → Silberhalogenide

Airbrush Grafische Arbeitstechnik, bei der mit Hilfe einer sehr kleinen Druckluftspritzpistole flüssige Farbmittel besonders fein auf das Trägermaterial aufgesprüht werden. So lassen sich nahtlose Übergänge und eine gleichmäßige Flächenbearbeitung erreichen. In der Fotografie wird das A.-Verfahren einerseits zur →Retusche, andererseits zum →Kolorieren bis hin zur völligen Bildverfremdung angewendet. Stellen, die nicht besprüht werden sollen, deckt man mit →Abziehlack ab.

Akku (Akkumulator) Wiederaufladbarer Stromspeicher als →Batterieersatz in fotografischen und ande-

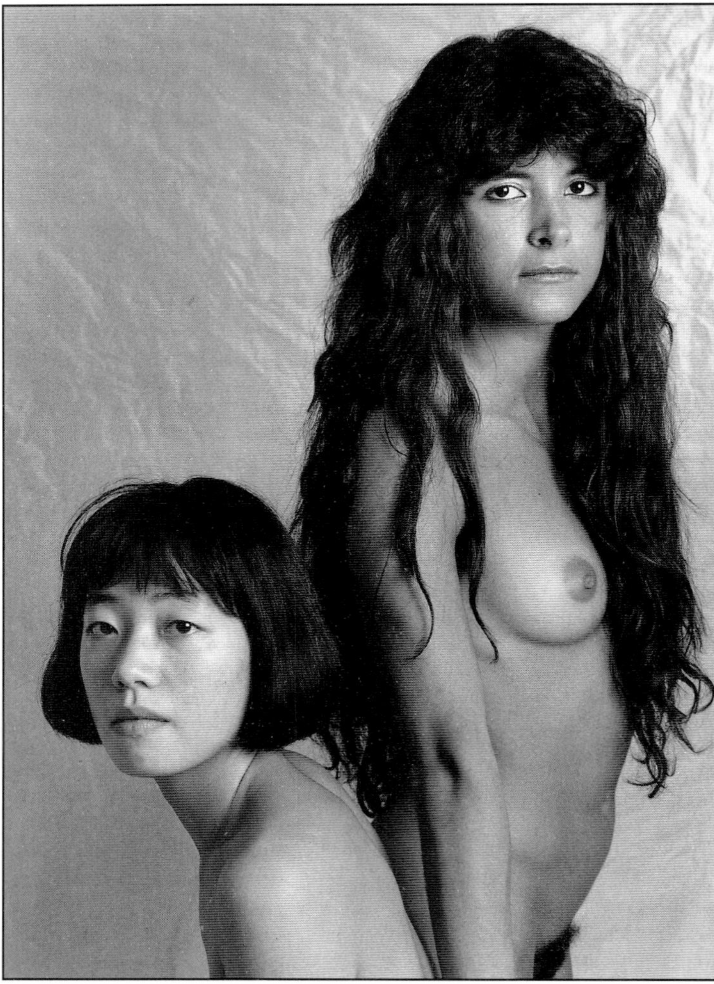

Aktfotografie; Foto: Miro Ito

ren Geräten; A.s sind in nahezu allen Batteriegrößen erhältlich. Die Entladungskurve eines A.s verläuft sehr flach und bricht am Ende rapide ab. Oft wird die Kapazität der Batterien allerdings nicht ganz erreicht. In der Regel werden sogenannten Nickel-Cadmium-A.s (NC-

Akku) verwendet. Mit speziellen Ladegeräten wird dem leeren A. elektrische Energie zugeführt, die in eine chemische Reaktion umgewandelt wird. Dieses chemische Potential zeigt das Bestreben, sich wieder abzubauen: entweder durch Stromverbrauch des angeschlossenen Geräts oder durch langsame Selbstentladung. Die Funktion von A.s kann in Folge von Überladung oder unterlassener Nachladung stark beeinträchtigt werden. Bei einigen Geräten ist eine Schnelladung möglich, sonst beträgt die Ladezeit bis zu 18 Stunden. Je nach Typ sind maximal zwischen 400 und 1200 Ladezyklen möglich.

Aktfotografie Bereich der Fotografie, der sich mit der ästhetischen Darstellung und Abbildung des nackten (meist weiblichen) Körpers befaßt. Schon in den ersten Tagen der Fotografie wurde der Akt als klassisches Genre aus der Malerei übernommen. Die ›realistische‹ Wiedergabe in der Fotografie führte schon früh zu Diskussionen über die Grenzen zwischen A. und Pornographie. Künstlerische Höhepunkte erlebte die A. um 1925 durch Man →Ray, Edward →Weston u.a., in den 60er Jahren wurden die Akte von David →Hamilton und Lucien Clergue populär, später die Aktinszenierungen von Helmut →Newton. Seit etwa 1970 publizieren zunehmend Frauen Aktfotos von Frauen (Manon, Karin Szekessy) und später auch von Männern (Herlinde Koelbl). Mit seinen Männerakten wurde Robert →Mapplethorpe bekannt. Viele Künstler setzen die A. zur Darstellung des eigenen Körpers ein (→Body Art). Weniger unter künstlerischen, als vielmehr unter kommerziellen Aspekten ist die A. auf Illustriertencovern und in Männermagazinen zu sehen. Aufnahmetechnisch gehört die A. zur →Porträtfotografie.
Außerordentliche Bedeutung haben hier natürlich die Rechte des Modells am eigenen Bild (→Persönlichkeitsrecht).

Aktinität Eigenschaft des Lichts, durch Einwirkung der Strahlungsenergie, Stoffe physikalisch bzw. chemisch zu verändern. So bewirkt die kurzwellige Strahlung im blauen und ultravioletten Bereich des →Spektrums eine Spaltung der Silberhalogenide in der fotografischen →Emulsion.

Albuminpapier 1850 von L.D. Blanquart Evrard eingeführtes und bis 1890 vorherrschendes Papier für →Kopien. Papier wird mit Albumin (Kolloide) beschichtet und mit saurer Silbernitratlösung sensibilisiert. Die weitere Verarbeitung entspricht der des →Salzpapiers, von dem es sich, da das Bild *in* einer glänzenden Schicht auf dem Papier liegt, durch höheren Tonwert- und Detailreichtum unterscheidet. Typisch sind für alte A.-Abzüge die recht vergilbten Emulsionsschichten. Risse in den Emulsionsschichten lassen die Papierfasern direkt hervortreten, da keine Barytschicht als Zwischenschicht genutzt wurde.

Amateurfotografie Der Begriff beschreibt Bereiche der nichtberuflichen Fotografie. Während der Amateur seine Fotos aus Liebhaberei aufnimmt (›knipst‹), verdient der Berufsfotograf seinen Lebensunterhalt damit. Das Gros der Amateurfotos machen die Familien- und Urlaubsfotos aus (→Familienfotografie). Davon unterscheiden sich ernsthaft engagierte Amateure, die sich oft in Fotoclubs zusammenschließen und ihre Aufnahmen etwa zu Wettbewerben einsenden. Die Qualitätsunterschiede der Bilder zu denen der Profis liegen oft weniger im einzelnen Bild als vielmehr in der Kontinuität der Qualität.

Ambrotypie Historisches fotografisches Verfahren, mit dem auf direktem Wege Bilder erzeugt wurden, die eigentlich Negative waren, die positiv wirkten. Zwischen 1852 und etwa 1890 waren sie ein preiswerter Ersatz für die kostspieligen Daguerreotypien. Für ihre Herstellung wurden zunächst nach dem →Kollodium-Verfahren beschichtete Glasplatten gezielt unterbelichtet; das dabei entstehende sehr zarte Negativ wurde auf der Rückseite mit schwarzem Papier oder Lack hinterlegt. Bei der Betrachtung reflektieren die Silberteile des Negativs nun stärker als die Partien des Hintergrunds. So entsteht der Eindruck einer positiven Abbildung. A.n sind Unikate, die häufig koloriert wurden.

Anaglyphen-Verfahren Verfahren zur Betrachtung von Bildern der →Stereofotografie. Dabei werden das linke und das rechte Teilbild jeweils in einer Komplementärfarbe (vereinfacht meist Rot-Grün) wiedergegeben und mit einer Brille mit entsprechenden Farbfiltern betrachtet. Das A. eignet sich sowohl für die Projektion als auch für eine Wiedergabe im Druck. Es bedarf allerdings zusätzlich einer passenden, vergleichsweise preiswerten Filterbrille und ist, da sich die Farben gegenseitig löschen, im Ergeb-

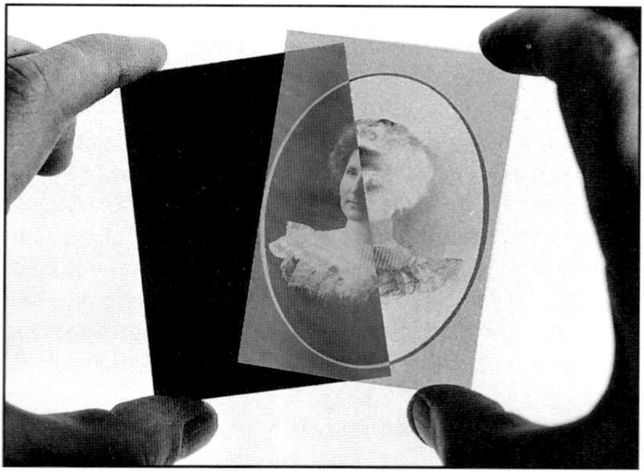

Ambrotypie

nis nur als unbuntes Schwarzweißbild sichtbar.

Analyzer → Color-Analyzer

Anamorphot →Objektiv oder Objektivvorsatz mit unterschiedlichem horinzontalen und vertikalen →Abbildungsmaßstab. A.en werden meist mittels Zylinderlinsen realisiert und dienen zur Erzielung eines Breitwandeffekts (Cinemascope). Dabei wird bei der Aufnahme durch die A.-Optik der große horizontale →Bildwinkel so gestaucht, daß er das Filmbild gerade voll auszeichnet, und bei der anschließenden Projektion durch einen weiteren A.en so gedehnt, daß das ursprüngliche Verhältnis von horizontalem zu vertikalem Bildwinkel wiederhergestellt und die aufgenommenen Gegenstände in ihren normalen Proportionen wiedergegeben werden. Mit A.en lassen sich so reale Seitenverhältnisse von 1:2,5 auf einem Filmbild mit einem Seitenverhältnis von 3:4 festhalten.

Anastigmat Eine →Objektivkonstruktion, die aufgrund spezieller Glassorten der Linsen für den →Astigmatismus (→Abbildungsfehler) korrigiert ist. Moderne Objektive sind sämtlich anastigmatisch.

Angewandte Fotografie Fotografische Bereiche, bei denen die Aufnahmen einer praktischen Verwendung dienen (→Werbefotografie, →Sachfotografie,→Auftragsfotografie, →Modefotografie usw.). Die a. F. hebt sich in der kunstwissenschaftlichen Diskussion ab von einer freien →künstlerischen oder einer subjektiven Fotografie (→Autorenfotografie).

Anschütz, Ottomar (*1846 Lissa bei Posen, †1907 Berlin) Zunächst Lehre als Dekorationsmaler, anschließend Ausbildung zum Fotografen; Studium in Berlin, München (bei Hanfstaengl) und Wien. Er eröffnete mit 22 Jahren ein eigenes Fotostudio in Lissa; ab 1870 Beschäftigung mit ersten fotografischen Bewegungsanalysen. Ähnlich wie →Muybridge baute er mehrere Kameras nebeneinander auf, um in Reihenaufnahmen die Bewegungen von Menschen und Tieren in einzelnen Phasen festzuhalten. Zwischen 1887 und 1891 entwickelte er mit Unterstützung des Preußischen Abgeordnetenhauses den Anschütz-Schnellseher. Mit diesem Betrachtungsapparat mit elektrischem Antrieb konnten die Reihenbilder (Glaspositive) von Bewegungsphasen, die auf einer rotierenden Scheibe montiert waren, in schneller Folge durchleuchtet werden; bei der Betrachtung verschmolzen die Einzelbilder dann zu einem Bewegungsablauf. Unter der Bezeichnung ›Elektrotachyskop‹ wurden solche Geräte gebaut und verkauft. Viele von ihnen waren als Attraktion auf Jahrmärkten aufgestellt und konnten dort durch den Einwurf einer Münze in Gang gesetzt werden. Die Elektrotachyskope sind als einer der Vorläufer des Kinomatographen anzusehen.

Antistatisch Bei der Reinigung von Diagläsern, Bildbühnen von

Vergrößerungsgeräten usw. werden diese leicht statisch aufgeladen und ziehen erneut Staub an. Spezielle Anstistatic-Tücher oder Flüssigreiniger verhindern dies. Allerdings sind sie wegen der →Vergütung der Linsenoberfläche in der Regel nicht für Objektive geeignet.

Aperturblende Blende, die das ins Objektiv fallende Strahlenbündel des Lichts derart beschneidet, daß zwar die Bildhelligkeit, nicht aber die Bildgrenzen eingeschränkt werden. Eine solche A. findet sich als Irisblende in Kameraobjektiven.

Aplanat 1860 für H. Adolph Steinheil patentiertes, aus zwei symmetrisch (→Symmetrie 2.) zur Blende gestellten, achromatisierten Linsen aufgebautes Objektiv (→Objektivkonstruktion).

Apochromat Aufwendige Objektivkonstruktion für lichtstarke langbrennweitige Teleobjektive und Objektive für die →Reproduktion. Für höchste Qualitätsansprüche reicht die übliche Korrektur →chromatischer Aberrationen (→Achromat) nicht aus, da sich Restfehler (sekundäres Spektrum) im Bild störend bemerkbar machen. In diesem Fall eliminiert man das sekundäre Spektrum im sichtbaren Bereich des Lichts, indem man das Objektiv noch für eine dritte Wellenlänge (meist im grünen Bereich des Spektrums) bezüglich der chromatischen Längsaberration korrigiert. DIN 19040 definiert achromatisch allerdings lediglich als chromatisch besonders gut korrigiert.

Apparative Kunst Kunstrichtung, die verstärkt seit 1975 die freie, selbständige Erzeugung und Gestaltung von Bildern mittels technischer Apparate betont. Optik, Fotochemie und Elektronik werden genutzt für Laserprojektionen, Lichtgrafiken oder experimentelle filmische Arbeitsweisen. Dazu kommen zunehmend die sich ständig erweiternden Möglichkeiten, mit diversen Computerprogrammen Bilder zu erzeugen oder zu verändern (→Computerfoto,→Computergrafik, →Computerkunst). In der Regel entstehen die apparativen Kunstwerke nach kybernetisch geregelten Systemen. Die Bilder sind in jedem Fall ungegenständlich. Genaugenommen ist die Fotografie eines der ersten apparativen Medien; darauf basiert auch die →Generative Fotografie.

Äquidensiten Stellen gleicher Dichte in einem fotografischen Bild. In verschiedenen Arbeitsbereichen der wissenschaftlichen Fotografie rufen Stellen im Motiv, die gleiche Eigenschaften zeigen, oft auch ein identisches Maß der Schwärzung hervor. Bei der Auswertung zeigen je nach fototechnischem Abbildungsverfahren ausgewählte Dichtebereiche dann z.B. Stellen gleicher Temperaturen (→Thermographie), Stellen gleicher Materialdichte (→Röntgenfotografie), Stellen gleicher Lichtreflexion bzw. gleichen Wachstums oder gleicher geologischer Beschaffenheit (Luft-, Satellitenbild) usw. Das menschliche Auge kann ein Bild nur völlig unzureichend in einzelne Dichtebereiche aufschlüsseln. Dies wurde früher mit fotografischen Techniken (→Tontrennung) oder Materialien (Agfacontour-Film) geleistet. Heute ist es jedoch auf elektronischem Wege perfektioniert. Mit Hilfe computergesteuerter Grafikprogramme (→Computergrafik) können die Ä.breiten beliebig bestimmt und zur Verdeutlichung unterschiedlich eingefärbt werden. Abgesehen vom Nutzen der Ä.darstellung bei der Interpretation von technisch-wissenschaftlichen Aufnahmen können in der experimentellen künstlerischen Fotografie grafische Verfremdung in nahezu beliebigen Variationen in Schwarzweiß und in Farbe geschaffen werden.

Arbeiterfotografie Politisch motivierte Bewegung sozialdokumentarischer Fotografie. Sie hatte ihren Höhepunkt während der Weimarer Republik. Großen Einfluß zeigten Zeitschriften wie ›Der Arbeiter-Fotograf‹ und die 1925 gegründete ›Arbeiter-Illustrierte-Zeitung‹ (AIZ), die ihre Leser aus der Arbeiterschaft gezielt zur fotografischen Mitarbeit aufforderte. Mit bewußt einfachen Ausrüstungen sollte die Fotografie als Waffe im Klassenkampf eingesetzt werden. Man verstand die Fotografie ausdrücklich als ein Medium, das im sozialrevolutionären Interesse ›parteilich‹ im Sinne der Arbeiterschaft zu nutzen war. Die Bewegung der aktiven A. wurde mit Beginn des Dritten Reichs unterdrückt. Im Nachkriegsdeutschland gelang es nur punktuell, die A. mit neuen Ansätzen wiederzubeleben.

Arbeiterfotografie: Titelseite der AIZ

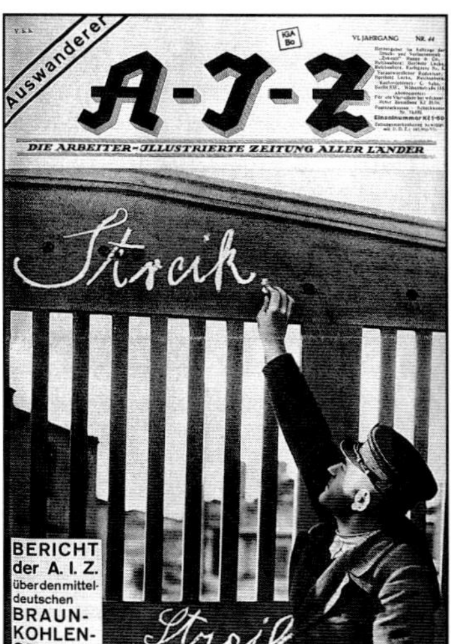

Arbeitsblende Tatsächliche Öffnung der Blende eines Objektivs im Moment der Belichtung des Films. Bei →Spiegelreflexkameras wird beim Auslösen noch vor dem Öffnen des Verschlusses die zuvor voll geöffnete →Blende auf ihren ›Einstellwert‹ geschlossen. Nach erfolgter Belichtung springt sie wieder ganz auf (→Springblende). Zur Kontrolle der →Schärfentiefe auf der Mattscheibe verfügen die meisten Kameras über einen →Abblendhebel, mit dem die Blende auf die vorgewählte A. zugezogen werden kann.

Arbus, Diane (*1923, †1971 New York) Nach fotografischer Ausbildung bis 1959 Arbeit als Modefotografin, später Konzentration auf das Porträt. Bekannt wurde sie mit ihren Fotoserien über Menschen aus den

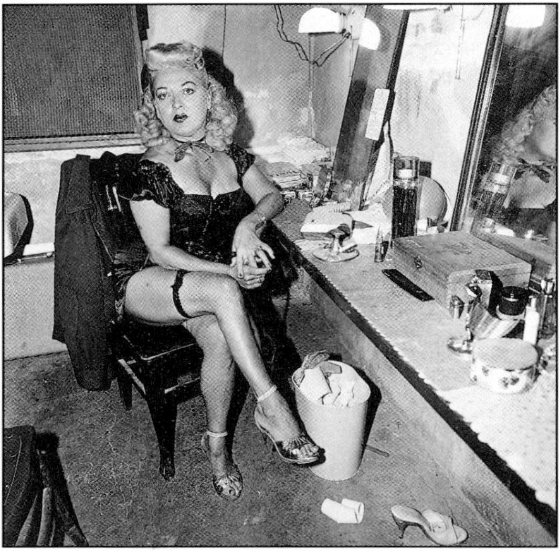

Diane Arbus, ›Burlesque Comedienne in Her Dressing Room‹, 1963 (Museum Folkwang Essen)

Randgruppen der Gesellschaft. Mit einer Auswahl aufsehenerregender, teilweise auch schockierender Fotografien beteiligte sie sich 1967 an der Ausstellung ›New Documents‹ im Museum of Modern Art, New York. Von einigen Kritikern hochgelobt, wurde ihre extreme Darstellungsweise von anderen als Effekthascherei auf Kosten der Abgebildeten verurteilt. A. lehrte zwischen 1970 und 1971 an der Rhode Island School of Design. Unter Depressionen leidend, beging sie 1971 Selbstmord. Nach ihrem Tode fanden umfangreiche Retrospektiv-Ausstellungen in New York und auf der Biennale in Venedig statt.

Architekturfotografie Im weitesten Sinne Fotografie von Bauwerken. Das besondere Problem der A. sind die oft im Foto abgebildeten →stürzenden Linien, eine optische Deformation vertikaler Parallelen. Mit den Verstellmöglichkeiten einer →Fachkamera, einem speziellen Shiftobjektiv oder durch →Entzerren im Labor ist aber ein Ausgleich möglich. Ein Architekturfoto gibt die Bauleistung der Menschen zu verschiedenen Zeiten und Epochen dokumentierend und/oder interpretierend wieder. Dabei sollte im Aufnahmestil auf die zugrundeliegenden architektonischen Grundgedanken Rücksicht genommen werden.

Archivfestigkeit Die Haltbarkeit fotografischer Bilder ist nur dann (einigermaßen) gewährleistet, wenn sie sorgfältig ausgearbeitet und gelagert werden. Dabei wird zwischen einer ›normalen‹ Haltbarkeit (bis zu

20 Jahren) und einer weit darüber hinausgehenden A. unterschieden. Entscheidenden Einfluß haben Fixage (→Fixierbad) und die anschließende Wässerung. Für normale Schwarzweißfilme werden in Archivnormen zwar gewisse zulässige Restmengen von Thiosulfat angegeben, doch berücksichtigt dies nicht eine Beschädigung oder Zersetzung durch Lagertemperatur (max. 17°C), Luftfeuchtigkeit (40-45%), Raumlüftung und Zutritt schädlicher Gase. Außerdem kann über die A. der verschiedenen Kunststoffe in den modernen →RC-Papieren sowie über die langfristige Stabilität der Farbstoffe in den verschiedenen Colormaterialien letztlich nur spekuliert werden. Das Konservieren alter und neuer Fotografien ist erst seit wenigen Jahren Gegenstand von wissenschaftlichen Forschungsarbeiten.

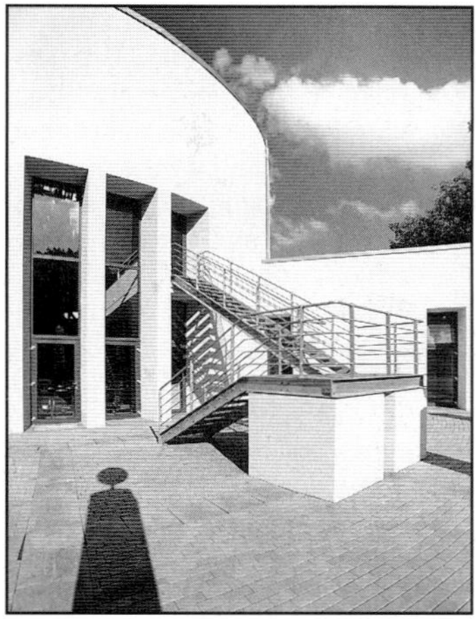

Architekturfotografie: Hervorhebung durch Licht-/Schattenwirkung

Archivierung Eine nach bestimmten Ordnungskriterien angelegte, sorgfältige Gliederung und Lagerung der Bildbestände ist für jeden Fotografen unabdingbar, will er sich nicht den gezielten Zugang zu seinen Aufnahmen langfristig verschließen. Das Bildmaterial wird dazu in Negativhüllen, Diamagazinen, Journalen, Mappen usw. aufbe-

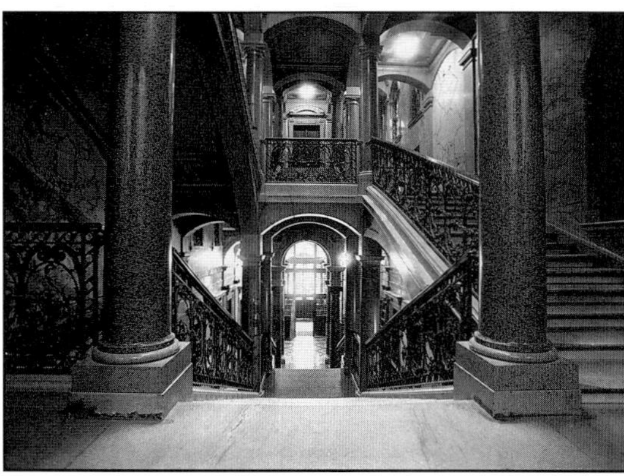

Architekturfotografie: Innenarchitektur

wahrt. Die Anfertigung von Kontaktbögen und deren sofortige Beschriftung dient ebenso der Archivierung, wie ein Hinweis auf den Abzügen, der die Fundstelle des dazugehörigen Negativs benennt. Eine Ordnung nach Themen oder Aufnahmedaten ist angebracht. Eine sorgfältige Aufbewahrung setzt selbstverständlich eine ausreichende →Archivfestigkeit der Originalfotos voraus. Bei großen Bildbeständen dürfte die Hilfe der elektronischen Datenspeicherung und -verarbeitung unumgänglich sein. Gezielt für Amateure und professionelle Bildarchive bietet der Markt mehr oder weniger aufwendige Datierungsprogramme, mit denen der gesamte Archivbestand in Bild und Text präsentiert, verwaltet und weiterverarbeitet werden kann. Für die Zukunft wird eine regionale bis internationale elektronische Vernetzung solcher großen Dateien angestrebt.

ASA → Filmempfindlichkeit

Asphärische Linsen → Linsen

Ästhetik Traditionelle Disziplin der Philosophie; sie gilt vordergründig als die ›Lehre vom Schönen‹ in Natur und Kunst. Als visuelle Ästhetik bezieht sie sich, in Rückbesinnung auf ihre ursprüngliche Bedeutung, auf die Bereiche der sinnlichen Wahrnehmung. In der Aufspaltung der verschiedenen ästhetischen Theorien werden die Schwerpunkte der Diskussion unterschiedlich auf Produktion oder Funktion, Meßbarkeit oder Wirkung der Fotografie gelegt.

Die Versuche, eine spezifisch fotografische Ästhetik zu entwickeln, finden sich zwar in diversen Ansätzen aus der Sicht von Kunstphilosophie und Kunstwissenschaft, Kommunikationstheorie, Soziologie und Wahrnehmungspsychologie.

Die Vielfalt der Möglichkeiten, die das Medium bietet, hat aber bis heute verhindert, das eine überzeugende umfassende Theorie vorgelegt werden konnte. Nach wie vor müssen Fragen zum Abbildungscharakter eines Fotos im Verhältnis zur menschlichen Wahrnehmung (von Aufnahmegegenstand und Foto) als nicht völlig geklärt betrachtet werden. Außerdem ergeben sich aus der Vernetzung fotografischer Arbeits- und Darstellungsweisen mit den elektronischen Bildmedien eine ganze Reihe völlig neuer Aspekte (→Bildaufbau, →Bildaussage, →künstlerische Fotografie, →Objektivität).

Astigmatismus Ein →Abbildungsfehler. Bei der →Abbildung eines Objekts durch ein optisches System fallen die →Brennpunkte der meridionalen und →sagittalen Strahlen nicht zusammen, sondern kommen in jeweils eigenen Bildschalen zu liegen.

Das Bild eines Punktes zerfällt also in einen meridionalen und einen sagittalen Punkt. Dieses Unvermögen eines Objektivs, einen Punkt als einen Punkt abzubilden, wird A. (griech. = Punktlosigkeit) genannt. Man versucht, ihn zu korrigieren, indem man die meridionale und sagittale Bildschale günstig aneinander angleicht.

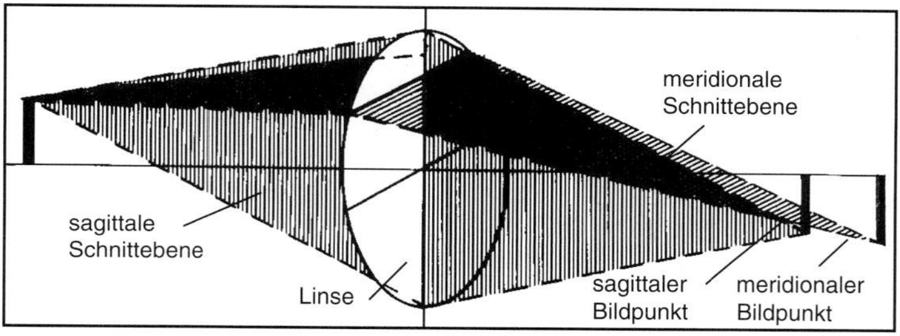

Astigmatismus

Astrofotografie Registrierung der von außerirdischen Quellen emittierten Strahlung auf fotografischem Material, entweder mit normalen Kameras oder Spezialkonstruktionen, auch in Verbindung mit Teleskopen. Wichtig sind exakte Montierung und Nachführung der Kamera zur Kompensation der Erddrehung sowie bei Spezialkameras die hohe optische Korrektur bezüglich →Koma und →Astigmatismus auf unendliche Entfernungen, um auch lichtschwache Objekte auflösen zu können (→Auflösevermögen). Abgesehen von relativ nahen Objekten (Sonne, Mond, Planeten) werden Fixsterne immer als Punkte abgebildet, deren scheinbarer Durchmesser lediglich auf Überstrahlungseffekten beruht.

Asymmetrie A. meint im gestalterischen Sinne fehlende Symmetrie im Bildaufbau eines Fotos, bei dem noch Restelemente der →Symmetrie (Bildachse oder symmetrieannähernd angeordnete Formen) vorhanden sein können. Eine a.sche Bildgestaltung weist stets formale Spannung auf. Allerdings ist zu beachten, daß das Bild dabei nicht aus dem Gleichgewicht geraten darf.

Atget, Jean Eugène (*1857 Libourne/Gironde, †1927 Paris) Zunächst Seemann; 1877-1880 Unterricht am Konservatorium in Paris (Musik/Theater). A. war Schauspieler und Maler, und begann erst 1898 zu fotografieren. Viele Aufnahmen wurden für Maler angefertigt, die sie als unterstützende Vorlage für ihre Bilder nahmen. So finden sich Einflüsse auf Utrillo und Derain. 1899 konnte A. einige seiner Stadtansichten von Paris an die dortige Historische Bibliothek verkaufen. Das ermutigt ihn, in den folgenden Jahrzehnten systematisch Paris zu fotografieren, vor allem die alten Stadtteile mit ihren Straßen und Häusern, Geschäften und Höfen, die von Verfall, Abriß und Zerstörung bedroht waren. Erst 1930, drei Jahre nach seinem Tod, begann man, Bilder von ihm zu veröffentlichen. Sie machten sein Werk bekannt und weisen ihn als einen der Vorreiter einer engagierten sozialdokumentarischen Fotografie

(→Dokumentarfotografie) aus. Über 5000 Negative von einem Gesamtwerk, das auf weit über 10 000 Bilder geschätzt wird, sind heute noch erhalten.

Atelier → Studio

Audiovision (AV) Sammelbegriff für die Kombination von akustischen und visuellen Informationsträgern. AV-Medien sind u.a. →Tonbildschau, →Multivision, computergesteuerte Animation usw. Sie finden Anwendung in Information, Dokumentation, Schulung, Werbung usw.

Aufheller (chemisch) Die Qualität eines reinen Weiß im Papiermaterial eines Fotopapieres wird oft erreicht, indem chemische Verbindungen (z.B. Bariumsulfat) als optische A. auf die Papierfläche aufgetragen werden.Sie absorbieren den unsichtbaren UV-Anteil des Lichts und strahlen ihn als sichtbares (blaues) Licht wieder ab.

Aufhellung

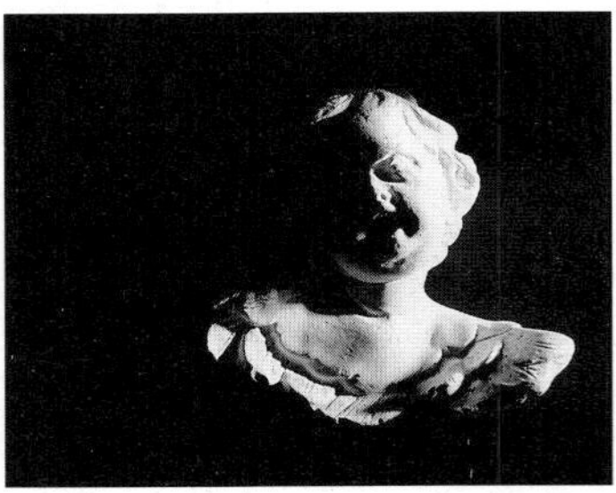

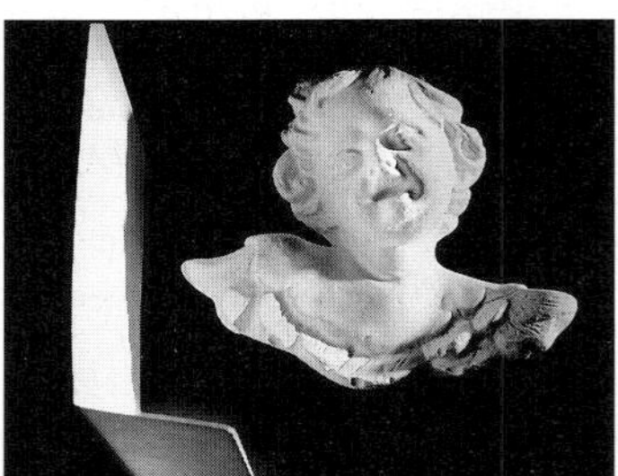

Aufhellung Wenn eine einseitige Beleuchtung tiefe Schatten hervorruft (helles Sonnenlicht, Tageslicht durch das Fenster, Scheinwerferlicht), sollten diese Schatten mit einfachen →Reflektoren (weiße Kartons, Styroporflächen, aufgezogenen Aluminiumfolien o.ä.) aufgehellt werden. Dieses →indirekte Licht, das in die Schattenzonen streut, dient der Verringerung des →Kontrastumfangs und gewährleistet eine gleichmäßige Ausleuchtung. Gleiches ist mit sekundären, künstlichen Lichtquellen (Lampen, →Blitzgeräten) zu erreichen.

Auflicht Beleuchtungsart, bei der das Licht aus der gleichen Richtung auf das Objekt fällt, aus der der Betrachter das Objekt sieht (im Unterschied zum →Gegenlicht und zum →Durchlicht).

Auflösevermögen Fähigkeit einer fotografischen →Emulsion oder eines →optischen Systems, eng beieinanderliegende, voneinander getrennte Objektpunkte oder -linien auch im Abbild getrennt wiederzugeben. Entsprechendes gilt für die Komponenten eines elektronischen Aufnahme- und Wiedergabesystems (→Bildverarbeitung). Das A. ist um so größer, je kleiner der er-

kennbare Abstand zwischen solchen Punkten oder Linien sein kann. Entscheidenden Einfluß darauf hat der Kontrast innerhalb des Motivs (→Bildkontrast, →Modulationsübertragungs-Funktion); gemessen wird meistens an einem Liniengitter (Testobjekt mit feinen schwarzweißen Streifen von definierter Breite; →Siemensstern). Bei dem Vergleich der Meßergebnisse sind der →Abbildungsmaßstab und das Bildformat zu berücksichtigen.
Das A. einer Filmschicht ist vorrangig von der Größe des →Korns abhängig. Unter optimalen Bedingungen läßt sich mit einer feinkörnigen Schwarzweißemulsion ein A. von bis zu 300 Linien/mm erzielen. Aufgrund der höheren Gesamtschichtdicke liegt das A. von Farbfilmen stets darunter. Bei einem Objektiv bewirkt ein zunehmendes Abblenden (→Blende) eine deutliche Zunahme der Beugungsunschärfen (→Beugung) und damit auch ein schlechteres A.. Da gleichzeitig aber auch die →Abbildungsfehler spürbar abnehmen, kommt es zu einem (meist mittleren) Blendenwert, bei dem ein Objektiv seine beste allgemeine Wiedergabequalität zeigt (→Bildschärfe; Farbabb. 45).

Aufnahmeformat (Negativformat). Es nennt die Maße des durch das Bildfenster der Kamera begrenzten (Film-) Bilds. Mit wenigen Ausnahmen sind Kameras für *ein* ganz bestimmtes A. (quadratisch oder rechteckig) konstruiert. Solche Formate sind z.B: Pocket-Format: 12 x 17 mm, Kleinbildformate: 24 x 24 mm und 24 x 36 mm, →Mittelformate: 4,5 x 6 cm bis 6 x 9 cm und Großbildformate: 9 x 12 cm bis 18 x 24 cm und größer (teilweise auch in engl. Inch-Abmessungen; Abb. S. 24). Ab dem Mittelformat sind die angegebenen Maße allerdings aufgerundete Werte; so zeigt das Filmbild im 6 x 6 cm-Format nur die effektive Größe von 5,6 x 5,6 cm (→Filmkonfektionierung; Abb.S.24).

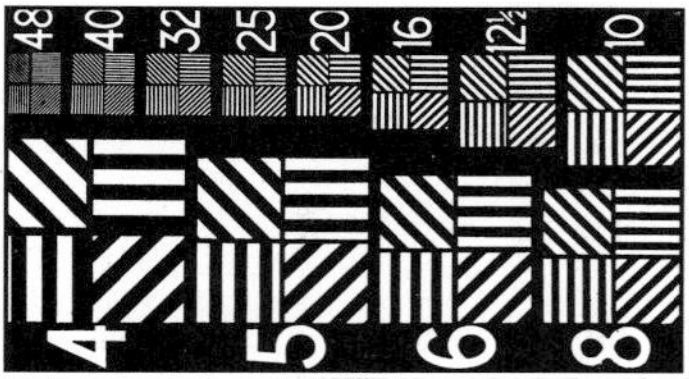

Auflösevermögen

Aufprojektion Aufnahmetechnik im Studio, bei der auf den Aufnahmegegenstand mit einem Dia- oder Filmprojektor ein zusätzliches Bild projiziert wird. Eine zusätzliche Beleuchtung muß auf das Projektionsbild abgestimmt sein.

Aufsichtsbild Bild, das im Unterschied zu einer →Durchsichtsvorlage über einen undurchsichtigen Träger (→Schichtträger) verfügt und damit nur im →Auflicht betrachtet wird. Als typisches fotografisches A. weist eine →Vergrößerung im Vergleich zu einem →Diapositiv stets eine geringere Farbbrillanz auf. Da das Licht bei der Aufsichtsbetrachtung von Farbpapierbildern die Emulsion doppelt durchdringt (einmal durch die Schichten bis zum weißen Papiergrund und zurück), enthalten die Schichten

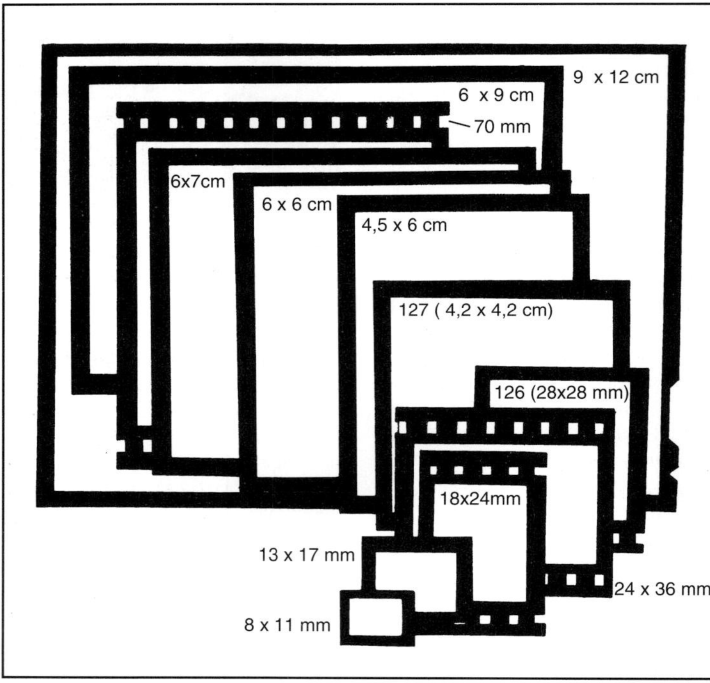

Aufnahmeformat: Die wichtigsten Formate im Größenvergleich

der Farbpapiere weniger Farbstoffe als Diapositive oder →Printfilme. Außerdem ist der von den Farbpapieren wiedergegebene Helligkeitsumfang durch die diffuse →Remission des Lichts auf der →Oberfläche des Papiers weitaus geringer, als bei transparentem Farbmaterial, das üblicherweise in mehr oder weniger gerichtetem Durchlicht betrachtet wird.

Auftragsfotografie Bereich der kommerziellen Berufsfotografie, in dem der Fotograf nach dem →Briefing eines Auftraggebers arbeitet (z.B. →Werbefotografie, →Fotoreportage). Der Auftrag sichert den Fotografen zwar finanziell ab, verlangt aber gleichzeitig von ihm, genau die Bildvorstellungen seines Auftraggebers (und weniger seine eigenen) zu erfüllen. Diese kann so weit gehen, daß der Fotograf eine äußerst präzise Vorgabe für das Bild-→Layout erhält.

Aufziehen von Fotos Zur wirkungsvollen Präsentation von Fotos werden diese auf verschiedene glatte Trägermaterialien (Karton, Holz, Kunststoff, Metall) aufgeklebt (kaschieren). Man verwendet flüssige Kleber oder besser Klebefolien. Für →Barytpapiere sind meist andere Klebematerialien als für →RC-Papiere erforderlich. Bei Klebefolien unterscheidet man zwischen Kaltklebefolien (beidseitig klebend) und Heißklebefolien, bei denen der Klebstoff durch Erhitzen in einer Heißklebepresse schmilzt und das Foto mit dem Bildträger plan verbindet. Je größer das Foto, desto notwendiger, aber auch desto schwieriger ist das genaue Kaschieren. Große Fotografien für Messen u.ä. werden anschließend auf der Bildseite mit einer zusätzlichen Schutzfolie beklebt.

Augenempfindlichkeit
→Farbempfindung

Augenmuschel Weiche Gummiblende, die auf das →Sucherokular von →Spiegelreflexkameras gesteckt wird. Die A. verhindert seitlichen Lichteinfall und ermöglicht damit einen konzentrierteren Suchereinblick.

Ausbleichen Verschiedene Farbstoffe (so auch die Farbstoffe der →chromogenen Farbentwicklung) verlieren mit der Zeit unter Lichteinwirkung an Intensität und Leuchtkraft. Als Schutz kann man →Lichtschutzlack auftragen. Ausbleichvorgänge gibt es auch im Fotolabor (→Bleichbad).

Ausflecken Im Vergrößerungsprozeß lassen sich nicht immer Spuren

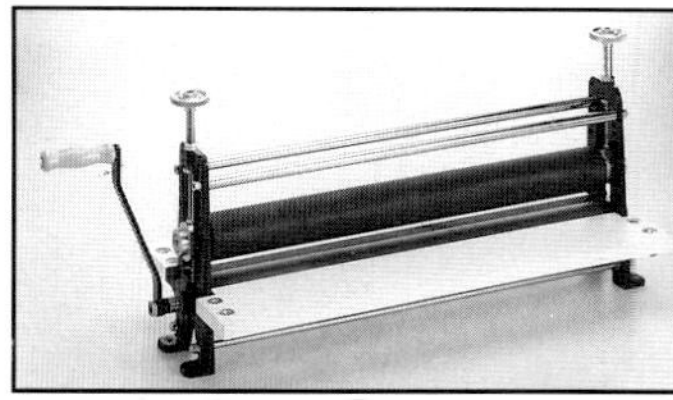

Aufziehen: Beim Kalt-Aufziehen werden Bild, Klebefolie und Trägermaterial über ein Walzensystem zusammengebracht

von Staub, Kratzern, Fusseln usw. auf den Papierabzügen vermeiden. Das Ausbessern dieser Fehler wird als Ausflecken bezeichnet (im Unterschied zur →Retusche). Als Hilfsmittel verwendet man feine Marderhaarpinsel, Retuschierstifte, weiche Bleistifte sowie Positivretuschierfarben in diversen Schwarz-, Helligkeits- und Farbtönen. Weiße Vergrößerungsflecken lassen sich leichter unsichtbar machen als schwarze, die abgeschabt (nur bei →Barytpapieren) oder vorher ausgebleicht werden müssen. Generell gilt: Je sauberer das Labor, desto weniger muß ausgefleckt werden. In großen Labors werden deshalb

Ausflecken mit unterschiedlichen Pinseln und Stiften

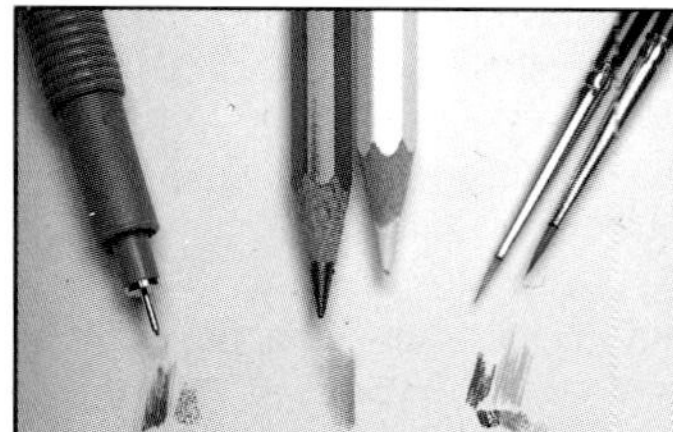

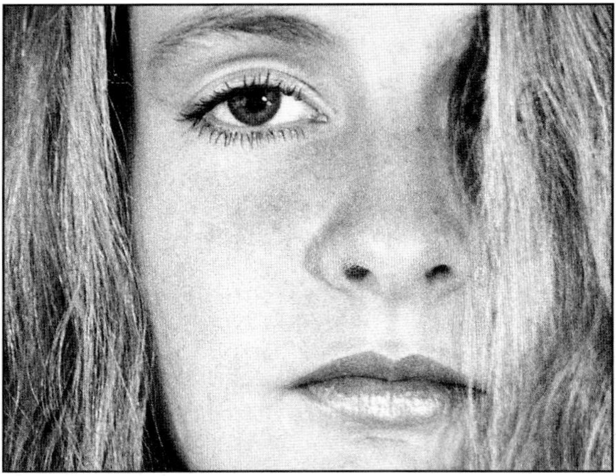

Ausschnitt

Staubionisatoren genutzt. Auch Negative können ausgefleckt werden.

Ausfressen (der Lichter)
→ Überstrahlung

Ausgleichsentwickler Ein Typ von Negativentwickler für Schwarzweißfilme mit verminderter Alkalität. Solche Entwickler bewirken eine Entwicklung an der Schichtoberfläche, was für das Negativ eine gute Durchzeichnung der Schatten bei gleichzeitiger Dämpfung der Lichter bewirkt. Damit können A. besonders gut hohe Motivkontraste im Negativ dämpfen, ohne die Filmempfindlichkeit zu reduzieren.

Auskopierpapier Fotopapier, das von der Mitte des 19. Jahrhunderts bis ca. 1940 zur Herstellung von →Kontaktkopien von großformatigen Negativen benutzt wurde. Das Bild wurde jedoch nicht durch Entwickeln, sondern durch eine sehr lange Belichtungszeit von vielen Minuten bis zu Stunden in einem →Kontaktkopierrahmen und die dabei stattfindende Umwandlung der Silbersalze in metallisches Silber erzeugt. Anschließend wurde das Bild durch Fixieren stabilisiert (→Albuminpapier).

Ausleuchten Aufbau einer gezielten Beleuchtung für ein Motiv im Studio. Für die Lichtregie ist es dabei zunächst gleich, ob es sich dabei um eine möglichst ›natürliche‹ oder um eine möglichst effektvolle Beleuchtung handelt.

Auslösepriorität Bedienungsart bei Kameras mit →Autofocus, bei denen ansonsten in der Regel eine Schärfepriorität gilt, d.h. daß die Belichtung erst dann erfolgen kann, wenn sich die Kamera automatisch auf das Motiv scharfgestellt hat. Bei eingestelltem Modus ›Auslösepriorität‹ (CAF/kontinuierlicher AF) erfolgt die Belichtung im Moment des Auslösens; d.h. die Scharfeinstellung folgt ständig nach, so daß auch bei nicht optimaler Scharfeinstellung fotografiert werden kann (was jedoch durch entsprechende →Schärfentiefe ausgeglichen werden könnte).

Auslöser Knopf (früher auch kleiner Hebel), mit dem der Belichtungsvorgang an der Kamera in Gang gesetzt wird (→Draht-, →Fern-, →Selbstauslöser).

Ausschnitt Die Wahl des richtigen Bild-A.s ist für die endgültige Fassung einer Fotografie von entscheidender Bedeutung. Auch wenn der Fotograf sich bemühen sollte, seine Motive formatfüllend aufzunehmen, bleibt z.B. bei Reportagefotos häufig keine Möglichkeit, den optimalen Bild-A. im Aufnahmemoment präzise zu bestimmen. Dann kann bei der späteren →Vergrößerung der Negative/Dias statt der formatfüllenden Wiedergabe ein A. gewählt werden, um das wiederzugebende Motiv in Form und Aussage zu verbessern. Nebensächliche oder störende Details werden damit weggeschnitten, wichtige durch Konzentration des Inhalts hervorgehoben (→A.-Vergrößerung). Werden Farbdias für die →Projektion aufgenommen, sind später Bild-A.e nur durch entsprechendes →Duplizieren realisierbar. A.-Vergrößerungen können mit Hilfe eines →Kontaktbogens vorgeplant werden. Sie haben ihre Grenzen, wo der Grad der Vergrößerung die Qualität des Bilds beeinträchtigt (Unschärfe, Kornwiedergabe).

Austrittspupille → Pupille

Auszug Veränderung, um die eine Objektivkonstruktion bei der Scharfeinstellung verlängert wird (A.s-Verlängerung). Der A. wird in Millimetern gemessen und durch einen →Schneckengang, ein →Balgengerät oder einen Tubus verändert. Addiert man die Länge des A.s zu der →Brennweite des Objektivs, so erhält man die →Bildweite. In Unendlichstellung ist der A. des Objektivs gleich 0, und die Bildweite entspricht der Brennweite. Beim Scharfeinstellen auf näher gelegene Objekte verlängert sich die Bildweite um die Länge des A.s. Da sich bei →Nahaufnahmen über die deutliche Verlängerung des A.s auch die effektiv wirksame Blende verkleinert, ist ein →Verlängerungsfaktor erforderlich. Dieser errechnet sich über den →Abbildungsmaßstab:

$$\text{Verlängerungsfaktor} = \left(\frac{\text{Auszug}}{\text{Brennweite}} + 1\right)^2$$

Auszugsnegativ → Farbauszug

Autochrome →Kornrasterverfahren

Autofocus (AF) Automatische Entfernungseinstellung (→Scharfeinstellung), die auf unterschiedliche Weise an fast allen Fotogeräten möglich ist. Bei Kameras arbeiten

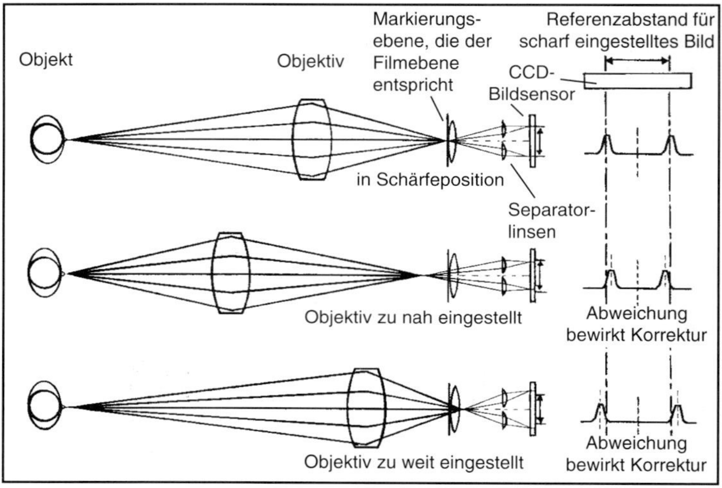

Autofocus bei einer Spiegelreflexkamera

aktive A.-Systeme mit einem Ultraschall-Signal (→Sonar) oder auch einem Infrarotlicht-Sender (Triangulations-A.) und einem entsprechenden Empfänger. Mit diesem wird die Reflexionsdauer des Tons bzw. des Lichtstrahls über einen Mikroprozessor in eine entsprechende Entfernung umdefiniert und über einen kleinen Objektivmotor eingestellt. Bereits 1977 begannen mit der Vorstellung des ›Visitronic-Systems‹ Entwicklungen zu einer *passiven* A.-Technik. Dabei fing die Kamera zusätzlich das Bild zunächst mit zwei kleinen Spiegeln auf, von denen einer drehbar war. Ähnlich wie bei einem →Mischbildentfernungsmesser wurden beide Bilder auf ihre Deckungsgleichheit hin verglichen, hier allerdings mit Hilfe eines Rechners, der gleichzeitig die Ist-Einstellung des Objektivs berücksichtigte und entsprechend erforderliche Korrekturen über einen Einstellmotor besorgte.

Auf der Basis dieser relativ einfachen Technik mit einer Vielzahl von Schwächen entwickelte sich das Phasendedektionssystem. Hierbei wird (mit unterschiedlichen kameraspezifischen Detaillösungen) ein aus dem Strahlengang ausgespiegelter Meßstrahl geteilt; die gleichwertigen Teilbilder werden nun einzeln auf ein Feld mit zahlreichen →CCD-Bildwandlern umgelenkt, die ein kompliziertes Datenmuster der (unscharfen) Helligkeits- und Kontrastverteilung entwerfen (Phasen). Beim Vergleich der so umgerechneten Teilbildsignale miteinander und einem vorgegebenen Referenzsignalmuster bewirkt eine auftretende Phasenverschiebung die Korrektur der Scharfeinstellung. Der Objektivmotor befindet sich je nach System im Kamerabody oder im Objektiv selbst. Neben einem Meßwertspeicher verfügen einige A.-Kameras über mehrere positionierbare A.-Meßfelder. Unterschiedliche Funktionen differenzieren zwischen Schärfepriorität und →Auslösepriorität sowie einer Prädiktion, d.h. einer Vorausberechnung der Entfernung bei bewegten Objekten und Scharfeinstellung (auch bei Serienaufnahmen). Praktisch ist auch eine sog. →Schärfefalle; sinnvoll die Möglichkeit der manuellen Einstellung. A.-Systeme arbeiten blitzschnell im Bereich von Millisekunden und präzise; selbst nur geringe Motivkontraste und geringes Aufnahmelicht sind (in Grenzen) kein Problem. Bei Dunkelheit kann ein dunkelroter →A.-Meßblitz das AF-System in Gang setzen. A.-Funktionen können mit Belichtungsprogrammen und motivabhängiger Brennweitensteuerung u.ä. in aufwendigen Motivprogrammen gekoppelt werden.

Autofocus-Blitz Da Systeme für eine automatische Scharfeinstellung immer auf eine gewisse Motivhelligkeit angewiesen sind, sind bei Aufnahmen bei Dunkelheit spezielle Blitzgeräte bzw. Zubehörgeräte mit einem sog. Rotlichtadapter erforderlich, die einen schwachen Meßblitz für das A.-System aussenden. Die Aufnahme selbst (ggf. mit normaler Blitzbeleuchtung) erfolgt nach der eigentlichen Scharfeinstellung mit dem Auslösen. Der Gesamtvorgang vollzieht sich dann in Bruchteilen von Sekunden.

Autofocus-Diaprojektor Bei →Diaprojektoren arbeitet der →Autofocus viel einfacher als bei Kameras, nämlich zumeist mit einer Lichtstrahlpeilung; dabei wird ein Lichtstrahl schräg auf das im Projektor befindliche Dia gelenkt. Liegt das Dia richtig in der Projektionsebene, reflektiert der Strahl gleichmäßig auf zwei →Fotowiderstände. Bei einer Abweichung des Diastands verändert sich die Lage des Reflexionsstrahls; die unterschiedliche Reaktion der Widerstände bewirkt eine Focusveränderung des Objektivs.

Autorenfotografie Von Klaus Honeff 1979 eingeführter Begriff (in Analogie zum Autorenfilm) für eine Fotografie, deren Schöpfer, dem freien Künstler vergleichbar, zwar zielgerichtet, aber ohne kommerzielles Auftragsverhältnis arbeitet.

Autofocus bei einem Diaprojektor

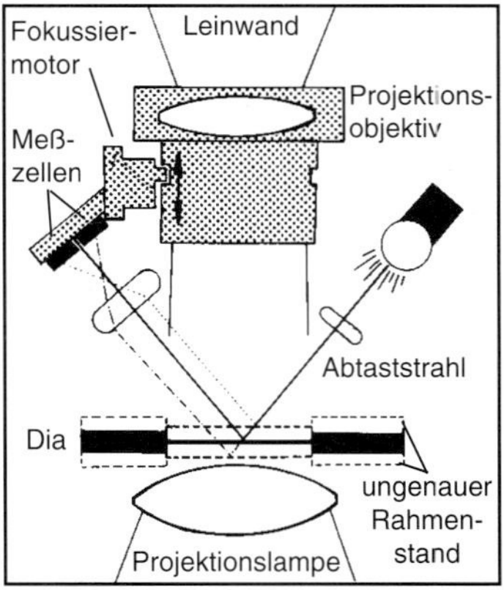

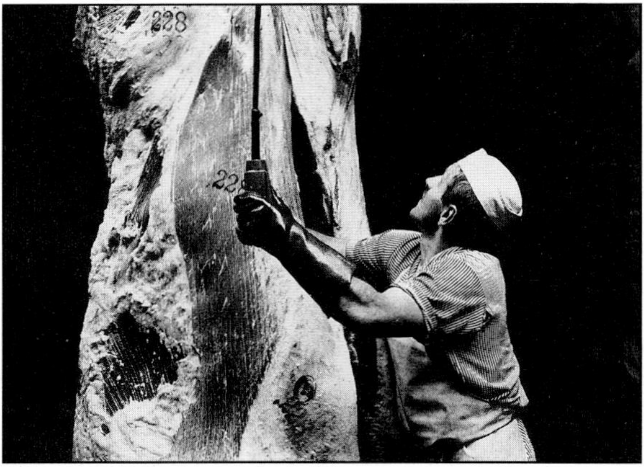

Availlable-light: ›Im Schlachthof‹; Foto: Frank Watermann

Autorenfotografen geht es um die Wiedergabe von Aspekten der Realität, um eigene Sichtweisen, oft um eine Abkehr vom →Einzelbild hin zur →Seriellen Fotografie (→künstlerische Fotografie).

Autotypie Bezeichnung für ein Rasterklischee im Hochdruck (Buchdruck; →Raster).

AV Abkürzung für →Audiovision.

Available-light Aus dem Englischen übernommene Bezeichnung für ein Fotografieren bei schwachem vorhandenem (verfügbarem) Licht, das heißt ohne die Verwendung zusätzlicher aufhellender Lichtquellen (Blitz, Scheinwerfer). Auf diese Weise soll die Natürlichkeit der Situation nicht eingeschränkt und der Ablauf eines Geschehens nicht durch auffällige Zusatzbeleuchtung gestört werden. So ist vielfach bei →Bühnenaufnahmen und in bestimmten Bereichen der Sport- und →Theaterfotografie der Einsatz des Blitzgeräts nicht möglich oder nicht zulässig. Voraussetzung für Aufnahmen im A.-l . sind lichtstarke Objektive und höchstempfindliche Filme, die zusätzlich forciert entwickelt werden können (→Filmempfindlichkeit, →forcierte Entwicklung; Farbabb. 46).

Avedon, Richard (*1923 New York) Kam während des Zweiten Weltkriegs in der Fotoabteilung der US-Marine mit der Fotografie in Kontakt, anschließend fotografische Ausbildung, bis zum Jahr 1950 verstärkt Theateraufnahmen. Danach arbeitete er als →Modefotograf für ›Harper's Bazar‹ und ab 1965 für ›Vogue‹. Neben Modefotos wurden seine Porträts von Jorge Luis Borges, Jasper Johns, Jean Genet und Igor Strawinsky sehr bekannt. A. arbeitet bevorzugt im Studio, mit gezielt gesetztem Kunstlicht.

B

B Einstellungsmarkierung des Verschlusses für Langzeitbelichtungen (→Verschlußzeit). Hergeleitet vom Englischen Bulb = pneumatischer →Fernauslöser; deutsch auch: beliebig.

Bajonett Ein Anschlußelement von modernen →Wechselobjektiven an das Kameragehäuse. Im Unterschied zum →Schraubgewinde, das einige Drehungen des Wechselobjektivs bis zur sicheren Befestigung am Kameragehäuse verlangt, rastet der B.-Verschluß nach einer achtel bis viertel Drehung ein und das Objektiv sitzt an der Gehäusefassung fest; für das Lösen des Objektivs wiederum wird eine Entriegelungstaste betätigt. Ein weiterer Vorteil des B.s liegt im exakten Anschlag des Objektivs. Auf diese Weise kann die Lage der elektronischen Übertragungselemente zwischen Kamera und Objektiv genau positioniert werden. Da jeder Hersteller eine eigene, oft auch noch nach Kamerageneratione getrennte, B.-Konstruktion besitzt, lassen sich Wechselobjektive schon allein aus mechanischen Gründen nicht zwischen verschiedenen Marken tauschen.

Balgen Faltbares Gehäuse aus lichtdichtem Material zwischen Film und Objektiv, das sich ziehharmonikagleich auseinanderziehen und zusammenschieben läßt. Die Beweglichkeit in sich erlaubt viel mehr →Verstellmöglichkeiten als ein starrer Tubus. Ein B. ist wesentlicher Teil einer →Fachkamera und des →B.-Geräts für Nahaufnahmen. Oft wird er auch für Verstellungen am →Vergrößerungsgerät genutzt.

Balgengerät Kamerazubehör zur stufenlosen Erweiterung des →Auszugs mit Hilfe eines →Balgens, so daß →Nahaufnahmen ermöglicht werden (Makrofotografie). Das B. wird zwischen Kamera und Objektiv angebracht. Ein präziser mechanischer Vortrieb erlaubt eine stufenlose Veränderung des Abbildungsmaßstabs (→Makroobjektiv, →Zwischenringe, →Retrostellung).

Barnack, Oskar →Kleinbildkamera

Barytpapier Fotopapier, heute nur noch für Schwarzweißabzüge erhältlich. Auf dem hochwertigen Schichtträger (Rohkarton) lagert eine ca. 0,015 mm starke Barytschicht, d.h. in Gelatine eingebettetes Bariumsulfat, das das Einsinken der Emulsion in den Papierfilz verhindert. Die Barytschicht beeinflußt den Oberflächencharakter und steigert die Tiefe der Bildschwärzen.

Balgengerät (Novoflex)

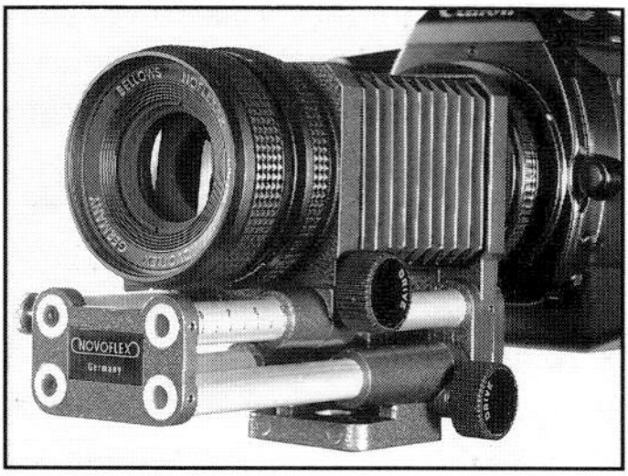

Optische Weißtöner heben die Bildweißen an. Aufgrund der höheren Silbermenge sagt man hochwertigen B.en (im Unterschied zu →RC-Papieren) die Fähigkeit nach, →Schatten und →Lichter detailreicher wiedergeben zu können. Die Verarbeitungszeiten von B.en sind länger, und ihre Trocknung in der →Trockenpresse ist aufwendiger.

Batterie Stromquelle für Kameras und viele Zubehörgeräte. Sie funktioniert als galvanisches Element, in dem durch chemische Reaktionen Strom erzeugt wird. In Fotogeräten werden B.n (oder auch wiederaufladbare →Akkus) der unterschiedlichsten Typen, Größen und Spannungen benötigt; unterschiedliche B.n können gleich aussehen, identische können unterschiedliche Bezeichnungen tragen. Die Typenvielfalt reicht vom 9-Volt-Block bis zur 1,5-Volt-Knopfzelle. Unterschieden wird zwischen: einfachen Zink-Kohle-B.n (preiswert, geringe Leistung, stark abfallende Entladungskurve, umweltverträglich); Alkali-Mangan-B.n (teuer, hohe Leistung, geradlinige Entladungskurve, nur neuere, fast quecksilberfreie Typen sind umweltverträglich; Quecksilberoxid-B.n (teuer, hohe Leistung, flache Entladungskurve, umweltbelastend) und Lithium-B.n (teuer, hohe Leistung, flache Entladungskurve, umweltverträglich). Die Umweltbelastung betreffend sind letztlich nur schwermetallfreie B.n zu akzeptieren, deren Entwicklung aber nur langsam voranschreitet, was durch die unübersichtliche B.-Vielfalt noch erschwert wird. Bis dahin gehören alle verbrauchten B.n, sofern nicht anders angegeben, in spezielle Sondermüllbehälter.

Bauhaus Bedeutende künstlerische Ausbildungsstätte für gestaltendes Handwerk; 1919 in Weimar von Walter Gropius gegründet; 1925 aus politischen Gründen nach Dessau, 1932 nach Berlin verlegt; 1933 auf Druck der Nationalsozialisten aufgelöst. Die Lehrer und Künstler, die am B. arbeiteten, strebten eine Verbindung zwischen künstlerischem Denken und Handeln und solider handwerklicher Arbeit an. Das B. erwies sich als das herausragende Zentrum künstlerischer Experimentierfreude in den zwanziger Jahren in Europa. Lehrer des B.es waren u.a. Wassily Kandinsky, Paul Klee, Lyonel Feininger, Oskar Schlemmer, Johannes Itten, Ludwig Mies van der Rohe und László →Moholy-Nagy. Eine spezielle Klasse für Fotografie gab es nur kurz ab 1929 unter Walter Peterhans. Doch war schon vorher die Fotografie in den Experimenten von Moholy-Nagy, aber auch in den Sachaufnahmen der hergestellten Produkte und in den Arbeiten der Werbeklassen präsent (→Bayer, →Neues Sehen, →Neue Sachlichkeit). Versuche, den B.-Gedanken nach 1945 in Deutschland wiederzubeleben, scheiterten letztlich.

Bayard, Hippolyte (*1801 Breteuil-sous-Noye, †1887 Nemours) Zunächst Angestellter beim Finanzministerium in Paris, begann 1836 verstärkt mit der →Camera obscura zu experimentieren. Motiviert von

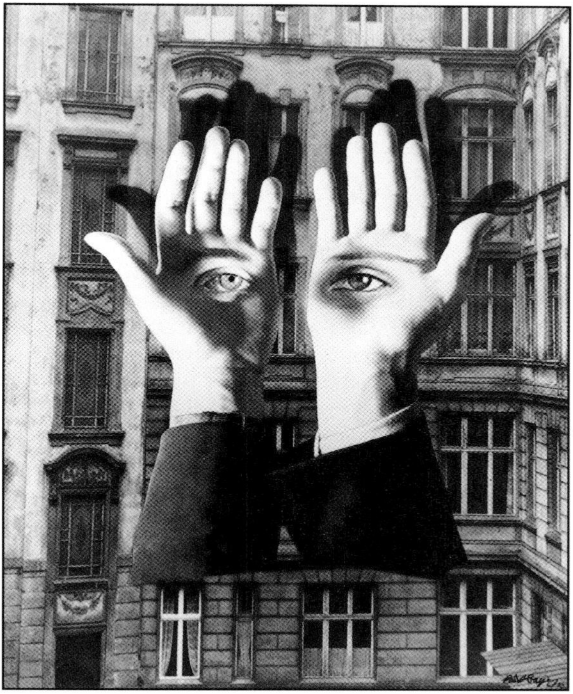

Herbert Bayer, ›Einsamer Großstädter‹, 1932 (Museum Folkwang, Essen)

den Arbeiten →Daguerres legte er drei Monate nach Bekanntgabe von dessen Ergebnissen ein direktes Verfahren zur Herstellung von positiven Papierbildern mit Hilfe von Silberchlorid vor. Im gleichen Jahr (1839) präsentierte er seine Arbeit in einer Ausstellung mit 30 Lichtbildern, die jedoch trotz aller Euphorie bezüglich Daguerres Erfindung wenig beachtet wurde. 1842 eröffnete er ein Fotoatelier, machte Aufnahmen von Pariser Bauwerken und förderte die Gründung fotografischer Gesellschaften; ein Fotopionier, dessen Bedeutung von den Namen Daguerre und →Talbot lange überschattet wurde.

Bayer, Herbert (*1900 Stadt Haag/Österreich, †1985 Santa Barbara/Kalif.) Nach Beginn einer Lehre in einem Kunstgewerbeatelier und einer Assistenz in einem Architekturbüro studierte B. zunächst am Bauhaus in Weimar und arbeitete ab 1925 als Meister für Werbung und Typografie am →Bauhaus in Dessau. Er übernahm Arbeitsweisen und Techniken der Collage sowie der →Fotomontage in die angewandte und freie Grafik. Im Jahr

1928 wechselte er nach Berlin, wurde künstlerischer Leiter der Zeitschrift ›Vogue‹ und leitete schließlich das Werbestudio Dorland. Zwischendurch arbeitete er weiter an der Idee seiner Fotoplastiken und surrealen Stilleben, die immer wieder Thema seiner fotografischen Arbeit sind. 1938 emigrierte B. nach New York, wo er bis 1945 als Werbeberater für Industrie und Agenturen tätig war. 1963 Übersiedlung nach Colorado und Aufgabe der Fotografie.

Beaton, Cecil (*1904 London, †1980 Salisbury) Zunächst Studium der Kunst- und Theaterwissenschaften in Harrow und Cambridge. Als engagierter Fotoamateur schuf er anerkannte umfangreiche Porträtserien von Familienmitgliedern und Kollegen, die ihn frühzeitig bekannt machten. Bereits 1928 arbeitete er für die Modezeitschrift ›Vogue‹ (→Glamour-Fotografie). Rasch schuf sich B. einen Namen als Porträtist der High Society. 1930 übersiedelte er nach Hollywood, kehrte 1937 nach Großbritannien zurück und avancierte im Jahr darauf zum Hoffotografen des englischen Königshauses. Er reiste 1939-1945 zu den Kriegsschauplätzen der ganzen Welt und arbeitete danach u.a. wieder als Modefotograf. Ab 1950 Filmausstatter (u.a. für ›My Fair Lady‹) und Arbeit als Porträtfotograf. 1972 Erhebung in den Adelsstand. B. betrachtete die Fotografie stets als Liebhaberei. Akribie bei der Einbeziehung atmosphärischen Dekors ist typisch für seinen fotografischen Stil.

Cecil Beaton, ›Marlene Dietrich‹, um 1930 (Museum Folkwang, Essen)

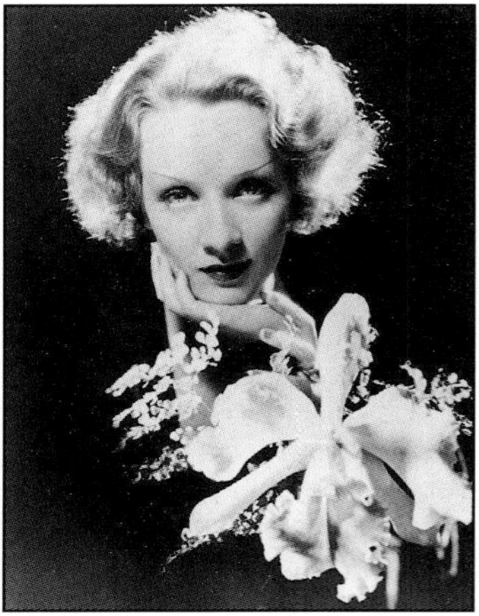

Beauty Bezeichnung aus der →angewandten Fotografie (→Auftragsfotografie) für Aufnahmen im Bereich von Körperpflege und Kosmetik im weitesten Sinne. Dieser relativ umfangreiche kommerzielle fotografische Markt setzt die Beherrschung der verschiedensten Aufnahmetechniken voraus. Fotografische →Still-lifes, →Sachfotografie usw. gehören ebenso dazu, wie das gesamte Spektrum der →Porträtfotografie. Innerhalb der kommerziellen Fotografie besteht hier am ehesten die Möglichkeit, mit den Techniken der →Verfremdung in der Fotografie zu arbeiten.

Becher, Bernd (*1931 Siegen) und **Hilla** (*1934 Potsdam) Nach einer Lehre als Dekorationsmaler

1953 Studium an der Kunstakademie in Stuttgart; seit 1957 in Düsseldorf. Ab 1976 Professor an der Kunstakademie Düsseldorf. Hilla B. arbeitete nach einer Fotolehre als Luftbildfotografin und im Werbebereich. Studium an der Kunstakademie Düsseldorf, 1961 Heirat mit Bernd B. Die gemeinsame Arbeit besteht in einer fotografischen, dokumentarischen Bestandsaufnahme von Industriebauten. Ihre absolut sachlichen, menschenleeren Aufnahmen von Wasser- und Fördertürmen, Fachwerkhäusern und Hochöfen finden sich meist als vergleichende Bildreihen (→Serielle Fotografie; s. Abb. S. 282) angeordnet. Die B.s leisten mit ihrer umfangreichen Arbeit nicht nur einen enormen Beitrag zur →Dokumentarfotografie, sondern tragen damit auch wesentlich zur Anerkennung von Industriearchitektur als historischem, erhaltenswerten Denkmal bei. In neueren Arbeiten betonen sie verstärkt die Eigenständigkeit des Einzelbilds; hervorgehoben wird der Gesichtspunkt eines kollektiven Gedächtnisses.

Beleuchtung Wird ein Motiv/Objekt dem →Licht ausgesetzt, wird es beleuchtet. Die Fotografie konnte früher recht einfach zwischen ungerichteter, natürlicher B. (meistens →Tageslicht) und gezielter, künstlicher B. (→Kunstlicht) unterscheiden; heute haben sich zahlreiche Variationsformen durchgesetzt. Daneben sind Lichtintensität (→Beleuchtungsstärke und →Belichtung, →Lichtstärke) und die Lichtqualität (z.B. →Farbtemperatur und →Reflektor) wichtige Kriterien. Man unterscheidet zwischen einer weichen (kontrastarmen) und einer harten (kontrastreichen) B.

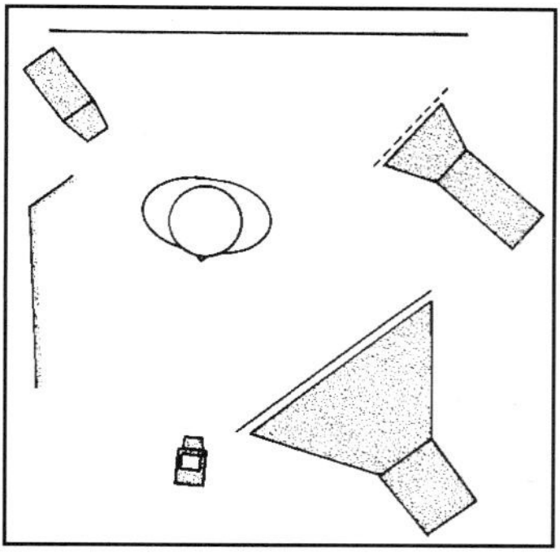

Beleuchtungsanordnung (Aufsicht)

Beleuchtungsanordnung Bei einer gezielten Beleuchtung mit meist künstlichem Licht (Scheinwerfer, →Blitzgerät, →Studioblitzgerät) unterscheidet man bei der Lichtführung zwischen gerichtetem Licht und indirekter, diffuser Beleuchtung. Je nach Motiv und Aufnahmeziel verwendet man in der horizontalen Ebene Vorderlicht, Seitenlicht oder →Gegenlicht, in der Vertikalen →Oberlicht oder Unterlicht bzw. Zwischenstellungen davon.
Da meist mehrere Lichtquellen gleichzeitig eingesetzt werden, bezeichnet man die primäre Lichtquelle als →Hauptlicht, die sekundären Lichtquellen als Nebenlichter. Es empfiehlt sich, bei wichtigen Aufnahmen die B. zu notieren, um zu einem späteren Zeitpunkt eine Kontrolle und ggf. eine Wiederholung zu ermöglichen.

Beleuchtungskontrast Das Verhältnis der Beleuchtungsintensität verschiedener Lichtquellen (z.B. im →Studio) oder einer Lichtquelle und ihrer Reflexionsflächen (z.B. bei Außenaufnahmen). Mit einem →Belichtungsmesser werden nach der Methode der →Lichtmessung nacheinander die minimalen und maximalen Beleuchtungsstärken ausgemessen (→Kontrastmessung). Der B. ist damit unabhängig von Unterschieden in den Eigenfarbigkeiten (→Reflexionsgrad) im Motiv. Zusammen mit dem →Objektumfang läßt sich so auch bei schwierigen Motiven der →Motivkontrast ermitteln. Bei Landschaftsaufnahmen reicht der B. von 1:1, bei starkem Nebel bis zu 1:5 (Sonne ohne Wolken). Ggf. muß der B. durch →Aufhellung gemildert werden.

Beleuchtungsstärke Sie nennt als lichttechnische Meßgröße E diejenige Lichtenergie, die auf einer bestimmten Fläche am Objekt noch ankommt (im Unterschied zur →Lichtstärke). Die B. ist die wichtigste Größe in der Beleuchtungstechnik und wird mit einem Luxmeter nach der →Lichtmessung erfaßt. 1 Lux ist die B. einer Fläche, auf die pro m^2 ein Lichtstrom von 1 Lumen fällt. Der Lichtstrom gibt die ausgestrahlte Leistung einer Lichtquelle an, die sich aus der →Lichtstärke (Maßeinheit = candela [cd]) und dem Raumwinkel, in dem die Lichtquelle abstrahlt (Maßeinheit = Steradiant) ergibt. So ergibt z.B. die Messung in einem durchschnittlich beleuchteten Wohnraum ca. 75 Lux, im mittäglichen Sonnenlicht bis zu 100 000 Lux. Für die Praxis ist zudem von Bedeutung, daß die B. einer (punktförmigen) Lichtquelle mit der Entfernung von der Lichtquelle quadratisch abnimmt (→Helligkeitsabfall).
Wirkt die B. von 1 Lux für 1 Sekunde ein, spricht man von einer Belichtung von 1 Luxsekunde. Für die Belichtung fotografischer Materialien ist jedoch die Orientierung an einer zu benennenden Blende relevanter. Diese wird über die Luxmessung mit Hilfe eines →Belichtungsmessers ermittelt.

Belichtung Vorgang, bei dem die Einwirkung von Licht auf ein (fotografisches) Material eine Veränderung hervorruft. Voraussetzung ist, daß dieses Material (fotografische Schicht) lichtempfindlich ist. In der →Sensitometrie wird die B. H als das Produkt aus Lichtintensität (→Beleuchtungsstärke) und Belichtungsdauer (in Sekunden) angegeben. Diese Beziehung ist als →Reziprozitätsgesetz (H = E x t) bekannt (Einschränkung: →Schwarzschild-Effekt). Beim Belichten fotografischer Materialien in der Kamera beeinflußt außerdem die Wahl der →Blende (→Abblenden) die Lichtintensität. Die Belichtungsdauer wird durch die →Verschlußzeit (Belichtungszeit) geregelt. Maßgeblichen Einfluß auf die Auswirkung der B. hat die Lichtempfindlichkeit des Materials (→Filmempfindlichkeit). Geeignete Belichtungswerte gibt der →Belichtungsmesser an.
Bei der B. ruft die Strahlungsenergie des →Lichts molekulare Veränderungen in der →Emulsion hervor;

es entsteht ein →latentes Bild. Die belichteten Stellen werden durch die Entwicklung geschwärzt. Der Zusammenhang zwischen B. und Schwärzung wird in der →Schwärzungskurve beschrieben.

Belichtungsautomatik Nichtmanuelle Übertragung der vom →Belichtungsmesser ermittelten Belichtungswerte auf das Kamerasystem. Kameras mit automatischer Belichtungssteuerung arbeiten nach verschiedenen Prinzipien: Zeit-, Blenden- und/oder Programmautomatik. Bei der Blendenautomatik wird zur vorgewählten Belichtungszeit der vom Belichtungsmesser der Kamera ermittelte Blendenwert automatisch eingestellt. Bei der Zeitautomatik wird die Blende vorgegeben, und die Automatik stellt die vom Belichtungsmesser ermittelte Verschlußzeit ein.
Bei der →Programmautomatik werden Blende und Verschlußzeit nach eingespeicherten Prioritäten automatisch übertragen. Gute B.en berücksichtigen noch Änderungen der Lichtsituation im Moment der Aufnahme.

Belichtungsmesser in einer Sucherkamera (Olympus)

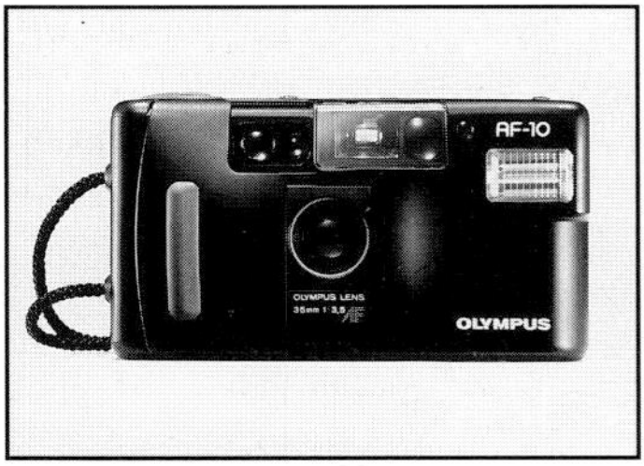

Belichtungskorrektur Bewußte Abweichung bei der Belichtung von der Angabe des Belichtungsmessers. Solche Korrekturen können in bestimmten Aufnahmesituationen (Gegenlicht, weiße oder schwarze Motive) erforderlich sein. Auch geräte- und materialspezifische Toleranzen bei →Belichtungsmessern, →Verschlußzeiten, →Filmempfindlichkeiten sowie verarbeitungstechnische oder fotografenspezifische Eigenheiten sind Gründe für eine gezielte Abweichung von ± 1/2 bis zu drei Blenden-/Zeitstufen. Die Änderung läßt sich meist per Dejustierung des Belichtungsmessers bzw. durch spezielle Korrekturtasten in die Kamera eingeben. Auch verschiedene Belichtungsprogramme oder →Programmautomatik beinhalten oft eine B. (→Überbelichtung, →Unterbelichtung).

Belichtungsmesser Ein fotoelektrisches Meßgerät zur Ermittlung der Leuchtdichte (reflektiertes Licht) bzw. der →Beleuchtungsstärke (direktes Licht). Dabei nimmt eine lichtempfindliche Zelle die Strahlungsenergie des →Lichts auf: Un-

Belichtungsmesser als Laborbelichtungsmesser

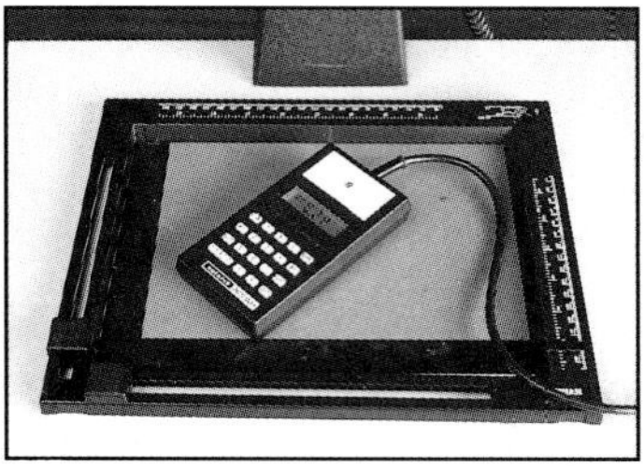

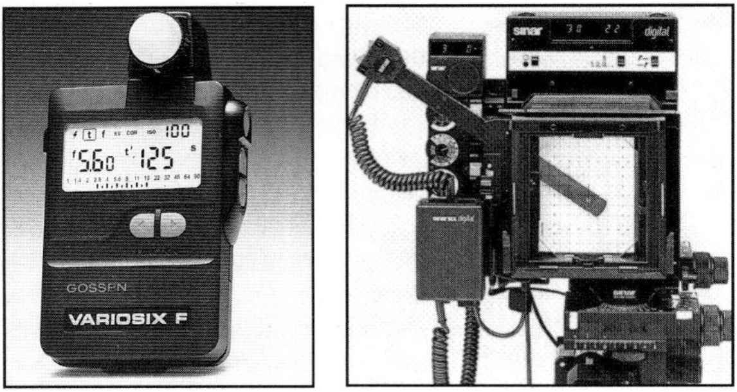

Belichtungsmesser: In einem Handbelichtungsmesser (links; Gossen); Meßsonde zur Messung auf der Mattscheibe (Sinar)

terschieden wird zwischen Fotoelementen (Selenzellen), die die Lichtenergie direkt in meßbaren elektrischen Strom umwandeln, Fotowiderständen, die durch Licht ihre Leitfähigkeit verändern (CdS-Widerstand) und, als Mischform, der →Fotodiode (Siliziumdiode). Teilweise werden auch Fototransistoren (in Blitzbelichtungsmessern) verwendet. Die elektrischen Ströme werden nach einer vorgegebenen Eichung in die Werte der Blenden und Belichtungszeiten umgesetzt, wobei unter der Vorgabe jeweils eines Werts der andere festgelegt wird (→Belichtungswert). Für die Justierung eines B.s wird eine Leuchtdichte, die einem mittelgrauen Objekt (genau: 18% Remission) entspricht, zugrundegelegt (→Graukarte). Die Meßzellen sind in einem →Handbelichtungsmesser oder in die Kamera eingebaut. Bei letzterer befinden sie sich (bei einfachem →Sucherkameras) neben dem Objektiv, oder — wie zunehmend üblich — die Belichtungsmessung erfolgt durch das Objektiv (→Innenmessung). Diese TTL-Messung (TTL = through the lens) erlaubt eine den Aufnahmewinkel des Objektivs berücksichtigende Messung. Daneben gibt es Laborb., mit denen die für die Belichtung des Fotopapiers erforderliche Lichtmenge ermittelt werden kann,(Abb. S. 37).

Belichtungsmessung Bei einem fotografischen Belichtungsmesser

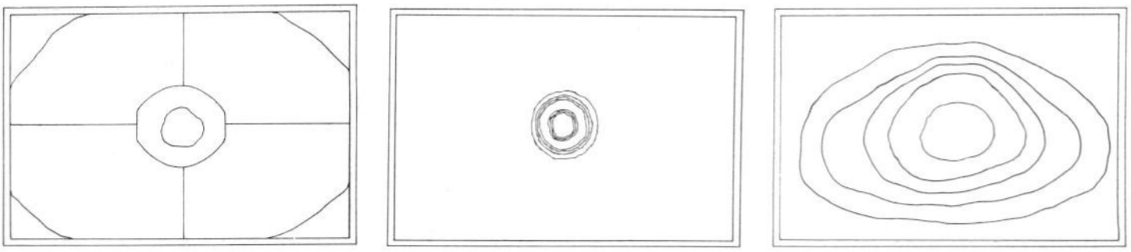

Belichtungsmessung: Verteilung der Meßzonen in einem Meßfeld; a) als mittenbetonte Integralmessung (bei Spiegelreflexkameras = Sucherfeld); b) als Spotmessung; c) als eine Variante der Mehrfeldmessung

erfolgt in der Regel der Meßvorgang nach zwei unterschiedlichen Prinzipien: Entweder wird mit der →Lichtmessung die Beleuchtungsstärke direkt festgestellt (Messung des auf das Motiv auftreffenden Lichts, mit →Kalotte in Richtung Kamera) oder mit einer →Objektmessung die vom Motiv reflektierten Anteile des Lichts (Messung in Richtung Motiv). Die Lichtmessung wird nur mit →Handbelichtungsmessern praktiziert. Bei der Objektmessung werden je nach Zielsetzung des Belichtungsmessers ggf. unterschiedliche Meßfelder innerhalb des Motivausschnitts besonders hoch bewertet. Wird das ganze Motivfeld gleichmäßig ausgemessen, spricht man von einer →Integralmessung, bei einer Höherbewertung der Bildmitte von einer mittenbetonten Integralmessung, bei einer Messung eines kleinen Mittelpunkts von einer Selektiv- oder →Spotmessung, bei einer Aufteilung des Bilds in mehrere Felder von einer →Mehrfeldmessung.
Das Ergebnis der B. wird manuell (→Nachführmessung) oder automatisch (→Belichtungsautomatik) auf die Kameramechanik übertragen.

Belichtungsregel (Faustregel) Unter der Annahme einer durchschnittlichen Beleuchtungsstärke des direkten Sonnenlichts läßt sich, ausgehend von der Filmempfindlichkeit, für Außenaufnahmen eine Blenden/Zeit-Kombination ohne Belichtungsmesser abschätzen. So gilt die grobe, in Notfällen (z.B. bei Ausfall des Belichtungsmessers) aber durchaus brauchbare Faustregel: Bei vollem Sonnenlicht erfordert Blende 16 eine Belichtungszeit, die dem Kehrwert der →Filmempfindlichkeit in ASA entspricht: Bei z.B. einer Filmempfindlichkeit von ISO 200/24° ≙200 ASA ist also 1/200 Sek. nötig. Bei leicht bedecktem Himmel wird die Belichtung um gut eine Stufe, bei verhangenem Himmel um ca. drei Stufen erweitert (→Belichtungswert). Weitere Differenzierungen bei sehr trübem Wetter werden allerdings schwierig.

Belichtungsreihe Arbeitsweise bei der Aufnahme, bei der mehrere Fotos mit gleichem Ausschnitt usw., aber Variation von Belichtungswerten angefertigt werden. So kann man sich bei schwer einschätzbaren Lichtsituationen (Hochkontrastmotive, Nebel u.ä.) gegen falsch belichtete Ergebnisse absichern. Auch bei unzureichend aufeinander abgestimmten Gerätekombinationen und Entwicklungsmodalitäten sind B.n erforderlich.
Während bei Negativfilmen Abstufungen von ± 1 Belichtungsstufe meist ausreichen, sind bei Diafilmen durchaus Abstufungen bis zu ± 1/2 bzw. ± 1/3 Stufen sinnvoll, um eine perfekt belichtete Aufnahme zu erhalten.

Belichtungsspielraum Die Differenz zwischen dem →Motivkontrast und dem maximalen →Belichtungsumfang des Aufnahmematerials. Während der Motivkontrast durch die Aufnahmesituation vorgegeben ist, hängt der Belichtungsumfang von der →Schwärzungskurve des jeweiligen Films (und seiner Verarbeitung) ab. Der B. sollte größer sein als der Motivkontrast. Eine solche Differenz ist notwendig, um geringfügige Abweichungen der Belichtung nicht zu Ausschußfotos führen zu lassen. Wenn z.B. der Motivkontrast 1:32 (also 5 Blendenstufen) beträgt und der Belichtungsumfang des verwendeten Filmmaterials 1:64, so verbleibt ein B. von ± 1/2 Blendenstufe. Sehr kontrastreiche Aufnahmesituationen und hart arbeitende Filme (z.B. Diafilme) erfordern demzufolge eine äußerst präzise Belichtung, ggf. eine Reduzierung des →Kontrastumfangs, eine Spezialentwicklung zu einer weicheren Gradation (falls möglich) oder das Akzeptieren eines Verlusts in der Durchzeichnung der →Lichter und →Schatten.

Belichtungsumfang Das Verhältnis der minimalen und maximalen Lichtintensität, die die schwächste und die stärkste Schwärzung auf dem Film hervorruft. Die eingeschränkte Kontrastwiedergabe eines Films erlaubt keine identische Abbildung der realen Helligkeiten, sondern die Wirkung der Belichtung stellt sich in einer →Schwärzungskurve dar (→Gradation). Der maximale B. beträgt bei Farbdiafilmen ca. 1:32, also 5 Blendenstufen, bei Farbnegativfilmen 1:64 (ca. 6 Blendenstufen), bei Schwarzweißnegativfilmen 1:125 bis über 1:1000 (bis zu 10 Blendenstufen). Da davon jedoch immer nur ein Teil für eine adäquate Wiedergabe der Motivhelligkeiten genutzt werden kann, muß der →Motivkontrast und der →Kontrastumfang unter den genannten Werten liegen, wenn eine differenzierte Durchzeichnung in Lichtern, Mitteltönen und Schatten erreicht werden soll (→Belichtungsspielraum). Den B. bei Fotopapieren bezeichnet man als →Kopierumfang. Er schränkt eine motivgerechte Wiedergabe weiter ein.

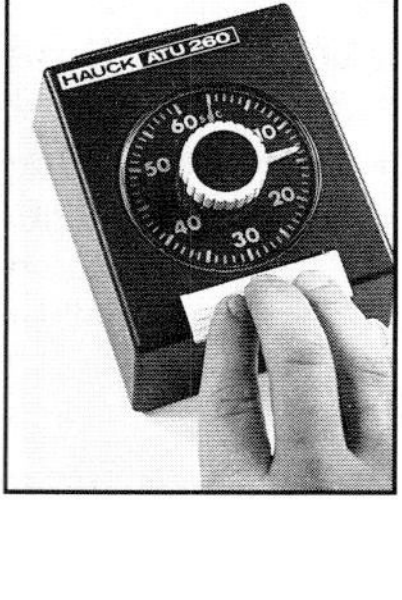

Belichtungs-zeitschaltuhr

Belichtungswert Da es, belichtungstechnisch gesehen, (in Grenzen) gleich ist, ob sich die Erweiterung oder Reduzierung einer →Belichtung in Blendenstufen (→Blendenzahl) oder Zeitstufen (→Verschlußzeit) vollzieht, spricht man auch von B.en (→Lichtwert).

Belichtungszeit Neben der →Blende (Öffnungsverhältnis) *das* bestimmende Parameter für die →Belichtung. An Kameras wird die B. durch die Öffnung des →Verschlusses geregelt (→Verschlußzeit).

Belichtungszeitschaltuhr Im Fotolabor wird damit die Leuchtdauer der Lampe des Vergrößerungsgeräts und damit die Belichtungszeit für das Fotopapier eingestellt und geregelt. Einfachere mechanisch ablaufende Uhren schalten

Zeiten zwischen etwa 1 und 60 Sek., elektronische Geräte dagegen von ca. 1/100 Sek. bis zu mehreren Stunden (Timer). Oft sind sie mit automatischen Laborbelichtungsmessern und Color-Analysern verbunden.

Beta-Wert Ein aus der →Schwärzungskurve einer Film/Entwickler-Kombination hergeleiteter Zahlenwert, der eine Information über deren →Gradation gibt, was besonders in der →Schwarzweißfotografie von Bedeutung ist. Der B.-W. (ß) ist der Tangens eines Winkels, dessen Schenkel sich im Empfindlichkeitspunkt A der Schwärzungskurve (0,1 log →Dichte über dem →Grundschleier) schneiden. Ein Schenkel entspricht der Horizontalen durch A. Der Markierungspunkt des zweiten Schenkels wird ermittelt, indem auf dieser, von A ausgehend, log 1,5 Dichte als Belichtungswert abgetragen wird (entspricht einem →Belichtungsumfang von 1:32). Die Senkrechte durch den so entstandenen Markierungspunkt schneidet die Kurve im oberen Bereich. Die Verbindung des Schnittpunkts mit A bestimmt den Winkel. Die Ermittlung des B.-W.s wird dem →Gamma-Wert vorgezogen, da moderne Filmemulsionen nur selten noch einen geradlinigen Kurventeil zeigen (→Kontrastindex).

Betrachtungsabstand Damit der Betrachter eines Fotos einen Bildeindruck bekommt, der der Sichtweise des Fotografen beim Blick durch den Sucher entspricht, sollte der B. zum Bild nicht größer sein als die verwendete Brennweite des Aufnahmeobjektivs, multipliziert mit dem linearen →Vergrößerungsfaktor. Vergrößert man also z.B. ein Kleinbildnegativ 12fach, erhält man ein Foto von etwa 29 x 43 cm. Entstand das Foto mit einem 20-mm-Objektiv, sollte der B. 24 cm, bei einer 50-mm-Brennweite 60 cm und bei einem 200-mm-Objektiv 2,40 m betragen, um den aufnahmegetreuen Perspektiveindruck zu erhalten. Eine einfachere klassische Faustregel setzt bei Bildern den Betrachtungsabstand der Formatdiagonalen des Fotos gleich, wobei ein mittlerer Leseabstand von 25 cm nicht unterschritten werden sollte.

Beugung tritt auf, wenn →Licht auf eine Kante eines lichtundurchlässigen Körpers trifft. Dieses Phänomen erklärt sich aus der Wellennatur des Lichts. Jeder feste Punkt eines Mediums wirkt, wenn er von einer Wellenfront getroffen wird, wieder als Zentrum einer neuen Welle. Die B. tritt besonders an den Kanten der →Blende auf und beeinträchtigt das →Auflösungsvermögen eines optischen Systems, da statt scharfer Bildpunkte nur diffuse Beugungsscheibchen abgebildet werden, deren Durchmesser mit abnehmender Blendenöffnung immer größer wird; das gesamte Bild wird unscharf. Daher wird bei der Objektivkonstruktion darauf verzichtet, eine Schließung der Blende über einen kritischen Wert zu ermöglichen (→Blende, förderliche; Abb. S. 42).

Bewegungsschärfe Soll die Bewegung eines Objekts (Punktes)

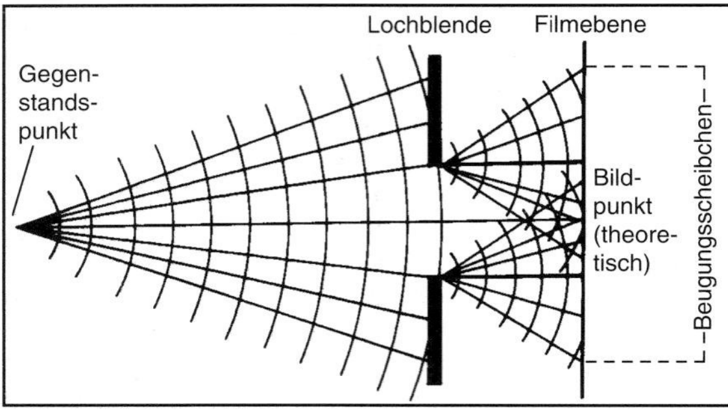

Beugung des sich geradlinig ausbreitenden Lichts an den Rändern einer Lochblende

scharf in einem Foto abgebildet werden, so muß die →Belichtungszeit so kurz sein, daß die währenddessen im Bild zurückgelegte Wegstrecke des Punktes kleiner ist als der zulässige →Zerstreuungskreisdurchmesser. Die →Verschlußzeit hierfür läßt sich aus dem →Abbildungsmaßstab und der Objektgeschwindigkeit (in m/s) ermitteln:

$$\text{Zeit} = \frac{\text{Zerstreuungskreisdurchmesser}}{\text{Objektgeschw.} \times \text{Abb.-maßstab} \times 1500}$$

Der Faktor 1500 gilt für das Kleinbild, bei größeren Formaten reicht bei normalem Vergrößerungsmaßstab der Faktor 1000. Läuft die Bewegung nicht parallel zur Filmebene, kann die ermittelte Verschlußzeit etwas verlängert werden. Die scharfe Abbildung einer Bewegung durch kurze Verschlußzeiten ist eines der typischen Charakteristika der Fotografie.
Die Möglichkeiten reichen vom Festhalten lebendiger Momente des alltäglichen Geschehens mit der Kamera bis hin zu Arbeitsweisen der →Hochfrequenzfotografie (→Schärfe; Farbabb. 50).

Bewegungsunschärfe ›Unscharfe‹ Wiedergabe von Bewegungsvorgängen durch →Verwischung von Motivkonturen. Der Grund liegt in einer in Relation zu →Abbildungsmaßstab und Motivgeschwindigkeit zu langen →Verschlußzeit (→Bewegungsschärfe). B. findet sich z.B. im Foto eines Läufers, wenn er aufgrund seiner Geschwindigkeit verwischt und die Umgebung scharf abgebildet wird (im Unterschied zum →Mitziehen).
Häufig ergeben sich dabei interessante gestalterische Spannungen zwischen Statik und Dynamik. Eine übertriebene Verwischung kann zu einer optischen Auflösung des bewegten Objekts führen. Arbeitet man gezielt mit B.n, läßt sich der Momentcharakter der Fotografie überschreiten (→Schärfe, →Schärfentiefe).

Bichromat veraltet für →Dichromatverfahren

Biermann, Aenne (*1898 Jena, †1933 Gera) Bis 1922 Musikstudium, anschließend autodidaktische Beschäftigung mit Fotografie. Beeindruckt von den frühen Arbeiten von →Renger-Patzsch, publizierte sie in den zwanziger Jahren Porträts, vornehmlich aber Objektarrangements und Naturmotive. Sie gilt auch als Vertreterin der →Neuen Sachlichkeit.

Bifocallinse Eine →Vorsatzlinse (→Trickfilter), bei der ein Teil der Linsenfläche als Nahlinse gefertigt ist. Sie ermöglicht bei richtiger Kameraeinstellung gleichzeitig eine scharfe Abbildung im →Nahbereich und im Bereich →unendlich.

bikonvex, bikonkav →Linsen

Bild... →Foto...

Bildagentur (Fotoagentur) Vertriebsinstitution, die über ein thematisch geordnetes →Bildarchiv verfügt und auf Anforderung Zeitungen und Illustrierte, Verlage, das Fernsehen usw. mit Fotografien von gewünschten Motiven beliefert. B.en arbeiten mit freien und festangestellten Fotografen zusammen, die ein entsprechend aktuelles umfangreiches Bildangebot garantieren. Sie können Teil der internationalen Nachrichtenagenturen wie ›dpa‹ oder ›AP‹ sein, andere wie ›The Image Bank‹ oder ›Focus‹ arbeiten eigenständig; einige wurden ursprünglich als Zusammenschluß selbständiger Fotografen gegründet wie etwa →›Magnum-Photo‹, ›Visum‹ oder ›Bilderberg‹; wieder andere haben sich auf einzelne Teilbereiche wie Tiere, Bauwerke usw. spezialisiert. B.en erfüllen eine

Bewegungsunschärfe; Foto: Christoph Seelbach

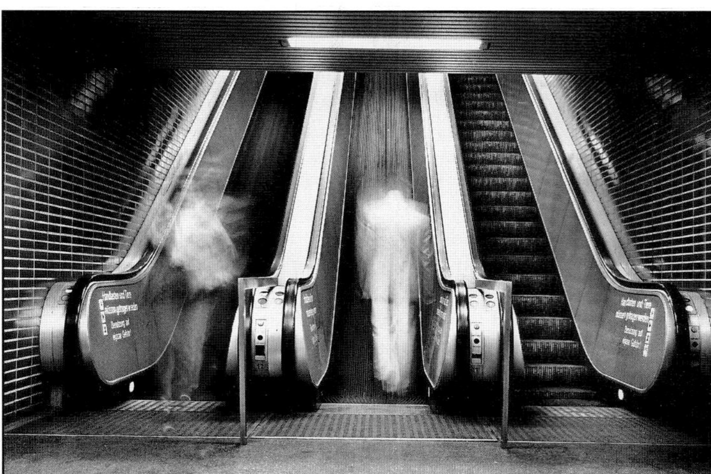

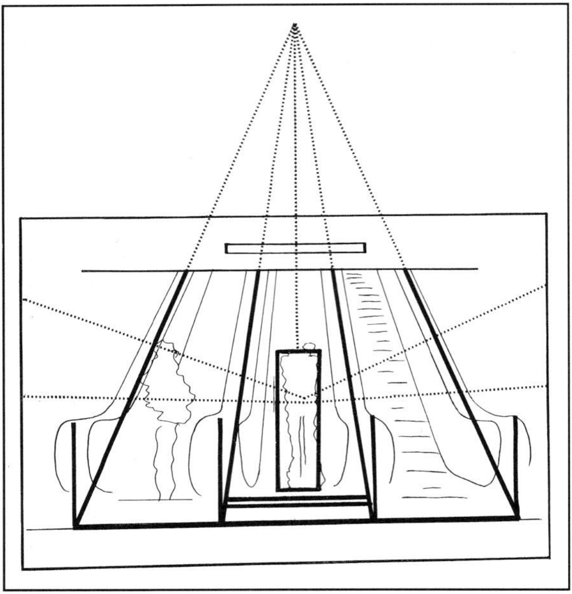

Bildaufbau (vgl. Bewegungsunschärfe S. 42)

kommerzielle Funktion; sie existieren von dem einbehaltenen Honoraranteil, den sie aus dem Vertrieb der Bilder und deren Nutzungsrechte erzielen.

Bildarchiv Größere, nach bestimmten Kriterien geordnete Ansammlung von Bildmaterial zum Zwecke der (historischen) Sammlung, der Dokumentation und/oder der kommerziellen Verwertung. Zwar läßt sich auch jedes private Diaarchiv als B. bezeichnen, in der Regel sind aber die professionell betriebenen Archive gemeint, die gleichzeitig als →Bild-agentur den Vertrieb der Bilder betreiben. Zeitungen und Verlage, Film und Fernsehen greifen ebenso wie die wissenschaftliche Forschung auf das Angebot der B.e zurück (→Archivierung).

Bildaufbau meint die formale Struktur eines Bildes. Sie scheint vordergründig bei vielen Fotos durch die Inhaltsebene (→Bildaussage) überlagert, gilt jedoch gleichzeitig als Träger derselben. So ist z.B. ein (großer) Ball auf einem Foto formal nichts anderes als ein Punkt bzw. eine Kreisfläche in einem Rechteck, der Horizont in einer Landschaft lediglich eine bildteilende Linie.
Wie und wo solche Strukturelemente innerhalb des Bildrechtecks angeordnet sind, hat Einfluß auf die Gewichtung der Elemente durch

den Betrachter. Neben dem Ort der Bildelemente hat auch das Kontrastverhältnis Bedeutung (z.B. dringt ein weißer Punkt auf dunkler Fläche optisch vor, ein dunkler Punkt auf heller Fläche tritt in den Hintergrund). Bei entsprechenden Bildanalysen darf allerdings die inhaltliche Bedeutung der Formelemente nicht völlig zurückgestellt werden. Auch wenn z.B. formal die Augen eines Gesichts den Scheinwerfern eines Autos ähnlich sind, erzielen sie aufgrund ihrer Bedeutung in der menschlichen Sinnwelt einen viel größeren Aufmerksamkeitswert.
Viele Regeln für B. und →Bildgestaltung sind aus der bildenden Kunst übernommen. Eine allzu geradlinige Übertragung wird dem Medium Fotografie allerdings nicht in allen Aspekten gerecht.

Bildaussage Der Begriff betrifft nicht nur das faktische Bildgeschehen (Bildinhalt) sondern auch seine emotionale Wirkung (Bildwirkung). Gemeint ist die inhaltliche Ebene, die der Fotograf in sein Bild hineinlegt, die der abgebildete Gegenstand ausstrahlt, die Bildessenz, die der Betrachter aus dem Foto heraus interpretiert. Im Regelfall (z.B. bei der →Fotoreportage, in der Werbefotografie) sollten alle drei Ebenen parallel verlaufen. Will der Fotograf eine B. vermitteln, wird er das Gesehene (das Motiv) in passende Form- und Gestaltungselemente (Perspektive, Ausschnitt, Farbgebung usw.) umsetzen, die der Betrachter des Fotos später wieder entschlüsseln muß. Das Funktionieren dieses Prozesses setzt voraus, daß der Fotograf die Interpretationsmöglichkeiten des Betrachters kennt und berücksichtigt. Eine Alternative oder Ergänzung besteht darin, daß der Betrachter Informationen über Ursachen und Hintergründe der Bildentstehung besitzt.
Gelungene Beispiele finden sich u.a. auch in der Sozial- und →Arbeiterfotografie. In der →künstlerischen Fotografie verlaufen die Zusammenhänge allerdings oft weniger eindeutig. Einige Fotografen verweigern sich dem Begriff ›Bildaussage‹ überhaupt, weil er eine Intention beinhalte, andere wieder bezeichnen sich als Dokumentaristen (→Dokumentarfotografie), die lediglich Abbildungen der Dinge schaffen, eine dritte Richtung versucht, mit ihren Bildern globale visuelle Anreize für mehrdeutige Interpretationen zu geben (→Bildgestaltung, →Objektivität , →Ästhetik).

Bildausschnitt →Ausschnitt

Bildbühne →Vergrößerungsgerät

Bildebene Die zur Gegenstandsebene (Dingebene, Aufnahmeebene) optisch entgegengesetzte Ebene, in der allein ein scharfes Bild erzeugt werden kann (→Abbildung). Durch das Fokussieren (→Scharfeinstellung) werden B. und Filmebene miteinander zur Deckung gebracht. Aufgrund von →Abbildungsfehlern liegen in der Praxis die Bildpunkte allerdings nicht in einer Ebene, sondern in einer mehr oder weniger tiefen Zone, die wiederum noch uneben bzw. gewölbt sein kann. Während die B. eher den geometrisch idealisierten Aspekt der Ebene betont, bezieht sich der Begriff →Bildfeld eher auf die flächenmäßige Ausbreitung des →Bildkreises.

Bildempfangsschicht →Farbdiffusionsverfahren

Bildfeld Optisches Gegenüber des von einem optischen System (→Objektiv) erfaßten Gegenstands- oder Objektfelds (→Abbildung). Die Fläche des B.s wird von dem vom Objektiv aufgezeichneten →Bildkreis bestimmt. In der Kamera wird das B. durch das Filmfenster begrenzt und somit auf das Aufnahmeformat reduziert. →Bildebene

Bildfeldwölbung Die Bezeichnung für einen →Abbildungsfehler, der in Zusammenhang mit dem →Astigmatismus zu sehen ist. Da eine Korrektur des Astigmatismus lediglich eine Angleichung der meridionalen und →sagittalen Bildschalen aneinander bedeutet, kann das (scharfe) Bildfeld noch gewölbt sein, so daß auf einer Abbildungsebene (Film) Zonen der Unschärfe (z.B. zum Rand hin) entstehen. Um gleiche Schärfe für das gesamte →Bildfeld zu erhalten, muß man dieses ebnen, d.h. bei der Korrektur des Astigmatismus die meridionale und die sagittale Bildschale nicht nur günstig aneinander, sondern zugleich günstig an die Abbildungsebene angleichen. Die Korrektur der B. bezeichnet man als Bildfeldebnung.

Bildgestaltung Umsetzung der →Bildaussage bzw. des Bildinhalts in eine Struktur einzelner Bildelemente mit Hilfe (foto-) aufnahmetechnischer und gestalterischer Arbeitsweisen. Die B. ist die Grundlage für die Form des Bildes. Dazu gehören sowohl die Wahl des →Bildausschnitts, die Struktur des →Bildaufbaus wie die Farbkomposition, die Wahl der →Perspektive (→Zentralperspektive) und der Helldunkel-Konstraste. Die Wahl des Films (z.B. →Körnigkeit) und des →Beleuchtungskontrasts wirken ebenso hinein wie der →Bildwinkel der verwendeten Brennweite und die damit zusammenhängenden →Einstellungen. Die Regeln über gestalterische Gesetzmäßigkeiten entstammen weitgehend der traditionellen Malerei. Ihre Übertragbarkeit auf die Fotografie ist ebenso wie ihr Anspruch auf Allgemeingültigkeit nicht unumstritten.

Bildjournalismus Sammelbegriff für Berufsfelder in Agenturen und Medien der Massenkommunikation, in denen es um Fotos geht (→Bildagentur). Neben den selbst fotografierenden Fotoreportern (→Fotoreportage) und Pressefotografen gibt es bei großen Printmedien, bei Verlagen, Bildagenturen und Fernsehanstalten Bildredakteure, die sich mit der Recherche, der Auftragsvergabe an Fotografen, der Bildbeschaffung und der Bildauswahl beschäftigen. Es gibt keine Zulassungsbestimmungen für den Beruf des Bildjournalisten. Eine solide praktische und theoretische fotografische Ausbildung ist jedoch wünschenswert. Weit zurückblickend sind mit dem klassischen Bildjournalismus Namen wie →Salomon und →Cartier-Bresson verbunden.

Bildkontrast Das Verhältnis zwischen der hellsten und dunkelsten Stelle einer Abbildung. Der B. wird bestimmt durch den →Motivkontrast, den →Belichtungsumfang des Films sowie den →Kopierumfang des Fotopapiers bzw. seine →Gradation. Er hat eine große Bedeutung für den Schärfeeindruck eines Bildes (zum Beispiel wirkt ein schwarzweißes Schachbrettmuster schärfer, als ein meßtechnisch genauso scharfes Muster in Hellgrau- und Mittelgrautönen). →Auflösevermögen

Bildkreis Durch die Objektivkonstruktion bedingte kreisförmige Begrenzung des →Bildfelds. Das nutzbare rechteckige Aufnahmeformat liegt innerhalb des B.es. Er ergibt sich aus dem →Bildwinkel und der →Brennweite. Sein Durchmesser entspricht mindestens der maximal möglichen Diagonalen des Aufnahmeformats.
Da einige →Abbildungsfehler im Randbereich des B.es verstärkt deutlich werden, liegt der Problembereich dieser Fehler bei den Aufnahmeformaten in den Bildecken (→Vignettierung). Aus Kostengründen werden Objektive immer nur für den kleinstnötigen B. konstruiert. Nur bei →Fachkameras werden, um deren →Verstellmöglichkeiten umzusetzen, Objektive mit größerem B. verwendet.

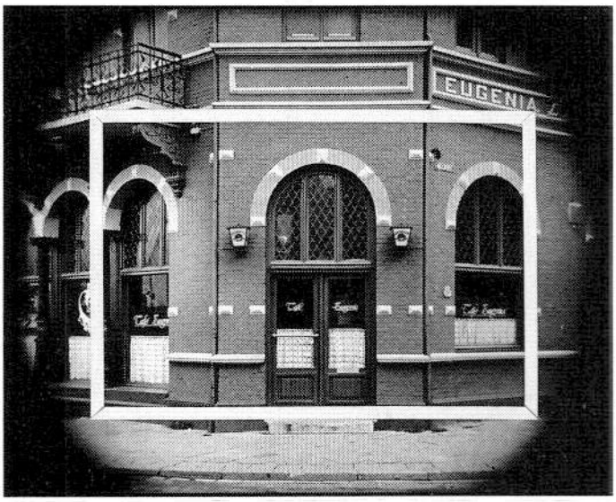

Bildkreis: Das Aufnahmeformat nutzt nur einen Teil des Bildkreises aus; Foto: Os Özkan

Bildmäßige Fotografie Der Begriff beschreibt eine Fotografie, in der weniger das Abbild eines konkreten Gegenstands und mehr das Bildergebnis an sich Bedeutung hat. Die b.. F. umfaßte ursprünglich die experimentelle Fotografie der zwanziger Jahre und gewann neue Bedeutung im Zusammenhang mit der →Subjektiven Fotografie ab 1950.

Bildschirmfoto Um Abbilder von einem Bildschirm als Papierkopie, Dia oder Folie (Hardcopy) zu erhal-

Bildschirmfoto mit zu kurzer Belichtungszeit

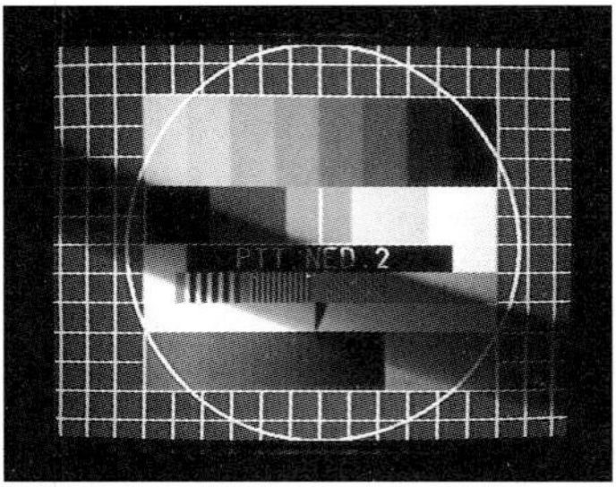

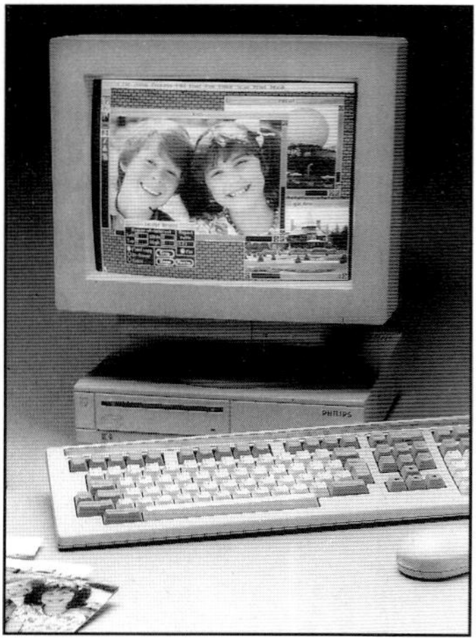

Bildverarbeitung am Computer (Kodak)

ten, kann das Bild entweder direkt durch Umwandlung elektronischer Signale durch einen Laserbelichter, einen Laserdrucker oder einen →Thermodrucker ausgedruckt oder aber mit der Kamera abfotografiert werden. Bei letztgenannter fotografischer →Reproduktion ist es vom Prinzip her gleich, ob das Bild von einem normalen Fernsehschirm, einem Computermonitor (oder einem Oszillographenmonitor, einem Videobildschirm o.ä.) stammt. Maßgeblich für die Schärfewiedergabe ist zunächst die Auflösung, die das Bildschirmsystem bietet (→Computergrafik). Für die Belichtungszeit ist die Frequenz wichtig, mit der das Bild auf dem Bildschirm aufgebaut wird. Eine zu kurze Belichtungszeit bewirkt, daß ein schwarzer Trennbalken, der den Zeilensprung zwischen den (Halb-)Bildern markiert, das Foto durchtrennt. Beim Fernseh-/Videoempfang wird man je nach Gerätestandard von 1/25 Sek. oder länger, bei vielen einfachen Computerbildschirmen von ≥1/8 Sek. ausgehen können. Da die →Farbtemperatur des Bildes einer Fernsehröhre über der des Tageslichts liegt, wird u.U. der leichte Blaustich bei der Reproduktion auszufiltern sein. Wichtig für abfotografierte Fernsehbilder ist, daß diese urheberrechtlich geschützt sind (→Urheberrecht; Farbabb. 45c).

Bildspurzeit Beim Entwickeln eines belichteten Bildes im Fotolabor beschreibt B. jene Zeitspanne zwischen Eintauchen des Papiers in den Entwickler und dem Erscheinen erster Schwärzungsspuren.

Bildverarbeitung Als paralleler Begriff zur elektronischen Textverarbeitung sind alle Verarbeitungsschritte eines Bildes *nach* der Bildentstehung gemeint. Vorausgesetzt wird, daß das Foto zunächst in einem Rechner aufbereitet, d.h. digitalisiert wurde. Es wird dazu mit einem →Scanner eingelesen oder einer Videokamera (→CCD-Bildwandler) über ein Digitalisierungsmodul aufgenommen. Mit der dabei erstellten Datei wird das Bild in einzelne Bildpunkte zerlegt (pixel). Mit der Anzahl der ›pixel per inch‹ läßt sich die Auflösung des aufgezeichneten Bildes beziffern (verwendet wird auch ›dots per inch‹ = ›dpi‹ oder ›samples per inch‹ = ›spi‹).
Für die differenzierte Umwandlung eines schwarzweißen Halbtonbildes

oder eines Farbbilds sind allerdings - je nach gewünschter Auflösung - sehr große Datenmengen erforderlich, die die üblichen Fest- bzw. Arbeitsspeicher und Verarbeitungskapazitäten von Kleinrechnern meist (noch) übersteigen, selbst wenn die Daten durch gesonderte Programme auf ein Minimum komprimiert werden. Statt Disketten werden oft Analog-Speicher, zum Beispiel Bildplatten oder Compact-Discs, eingesetzt (→Photo-CD). Mit Hilfe geeigneter Grafikkarten und Bildverarbeitungsprogramme lassen sich die digitalisierten Fotos vielfältig verändern (Retusche, Gradationsveränderung, Farbveränderung, Verzerren, Rastern usw. →Computergrafik). Die Verwendung liegt u.a. in der Layout-Gestaltung über Desk-

Bildverarbeitung: Einige Möglichkeiten der Bildveränderung (Original nebenstehend)

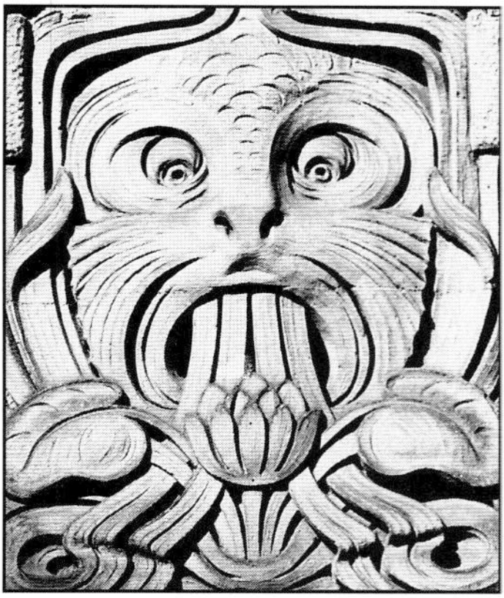

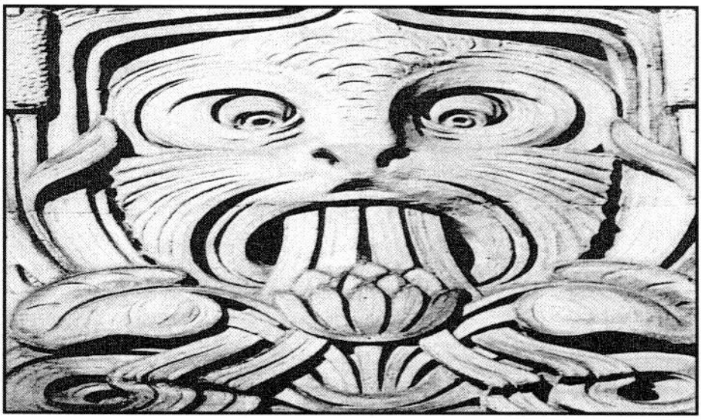

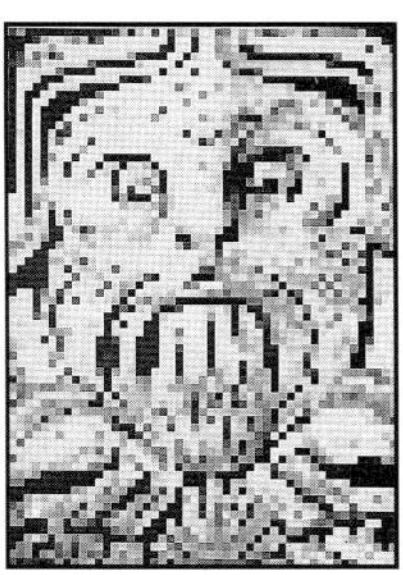

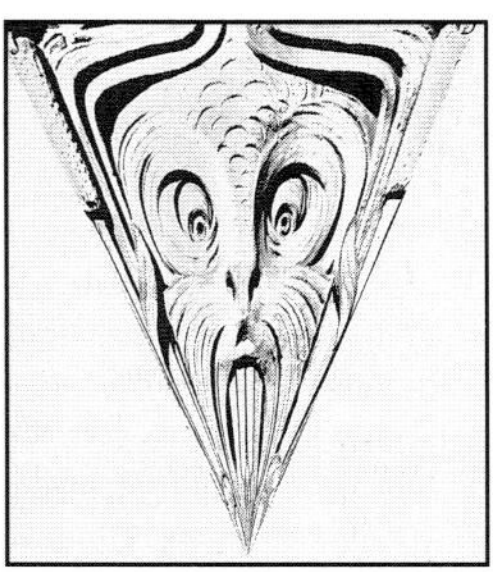

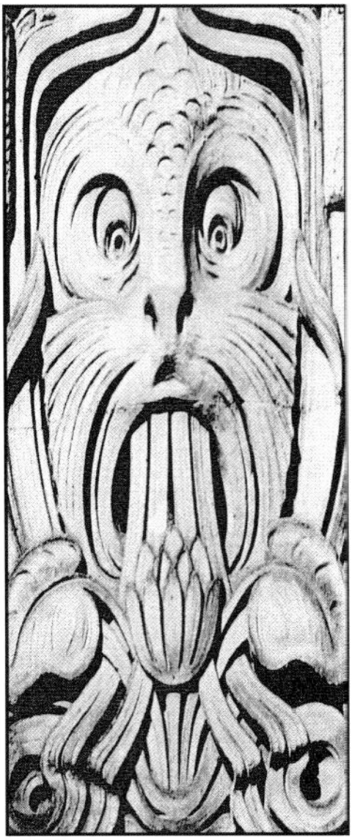

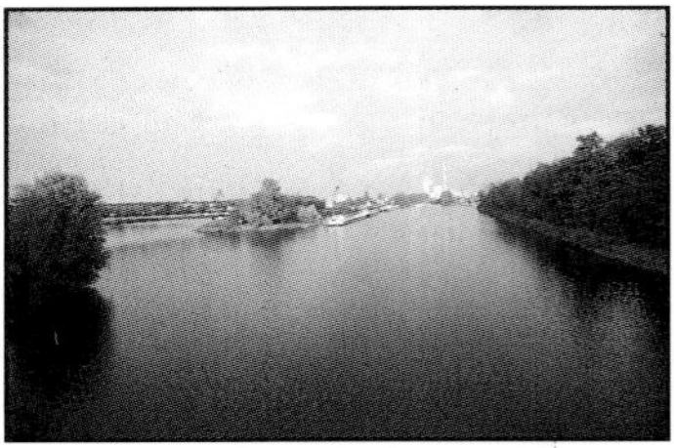

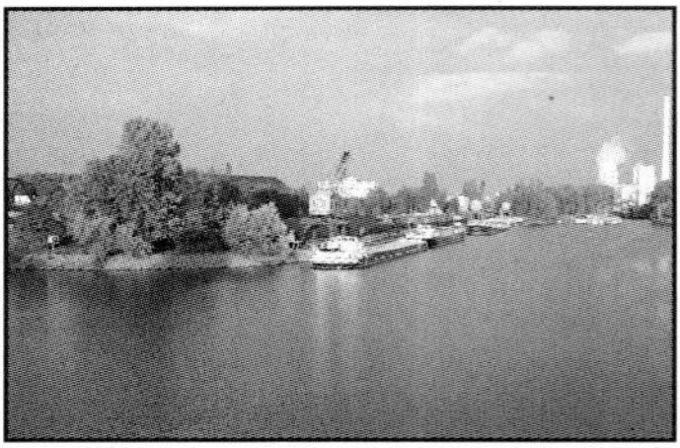

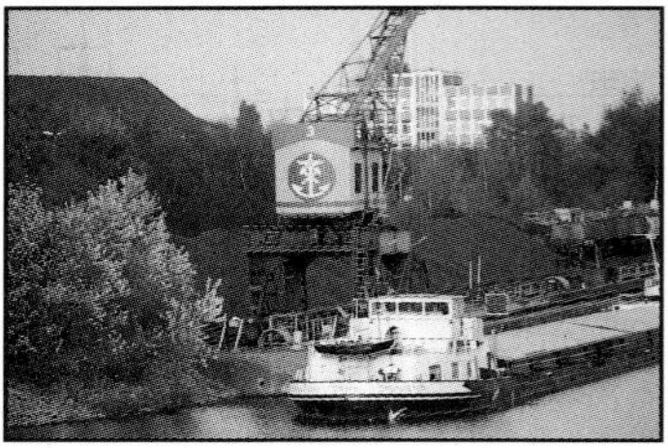

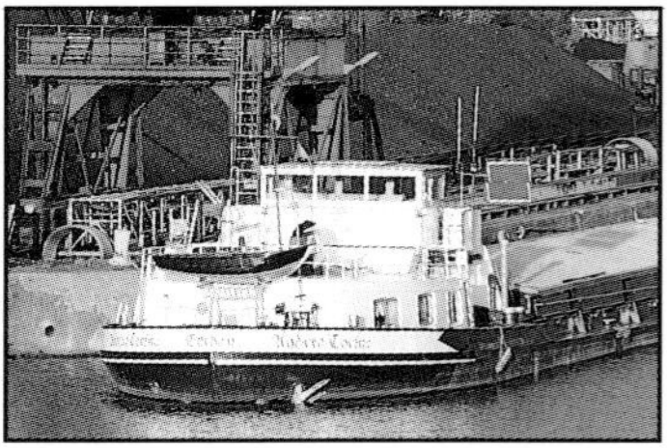

Bildwinkel: Bei gleichbleibendem Aufnahmeformat und Aufnahmestandpunkt ändert sich mit der Brennweite der Bildausschnitt (von oben nach unten; hier für Kleinbild); a) 20 mm, b) 50 mm, c) 180 mm, d) 400 mm

top-Publishing-Programme, im wissenschaftlichen Bereich und in der Druckvorlagenherstellung sowie im künstlerischen Bereich. Es erweist sich dabei aber (immer noch) als sehr aufwendig, die Tonwertabstufung und Schärfe sowie das →Auflösevermögen eines guten großformatigen Fotos, das mit der konventionellen Technologie entstand, zu erreichen (Farbabb. 30, 45b)..

Bildveredelung Arbeitsschritte, die zur effektvollen Auswertung und gelungenen Präsentation eines Fotos durchgeführt werden, u.a.→Aufziehen, Kaschieren, Strukturieren der Bildoberfläche, ihre Behandlung mit →Lichtschutzlack usw.

Bildwand →Projektionswand

Bildwandler Ursprünglich ein elektronen-optisches Gerät, mit dem für das menschliche Auge und herkömmliche Filmmaterialien nicht registrierbare Strahlung (→Infrarotfotografie, Restlichtverstärker usw.) in elektrische Signale umwandelt und auf einem Bildschirm sichtbar gemacht werden kann. Heute bezieht sich der Begriff auf eine analoge oder digitalisierte Umwandlung jeglicher Strahlung bei der Bilderzeugung. Die früher übliche Aufnahmeröhre ist jetzt von →CCD-Halbleiter-Chips abgelöst worden.

Bildweite Entfernung des Bildes (→Bildebene) vom bildseitigen Hauptpunkt (→Hauptebene) des Objektivs bei der →Abbildung (Abb.). Bei der Entfernungseinstellung →unendlich ist die B. gleichzusetzen mit der →Brennweite des Objektivs. Bei der →Nahaufnahme verändert sich die B. gegenüber der Brennweite um die Länge des →Auszugs. Nimmt man nicht die Hauptebene, sondern die Linsenscheitel als Bezugspunkte, so spricht man von der →Schnittweite.

Bildwinkel Um die Dimensionen eines Bildfeldes (bzw. eines Aufnahmefeldes) unabhängig von konkreten Längenmaßen zu charakterisieren, bedient man sich des Winkelmaßes. Zur Klassifizierung verschiedener Objektive nach ihrem B. orientiert man sich am Sehwinkel des menschlichen Auges, der etwa 46° beträgt. Ein →Objektiv mit diesem B. bezeichnet man als →Normalobjektiv, weil es unsere Umgebung so abbildet, wie man sie ›normal‹ sieht. Ist der B. deutlich größer als 46°, spricht man von einem →Weitwinkelobjektiv, ist er wesentlich kleiner, von einem →Teleobjektiv.
Der B. (→Bildkreis) ist sowohl vom →Aufnahmeformat (genauer: dessen Formatdiagonalen) als auch von der →Bildweite (→Brennweite) abhängig. Die Brennweite allein sagt also nichts über den Aufnahmewinkel ohne den konkreten Bezug auf das Auf- nahmeformat aus. Für das →Kleinbildformat (24 x 36 mm) ergeben sich für die gängigen Brennweiten nachstehende B.:

Brennweite in mm	20	35	50	135	400
Bildwinkel ca.	94°	62°	46°	18°	6°

Aus der Tabelle wird erkennbar, daß eine Verdoppelung der Brennweite ungefähr zu einer Halbierung des B.s und damit zu einer Viertelung des Bildausschnitts führt. Umgekehrt weist eine Halbierung der Brennweite auf ein viermal so großes Aufnahmefeld hin.

Bildzählwerk Mechanische oder elektronische Vorrichtung an Kameras, die nach jeder Aufnahme anzeigt, wieviele Bilder eines Films bereits belichtet wurden bzw. wieviele Bilder noch belichtet werden können. Das B. ist mit dem →Filmtransport gekoppelt.

Bischof, Werner (*1916 Zürich, †1954 Peru) Aus Interesse an der Malerei 1932-36 Kunstgewerbeschule Zürich, dort auch Fotoklasse bei Hans Finsler. Nach dem Übersiedeln nach Paris 1939 entschied er sich ganz für die Fotografie. 1942 Mitarbeiter und später Cheffotograf der Zeitschrift ›Du‹. Bei Kriegsende umfangreiche Bildreportagen über die zerbombten Städte in Deutschland; umfangreiche Arbeit zum Thema Flüchtlinge; arbeitete für ›Life‹, ›Fortune‹, ›Picture Post‹ und ›Observer‹; 1949 Anschluß an →›Magnum‹. B. kam 1954 bei einem Autounfall in den Anden (Peru) ums Leben. Neben →Cartier-Bresson und →Lebeck gilt B. als Vertreter eines ›humanen Bildjournalismus‹ (Abb. S. 52).

Bleichbad Chemische Lösung, mit der das elementare Silber eines Bildes in einer fotografischen Schicht wieder in Silbersalzverbindungen

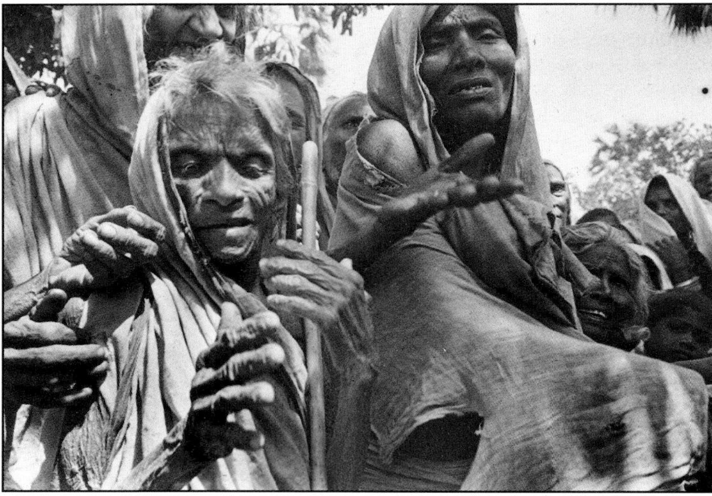

Werner Bischof, ›Ohne Titel‹, undatiert (Museum Folkwang, Essen)

zurückverwandelt wird. Bestandteile sind stark oxidierende Substanzen wie Kaliumferricyanid oder Kaliumbichromat.
Bei Farbprozessen werden diese Silbersalze (→Silberhalogenide) anschließend durch das Fixierbad herausgelöst. Bei anderen Prozessen können die gebleichten Silberverbindungen erneut entwickelt (→Umentwicklung) oder getont (→Tonen) werden.

Blende: Irisblende geöffnet und geschlossen

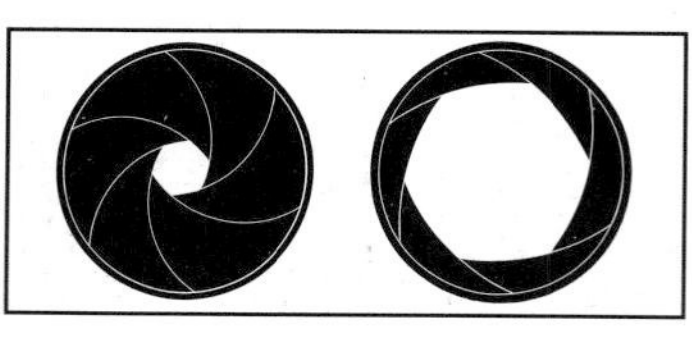

Bleichfixierbad Kombination von Bleichbad und Fixierbad in einer Lösung, wie sie in vielen Farbverfahren eingesetzt wird.

Blende 1. Mechanische Vorrichtung an einem Objektiv, die die Menge des einfallenden Lichts begrenzt, ohne den Bildwinkel zu beschneiden. War diese Öffnungsblende früher häufiger als starre Lochblende konstruiert, findet sich heute fast ausschließlich eine variable Irisblende, die durch eine Vielzahl von Lamellen eine nahezu kreisrunde, verstellbare Öffnung bildet. Mit der B. wird durch Veränderung des bildwirksamen Linsenquerschnitts neben der Bildhelligkeit auch die →Schärfentiefe gesteuert. Die B. bestimmt das →Öffnungsverhältnis (zusammen mit der

Brennweite) und kann u.U. die →sphärische Aberration sowie über die →Beugung das →Auflösevermögen beeinflussen. Nach festen →Blendenzahlen läßt sich die Irisblende in Stufen regeln. 2. →Gegenlichtblende (→Vignettierung)

Blende, effektive Die am Objektiv eingravierten Blendenwerte basieren als Ergebnis von Berechnungen auf einer Einstellung des Objektivs auf →unendlich und der damit verbundenen Lage der Blendenebene innerhalb des →optischen Systems. Durch eine erhebliche →Auszugsverlängerung z.B. bei →Nahaufnahmen verändert sich mit der Verlagerung der Blendenebene auch die tatsächlich wirksame Blendenöffnung (→Eintrittspupille).
Nach der Faustformel

$$\text{effektive Blende} = \text{eingestellte Blende} \times \left(\text{Abb.-Maßstab} + 1 \right)$$

entspricht bei einem Abbildungsmaßstab von 1:1 eine am Objektiv eingestellte Blende 8 effektiv dem Blendenwert 16. Für die Fotopraxis bedeutet dies umgekehrt, daß bei einer entsprechenden Nahaufnahme die Blende um zwei Stufen (auf den Wert 4) geöffnet werden muß, um eine Belichtung zu erhalten, die der Blende 8 real entspricht. Kameras mit TTL-Messung berücksichtigen dies bereits bei der Messung.

Blende, förderliche Mit kleiner werdender Blendenöffnung nimmt der Anteil der Lichtstrahlen, die an den Kanten der Blendenlamellen durch →Beugung abgelenkt werden, im Verhältnis zu denjenigen zu, die die Blendenöffnung geradlinig passieren; mit der damit einhergehenden zunehmenden Vergrößerung der Beugungsscheibchen steigt die allgemeine Unschärfe. Dies wird toleriert, bis die Beugungsscheibchen die Größe der →Zerstreuungskreise erreichen. Der dazu gehörende Blendenwert wird als f. B. bezeichnet. Bei einem weiteren Abblenden würde der

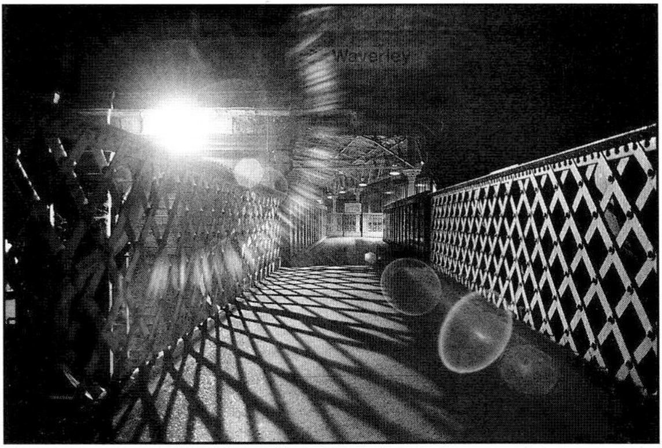

Blendenreflexe als Gestaltungsmittel; Foto: Andrea Hellmann

Schärfeverlust den Gewinn an →Schärfentiefe übersteigen. Die f. B. ist besonders bei Nahaufnahmen von Bedeutung, da bei entsprechenden Abbildungsmaßstäben die →effektive Blende hier sehr klein werden kann.

Blendenautomatik
→Belichtungsautomatik

Blendenreflex Sechs- oder achteckige, gelegentlich auch fast runde überlagernde Fehlbelichtungen auf einem Bild, wie sie als Bildfehler bei Aufnahmen mit starkem Gegenlicht (Sonne, Scheinwerfer) auftreten können. Diese Abbildung der Blendenöffnung (→Blende) entsteht durch →Lichtbrechung an den Linsenoberflächen des →Objektivs und eine Strahlenbegrenzung an den Kanten der Blendenlamellen; B.e können durch →Streuung verstärkt oder durch die →Vergütung der Linsen reduziert werden (Abb. S. 53).

Blendenreihe Abfolge der festgelegten Blendenwerte (→Blendenzahl). Die heute üblichen Blendenstufen sind seit 1928 in ihrer Abfolge genormt. Der Begriff wird gelegentlich auch für eine Belichtungsreihe mit verschiedenen Blendenwerten benutzt.

Blendenzahl Setzt man unterschiedlich große Blendenöffnungen (bzw. deren Durchmesser) in Verhältnis zur Brennweite eines Objektivs (→Öffnungsverhältnis), so entstehen Verhältniszahlen, deren Kehrwerte als Blendenzahlen genannt werden. Dabei stehen kleine Blendenzahlen für große Öffnungen, große B.en für kleine Öffnungen. Vom Öffnungsverhältnis 1:1=1 ausgehend, ergeben sich folgende Blendenstufen: 1 - 1,4 - 2 - 2,8 - 4 - 5,6 - 8 - 11 - 16 - 22 - 32 - 45 - 64 - 90 usw.
Die Lichtmenge, die in einer bestimmten Zeit durch die Blendenöffnung hindurchgelangt, ist gemäß der Berechnung der Kreisfläche dem Quadrat des Blendendurchmessers proportional. Wird demzufolge der Blendendurchmesser um den Faktor $\sqrt{2}$ vergrößert, so verdoppelt sich die Fläche der Öffnung und damit auch die auf den Film auftreffende Lichtmenge. Entsprechendes gilt für die Reduzierung des Blendendurchmessers. (So betragen die rechnerischen Unterschiede zwischen den B.en jeweils Faktor $\sqrt{2}$.)
Der Grundgedanke der Verdopplung bzw. Halbierung findet sich in den Zeitstufen der Belichtungszeit und oft auch in den Abstufungen der →Filmempfindlichkeit wieder.

Blitzautomatik Bei verschiedenen Kameras lassen sich bestimmte Blitzgeräte so mit der Kameraelektronik koppeln, daß statt des Sensors des Computerblitzgeräts mit Hilfe eines kameraintegrierten →TTL-Blitzbelichtungsmessers die →Leuchtzeit des Blitzes geregelt wird. Bei Kameras mit →Blendenautomatik ist oft auch eine automatische Blendensteuerung bei Blitzbetrieb möglich. Umständliche Einstellarbeiten und Rechenvorgänge beim Einsatz eines Blitzgeräts entfallen dann. Die Elektronik übernimmt zudem die Blitzbereitschaftsanzeige in der Kamera und die automatische Umschaltung der Blitzsynchronzeit (→Blitzsynchronisation). Um Fremdblitzgeräte auf kameraspezifische Blitzfunktionen anzupassen, ist oft ein sogenannter SCA-Adapter (SCA = Special-Camera-Adaption) erforderlich.

Blitzbelichtungsmesser Ein kameraexterner →Belichtungsmesser (Handbelichtungsmesser) zur Ermittlung der →Beleuchtungsstärke bei der extrem kurzen →Leuchtdauer einer Blitzröhre. Das Blitzlicht bewirkt dabei (z.B. durch einen Fototransistor) einen Stromfluß, der proportional zur Intensität des Lichts eine Anzeige in Gang setzt oder gleich umgerechnet eine Blende in digitaler Anzeige nennt. Vornehmlich wird mit dem B. die Blende beim Einsatz von mehreren Studioblitzgeräten ermittelt. Ältere oder einfache Modelle erfassen während einer festen Meßzeit (Torzeit) von 1/30 oder 1/60 Sek. nur das Blitzlicht. Bei den kurzen Verschlußzeiten (→Blitzsynchronisation) der Kameras mit →Zentralverschluß, bei Aufhellblitzen oder bei gewollten Langzeitbelichtungen plus Blitz führt das zu Fehlergebnissen, so daß heute B. mit frei einstellbaren Torzeiten und Dauerlichtmessung vorgezogen werden. B. arbeiten meist nach der Methode der →Lichtmessung, teilweise aber auch nach der →Objektmessung, der Spotmessung oder der Mattscheibenmessung (bei →Großbildkameras). – Spiegelreflexkameras verfügen oft über eine integrierte TTL-Blitzlichtmessung,die gleichzeitig die Lichtdosierung des Blitzgeräts (→Computerblitz) steuert.

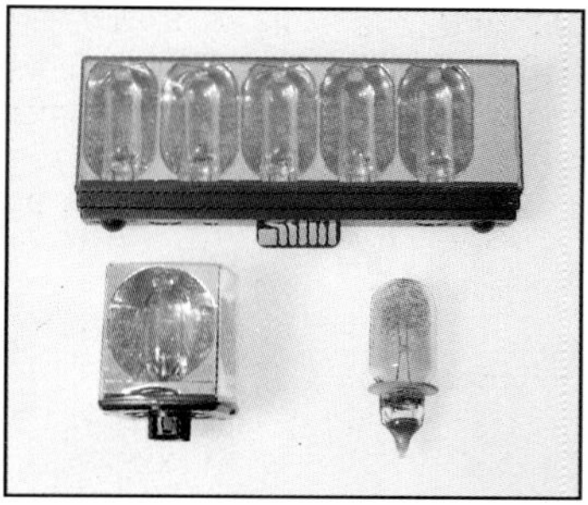

Blitzbirnen: Als Flashbar, Blitzwürfel und Einzelbirne

Blitzbirnen sind kleine Kolbenblitze, in denen eine brennbare Füllung aus Magnesium oder Zirkonium-Wolle durch eine Zündpaste oder einen Zündbolzen zum schnellen Verglühen gebracht wird. Geräte mit Blitzbirnen werden über die Verbindungsbuchse mit dem M-Kontakt (M = medium time) mit der Kamera verbunden (→Blitzsynchronisation), wie sie an alten Kameras zu finden ist. Die B. sind nach einmaligem Gebrauch zerstört. Sie sind heute fast völlig von elektronischen →Blitzgeräten abgelöst.

Blitzdauer →Leuchtzeit

Blitzfolgezeit Zeit, nach der dem vorausgegangenen Blitz des →Blitzgeräts ein weiterer voller Blitz folgen kann, was von der Zeitspanne abhängt, die der Kondensator für die Wiederaufladung benötgt

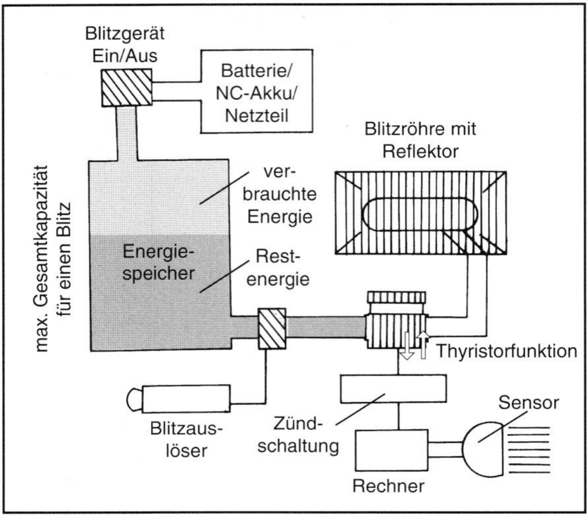

Blitzgerät: Funktionsschema

(Ladezeit). Diese hängt von der Leistungsabgabe des Blitzgeräts ab (je größer desto länger), aber auch von der Leistung der Energielieferanten (Stromnetz, Batterie). Ist die Lichtabgabe steuerbar (→Thyristorschaltung bei →Computerblitzgeräten oder Stufenschalter bei →Studioblitzanlagen), wird der Kondensator also nicht völlig entleert, ist eine schnellere Blitzfolge möglich. Die Ladezeit liegt zwischen 0,3 und 18 Sek. je nach Blitzgerät. Nach 70-100 % Kondensatoraufladung

Blitzgerät: Ein professionelles Stabblitzgerät mit hoher Lichtleistung und Zubehör (Metz)

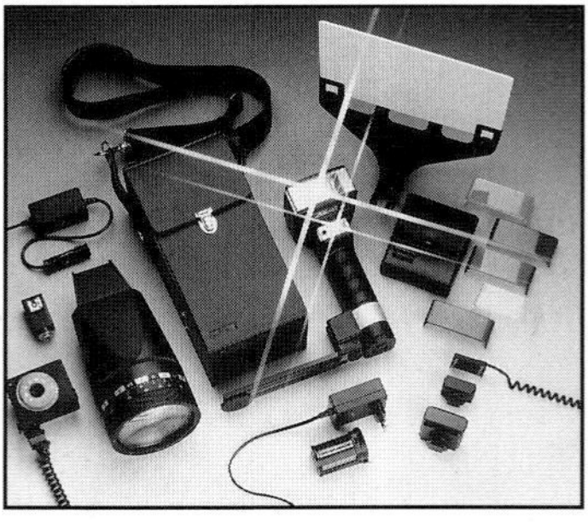

Blitzgerät: Eingebaut und aufklappbar an einer Spiegelreflexkamera (Pentax)

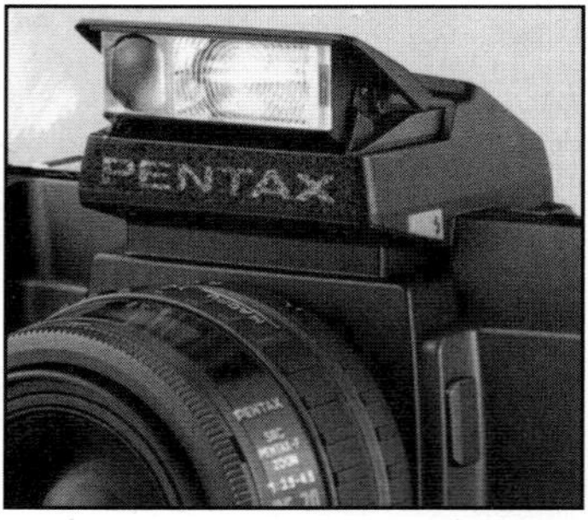

leuchtet die Bereitschaftsanzeige auf. Stroboskopeinstellungen erlauben bei neueren Geräten bis zu 100 Blitze pro Sek.

Blitzgerät B.e geben in kürzester Zeit ein hohes Maß an Licht zur Beleuchtung eines Motivs ab. Im Unterschied zu den kaum noch vorkommenden →Blitzbirnen arbeiten die modernen Elektronenblitzgeräte mit Gasentladungsröhren (→Blitzröhre). Die Leistung eines B.s hängt von der Kapazität des Energiespeichers (Kondensator) ab. Sie wird in Wattsekunden (WS), Joule (J), der maximal wirksamen Blende oder der →Blitzleitzahl angegeben. Die spektrale Zusammensetzung des Lichts der Blitzröhre hat die →Farbtemperatur des mittleren Tageslichts (ca. 5500 Kelvin). Blitzlicht ist daher als künstliches Licht für Farbaufnahmen auf →Tageslichtfilm gut geeignet.
In zahlreichen Kameras sind kleine B.e eingebaut; diese schalten sich bei Bedarf automatisch zu (→Rote-Augen-Effekt). Kleine Stabblitz- oder Kompaktblitzgeräte besitzen Blitzröhre, →Reflektor und Stromversorgungsteil in einem Gehäuse. Energielieferant sind →Batterien oder NC-Akkus (→Akku). →Studioblitzanlagen sind oft über einen Generator an das Stromnetz angeschlossen. Kompaktblitzgeräte werden über den Mittenkontakt am Kamerasucherschuh, eine drahtlose Blitzfernsteuerung oder ein spezielles Kabel für die →Blitzsynchronisation mit der Kamera verbunden. Fast alle Kompakt- und Stabblitzgeräte sind rechnergesteuert (Computerblitzgerät). Sie können ihre Beleuchtungsintensität mit einem auf das Motiv gerichteten Belichtungssensor messen und automatisch steuern. Dazu ermittelt der geräteintegrierte kleine Rechner in Abhängigkeit von der →Filmempfindlichkeit und der gewünschten Blende die für die richtige Belichtung des Motivs erforderliche →Leuchtzeit und schaltet dann die Energiezufuhr für die Blitzröhre rechtzeitig ab; als Schaltelement dient ein →Thyristor. Dabei sind in Abhängigkeit von Aufnahmeentfernung und Filmempfindlichkeit Leuchtzeiten zwischen 1/100 und 1/60 000 Sek. möglich. Oft ist auch eine Blitzlichtsteuerung über eine zusätzliche Innenmessung (TTL-Messung) der Kamera möglich (→Blitzautomatik; Farbabb. 48).

Blitzleitzahl Kenngröße für die Lichtabgabeleistung eines Kompaktblitzgeräts. Sie ist auf eine →Filmempfindlichkeit von ISO 100/21° bezogen. Kameraintegrierte kleine Blitzgeräte haben eine Leitzahl um 20, Kompaktblitzgeräte 20-40, Stabblitzgeräte 35-60, Studioblitzgeräte bis über 400. Über die Leitzahl läßt sich für eine bestimmte Aufnahmeentfernung die Blende errechnen:

$$\text{Blende} = \frac{\text{Blitzleitzahl}}{\text{Entfernung}}$$

Demnach entspricht die B. der zu verwendenden Blende bei einem Meter Abstand. Bei Entfernungen unter 1 m ersetzt man die Entfernung durch $\sqrt{\text{Entfernung}}$. Bei indi-

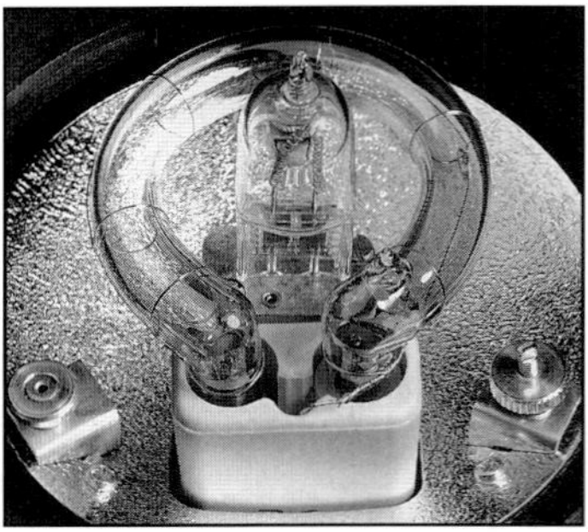

Blitzröhre: Ringförmige Blitzröhre eines Studioblitzgeräts mit Reflektor; die Halogenlampe in der Mitte dient als Einstellicht

rektem Blitzen bezieht sich die Entfernung auf den Weg des Blitzlichts (also z.B. Blitzgerät bis Raumdecke + Decke bis Motiv!). Bei der Feststellung der B. geht man von einer bereits vorhandenen mittleren Motivbeleuchtung und Reflexion aus, so daß nur bei extrem hellen oder dunklen Aufnahmesituationen eine entsprechende Korrektur erforderlich ist. Bei anderen Filmempfindlichkeiten also ISO 100/21° muß auch die Leitzahl abgeändert werden (doppelte Filmempfindlichkeit = Leitzahl x $\sqrt{2}$). Die Leitzahl bezieht sich immer auf die volle Leistungsabgabe bei mittlerem Leuchtwinkel des Reflektors. Das Ausrechnen wird durch eine Rechnerscheibe am Blitzgerät vereinfacht, bei Computersteuerung (→Computerblitzgerät) entfällt es oft ganz.

Blitzröhre In →Blitzgeräten verwendet man ring-, stab- oder wendelförmige Quarzglasröhren, die mit dem Edelgas Xenon gefüllt sind. Verbindet man die Elektroden beider Röhrenenden mit einem Kondensator, läßt sich das Gasfeld mit einem Hochspannungsimpuls kurzfristig aktivieren und zum Leuchten bringen.

Blitzschirm Reflektor für Studioblitzgeräte in Form eines (Regen-) Schirms aus weiß-, silber- oder goldbeschichtetem Material. Das Licht strahlt gegen die runde Innenfläche des Schirms und wird, sehr weich gestreut, reflektiert. Eine Variante dieser Schirme ist mit durchscheinendem Stoff bespannt und wirkt wie ein →Diffusor.

Blitzsynchronisation Der Verschluß einer Kamera muß während der gesamten →Leuchtzeit des Blitzes voll geöffnet sein; dazu wird zunächst über den Blitzkontakt der Kamera der Zündzeitpunkt festgelegt (›X‹ für die Xenonblitzröhren von Elektronenblitzgeräten, ›M‹

Blitzschirm: Lichtstreuender Reflexschirm

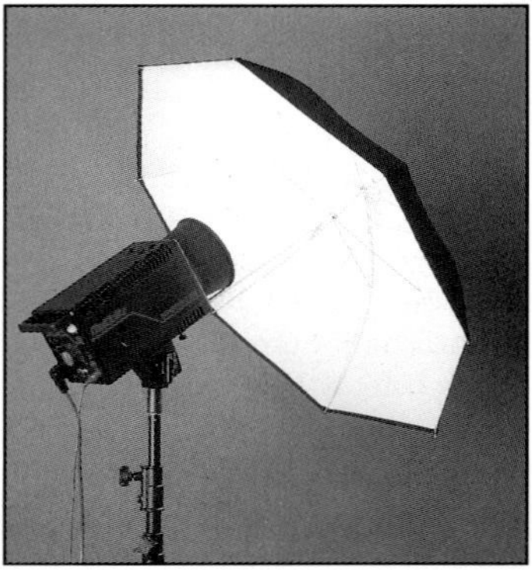

[=medium time] für die längere Zündzeitspanne der →Blitzbirnen). Darauf muß zusätzlich die →Verschlußzeit der Kamera abgestimmt werden. Kameras mit →Zentralverschluß lassen sich bis zu 1/500 Sek. mit einem Blitzgerät synchronisieren, →Schlitzverschlußkameras haben je nach Konstruktion eine Synchronzeit zwischen 1/60 und 1/300 Sek. Es handelt sich dabei aber immer um die kürzestmögliche Zeit, in der der Verschluß für den Blitz voll geöffnet ist (wobei im Einzelfall die →Leuchtzeit des Blitzes zu berücksichtigen ist). Kürzere Verschlußzeiten verursachen beim Schlitzverschluß streifige Abschattungen, längere sind dagegen möglich (→Offenblitz).

Blossfeldt, Karl (*1865 Schielo, †1932 Berlin) Zunächst Lehre in einer Kunstgießerei; ab 1884 Studium von Malerei, Bildhauerei und Musik an der Kunstgewerbeschule in Berlin. Ab 1891 verstärkt Reisen nach Italien und Griechenland, wo er Pflanzen sammelte, analysierte, präparierte und fotografierte. 1899 Ernennung zum ›Professor für das Modulieren von Pflanzen‹ an der Berliner Unterrichtsanstalt des Kunstgewerbemuseums. Ab 1900 systematische Arbeit mit Fotostudien von Pflanzen und Blumen, wobei ihn besonders Details als Modelliervorlagen interessierten. Pflanzliche Bauformen, die er in für seine Zeit ungewöhnlicher Strenge im Bild festhielt, sah er als die Urformen der Kunst. Fotohistorisch gilt B. als Wegbereiter der →Neuen Sachlichkeit (s. Abb. S. 220).

Body Art Künstlerische Stilrichtung, in der die Person des Künstlers als Selbstinszenierung hervorgehoben wird. Oft wird die Fotografie genutzt, um verschiedene Phasen von Körperdarstellungen zu dokumentieren. Bekannt geworden sind u.a. die Arbeiten von Gilbert & George, Klaus Rinke und Jürgen Klauke. Der Begriff verlor in den 80er Jahren seinen Stellenwert. Die fotografischen Aktivitäten der Künstler firmieren heute als Künstlerfotografie oder →Inszenierte Fotografie.

Bounce-light (engl.) Indirektes Blitzlicht (→indirektes Licht) für eine weichere Ausleuchtung.

Bourke-White, Margaret (*1904 New York, †1971 Stanford/Connecticut) Studierte 1921-27 Fotografie; ab 1929 Bildberichterstatterin bei der Zeitschrift ›Fortune‹. Machte sich einen Namen mit zahlreichen Bildberichten aus der Industrie und politischen Reportagen. Mit der Gründung von ›Life‹ trat sie 1936 in den Redaktionsstab ein, dem sie bis zu ihrem Tode angehörte. Während des Krieges war sie u.a. als eine der ganz wenigen Kriegsberichterstatter*innen* tätig; Fotos aus deutschen Konzentrationslagern und später u.a. von den Unabhängigkeitskriegen in Indien und Pakistan; außerdem bemerkenswerte Porträtaufnahmen der amerikanischen Bevölkerung und Bildbände über die Sowjetunion.

Bragaglia, Anton G. (*1890 Frosinone, †1960 Rom) Fotografieren-

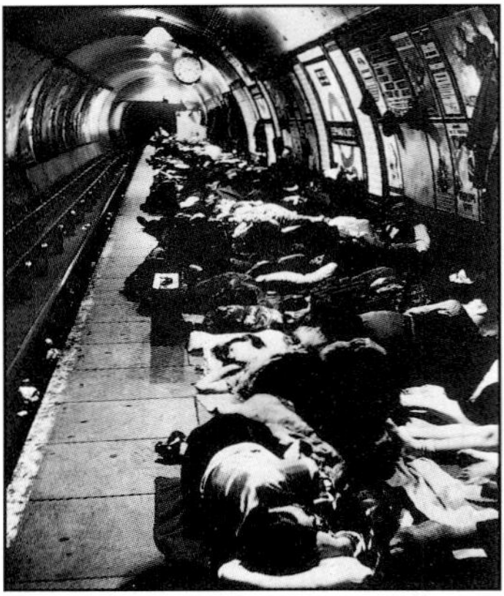

Bill Brandt, ›Schlafende im U-Bahn-Tunnel‹, 1940 (Museum Folkwang, Essen)

der Vertreter des →Futurismus. Als einer der ersten versuchte er, die Dynamik von Bewegungen und Geschwindigkeit mit Mitteln der Bewegungsunschärfe und Mehrfachbelichtungen im Bild darzustellen und künstlerisch zu begründen. Seine Ziele, die Fotografie wieder zu einem eigenständigen Bildmedium werden zu lassen, formulierte er 1913 in seinem Manifest des ›Fotodinamismo futurista‹ (→Experimentelle Fotografie).

Brandt, Bill (*1905 London) Schulzeit in Deutschland, fotografische Ausbildung bei Man →Ray in Paris (1929), Bekanntschaft mit André Breton, Marcel Duchamp und →Brassai; erste Arbeiten als Bildjournalist. 1931 Rückkehr nach London und umfangreiche Reportagen über die Industriezentren in Nordengland, später über die Bunkerquartiere des Zweiten Weltkriegs. Nach 1945 verstärkt Akt- und Landschaftsfotografie sowie viele Porträts und Städtebilder, in denen seine Nähe zum Surrealismus erkennbar wird. Sein Einfluß auf die Avantgardefotografie in Deutschland etwa zwischen 1970 und 1985 ist unverkennbar.

Brassai (eigentlich Gyula Halász; *1899 Brasso/Ungarn, †1984 Paris) Kunststudium in Budapest und Berlin; arbeitete ab 1924 in Prag, anfangs als Maler, später als Journalist. Kontakte zu Henry Miller und →Kertész; B. konzentrierte sich ab 1930 auf den Bildjournalismus. Der breiten Öffentlichkeit wurde er nach 1933 durch atmosphärische Nachtaufnahmen von Paris bekannt. B. gilt als Meister der →Available-Light-Fotografie. Auf Anregung Picassos fotografierte er die Graffiti

Brassai, ›Ohne Titel‹, vor 1955 (Museum Folkwang, Essen)

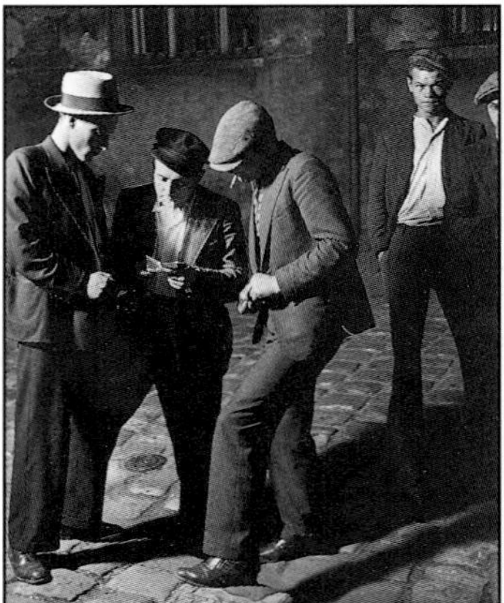

an Pariser Wänden; später Porträts und kommerzielle Fotografie.

Brechung →Lichtbrechung

Breitenbach, Josef (*1896 München, †1984 New York) Zunächst Bildjournalist und Porträtfotograf. 1933 Flucht nach Paris, später nach New York. Ab 1948 Dozent für Fotografie. B. legte zu Unterrichtszwecken eine der bedeutendsten privaten Sammlungen von →Prints und →Photographica an. Sie wurde 1979 vom Münchner Stadtmuseum erworben (→Fotosammlung).

Brennpunkt Liegt ein Objektpunkt unendlich weit von einer Linse entfernt, so kann man den von ihm ausgehenden Strahl als parallel zur optischen Achse der Linse verlaufend annehmen. Dieser Strahl wird durch die Linse derart gebrochen, daß er die optische Achse schneidet; der so entstandene Schnittpunkt (Bildpunkt; →Abbildung) wird B. genannt. Dabei rührt die Bezeichnung von der Wirkung her, die man beobachten kann, wenn man mit einer Linse (Lupe) ein Abbild der quasi unendlich entfernten Sonne, deren Strahlen somit gleichsam achsparallel einfallen, erzeugt. Alle Linsensysteme besitzen zwei B.e: einen dingseitigen und einen bildseitigen. Die asymmetrischen Linsensysteme der heute üblichen Objektive haben verschiedene dingseitige und bildseitige →Brennweiten.

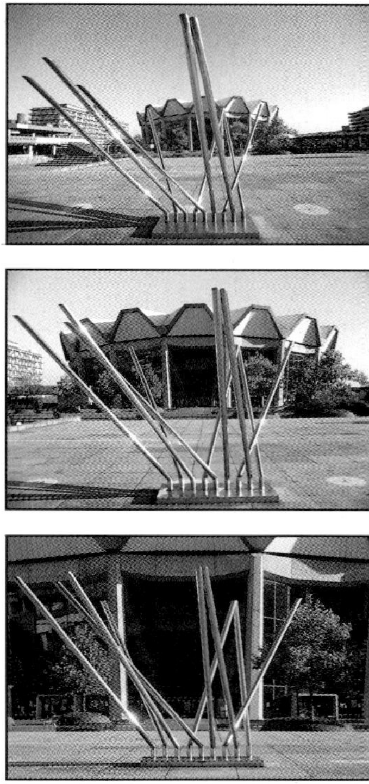

Brennweite: Bei gleicher Abbildungsgröße (der Plastik) verlangt eine Änderung der Brennweite eine Änderung der Perspektive; a) 20 mm, b) 50 mm, c) 200 mm, jeweils bezogen auf das Kleinbildformat

Brennweite (Abkürz.: f, von engl. focus) Bei einem Objektiv in Einstellung →unendlich der Abstand des Brennpunkts von der Linsenebene bzw. der ihm zugeordneten Hauptebene. Gemeint sind dabei jeweils die bildseitigen B.n (→Abbildung; Abb). Bei einem Kameraobjektiv spricht man von einer Normalb., wenn diese etwa der Diagonalen des Aufnahmeformats ent-

Aufnahmeformat (Nennformat):	24 x 36 mm	6 x 6 cm	9 x 12 cm
Diagonale:	45 mm	79 mm	148 mm
Normalbrennweite: ca.	50 mm	80 mm	150 mm

spricht. Dies deckt sich etwa mit dem deutlichen Sehwinkel des menschlichen Auges von ca. 46°. Nur in Bezug auf das Aufnahmeformat sagt die Angabe der B. also etwas über den →Bildwinkel bzw. den Aufnahmewinkel aus. So gilt (einen gleichgroßen →Bildkreis vorausgesetzt) z.B. ein Objektiv mit einer B. von 80 mm für eine Mittelformatkamera zwar als Normalobjektiv, für eine →Kleinbildkamera jedoch als Teleobjektiv und für eine →Großbildkamera als Weitwinkelobjektiv. Das Kleinbild zeigt sozusagen nur einen Ausschnitt aus der Großbildaufnahme. B.n reichen im Kleinbildbereich von wenigen mm mit Bildwinkel von über 180° bis zu Teleobjektiven mit B.n von über 2000 mm mit Bildwinkel von unter 1°. Sie erschließen dem Fotografen als →Wechselobjektive oder →Zoomobjektive aber nicht nur andere Aufnahmewinkel, sondern führen auch zu unterschiedlichen Eindrücken bei der Wiedergabe von Räumlichkeit (→Perspektive).

Bridge-Kamera (auch: All-in-one) Hochtechnisierter Zwitter zwischen →Kompaktkamera und →Spiegelreflexkamera. Fest eingebaut sind ein →Zoomobjektiv mit weitem Brennweitenbereich, ein Blitzgerät und viele technische Features, alles kombiniert mit Spiegelreflexvorteilen. B.-K.s zeichen sich zudem oft durch ungewöhnliches Design aus.

Briefing (engl.) (Schriftlicher) Auftrag an Grafiker, Fotografen usw. für eine Produktion, in dem die Aufgabe, das erwartete Ergebnis, ggf. auch der Verwendungszweck beschrieben werden (→Layout).

Bromöldruck Als ein historisches →Dichromatverfahren dem →Öldruck verwandt (→Edeldruckverfahren); 1907 von E. J. Wall beschrieben und bis ca. 1940 ausgeübt (→Kunstfotografie; →Kühn). Eine direkte Vergrößerung (ohne Zwischendia) auf einem Bromsilbergelatinepapier mit *ungehärteter* Emulsion wird entwickelt und anschließend gebleicht; dabei wird die Emulsion entsprechend dem Silberbild gehärtet. Nach einer Zwischenfixage ist das Papier zu trocknen. Bei erneutem Einweichen quillt die Gelatine in den →Lichtern des Bildmotivs auf, und die Schatten bleiben trocken. Wie beim Öldruck wird die Farbe mit Walze oder Pinsel aufgetragen. Auch läßt sich die Bromölmatrize umdrucken (Bromölumdruck).

Bühnenaufnahmen entstehen auf Theater- bzw. Konzertbühnen o. ä.,

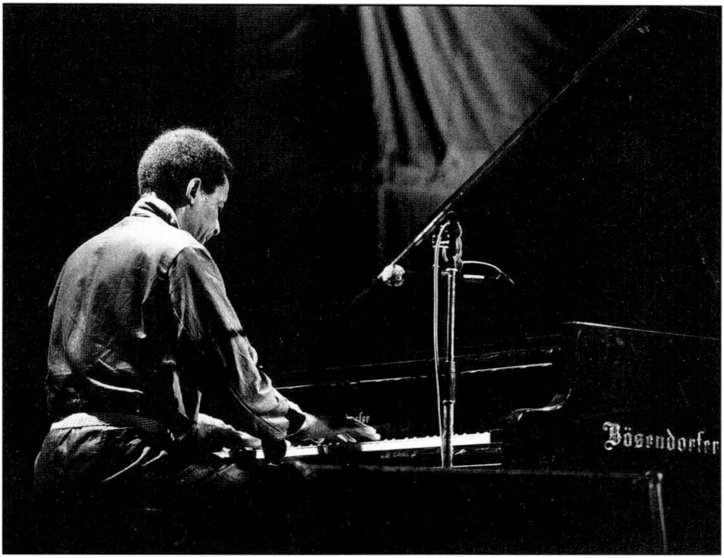

Bühnenaufnahme

oft auch im Zirkus. Fotografiert wird meist mit dem vorhandenen (harten) Bühnenlicht (→Available -light); Blitzlicht ist eher unpraktisch, in der Regel auch verboten. Dank hochempfindlicher Filmmaterialien hat dieser Arbeitsbereich bei Verwendung lichtstarker Objektive an aufnahmetechnischen Schwierigkeiten verloren. Unerwünscht ist das Fotografieren *während* Theateraufführungen (→Theaterfotografie) und klassischen bzw. *leisen* Konzerten; das auf sie gerichtete Kameraobjektiv stört die Konzentration der Akteure ebenso wie die Auslösegeräusche der Kamera. Weniger problematisch ist dies bei vielen Rock-, Pop- und Jazzkonzerten. Doch auch hier wehren sich die ganz großen Stars der Branche gegen fotografierende Fans. Auch Bildjournalisten müssen sich in solchen Fällen beim Veranstalter vorher akkreditieren lassen (und dürfen selbst dann oft nur wenige Minuten fotografieren). In vielen Fällen kann eine ›Backstage‹-Genehmigung (hinter der Bühne) interessant sein (Farbabb. 13).

Bunsen-Roscoesches Gesetz
→Reziprozitätsgesetz

C

Callier-Effekt (von dem Physiker André Callier 1909 entdeckt) Werden Vergrößerungen mit einem →Vergrößerungsgerät angefertigt, dessen Lichtführung durch einen Kondensor bestimmt wird, fallen diese kontrastreicher aus und weisen stärker gedeckte Schatten auf, als wenn sie mit einem Diffusor- oder einem Mischschachtgerät bzw. im Kontakt entstehen (→Diffusor). Ursache dafür ist, daß das Licht von den Silberkörnern in der Emulsionsschicht nicht nur absorbiert, sondern auch reflektiert und damit gestreut wird. Das senkrecht gerichtete Licht eines →Kondensors (noch besser eines Doppelkondensors) gewährleistet aber, daß Lichtstrahlen die wenig gedeckten Partien des Negativs geradlinig durchdringen.

Camera obscura (nach: ital. = dunkler Raum) Ursprung und Vorläufer einer Kamera. Zeitweise meinte man damit tatsächlich ein völlig abgedunkeltes Zimmer, in das durch ein kleines Loch in der Wand (oder im Fensterladen) Tageslicht fiel. Das so gebündelte Licht erzeugte auf der dem Loch gegenüberliegenden Wand ein seitenverkehrtes und auf dem Kopf stehendes Bild der Außenwelt. Das Funktionsprinzip wurde schon vier Jahrhunderte v.Chr. von Aristoteles erwähnt, im 11. Jahrhundert von arabischen Gelehrten ausführlich beschrieben und zunächst für die Sonnenbeobachtung genutzt. Leonardo da Vinci wird die Konstruktion einer C. o. zugeschrieben, um seine optischen Theorien zu bewei-

Camera obscura: Darstellung der 1646 von Athanasius Kirchner beschriebenen ersten (tragbaren) Camera obscura

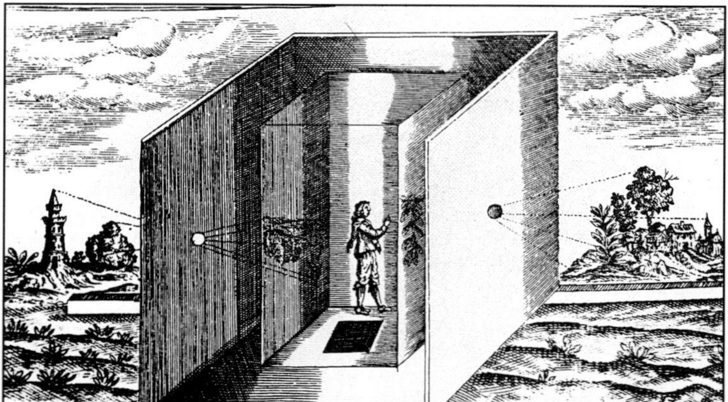

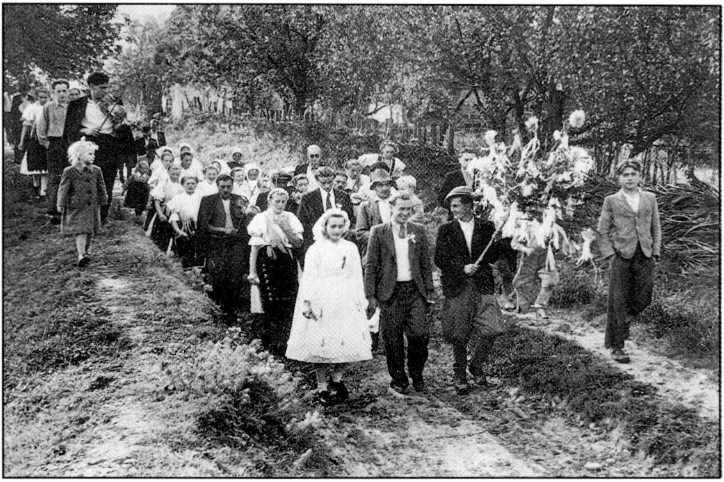

Robert Capa, ›Ohne Titel‹, vor 1955 (Museum Folkwang, Essen)

sen; die erste bekannte veröffentlichte Darstellung stammt aus dem Jahre 1544. Als Nachteil erwies sich, daß bei einem kleinen Loch das Abbild zwar relativ scharf, aber sehr dunkel, bei größer werdendem Loch heller, aber bis zur völligen Bildauflösung immer unschärfer wurde. Seit dem 16. Jahrhundert wurde die Abbildungsqualität durch Einsetzen einer Sammellinse entscheidend verbessert, mit Beginn des 17. Jahrhunderts wurde die C. o. in eine kleinere transportablere Form gebracht und durch eine Art von →Mattscheibe ergänzt, so daß sie als Zeichenhilfe intensive Verwendung fand. Mit Hilfe eines Hohlspiegels oder eines Umlenkspiegels konnte das verkehrte Bild sogar aufrecht gestellt werden. Doch erst 1826/28 gelang es dem Franzosen Joseph Nicéphore →Niépce, das mit der C. o. erzeugte Abbild in einer lichtempfindlichen Schicht festzuhalten.

Cameron, Julia Margaret (*1815 Kalkutta, †1879 Ceylon) Tochter eines Kolonialbeamten. Nach Aufenthalten in Frankreich und Heirat mit Charles H. Cameron lebte sie ab 1848 in England, wo sie ab 1863 mit 48 Jahre zu fotografieren begann. Sie porträtierte berühmte Zeitgenossen, Persönlichkeiten aus ihrem Freundeskreis (u.a. John F. W. Herschel, Henry Taylor, George F. Watts, Thomas Carlyle, Charles Darwin usw.). Nach 1870 inszeniert sie für ihre Aufnahmen mythologische Szenen. Sie fotografierte mit großformatigen Kameras und weichzeichnenden Linsen und zeigte ihre Fotos in Ausstellungen. 1875 Rückkehr nach Ceylon.

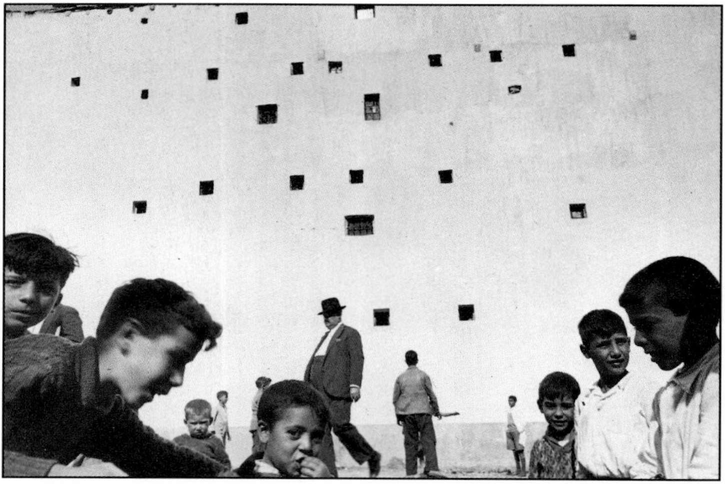

Henri Cartier-Bresson, ›Madrid 1933‹ (Museum Folkwang, Essen)

Candela (cd) Fotometrische Einheit der →Lichtstärke. Für Überschlagsrechnungen kann man für Glühlampen z.B. 1 cd mit 0,5 Watt elektrischer Leistung gleichsetzen.

Capa, Robert (eigentlich André Friedmann; *1913 Budapest, †1954 Indochina; Abb. auf S. 65) 1931-33 Studium der politischen Wissenschaften in Berlin und Fotoarbeit; 1933 Emigration nach Paris; 1936 Berichterstattung über den spanischen Bürgerkrieg, wo u.a. das berühmt gewordene Foto ›Tod eines Milizsoldaten‹ entstand. C. übersiedelte nach New York, drehte Beiträge für Wochenschauen, reiste nach China und arbeitete für ›Life‹ 1941-45 als Kriegsberichterstatter in Europa. 1947 gründete C. mit Henri →Cartier-Bresson und David Seymour die Fotoagentur →›Magnum‹. Er reiste mit John Steinbeck in die Sowjetunion, fotografierte den ersten Palästinakrieg und wurde 1951 Präsident von ›Magnum‹. 1954 kam er bei einem Bericht über Truppenbewegungen in Indochina durch eine Mine um.

Carousel
→Diaprojektor, →Magazin

Carte de visite In der zweiten Hälfte des 19. Jh.s weit verbreitete Form des fotografischen Porträts im Format von ca. 5,5 x 9 cm. Populär gemacht durch Eugène →Disdéri, trug die C. d. v. stark zur Ausbreitung der Fotografie bei. Die kleinen Porträtbilder waren beliebte Sammelobjekte.

Cartier-Bresson, Henri (*1908 Chanteloup/Frankreich) 1927-1929

Malereistudium bei Andre Lhote in Paris und Cambridge; 1931/32 erste Fotografien; Arbeit beim Film mit Paul →Strand und Jean Renoir; nach dreijähriger Kriegsgefangenschaft fotografierte C.-B. in den USA; 1947 verfrühte Retrospektive seiner Arbeiten im Museum of Modern Art, New York (man hatte geglaubt, C.-B. sei im Krieg gefallen); im gleichen Jahr Mitbegründer der Fotoagentur ›Magnum‹ (zusammen mit Robert →Capa und David Seymour); in den darauffolgenden Jahren viele Auslandsaufenthalte in der ganzen Welt. 1952 prägte er die Forderung nach dem (Reportage-)Foto des »entscheidenden Augenblicks«, die ganze Fotografengenerationen beeinflußte. Im Alter begann er wieder zu malen und zu zeichnen. Er bevorzugte eine Kleinbildkamera mit Weitwinkeloptik, seine Fotos sind formatfüllend, Ausschnitte undenkbar.

Carte de visite

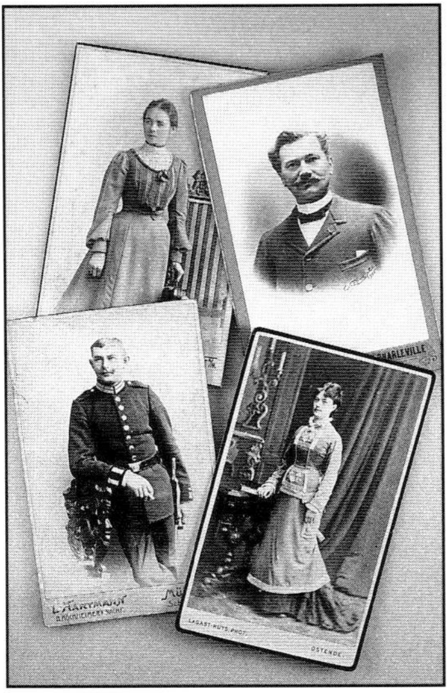

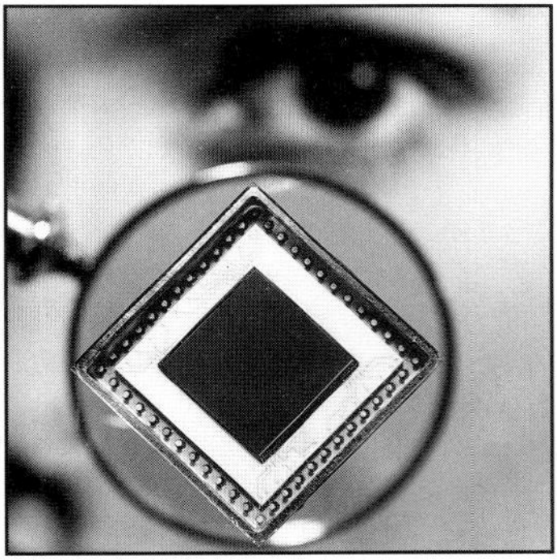

CCD von 4 qcm (Kodak)

Casting Termin für Probeaufnahmen, den Fotografen mit verschiedenen →Modellen gezielt für einen bestimmten Auftrag machen. Oft bringt das Modell bei der Vorstellung auch entsprechende Aufnahmen mit. Erst danach wird die endgültige Modellauswahl, meist in Abstimmung mit dem Auftraggeber, festgelegt.

CCD (Charge Coupled Device) Halbleiter-Bildwandler in →Still-Video-, →Digitalkamera- und →Autofocus-Systemen, der aus sehr vielen kleinen Einzelsegmenten (Pixel) aufgebaut ist, von denen jedes den mittels des Objektivs auf sie projizierten Bildteil in ein elektrisches Signal umwandelt, welches elektronisch gespeichert und ausgewertet werden kann. Die Anzahl der Einzelsegmente ist maßgebend für das

Auflösevermögen des Bildes bzw. (bei Autofocus) für die Exaktheit der Ermittlung minimalster Kontrastunterschiede.

CC-Filter Kurzbeschreibung für ›Color Compensating Filters‹ der Firma Kodak; als dünne Folienfilter in unterschiedlichen Dichten in den Farben Gelb, Purpur und Blaugrün sowie in Blau, Grün und Rot erlauben sie nuancierte Korrekturen der Farbigkeit bei der Aufnahme.

CdS-Belichtungsmesser →Fotowiderstand, →Belichtungsmesser

Chamois Hellbeiger, warmer Farbton des Fotopapiers bei alten Schwarzweißpapieren.

Chargesheimer (eigentlich Karl-Heinz Hargesheimer; *1924, †1972 Köln) Er inszenierte Opern und Schauspiele, entwarf Bühnenbilder Kostüme, malte und fotografierte. Vor 1955 Experimente mit Lichtmalereien und →Fotogrammen, danach wurde er bekannt als Porträt-, Theater- und Städtefotograf. Außerdem bildjournalistische Arbeit für diverse Bildbände wie ›Im Ruhrgebiet‹ (1958), ›Romantik am Rhein‹ (1959), ›Theater, Theater‹ (1967) und ›Köln 5 Uhr 30‹ (1970).

Chemigramm Es entsteht ohne Kamera oder Vergrößerungsgerät ausschließlich durch chemische und mechanische Beeinflussung von lichtempfindlichen Materialien (→generative Fotografie).

Chromatische Aberration Farbfehler, die, bedingt durch die →Dispersion des Lichtes in Glas, bei der Abbildung mit Linsen auftreten.
1. *Chr. Längsab.:* Die Strahlen einer jeden →Wellenlänge werden zu einem eigenen →Brennpunkt vereinigt, wobei die Brennpunkte der Strahlen mit kürzerer Wellenlänge vor denen mit längerer Wellenlänge zu liegen kommen. Theoretisch, ohne Berücksichtigung der →Schärfentiefe, kann man so immer nur eine Wellenlänge scharfstellen. Zur Korrektur dieses Fehlers verwendet man Kombinationen von Linsen mit unterschiedlicher Dispersion, um

Chromatische Aberration: Die chromatische Längsaberration führt zu unterschiedlichen Brennpunkten

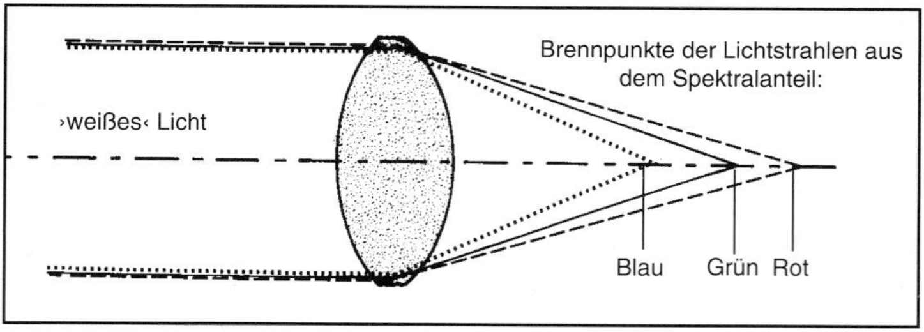

die Brennpunkte für die verschiedenen Wellenlängen wieder in einer Ebene zu vereinigen (→Achromat, →Apochromat).
2. *Chr. Querab.:* Abbildungsfehler, bei dem mit der Wellenlänge auch die Bildgröße variiert. Das bedeutet, daß ein optisches System je nach Wellenlänge des Lichts eine andere Brennweite hat; damit liegen die Brennpunkte für die verschiedenen Wellenlängen zwar in einer Ebene, fallen aber nicht zusammen. Im Bild macht sich dies als Farbsaum an Konturen bemerkbar. Auch dieser Fehler wird bei der Objektivkorrektur berücksichtigt.

Chromogene Farbentwicklung Entwicklungsprinzip fotografischer Farbmaterialien, bei dem das Farbstoffbild während der Entwicklung gleichzeitig mit dem Silberbild entsteht. Die Farbstoffe bilden sich durch die Verbindung von farblosen →Farbkupplern, die den Emulsionen zugefügt sind, mit den Oxidationsprodukten des Entwicklungsprozesses. In den Schichten des Farbmaterials entstehen drei Farbbilder in den Farben Yellow, Magenta und Cyan (→Farbbezeichnung), die nach der subtraktiven →Farbmischung zusammen ein vielfarbiges Bild ergeben. Zunächst müssen aber nach der Farbstoffbildung das entwickelte Silberbild ausgebleicht und das unentwickelte Restsilber herausfixiert werden (→Bleichbad, →Fixierbad). Die c. Entwicklung ist heute bei fast allen →Farbnegativ- und →Farbumkehrfilmen, bei allen Positivverfahren vom Farbnegativ und einigen →Diadirekt-Prozessen üblich (→Silberfarbbleichverfahren.; Farbabb. 38).

Chromolytische Entwicklung →Silberfarbbleichverfahren

Chronofotografie Bezeichnung für Aufnahmetechniken, mit denen einzelne Phasen innerhalb eines Bewegungsablaufs festgehalten werden. Vorreiter waren Etienne Jules Marey, James M. →Muybrigde und Ottomar →Anschütz (→Strobofotografie und →Hochfrequenzfotografie, →Futurismus).

Clerque, Lucien G. (*1934 Arles) Musikstudium, fotografischer Autodidakt. Zunächst Fotos von Ruinen, Zigeunern und Gauklern und Tierkadavern. Ab 1956 erste Aktaufnahmen zur Serie ›Nus de la mer‹, die ihm zunehmend internationale Anerkennung eintrugen. Nach 1960 umfangreiches fotografisches Werk (4 Bde.) über den Stierkampf. Auf seine Initiative geht das renommierte, alljährlich stattfindende Fotofestival in Arles/Frankreich zurück.

Cliché-verre Zeichnungen, die auf Glasplatten gemalt oder auf geschwärzte Glasplatten geritzt wurden, werden auf fotografisches Papier belichtet und somit als Negativ vervielfältigt. Diese die Malerei mit der Fotografie verbindende Technik wurde 1839 in London vorgestellt, u.a. William Henry Fox →Talbot beanspruchte Patentrechte.

Clip-Entwicklung Bei Unsicherheiten bezüglich der Belichtung eines Films besteht die Möglichkeit,

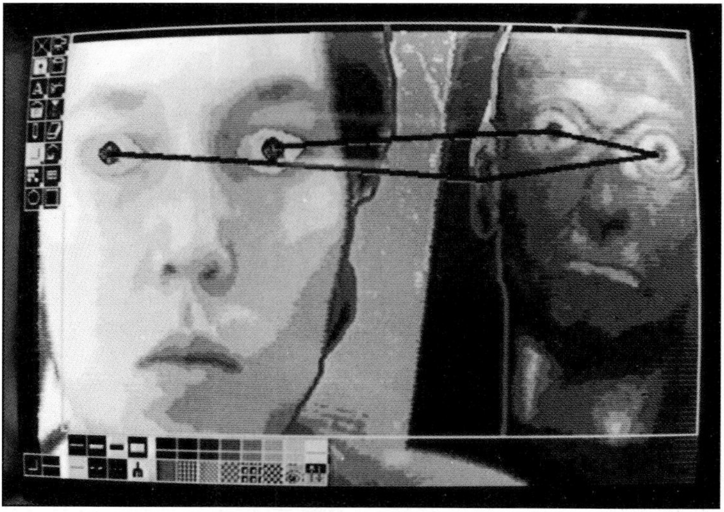

Computergrafik: Mit Hilfe eines Grafikprogramms veränderte Fotografie, vom Bildschirm abfotografiert; Foto: Andrea Hold-Ferneck

nicht sofort den gesamten Film, sondern zunächst ein kleines Stück von ca. 25 cm zu entwickeln. Nach der Beurteilung des Ergebnisses wird über mögliche Korrekturen entschieden (z.B. →forcierte Entwicklung). Der zusätzliche Aufwand ist besonders bei unwiederholbaren Aufnahmen sinnvoll. Als Service wird die C.-E. meist nur von speziellen Fachlabors angeboten.

Collage Bezeichnung für ein Bild, das (in der Fotografie) aus Fotos oder Fototeilen zusammengeklebt wurde (→Fotomontage).

Color... →Farb...

Color-Analyser Farbmeßgerät im Fotolabor zur Ermittlung von korrekten Filterwerten bei der Belichtung von Farbvergrößerungen unter dem Ziel, ein farblich neutrales Farbpapierbild herzustellen. Nach einer Eichung des Geräts auf das jeweilig verwendete Colorpapier erfolgt die Farbmessung entweder integral in der Objektivebene oder selektiv auf dem Grundbrett. Bei aufwendigeren Video-Color-Analysern (→Video-Analyser) wird das Colornegativ mit Hilfe eines →Bildwandlers als Positiv auf einem Bildschirm umgesetzt. Dort können schließlich beliebige Farbkorrekturen vor der eigentlichen Papierbelichtung simuliert werden.

Colorieren →Kolorieren

Computerblitz →Blitzgerät

Computergenerierte Fotografie Vom Computer berechnete Bilder, die, ausgehend von einfachen Strichzeichnungen, schließlich *ähnlich* wie Fotos aussehen. Nach der Erzeugung grundlegender zweidimensionaler Elemente werden diese über eine 3D-Funktion in ein Drahtgittermodell oder eines aus quaderförmigen Platzhaltern umgerechnet.
Dieses wird in einen konstruierten dreidimensionalen Raum gesetzt (Raytracing) und dort mit Oberfläche, Materialstruktur, Farben und weiteren Umhüllungsparametern ausgestattet (Mapping). Ähnlich wie im Fotostudio wird dann (hier allerdings per Rechenoperation) die →Ausleuchtung in Lichtrichtung, -intensität und -charakterisitik festgelegt, ebenso Schatten, Einstellungen eines Schärfebereichs usw. (Rendering).
Die endgültige Berechnung des Bildes mit allen Details schließt sich an. Um ein hochaufgelöstes (→Auflösevermögen), in allen Reflexions- und Schattenverläufen wirklich fotoähnliches Bild zu erhalten, sind enorme Speicherkapazitäten, aufwendige Rechenoperationen sowie erfahrene, computerkundige Benutzer erforderlich.
Computergenerierte Bilder als Ersatz für →Sachaufnahmen bzw. Aufnahmen aus der Architekturfotografie sind nicht ungewöhnlich. Weitergehende Anwendungen setzen die Nutzung von Großrechnern und Workstations voraus. Hier werden vielfach auch entsprechende Bilder zu bewegten Computeranimationen ausgebaut.

Computergrafik Beschreibt ganz allgemein die Herstellung und Veränderung von grafischen Zeichen (von der Typographie bis zum fotografischen →Halbtonbild) mittels eines Rechners. Die Möglichkeiten der C. (auch der Computeranimation) haben für einige Arbeitsgebiete der Fotografie (und anderer Medien) umwälzende Folgen. Für die →Bildverarbeitung müssen ›normale‹ Fotografien mit ihrer chemisch/physikalischen Speicherung der Bildinformation in der Struktur der →Silberhalogenid-Moleküle zuerst digitalisiert werden. Durch diese elektronische Umwandlung und Rasterung der Bildinformation in winzige Einzelsegmente (Pixel) kann das Bild Punkt für Punkt bearbeitet werden. Dazu wird das digitalisierte Bild zunächst auf einem Bildschirm sichtbar gemacht. Über die Verbindung mit einem Rechner und speziellen Grafikprogrammen (z.B. div. Paint-Box-Programmen) ist eine äußerst vielfältige Bildkorrektur bzw. eine totale Bildveränderung möglich (Farbabb. 30, 45d). Erste marktreife Ansätze dazu gab es bereits um 1980. Was zwar über Jahrzehnte nur mit aufwendigen Dunkelkammertechniken (→Fotografik) oder aber Reproduktionsvorgängen möglich war, läßt sich nunmehr — in Grenzen der jeweiligen Speicherkapazitäten — auf dem Bildschirm per Tastendruck sichtbar machen. Werden dabei mehrere Einzelbilder zu einem neuen Gesamtbild montiert, spricht man von →Foto-composing.
Für viele Verwendungssituationen reicht ein Monitorbild aus, das ggf.

über Telefonleitungen oder Funkverbindungen weitergeleitet werden kann. Mit Hilfe von Laser- oder Thermodruckverfahren bzw. speziellen Belichtungsgeräten kann das veränderte Bild aber auch als Papierkopie, Dia, gerasterte Druckvorlage usw., also als Hardcopy ausgegeben werden. Die Wiedergabequalität dieser Ergebnisse hängt von der Speicherkapazität des verfügbaren Rechnersystems und der Leistungsfähigkeit der Peripherie-Geräte ab.

Computerkunst Sammelbegriff für Kunstwerke, deren Erzeugung oder Umgestaltung auf dem Einsatz von Computern beruht. Ursprünglich als technisches Hilfsmittel für die Datenverarbeitung entwickelt, wurde der Rechner bereits seit Anfang 1950 auch als künstlerisches Mittel in Musik, Zeichnung, Film, Video und Fotografie eingesetzt (→apparative Kunst).
Nach einer Phase der ›Spielerei‹ machen es inzwischen leistungsstarke Rechner und künstlerisch begabte Anwender zunehmend möglich, völlig neue kreative Lösungen im visuellen Bereich zu finden (→Computergrafik und Computeranimation; Farbabb. 30).

Concept Art Ab etwa 1965 in den USA entstandene künstlerische Richtung, die eine Auflösung traditioneller Kunstformen zugunsten einer Entmaterialisierung der Kunstobjekte anstrebt. In der C. A. gilt nicht die Erscheinungsform des Objekts, sondern seine Idee bereits als das Kunstwerk. Realisierungsansätze wie Texte, Worte, Diagramme, Film und Video oder auch Fotografie helfen lediglich dem Rezipienten, das Kunstwerk für sich zu erkennen (→Land Art, →Body Art, →Spurensicherung).

Copyright →Urheberrecht

Cunningham, Imogen (*1883 Portland/Oregon, †1976 San Francisco) Beeindruckt durch Gertrude →Kaesebier begann C. 1901 zu fotografieren; Studium und Promotion (Chemie) an der University of Washington und anschließend an der Technischen Hochschule Dresden. 1910 Rückkehr nach Seattle und Eröffnung eines Porträtstudios. Zunächst arbeitete sie im Stil der ›Pictorialisten‹ (→Kunstfotografie), wandte sich dann aber der →Straight Photography zu. C. war Mitbegründerin der amerikanischen Fotografengruppe →f/64; sie fotografierte viele Reportagen für amerikanische und europäische Zeitschriften. Nach 1935 entstanden fast nur noch Porträts. 1978 erschien ihre letzte einfühlsame Porträtserie über alte Menschen, Kriterium: älter als 90 Jahre.

Cyan (engl.) Druck- und labortechnische Bezeichnung für Blaugrün (→Farbmischung, subtraktiv)

D

Dadaismus Eine ›Antikunst‹-Bewegung, die 1916 in Zürich ausgerufen wurde, in alle ästhetischen Bereiche vordrang und bald internationale Verbreitung fand. Angesichts der grausamen Erfahrungen des Ersten Weltkriegs protestierte sie mit Nonsens-Texten, abstrakten Kunstwerken u.ä. gegen die Selbstgenügsamkeit und Weltferne traditioneller, ästhetischer und kultureller Formen. Der Überlieferung nach ist die Bezeichnung ›Dada‹ eher zufällig. — Künstler, die mit der Fotografie arbeiteten, wie George Grosz, Raoul Hausmann und John →Heartfield konzentrierten sich mit der →Fotomontage auf die gesellschaftliche Kritik und Satire; Christian Schad (→Schadographie) und Man →Ray (→Rayogramm) nutzten die Möglichkeiten des →Fotogramms. Nicht nur in der Fotografie hat sich mit dem Aufkommen der Dada-Bewegung die Bereitschaft von Künstlern deutlich gesteigert, bis dahin völlig unübliche Ausdrucksformen und Gestaltungsmittel für ihre Arbeit zu verwenden.

Daguerre, Louis Jacques Mandé (*1789 Cormeilles-en-Parisis,†1851 Bry-sur-Marne) arbeitete zunächst als Schreiber, wurde dann Dekorationsmaler und Bühnenbildner in Paris; hatte mit Panoramabildern, die sich durch Beleuchtungseffekte verändern, Erfolg; Beschäftigung mit der →Camera obscura und lichtempfindlichen Stoffen. 1826 gab es erste Kontakte zu Joseph Nicèphore→Niépce, mit dem er 1829 einen Vertrag schloß, um die von Niépce entwickelte, sogenannte Heliographie zu verbessern. 1835 Entdeckung des →latenten Bildes und Entwicklung einer belichteten Platte in Quecksilberdämpfen; 1837 entdeckte er warme Kochsalzlösung als geeignetes Fixiermittel. Nach der Weiterentwicklung der Methode stellte der Physiker und Deputierte François Arago am 7. Januar 1939 der Akademie der Wissenschaften in Paris das Verfahren vor. Gegen eine Leibrente an Daguerre kaufte der französische Staat das Patent und übergab es am 19. August 1839 der Weltöffentlichkeit zur freien Verwendung. Innerhalb kürzester Zeit wurde das Verfahren weltweit verbreitet und brachte Daguerre Ruhm und hohe Einkünfte ein. Daß das ursprünglich von Niépce entwickelte Verfahren als →Daguerreotypie bezeichnet wird, dürfte vornehmlich in Daguerres unternehmerischem Geschick liegen. Die öffentliche Präsentation seines Verfahrens kam der des Talbotschen Negativ-Positiv-Verfahrens nur wenige Monate zuvor (→Bayard, →Talbot).

Daguerreotypie Von →Niépce und Louis Jacques Mandé →Daguerre entwickelte historische Fototechnik. Bildträger ist eine versilberte, polierte Kupferplatte, die durch Jod- und Bromdämpfe sensibilisiert wird. Entwickelt wird durch Quecksilberdampf, anschließend mit Natriumthiosulfat fixiert. Das positive Bild baut sich aus Amalgamen auf, bie-

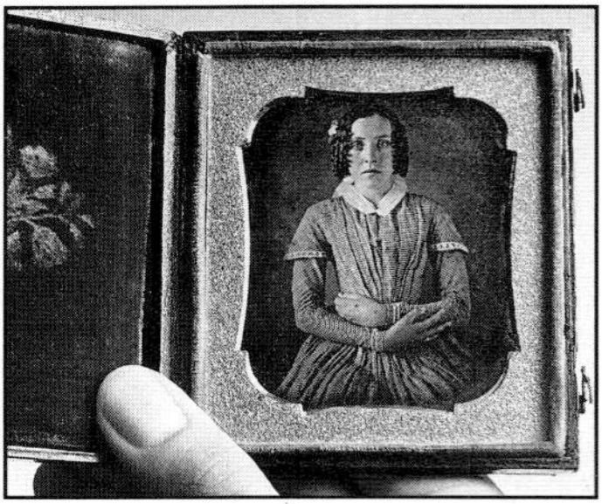

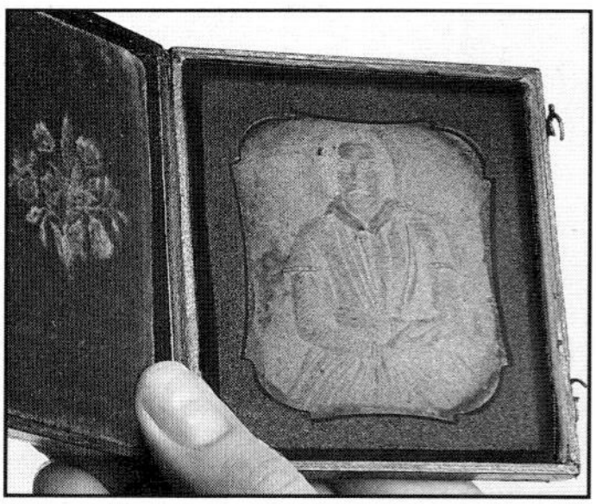

Daguerreotypie: Je nach Lichteinfall ist auf der Oberfläche das positive oder negative Bild zu sehen; Fotos: Babette Sponheuer

tet eine hervorragende Schärfe sowie feine Nuancierungen der Lichter und Schatten. Zum Schutz der Schicht vor mechanischer Beschädigung und chemischer Veränderung muß die Schichtseite luftdicht versiegelt werden. D.n sind Unikate, die meist in kleinen Etuis präsentiert werden. Man erkennt sie daran, daß sich ihr Bild aufgrund ihres Schichtaufbaus und Trägers nur aus bestimmten Winkeln ohne Spiegelung betrachten läßt.

Datenrückwand (auch engl. data back) Zusätzliche oder integrierte Rückwand an Kameragehäusen, mit der Kenndaten (wie Aufnahmedatum, Uhrzeit, Seriennummer usw.) auf das Negativ oder Dia direkt bei der Aufnahme mit einbelichtet werden können. Manchmal werden über Datenrückwände auch noch weitere Kamerafunktionen wie Serienaufnahmen u.ä. gesteuert.

Defocus Eigentlich ›Unscharf-Einstellung‹; als Gegenbewegung zum Streben nach immer größerer Schärfeleistung der Kameraobjektive wird neben →Weichzeichnern und ähnlichen Vorsätzen oft auch eine minimale Abweichung von der →Scharfeinstellung angestrebt. Spezialobjektive ermöglichen z.B. gezielt die Verstärkung von →Abbildungsfehlern, und speziele Kameraprogramme sorgen (z.B. mit Hilfe von Chipkarten) für eine Veränderung der Autofocus-Position während der Belichtung. Ähnliches wird erreicht durch zwei schnell aufeinander folgende Belichtungen mit unterschiedlichen Scharfeinstellungen.Eine gesteuerte Weichheit der Motivkonturen wird damit erreicht (→Out-of-focus, →Unschärfe).

Dekamired Physikalische Meßeinheit für die →Farbtemperatur, wobei 1 Dekamired = 10 →Mired entsprechen (→Kelvin).

Densitometer In der →Sensitometrie benutztes Meßgerät, mit dem die →Dichte von durchsichtigen oder undurchsichtigen Vorlagen ermittelt werden kann. Bei transparenten Meßobjekten (Dia- bzw. Negativfilm, →Durchsichtsbild) errech-

net sich die Dichte aus dem Intensitätsverhältnis zwischen eingestrahltem und durchgelassenem Licht, bei undurchsichtigen Vorlagen (→Abzug, →Aufsichtvorlage) zwischen aufgestrahltem und remittiertem (→Remission) Licht.
Die Bestimmung von →Farbdichten erfolgt mit dem Spektralfotometer, einer spezialisierten Variante, dessen Meßstrahl eine definierte, vorwählbare Wellenlänge hat. Durch Messung an unterschiedlichen Stellen vom →Grundschleier bis zur Maximaldichte läßt sich die →Gradation bestimmen. Durch Übertragung der Werte in ein Koordinatensystem entsteht eine →Schwärzungskurve.

Dia (kurz für Diapositiv, nach griech. Vorsilbe dia = durch) Durchsichtiges, positives Einzelbild eines →Farbumkehrfilms (Diafilm), gelegentlich auch eines Schwarzweißfilms. Es dient der →Projektion mit einem →Diaprojektor auf eine Leinwand oder als Vorlage für den Druck. Vom Dia sind Vergrößerungen auf Fotopapier (→Dia-direkt-Verfahren) möglich; Großdias werden in Display-Leuchtkästen zu Werbezwecken präsentiert. Für die Projektion müssen Dias in →Diarahmen gefaßt sein (Farbabb. 38).

Dia-direkt-Verfahren Bezeichnung für fotografische Farbprozesse und -materialien, mit denen auf direktem Wege Vergrößerungen von einem Farbdia angefertigt werden können (der indirekte Weg liefe über ein →Internegativ, das auf →Farbpapier zu vergrößern wäre).

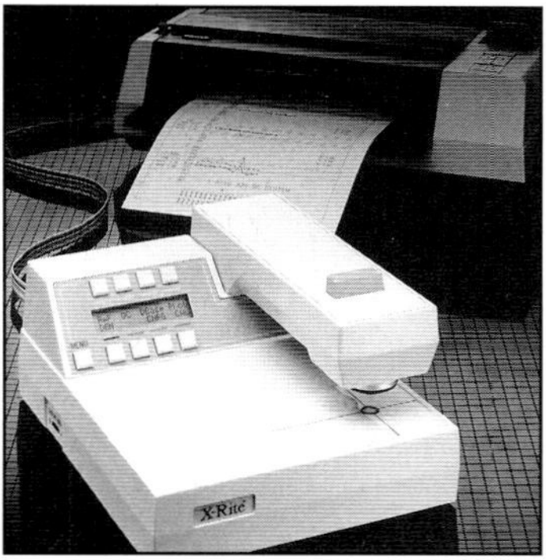

Densitometer (x-rité)

Diese Verfahren arbeiten nach der →Silberfarbbleichmethode oder der →Silbersalzdiffusion. Handelsüblich werden auch die Farbumkehrpapiere (→Farbumkehrfilm, →chromogene Entwicklung) dazugezählt. Die Fotopapiere der D.-d.-V. müssen aufgrund der steilen →Gradation eines Dias in ihrer eigenen Gradation sehr weich ausgelegt sein. Dennoch gilt: Feinere Farb- und Helligkeitsabstufungen bietet der →Abzug vom Farbnegativ. Nur bei Motiven mit höchsten Farbsättigungen bringen D.-d.-Abzüge bessere Ergebnisse (→Digital-print, →Dia-Duplikat, →duplizieren).

Diaporama Bezeichnung für eine →Tonbildschau mit mindestens zwei automatisch gesteuerten AV-Projektoren (→Audiovision, →Projektion) mit Mitteln der →Überblendung. In Abgrenzung von der kommerziellen, anwendungsorientierten Überblendschau für Werbung , Industrie, Messen usw. sind D.men eher von freien künstlerischen In-

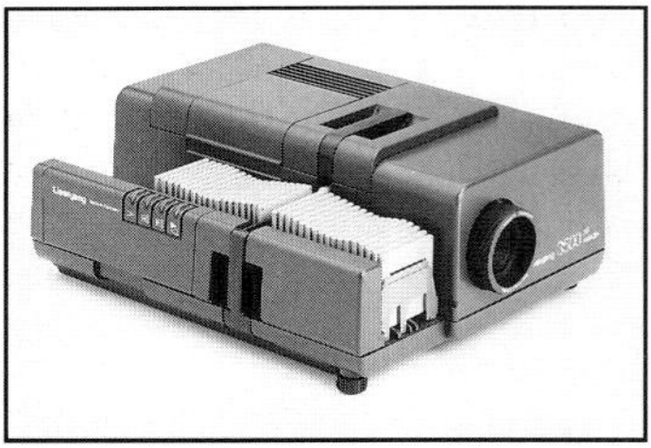

Diaprojektor (Liesegang)

tentionen geprägt; oft wird mit erzählenden oder auch emotional assoziativen Gestaltungs- und Ausdruckselementen gearbeitet.

Diapositiv →Dia

Diaprojektor Fotografisches Gerät mit eigenem Objektiv und integrierter Lichtquelle zur vergrößerten Wiedergabe (→Projektion) von einzelnen Dias auf einer Leinwand (→Projektionswand); Nachfolge der →Laterna magica. Als Lichtquelle wird heute eine Halogenlampe mit 100, 150, 250 Watt oder mehr (ergänzt durch →Reflektor, →Wärmeschutzfilter, →Kondensor und Kühlgebläse) verwendet. Für den Wechsel der gerahmten Dias (→Diarahmen) während der Projektion gibt es unterschiedliche Längs- und Rund-→Magazine. Der Diawechsel selbst kann manuell, über eine Kabel- oder Infrarot-Steuerung oder über einen programmierbaren Timer erfolgen. Die →Brennweite des Projektionsobjektivs richtet sich nach dem Diaformat, aber auch nach der beabsichtigten Bildgröße des Projektionsbildes (→Projektionswand) in Abhängigkeit vom Projektionsabstand. Moderne D.en verfügen über →Autofocus, einen Tonbandkassettenanschluß (→Tonbildschau) und eine Audiovisionseinrichtung (AV) für die →Überblendung (→Diaporama, →Doppelprojektor). Spezielle Projektoren mit einem eingebauten Videomodul und TV-Anschluß erlauben die Übertragung der Dias auf den Bildschirm des TV-Geräts (→Video-Transfer).

Diarahmen Für die →Projektion müssen Dias in festen Rahmen (aus Kunststoff) gefaßt sein, die einen problemlosen Bildtransport im →Diaprojektor ermöglichen. Für die Kleinbildformate besitzen D. ein Außenformat von 5 x 5 cm, für das →Mittelformat Außenabmessungen von 7 x 7 cm. Es ist ständiger Diskussionspunkt, ob Dias zwischen zwei Gläser oder besser glaslos gerahmt werden sollen. Glaslose Rahmung ist müheloser und ermöglicht eine gute Auslüftung des Materials, das Dia selbst ist allerdings nicht gegen mechanische Beschädigung,

Diarahmung mit einem Rahmungsgerät für glaslose Rahmen

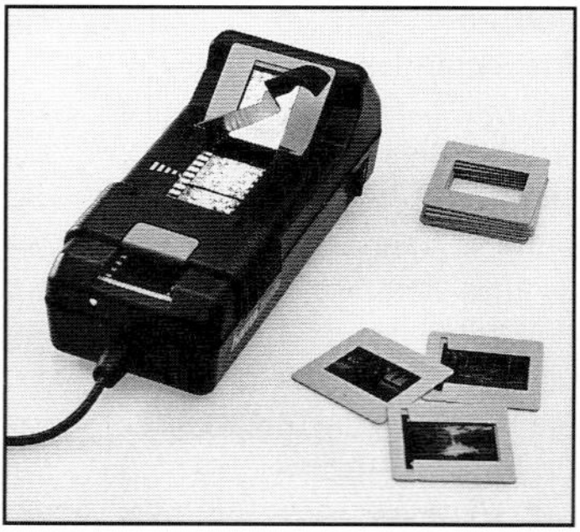

Staub. usw. geschützt. Die nur an den Rändern gehaltenen Dias können sich zudem durch die Wärme der Projektionslampe ruckartig durchbiegen und dabei aus der Schärfe springen. Die Glasrahmung ist aufwendiger und führt bei Verzicht auf Anti-Newton-Gläser leicht zu den berüchtigten →Newton-Ringen. Zudem kann Restfeuchtigkeit bei zu dicht verglasten Dias zur Zerstörung der Originale führen. Die Planhaltung der Dias ist hier allerdings garantiert. Viele hochwertige D. bestehen aus einer hellen und einer dunklen Hälfte. Das Dia wird dann seitenrichtig in die Rückseite der dunklen Maske eingelegt; darauf wird der helle Rahmenteil gedrückt. Bei der Projektion weist diese Seite zur Lampe des Projektors. Auf dem Markt finden sich unterschiedliche Rahmensysteme, die teilweise aufgrund ihrer Dicke auch eigene →Magazine verlangen, auf die der Bildtransport des Projektors abgestimmt sein muß.

Diavorbetrachtung Ein kleines, am →Diaprojektor angebrachtes Leuchtfeld, mit dem auch im abgedunkelten Raum eventuell falsch eingeordnete oder zusätzliche Dias betrachten werden können.

Dichroitische Filter Hochwertige Farbfilter, bei denen auf einen Glasträger im Vakuum extrem dünne Metallschichten aufgedampft sind, die Strahlen bestimmter Spektralbereiche reflektieren und absorbieren sowie andere Strahlen geradlinig passieren lassen. Der Farbeneindruck bzw. die Farbwirkung wird dabei nicht durch Farbstoffe, sondern durch →Interferenz erzeugt. Mit d.n F.n lassen sich im Unterschied zu normalen eingefärbten Glasfiltern Nebenabsorbtionen vermeiden. In der Fotografie werden sie hauptsächlich im →Farbmischkopf von Vergrößerungsgeräten sowie in →Printern eingesetzt. Sie sind weitgehend gegen Hitzeeinwirkung unempfindlich und farbecht.

Dichroitische Schleier Fleckige →Schleier auf fotografischen Negativen oder Abzügen aufgrund von Verunreinigungen der Verarbeitungslösungen. Es handelt sich dabei um Ablagerungen von Silber bzw. Schwefelsilber, das in der Aufsicht gelbgrünlich, in der Durchsicht bräunlich schimmert.

Dichromat-Verfahren (Vornehmlich historisches) Verfahren zur Herstellung lichtempfindlicher Emulsionen für fotografische Zwecke, bei denen Chromsalze (wie Kaliumdichromat oder Ammoniumdichromat) in Verbindung mit →Kolloiden wie Gelatine, Gummiarabikum, Albumin usw. als lichtempfindliche Substanz verwendet werden. Die Chromsalze zersetzen sich durch die Belichtung und gerben so die Kolloid-Schicht, d.h. sie verändern ihre Quellfähigkeit an den belichteten Stellen in Abhängigkeit von der Belichtungsintensität. Bei der nachfolgenden Wässerung quellen die Kolloide an den belichteten und somit ungehärteten Stellen auf, während die gegerbten Kolloidstellen nur wenig Wasser aufnehmen.

Es entsteht ein Quellrelief, das, entsprechend seinem Wassergehalt, die den Druck bewirkenden fetthaltigen Farben annimmt bzw. abweist. Nach diesem Grundprinzip arbeiten mit einigen Varianten →Edeldruckverfahren wie zum Beispiel →Pigment-, Gummi-, →Öl-, →Bromöl- und →Lichtdruck, →Heliogravüre, Carbodruck usw.

Dichte Als Schwärzungsd. beschreibt sie die Durchlässigkeit einer belichteten und entwickelten Schicht. Sie wird angegeben als negativer Zehnerlogarithmus der Transparenz (würde ein Film also 100 % der Lichtstrahlen hindurchlassen, hätte er eine Dichte 0). Die Dichte wird mit einem →Densitometer gemessen und gibt an, wie intensiv nach der Belichtung die Fotoschicht durch die Entwicklung geschwärzt wurde. Ein Dichteunterschied von 0,3 weist im normalen Belichtungsbereich auf eine doppelt bzw. halb so intensi- ve Belichtung hin (→Kontrastmessung). Trägt man Belichtung und D. in ein Koordinatensystem ein, so erhält man die für das Fotomaterial charakteristische →Schwärzungskurve. Bei Farbfilmen spricht man von den →Farbdichten der einzelnen Schichten (→Nebenfarbdichten).
Neben den Schwärzungsd.n bestimmen die *optischen* D.n aller durchsichtigen Materialien (z.B. Glas) die Eigenschaft der →Lichtbrechung. Optische Medien mit geringer Brechkraft und kleinen Brechzahlen werden als optisch dichte, solche mit hoher Brechkraft als optisch dünne Medien bezeichnet. Des weiteren wird der Begriff D. für unterschiedliche Farbintensitäten von →Filtern verwendet.

Dichteumfang Er beschreibt das Verhältnis zwischen der größten und der kleinsten Schwärzungsdichte (→Dichte) eines fotografischen Bildes (→Kontrastmessung, →Densitometer). Ähnlich wie der →Kontrastumfang bei der Aufnahme läßt sich damit der Kontrast z.B. in einem Negativ beschreiben. Übersteigt dabei der D. den →Kopierumfang eines Fotopapiers, geht beim Vergrößern etwas →Zeichnung in den Lichtern und Schatten verloren. Der maximale D. eines Films wird vom Grundschleier und der größtmöglichen Schwärzung begrenzt.
→Schwärzungskurve, →Kontrastwiedergabe,

Diffuses Licht Streuendes Licht ohne eindeutige, einheitliche Richtung der Strahlen; beleuchtungstechnisch erzeugt d. L. keine Schlagschatten, d.h. es bewirkt eine sehr weiche →Ausleuchtung. Es wird mit lichtstreuenden Reflexionswänden und durchscheinenden Scheiben erzielt (→Diffusor).

Diffusion In Physik und Chemie wird darunter eine eigenständige Vermischung mischbarer Stoffe unterschiedlicher Zusammensetzung verstanden, sobald diese miteinander in Kontakt gebracht werden. Ursache ist lediglich die Wärmebewegung der einzelnen Moleküle, Ziel der D. ist eine Gleichverteilung der Stoffe. Das Prinzip wird bei den

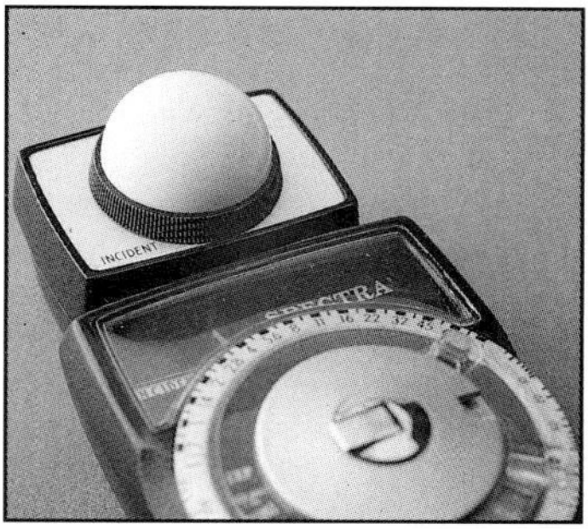

Diffusorkalotte: Halbkugel auf einem Handbelichtungsmesser

Farbdiffusionsverfahren (→Silbersalzdiffusion) bzw. bei der →Sofortbild-Technologie genutzt.

Diffusionslichthof →Lichthof

Diffusor Meist weiße, an der Oberfläche fein strukturierte, durchscheinende Gläser, Folien oder Filter, die eine Streuung des Lichts bewirken und so zur Reduzierung des Kontrasts der Beleuchtung beitragen. Man erzielt mit einem D. in einem →Vergrößerungsgerät zwar ebenso wie mit einem →Kondensor eine gleichmäßige Ausleuchtung des Negativs, doch erweist sich das diffuse Licht als viel weicher als das gerichtete Kondensorlicht. Auch vor anderen Lichtquellen wie etwa →Blitzgeräten, →Studioblitzgeräten und anderen Beleuchtungskörpern werden Streufolien u. ä. angebracht, um hartes Licht in ein zerstreutes, ausgleichenderes, weiches Licht zu verwandeln.

Diffusorkalotte Weiße Halbkugel, die vor die Meßzelle von →Handbelichtungsmessern gesetzt wird, um die →Beleuchtungsstärke der Lichtquelle zu messen (→Lichtmessung). Die Kalotte absorbiert soviel Licht, daß der angezeigte Wert der mittleren Remission des auf ein Motiv auftreffenden Lichts entspricht (= das Meßergebnis auf einer genormten →Graukarte). Außerdem vergrößert die Kalotte durch ihre Halbkugelform den Meßwinkel des Belichtungsmessers auf 180°. Zur präzisen Lichtmessung bei →Reproduktionen kann die Kalotte gegen eine gleichdichte plane Streuscheibe ausgetauscht werden.

Digitalkamera Kameramodell konventioneller Bauart, bei dem statt Film und Rückwand eine Digitalisierungseinheit angesetzt wird. Die Ausschnittsbestimmung, Belichtung usw. geschieht mit herkömmlicher Technologie; in der Bildebene befinden sich jedoch →CCD-Sensoren, die die →Abbildung in elektronische Signale umwandeln und di-

Digitalkamera mit einem tragbaren Monitor (Kodak)

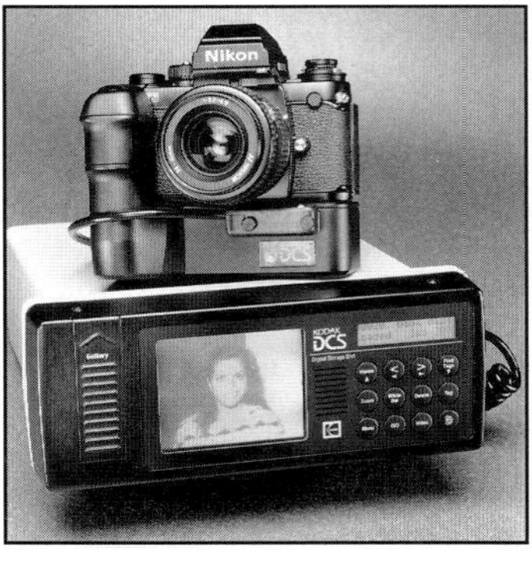

gitalisieren. Mit hochauflösenden Sensoren ist eine Auflösung von 4 Millionen Bildpunkten bei einem Bildformat von 16 x 21 mm möglich. Je nach Mobilität des Systems werden die Daten direkt in einen Rechner oder auch in eine Art tragbaren Recorder eingespeist.

Digital-print Bezeichnung für Fotoabzüge, die nicht mit Hilfe eines konventionellen Vergrößerungsgeräts belichtet wurden, sondern mit Techniken der elektronischen Bildverarbeitung. So werden durch das 1992 von Agfa vorgestellte Digiprint-System Dias per →Scanner eingelesen, in Ton- und Kontrastwerten weitgehend korrigiert und als Negativ (!) in drei Farbauszugsdateien aufbereitet. Das Ergebnis wird auf Farbnegativpapier ausbelichtet und konventionell im →Printer verarbeitet. Im Unterschied zu den →Dia-direkt-Verfahren lassen sich auf diese Weise Farbschwankungen leichter ausgleichen und →Nebenfarbdichten fast beseitigen.

Digitizer Geräteteil aus der elektronischen →Bildverarbeitung, in dem (optische) Signale in digitale umgewandelt und in den Computer eingegeben werden (→Scanner).

DIN (Deutsches Institut für Normung) In Deutschland tätige Einrichtung, die in Zusammenarbeit mit Industrie, Verbänden usw. Richtlinien für die Herstellung von Materialien, Teilen, technischen Geräten u. ä. aufstellt und in Normenkatalogen veröffentlicht. Eine große Anzahl der Regelungen betrifft auch die Fotografie (u.a. DIN 19010ff., DIN 4506ff. u.a.m.). In den allgemeinen Sprachgebrauch übergegangen sind die Festlegungen zur Lichtempfindlichkeit fotografischer Materialien, bei denen die Abkürzung DIN den Charakter einer Maßeinheit für die →Filmempfindlichkeit bekommen hat. Man spricht z.B. von einer Empfindlichkeit von 21 DIN. Durch die Internationalisierung des Fotomarktes wurden die logarithmisch abgestuften DIN-Angaben durch den arithmetischen ASA-Wert ergänzt und später der Schreibweise der ISO-Norm angepaßt. Der DIN-Wert wird dabei dem ASA-Wert nachgestellt und mit einem Grad-Symbol versehen (ISO 100/21° = 100 ASA/21 DIN).

Dioptrie Einheit für den Brechwert einer →Linse oder eines →optischen Systems. Sie wird gemessen als Kehrwert der Brennweite (in Metern). Die sich daraus ergebende Dioptrienzahl weist durch das Vorzeichen darauf hin, daß es sich um eine zerstreuende (-) oder eine sammelnde Linsenform handelt. Als Hilfe für fotografierende Brillenträger werden Dioptrien-Ausgleichslinsen für das Sucherokular einiger Kameras angeboten.

DIR-Kuppler (DIR = Development Inhibitor Release) Farbstoffe in Farbfilmen, die bei der Entwicklung einen hemmenden Stoff abspalten, der die Entwicklung von weiteren →Silberhalogeniden in der Nähe von intensiv belichteten Partien verhindert. Damit werden die negativen Auswirkungen des →Kanteneffektes verhindert und der Schärfeeindruck erhöht.

Disc-Kamera Sehr flacher Typ einer →Sucherkamera, bei der der Film nicht als fortlaufender Streifen sondern als kreisförmige Scheibe eingelegt wird; darauf werden in sehr kleinem →Aufnahmeformat die Negative belichtet. Das System kam in den achtziger Jahren auf, konnte sich aber am Markt nicht durchsetzen.

Disdéri, André Adolphe Eugène (*1819 Paris, †1890 Nizza) Porträtmaler und später Berufsfotograf; 1854 erhält er ein Patent für eine Kamerakonstruktion mit Mehrfachoptik (→Multipleoptik), mit der er acht kleine Porträtaufnahmen rationell auf einer Platte aufnehmen konnte. Diese preiswerten Miniaturporträts kamen etwa ab 1859 stark in Mode, nachdem auch Napoleon III. sich von D. hatte porträtieren lassen. Als →Carte de visite wurden Porträts berühmter Zeitgenossen als Sammelobjekte verkauft und verhalfen D. zu großem Reichtum. In London, Madrid und Toulon eröffnete er Filialen seiner Pariser Fotoateliers, verlor aber sein Vermögen durch Spekulationen und starb völlig mittellos in Nizza.

Dispersion Transparente Medien (Glas usw.) haben die Eigenschaft, Lichtstrahlen unterschiedlich stark zu brechen (→Lichtbrechung). Der Brechungsgrad eines bestimmten Mediums variiert für die verschiedenen Wellenlängen des Lichts. So läßt sich experimentell ein weißer

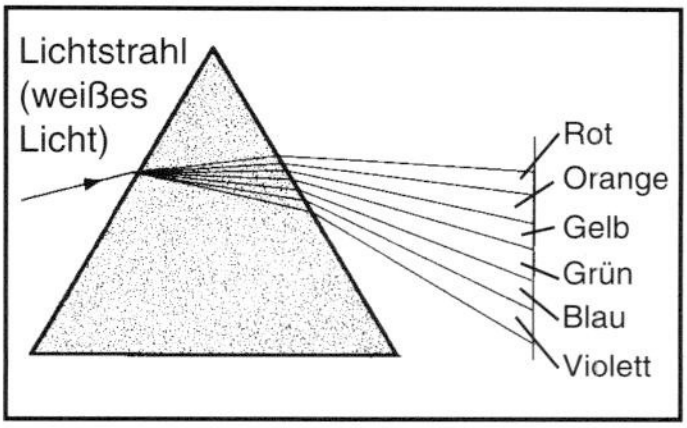

Dispersion: Durch die unterschiedliche Lichtbrechung der einzelnen Wellenlängen läßt sich mit einem Prisma weißes Licht in seine Spektralfarben aufspalten

Lichtstrahl beim Durchgang durch ein Prisma in seine einzelnen farbigen Spektralanteile (→Spektralfarben) aufspalten. Diese Farbstreuung bezeichnet man als Dispersion. Sichtbar in der Natur wird die D. z.B. beim Regenbogen. Bei der fotografischen →Abbildung durch ein Objektiv kann die Eigenschaft der D. zu →Abbildungsfehlern führen, da jede einzelne Linse eines Objektivs für jede Wellenlänge eines Lichtstrahls auch einen anderen Brennpunkt erzeugt (→chromatische Aberration).

Distorsion →Verzeichnung

Dokumentarfotografie hat eine exakte, detailgetreue und wertungsfreie Abbildung der Realität zum Ziel. Seit den Anfängen der Fotografie waren Dokumentaristen immer wieder bestrebt, Motive, eigene künstlerische und handwerkliche Fähigkeiten und die vermeintliche Abbildungstreue des technischen Apparats miteinander in Einklang zu bringen (→Jackson/USA, ab

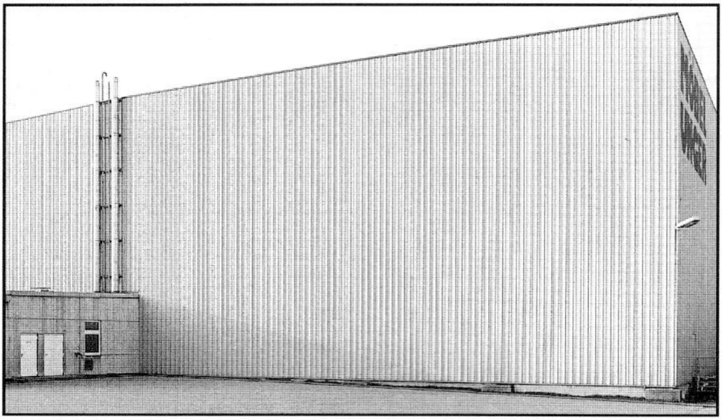

Dokumentar-fotografie

1875, →Atget/Paris um 1900, und →Farm Security Administration/ USA ab 1935, →Sander um 1928 bis hin zu →Becher/Industriearchitektur ab ca. 1960). Die Darstellungsweisen reichen von Elementen der Reportage bis hin zur reinen Objektabbildung. Ab ca. 1977 konzentrierten sich zahlreiche Fotografen darauf, in der D. den Motiven das Spektakuläre zu entziehen bzw. ›nebensächliche‹ Ansichten zum Motiv werden zu lassen, ohne die naturalistische Darstellungsweise anzugreifen; dabei entstanden nüchterne, oft scheinbar ungestaltete Abbilder realer Zustände, für die der Stilbegriff ›Dokumentarismus‹ geprägt wurde (in Abgrenzung zum →Visualismus).

Dokumentenfilm Filmmaterial mit besonders steiler →Gradation, das ein Motiv weitgehend auf Schwarz und Weiß reduziert. Die Filmemulsion besitzt eine geringe →Filmempfindlichkeit, ist sehr feinkörnig und meist →orthochromatisch; sie verfügt über ein sehr hohes →Auflösevermögen; daher wird es bevorzugt bei der →Reproduktion eingesetzt. Durch die gezielte Verarbeitung in einem hart arbeitenden Entwickler wird ein →Gamma-Wert von 2,0-2,5 erreicht (→Lithfilm).

Doppelbelichtung →Mehrfachbelichtung

Doppelkondensor →Kondensor

Doppelprojektor Spezieller →Diaprojektor, bei dem zwei Projektionssysteme platzsparend nebeneinander in einem Gehäuse untergebracht sind. Solche Projektoren

Doppelprojektor (Rollei)

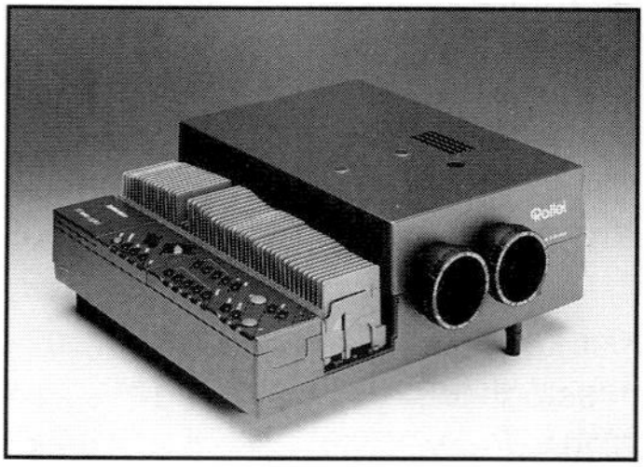

wurden ursprünglich für die Stereoprojektion (→Stereofotografie), später für Projektionen in →Überblendtechnik gebaut. Durch die eng beieinander liegenden Objektive wird eine weitgehend parallaxenfreie (→Parallaxe), deckungsgleiche Projektion von zwei Bildern auf ein Projektionsfeld gewährleistet. Für die Überblendprojektion sind moderne D.en mit einem Steuergerät und diversem Zubehör ausgestattet.

Doppelseite Gestaltung von Zeitschriften und bebilderten Büchern (→Layout) beinhaltet das Problem, zwei Bildseiten mit der Mittenfalz direkt nebeneinander zu präsentieren. Beim Layout führt dies gelegentlich dazu, daß ein Foto groß über eine Doppelseite geführt wird. Höchst ungünstige Bildbrechungen in der Falzlinie der Publikation können die Folge sein. Bei zielgerichteter Bildproduktion planen Fotografen solche Bildschnitte in ihre Gestaltungskonzeption ein.

Drahtauslöser In einige Kameras einschraubbares, biegsames Verlängerungsstück für den Kameraauslöser. Damit wird bei Stativaufnahmen die Verwacklungsgefahr durch den direkten Druck auf den Auslöseknopf vermieden. Zunehmend wird der traditionelle D. durch elektrische Auslöser ersetzt (→Fernauslöser).

3-D-Fotografie →Stereofotografie

Drtikol, František (*1833 Příbram/Westböhmen, †1961 Prag) Nach einer Fotolehre Ausbildung an der staatlichen Lehranstalt München, Rückkehr nach Prag, dort Eröffnung eines Porträtstudios. Auseinandersetzung mit dem Jugendstil; D. beginnt, Frauenakte zu fotografieren; nach 1920 Einfluß von Kubismus und Konstruktivismus. In der Folgezeit wurden seine Bilder zunehmend abstraker. Ab 1935 nur noch Malerei. Neben →Sudek einer der bedeutendsten Fotografen Osteuropas.

Dummy Modell, Nachbau, Imitation bei der →Sachaufnahme und beim →Table Top. D.s werden immer dann benötigt und oft mit großem Aufwand eigens gebaut, wenn eine direkte Aufnahme des Objekts aufgrund spezifischer Eigenschaften nicht oder nur erschwert möglich ist (zu klein, zu groß, zu wertvoll, zu empfindlich).

Dunkelfeld Spezieller Beleuchtungs- und Objektaufbau bei der Aufnahme von meist flachen, kleinen Gegenständen. Das Objekt wird dabei in einem dunklen Raum (dunkler Hintergrund) extrem flach von der Seite beleuchtet, so daß nur seitliches, von den Objekterhebungen gerade noch reflektiertes Licht den Gegenstand moduliert. Bei flachen Objekten fallen so selbst in die kleinsten Vertiefungen noch Schatten, die die reliefartige Struktur hervorheben. Der Hintergrund ist völlig schwarz. Die D.-Beleuchtung ist unter anderem in der →Mikroskopie eine gebräuchliche Beleuchtungsart (Abb. S. 84).

Dunkelkammer →Fotolabor

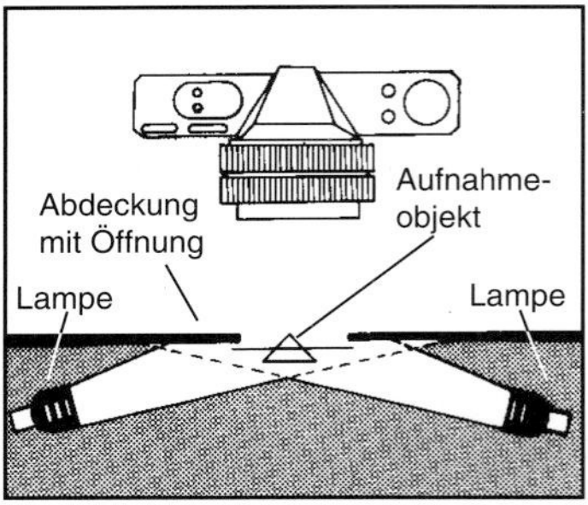

Dunkelfeld

Dunstfilter →Ultraviolettfilter

Duplexdruck (Duoton) Verfahren für den Zweifarbendruck; wird für-hochwertigen Offsetdruck von Schwarzweißfotos genutzt. Dabei werden von der Bildvorlage zwei →Lithos angefertigt, wobei das eine die Schatten, das andere die Lichter betont. Gedruckt werden zwei Farben, meist schwarz und grau bzw. grau-beige. Damit erreicht man im Druckbild eine wesentlich bessere Tonabstufung als bei einem einfachen Schwarzdruck. Eine Steigerung ist noch mit einem Triplexdruck möglich, der analog mit drei Tonwertauszügen arbeitet.

Duplikatfilm Spezialfilm für das →Duplizieren von Dias. Dabei handelt es sich um niedrigempfindliche, sehr weich arbeitende Farbumkehrmaterialien, deren relativ flache →Gradation (Gamma < 1) einer durch den Kopierprozeß bedingten Aufsteilung der Gradation beim Duplikat entgegenwirkt. Somit läßt sich verhindern, daß dieses noch kontrastreicher ist als das Originaldia. Die Farbwiedergabe des D.s muß allerdings in mehr oder weniger großen Nuancen auf den jeweiligen Duplizierprozeß durch eine Filterkorrektur bei der Aufnahme (→Korrekturfilter) geeicht werden.

Duplizieren Anfertigen einer möglichst identischen Reproduktion eines Dias im Maßstab 1:1. Diaduplikate werden als →Kontaktkopie oder mit Zubehör aus dem Bereich der →Nahaufnahme (Makroobjektiv, →Balgengerät usw.) oder mit speziellen Kopiergeräten belichtet. Optimale Ergebnissen verlangen die Verwendung eines →Duplikatfilms als Reproduktionsmaterial. Dupliziert man auf normalen Farbumkehrfilmen, so kann durch kurzzeitige, diffuse →Vorbelichtung mit weißem Licht die →Gradation des Farbumkehrfilms abgeflacht werden. Aufwendiger ist es, die störende Kontraststeigerung zu vermeiden, indem man das Original zusammen mit einer →Silbermaske kopiert. Natürlich sind beim D. auch Korrekturen in Ausschnitt, Farbigkeit und Dichte möglich.

Durchhang →Schwärzungskurve

Durchlaufentwicklungsmaschine Automatische Maschine für die Verarbeitung von belichteten Fotopapieren. Diese werden dabei über exakt steuerbare Walzensysteme durch die temperierten Verarbeitungsbänder geführt. Die anwenderfreundlichen Geräte haben Durchlaufbreiten von 25 cm bis über 2 m. Sie ermöglichen durch eine präzise zentrale Einstellung von

Durchlaufgeschwindigkeit und Temperatur eine für das Farblabor erforderliche höchste Verarbeitungskonstanz, verlangen allerdings einen größeren Durchsatz (Verarbeitung einer bestimmten Menge/Fläche Fotopapier in einer bestimmten Zeit), um die meist erheblichen Volumen an Verarbeitungslösungen wirtschaftlich ausnutzen zu können.

Durchlicht Werden durchscheinende Objekte in direktem gerichteten oder gestreuten Gegenlicht aufgenommen, wird ihre Transparenz besonders deutlich (im Gegensatz zum →Auflicht). So wird das D. oft bei der Aufnahme von →Still-lifes genutzt (→Farbabbildung ›Durchlicht‹). Das D. ist aber auch die Beleuchtungsmethode der →Mikroskopie. Auch Duplikate von Dias oder Negativen werden im D. angefertigt (→Duplizieren; Farbabb. 49).

Durchsichtssucher Vorrichtung an der Kamera, um das Motivfeld direkt anzuvisieren (d.h. ohne Hilfe eines Prismas oder eines Spiegels). Bei Kameras mit fest eingebautem Objektiv entspricht die Begrenzung des Sucherfeldes ungefähr der Begrenzung des Motivausschnitts (→Sucherkamera), was oft noch durch spezielle Begrenzungslinien angezeigt wird (→Leuchtrahmensucher). Mit Ausnahme der ganz einfachen Rahmensucher verfügen D. über ein einfaches, mehrlinsiges optisches System, das allerdings keine Kontrolle der Scharfeinstellung erlaubt, da das Sucherbild dem Auge ständig scharf erscheint (→Meßsucher). Da der D.

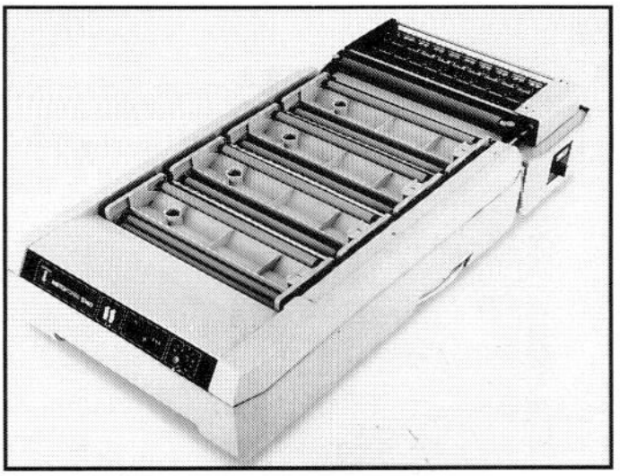

Durchlaufentwicklungsmaschine: Gerätetyp mit nacheinander angeordneten Walzensystemen und einem angeschlossenen Trockner (ohne Abdeckung; Meteor)

an der Kamera meist *über* dem Objektiv angebracht ist, ist bei der Durchsicht mit dem Auge einerseits und der Aufnahme mit dem Objektiv andererseits mit einer gewissen Verschiebung des Ausschnitts zu rechnen. Diesen Fehler der →Parallaxe mechanisch auszugleichen erweist sich als recht aufwendig.

Durchsichtsvorlage Bild, das im Unterschied zum →Aufsichtsbild über einen durchsichtigen Träger (→Schichtträger) verfügt und damit nur im →Durchlicht (→Leuchtkasten, →Projektion) betrachtet werden kann. Als typisches fotografisches Durchsichtsbild weist ein →Diapositiv im Vergleich zu einer Papiervergrößerung stets eine höhere Farbbrillanz auf.

Duro Weichzeichnervorsatz für das Objektiv. In die klare Glasscheibe sind konzentrische Ringe geschliffen, die durch farbabhängige →Lichtbrechung (Streuung) die Weichzeichnung bewirken. Das

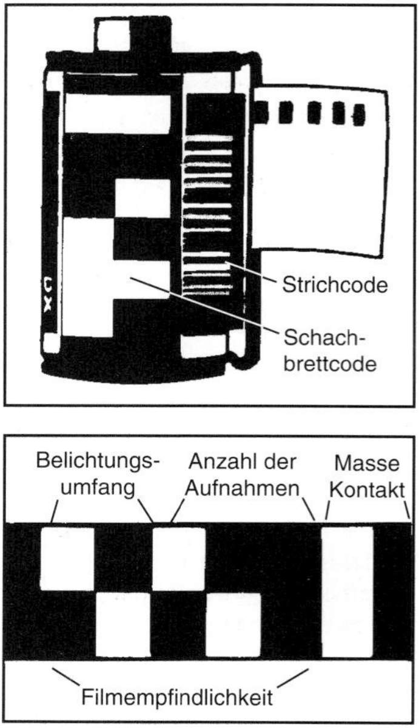

DX-Codierung

scharfe Kernbild wird dabei von einem leicht unscharfen Bild überlagert. →Weichzeichner, →Trickfilter

DX-Codierung Schachbrettartiges Muster von leitenden und nichtleitenden Flächen auf den Patronen von →Kleinbildfilmen, in dem die →Filmempfindlichkeit und die Filmlänge des Aufnahmematerials verschlüsselt ist. Die Elektronik moderner Kameras tastet dieses Muster ab und stellt die →Filmempfindlichkeit automatisch ein.

Dye Transfer (engl. = Farbstoffübertragung) Aufwendiges, 1947 von Kodak vorgestelltes Umdruckverfahren, mit dem von Dias oder Farbnegativen lichtstabile →Aufsichtsbilder als Farbabzüge auf Papier gebracht werden können. Beim Herstellungsprozeß bestehen Ähnlichkeiten zu einigen historischen Edeldruckverfahren.

Beim D. T. werden zunächst vom Original drei schwarzweiße ungerasterte Farbabzüge hergestellt. Von jedem dieser Negative wird ein spezieller Matrix-Film belichtet. Beim Entwicklen entsteht durch Gerbung ein Gelatinerelief, das in seiner Dicke jeweils der Intensität der Belichtung beim Kopieren entspricht. Diese drei Matrizen werden mit den Farbstofflösungen (Dyes) komplementär zur Farbe des jeweiligen Auszugsfilters in Yellow, Magenta und Cyan eingefärbt (→Komplementärfarbe), wobei jede Matrize die Farbmenge aufnimmt, die der Struktur der Gelatineschicht entspricht. Mit einem Gummiroller werden die Matrizen nacheinander passergenau auf ein gelatinebeschichtetes barytiertes Übertragungspapier aufgequetscht, wobei die Farbstoffe vollständig in die Papierschicht eindringen.

Die Matrizen können wiederholt eingefärbt und abgedruckt werden, dabei läßt sich die Farbabstimmung, die Dichte und der Kontrast einzelner Farben verändern. Bei der heutigen ausschließlichen Verwendung von kunststoffbeschichteten Trägermaterialien für Farbfotografien muß der D.-T.-Prozeß als das einzige fotografische Farbverfahren mit langfristig kalkulierbarer →Archivfestigkeit angesehen werden.

E

Eberhard-Effekt →Kanteneffekt

Edeldruckverfahren Begriff für historische Kopierverfahren, bei denen sich das Bild nicht aus Silber (→Silber- oder Eisensalzverfahren), sondern aus einem eingefärbten →Quellrelief (→Dichromatverfahren) aufbaut und daher besonders lichtbeständig ist. Edeldrucke zeichnen sich durch eine gewisse Weichheit, besonders an den Konturen, aus. Sie waren zur Zeit der →Kunstfotografie (ca. 1880-1920) besonders beliebt, wurden aber später von den Vertretern des →Neuen Sehens und der →Neuen Sachlichkeit abgelehnt.
Edeldrucke können auch im Umdruckverfahren vervielfältigt werden (→Bromöldruck, →Öldruck, →Gummidruck, →Pigmentdruck).

Edeldruckverfahren

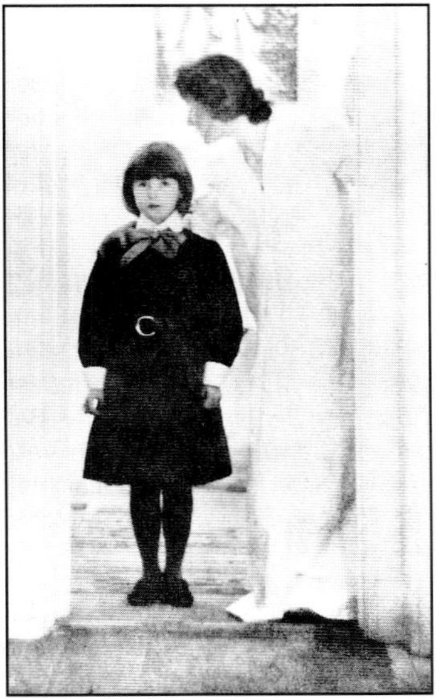

ED-Glas Spezialglas, das eine sehr hohe Korrektur der →Linsen bzw. der Objektive zuläßt.

Effektfilter →Trickfilter

Effektlicht Eng begrenzte und gezielt plazierte Lichtzone, mit der auf beleuchtungstechnischem Weg die Details eines Motivs aufgehellt und damit hervorgehoben werden. E. kann bei der Ausleuchtung im Studio stets nur als letzte Abrundung der Beleuchtung gesetzt werden. Es wird farbig, punktuell (Spotlicht) oder strukturiert in der Porträt-, Sach- und Werbefotografie genutzt.

Effektnegativ/-positiv →Strukturfolie

E.I. →Exposure Index

Einfrieren (der Bewegung) In der Fotografie wird damit die bewegungsscharfe Wiedergabe (→Bewegungsschärfe) schnell bewegter Objekte durch sehr kurze Verschlußzeiten oder Einsatz eines →Blitzgeräts bezeichnet. Der Begriff kommt häufig im Bereich der Sportfotografie vor. Ein weiteres beliebtes Sujet ist fließendes Wasser (Springbrunnen, Wasserfall), das in diesen Fällen wie ›zu Eis erstarrt‹ wirkt (Abb. S. 88; Farbabb.50).

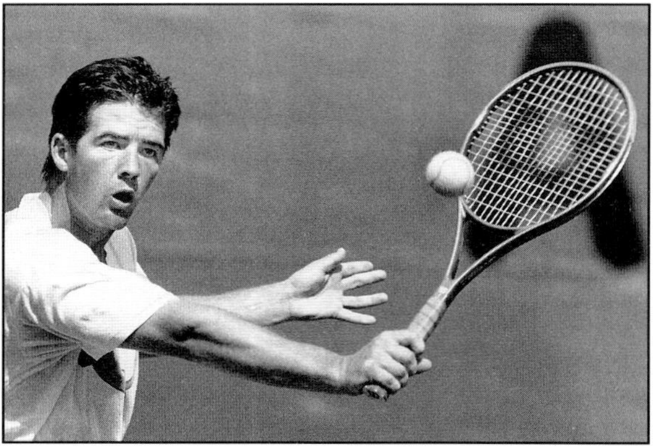

Einfrieren mit kurzer Verschlußzeit; Foto: Michael Korte

Einkopieren Arbeitsweise im Fotolabor und in der Reprotechnik, bei der mit Hilfe der →Lichtmontage in ein bereits belichtetes Bild mit einem zweiten Negativ oder Dia ein weiteres Motiv oder ein Schriftzug einbelichtet wird. Meist empfiehlt es sich, das zweite Bild als helles Motiv auf schwarzem Untergrund einzukopieren. Bei mehreren Motiven müssen Abbildungsmaßstab, Perspektive und Schattenwurf aufeinander abgestimmt sein. Die zeitaufwendigen Einkopierarbeiten im Fotolabor werden zunehmend durch Techniken der elektronischen →Bildverarbeitung ersetzt (Fotocomposing). Dazu muß das fotografische Bild digitalisiert werden.

Einstelldia Mehrfarbiges Dia mit geometrischen Linien und Rastern zur Justierung von Diaprojektoren (auch bei der →Überblendprojektion) und zur Kontrolle der Schärfewiedergabe bis in die Bildecken (→Einstellnegativ).

Einstellebene Motivebene, auf die das Objektiv scharfgestellt wird (→Scharfeinstellung). Sie liegt in der Regel parallel zur →Bildebene, kann aber mit den →Verstellmöglichkeiten einer Großformatkamera gezielt verlagert werden.

Einstellicht (Pilotlicht) →Studioblitzgeräte verfügen neben der →Blitzröhre über eine zusätzliche Halogenlampe, die als Dauerlicht (wie ein Scheinwerfer) eine Ausleuchtung des Motivs ›nach Sicht‹ ermöglicht. Die Lampe ist inmitten der ringförmigen Blitzröhre angebracht (s. Abb. S. 58), ist getrennt schaltbar und verfügt über den gleichen Leuchtwinkel wie das Blitzlicht. Genau wie die Lichtleistung des Blitzlichts kann auch die Helligkeit des E.s variabel geregelt werden; dabei ist die Leistung beider Lichtquellen proportional aufeinander abgestimmt, so daß die notwendigen Belichtungswerte auch mit dem E. ermittelt und auf die

Blendenwerte für das Blitzlicht umgerechnet werden können (also ohne speziellen →Blitzbelichtungsmesser). Da die Helligkeit des E.s je nach Typ des Blitzgeräts ca. 7 Belichtungsstufen unter der Lichtleistung des Blitzes liegt, kann es auch während der Blitzbelichtung eingeschaltet bleiben.

Einstellnegative zeigen eine detailreiche Linienstruktur mit geometrischen Figuren und Rastern nach →Strichvorlage. Sie sind Hilfsmittel für die präzise →Scharfeinstellung eines zu vergrößernden oder zu reproduzierenden Bildes. Statt des Originalnegativs wird diese Einstellhilfe bei großen Vergrößerungsmaßstäben, sehr dichten oder unscharfen Negativen usw. ins Vergrößerungsgerät eingelegt und scharfgestellt. Das E. erweist sich damit als gute Ergänzung zu einem →Scharfsteller.

Einstellung (genauer: Einstellungsgröße) Der Begriff aus der Filmsprache bezeichnet die Größe des Bildausschnitts in bezug auf das abgebildete Motiv. Er findet auch in der Fotografie sinnvolle Verwendung: 1. Die *Totale* gibt einen Überblick über den Ort der Handlung; 2. die *Halbtotale* stellt den Handlungsträger heraus, ohne das Umfeld außer acht zu lassen; 3. *Halbnah* erfaßt formatfüllend z.B. die volle Größe eines Menschen (manchmal auch nur ca. 2/3); 4. *Nah* zeigt bei Personenaufnahmen etwa ein Brustporträt; 5. als *Großaufnahme* gilt z.B. ein Kopfporträt und 6. die *Detailaufnahme* zeigt einen kleinen Ausschnitt .

Einstellscheibe →Mattscheibe für Großbild- und Spiegelreflexkameras. Hochwertige Systemkameras besitzen auswechselbare Einstellscheiben mit unterschiedlichen Strukturen zur →Scharfeinstellung und zur Ausrichtung des Bildes (z.B. Gitterstruktur für Architekturaufnahmen oder Reproduktion oder Klarglas für Mikro- und →Astrofotografie).

Einstellschlitten Verschiebbare Befestigungsplatte, die zwischen Kamera und Stativkopf angebracht wird. Damit ist eine nuancierte Verstellung der Kamera in eine Richtung möglich, ohne daß das Stativ

Einstellnegativ

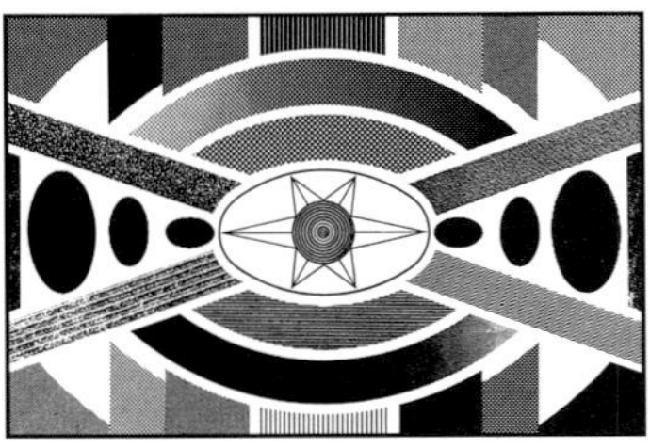

Einstellschlitten (Hama)

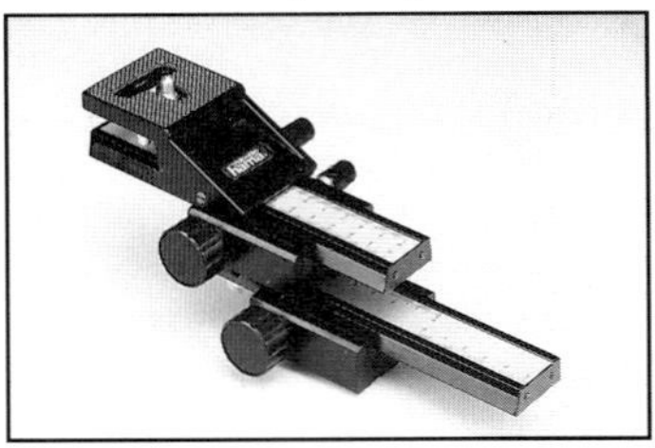

bewegt wird (was oft bei →Nahaufnahmen oder →Reproduktionen erforderlich ist). Universale. besitzen eine zweite verschiebbare Platte, die im 90°-Winkel angebracht ist. Die präzise Verstellung wird meist durch einen Friktionstrieb gewährleistet.

Eintrittspupille →Pupille

Einzelbild Einzelnes Foto als Endprodukt eines fotografischen Konzeptions- und Aufnahmeprozesses in Abgrenzung von →Serieller Fotografie, →Fotosequenz oder →Bildreportage.

Eisenstaedt, Alfred (*1898 Dierschau) Zunächst Handelsvertreter und Fotoamateur; 1927 erste Publikation im ›Weltspiegel‹; ab 1929 feste Anstellung bei ›Associated Press‹; Durchbruch mit einer Reportage über die Verleihung des Nobelpreises an Thomas Mann (1929); 1935 Emigration in die USA und dort bis 1972 Arbeit für das Wochenmagazin ›Life‹, das von ihm 92 Titel aus ca. 2500 Fotoaufträgen veröffentlichte. Neben seinen Bildreportagen schuf er ein umfangreiches Porträtwerk.

Eiweiß-Lasurfarben Hochkonzentrierte dünnflüssige Lösungen brillanter Farbstoffe, die, mit Wasser verdünnt, für die Retusche in Schwarzweiß und Farbe, für das →Kolorieren und Arbeiten mit der →Airbrushtechnik verwendet werden. Die Bindung der Farbstoffe an Eiweißbestandteile gewährleistet eine gute Haftung auf der Vorlage. Der Auftrag erfolgt mit Pinsel, Wattestäbchen oder der Spritzpistole. E.-L. sind allerdings nicht lichtecht.

Elektronenblitzgerät →Blitzgerät

Empfindlichkeit (Lichtempfindlichkeit) →Filmempfindlichkeit, →spektrale Empfindlichkeit,→forcierte Entwicklung,

Emulsion Bezeichnung für die Mischung der lichtempfindlichen Silbersalze in →Gelatine, die als E.s-Schicht auf einen →Schichtträger (→Film oder Fotopapier) gegossen wird. Genaugenommen handelt es sich dabei um eine erstarrte Suspension. Gelatine erweist sich für die Fotografie aufgrund ihrer Transparenz als ideales Bett für die Halogenide. Bei der Emulsionsherstellung sind nach sorgfältigsten Rührverfahren, diversen Zusätzen wie Stabilisatoren und Härtern mehrere Reifungsprozesse erforderlich.
Durch den Zusatz von Sensibilisatoren (→Sensibilisierung) wird die →spektrale Empfindlichkeit erweitert oder auf bestimmte Bereiche beschränkt. Die Zugabe von →Farbkupplern macht die Farbstoffbildung in vielen Farbmaterialien möglich. In einer Dicke von 0,01 mm bei Schwarzweißfilmen und ca. 0,025 mm bei Farbfilmen wird die E. in Gießmaschinen in mehreren Schichten (Abb. →Farbnegativfilm) auf den Träger aufgebracht.

Emulsionsnummer Bei der aufwendigen Herstellung von fotografischen →Emulsionen sind minimale Schwankungen in der Konstanz der

Ergebnisse von Emulsion zu Emulsion nicht ausgeschlossen. Wegen des komplizierten mehrschichtigen Aufbaus von Farbfilmen können daher durchaus geringe Abweichungen im Farbgleichgewicht usw. auftreten. Daher erhält jede Emulsionsproduktion ihre eigene Herstellungsnummer, die dann jedem Film auf der Verpackung (oder auch einbelichtet am Filmanfang) beigegeben wird. Fotografen, die eine absolut gleichbleibende Farbwiedergabe verlangen (Studio- und Reprofotografie), ordern daher gezielt große Mengen Filmmaterial mit der gleichen E. und lagern diese ein. Für einen solchen Vorrat wird dann in Tests die tatsächliche Filmempfindlichkeit, Farbcharakteristik usw. ermittelt. Auch für andere Fotomaterialien, insbesondere Farbfotopapiere, ist die aufgedruckte E. von Bedeutung.

Endoskop Biegsamer Stab zumeist aus Bündeln feiner Glasfaserstäbe und einem optischen System von Prismen und Linsen. E.e werden vornehmlich in der Medizin und Technik zur Fotografie von inneren Körperhöhlen genutzt. Auch die Architektur nutzt das E. für real wirkende Aufnahmen von Modellen. E.e werden über Zwischenstücke direkt an die Kamera angeschlossen, wobei das Objektiv in der Regel wegfällt (→Lichtleiter).

Entfernungseinstellung Sie entspricht in der optischen →Abbildung der →Gegenstandsweite bei der →Scharfeinstellung. Da es sich in der praktischen Fotografie meist aber nicht um die Abbildung einer Motivebene, sondern um einen Motivraum handelt, ist die exakte Einstellungsentfernung (für das Objektiv) innerhalb dieses Motivraums festzulegen. Beträgt z.B. die Entfernung zum nächstliegenden scharf abzubildenden Motivpunkt 3 m, zum weitesten Punkt 20 m, berechnet man (Faustregel):

$$\text{Einstellung} = \frac{2 \times \text{nah} \times \text{weit}}{\text{nah} + \text{weit}} \approx 5{,}20 \text{ m}$$

Der eigentliche Schärferaum wird schließlich über das Abblenden (→Schärfebereich) erreicht.

Entfernungsmesser Einstellhilfe zur →Scharfeinstellung der Entfernung Motiv — Kamera, genauer: der →Gegenstandsweite der →Abbildung. Automatische E. arbeiten mit Infrarot- oder Ultraschallsignalen oder auch mit dem Kontrastvergleich bei →Autofocus-Kameras. Der →Meßsucher gilt als *optischer* E., die →Mattscheibe als *visuelle* Einstellungshilfe.

Entspiegeln Vermeidung bzw. Reduzierung von störenden Reflexen auf stark reflektierenden Flächen (vornehmlich Glas). Den Linsen eines optischen Systems (Objektiv) wird dazu eine spezielle aufwendige →Vergütung aufgedampft; ähnlich werden auch abdeckende Glasscheiben für hochwertige fotografische Arbeiten behandelt. Das sogenannte Antireflexglas für Bilderrahmen ist lediglich auf einer Seite aufgerauht (was in der Regel zu einer Kontrastreduzierung des darunterliegenden Fotos führt). Um allzu intensive Oberflächenreflexe bei →Sachaufnahmen z.B. auf Metall zu reduzieren, wird spezielles Mattierungsspray verwendet. Auf einem ganz anderen optischen Wege werden Flächen mit Hilfe eines →Polarisationsfilters entspiegelt, was aber aufgrund der Struktur der Materialmoleküle nur bei nichtmetallischen Oberflächen funktioniert.

Entwickler Lösung, mit der in einer fotografischen →Emulsion nach der Belichtung das →latente Bild sichtbar gemacht wird. Chemische E., wie sie in der Fotografie genutzt werden, enthalten komplizierte organische Verbindungen, die sich meist aus dem Benzol ableiten lassen (Amidol, Brenzkatechin, Hydrochinon, Phenidon, Paraphenylendiamin usw.); weitere Bestandteile sind Alkalisubstanzen als Beschleuniger, Verzögerer wie Kaliumbromid als Antischleiermittel (→Grundschleier) sowie konservierende Oxidationsverhinderer wie z.B. Natriumsulfit. Je nach Zusammensetzung wird bei der Schwarzweißentwicklung zwischen →Feinkorn- und →Ausgleichsentwicklern und E.en zur Empfindlichkeitssteigerung (→forcierte Entwicklung) unterschieden. Aufgrund der erforderlichen Standardisierung der Verarbeitungsprozesse von Farbmaterialien gibt es bei der →Farbentwicklung diese Variationsbreite nicht (→Prozeßstabilität).

Entwicklung: Unentwickelte (hell) und entwickelte (dunkel) Bromsilberkristalle in 1000facher Vergrößerung eines Transmissions-Elektronenmikroskops (Agfa)

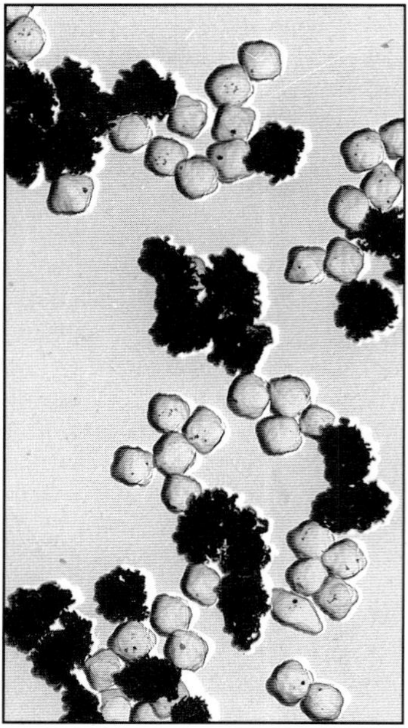

Entwicklung Die E. einer fotografischen Emulsion bewirkt eine extreme (ca. 10^9fache) Verstärkung des →latenten Bildes, indem die durch die →Belichtung lösungsfähig gemachten →Silberhalogenide mit den organischen Bestandteilen des →Entwicklers reagieren. Bei der E. handelt es sich um einen chemischen Reduktionsvorgang, bei dem die Silberverbindungen (z.B. das Bromsilber) in metallisches Silber zurückgeführt werden, das in seiner feinen Verteilung den Eindruck der Schwärzung hinterläßt. Das Brom löst sich im Entwickler, in dem außerdem als Reste der beteiligten

Substanzen Oxidationsprodukte (→Farbkuppler) entstehen.
Während dieses Prozesses verändern sich bis zu einem gewissen Grad die Kontrastwerte (→Schwärzungskurve). Aus Schwärzung und Kontrast ergibt sich die Entwicklungszeit, die maßgeblich von der Entwicklertemperatur sowie seiner Konzentration und der Entwicklungsbewegung abhängt.
Diese Grundzüge des chemischen Entwicklungsvorgangs sind bei allen heutigen Verarbeitungsverfahren fotografischer Schichten gleich. Im Detail unterscheidet man zwischen →Filmverarbeitung und Papierentwicklung, Schwarzweiß- und →Farbentwicklung sowie Negativ- und →Umkehrentwicklung. Die Entwicklung betrifft damit nur die belichteten Teile der Emulsion. Zur Stabilisierung des Bildes muß das unbelichtete Bildsilber anschließend durch das Fixierbad herausgelöst werden. Verkürzt wird allerdings oft der gesamte Verarbeitungsprozeß als E. bezeichnet. Praktisch wird die E. in →Trommeln (→Rotationsentwicklung), Schalen (→Schalenverarbeitung) oder Dosen (→Filmentwicklungsd.), →Filmentwicklungstanks und verschiedenartigen Verarbeitungsmaschinen (→Durchlaufentwicklungsmaschine) durchgeführt.

Entwicklungsfehler
→Verarbeitungsfehler

Entzerren Parallele Linien eines Aufnahmegegenstands, die sich vom Betrachter-/Kamerastandpunkt entfernen, werden nach den Grundregeln der →Zentralperspektive in der fotografischen Abbildung aufeinander zulaufend, also verzerrt dargestellt (→stürzende Linien; Abb. S. 94). Verstärkt wird dies durch eine Neigung der Kamera zur Objektebene. Bei der Aufnahme läßt sich dies ausschließlich mit speziellen, verstellbaren Objektiven oder den →Verstellmöglichkeiten einer →Fachkamera ausgleichen.
In Grenzen lassen sich solche verzerrten Parallelen auch noch beim Vergrößern entzerren, wenn man das Grundbrett des Vergrößerungsgeräts schwenkt, bis die Bildlinien des verzerrten Motivs wieder parallel verlaufen. Da dabei Teile des Motivs deutlich aus der Schärfenebene geraten, ist extremes →Abblenden erforderlich, besser noch eine →Schärfendehnung nach →Scheimpflug. Allerdings kann in einigen Fällen trotz einer perfekt erzeugten Parallelität der Linien ein unnatürlicher Bildeindruck verbleiben (→Architekturfotografie).

Entzerren beim Vergrößern durch →Schärfendehnung; die Verlängerungen von Grundbrett-, Objektiv- und Negativebene treffen sich in einer Schnittgeraden

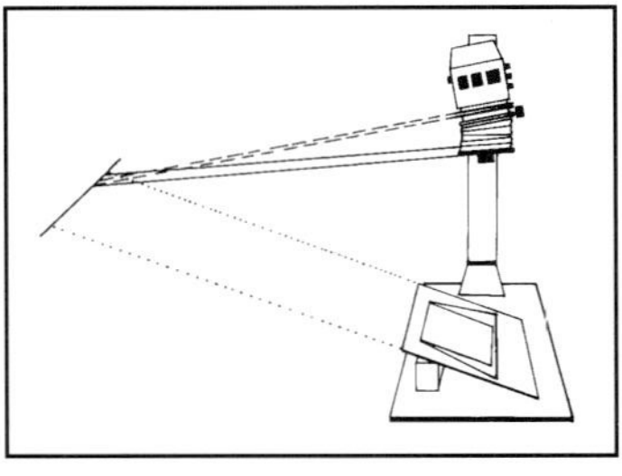

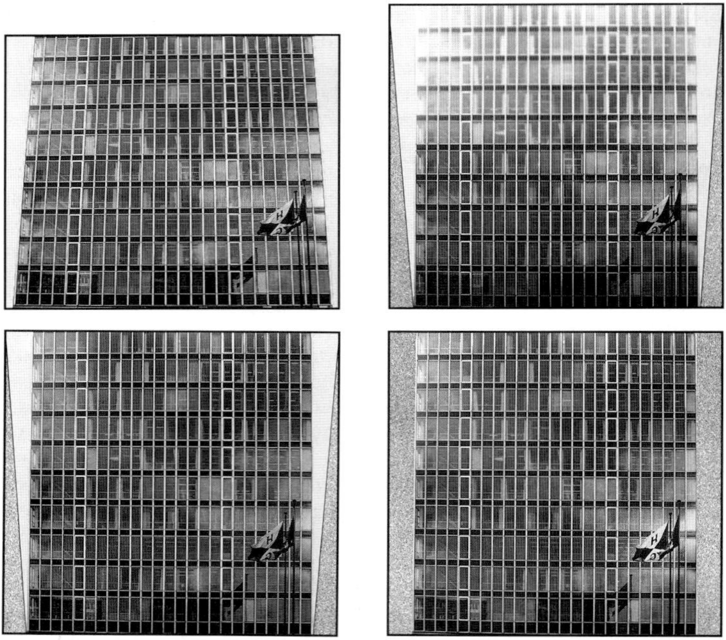

Entzerren: a) stürzende Linien durch die verkantete Filmebene bei der Aufnahme; b) beim Vergrößern richtet das geneigte Grundbrett die Architektur gerade, dies bringt allerdings Probleme mit der Lichtverteilung, der Schärfentiefe und dem Bildformat; c) Abbildung nach Abwedeln und Schärfeausgleich; d) Ergebnis nach Beschnitt; Fotos: Norbert Sarrazin

Erfurth, Hugo (*1874 Halle, †1948 Gaienhofen am Bodensee) 1892-1896 Lehre bei dem Dresdener Hoffotografen Höfert; parallel dazu Malkurse an der Kunstakademie in Dresden; ab 1896 eigenes Atelier, das ab 1906 im ›Lüttichau-Palais‹ Treffpunkt im Dresdener Kulturleben wurde. In den 20er und 30er Jahren wurde er zu einem der bedeutendsten Porträtisten seiner Zeit. Fotos von Käthe Kollwitz, Otto Dix, Gerhart Hauptmann und Oskar Kokoschka. Daneben beschäftigte sich E. mit d →Edeldruckverfahren wie →Gummi- und Ölpigmentdruck. 1919 Mitbegründer der Gesellschaft Deutscher Lichtbildner (GDL), der ältesten fotografischen Vereinigung in Deutschland. 1934 Umzug nach Köln und Eröffnung eines neuen Ateliers. 1945 wurde bei einem Bombenangriff sein gesamtes umfangreiches Archiv zerstört.

Epidiaskop Ältere Konstruktion eines Projektionsgeräts, das sowohl zur Projektion von →Aufsichtsbildern (→Episkop) als auch zur Projektion von (meist großformatigen) Dias (→Diaprojektor) genutzt werden kann.

Episkop Gerät zur Projektion von →Aufsichtsbildern, Zeichnungen und Buchseiten, also alle *nicht*-transparenten Vorlagen. Die beleuchtete Vorlage wird über ein Spiegelsystem und ein lichtstarkes Objektiv auf einer →Leinwand abgebildet. Eine große Beleuchtungsintensität ist erforderlich, da ausschließlich das von der Vorlage reflektierte Licht für die Projektion genutzt werden kann.

EV (Exposure Value) →Belichtungswert, →Lichtwert

Evans, Walker (*1903 St. Louis, Missouri, †1975 New Haven, Connecticut). 1922-23 Sprachen- und Literaturstudium in Andover/Massachusetts; Wechsel nach New York und 1926 Studienaufenthalt an der Sorbonne in Paris. Beschäftigung mit Flaubert und Baudelaire; Berufsfotografie in den USA ab 1928; E. arbeitete über die Architektur der Südstaaten und über afrikanische Kunst und wandte sich bald der →Straight Photography zu. Ab 1935 zählte er zur Gruppe der Fotografen der →Farm Security Administration, die die Lebensbedingungen der amerikani-

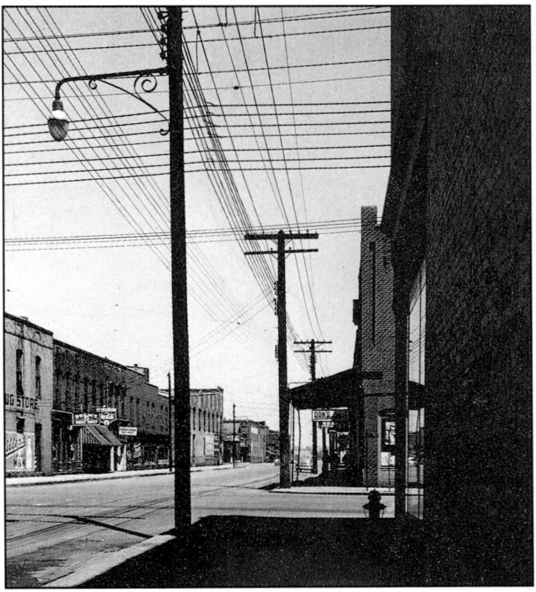

Walker Evans ›One Newspaper Town‹, 1947 (Museum Folkwang, Essen)

schen Landbevölkerung in jener Zeit der wirtschaftichen Krise dokumentierte. Später freie Arbeiten; als einer der ersten nutzte er eine serielle Ausdrucksweise für die Fotografie. E. arbeitete für ›Time‹ und wurde Mitbegründer und Redakteur der Zeitschrift ›Fortune‹ (1946); mehrere Ausstellungen im Museum of Modern Art, New York; 1965 übernahm er einen Lehrstuhl an der Yale University in New Haven/ Connecticut. Er zählt zu den amerikanischen Fotografen, die sich nicht nur praktisch sondern auch theoretisch als außerordentlich kenntnisreich erwiesen.

Experimentelle Fotografie Sammelbegriff für Bereiche der Fotografie, bei denen, jenseits der bloßen Abbildung eines Gegenstands, in den Entstehungsprozeß des Bildes mit experimentellen Aufnahme- und Labortechniken eingegriffen wird. Stilgeschichtlich bedeutend waren die Zeit des →Dadaismus und erste Ansätze der →surrealistischen Fotografie. Techniken waren →Collagen, →Fotomontagen, →Pseudosolaritation und →Negativdruck. Auch weite Bereiche der sich ab 1963 entwickelnden →Generativen Fotografie basieren auf (Zufalls-)Ergebnissen von Fotoexperimenten.

Exploded View Besondere Art der →Sachaufnahme, bei der ein Gegenstand in seinen Einzelteilen abgebildet wird, die, zwar voneinander getrennt, doch in der Reihenfolge ihres Zusammenbaus dargestellt sind. Vergleichbare Abbildungen werden heute zunehmend als Computeranimation erzeugt.

Exposure Index (E.I.) Im Unterschied zur genormten Filmempfindlichkeit nimmt der E. I. (etwa: Belichtungsrichtzahl) auf die wirklichen Aufnahme- und Verarbeitungsbedingungen des Films Rücksicht, die ja oft nicht den genormten Prüfbedingungen entsprechen, woraus sich eine veränderte *effektive* Filmempfindlichkeit ergibt. Das Kürzel E.I. gibt also den ISO-Wert an, mit dem der Film unter bestimmten Bedingungen zu belichten ist.

Extender →Konverter

Eye-catcher (engl.) Ein Foto oder Bild, das den Blick direkt auf sich zieht. E.-c. werden z.B. für Zeitschriften-Titelbilder oder Werbeanzeigen benötigt, um das jeweilige Produkt aus der Masse der Konkurrenzblätter herauszuheben. Oft handelt es sich dabei um plakative Porträtfotos, in denen der Betrachter direkt angeblickt wird, je nach Zielgruppe unterstützt durch Farbkontraste, sexuelle Anspielungen und expressive Slogans. Gelegentlich finden sich allerdings auch subtilere Fotos, mit denen die Aufmerksamkeit des Betrachters eingefangen werden soll.

F

f/64 Um Edward →Weston bildete sich 1932 eine Gruppe von Fotografen, die, in Weiterentwicklung einzelner Aspekte der →Straight Photography, höchste Abbildungstreue und präziseste Schärfe in der Fotografie forderte. f/64 bedeutet →Blende 64, eine Einstellung, die in der fotografischen Aufnahmepraxis einen enorm hohen →Schärfebereich bewirkt. Weichzeichner und verschwommene Konturen wurden abgelehnt. Die Vertreter von f/64 nutzten vorzugsweise die 8x10-Inch-Großformatkamera (ca. 20 ,3 x 25,4 cm) für ihre Fotos. Weitere renommierte Vertreter waren Ansel →Adams (→Zonenmeßsystem) und Imogen →Cunningham. Obwohl die Gruppe nur wenige Jahre existierte, ist ihre Bedeutung für die Fotografie sehr groß.

Fachkamera (Plaubel)

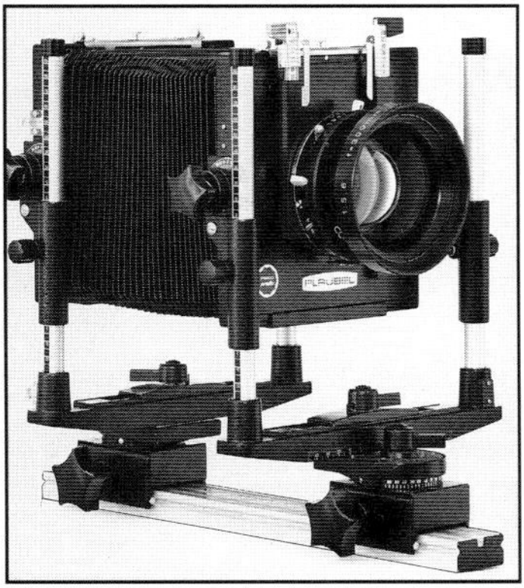

Fachkamera Nach dem Prinzip der →optischen Bank konstruierte →Großbildkamera für den professionellen fotografischen Bedarf. Bei der F. stehen die Objektiv- und Rückteilstandarte über einen Balgen miteinander in Verbindung; Träger der beiden ist ein Grundrohr. Beide Standarten besitzen →Verstellmöglichkeiten zum Verschwenken und Verschieben in der Horizontalen und der Vertikalen. F.s gestatten so eine Beeinflussung der Perspektive, →Schärfendehnung nach →Scheimpflug sowie →Ent- oder Verzerren des Bildes.

Familienfotografie Die Hauptmotive entstammen dem privaten Umfeld; sie zeigen Geburtstage, Hochzeit, Geburt und Wachsen der Kinder, Urlaub, aber auch Auto und Haustiere gehören dazu. Funktion dieser Fotos ist die Dokumentation zur Erinnerung. Diese Bilder werden als moderne Familienchronik in ein →Fotoalbum eingeordnet, teilweise an Verwandte geschickt, in Brieftaschen herumgetragen und auf Schreibtischen aufgestellt. Die meisten dieser Fotos sind einfache Amateurfotos; nur bei besonderen Anlässen (z.B. Hochzeit) ›leistet‹ man sich einen Berufsfotografen. Die Motive der F. stellen den mit Abstand größten Anteil aller aufgenommenen Fotos.

Farbauszug Um auf fotografischem oder drucktechnischem Wege mehrfarbige Bilder zu erhalten, wird das Abbild des Motivs bzw. die farbige Vorlage zunächst in drei Einzelbilder aufgesplittet, von denen jedes ein Drittel des Farbspektrums wiedergibt. Es entstehen F.e für Rot, Grün und Blau. Die moderne Farbfotografie und Drucktechnik verwendet allerdings die komplementärfarbigen Bilder dieser Auszüge, d.h. ein Bild zeigt alle Gelbanteile (Yellow) der Vorlage, das zweite alle Purpuranteile (Magenta) und das dritte alle Blaugrünanteile (Cyan) (Farbabb. 41). Übereinandergelegt wird nach dem Prinzip der subtraktiven →Farbmischung wieder das mehrfarbige positive Bild sichtbar.

Fast alle Verfahren der →Farbfotografie beinhalten solche Farbauszüge, für die Drucktechnik werden sie gesondert angefertigt. Zur Intensivierung der Bildschwärzen wird hier neben den drei genannten Farbauszügen noch ein vierter Schwarzauszug hergestellt (Vierfarbendruck). In der konventionellen Druckvorbereitung werden Farbauszüge mit einer Reprokamera (→Reproduktionstechnik) unter Verwendung der jeweiligen komplementärfarbigen →Farbauszugfilter belichtet (→Farbseparation). Auch bei Verwendung eines Scanners wird der Abtaststrahl durch Filter in die Farben Yellow, Magenta und Cyan zerlegt, umgewandelt und die Daten digitalisiert. Der Schwarzauszug entsteht durch Berechnung. Für den Druck müssen die einzelnen Farbauszüge als →Lithos ausgegeben werden, um sie auf die Druckplatte zu kopieren. Nacheinander werden die Einzelbilder passergenau (→Passer) übereinandergedruckt, so daß sich das mehrfarbige Bild ergibt (Farbabb. 41, 45b).

Farbauszugfilter Filter, die für die Herstellung von →Farbauszügen für den Farbendruck erforderlich sind, wobei in getrennten Kopiervorgängen jeder Farbauszug ein eigenes komplementäres Filter verlangt. Mit einem Rotfilter wird der Cyanauszug belichtet, Vorschalten eines Grünfilters erzeugt den Magentaauszug und mit dem Blaufilter wird der Gelbauszug angefertigt. Durch gemeinsames Vorschalten aller Filter erhält man den Schwarzauszug.

Farbbezeichnung Je nach Arbeitsbereich und zugrundeliegender Farbenlehre finden sich für die einzelnen →Farben u.U. unterschiedliche F.en. Abgesehen von den phantasiegeprägten Begriffen in Mode und Umgangssprache (z.B. Himmelblau) gibt es selbst unter Fachleuten bei der Bezeichnung für die Grundfarben gelegentlich Unstimmigkeiten. So wird Violettblau oft verkürzt als Blau, Orangerot als Rot, Cyanblau als Blaugrün und Magentarot als Purpur bezeichnet. Bei der fotografischen Anwendung der subtraktiven →Farbmischung verwendet man daher sinnvollerweise nur die englischen Begriffe Yellow, Magenta und Cyan. Sowohl bei der Farbgestaltung (→Farbkontraste) als beim fototechnischen Umgang mit Farbe (→Farblabor, →Filter) ist das Wissen um die richtigen F.en von Belang.

Farbcharakteristik Jedes fotografische Farbmaterial besitzt trotz aller behaupteten Farbneutralität eine eigene Charakteristik bei der Farbwiedergabe. Unabhängig von der Farbtemperatur des Aufnahmelichts neigen fast alle Farbfilme mehr oder weniger zu einer wärmeren oder kälteren Wiedergabe der realen Motivfarbigkeit, oder aber sie betonen die Farbkontraste bzw. schwächen sie ab. Auch Objektive besitzen durchaus eine eigene F., da sie je nach Glassorte, →Vergütung und Konstruktion langwelliges rötliches oder kurzwelliges bläuliches Licht verstärkt absorbieren.

Farbdia →Dia, →Farbumkehrfilm

Farbdichte Entsprechend der Schwärzungsdichte (→Dichte) gibt die F. die Durchlässigkeit einer Farbschicht eines fotografischen Films an. Da die Menge der abgelagerten Farbstoffe der Menge des belichteten Halogensilbers in der jeweiligen Schicht des dreischichtigen Farbfilms entspricht, nimmt die F. mit der Belichtung zu (beim Negativ). In der Sensitometrie wird die F. für jede Schicht gesondert mit speziell ausgerichteten →Densitometern (Spektralphotometer) ermittelt. Der Meßstrahl wird dazu streng einfarbig auf die jeweilige Schichtfarbe hin gefiltert. Damit läßt sich für jede Schicht eine der Schärzungskurve entsprechende F.-Kurve ermitteln. Für eine ausgewogene Farbwiedergabe müssen die drei F.-Kurven eines Materials möglichst parallel verlaufen, sonst erhält man im Gesamtbild einen →Farbstich oder gar →kippende Farben. Es ist allerdings eine idealisierende Vereinfachung, wenn man von sehr reinen Farbstoffen in den Schichten ausgeht. In der Praxis, wo jede der übereinanderliegenden Farbschichten wie ein Filter wirkt, das komplementäre Farben absorbiert und das Licht eigener Farbe hindurchläßt, zeigen die Absorptionskurven deutliche Übergänge in die Nachbarfarben. Man spricht dabei von →Nebenfarbdichten oder Fehlabsorptionen. In ganz anderem Zusammenhang spricht man auch von F.n als Filterdichten in den →Farbmischköpfen von Vergrößerungsgeräten. Sie werden in Werten zwischen null und ca. 150 Einheiten angegeben.

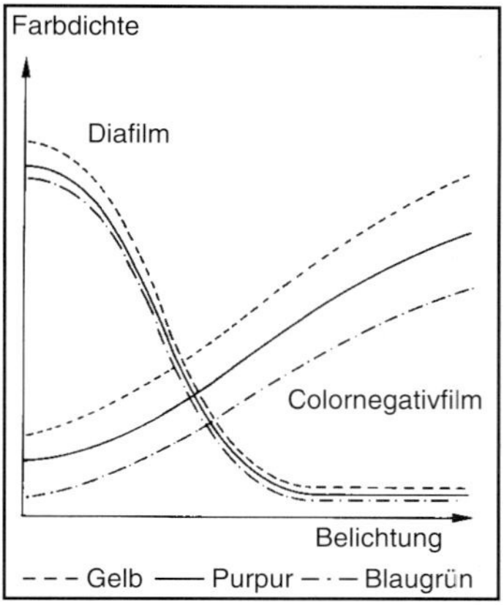

Farbdichte: Farbdichtekurven für die einzelnen Farbschichten

Farbdiffusion →Silbersalzdiffusion

Farbdominante Einzelne Farbe in einem Bild, die einen großen Anteil der Bildfläche einnimmt (z.B. Grün bei einem Motiv mit Wald und Wiesen). Solche Aufnahmen mit einer Tendenz zur monochromen Abbildung verfügen zwar oft über einen hohen ästhetischen Reiz, führen aber bei der Anfertigung von Papierabzügen häufig zu Fehlergebnissen. Grund dafür ist, daß die automatischen Meßgeräte in →Color-Analysern und Printern nicht zwischen fehlerhaften Farbstichen, die sich über das gesamte Negativ hinziehen und realen F.n unterscheiden können: Somit werden falsche Werte für die Korrekturfilterung angegeben. Farbstiche im fertigen Bild sind die Folge (Farbabb. 5).

Farbe Visuelle Empfindung, die durch das →Licht bestimmter →Wellenlängen sowie das Absorptionsverhalten der Gegenstände (d.h. ihrer Molekularstruktur) geprägt wird. Das reflektierte ›Restlicht‹ (Körperfarbe) macht dabei die eigentliche, über die Rezeptoren der Netzhaut aufgenommene →Farbempfindung aus (Materialfarben, also Pigmente und Farbstoffe, bezeichnet man korrekterweise als Farbmittel). Die Farbentheorie geht von acht Grundfarben aus, die sich in die unbunten Farben Schwarz und Weiß sowie die bunten Grundfarben, Gelb, Magentarot, Cyanblau, Orangerot, Grün und Violettblau trennen lassen. Je nach Arbeitsbereich und →Farbenlehre werden allerdings abweichende →Farbbezeichnungen benutzt. Eine systematische Anordnung der F.n wird durch Darstellung in verschiedenen geometrischen Formen (→Farbenstern, Würfel usw.) versucht. Daran lassen sich dann z.B. auch →Farbkontraste ablesen. Für die technischen und künstlerischen Belange der Fotografie sollte man sinnvollerweise zwischen der chemisch-physikalischen Farbenwirklichkeit und der psycho-physischen →Farbenwirkung differenzieren.

Farbempfindlichkeit
→Spektrale Empfindlichkeit

Farbempfindung (Farbensehen) kommt zustande, indem über die Rezeptoren der im Auge eingebetteten Sehzellen (Zäpfchen, Stäbchen) Strahlungsenergie des Lichts (→Licht) aufgenommen und umgesetzt wird (Farbreiz). Auf drei Empfangsbereiche aufgeteilt, ›sammeln‹ diese die Lichtquanten aus den Strahlungsbereichen des →Spektrums in Violettblau, Grün und Rot und geben diese Information an das Gehirn weiter. Die Empfindung anderer Farben kommt durch Überlagerung simultaner Reize an zwei Rezeptoren zustande. Doch im gesamten Bereich des Lichts zwischen 380 und 720 Nanometer (→Wellenlänge) nimmt das Auge die einzelnen Spektralfarben bei gleicher Strahlungsintensität unterschiedlich hell wahr. Die maximale Hellempfindlichkeit liegt bei etwa 555 Nanometer, im gelbgrünen Bereich, wie die Augenempfindlichkeitskurve verdeutlicht. Die Hersteller von Filmmaterialien versuchen, dies bei der Abstimmung der Schichten eines Farbfilms (→Farbnegativfilm) zu berücksichtigen, um einen ›natürlichen‹ Farbeindruck zu erzielen (→Farbe). Neben den Farbreizen können allerdings auch unterschiedliche psychische und physische Beeinflussungen des

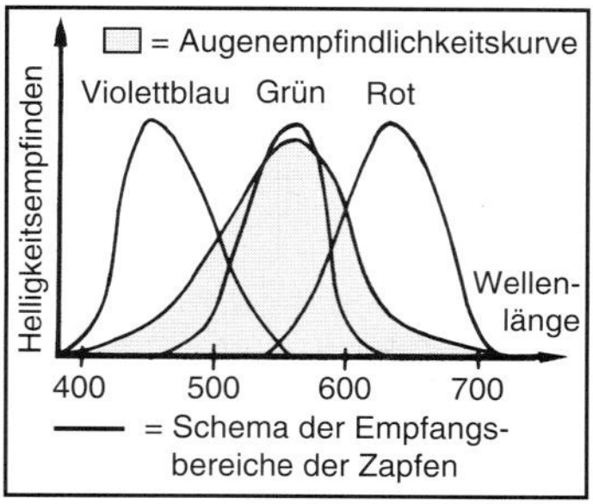

Farbempfindung: Empfangsbereiche der Sehzellen und Augenempfindlichkeitskurve

Menschen Ursache für Farbempfindungen sein. Das mathematisch faßbare Äquivalent einer ›normalen‹ F. bezeichnet man als Farbvalenz, die sich als Farbton, Sättigung und Helligkeit konkretisieren läßt.

Farbenkreis →Farbenstern

Farbenlehre Versuch der verschiedenen Wissenschaften, das Phänomen Farbe nach Kriterien wie Farbton, Helligkeit, Reinheit usw. zu ordnen, in faßbaren Zusammenhang und eine anschauliche Form zu bringen (→Farbenstern). Die verschiedenen Ansätze bewegen sich dabei zwischen den Bereichen physiologischer Optik und psychologischer Wirkungsforschung. Historisch ist dieses Spannungsfeld an den entsprechenden Abhandlungen Isaac Newtons (1704) und Johann Wolfgang Goethes (1810) festzumachen. Unter neuen Arbeiten ragen die Überlegungen Harald Küppers' (1978) heraus. Starke Auswirkungen auf die Farbgestaltung der Fotografie hatte als Lehrer am →Bauhaus Johannes Itten mit seiner F.

Farbenperspektive Aufgrund von →Lichtbrechung und Lichtstreuung wirken Farben mit zunehmender Betrachtungsentfernung gebrochener, blasser und kälter. Diese, auch im Begriff der →Luftperspektive erfaßte Erkenntnis führt dazu, daß bei gezielter Farbgestaltung (→Bildgestaltung) der räumliche Eindruck eines zweidimensionalen Bildes beträchtlich verstärkt werden kann (→Perspektive). So erzeugt z.B. ein sehr plakatives, orangefarbenes Hauptmotiv mit diffusen, schwachen Blau- oder Grüntönen als Umfeldfarben bereits nur durch die →Farbenwirkung einen größeren Raumeindruck als bei umgekehrter Farbwahl. Bei einer konkreten fotografischen Aufgabenstellung ist die Wirkung natürlich auch von zahlreichen anderen Gestaltungselementen und dem Bildinhalt abhängig.

Farbenstern Einfache schematische Anordnung der sechs bunten Grundfarben in einer geometrischen Form. Aus dem F. lassen sich erste Regeln der →Farbmischung ableiten. So ergibt die *additive* Mischung der Farben Orangerot, Grün und Violettblau Weiß, aus je zwei dieser (Licht)-Farben entsteht die dazwischenliegende *subtraktive* Farbe. Die subtraktive Mischung der Farben Gelb, Cyanblau und Magentarot ergibt Schwarz. Die gegenüberliegenden Farben werden als →Komplementärfarben bezeichnet. Der F. läßt sich weiter-

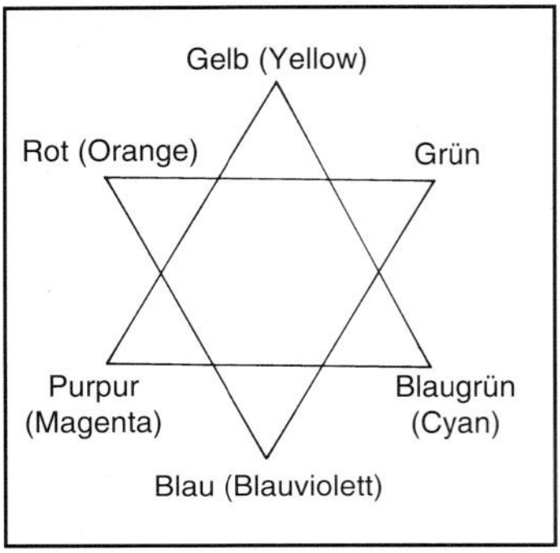

Farbenstern

entwickeln zu einem Farbenkreis oder einem Farbenkegel.

Farbentwicklung Durch die →Entwicklung wird das →latente Bild einer fotografischen Schicht meist durch Reduktion der →Silberhalogenide sichtbar gemacht. Um dabei ein Farbfoto zu erhalten, muß in jeder Schicht des im Prinzip dreischichtigen Farbmaterials ein der Schwärzung proportionales einfarbiges Bild entstehen (→Farbmischung). Dazu sind entweder Farbstoffe in der Schicht zu bilden (→chromogene F.), oder die Farbstoffe müssen als solche bereits bei der Belichtung in der Schicht vorhanden sein (→Silberfarbbleichverfahren). Bei farbigen Sofortbildprozessen wandern die Farbstoffe gar durch einzelne Materialschichten (→Silbersalzdiffusion). Alle Verfahren der F. erfordern ein hohes Maß an Verarbeitungspräzision der Materialien, da geringste Fehler zu einer Verschiebung der →Farbdichte und damit des Farbgleichgewichts (→Farbstich) führen können. Bei der Farbfilmentwicklung entstehen →Farbnegative oder farbige →Dias in unterschiedlichen Verarbeitungsprozessen; bei letzteren ist eine chemische oder physikalische Umkehrung des zunächst entwickelten Negativbildes erforderlich. Farbige Papierbilder entstehen nach dem →Negativ-Positiv-Prozeß oder nach einem →Dia-direkt-Verfahren. Andere Varianten bieten die Sofortbildtechnologien, die Farblaserkopien sowie verschiedene Farbdruckverfahren (Farbabb. 37,38).

Farbenwirkung Für die künstlerische und werbepsychologische Arbeit ist von Bedeutung, welche emotionale Wirkung eine Farbe auf den Betrachter hat. So wird in verschiedenen →Farbenlehren ein →Farbkreis immer wieder in ›kalte‹ (Gelb über Blaugrün nach Blauviolett) und ›warme‹ Farben (Gelb über Rot nach Blauviolett) aufgeteilt (wobei zu berücksichtigen wäre, daß es z.B. durchaus auch ein warmes und ein kaltes Rot gibt!). Eine solche physiologisch zwar nicht unrichtige Aufteilung berücksichtigt allerdings nicht, daß die Farben gerade in der abbildenden realistischen Fotografie stets an Gegenstände, Personen und Situationen gebunden sind, die je nach kulturellem und individuellem Umfeld ganz unterschiedliche Sinngebungen und Empfindungen zulassen.

Farbfehler
→chromatische Aberration

Farbfilter →Filter, Kontrastfilter

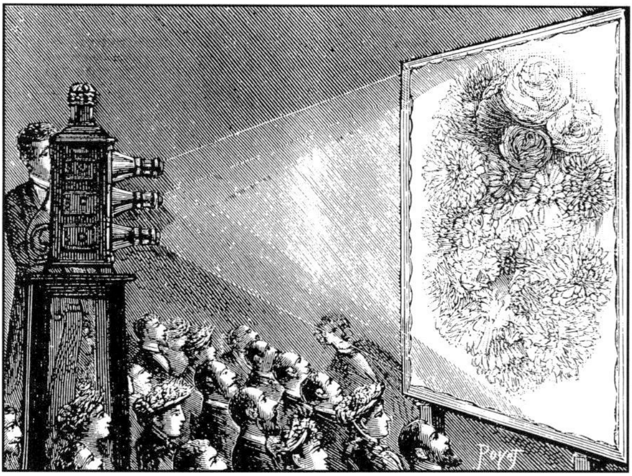

Farbfotografie: Drei mit speziellen Kameras aufgenommene Dias wurden mit je einem Rot-, Grün- und Blaufilter übereinander projiziert; zeitgenössische Darstellung, um 1890

Farbfotografie (Colorfotografie, Buntfotografie) Die ersten Farbfotos waren lediglich bunt gemalte Schwarzweißfotografien (→Kolorieren). Grundlage für ›echte‹ Farbfotos waren Kenntnisse um die Umsetzung der Gesetze der →Farbmischung. Eines der ersten praktikablen Verfahren war der Einsatz von Dreifarbenkameras, mit denen man unmittelbar nacheinander jeweils mit einem Rot-, Grün- und Blaufilter →Farbauszüge aus Schwarzweißmaterial belichtete und diese dann mit den entsprechenden Farbfiltern übereinander projizierte. Erste Versuche (ab 1870) mit Farbrasterverfahren scheiterten zunächst an der fehlenden Farbsensibilisierung der →Emulsionen. Ab 1907 wurden die Autochrome-Platten nach der Entwicklung (1893) der Gebrüder Lu-

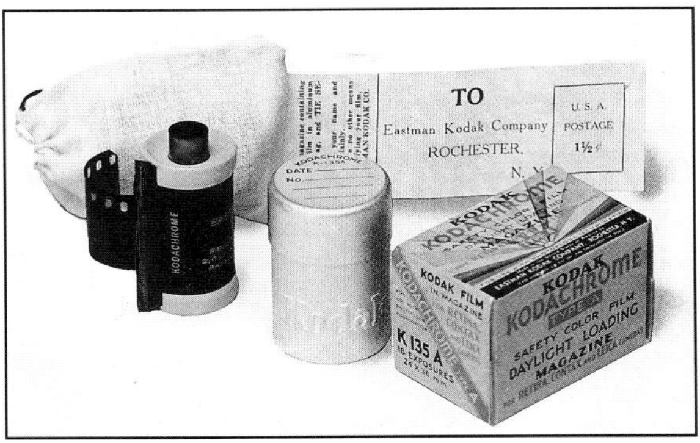

Farbfotografie: Kodachrome Film, 1935

mière bereits industriell gefertigt und gestatteten, Farbbilder in einem Belichtungsvorgang zu erhalten (→Kornrasterverfahren). Das Ergebnis war ein nach additivem Verfahren entstandenes, aus unzähligen kleinen Farbpunkten zusammengesetztes Diapositiv. Für die Belichtung benötigte man allerdings ein Vielfaches an Licht wie für die damaligen Schwarzweißfotos. Die Idee für einen mehrschichtigen Farbfilm wurde bereits 1895 veröffentlicht, doch erst 1936 wurden →Farbumkehrfilme mit unterschiedlichen Technologien, fast gleichzeitig durch Agfa und Kodak auf den Markt gebracht. Damit wurde die weltweite Verbreitung der F. eingeleitet. Bereits ein Jahr später wurde die erste Farbreportage in einer Zeitung gedruckt. Farbnegative und fotografisch hergestellte farbige Papierbilder waren ab 1941 zu sehen. Farbige →Sofortbilder gab es ab 1962. Moderne Technologien erlauben es inzwischen, digital aufgezeichnete Fotos mit Laserdruckern auf Transparentmaterial oder Papier festzuhalten.

Farbkippen →Kippende Farben

Farbkontraste bezeichnen zunächst einmal farbige Unterschiede in einem Bild. Als höchster F. kann — je nach →Farbenlehre — das Nebeneinander von Schwarz und Weiß angesehen werden. Ansonsten sind die im Farbensechseck oder →Farbenstern gegenüberliegenden →Komplementärfarben angesprochen (z.B. Gelb und Violettblau). Andere Gegenüberstellungen ergeben sich aus dem Helldunkel-, dem Kalt-Warm-Kontrast (→Farbenwirkung) usw. Für eine gezielte Farbgestalt gilt es, die F. mit individuellen, emotionalen Harmonievorstellungen in Einklang zu bringen. Dabei ist. z.B. auch die quantitative Verteilung einzelner Farben im Bild von Belang (Mengen- oder Quantitätskontrast; Farbabb. 6).

Farbkorrektur Gezielte Veränderung von Farbtönen, Farbstimmungen, →Farbstichen, →Farbtemperaturen, →Farbcharakteristika usw. bei der Aufnahme von Farbbildern. Die Korrektur erfolgt mit unterschiedlichen →Konversionsfiltern (→CC-Filter). F.en beim →Vergrößern von Farbnegativen oder Farbdias beseitigen Farbstiche und verlangen spezielle Kopierfilter (→Farbkorrekturfilterung). Für präzise F.en sind genormte Meßgeräte (→Farbtemperaturmesser) und ein genormtes Betrachtungslicht erforderlich (→Normlicht).

Farbkorrekturfilterung Arbeitsweise im Farblabor, bei der für die Ausarbeitung farbiger Vergrößerungen das Licht des Vergrößerungsgeräts eingefärbt wird, um sonst entstehende →Farbstiche zu korrigieren. Die Einfärbung des Lichts geschieht in der Regel mit vorgeschalteten Filtern. Deren Farbe und Einsatzweise ist abhängig von der anzuwendenden Art der →Farbmischung. So wird bei der additiven Farbmischung das Fotopapier mit drei aufeinanderfolgenden Teilbelichtungen durch ein rotes, ein grünes und ein blaues Filter belichtet.

Korrekturen sind durch die Veränderung der Dauer oder der Intensität der Teilbelichtung möglich. Bei der subtraktiven Farbmischung werden die Filterfarben Gelb (Yellow), Purpur (Magenta) und Blaugrün (Cyan) in einem einzigen Belichtungsvorgang genutzt. Eine Abwandlung wird hier durch eine Veränderung der Farbintensität (→Farbdichte) der einzelnen Korrekturfilter möglich. Die Anzahl der Mischfarben ist durch die Kombination von jeweils zwei Filterfarben in unterschiedlichen Dichten enorm hoch.
Die Farbdichten selbst werden in Dichteeinheiten zwischen 00 und ca. 150 in der Reihenfolge der Farben Yellow, Magenta und Cyan (ohne die Farbnennung selbst) angegeben (z.B. 20/10/00). Moderne Vergrößerungsgeräte sind mit einem →Farbmischkopf ausgestattet, der über →dichroitische Filter verfügt und eine stufenlose Einstellung der gewünschten Filterdichten ermöglicht. Zur Ermittlung der benötigten Filterdichten wird zuerst eine ungefilterte, nicht belichtete →Nullkopie angefertigt. Zeigt sie einen Farbstich, so wird dieser in einem zweiten Abzug durch eine Filterung der gleichen Farbe (beim Colornegativ, der komplementären Farbe bei →Dia-direkt-Verfahren) und geeigneter Dichte ausgeglichen. Dabei muß die zuvor ermittelte Belichtungszeit um den jeweiligen →Filterfaktor verlängert werden. Bei professionellen →Video-Analysern läßt sich jede Farbkorrektur auf einem Monitor genau im voraus beurteilen.

Farbkuppler Farblose, chemische Substanzen, die zusammen mit den Oxidationsprodukten des Entwicklungsprozesses für die Farbenentstehung in den Farbschichten bei der →chromogenen Farbentwicklung sorgen. Die F. sind in der Regel in den Schichten bereits enthalten. Ihre spezifische molekulare Zusammensetzung bestimmt die Reinheit und die Sättigung des Farbstoffbildes, das in der →Farbdichte dem Schwärzungsgrad des Silberbildes entspricht.

Farblabor →Fotolabor, das für die Verarbeitung von Farbmaterialien eingerichtet ist. Im Unterschied zur Ausstattung eines Schwarzweißlabors sollte das Vergrößerungsgerät mit einem →Farbmischkopf ausgestattet sein. Ein →Color-Analyser kann bei der Korrektur von →Farbstichen helfen. Eine Dunkelkammerbeleuchtung ist nur für die Verarbeitung von Colorpapieren (→Farbpapier bei geringer Intensität möglich (→Dunkelkammerleuchten, →Natriumdampflampen). Die genormten Verarbeitungsprozesse erfordern die exakte Konstanthaltung von hohen Temperaturen (28-40°C) der Verarbeitungsbäder (→Prozessor, →Durchlaufentwicklungsmaschine, →Printer). Im Amateurlabor sind jedoch auch Schalenprozesse bei 20°C möglich.

Farbmaske Zwischenschichten beim Schichtaufbau von Farbfilmen, die die Auswirkungen störender →Nebenfarbdichten, welche durch Überlagerungen der Dichtebereiche der drei Farbstoffschichten entstehen, ausgleichen. Farbmasken sind etwa bei Color-Negativfilmen als rotorangefarbene Einfärbung sichtbar und dienen einer besseren Farbwiedergabe. Es handelt sich dabei um einfarbige, transparente Kompensative, die durch ein genau umgekehrtes Verhältnis von Farbdichte und Belichtungsintensität die störenden Nebenfarbdichten derart ausgleicht, das eine Farbüberlagerung erreicht wird, die über den gesamten Belichtungsbereich konstant bleibt. Diese Überlagerung kann als Farbstich bei der Reproduktion/Vergrößerung leicht ausgefiltert werden. Die Nebenfarbdichte der Purpurschicht wird durch eine Gelbfilterschicht, die sich als positive gelbe Maske anpaßt, ausgeglichen. Eine zusätzliche Rotfilterschicht ergänzt abgestuft die Nebenfarbdichte der Blaugrünschicht; indem sie alle nicht roten Wellenlängen des Lichts absorbiert, sorgt sie für eine bessere Grünwiedergabe im Positiv.

Farbmischkopf Beleuchtungseinheit mit Farbfiltern und Farbmischkammer als Kopfteil für das →Vergrößerungsgerät zum Vergrößern von Farbbildern. Bei Farbköpfen, die mit der subtraktiven Farbmischung arbeiten, lassen sich die →dichroitischen Filter der Farben Yellow, Magenta und Cyan (→Farbbezeichnung) stufenlos zu verschiedenen →Farbdichten von ca. 0-150 Einheiten verändern. Dazu werden die Filter mehr oder weniger weit in den Strahlengang einge-

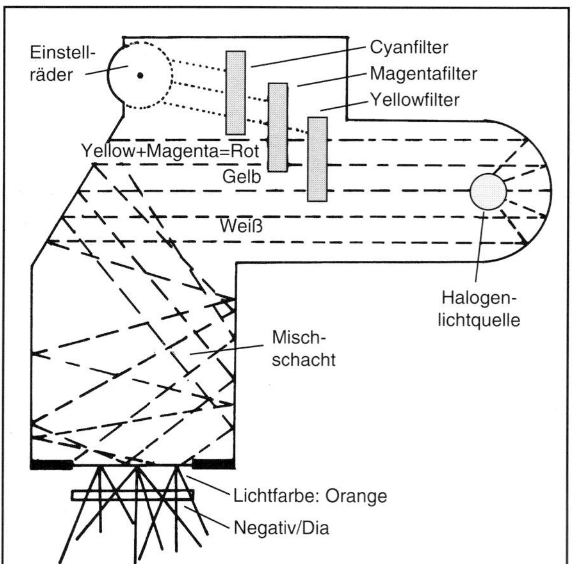

Farbmischkopf; Funktionsskizze bei subtraktiver Farbmischung

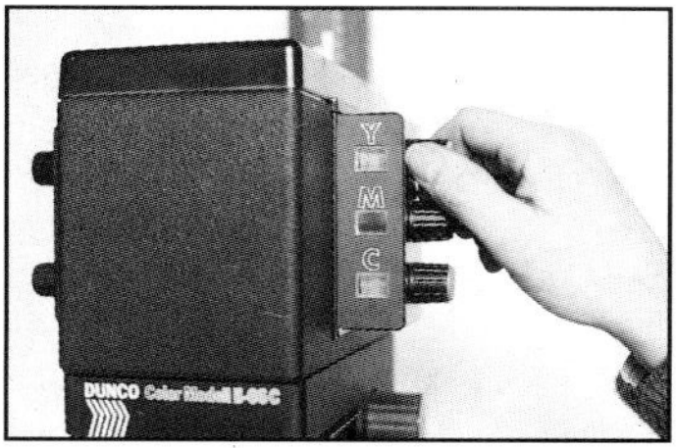

Farbmischkopf

schoben. Als Beleuchtungsquelle dient meist eine →Halogenlampe. Die eigentliche Mischung erfolgt in einem kleinen, hochreflexiven Schacht (→Printer; Farbabb. 43).

Farbmischung Um ein Bild in der gesamten Spannbreite der Farben entstehen zu lassen, wird man aus praktischen Erwägungen mit einer reduzierten Anzahl von Farben andere Töne mischen. Für die Fotografie sind dabei zwei Mischgesetze grundlegend, die von den sechs bunten Grundfarben (→Farbe) ausgehen. Unterschieden wird hauptsächlich zwischen *subtraktiver* Farbmischung (Gelb, Purpur, Blaugrün) mit Farbfiltern oder lasierenden Farbschichten (z.B. auch beim Mehrfarbendruck) und der *additiven* Farbmischung der Farben Rot, Blau und Grün mit farbigem Licht (z.B. auch beim Fernsehen; (→Farbfilterung). In den modernen Drucktechniken werden diese beiden grundlegenden Mischungswege teilweise kombiniert und durch Schwarz und Weiß ergänzt.

Farbmischung, additiv Mit den →Farben Orangerot, Violettblau und Grün lassen sich alle anderen Farben des Spektrums mischen. Im Unterschied zur →subtraktiven F. handelt es sich dabei, vereinfacht gesagt, um eine Mischung von Licht. So basiert die menschliche →Farbempfindung durch das Auge auf der additiven Mischung; sie läßt sich experimentell verdeutlichen, indem man drei farbige Projektionslichter in den obengenannten Farben übereinander projiziert; sie addieren sich zu weißem Licht.
In der Fotografie sind die drei Schichten eines Farbfilms je für Orangerot, Violettblau und Grün empfindlich, auch wenn später mit den subtraktiven Farben der Farbschichten das Bild entstehen wird. Beim Farbvergrößern arbeiten vornehmlich im professionellen Bereich →Printer und →Farbmischköpfe in Vergrößerungsgeräten mit Lichtblitzen in den drei additiven Farben, um →Farbstiche im Positiv zu korrigieren (Farbabb. 42, 45c).

Farbmischung, subtraktiv Mit den Grundfarben Gelb, Magentarot und Cyanblau lassen sich alle anderen Farben mischen. Im Unterschied zur additiven wird nach der s. F. mit den Körperfarben, also mit reflektiertem Restlicht der Objekte gearbeitet. Hält man durchscheinende Flächen in den obengenannten →Farben übereinander, tritt, da der Anteil des reflektierten (bzw. hier: remittierten) Lichts immer mehr reduziert wird, schließlich bei völliger →Absorption Schwarz auf. Dies ist möglich, da diese Farben ca. ein Drittel des sichtbaren Spektrums löschen (Farbabb. 41, 43).

Die Fotografie nutzt solche Eigenschaften, indem bei Farbfilmen und -papieren drei transparente Schichten in den subtraktiven Farben übereinanderliegen. Je nach Farbe einer Motivstelle sind ein oder zwei dieser Farben vorhanden (andere sind ausgebleicht). Praktisch verwendet wird die s. F. in vielen →Farbmischköpfen, deren Filter in Yellow, Magenta und Cyan (→Farbbezeichnungen) für die Beseitigung von Farbstichen sorgen.

Farbnegativfilm (Colornegativfilm, Colorfilm) Mehrschichtiges, für alle Farben empfindliches Filmmaterial, das nach Belichtung und Entwick-

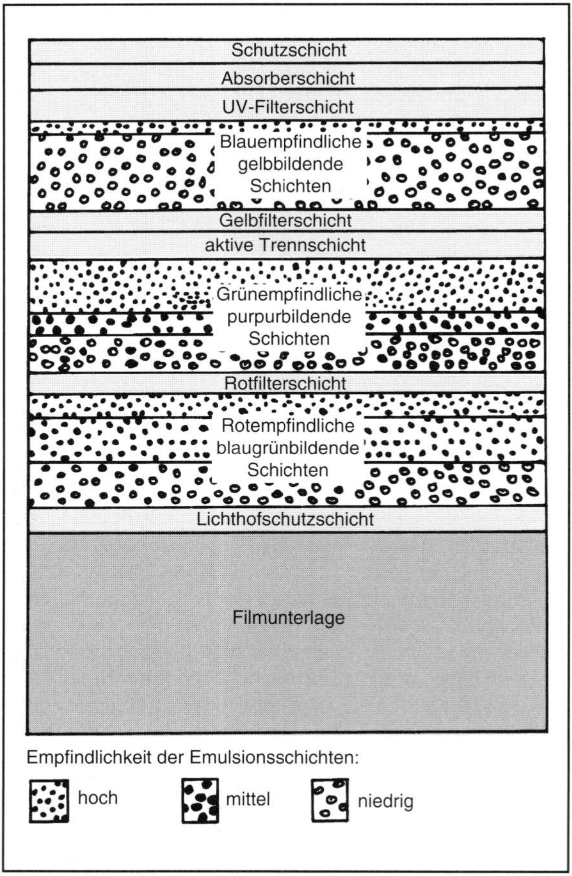

Farbnegativfilm: Schichtaufbau

lung ein in Tonwerten und Farben komplementäres Negativbild (→Negativ) zeigt. Nach diesem werden dann auf geeignetem →Farbpapier farbrichtige →Vergrößerungen hergestellt (→Negativ-Positiv-Prozeß). Erste F.e wurden bereits 1937-39 erprobt, waren aber weitgehend militärischen Zwecken vorbehalten. 1941 brachte Kodak den ersten amateurgerechten F. auf den Massenmarkt. Heute sind F.e zum meistverkauften Filmmaterial geworden, sie sind in den üblichen Filmformaten in den verschiedenen Empfindlichkeitsstufen erhältlich. Es handelt sich, verkürzt gesagt, um Drei-Schichten-Filme, bei denen die Schichten für Rotorange, Violettblau und Grün (→Schichtaufbau) empfindlich sind, die während der →chromogenen Farbentwicklung aber jeweils die →Komplementärfarben Yellow, Magenta und Cyan bilden. Nach den Regeln der →subtraktiven Farbmischung entsteht auf dieser Grundlage das komplementärfarbene, vielfarbige Negativbild. Da das Bildsilber aus den Schichten herausgebleicht wird, zeigt das Farbnegativ ein reines Farbstoffbild, im Unterschied zum Schwarzweißnegativ also ein silberfreies Bild. Bei der eigentlichen Bildung der Farbstoffe lassen sich gewisse →Nebenfarbendichten, die eine reduzierte Farbsättigung und verschwärzlichte Farben bewirken, nicht vermeiden. Zur Korrektur werden zusätzliche Gelb- und Rotfilterschichten zwischen den sensibilisierten Fotoschichten eingelagert; diese sind als orangefarbene Maskierung (→Farbmaske) sichtbar und erschweren die visuelle Beurteilung des Negativs. Weitere Farbfilter-, Trenn- und Schutzschichten sorgen für eine bessere Schärfe und Kontrastleistung (→Schichtaufbau). Für die Filmverarbeitung haben sich standardisierte Prozesse (z.B. Kodak-Prozeß C-41) durchgesetzt, die Abweichungen nur in engen Grenzen (→forcierte Entwicklung) zulassen (Farbabb. 40 b, c). →Internegativ

Farbpapier ermöglicht die Anfertigung von →Aufsichtsbildern nach →Farbnegativen oder farbigen →Diapositiven. Man unterscheidet zwischen Colorpapier (→Negativ-Positiv-Prozeß) und F.en für den Farbumkehrprozeß oder die →Diadirekt-Verfahren. F.e gibt es seit 1941. Sie sind, den Farbfilmmaterialien ähnlich, nach einem Drei-Schichten-Grundprinzip aufgebaut. Sie besitzen eine rotempfindliche, Blaugrün bildende, und eine blauempfindliche, Gelb erzeugende, Farbschicht, die neben einigen Zwischen- und Schutzschichten auf einem polyäthylenbeschichteten Papierträger (→RC-Papier), in Ausnahmen auch reinen Kunststoffträgern, aufgebracht sind. Im Unterschied zur Reihenfolge der Farbschichten in Farbfilmen ist die Schichtfolge in F.en umgekehrt. F.e sind in den üblichen Papierformaten erhältlich. Sie sind auf eine Belichtung bei einer →Farbtemperatur von ca. 3000 Kelvin abgestimmt (→Farbmischkopf, →Farblabor). Nur die Colorpapiere erlauben eine kurzzeitige Dunkelkammerbeleuchtung mit einem Licht von einer

→Wellenlänge von ca. 590 Nanometer, da die →spektrale Empfindlichkeit dieses Papiers hier eine Lücke besitzt. F.e werden in →Trommeln oder →Durchlaufentwicklungsmaschinen, im Amateurbereich auch in Schalen verarbeitet. Daneben gibt es →Printfilme, die für Spezialzwecke (z.B. Leuchtkästen) in den Farbschichten wie F.e aufgebaut sind, als Schichtträger jedoch eine transparente oder opake Polyesterfläche besitzen.

Farbrasterverfahren →Farbfotografie, →Kornrasterverfahren

Farbreflexion Eigenschaft größerer Farbflächen, außer einer gewissen Helligkeit gleichzeitig auch das Licht im Farbton der Farbfläche zurückzustrahlen. Am offensichtlichsten wird dies bei Außenaufnahmen bei strahlend blauem Himmel, der u.U. wie ein Riesenreflektor für eine blaustichige Bildwiedergabe sorgen kann; so werden dann Schatten an weißen Häuserwänden hellblau wiedergegeben. Das Auge nimmt wegen seiner Anpassungsfähigkeit diese Farbstiche kaum wahr, doch werden sie von fotografischen Farbmaterialien präzise aufgezeichnet. Eine Farbkorrektur ist kaum möglich, da die Reflexe meist nur auf einzelne Bildteile beschränkt bleiben. Im Fotostudio wird die F. gelegentlich gezielt genutzt, um bei Porträtaufnahmen mit Hilfe von goldfarbenen Aufhellern die Wiedergabe des Hauttons wärmer zu gestalten.

Farbreiz →Farbempfindung

Farbsättigung (Buntgrad, Buntheit) Sie gibt die Abmischung einer bunten →Farbe nach Schwarz, Grau, Weiß oder der jeweiligen →Komplementärfarbe an. Die beiden extremen Pole der F. reichen vom unbunten ungesättigten Grau (bzw. Schwarz, Weiß) bis zur reinen Farbe mit engster spektraler Begrenzung mit maximaler Sättigung von 100 %. In der Fotografie können →Farbmasken, →Nebenfarbdichten, auch →Gegenlicht oder Überstrahlung die Sättigung negativ beeinflussen.

Farbseparation →Farbauszug

Farbstabilität Die Farbstoffe in fotografischen Materialien können durch Einflüsse von Licht, Temperatur, Feuchtigkeit und diverse Umwelteinflüsse (Schadstoffkonzentration der Luft usw.) verändert oder gar zerstört werden. Eine unzureichende F. macht sich hauptsächlich im Nachlassen der Farbintensitäten in den einzelnen Farbschichten bemerkbar und bewirkt schließlich ein Ausbleichen des Bildes; dies führt bei alten Werken der →Farbfotografie zu großen Problemen bezüglich der →Archivfestigkeit und der Konservierung. Diese Probleme gelten nach wie vor, auch wenn die F. der Materialien in den vergangenen Jahren für einzelne Einflußfaktoren stark verbessert worden ist.

Farbstich Abweichungen in der Gesamtfarbigkeit eines Motivs bei der fotografischen Wiedergabe im Bild. Dabei läßt sich unterscheiden

zwischen echten und subjektiv empfundenen Farbstichen. Echte Farbstiche können Folge einer fehlerhaften Belichtung *oder* Verarbeitung der Farbmaterialien sein.
Auch bei Langzeitbelichtungen (→Schwarzschild-Effekt) zeigen sich F.e. Da sie aber meist über die gesamte Dichte des Farbbildes konstant verlaufen, können sie in der Regel beim Vergrößern oder bei der Anfertigung von Druckvorlagen ausgefiltert bzw. korrigiert werden (→Farbkorrekturfilterung). Nicht korrigierbar sind F.e, die aufgrund einer fehlenden Parallelität der Farbdichtekurven (→Farbdichte) der Farbschichten eines Materials entstehen (→kippende Farben), da hier in den Motivschatten ein anderer F. als in den Motivlichtern auftritt. Ursache ist oft eine →Überlagerung des Materials, manchmal auch Verarbeitungsfehler.
Subjektiv empfundene F.e haben in den meisten Fällen eine Abweichung der Farbtemperatur von der Sensibilisierung des Aufnahmematerials als Ursache. Am bekanntesten ist der orangefarbene F. auf Aufnahmen bei Kunstlicht auf Tageslichtfilm. Für das menschliche Auge sind solche F.e kaum wahrnehmbar, da die Sinnesorgane die Abweichungen weitgehend kompensieren, das ›objektive‹ Filmmaterial hält sie natürlich sehr präzise fest.
Durch geeignete →Konversionsfilter ist eine Farbkorrektur bereits bei der Aufnahme möglich. Eingeschränkt sind die Korrekturmöglichkeiten zumeist bei Ursachen wie →Farbreflexion oder einer Beleuchtung mit speziellen Beleuchtungskörpern (→Leuchtstoffröhren). Da ein F. am ehesten auf einem neutralen Grau erkennbar und in seinen Farbwerten definierbar ist, wird für höchste fotografische Ansprüche oft eine →Graukarte ins Motiv mit einbelichtet. →Normlicht, →Abmustern

Farbtafel Grafische Darstellung von Beziehungen zwischen den Farben. Mit Hilfe von F.n lassen sich Farbgesetze, Farbabstufungen sowie die →Farbmischung anschaulich visualisieren. Auch Darstellungen von →Farbkorrekturfilterungen oder →Testtafeln für die Beurteilung der Farbwiedergabe werden als F. bezeichnet.

Farbtemperatur Maß für die spektrale Energieverteilung einer Lichtquelle, mit der sich die Farbqualität dieser Lichtquelle benennen läßt. In der Physik geht man dabei vom Erscheinungsbild eines im Nullpunkt ideal schwarzen Körpers (Strahler) aus, der im Stadium zunehmender Erwärmung seine (Glüh-)Farbe von Rot über Gelb nach Blau verändert. Der Farbigkeit des Lichts kann somit eine Temperatur (gemessen in →Kelvin) zugeordnet werden. Die F. einer Lichtquelle benennt diejenige Temperatur des schwarzen Körpers, bei der dieser Licht gleicher Farbe ausstrahlt. Die F. kann sich nur auf Temperaturstrahler (Sonne, Glühlampe usw.), nicht aber auf selektive Strahler (z.B. Leuchtstoffröhren) beziehen. Hier sind allenfalls annähernde Vergleichswerte möglich (Farbbabb. 33, 39, 52).

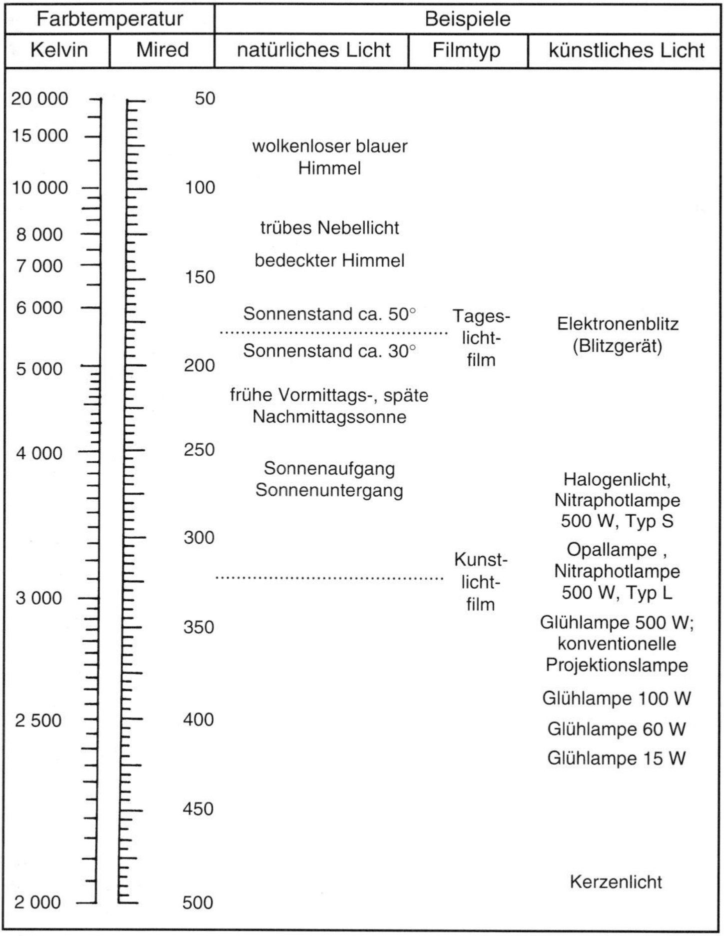

Farbtemperatur: Kelvin-Grade und Mired-Werte verschiedener Lichtquellen

Die F. des fotografischen Aufnahmelichts ist ausschlaggebend für eine farbrichtige Wiedergabe von Motiven. Dazu sind die →Emulsionen von Farbfilmen auf 5500 Kelvin (Tageslichtfilm) oder 3200 bzw. 3400 Kelvin (Kunstlichtfilm) abgestimmt. Bei Abweichungen der realen Lichtverhältnisse von dieser Norm ist entweder mit einem →Farbstich zu

rechnen oder eine Korrektur mit einem →Konversionsfilter erforderlich. So erzeugt z.B. Glühlampenlicht auf Tageslichtfilm wegen des hohen Rotanteils einen rötlichen Farbstich, der aber durch ein blaues Filter ausgeglichen werden kann.
Für eine erforderliche Feinabstimmung und weil Unterschiede im Bereich hoher F.en von Film und Auge bei weitem nicht so differenziert werden wie im unteren Bereich, wurde alternativ zu den Kelvin-Werten eine lineare Skala mit reziproken (= umgekehrt proportionalen) →Mired-Werten entwickelt:

$$\text{Mired (M)} = \frac{1\,000\,000}{K}$$

Zunehmend findet man dafür auch den Begriff →reziproke Megakelvin.

Farbtemperaturmesser Ein Meßgerät, mit dem sich die Abweichung der Farbtemperatur des Aufnahmelichts vom Filmtyp ermitteln und rechnerisch in Filterwerte umsetzen läßt. Während konventionelle Meßgeräte mit zwei Kanälen nur einen Blau-Rot-Abgleich erzielen, erlauben moderne Dreikanalgeräte auch die Messung der Farbwerte von Nichttemperaturstrahlern (→Farbtemperatur).

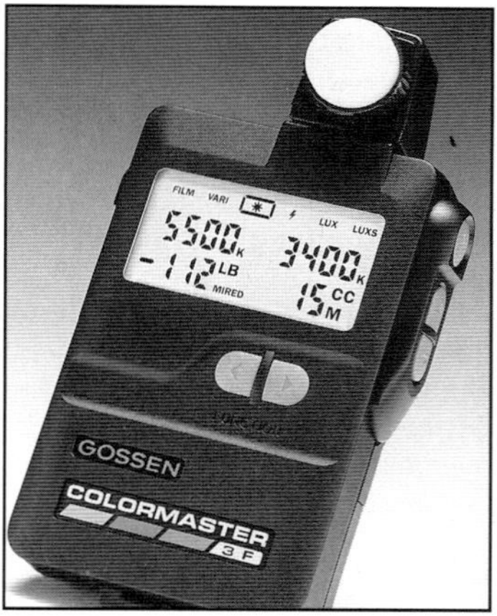

Farbtemperaturmesser (Gossen)

Farbumkehrfilm (Farbdiafilm) Farbiges Aufnahmematerial, das nach einer speziellen →Umkehrentwicklung farbige →Dias zeigt (→Umkehrfilm). Diese sind primär für die Projektion, aber auch als Vorlage für Papiervergrößerungen und den Druck geeignet. Fast alle F.e tragen in ihrem Namen den Zusatz ›...chrome‹ (im Unterschied zum ›...color‹ der Farbnegativfilme). Der Schichtaufbau der F.e ist im Prinzip ähnlich wie bei →Farbnegativfilmen, die Verarbeitung weist jedoch *zwei* Entwicklungsgänge auf. Die meisten F.e werden nach einem standardisierten Prozeß (z.B. Kodak-Prozeß E-6) verarbeitet (Ausnahme: →Kodachrome).
Aufgrund ihrer Funktion (→Projektion, Druckvorlage) haben entwickelte F.e eine relativ steile →Gradation (→Gamma-Wert ca. 1,6), was ihnen ein hohes Kontrastwiedergabevermögen und eine gute Brillanz verleiht. Der damit einhergehende geringe →Belichtungsspielraum verlangt eine exakte →Belichtung. Die ersten mehrschichtigen F.e kamen 1936 auf den Markt (→Farbfotografie).

Farbverarbeitung
→Farbentwicklung, →Bleichbad

Farbverlauf
→Verlauf, →Verlaufsfilter

Farbzerstreuung →Dispersion

Farmerscher Abschwächer Sorgt für die chemische Beseitigung einer übermäßigen Schwärzung von Schwarzweißnegativen. Zusammengesetzt aus Lösungen von rotem Blutlaugensalz (Kaliumferricyanid) und Natriumthiosulfat bewirkt ersteres eine Oxidation des Bildsilbers; das Natriumthiosulfat löst das Bildsalz dann heraus. Der Ansatz ist nur kurzzeitig haltbar. Als Oberflächenabschwächer greift der ›Farmer‹ zunächst die hellen Bildpartien an, was sehr schleierklärend wirkt (→Schleier). Um die dadurch entstehende Anhebung der Kontraste zu vermeiden und eine proportionale Wirkung zu erreichen, sollten eventuell beide Teillösungen nacheinander angewendet werden. Ein →Abschwächer gegen die im Negativ zu stark gedeckten Motivlichter ist der →Lichterabschwächer.

Farm Security Administration (FSA) Legendär gewordenes Projekt zur →Dokumentarfotografie, in dem die Notlage der durch Weltwirtschaftskrise und Landerosion verarmten Farmer der USA visuell festgehalten werden sollte. Ab 1935 fotografierten Jack Delano, Walker →Evans, Dorothea →Lange, Russell Lee und andere materiell relativ unabhängig, teilweise nach Vorgaben des Projektleiters Roy Stryker für dieses Projekt. Es entstand ein Archiv von mehr als 250 000 Negativen von teilweise bedrückender Ausdruckskraft. Jedenfalls gelang es Präsident Franklin D. Roosevelt, mit Unterstützung dieser Bilder ein Förderungsprogramm zur Hilfe der Landbevölkerung durchzusetzen. 1942 schlief das Projekt ein, das Archiv bewahrt die ›Library of Congress‹ in Washington D.C. auf (→Straight Photography).

Feinkornentwickler Entwicklertyp für die Verarbeitung von Schwarzweißfilmen (→Filmverarbeitung, →Entwickler), mit dem das →Korn möglichst klein gehalten und Kornballungen vermieden werden sollen. ›Echte‹ F. reduzieren etwas die Empfindlichkeit des Filmmaterials. Heute haben fast alle F. gleichzeitig eine kontrastausgleichende Wirkung (→Entwicklung).

Fenton, Roger (*1819 Heywood/Lancashire, †1869 London) 1841 kurzer Studienaufenthalt bei dem Historienmaler Delaroche in Paris, anschließend Jurastudium und Anwaltstätigkeit in London. F. beschäftigte sich ab 1846 mit dem Talbotschen →Kalotypie-Verfahren, 1852 Gründung der ›Photographic Society of London‹ (ab 1854 ›Royal Photographic Society of Great Britain‹), mit deren Hilfe es gelang, die verkrusteten patentrechtlichen Einengungen für die Nutzung des Kalotypie-Verfahrens zu lockern und eine großzügigere Lizenzvergabe zu ermöglichen. 1852 erstmals Fotoexpedition nach Rußland; 1855 in offizieller und kommerzieller Absicht als einer der ersten fotografischen Kriegsberichterstatter im Krimkrieg; Rückkehr mit ca. 350 großformatigen, aus heutiger Sicht allerdings recht unkritischen Fotografien. 1862 Aufgabe der praktischen Fotografie, jedoch weiterhin Engagement für die fotografischen Gesellschaften.

Fernauslöser Fototechnisches Zubehör, um Kameras aus größeren Entfernungen auslösen zu können. Die Auslösung geschieht dabei nur noch relativ selten pneumatisch (→Drahtauslöser), häufiger elektrisch oder mit einer Infrarot- oder Funkfernsteuerung. Fernausgelöste Kameras finden in der Sicherheitstechnik, der wissenschaftlichen Fotografie sowie in der Tierfotografie Verwendung.

Fernobjektiv Ein →Objektiv mit engem →Bildwinkel und folglich längerer →Brennweite. Im Unterschied zu →Teleobjektiven haben F.e eine Baulänge, die ungefähr ihrer Brennweite entspricht, da ihre →Schnittweite nicht durch die optische Konstruktion verkürzt wird. Ihr optischer Teil besteht aus nur zwei oder drei Linsen. Darin unterscheiden sie sich grundlegend von den ›echten‹ Teleobjektiven. Die →Lichtstärke der Objektive liegt zwischen 1:5,6 und 1:8.

Fernsehbild →Bildschirmfoto

Ferrotypie Historisches, 1853 patentiertes fotografisches Verfahren. Es entspricht im Prinzip der →Ambrotypie, nur daß man schwarz lackiertes Eisenblech statt einer Glasplatte als Schichtträger benutzt. F.n waren schnell und preiswert anzufertigen (entweder von ungelernten Fotografen oder sogar von Fotoautomaten) und daher sehr populär.

Fettscheibe →Weichzeichner

Film Mit einer lichtempfindlichen →Emulsion versehener biegsamer Schichtträger. F.e werden als Streifen für mehrere Aufnahmen, teilweise auch als einzelne →Planfilme für unterschiedliche →Aufnahmeformate konfektioniert. Die Filmstreifen sind auf einer Spule aufgewickelt (→Rollfilm, →Kleinbildfilm, →Filmkassette). Je nach Emulsion bleiben nach der Entwicklung positive oder negative, schwarzweiße oder farbige Bilder auf dem transparenten Schichtträger zurück (→Farbnegativfilm, →Umkehrfilm).
Die Unhandlichkeit des Umgangs mit den Vorläufern des F.s, den beschichteten Glasplatten, und die Erfindung einer auch im trockenen Zustand biegsamen Emulsion auf Bromsilber-Gelatinebasis durch Richard L. Maddox (1871) führte zunächst zur Herstellung von lichtempfindlichen Papierstreifen, von denen die belichtete und entwickelte Schicht abgezogen wurde (Stripping Film). Die Nutzung des neu entwickelten Zelluloids durch→Hannibal W. Goodwin (1887) als transparentes Filmträgermaterial war die Grundlage für die massenhafte Verbreitung des Rollfilms in George Eastmans Kodak-Box (1888/89). Die Perfektionierung des Materials

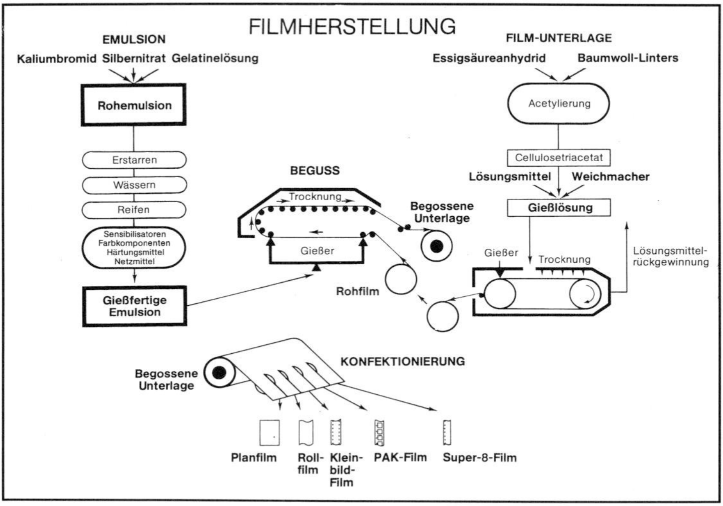

Film: Schritte der Herstellung

erlaubte bald auch eine Verwendung der Filmstreifen als Kinofilm. Seit ca. 1930 wurde das leicht brennbare Zelluloid durch Azetat-Zellulose bzw. Polyester-Material (→Sicherheitsfilm) abgelöst. Gleichzeitig gelang es, die Emulsionen immer dünner und leistungsfähiger zu machen. Heutige normale Aufnahmefilme besitzen eine Gesamtdicke zwischen 0,11 und 0,23 mm.

Filmandruckplatte Gefederte Platte an der Innenseite der Kamerarückwand, die für die →Planlage des Films bei der Aufnahme und so mit für eine optimale →Schärfewiedergabe sorgt. Eine dejustierte F. kann Ursache für unscharfe Fotos bei offener Blende sein, da der Film trotz richtiger →Scharfeinstellung nicht in der →Bildebene liegt.

Filmebene Ebene, in der sich der Film in der Kamera zwischen Filmführung und →Filmandruckplatte befindet. Bei der Scharfeinstellung nähert sich die →Bildebene der F. und fällt schließlich mit dieser zusammen (→Abbildung).

Filmempfindlichkeit Sie beschreibt den Grad der Empfindlichkeit einer fotografischen Schicht für die Einwirkung von →Licht. Die Angabe der F. erfolgt in ISO-Werten (International Standard Organisation), eine Angabe, die die früher gültigen Maßsysteme in →DIN und ASA (American Standard Association) beinhaltet. Ein Film von ISO 100/21° hat 100 ASA bzw. 21 DIN. Eine Zunahme um 3 DIN (logarithmische Skala) entspricht einer Verdoppelung der ASA-Zahl (arithmetische Skala) und damit einer doppelt so hohen Filmempfindlichkeit. Andere Empfindlichkeitsangaben wurden in GOST (GUS), Weston, Scheiner-Grade usw. gemacht. Einen DIN-ASA-Vergleich zeigt die nachstehende Tabelle. Bei vielen Filmbezeichnungen taucht der ASA-Wert in der Typenbezeichnung auf (z.B. Fujichrome 100 = ISO 100/21°), wobei es sich dabei, genau genommen, um die Nennempfindlichkeit handelt, von der die reale Empfindlichkeit geringfügig abweichen darf. Bei der Ermittlung der F. geht man in der →Sensitometrie von einem Empfindlichkeitspunkt aus, der auf der →Schwärzungskurve einer fotografischen Emulsion als der Kurvenwert bezeichnet wird, der sich eindeutig vom →Grundschleier abhebt (genauer: die Dichte 0,1 über dem Grundschleier). Das Maß für die Empfindlichkeit ist nun diejenige Belichtung, die erforderlich ist, diese Schwärzung zu erzeugen (genormte Belichtungs- und Entwicklungsbedingungen vorausgesetzt); die für die Belichtung geltende Maßeinheit ›Luxsekunden‹ wird in die o.g. Werte umgerechnet (→Exposure Index).

Filmentwicklung →Clipentwicklung und →Entwicklung, →Entwicklungstanks, →Filmentwicklungsdose, →Filmverarbeitung

Filmentwicklungsdose Lichtundurchlässiger Behälter für die Verarbeitung kleiner Mengen von Aufnahmefilmen hauptsächlich im Amateurbereich. Bei der Verwendung solcher Dosen aus Kunststoff oder Metall werden die Filme im Dunkeln (Ausnahme: →Tageslichtentwicklungsdose) auf Spiralen aufgespult und entsprechend den Angaben der Film- und Chemikalienhersteller über eine bestimmte Zeit in temperierten Verarbeitungslösungen ›gebadet‹ und bewegt. Dosen unterschiedlicher Größe fassen unterschiedlich viele Filme. Man unterscheidet zwischen Kippentwick-

ASA	8	12	25	32	40	50	64
DIN	10	12	15	16	17	18	19
ASA	80	100	125	160	200	250	320
DIN	20	21	22	23	24	25	26
ASA	400	500	650	800	1 000	1 300	1600
DIN	27	28	29	30	31	32	33
ASA	2000	2600	3 200	4 000	5 200	6 400	8 000
DIN	34	35	36	37	38	39	40
ASA	12 800	16 000	20 800	25 600	41 600	51 200	83 200
DIN	42	43	44	45	47	48	50

Film empfindlichkeit

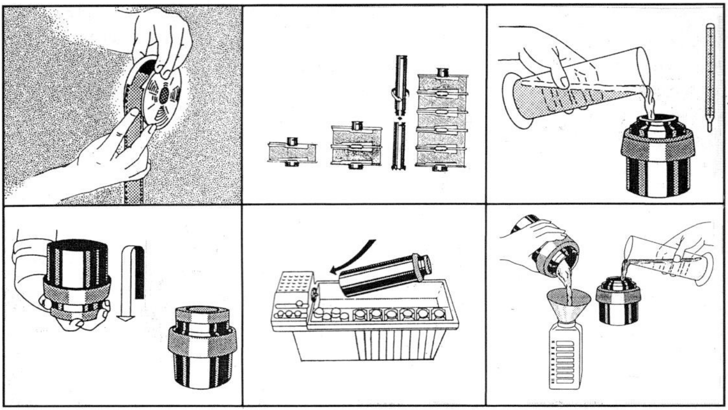

Filmentwicklungsdose

lung und →Rotationsentwicklung. Bei der Kippentwicklung wird die Dose in einem vorgegebenen →Kipprhythmus kurzzeitig auf den Kopf gekippt, damit der Entwickler an der ganzen Filmoberfläche umgewälzt und unter Vermeidung von Luftbläschen gleichmäßig wirksam werden kann. Die Kippbewegung kann durch eine ständige Rotation um die Dosenlängsachse in einem →Prozessor ersetzt werden. Auch die weiteren Verarbeitungsschritte werden in der F. durchgeführt. (Für die Papierentwicklung werden die ähnlich konstruierten Dosen als →Trommeln bezeichnet.)

Filmentwicklungstank Filme werden im Großlabor oder auch im professionellen kleineren Fachlabor in Verarbeitungstanks entwickelt (→Entwicklung). Dabei handelt es sich um mehr oder weniger große Behälter, die zwischen 5 und 100 Liter Verarbeitungslösung fassen. Die Filme werden zur Entwicklung auf einen Verarbeitungsrahmen gespannt, mit dem sie in die Becken getaucht werden. Die erforderliche Bewegung wird erreicht entweder durch ein (manuelles) Versetzen (bei kleinen Tanks) des Rahmens oder durch Einpumpen von Stickstoff (beim Entwickler) bzw. Druckluft (bei den anderen Bädern) in einem bestimmten vorgegebenen Rhythmus sowie einer geregelten Umwälzung der Bäder (Hängerentwicklungsmaschinen). Der Verbrauch wird durch automatische →Regenerierung ausgeglichen.

Filmformat →Aufnahmeformat, →Filmkonfektionierung

Filmkassette Ein Kunststoffbehältnis für Filme im →Kleinbild- oder Pocketformat, die in einfachen Kassettenkameras Verwendung finden. Neben der normalen Filmhülse besitzt sie im Unterschied zur →Filmpatrone eine Auffangkammer für den belichteten Film. Als F.n werden auch die lichtdichten Magazine bezeichnet, die bei Aufnahmen mit →Großbildkameras die →Planfilme, →Rollfilme und Polaroids aufnehmen. Ein integrierter Schieber gibt den Film in der Kamera für die Belichtung frei (→Wechselmagazin).

Filmklammer Klemme, mit der im Fotolabor Filme zum Trocknen aufgehängt werden.

Filmcodierung →DX-Code,→Lichtsignierung, →Emulsionsnummer

Filmkonfektionierung Zuschnitt und Packungsgröße von Filmmaterial, was durch Zahlenkürzel wie z.B. 135-36 dargestellt wird. Gemeint ist damit ein →Kleinbildfilm (135) mit der Länge für 36 Aufnahmen im →Kleinbildformat 24 x 36 mm. Ein Film 135-24 erlaubt dementsprechend 24 Kleinbildaufnahmen. Die Bezeichnung 120 weist auf einen Rollfilm normaler Länge (z.B. für 12 Aufnahmen von 6 x 6 cm), 220 auf eine Konfektionierung in doppelter Länge hin.

Filmladegerät →Meterware

Filmlagerung →Lagerung

Filmpack spezielle →Filmkassette für mehrere einzelne Planfilme

Filmpatrone Behälter aus Metall oder Kunststoff, der eine Spule mit dem aufgewickelten →Kleinbildfilm enthält. Durch einen lichtdichten Schlitz wird der Film in der Kamera durch den →Filmtransport herausgezogen. Nach der Belichtung des gesamten Films muß dieser wieder in der Kamera in die Patrone zurückgedreht werden. Konfektionierte F.n geben über eine elektronisch lesbare →DX-Codierung der Kamera Informationen über das jeweilige Filmmaterial.

Filmtransport Vorrichtung an einer Kamera, mit der der Bildstreifen Bild für Bild von der unbelichteten Filmrolle am →Bildfenster vorbei auf eine Aufwickelspule gedreht wird. Bei Rollfilmen verbleibt der belichtete Film auf einer zweiten Spule, bei →Filmkassetten in einer Auffanghülse; bei →Filmpatronen für Kleinbildkameras muß er später in die Patrone zurückgespult werden; Variante bei Kleinbildkameras: Vor der ersten Aufnahme wird der Film motorisch auf die Aufwickelspule gedreht und nach jeder Aufnahme Bildstück für Bildstück wieder in die Patrone zurückgeschoben. Je nach Kamera kann der F. manuell mit einer Kurbel, einem Drehrad oder einem Schnellschalthebel erfolgen. Schneller ist ein motorische Filmtransport, mit dem sich auch schnelle Bildsequenzen mit 2-10 Bildern pro Sekunde realisieren lassen (→Winder). Mit dem F. ist das →Bildzählwerk gekoppelt.

Filmverarbeitung Mit Hilfe chemischer Lösungen durchgeführter Arbeitsprozeß, an dessen Ende →Negative oder →Diapositive stehen. Der wichtigste Arbeitsschritt ist die →Entwicklung; dem schließen sich, je nach Filmmaterial (Schwarzweißfilm, →Farbnegativfilm oder →Farbumkehrfilm), Bleich-, Fixier- und Zwischenbäder an. Während die Verarbeitung von Farbfilmen aus Gründen der Erhaltung des Farbgleichgewichts streng festgelegt ist, besteht bei der Wahl der →Entwickler für Schwarzweißfilme eine breite Variationspalette (→Ausgleichsentwickler, →Feinkornentwickler). Zur F. wird der belichtete Film entweder auf Spiralen aufgedreht, in lichtdichte →Filmentwicklungsdosen gesteckt, oder er wird auf Rahmen aufgespannt, die in Tanks getaucht werden; Großlabors besitzen Filmhängermaschinen (→Filmentwicklungstanks). Nur →Planfilme werden u. U. in Schalen verarbeitet. Da Filmmaterialien bis auf wenige Ausnahmen aus dem grafischen Bereich (→Dokumentenfilme, →Printfilme, →Lithfilme) für jedes Licht empfindlich sind, muß sich der Arbeitsschritt von der lichtdichten Verpackung (z.B. der Filmpatrone) in das lichtdichte Verarbeitungsbehältnis bei absoluter Dunkelheit vollziehen (→Verarbeitungsfehler).

Filter Durchsichtige, meist farbige Scheiben aus Glas oder Kunststoff (→Filterfolien), die als Aufnahmefilter vor das Objektiv gesetzt werden. Sie entziehen dem Aufnahmelicht bzw. seinem Lichtspektrum (→Spektrum) einzelne Strahlungsanteile durch →Absorption, so daß diese sich nicht mehr auf die lichtempfindliche Schicht auswirken. In der Farbfotografie dienen sie zur Korrektur von Abweichungen der →Farbtemperatur von der Beleuchtung (→Konversionsfilter) zum Aufnahmematerial. Für Schwarzweiß- und Farbaufnahmen sind UVa-Filter (→Ultraviolettfilter) und →Polarisationsfilter von Bedeutung. →Kontrastfilter in der Schwarzweißfotografie beeinflussen die Wiedergabe von →Farbkontrasten in gewünschte Graukontraste. Weiterhin gibt es: →Graufilter, →Infrarotfilter, →Verlaufsfilter, →CC-Filter sowie diverse →Trickfilter. Die F. werden entweder in ein Gewinde an der Objektivfront eingedreht, teilweise auch aufgesteckt oder in einen speziellen →Filterhalter geschoben.
Mit →dichroitischen F.n lassen sich in →Farbmischköpfen von Vergrößerungsgeräten →Farbstiche korrigieren; →Farbauszugsfilter dienen der Herstellung von →Farbauszügen.

Filterfaktor Für ein →Filter jeweils spezifischer →Verlängerungsfaktor, mit dem die *ohne* Filter gemessene Belichtungszeit bei Verwendung des Filters multipliziert werden muß, um den durch →Absorption bedingten Verlust an Strahlungsenergie (Lichtmenge) auszugleichen. Eine Umrechnung des Verlängerungsfaktors auf eine Vergrößerung der Blendenöffnung ist möglich. Bei der →Belichtungsmessung durch das Objektiv werden die F.en in der Regel automatisch berücksichtigt. Je nach →Sensibilisierung des Aufnahmematerials und des →Belichtungsmessers kann eine Kontrolle im Einzelfall jedoch empfehlenswert sein.

Filterfolien Man unterscheidet zwischen einfachen, eingefärbten

Kunststoffolien und höherwertigen Gelatinefiltern; bei letzteren handelt es sich um dünne, in der Masse eingefärbte Gelatinefolien, die aufgrund ihrer geringen Stärke von 0,1 mm den Strahlengang bei der →Abbildung (→Lichtbrechung) kaum verändern (→CC-Filter). Als Aufnahmefilter existieren sie in vielen fein nuancierten Farb- und Dichteabstufungen. Sie erfordern einen →Filmhalter und sind aufgrund ihres Materials sehr empfindlich gegen mechanische Beschädigungen. Einfache Kunststoffolien werden allenfalls in der Reprographie oder beim Farbvergrößern zwischen Lichtquelle und Objektiv eingesetzt.

Filtergewinde Schmales Schraubgewinde an der Frontseite von Objektiven, vornehmlich von →Spiegelreflexkameras, in das der Filterring hineingeschraubt wird. Der Gewindedurchmesser am Objektiv bestimmt somit die Filtergröße. Über Adapterringe können allerdings auch jeweils größere Filter genutzt werden.

Filterhalter Um den gleichen Aufnahmefilter auch bei verschiedenen Objektivdurchmessern verwenden zu können, erlauben universelle F. die Verwendung von gleichgroßen Filterscheiben. Der F. wird dann mittels eines Adapterschraubrings an das jeweilige Filtergewinde angepaßt. Mittels einer eckigen Faltsonnenblende läßt sich ein F. zum →Kompendium ergänzen.

Finisher Laboranten, Großlabors usw., also alle Service-Stationen, die den letzten Arbeitsschritt, die Verarbeitung des belichteten Films und die Erstellung der Abzüge übernehmen. Unter Foto-finishing werden speziell auch all jene abschließenden Arbeitsschritte verstanden, die der Präsentation des Bildes dienen (→Aufziehen, →Kaschieren, →Passepartout).

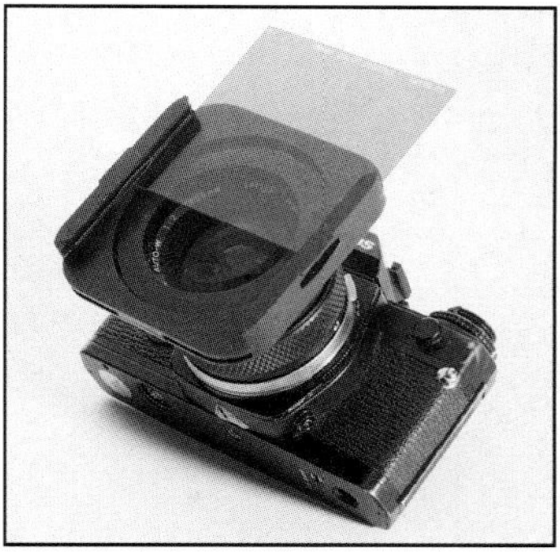

Filterhalter mit quadratischer Filterscheibe

Fisheye Nennt man ein extremes →Weitwinkelobjektiv, bei dem die →Verzeichnung nicht korrigiert ist

Fisheye: Fisheye-Objektiv (Nikon)

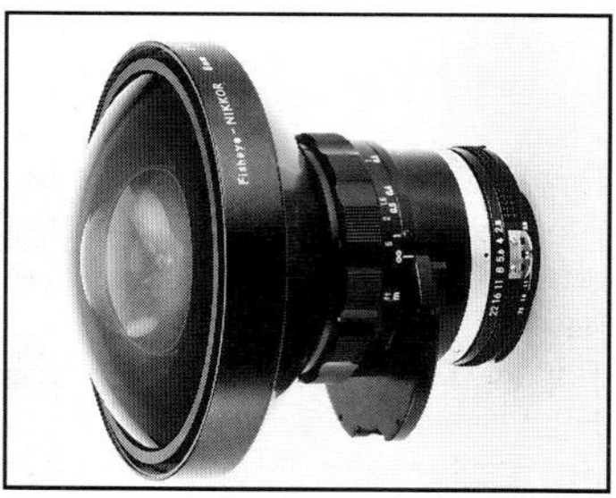

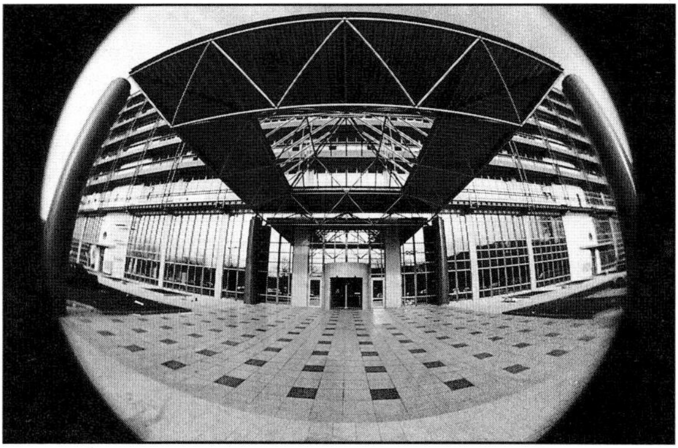

Fisheye-Aufnahme

und das daher einen →Bildwinkel von über 180° erreicht. Einige dieser Effektobjektive zeichnen innerhalb des →Bildfeldes ein kreisrundes Bild, andere zeichnen das Bildfeld ganz aus. Bedingt durch die extrem kurzen Brennweiten entsteht — zumindest im Kleinbildbereich — ein äußerst großer Schärfebereich, so daß sich ein Scharfstellen weitgehend erübrigt.

Fixfocus-Objektiv Einfaches Objektiv in preiswerten Kameras, deren Entfernungseinstellung fest justiert ist und nicht verändert werden kann. Als Weitwinkelobjektive mit geringer →Lichtstärke (8 oder 11) reicht die →Schärfentiefe meist von ca. 2 m bis fast →unendlich.

Fixierbad Verarbeitungslösung im Fotolabor, mit der nach der →Belichtung und →Entwicklung eines fotografischen Materials die in der Schicht befindlichen unbelichteten →Silberhalogenide in wasserlösliche Verbindungen überführt und herausgelöst werden. Damit wird durch die Fixage das entwickelte Bild unempfindlich für weitere Lichteinwirkung. Fixiermittel sind Natriumthiosulfat oder bei Schnellfixiermittel Ammoniumthiosulfat. In der Fotografie werden Bleichbäder oft auch mit Fixierbädern kombiniert (→Bleichfixierbäder). Fixierbäder können mehrmals verwendet werden, wenn ihr Verbrauchszustand ständig kontrolliert wird. Das abgeschiedene Silber kann recycelt werden (→Silberrückgewinnung). Die sorgfältige Fixage und die Intensität der anschließenden Wässerung bestimmen weitgehend die Lichtbeständigkeit und Haltbarkeit des fertigen Bildes (→Archivfestigkeit).

Flächenleuchte Bei →Studioblitzgeräten werden für die diffuse Ausleuchtung große Reflektoren mit vorgespannten Streufolien verwendet. F.n können einen Durchmesser bzw. eine Länge bis zu mehreren Metern haben. Sie werden je nach Typ, Material und Hersteller auch als Lichtwanne, Softbox, Hazy-light o.ä. bezeichnet (→Blitzschirm).

Flau Bezeichnung für eine zu kontrastarme Bildwiedergabe mit fehlender Brillanz.

Floating-elements Aus optischen Gründen muß man sich bei der Objektivkonstruktion bzw. der Korrektur der →Abbildungsfehler für einen bestimmten →Abbildungsmaßstab entscheiden, bei dem das Objektiv dann seine maximale Abbildungsleistung erreicht. Normalerweise geht man von einem kleinen Abbildungsmaßstab, also einer Entfernungseinstellung nahe →unendlich aus. Die sich im Nahbereich ergebenden Qualitätsverluste, die sich besonders bei lichtstarken →Weitwinkelobjektiven störend bemerkbar machen würden, versucht man durch eine mit der Fokussierung einhergehende innere Verschiebung von einzelnen Linsengliedern im Objektiv zu kompensieren. Diese mechanisch zu bewegenden Linsenglieder, die auch in →Zoomobjektiven zum Einsatz kommen, nennt man F.-e..

Fluchtdistanz Bei Großaufnahmen (→Einstellungen) und bei →Nahaufnahmen von Menschen und Tieren kann aus psychologischen Gründen nicht immer die technisch geringstmögliche Entfernungseinstellung gewählt werden, da eine zu nahe Kamera beim lebenden Motiv Irritationen bis hin zu Angstgefühlen auslösen kann. Einzuhalten wäre eine erforderliche ›F.‹, also ein gewisser Minimalabstand. Dabei läßt sich der Abbildungsmaßstab durch die Verlängerung der Brennweite beibehalten.

Fluchtpunkt →Perspektive

Fluoreszenz Verschiedene Materialien haben die Eigenschaft, auf-

Flächenleuchten (Multiblitz)

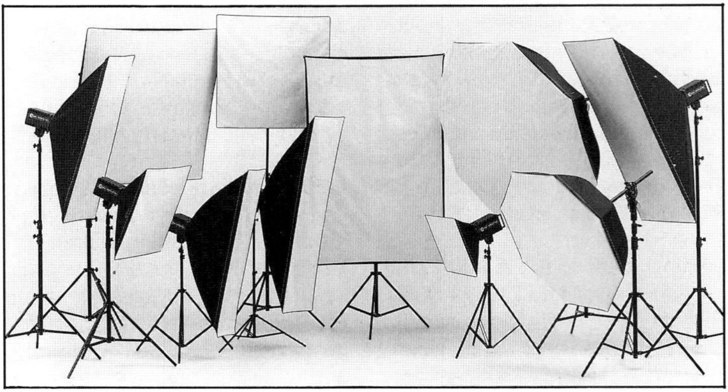

treffende Lichtenergien in andere Wellenlängen umzuwandeln (Foto-Lumineszenz). Die erregende Strahlung ist dabei in der Regel kurzwelliger als die emittierte Strahlung. So kann ein Gegenstand mit kurzwelligem UV-Licht beleuchtet werden, wenn unsichtbare Strahlung in sichtbares Licht umgewandelt werden soll. Leuchten die angeregten Stoffe nur so lange, wie die erregende Strahlung anhält, spricht man verkürzend von F. (z.B. →Leuchtstoffröhren), leuchten die Stoffe nach, von Phosphoreszenz (z.B. Leuchtzifferblätter). Filtert man bei der fotografischen Aufnahme mit einem gelblichen UV-Sperrfilter (UVa-Filter, →Ultraviolettfilter) das UV-Licht heraus, erhält man reine F.-Bilder, die für die analytische wissenschaftliche Fotografie von Bedeutung sind.

Fokusdifferenz Die einzelnen Farben des →Lichts fokussieren in unterschiedlichen Brennweiten, d.h. sie stellen das Bild in unterschiedlichen →Bildebenen scharf. Die daraus resultierenden →Abbildungsfehler sind zwar bei modernen Objektiven weitestgehend korrigiert, machen aber für die →Infrarotfotografie einen gesonderten Scharfeinstellpunkt am Objektiv erforderlich.

Fokussieren →Scharfeinstellung, →Defocus, →Autofocus

Fontana, Franco (*1933 Modena/Italien) Fotografie ab 1961, ab 1964 geometrische, farbige Landschaftsausschnitte, in denen sich monochrome Flächendetails einander zuordnen. Später machte er mit seinen sehr sachlichen Städtebildern von sich reden.

Food-Fotografie Spezialbereich der Werbefotografie, in dem Nahrungsmittel als Einzelprodukte oder als arrangierte Stilleben (z.B. für Kochbücher) im Ausschnitt, ggf. auch mit Eßtisch oder sogar großen Raumausschnitten aufgenommen werden. Da die meisten Nahrungsmittel, einfach abfotografiert, eher verflacht, häufig sogar verfälscht wirken, wird vom Foodspezialisten eine ganze Trickliste von Methoden verlangt, ›Food‹ optisch wirkungsvoll zu präsentieren. So wird Bier Waschmittel zugesetzt, damit die Schaumkrone länger hält, Obst mit Zitronensäure oder Glycerin behandelt, damit es appetitlich glänzt usw. Allerdings lehnt eine Reihe von Fotografen solche Tricks ab. Bedeutung hat zudem die richtige Auswahl von passendem Geschirr, Besteck und anderem Zubehör. Die F.-F. erlebte etwa ab 1970 mit der Weiterentwicklung der Nouvelle cuisine, ihren Auswirkungen auf die Kreativität der Köche und der damit zusammenhängenden Expansion des Kochbuchmarktes einen bedeutenden Aufschwung. Prägenden Einfluß hatte etwa Reinhart →Wolf (Farbabb. 12). F.-F. ist fast immer Farbfotografie (Farbabb. 12, 49).

Forcierte Entwicklung Die Empfindlichkeit eines Filmmaterials kann über seine Nennempfindlichkeit (→Filmempfindlichkeit) gesteigert werden, wenn — bei Schwarzweißfilmen — besondere empfind-

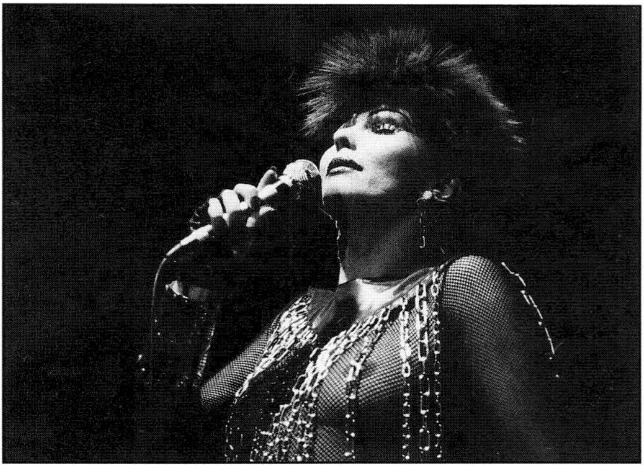

Forcierte Entwicklung: oft notwendig bei der Konzertfotografie

lichkeitssteigernde Entwickler verwendet werden und, vor allem bei Farbfilmen, die Entwicklungszeit verlängert wird. Gerade bei letztgenannter Methode wird zusätzlich das →Korn gröber und der Kontrast gesteigert. Das von vielen Herstellern genannte Maß der Empfindlichkeitssteigerung ist völlig übertrieben; der Meßpunkt zur Definition der Empfindlichkeit liegt auf der →Schwärzungskurve bei 0,1 Dichtewert über dem Grundschleier und kann stets nur geringfügig angehoben werden. Ursache für die vermeintlichen Empfindlichkeitssteigerungen ist vor allem die Kontraststeigerung; sie dokumentiert sich in einem deutlich steileren Verlauf der →Schwärzungskurve, was im Negativ in einer Anhebung der mittleren →Dichten sichtbar wird. Es kann also der Film bei späterer f. E. knapper belichtet werden, um einen ›normalen‹ Wert mittlerer Dichte zu erhalten. Generell ist zu berücksichtigen, daß sich gewisse Filmtypen besser, andere schlechter hierfür eignen (Farbab. 13).

Format →Aufnahmeformat, →Betrachtungsabstand, →Papierformat, →Seitenverhältnis

Formalismus Betonung der formalen Elemente und ihre Zuordnung zueinander in einem Bild (→Bildaufbau, →Bildgestaltung). Die Bezeichnung ›Formalismus‹ wird oft als Vorwurf und Kritik bei einer Vernachlässigung der →Bildaussage und tiefergehender Sinngebung genannt. Verschiedene künstlerische Theorien wiesen diesbezüglich immer wieder auf die gegenseitige Bedingtheit von Form und Inhalt hin.

Foto... →Bild, →Photo...

Foto-composing →Fotomontage →Computergrafik, →Scanner

Fotodesign Künstlerisch und anwendungspraktisch orientiertes fotografisches Arbeitsfeld. Die Arbeit des Fotodesigners ist, neben seinen handwerklich-fototechnischen Leistungen, wesentlich bestimmt durch dessen schöpferische Fähigkeiten bei Konzeption, Entwurf und Gestaltung des fotografischen Bildes; er wird dabei zielgruppen-, zweck- und marktorientiert vorgehen. Dominierend ist die visuelle Verdeutlichung ästhetischer, technischer, wissenschaftlicher und sozialer Zusammenhänge. Gewerberechtlich zählt F. zu den freien Berufsfeldern, die keiner formalen Zugangsberechtigung unterliegen. Die Hervorhebung der künstlerischen Qualifikation schafft Abgrenzungen zum Berufsbild des →Fotografen.
Möglicher Zugangsweg ist ein Studium an Fachhoch- bzw. Gesamthochschulen, das die Absolventen befähigen soll, Information und Kommunikation im weitesten Sinne mit fotografischen Mitteln aufzubereiten.
Der Fächerkanon reicht von kunstgeschichtlichen Themen bis in differenzierte Aufgabenstellungen der Fototechnik, der Gestaltung und der Konzeption; je nach Schule bleibt Raum für freie Entwürfe. Aufgrund der zunehmenden Verzahnung visueller Kommunikationsstrukturen (Grafik, Typologie, CAD, Film, Video, Fotografie usw.) wird F. konzepterweiternd an vielen Hochschulen als Kommunikationsdesign oder visuelle Kommunikation und in Zukunft wohl noch weiter als Mediendesign angeboten. Den Abschluß bildet in der Regel eine Diplomarbeit. Ihr Arbeitsfeld finden Fotodesigner vornehmlich in der Werbung und Öffentlichkeitsarbeit, im →Bildjournalismus, in Bereichen der wissenschaftlichen Fotografie, teilweise auch in Arbeitsfeldern der Fototechnik und Dokumentation.

Fotodiode Lichtempfindliches Bauelement mit einer Funktionsweise, die etwa zwischen →Fotoelement und →Fotowiderstand liegt. Die in fotografischen →Belichtungsmessern verwendeten Silizium-F.n arbeiten verzögerungsfrei und mit großem Empfindlichkeitsumfang.
Sie bedürfen allerdings einer elektronischen Verstärkung. Mit einem zusätzlichen blauen Filter erreicht man eine ausgeglichene Spektralempfindlichkeit. Die Hersteller sprechen von SBC-Elementen (Silicon Blue Cell).

Fotoelement Lichtempfindliche Zelle, die die Strahlungsenergie des →Lichts in einen elektrischen Strom umwandelt. Dabei werden beim Auftreffen von Photonen auf ein Selenf. (Selenzelle) Elektronen freigesetzt, die einen meßbaren Strom erzeugen. Dieser Strom wird in →Belichtungsmessern dieses Prinzips von einem hochempfindlichen Meßinstrument (Ampèremeter) gemessen und angezeigt. F.e benötigen eine relativ große Lichtauftrittsfläche, kommen allerdings ohne Batterie aus.

fotoform 1947 gegründete Gruppe von Fotografen, die nach dem Zweiten Weltkrieg eine Erneuerung der Fotografie unter Rückbesinnung auf die Fotografie der zwanziger Jahre anstrebte (Peter Keetmann, Ludwig Windstosser, Otto →Steinert u.a.).

Fotograf/Fotografin Als Handwerksberuf in der Bundesrepublik gesetzlich geschützte Berufsbezeichnung. Im dualen Ausbildungssystem findet die praktische Lehre in qualifizierten Betrieben statt, die theoretische, teilweise auch fachpraktische Unterrichtung in der Berufsschule. Alternativ dazu gibt es einige Fachschulen und Fachakademien. Die bundeseinheitlich geregelte Handwerksausbildung dauert drei Jahre und schließt mit dem Gesellenbrief ab. Über eine Meisterschule kann später die Meisterprüfung abgelegt werden. Die Nachfrage nach Ausbildungsplätzen ist sehr groß, die Qualität der Ausbildung wird bei der Vielfalt der Betriebe, ihrer Spezialisierungen und ihrer ökonomischen Probleme als unterschiedlich beschrieben. Mit der Öffnung des Europäischen Marktes ergeben sich für diesen Beruf ganz neue Perspektiven. →Fotodesign

Fotografie von Photographie; der Begriff findet sich erstmals 1833/34 in Briefen des gebürtigen Franzosen Antoine Hercules Florence, der in São Paulo/Brasilien unabhängig von europäischen Erfindern mit lichtempfindlichen Kopiermaterialien experimentierte (was erst 1977 bekannt wurde). In Europa wurde die Grundlage für die Verwendung des Begriffs dem Astronom Johann Heinrich von Mädler zugeschrieben (1839), die Verbreitung ist wohl dem Wissenschaftler John F. W. Herschel zu verdanken. Der Begriff entstand aus dem griechischen ›phos‹ = Licht (Genitiv: photos) und ›graphein‹ = schreiben. Während sich im englisch- und französischsprachigen Bereich die Schreibweise mit ›ph‹ erhalten hat, findet sich im deutschen, italienischen und spanischen Sprachgebrauch immer mehr die Schreibweise ›fotograf...‹. Vornehmlich im Zusammenhang mit historischen Darstellungen wird auf die ursprüngliche Schreibweise zurückgegriffen.

Fotografik Bezeichnung für Verfahren, in denen Arbeitsweisen der Fotografie und der Grafik (von der Zeichnung über die Montage bis hin zum Druck) miteinander verbunden werden. Zählte man vor 1950 hauptsächlich malerische Eingriffe in ein Foto und später reine Lichtmalereien auf Fotomaterial dazu, so meinen Bildtechniken der F. im engeren Sinne die Umformung eines vorhandenen Fotos mit fotochemischen, belichtungstechnischen und reprographischen Mitteln. Ziel ist eine grafische Wirkung, oft eine Reduzierung und Verfremdung, die bis zur Bildauflösung reichen kann. Die wichtigsten traditionellen Techniken der F. sind die →Tontrennung, die →Pseudosolarisation, der Einsatz von →Maskierung, Varianten der →Montage (→Fotorelief), Arbeitsweisen mit →Rastern u.ä., →Tonen sowie andere chemische Veränderungen des Bildes. Einige dieser fotografi-

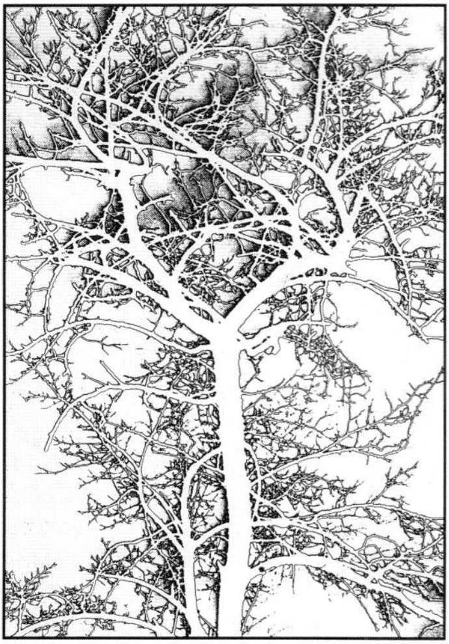

Fotografik: umkopierte Pseudosolarisation

schen Ergebnisse können mit Hilfe von Grafikprogrammen am Computer digital erzeugt werden (→Bildverabeitung; Farbabb 24, 25).

Fotografischer Realismus
→Fotorealismus

Fotogramm Methode der fotografischen Bildherstellung ohne Kamera, indem Gegenstände, ja sogar ganze Personen (→Figurenfotogramm), direkt auf lichtempfindlichem Fotopapier angeordnet und belichtet werden. Schattenrissen gleich, entstehen Abbildungen im Maßstab 1:1 (im Unterschied zum →Lumogramm). Bereits 1839 nannte William Henry Fox Talbot seine Ablichtungen von gepreßten Pflanzen ›photogenic drawings‹; doch seine und andere Ergebnisse dienten zunächst nur dem Ziel einer perfekten Reproduktion der Natur. Erst später, um 1920, begann der Maler Christian Schad, die Möglichkeiten des Fotogramms künstlerisch einzusetzen (→Schadographie). Ab 1922 visualisierte Man →Ray in seinen →Rayogrammen dadaistische und surrealistische Vorstellungen. Am →Bauhaus schuf László →Moholy-Nagy die theoretische Grundlage für einen freieren experimentelleren Umgang mit dieser Arbeitstechnik. Nach 1950 ließen Vertreter der →subjektiven Fotografie das künstlerische F. wieder aufleben; Floris M. Neusüss arbeitete ab 1962 mit großformatigen Figurenfotogrammen, in denen er ganze Personen auf Fotopapier agieren ließ und aufbelichtete. Später waren es Künstler in den USA, die die Technik fort-

Fotogramm: ›Fächer, Glas und Sonnenbrille‹, entstanden mit schräg auftreffendem Licht

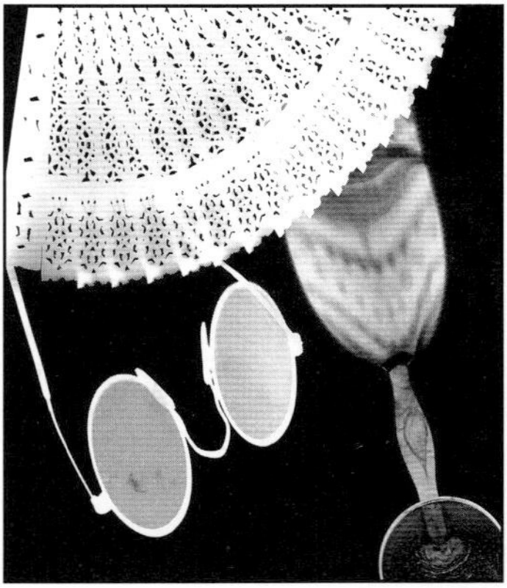

entwickelten, wobei das F. mit anderen experimentellen Techniken ergänzt wurde.

Fotogrammetrie Verfahren in der Vermessungstechnik, bei dem das zu vermessende Objekt von klar definierten Aufnahmepunkten in mehreren, sich überlappenden Aufnahmen fotografiert wird. Ausgehend von diesen wenigen markierten Punkten können alle anderen Maße des Objekts einschließlich der räumlichen Tiefe später in der Auswertung der Fotos rechnerisch ermittelt und damit unabhängig vom Aufnahmeort dokumentiert und weiterverarbeitet werden. Für die Aufnahme sind speziell kalibrierte Kameras mit hochwertig korrigierten Objektiven und hochauflösende Filme erforderlich. Für die rechnergestützte Auswertung werden die Bildpunkte über einen Digitizer in die Datenbank eines Computers eingelesen. Zusätzlich zur klassischen Anwendung bei der Erstellung von Landkarten, meist als Ergebnis von Luftbildauswertungen, gewinnt die Nahbereichsf. mit der Vermessung von Gegenständen und die Vermessung von Gebäuden in den Bereichen Architektur, Renovierung und Denkmalpflege immer größere Bedeutung.

Fotogravüre →Heliogravüre

Fotokunst Während in Bereichen der Bildästhetik und der Kunstgeschichte in der Vergangenheit die Frage äußerst kontrovers diskutiert wurde, ob Fotografie überhaupt Kunst sein kann (u.a. da das Bild mittels eines technischen Apparats entsteht), ging es später, mit der Problematisierung des Kunstbegriffs, eher darum, ob sie Kunst sein will. Daß einige Bereiche der Fotografie selbstverständlich zur Kunst zählen (→inszenierte Fotografie, →Autorenfotografie, →subjektive Fotografie), ist mittlerweile unbestritten. Im Detail hängt diese Eingliederung dann aber mehr vom jeweils verwendeten Kunstbegriff als von der Fotografie ab.
Mit dem Begriff F. werden allerdings oft Fotografien bezeichnet, die sich einem gängigen allgemein vor- herrschenden Kunstempfinden anpassen. Sind freie, innovativ-experimentelle Fotografien gemeint, spricht man eher von →künstlerischer Fotografie. Der Begriff →Kunstfotografie bezieht sich dagegen auf Stilrichtungen der Fotografie um 1900 mit ihren →Edeldruckverfahren.

Fotolabor (Dunkelkammer) Werkstatt des Fotografen zur Weiterverarbeitung belichteter Fotomaterialien (→Filmentwicklung, →Vergrößerung). F.e sind in einen Naß- und einen Trockenarbeitsplatz aufgeteilt. Ersterer besteht aus Wasserbecken mit Kalt- und Warmwasseranschluß und außerdem einer Arbeitsfläche für Schalen, →Filmentwicklungsdosen, →Prozessor und/ oder Verarbeitungsmaschinen. Am Trockenarbeitsplatz steht das →Vergrößerungsgerät. Mit dazu gehören →Vergrößerungsrahmen, ggf. Laborbelichtungsmesser und →Belichtungszeitschaltuhr. Während die Filmentwicklung und die

Farbumkehr- bzw. Dia-direkt-Prozesse eine Laborbeleuchtung ausschließen, ist für die Herstellung von Schwarzweißvergrößerungen sowie die Verarbeitung von Colorpapier (→Farbpapier) eine Beleuchtung nur mit speziellen →Fotolaborleuchten möglich. Für das Ansetzen der Verarbeitungslösungen gibt es Meßgefäße, für die Aufbewahrung wiederverwendbarer Lösungen (→Entwickler, →Bleichbad, →Fixierbad) Kunststoffflaschen. Bei professionellen Großlabors müssen (bei Amateuren sollten) die Bäder nach Verbrauch sorgfältig entsorgt werden (→Umweltschutz, →Silberrückgewinnung). Außerhalb des Dunkelbereichs erfolgen die abschließenden Schritte bei der Verarbeitung der Bilder (→Trocknung, →Retusche, →Aufziehen).

Fotolaborleuchte (Dukaleuchte) Sie dient als Arbeitsbeleuchtung im Fotolabor. Vergrößerungsarbeiten auf lichtempfindlichen Fotomaterialien können in der Regel nur bei gedämpftem Licht bestimmter →Wellenlängen durchgeführt werden, für die das Fotomaterial unempfindlich ist. Spezielle Dunkelkammerleuchten werden angeboten als eingefärbte Glühlampen, glühlampenbestückte Lampengehäuse mit farbigen Filtern, Natriumdampflampen und Leuchtdiodenlampen. Welche Filterarten und -farben benötigt werden, ist in den Verarbeitungsanleitungen für lichtempfindliche Materialien angegeben. So erlauben →orthochromatische Materialien nur rotes Licht als Arbeitsplatzbeleuchtung, dagegen Colornegativpapiere (→Farbpapier) nur Licht in einer Wellenlänge von 590 Nanometer. Filme werden bei völliger Dunkelheit verarbeitet.

Fotoleinen Lichtempfindliches Material für Aufsichtsbilder, das als →Schichtträger ein Textilgewebe besitzt. Das Gewebe sorgt für eine entsprechend strukturierte →Oberfläche. F. läßt sich in der Dunkelkammer wie normales Fotopapier verarbeiten.

Fotoleuchte Lampenbestückte Lichtquelle für den Einsatz von Dauerlicht bei der Aufnahme. Als netzabhängige Leuchte vornehmlich für das (einfache) Fotostudio konstruiert, ist oft auch die Verwendung eines Akkus als Stromquelle möglich. Von den sonst im Studio eingesetzten →Blitzgeräten unterscheiden sich F.n hauptsächlich durch die →Farbtemperatur der Lichtquelle. In dem Reflektorgehäuse befinden sich konventionelle Fotolampen oder Halogenlampen mit einer Farbtemperatur zwischen 3000 und 3400 Kelvin und einer Leistung bis über 1000 Watt, was ein Kühlgebläse erfordert (→Heißlicht). Angebrachte Lichtklappen können für die Begrenzung des Leuchtwinkels sorgen (→Stufenlinsenscheinwerfer).

Fotomontage Begriff für eine Arbeitstechnik, bei der mehrere Fotografien bzw. Teile davon zu neuen Bildern zusammengesetzt werden. Fototechnisch unterscheidet man zwischen der positiven Klebemontage (Collage), der Montage im

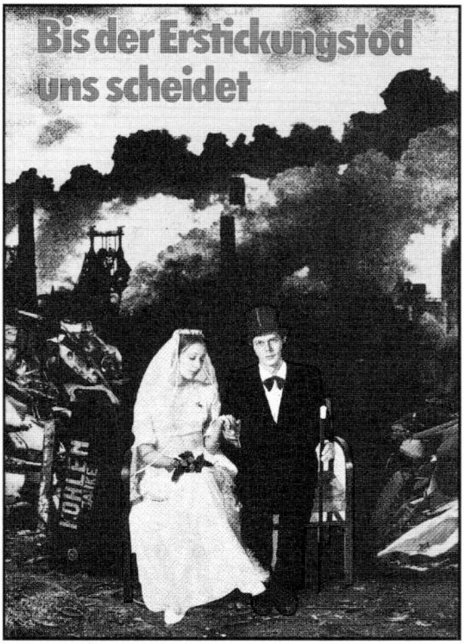

Fotomontage: Klaus Staeck, Erstickungstod, 1974;
© VG Bild-Kunst, Bonn 1992

Fotolabor (→Lichtmontage) und neuerdings dem Foto-composing, bei dem die zuvor digitalisierten Fototeile auf dem Computermonitor zusammengesetzt werden (→Bildverarbeitung). Bei der geklebten F. werden die einzelnen Fototeile exakt ausgeschnitten und übereinander geklebt. Um ein Sichtbarwerden der Schnittkanten zu vermeiden, verwendet man möglichst dünnes Fotopapier, spaltet den Schichtträger auf oder schleift die Schnittkanten an der Bildrückseite dünn. Oft empfiehlt es sich, ein möglichst großes Bildformat zu verwenden, das Ergebnis sorgfältig zu retuschieren (→Retusche) und anschließend zu reproduzieren (→Reproduktion). Absicht der künstlerischen Montage ist es, Abbildungen zu kombinieren, die vordergründig nichts miteinander zu tun haben und erst in der Kombination eine pointierte Bedeutung bekommen; dabei übernehmen einzelne Montageteile oft eine Zitatfunktion. Als wegweisend erwies sich neben Hannah Höch John →Heartfield, der mit seinen kritischen Montagen um 1930 verstärkt die politischen Zustände seiner Zeit anprangerte. Mit ähnlichen Mitteln und Zielen arbeitete nach 1965 Klaus Staeck.

Fotopapier Lichtempfindliches Fotomaterial, bei dem die →Emulsion auf einen Papier-, manchmal auch auf einen Kunststoffträger aufgegossen ist. Es dient zur Herstellung von schwarzweißen oder farbigen →Aufsichtsbildern. Der generelle Aufbau ist mit dem Aufbau von Filmen usw. vergleichbar. Der Schichtträger von modernen Fotopapieren ist beidseitig mit Kunststoff beschichtet (PE- bzw. →RC-Papier). Nur für den Schwarzweißbereich gibt es daneben noch traditionelle →Barytpapiere. Zur Abstimmung auf den Negativkontrast bieten Fotopapiere im Schwarzweißbereich verschiedene →Gradationen mit unterschiedlichem →Kopierumfang. Eine vergleichbare Angleichung ist bei Farbpapieren kaum üblich. F.e werden unter dem →Vergrößerungsgerät oder im →Printer belichtet und in →Schalen, →Trommeln oder →Durchlaufentwicklungsmaschinen entwickelt (→Entwicklung) und weiterverarbeitet (→Prozeßstabilität). Ihre →Trocknung erfolgt an der Luft, in Warmlufttrocknern oder →Trocken-

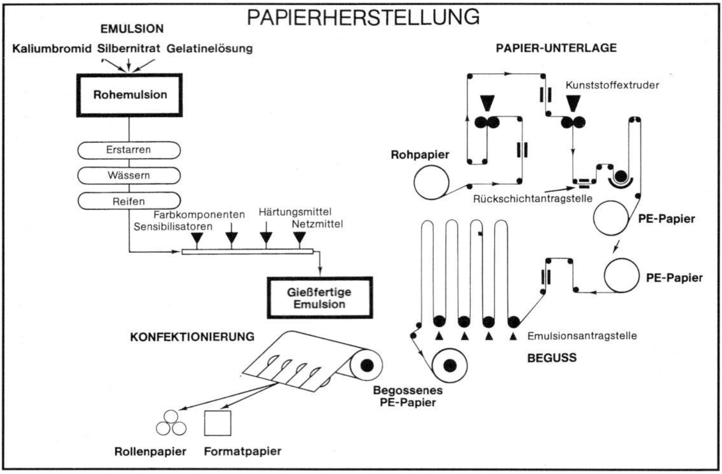

Fotopapier: Schritte zur Herstellung

pressen. Verschiedene →Oberflächen zwischen matt und hochglänzend erlauben eine Abstimmung auf die beabsichtigte Bildwirkung bzw. den Verwendungszweck. F.e kommen als Formatware und in Form von Rollen in den Handel. Die gängigen Formate sind: 8,9 x 12,7 cm; 10,5 x 14,8 cm; 12,7 x 17,8 cm; 17,8 x 24 cm; 20,3 x 25,4 cm; 30,5 x 40,6 cm und 50,8 x 61 cm.
Zur Präsentation werden kleinere Formate in Fotoalben aufbewahrt (→Familienfotografie), andere Formate werden gerahmt und ggf. aufgezogen (→Aufziehen).

Fotorealismus ist keine fotografische Richtung, sondern eine der Malerei, die um 1968 in den USA entstand. Die riesigen Gemälde wirken allerdings wie hyperrealistische Fotografien und entstanden auch meist nach Fotovorlagen. Grundthema ist die ›Illusion von Realität und Realität der Illusion‹. Fotorealistische Künstler versuchten, durch Überbetonung der Realität, z.B. durch die überproportionale Vergrößerung eines Porträts, und durch hyperrealistische Farbenwahl zu einer besonderen Art subjektiver Aussage zu gelangen.

Fotorelief Ein aus einer Fläche herausragendes erhabenes Bild, das auf fototechnischem Wege erzeugt wurde bzw. ein fotografisches Motiv zeigt. Eine Art des F.s entsteht durch einen Abdruck bzw. Eindruck von gehärteten Chromgelatineschichten (→Dichromat-Verfahren, →Woodburytypie) in Blech oder Wachsplatten, von denen dann weitere positive Reliefs in Gips, Metall, Kunststoff usw. gezogen werden können. Als F. wird auch die →Fotoskulptur bezeichnet, wenn sie relativ flächig ausgearbeitet ist. Einen reliefartigen Eindruck hinterläßt als bloß zweidimensionales Reliefbild eine Technik der →Fotografik. Dabei werden ein Halbtonnegativ und ein davon gezogenes Positivdia (oder auch umgekehrt) zunächst deckungsgleich miteinander montiert (→Sandwich-Montage) und anschließend minimal zueinander verschoben und dann vergrößert. Je nach Grad der Verschiebung und →Dichte der Filme wird der Reliefeindruck positiv oder negativ sein.

Fotoreportage Form fotografischer Darstellung in mehreren Bildern, mit denen über (mehr oder weniger) spektakuläre Ereignisse oder Zustände in einer Zeitung oder Zeitschrift berichtet wird. Sie erscheint in der Regel mit einem begleitenden Text sowie einzelnen erläuternden Bildunterschriften. Eine F. beginnt idealerweise mit einem Aufmacher-Foto (der sog. →Eyecatcher) und stellt die Stadien eines Ablaufs oder die Aspekte eines Geschehens in verschiedenen →Einstellungen von der Detail-Aufnahme bis zur Totalen vor. Auch wenn eine gewisse Sachlichkeit für die F. erforderlich ist, wird den Bildjournalisten heute mehr Subjektivität und Emotionalität in der Reportage zugestanden als früher (→Bildjournalismus). Die zunehmende Direktheit wird aufnahmetechnisch in der stärkeren Nutzung starker Weitwinkelobjektive bei geringem Aufnahmeabstand, ggfs. mit →Offenblitz, deutlich. Historisch hat Ullstein 1895 erste Reportagefotos in die ›Berliner Morgenpost‹ aufgenommen. Die klassische Bildreportage war um 1930 in der ›Berliner Illustrierten Zeitung‹ zu finden, mit Fotografen wie Erich →Salomon und Felix H. →Man. Später setzten Zeitschriften wie ›Life‹, ›Picture Post‹, ›Stern‹ u.a. diese Tradition fort. Namen wie Henri →Cartier-Bresson, Robert →Capa, Werner →Bischof (→Magnum), Thomas Höpker u.a. sind damit verbunden. Gegenwärtig geht man davon aus, daß die visuelle Berichterstattung des Fernsehens die klassische F. abgelöst hat (Farbabb. 51).

Fotoreportage; Fotos: Ulrich Albrecht

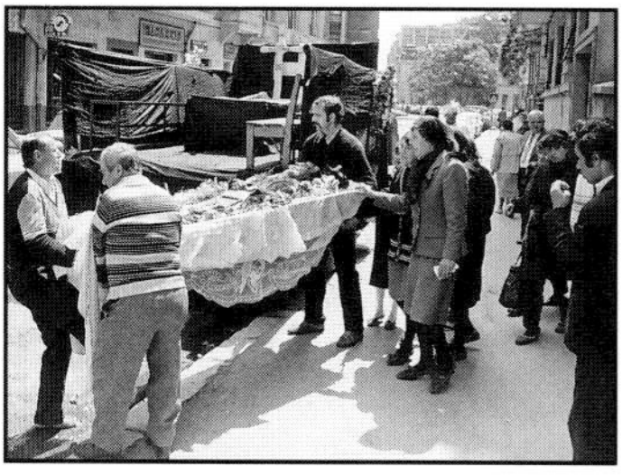

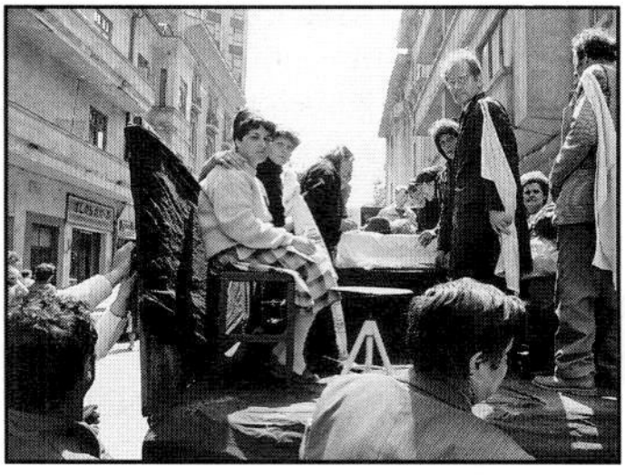

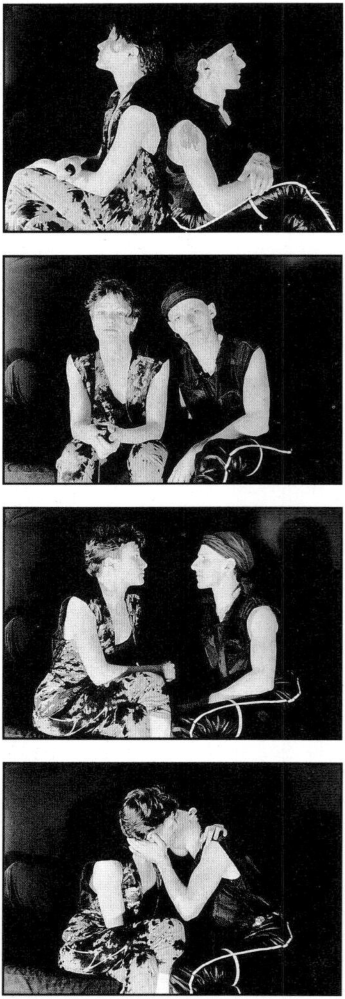

Fotosequenz;
Fotos: Birgit Steinmetz

Fotosammlung Von Institutionen oder Privatpersonen zusammengetragene Anzahl von Fotografien oder Fotogeräten meist unter historischen Gesichtspunkten (→Photographica). Zielgerichtete Sammlungen können sich auf spezielle Thematiken, Stile bzw. Zeitperioden, auf fotografische Techniken oder bestimmte Fotografen beziehen (→Original, →Vintage ›Print, →Reprint). Aufgabe einer Sammlung ist der Erwerb, die Identifizierung, die Restaurierung und Konservierung, die Lagerung und die Erschließung (Nutzbarmachung) der Bildbestände (→Bildarchiv). Bekannte öffentliche Sammlungen in Deutschland befinden sich u.a. in Cottbus UKunstsammlung), Dresden (Fotothek, Hermann-Krone-Archiv, Technisches Museum, sowie das geplante Photographie-Museum),Essen (Fotografische Sammlung, Museum Folkwang), in Köln (Photo-Video-Sammlung und Agfa-Historama, Museum Ludwig), in Hamburg (Museum für Kunst und Gewerbe) und München (Stadtmuseum).

Fotosequenz Bildserie, in der die Aufnahmen einer festen Reihenfolge unterliegen (→Serielle Fotografie). Die Bilder werden vom Betrachter einzeln, gleichzeitig aber auch als Gesamtheit wahrgenommen. Damit läßt sich z.B. ein zeitlicher Ablauf nicht nur aufeinanderfolgend (wie im Film) sondern gleichzeitig komplex und parallel erkennen. Die künstlerische F. ist als Ausdrucksform aus der Concept Art hervorgegangen und wird verstärkt in der →künstlerischen Fotografie seit 1970 eingesetzt. Ein früher Vertreter war der Amerikaner Duane →Michals, der den Sequenzen eine narrative Struktur abverlangte (Farbabb. 1).

Fotoskulptur (Fotoplastik, Fotorelief) Plastisches oder reliefartiges Objekt, dessen wesentliche Gestaltungselemente Fotografien sind. Hauptkennzeichen der F. ist die Dreidimensionalität des greifbaren Gegenstands. Bereits 1860 baute F. Willème Skulpturen nach 24 Fotos, die er im 360°-Panorama von einem Gegenstand aufnahm. Diese Arbeitsweise wurde bis heute mit der Filmkamera und der Computeranimation perfektioniert. Andere Verfahren messen mit Arbeitsweisen der →Fotogrammetrie die Höhenlinien eines Körpers ab. Als Biostereometrie wird dies heute vorwiegend in der plastischen Chirurgie genutzt. Der Düsseldorfer Klaus Kammerich nutzte ab ca. 1965 die F. künstlerisch. Er zerlegte zunächst ein Halbtonbild in einzelne Helligkeitsauszüge (→Tontrennung, Isohelie). Diese übertrug er auf Holz- bzw. Kunststoffplatten und ordnete sie aufeinander an. Nur mit weitem Betrachtungsabstand hat die Plastik das Aussehen einer naturalistischen Skulptur. Aus der Nähe gesehen löst sich das reliefartige Bild dann in seine einzelnen Schichten auf. Im Zwischenbereich von Skulptur und Fotografie arbeiten auch andere Künstler wie Christian Boltanski, Robert Comming, Joan Foncuberta u.v.a. Für den Niederländer Peter Sevriens ist der Fotoapparat nicht Mittel, sondernObjekt seiner Kunst, das er zu skurrilen Plastiken verarbeitet.

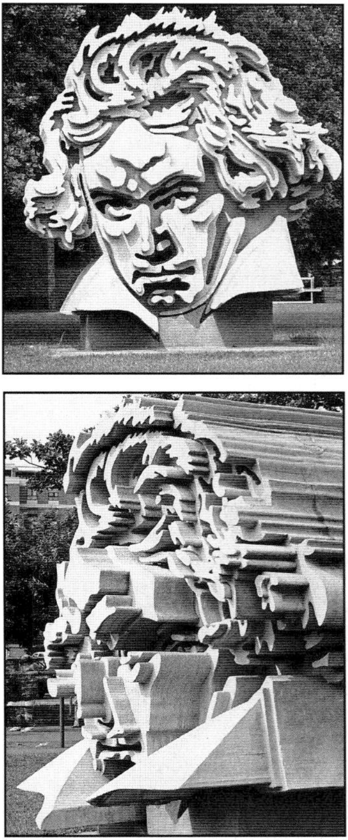

Fotoskulptur: Beethovenplastik von Klaus Kammerich; Vorder- und Seitenansicht

Fotowiderstand Lichtempfindliches Halbleiterelement mit (bei Belichtungsmessern) aufgedampftem Cadmiumsulfid (CdS). Der eingespeiste Strom wird durch die Veränderung der Leitfähigkeit der CdS-Schicht in Folge von Lichteinwirkung verringert. Damit können CdS-Belichtungsmesser aufgrund der hohen Ladung der benötigten Batterie, z.B. einen elektronischen Verschluß in der Kamera steuern. Ein Problem ist die Meßerinnerung, d.h. eine nachfolgende Messung kann durch eine kurz zuvor durchgeführte beeinflußt werden. Zudem weist die spektrale →Farbempfindlichkeit eine deutlich erhöhte Sensibilität für Rot auf. 1960 bis 1975 waren CdS-Belichtungsmesser sehr verbreitet. Sie wurden von →Fotodioden abgelöst.

Frank, Robert (*1924 Zürich) Ab 1947 in den USA; zunächst Modefotograf und Bildjournalist für Blätter wie ›Life‹, ›Harpers Bazaar‹, ›New York Times‹ usw. Teilnahme an Edward →Steichens Ausstellung ›The Family of Man‹. Danach Guggenheim-Stipendium und zweijährige Arbeit an ›The Americans‹ (1959). Mit einer neuen Bildsprache (›die riskante Perspektive‹, die eine klassische Gestaltung mit der modernen Schnappschußtechnik verband) schuf er ein ungeschminktes Bild der USA. Seit 1961 verstärkt Arbeit am Film. F.s Arbeit beeinflußte die Fotografengenerationen nach 1960 in hohem Maße.

Freistellen Abbildung eines Motivs auf einem völlig weißen, manchmal auch schwarzen Untergrund, aber ohne Basisschatten, wie frei in der Luft schwebend. Dies kann durch gezielte Beleuchtungstechniken, Untergründe und Objektaufbauten bei der Aufnahme erreicht werden. Andere Möglichkeiten liegen in diversen Retuschetechniken, Arbeitsmöglichkeiten der →Fotomontage oder den Manipulationen der →Bildverarbeitung. F. ist bei vielen Katalogaufnahmen erforderlich.

Fremdlicht Fehlerhafter →Lichteinfall in den Kamerakörper. F.einfall kann zu schlierenhafter oder völliger Belichtung des gesamten Filmstreifens (einschließlich Filmrand) führen.

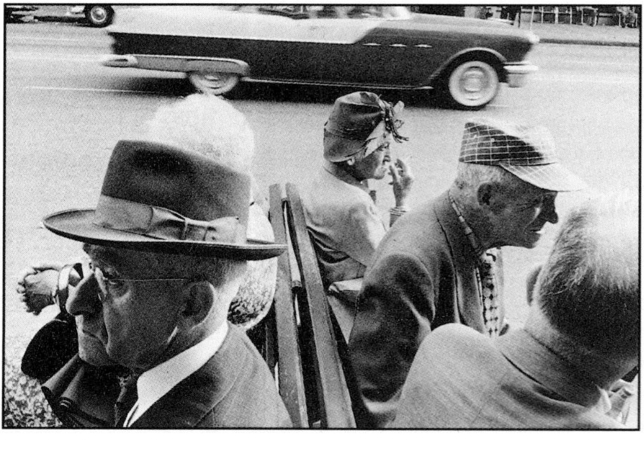

Robert Frank, ›St. Petersburg, Florida‹, 1955; © Robert Frank. Courtesy Pace/MacGill Gallery, New York

Fremdobjektiv Vornehmlich bei →Kleinbildkameras mit Wechselobjektiven gibt es , neben denen aus der Produktion des Herstellers, Objektive von Fremdfirmen. Deren jeweilige Konstruktion unterscheidet sich bei den einzelnen Brennweiten meist nur durch verschiedene, den diversen Kameras fest angepaßte →Bajonettanschlüsse, wobei auch die Blendenübertragung, das Auflagenmaß usw. berücksichtigt sein müssen. Bei manchen Fremdobjektiven gibt es Wechselbajonette, so daß das Objektiv für verschiedene Kameras nutzbar ist.

Freund, Gisèle (*1912 Berlin) Studium der Soziologie und Kunstgeschichte u.a. bei Adorno, 1933 Emigration nach Paris; 1936 erste Fotoarbeiten bei ›Life‹, gleichzeitig Doktorarbeit über die Fotografie des 19. Jahrhunderts in Frankreich an der Sorbonne/Paris. Teile der ergänzten und erweiterten Arbeit erschienen 1974 in Deutsch unter dem Titel ›Fotografie und Gesellschaft‹, eine der ersten soziologisch fundierten Theorieansätze zur Fotografie. F. arbeitete zwischenzeitlich weiter bei ›Life‹, ab 1947 bei →›Magnum-Photo‹. Verstärkt bekannt geworden sind ihre Porträts berühmter Zeitgenossen.

Fresnellinse Flach gearbeitete Stufenlinse, bei der die Stufen als konzentrische Prismenringe ausgeprägt sind. Damit wird das einfallende Licht gebündelt und über die ganze Linsenfläche gleichmäßig abgegeben. So werden F.n in Spotscheinwerfern (Stufenlinsenscheinwerfer) verwendet. In Spiegelreflexkameras, gelegentlich auch in →Fachkameras wird diese flache Linse oft ergänzend oder alternativ zur →Mattscheibe verwendet, um ein, hauptsächlich zu den Rändern hin, helleres Betrachtungsbild zu erhalten. Eine →Scharfeinstellung auf das Luftbild der F. ist allerdings nicht möglich. →Abbildung

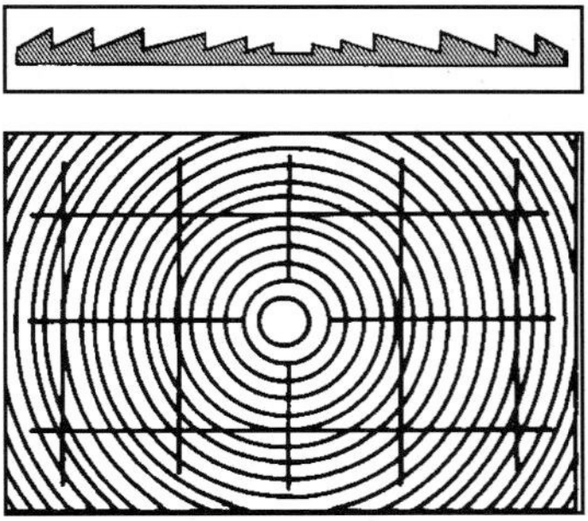

Fresnellinse: a) stark vergröberte Querschnittskizze; b) Aufsicht

Frontprojektion →Hintergrundprojektion

Froschperspektive →Perspektive

Futurismus Kunstrichtung, deren Vertreter zwischen 1909 und dem Ersten Weltkrieg in Italien anstrebten, die Kunst durch die Überwindung des Statischen im Bild zu revolutionieren und Bewegung und Dynamik zum Bildgegenstand zu machen (→Bragaglia). Unabhängig von den Vorstudien der →Chronofotografie entstanden frühe eigenständige Bildlösungen künstlerische Bewegungsdarstellungen.

G

Gamma-Wert (χ) Maßzahl für die →Gradation in der →Sensitometrie. Der G.-W. beschreibt die Steigung des geradlinigen Teils der →Schwärzungskurve einer fotografischen Emulsion (gemessen als der Tangens des Steigungswinkels). Entsprechen die Schwärzungen im Bild den Helligkeiten der Vorlage, steigt der gerade Kurventeil im Winkel von 45° = tangens 1 = Gamma 1. Die Gradation von Negativen sollte jedoch flacher sein (zwischen 0,5 und 0,8). Diese Weichheit der Negative wird durch Fotopapiere mit hohem G.-W. wieder ausgeglichen, wenn das Produkt beider G.-W.e 1 betragen sollte. Um für Dias in der Projektion Farbintensität und Leuchtkraft zu erhalten, weisen sie bei normaler Motivbeleuchtung ein Gamma von 1,6 auf.

Gegenlicht Licht, das bei der Aufnahme in Richtung der Kamera

Gamma-Wert: maßgeblich ist die Steigung des geradlinigen Teils der Schwärzungskurve

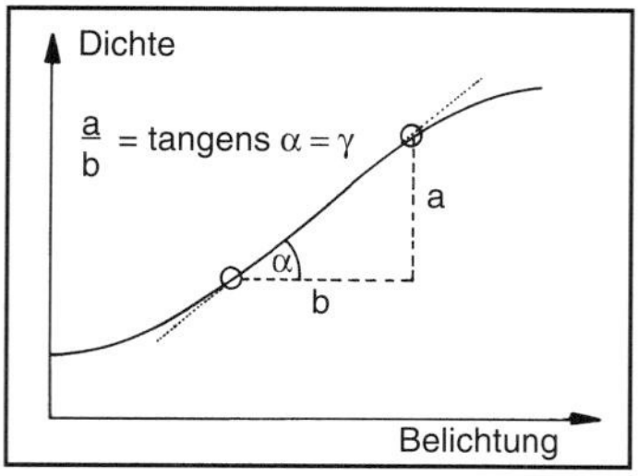

leuchtet. Direktes Gegenlicht bewirkt meist →Blendenreflexe im Objektiv; bei indirektem Gegenlicht wird die Lichtquelle oft durch das Motiv verdeckt. Im Extremfall entstehen dabei Silhouetten mit einem Lichtkranz an den Motivrändern; Überstrahlungen sind nicht selten. Da bei G.-Aufnahmen die Motive stets nur von der kameraabgewandten Seite beleuchtet werden, erscheinen sie meist eher kontrastarm und in gebrochenen Farben bei allerdings insgesamt sehr hohem →Motivkontrast über das gesamte Bild. Dies führt bei einer →Integralmessung (→Belichtungsmessung) zu Fehlergebnissen (→Unterbelichtung). Erst eine gezielte →Spotmessung oder eine →Lichtmessung zeigt korrektere Werte. Oft lassen sich Verbesserungen der Belichtung aber auch durch eine bewußte Überbelichtung von ein bis zwei Belichtungswerten erzielen. Viele Kameras besitzen speziell dazu eine Gegenlichtkorrekturtaste. Eine bessere Möglichkeit ist oft die →Aufhellung durch einen →Reflektor oder eine Lichtquelle (z.B. Aufhellblitz). →Gegenlichtblenden verhindern lediglich den Streuanteil von *seitlich* einfallendem Licht (Farbabb. 16).

Gegenlichtblende (Sonnenblende) Trichter- oder röhrenförmiger Objektivvorsatz, mit dem die Wirkung des Streulichts, das von Lichtquellen außerhalb des Aufnahmewinkels (→Brennweite, →Bildwinkel) ausgehen kann, gemindert wird. Unterschiedliche Objektivdurchmesser (→Filtergewinde) und Aufnahmewinkel verlangen jeweils

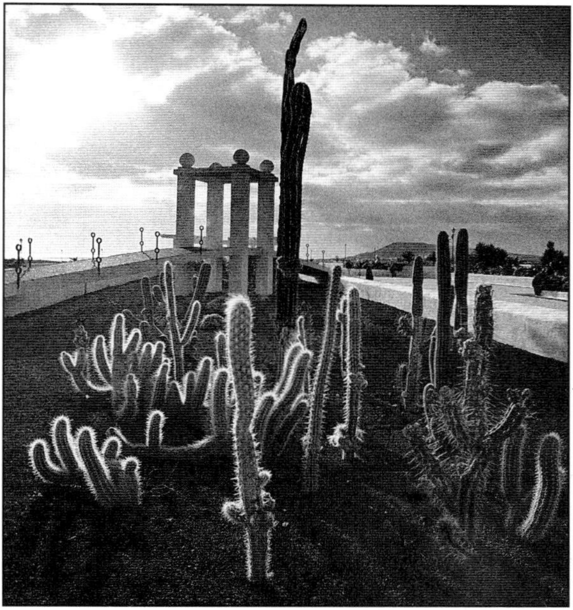

Gegenlicht

eigene G.n. Falsche Blenden können zu einer künstlichen →Vignettierung führen. Als veränderbare G. wird ein →Kompendium benutzt.

Gegenstandsweite Abstand zwischen Motiv und der (vorderen) →Hauptebene des Objektivs (→Abbildung). Von Bedeutung ist das Verhältnis zur →Bildweite. Diese ist genauso lang wie die Brennweite, wenn die G. gegen →unendlich geht. Entspricht die G. der Bildweite, wird das Objekt im →Abbildungsmaßstab 1:1 dargestellt.
Vereinfachend kann bei Aufnahmeentfernungen über einem Meter die G. der Entfernung gleichgesetzt werden.

Gelatine Leimartiges Bindemittel, das als Kollagen aus tierischen Haut- und Knochenprodukten gewonnen wird. In der Fotografie dient G. als Hauptbestandteil der →Emulsion als Trägermaterial für die lichtempfindlichen →Silberhalogenide. Ihre physikalischen Eigenschaften wie Viskosität, Gallertfestigkeit und Erstarrungspunkt sind entscheidend für die Qualität der fotografischen Schicht.
G. erweist sich in trockenem Zustand als recht widerstandsfähig, quillt jedoch in kalten wässerigen Lösungen stark auf, so daß bei der Verarbeitung Entwickler und andere Lösungen in die Schicht eindringen können.

Gelatinefilter →Filterfolien

Gelatinetoner Färbemittel, mit dem der Papierträger bzw. die Gelatineschicht von Schwarzweißvorlagen (ggf. auch Colorbildern) eingefärbt werden kann. Während mit herkömmlichen →Tonern die geschwärzten (Silber-)Partien eines Fotos umgewandelt und gefärbt werden, bleiben diese bei Verwendung eines G.s schwarz; nur die Stellen, an denen die Papierweißen durchscheinen, werden, je nach Tonertyp, farbig.

Generative Fotografie Tendenz einer künstlerisch ausgerichteten Fotografie, die, abweichend von den naturalistischen Darstellungsfunktionen des Mediums, die eigenschöpferischen Fähigkeiten des Apparats untersucht. Nach der generativen Methode und ihren systematisch-konstruktiven Arbeitsweisen, entwickeln sich neue Bildstrukturen aus dem fotografischen Prozeß heraus. Sie sucht u.a. nach den ästhetischen Prinzipien der bilderzeugenden technischen Apparatur (apparative Kunst). Thema der G.n F. ist also die Bildgebung z.B. durch die optischen Geräte und die chemischen Verfahren selbst. Auf diese Weise entstehen Lichtstrukturen und Luminogramme, →Chemigramme usw.
Zunehmend werden Möglichkeiten der →Computergrafik einbezogen. G. F. fußt auf einer Theorie der ›Generativen Ästhetik‹ (Max Bense) und einer ›Kybernetischen Ästhetik‹ (Herbert W. Franke). Sie ist eng verbunden mit Kilian Breier, Pierre Cordier, Hein Gravenhost und Gottfried Jäger.

Gibson, Ralph (*1939 New York) Ausbildung zum Fotografen bei der US-Marine, anschließend Fotografiestudium (1960/61) in San Francisco. Assistenz bei Dorothea →Lange (1962), später Kameramann bei Robert →Frank. 1963 bis 1970 Bildjournalismus und Werbefotografie; danach Gründung von ›Lustrum Press‹, eines Verlags, der der amerikanischen Avantgarde-Fotografie Publikationsmöglichkeiten bot. G. trat bis Mitte der siebziger Jahre mit surrealistisch angeregten Fotosequenzen hervor und kehrt später zur Konzeption des Einzelbildes zurück (›Quadrants‹, 1975). In seiner klaren, klassischen Bildsprache betont G. die visuelle Qualität des Bildes (in Abkehr von einer dokumentarischen Qualität). →Visualismus

Gidal, Tim N. (*1909 München) Ab 1929 Bildjournalist, ab 1938 Arbeit für die ›Picture Post‹; ab 1948 in New York. Lebt seit 1970 in Jerusalem; G. zählt neben Erich →Salomon und Felix H. →Man zu den Begründern des modernen Bildjournalismus.

Glamour-Fotografie Stilbereich zwischen →Mode- und →Porträtfotografie, in dem die abgebildeten Personen als bewundernswerte Idole fotografiert werden. Demzufolge liegt das Hauptarbeitsgebiet im Showbusiness und den Lebensweisen der gesellschaftlichen Oberschicht (vornehmlich zwischen

1920 und 1955 in den USA). Die kommerziellen Starbilder der Fotografen der Filmstudios, besonders aber die Aufnahmen des Fotografen der ›feinen‹ Gesellschaft, Cecil →Beaton, spiegeln die illusionistische Denkweise einer Epoche.

Glasfaseroptik
→Endoskop, →Lichtleiter

Goldener Schnitt Teilungsverhältnis von Strecken oder Flächen, dem als Gestaltungsmittel der Kunst (→Bildgestaltung) höchste Harmoniewirkung nachgesagt wird. Dabei soll eine Strecke so gegliedert werden, daß sich der kleinere Teil zum größeren längenmäßig so verhält wie der größere zur Gesamtstrecke. Annähernd trifft dies bei einem Teilungsverhältnis von 3:5, besser 5:8 oder 8:13 zu. Traditionellen Gestaltungskonzepten zufolge läßt sich auf diese Weise die ›Ideal‹-Position für die Anordnung der bildwichtigen Motivteile ermitteln (→Bildaufbau).

Goldtonung →Tonung

Goodwin, Hannibal (*1822, †1900) eigentlich amerikanischer Geistlicher, der sich als Amateurfotograf betätigte und 1887 Zelluloid als biegsamen Schichtträger für fotografische Emulsionen entdeckte. So schuf er entscheidende Grundlagen für die Entwicklung des →Rollfilms. Der damit zusammenhängende Patentstreit mit der Eastman Kodak Company wurde erst 14 Jahre nach seinem Tod zugunsten der Erben entschieden.

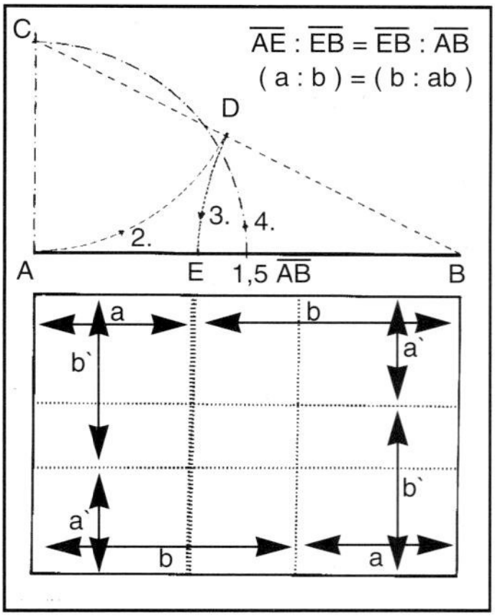

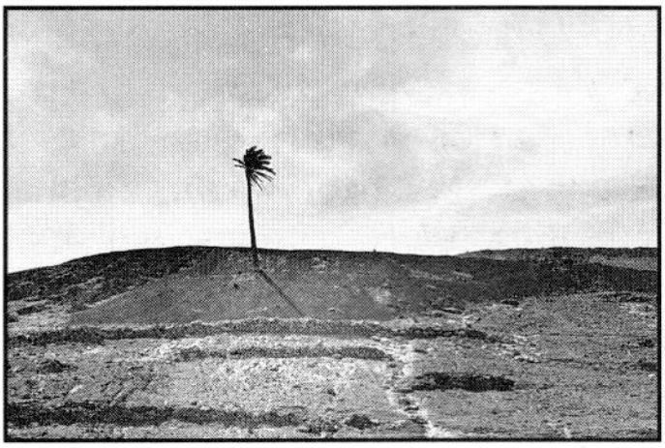

Goldener Schnitt: a) Konstruktion der Aufteilung einer Strecke , b) übertragen auf alle vier Seiten und die Fläche des Kleinbildformats; c) im Foto: Verlauf des Hügelkamms und Verlauf der Palme

GOST Maßeinheit aus der GUS und Osteuropa für die →Filmempfindlichkeit. Die Angabe erfolgt auf einer arithmetischen Skala, wobei z.B. ISO 100/21° = 90 GOST entspricht.

Gradation Terminus für das Vermögen einer fotografischen →Emulsion, Kontraste wiederzugeben. Die

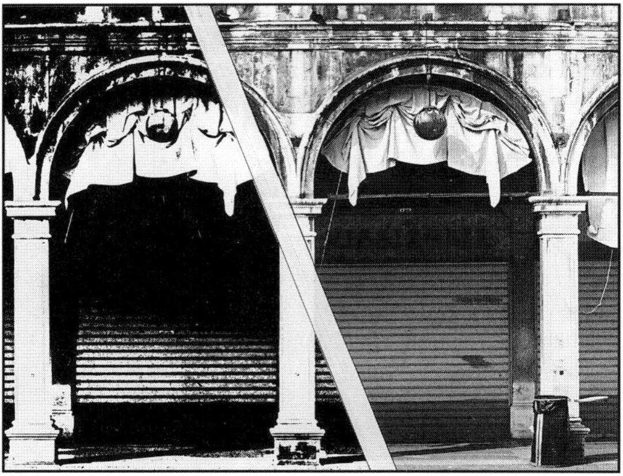

Gradation: normal und steil

G. benennt die Beziehung zwischen einer erzielten Schwärzung und der dazugehörenden Belichtung/Entwicklung. Sie wird ermittelt durch Messungen der →Dichte und ist darstellbar in einer Gradationskurve (→Schwärzungskurve). Gibt ein Film die wirklichen Kontraste des Motivs verstärkt wieder, gilt seine G. als ›steil‹ (oder auch hart), reduziert er sie, so ist sie ›flach‹. Da die →Motivkontraste meist den nutzbaren →Belichtungsumfang des Films übersteigen, strebt man bei Negativen eine flache G. an, um alle Tonwerte des Originals fein abgestuft und somit (auch unter Berücksichtigung des →Kopierumfangs des Fotopapiers) reproduzierbar auf dem Film festzuhalten. Um die G. einer Film-Entwicklerkombination beurteilen zu können, errechnet man aus dem Verlauf der Schwärzungskurve und ihrem Steigungswinkel eine Maßzahl. Je nach Definition unterscheidet man dabei →Beta-Wert, →Gamma-Wert und →Kontrastindex (mittlerer Gradient). Während der am weitesten verbreitete (ältere) Gamma-Wert nur den geradlinigen Teil der Schwärzungskurve berücksichtigt, legt der Beta-Wert mit der Berücksichtigung eines Belichtungsumfangs von 1:30 den Schwerpunkt auf relativ problemloses Vergrößern, hingegen bezieht der Kontrastindex sowohl Durchhang als auch Schulterbereich der Schwärzungskurve teilweise mit ein. Den vom Tangens des Steigungswinkels abgeleiteten Werten ist gemein, daß bei einem Wert von 1 die Kontrastwiedergabe auf dem Film den Kontrasten des Motivs entspricht. Bei Fotopapieren unterscheidet man nur im Schwarzweißbereich (neben ganz vereinzelten Ausnahmen bei Farbpapieren) zwischen verschiedenen G.en, mit denen Negative mit unterschiedlichen motivbedingten Kontrasten ausgewogen vergrößert werden können. Man differenziert zwischen den Papiergradationen extra weich, weich, spezial, normal, hart und extra hart; sie sind mit Nummern von 0 bis 5 codiert (→Gradationswandelpapier).

Gradationswandelpapier In der Schwarzweißfotografie werden für →Vergrößerungen zum Ausgleich unterschiedlich kontrastreicher Negative →Fotopapiere verschiedener →Gradationen benötigt, die einen unterschiedlichen →Kopierumfang besitzen. Da die im Fotolabor benötigten verschiedenen Festgradationen eine aufwendige Lagerhaltung erfordern, wurden ab ca. 1940 kontrastvariable Emulsionen entwickelt. In der praktischen Umsetzung beinhalten sie meist sowohl blau- als auch grünempfindliche →Silberhalogenide, die, für sich allein, jeweils eine harte bzw. eine weiche Gradation ergeben würden. Durch farbige Filter bei der Belichtung gesteuert, werden nun anteilmäßig mehr die einen oder anderen Kristalle belichtet bzw. abgeschirmt, wobei die gesamte Variationsbreite der Papiergradationen mit zusätzlichen Zwischengradationen entstehen kann.

Gradient, mittlerer →Gradation, →Kontrastindex

Grafik →Fotografik

Graufilter Farbneutrales Filter zur Reduzierung der Helligkeit des auf den Film einwirkenden Lichts. Sie werden eingesetzt, wenn ein sehr geringer Schärfebereich (offene Blende!) oder eine recht lange Belichtungszeit (z.B. für →Verwischungen) auch bei hellem Aufnahmelicht und höherempfindlichen Aufnahmematerial erwünscht ist. G. werden auch zur Belichtungssteuerung beim Vergrößern, bei Filmtests (→Testaufnahmen) und bei der Sonnenfotografie eingesetzt. An Objektiven ohne Irisblende (→Spiegelobjektiv) dienen sie zur Lichtreduzierung.

Graukarte Neutralgrauer Karton (meist im Format DIN A 5 bis DIN A 4), dessen Oberfläche in Helligkeit und Reflexionsvermögen genormt ist, so daß eine →Remission von 18 % (exakt 17,68 %) des auftreffenden Lichts gewährleistet ist. Dies entspricht der Remission der Helligkeitswerte in einem durchschnittlichen Motiv. Auf diesen Wert sind heutige →Belichtungsmesser geeicht; dementsprechend dienen G.n als Hilfsmittel bei der →Belichtungsmessung.
Als Ersatzobjekt wird die G. jeweils dann benötigt, wenn in extremen Licht- und Farbsituationen (z.B. bei hohem →Beleuchtungskontrast oder →Objektumfang) die Ermittlung eindeutiger Belichtungswerte mit dem Belichtungsmesser (→Objektmessung) nicht möglich bzw. nicht sinnvoll ist. Die G. dient außerdem bei Farbaufnahmen als neutraler Referenz-Grauwert für die spätere Weiterverarbeitung im Labor oder in der Druckerei. In der →Sensitometrie entspricht der Helligkeitswert der Graukarte der →Dichte 0,70.

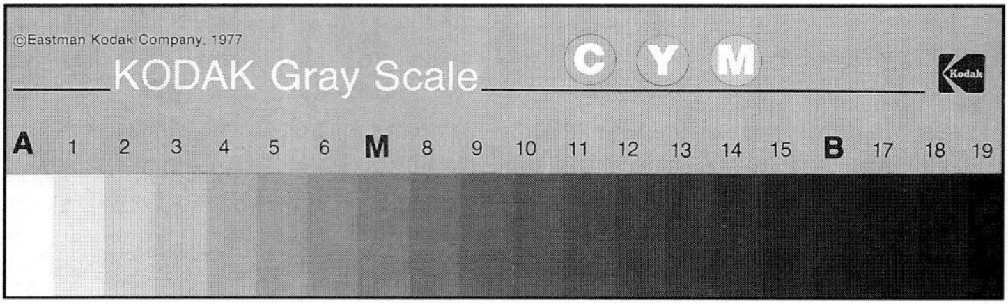

Graukeil (Kodak)

Graukeil Transparente Durchsichtsvorlage oder auch Aufsichtsbild, auf dem die Helligkeiten zwischen Schwarz und Weiß dargestellt sind. G.e werden als stufenlose Verlaufsgraukeile oder als genormte Stufengraukeile angeboten. Sie werden für Arbeiten in der →Sensitometrie verwendet und geben, auf lichtempfindlichem Material aufbelichtet, Auskunft über →Gradation und Belichtung. Dabei sind sie aussagekräftiges Hilfsmittel z.B. bei der →Reproduktion.

Großbildkamera Kamera zur professionellen Anwendung, die zur Verwendung von großformatigen →Planfilmen eingerichtet ist. Übliche Formate sind 6,5 x 9 cm; 9 x 12 cm (4 x 5 Inch); 13 x 18 cm (5 x 7 Inch); 18 x 24 cm (8 x 10 Inch). G.s sind meist vom Typ der →Fachkamera oder der →Laufbodenkamera.

Gruber, L. Fritz (*1908) konzipierte und präsentierte die ersten →Photokina-Ausstellungen als internationale Höhepunkte der Fotografie. G. errang als Autor, Sammler und fotografischer Mentor beachtliches Renommee für die kulturellen Belange der Fotografie.

Grundfarben Diejenigen Farben, die nicht durch Mischung aus anderen Farben hervorgehen, mit denen aber alle anderen Farben gemischt werden können. In der →Farbfotografie ist dies mit der additiven (Blauviolett, Grün, Orangerot) oder der subtraktiven (Gelb, Purpur, Blaugrün) →Farbmischung möglich.

Grundschleier Bei der →Entwicklung einer fotografischen Emulsion werden nicht nur die belichteten →Silberhalogenide geschwärzt, sondern in geringem Maße findet auch eine Reduktion der unbelichteten Halogenide statt. Die daraus resultierende sehr geringe Schwärzung ist zwar in der Regel nicht sichtbar, als Meßwert für die →Sensitometrie jedoch von Bedeutung (→Schwärzungskurve). Um ein zu starkes Anwachsen des G.s (etwa durch zu lange Entwicklungszeiten) zu vermeiden, werden den Emulsionen Antischleiermittel zugesetzt.

Grundschwärzung Maximale →Dichte unbelichteter Bildpartien bei entwickelten →Farbumkehrfilmen (→Dia); deutlich sichtbar ist sie z.B. am Filmrand. Eine zu helle oder sogar farbstichige G. deutet auf eine →Überlagerung des Materials, eine (diffuse) Vorbelichtung, →Fremdlichteinfall oder eine falsche Entwicklung hin.

Grundzahl Kennzahl bei Farbpapieren, mit der einige Hersteller die fertigungsbedingten Abweichungen der Farbneutralität der →Emulsionen angeben. Ergänzend zur →Emulsionsnummer erfolgt die Information in Filterwerten der subtraktiven Farbmischung, so daß ein Wechsel von einer Papieremulsion zur nächsten durch Umrechnung der Werte problemlos erfolgen kann.
Da allerdings einerseits die Farbstabilität der Farbpapiere zugenommen hat, andererseits viele Faktoren bei der →Lagerung Auswirkungen auf das Farbgleichgewicht haben können, ist die Nennung von Papiergrundzahlen heute sehr umstritten.

Gummidruck Dem →Öldruck ähnliches historisches →Edeldruckverfahren. Ein mit einer Lösung aus Gummiarabikum, Dichromatsalzen und Farbpigmenten präpariertes Papier wird belichtet, wobei das Gummiarabikum an den belichteten Stellen aushärtet. Die unbelichteten

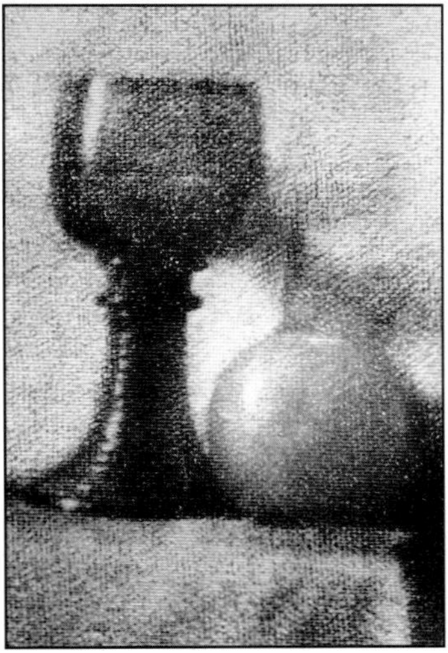

Gummidruck (Ausschnitt; im Original mehrfarbig) von Josef Watzek, 1896 (Kunstbibliothek Preußischer Kulturbesitz, Berlin)

Stellen werden dann mit Wasser ausgewaschen. Je nach Lichtmenge variieren Schichtdicke und Pigmentdichte, die so ein Halbtonbild erzeugen. Das relativ einfache Verfahren ermöglichte einen mehrlagigen Aufbau der Schichten und damit einen relativ hohen Tonwertreichtum.

H

Haas, Ernst (*1921 Wien, †1986 New York) Bis 1942 Medizinstudium, anschließend Ausbildung zum Fotografen. 1948 Übersiedlung nach Paris und Mitglied bei →›Magnum Photo‹. Seit 1950 in den USA für viele Zeitschriften tätig. 1958 erschien in ›Life‹ sein umfangreiches Farbessay ›Magic Color in Motion‹, mit dem er durch →Verwischungen und →Bewegungsunschärfen ein neues Kapitel in der Stilgeschichte der Farbfotografie aufschlug. Aus einer Mitarbeit an John Hustons Film ›Die Bibel‹ resultierte 1971 sein Buch ›Die Schöpfung‹. H. erwies sich als sensibler Vertreter einer impressionistisch anmutenden Farbfotografie, die bewußt mit Verwischungen und Unschärfen arbeitet.

Halbdurchlässiger Spiegel →Spiegel

Halbformat →Aufnahmeformat von 18 x 24 mm auf 35 mm breitem →Kleinbildfilm (als Hälfte eines üblichen Kleinbildformats).

Halbtonbild Positives oder negatives Bild, bei dem zwischen Schwarz und Weiß auch viele Grautöne bzw. →Farbdichtewerte (Halbtöne) wiedergegeben sind (Halbtonvorlage, Halbtonnegativ usw.). In Abgrenzung zum H. wird ein Bild ausschließlich in Schwarz und Weiß als →Strichvorlage bezeichnet. Um feinste Helligkeitsabstufungen einer Halbtonvorlage im Druck wiederzugeben, muß das Bild in der Regel aufgerastert (→Raster) werden.

Halbwertzeit →Leuchtzeit

Halogene Chemische Gruppe der nichtmetallischen Elemente Fluor, Chlor, Brom, Jod; ihre Verbindungen mit Metall haben den Charakter von Salzen, die teilweise lichtempfindlich sind.
→Silberhalogenide, →Platindruck

Halogenlampe Typ der Glühlampe, in der zusätzlich zum Füllgas ein →Halogen-Element (wie Chlor oder Jod) eingelagert ist. Daher strahlen H.n während ihrer Lebensdauer eine gleichbleibende Lichtintensität bei gleicher →Farbtemperatur von 3200-3400 Kelvin ab. H.n sind bei hoher Lichtausbeute relativ klein. Man unterscheidet zwischen Typen in Röhrenform (u.U. auch U-förmig) mit einer Leistung zwischen 500 und 20 000 Watt (→Fotoleuchten, Scheinwerfer) und den im fotografischen Bereich häufiger anzutreffenden Typen der Niederspannungslampen mit Betriebsspannungen zwischen 12 und 24 Volt (vornehmlich in Diaprojektoren). In Vergrößerungsgeräten sind diese durch einen speziellen Reflektor zu →Kaltlichtlampen ergänzt.

Halogensilber →Silberhalogenide

Haltbarkeit von lichtempfindlichen Materialien; →Lagerung, →Überlagerung

Hamilton, David (*1933 England) Populärer Mädchenfotograf der siebziger Jahre, fand mit gesofteten (→Weichzeichner) Aktaufnahmen sehr junger Mädchen weltweite Verbreitung; viele Veröffentlichungen, Produzent zweier Spielfilme im typischen H.-Stil.

Handbelichtungsmesser (→Belichtungsmesser) ermöglichen eine Ermittlung der Belichtungswerte unabhängig von der Kamera. Dies ist z.B. sinnvoll bei Aufnahmen vom Stativ im →Studio. Meist verfügen sie über einen viel größeren Meßbereich als Kamerabelichtungsmesser. Nur mit einem H. ist über eine zusätzlich integrierte Diffusorkalotte eine →Lichtmessung möglich. Aufwendigere Geräte verfügen zusätzlich über Skalen der Gangzahlen für Kinokameras sowie für →Lichtwerte und Belichtungszonen (→Zonensystem). Teilweise über Vorsätze oder auch als gesonderte Modelle arbeiten sie als →Blitzbelichtungsmesser und/oder als →Spotmeßgeräte.

Handbelichtungsmesser (Gossen)

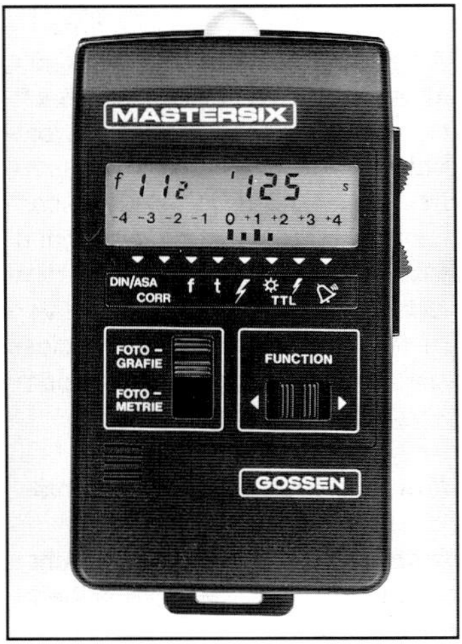

Hängerentwicklungsmaschine →Filmentwicklungstank

Härtegrad →Gradation

Härter Zusätzliche Verarbeitungslösung für die Entwicklung und Weiterverarbeitung von Fotomaterialien. H.zusätze (z.B. Alaunlösungen) werden dem Unterbrecherbad, häufiger dem Fixierbad zugegeben, um eine Stabilisierung der →Gelatine der →Emulsion zu erzielen, so daß diese widerstandsfähiger gegen Wärme sowie mechanische und bakterielle Schädigung wird.
Mit H. behandelte Beschichtungen der →Barytpapiere in der Schwarzweißfotografie erlauben eine bessere Trocknung auf der heißen →Trockenpresse.

Hauptebene Bei der rechnerischen und geometrischen Konstruktion des Verlaufs von Strahlen bei der →Abbildung durch ein optisches System sind die Linsenflächen bzw. -scheitelpunkte als Orte der →Lichtbrechung durch zwei H.n (eine dingseitige und eine bildseitige) gekennzeichnet. Bei Bikonkav- sowie Bikonvexlinsen (→Linsen) liegen sie symmetrisch im Innern der Linse, bei mehrlinsigen Objektivkonstruktionen innerhalb, u.U. aber auch außerhalb des optischen Systems. Wo die H. die optische Achse schneidet, liegt der dingseitige bzw. der bildseitige Hauptpunkt. Von diesem ausgehend werden die →Brennweiten berechnet.

Hauptlicht Beherrschende Lichtquelle in einer →Beleuchtungsanordnung mit mehreren Leuchten. Dem H. sind Nebenlichter (→Aufhellung, →Effektlicht usw.) untergeordnet, die die vom H. bestimmte Bildwirkung und Bildgestaltung von Licht und Schatten am Motiv noch verstärken oder dämpfen sollen. Bei Tageslichtaufnahmen wird oft auch das Sonnenlicht als H. bezeichnet.

Hauptstrahl Der mittlere Strahl eines von einem Objektpunkt ausgehenden Strahlenbüschels, der die Linse im Hauptpunkt (→Hauptebene) schneidet und zum Bildpunkt hinführt. Begrenzt wird ein jedes Strahlenbüschel (Randstrahlen) durch die Blende. In der geometrischen Optik bzw. beim ersten Berechnen einer Objektivkonstruktion beschränkt man sich meist auf die Darstellung von optischer Achse und H. →Abbildung

Heartfield, John (eigentlich. Helmut Herzfeld; *1891 Berlin, †1968 Berlin) Nach frühem Verlust der Eltern und abgebrochener Buchhandelslehre Grafikstudium in München und Berlin. Aus Protest gegen den politischen Hetzgesang des Ersten Weltkrieges »Gott strafe England« anglisierte Herzfeld 1916 seinen Namen. Erste Kontakte mit George Grosz, erste Klebemontagen, zunehmende Perfektionierung der Technik. Ab 1918 Arbeit für die Kommunistische Partei und verschiedene politische Zeitschriften; um 1920 führender Vertreter des Berliner →Dadaismus. Ab 1924 satirische und aggressive Fotomontagen gegen Krieg, Kapitalismus und Bürgerlichkeit (auch verstärkt gegen die »bürgerliche SPD«); ab 1932 richtete sich seine Arbeit immer vehementer gegen die Nationalsozialisten. Veröffentlichungen in Buchpublikationen (seines Bruders) und der ›Arbeiter-Illustrierte-Zeitung‹ (AIZ) (→Arbeiterfotografie), auch Agitationsplakate für Bauzäune usw. 1933 Flucht nach Prag, 1938 nach London und von dort aus Intensivierung seines Kampfes gegen Hitler mit seinem speziellen grafischen Können. 1950 Rückkehr nach Berlin (Ost) und intensive Ausstellungstätigkeit.

Heißklebefolie Material zum →Aufziehen von Fotos mit einer Heißklebepresse. In kaltem Zustand fühlt sich die Folie trocken an, ähnlich Pergamentpapier. Sie schmilzt erst unter Wärme in der Spezialpresse (→Klebefolien).

Heißlicht Begriff für künstliches Dauerlicht als Aufnahmelicht (im Unterschied zum →Blitzlicht). Da spezielle Glühlampen, Halogenlampen o.ä. genutzt werden, die mit zunehmender Brenndauer sehr heiß werden, wird in entsprechenden professionellen Beleuchtungskörpern oft zusätzlich ein Gebläse eingebaut. H. hat als →Kunstlicht eine →Farbtemperatur von etwa 3000—

3500 Kelvin (typabhägig). →Studioblitzgerät und →Stufenlinsenscheinwerfer

Heliogravüre (auch: Lichtgravüre, Fotogravüre) Druckverfahren von →Halbtonbildern mittels fotomechanischer Bildübertragung auf den Druckstock ab ca. 1885. Nach einem großformatigen Dia wurde auf Pigmentpapier ein Gelatinerelief hergestellt. Auf einer Kupferplatte gab aufgeschmolzener Asphaltstaub das Korn für das →Raster. Übertrug man nun das gehärtete Gelatinerelief auf die Platte und ätzte diese in Eisenchloridlösung, so erhielt man eine Druckform für den Kupfertiefdruck. Die Vertiefungen des eingeätzten Bildes wurden mit Farbe ausgefüllt, welche in der Druckpresse das Bild auf Papier übertrug. Die H. wurde von den Kunstfotografen (→Kunstfotografie) eingesetzt, diente jedoch wegen der stabilen Kupferplatte hauptsächlich der Illustration im Buchdruck (z.B. die von Alfred →Stieglitz herausgegebene Zeitschrift ›Camera Work‹ 1903-1917). Charakteristisch ist das feine unregelmäßige Aquatintakorn, der offen liegende Papierfilz und die unterschiedlich stark aufgetragene Farbe. Später verwandte man für den Rotationsdruck auch Kreuzraster.

Helligkeitsabfall Je schräger Lichtstrahlen von einem Punkt auf eine Fläche fallen, desto mehr nimmt die →Beleuchtungsstärke ab. Dieser H. macht sich besonders bei Weitwinkelobjektiven mit ihrem großen Bildwinkel bemerkbar (→Vignettierung). Ein H. findet sich auch bei Beleuchtungssituationen in der Raumtiefe. Hier nimmt die Beleuchtungsstärke im Quadrat der Entfernung ab (→Lambertsches Gesetz).

Helligkeitsumfang Verhältnis zwischen hellster und dunkelster Stelle eines Motivs (→Motivkontrast, →Kontrastumfang) oder einer fotografischen Abbildung (→Belichtungsumfang). Der maximale H. in der Natur (bis 1:1 000 000) kann selbst vom menschlichen Auge nicht mehr differenziert und ohne weiteres verarbeitet werden. Der →Belichtungsumfang von Filmen und der →Kopierumfang von Fotopapieren ist weitaus geringer.

High-key Aufnahmestil für Fotos, in denen die hellen Bildtöne und Lichter stark dominieren und die zudem hell und weich ausgeleuchtet sind, so daß nahezu keine Schatten entstehen. Der sehr transparent und leicht wirkende Effekt solcher Fotos verlangt helle Motive und helle Hintergründe, zumeist auch noch zusätzliche weiße →Aufhellung und u.U. eine gezielte Überbelichtung (Abb. S. 150). Genau gegensätzlich wirkt der mit →Low-key bezeichnete Beleuchtungseffekt.

Hill, David Octavius (*1802 Perth/Schottland, †1870 Edinburgh) Landschaftsmaler und Buchillustrator. Auslöser für die Beschäftigung mit der Fotografie war der Auftrag, ein Gruppenbild von 400 Mitgliedern der ersten Generalversammlung der ›Free Church of Scotland‹

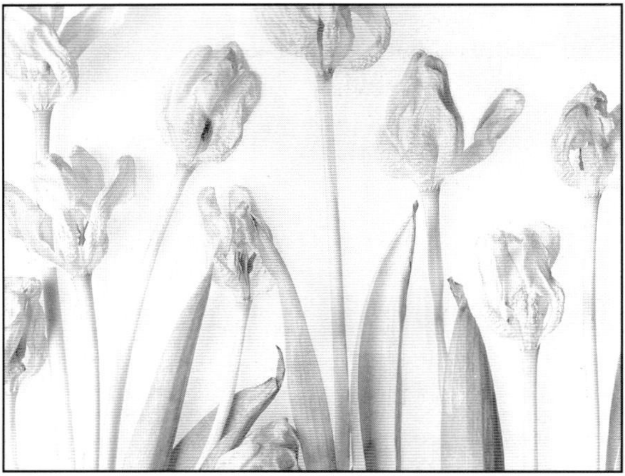

High-key: ›Flowers‹, 1992; Foto: Babette Sponheuer

zu malen (1843). In Zusammenarbeit mit Robert →Adamson fotografierte er zunächst sämtliche Mitglieder mit →Talbots Verfahren der →Kalotypie, um diese fotografischen Aufnahmen als Vorlage zur Anfertigung des Gruppenbildes zu nutzen. Später entstanden in fünf Jahren über 1500 zumeist eigenständige Porträts, Gruppen- und Landschaftsbilder. Nach Adamsons Tod (1848) kehrte H. zur Malerei zurück. Er gilt als einer der Pioniere der Fotografie in England.

Hine, Lewis Wickes (*1874 Oshkosh/ Wisconsin, †1940 Hastings-on-Hudson/ New York) 1889-1900

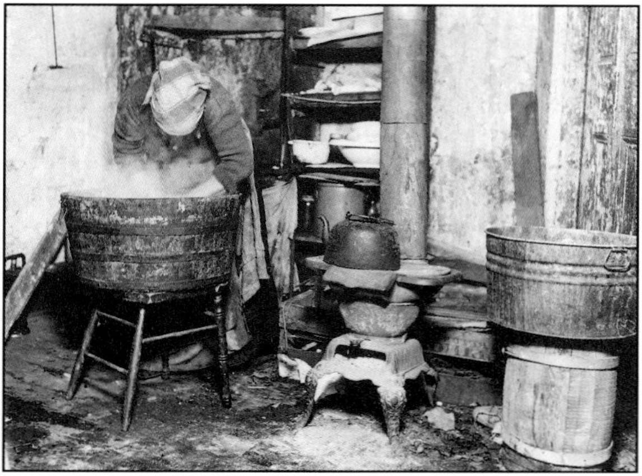

Lewis Hine, ›Kitchen in Poor Home‹, 1912 (Museum Folkwang, Essen)

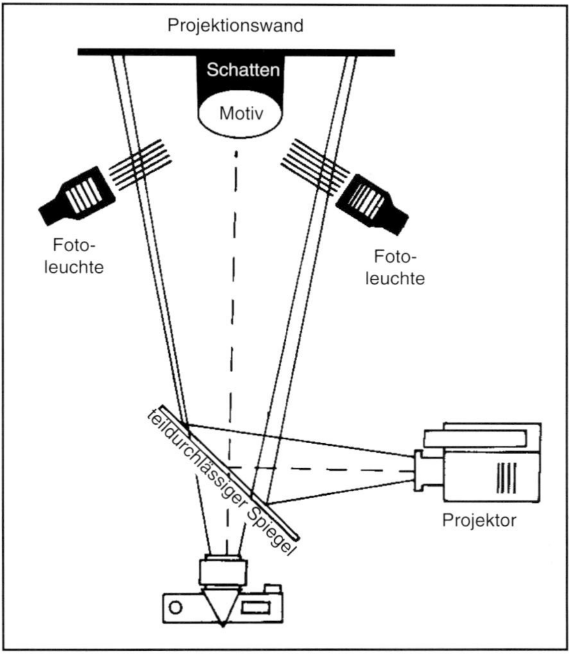

Hintergrund-projektion

Studium der Pädagogik und Soziologie in Chicago; anschließend Lehrertätigkeit in New York und erste fotografische Versuche; ab 1905 Bekanntschaft mit →Rijs, Bildreportagen aus den New Yorker Slums und den Bergarbeitergebieten von Pittsburgh. 1908 gab H. seine Lehrtätigkeit auf und arbeitete an einer fotografischen Dokumentation über Kinderarbeit. Ein Foto bedeutete für ihn eine bloße Information, deren Aussagekraft man allerdings durch gestalterische Mittel intensivieren konnte. Seine direkten Fotografien ohne jeden Pathos waren eine ungeschminkte Studie der sozialen Bedingungen seiner Zeit, zielgerichtet eingesetzt, um soziale Veränderungen zu erreichen. 1918/ 19 reiste er als Kriegsberichterstatter im Auftrag des Roten Kreuzes auf den Balkan, später entstanden Bildbände über Fabrikarbeiter in New York und den Bau des Empire State Buildings. 1933-36 weitere Arbeiten für das Rote Kreuz; später Tätigkeit für die →Farm Security Administration.

Hintergrundprojektion (Frontprojektion) Spezielle Aufnahmetechnik im →Studio, mit der ein Hauptmotiv (z.B. ein Porträt) mit einem beliebigen Hintergrundmotiv kombiniert aufgenommen werden kann. Das

Motiv des Hintergrundes existiert dabei allerdings nur als Projektionsbild; es wird als Dia mit Hilfe eines Projektors über einen im Winkel von 45° angebrachten halbdurchlässigen →Spiegel auf eine spezielle, hochreflektierende →Projektionswand geworfen. Wichtig ist dabei, daß Projektions- und Aufnahmeachse exakt zusammenfallen, da die Aufnahme durch den Spiegel hindurch fotografiert wird. Nur auf diese Weise kann vermieden werden, daß die Projektionsschatten des Hauptmotivs, das vor dem Hintergrund postiert wird, später nicht sichtbar sind, weil sie von dem Motiv selbst verdeckt werden. Da das von der Projektionswand reflektierte Licht viel heller ist als das vom Motiv, wirkt sich letzteres als Motivbeleuchtung kaum aus; das Motiv selbst wird von der Seite her mit zusätzlichen Lichtquellen ausgeleuchtet. Die H., die den täuschenden Eindruck einer Außenaufnahme hinterläßt, wird häufig in der →Werbefotografie und der →Modefotografie (Katalogfotos) genutzt.

Hinterlinsenverschluß Ein →Zentralverschluß, der nicht im Objektiv an dem Ort eingebaut ist, an dem der Strahlengang seinen kleinsten Durchmesser hat, sondern der *hinter* dem Objektiv liegt. Bei speziellen Kameras mit →Wechselobjektiven wird so nur ein Verschluß benötigt. Nachteil: aufgrund der Größe des Verschlusses entweder keine sehr kurzen Belichtungszeiten zur Verfügung stehen oder die Wechselobjektive eine kleine Hinterlinse haben müssen.

Hochfrequenzfotografie Technisch-wissenschaftlicher Arbeitsbereich der Fotografie; um äußerst kurzzeitige Bewegungsvorgänge aufzunehmen, die jenseits der menschlichen Detailwahrnehmung liegen und selbst von der kurzen →Leuchtzeit eines →Blitzgeräts nicht mehr erfaßt werden können. Es werden Spezialkameras benötigt, die, je nach Technik, zwischen einigen Hundert und bis zu 20 Millionen Bildern pro Sekunde aufnehmen können. Als einfach gelten Kameratypen, die mit einem Greifertransport ähnlich wie eine Filmkamera funktionieren; für höhere Bildfrequenzen läuft der Film kontinuierlich über Rollen durch und wird über ein rotierendes Prisma Bild für Bild belichtet. Mehr als 5 Millionen Bilder pro Sekunde erlauben Drehspiegelkameras, in denen ein rotierender Spiegel das Bild durch einzelne Bildlinsen auf den feststehenden Film projiziert. Noch leistungfähiger sind moderne Bildwandlerkameras oder Bildwandlerverschlüsse (→Bildwandler). Neue Möglichkei-

Hohlkehle: In die Hohlkehle wurde zusätzlich ein Verlaufsuntergrund eingelegt

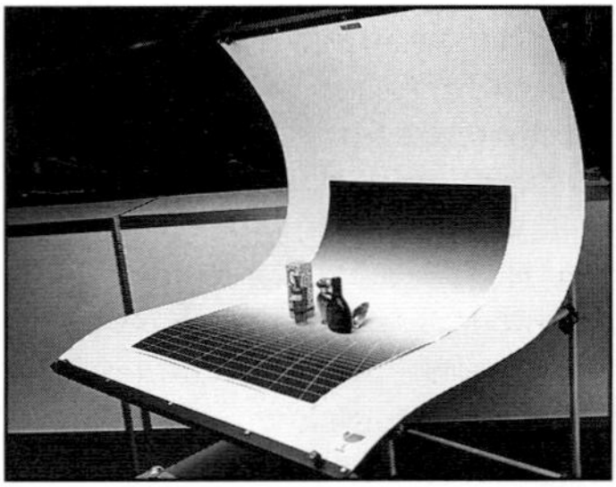

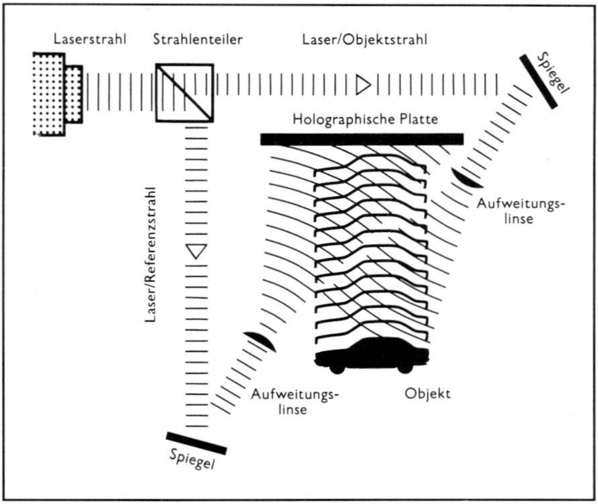

Holographie: Skizze des holographischen Prinzips (Museum für Holographie und neue visuelle Medien, Pulheim)

ten in der H. eröffnet auch die Lasertechnik (→Laser), mit der Kurzzeithologramme (→Holographie) erzeugt werden können. Technische Probleme der H. liegen in der Objektbeleuchtung und in der Synchronisation der Kamera mit dem Bewegungsablauf, der selbst meist nur kleinste Bruchteile einer Sekunde dauert (z.B. Geschoßaufnahmen). →Strobofotografie

Hohlkehle Schwungvoll rundgezogener Übergang zwischen Wand und Boden (bzw. Hintergrund und Grundfläche) zur Vermeidung von sichtbaren Stoßkanten im Motivhintergrund beim Motivaufbau im →Studio (Stilleben, Porträt). An einer H. fotografiert, scheinen Aufnahmeobjekte nicht mehr in einem definierten Raum zu stehen, was einer Konzentration auf das Motiv selbst entgegenkommt. Mit einer H. läßt sich ein →Verlauf im Hintergrund relativ einfach erzeugen. H.n aus durchscheinenden Kunststoffen erlauben eine Durchleuchtung des Motivuntergrundes, was eine reinweiße Umgebung des Objekts bewirken kann. →Freistellen

Holographie Verfahren, mit dem die vollständig räumliche Erscheinung von Objekten optisch gespeichert und unter bestimmten Beleuchtungssituationen dreidimensional sichtbar gemacht werden kann. Wird das Bild also von verschiedenen Aufnahmesituationen betrachtet, zeigen sich unterschiedliche Ansichten von dem gleichen Motiv. Die Grundlagen für die Erfindung legte Dennis Garbor 1948, wobei er eigentlich an einer Verbesserung des Elektronenmikroskops arbeitete. Die H. basiert auf einer linsenlosen bzw. kameralosen

Abbildung von Lichtwellen, die das Aufnahmeobjekt reflektiert. Gleichzeitig ist eine Belichtung der holografischen Platte mit →Licht gleicher →Wellenlänge erforderlich. Durch die Überschneidung kommt es zu Interferenzmustern, die in der hochauflösenden Spezialplatte (→Auflösevermögen) mit bis zu 10.000 Linien/mm gespeichert werden. Erforderlich ist dazu kohärentes (streng-monochromatisches) Licht eines →Lasers (Farbabb. 31).

Hologramme sind die ›Bildspeicherplatten‹ der →Holographie, auf denen die Interferenzmuster von speziell beleuchteten Objekten aufgezeichnet sind. Als Beleuchtungsquelle wird in der Regel ein →Laser verwendet. Je nach Herstellung und Wiedergabetechnik (Rekonstruktion) spricht man von Transmission- oder Reflexionshologrammen, von Reflexions-, Druck-, Regenbogen- und Multiplexhologrammen (indirekt über Laufbild). Um das Bild eines H.s sichtbar zu machen, muß es mit einem Licht, das dem der Aufnahmequelle entspricht, beleuchtet werden. Durch besondere Reproduktionstechniken reicht aber auch weißes Licht aus (Weißlichthologramm). Holographisch können die Objekte auf *direktem* Wege nur im Maßstab 1:1 abgebildet werden, was zur Einschränkung der Motive führt; außerdem müssen die Objekte starr sein, es sei denn, man verwendet einen speziellen Pulslaser. H. werden heute in der Kunst, in Wissenschaft und Technik, zunehmend auch in der Werbung, der Datenspeicherung und -sicherung sowie der Medizin verwendet.

Hyperfokale Distanz Einstellwert auf der Entfernungsskala (am Objektiv), bei dem eine maximale →Schärfeneinstellung erreicht wird; ausgehend von →unendlich reicht der Schärfebereich dann (jeweils abhängig von der Brennweite und vom zulässigen →Zerstreuungskreisdurchmesser) bis zur *halben* h.n D., wenn auf diesen Punkt fokussiert wird. Berechnet wird nach:

$$\frac{\text{Brennweite (in mm)}^2}{\text{zulässiger Zerstreuungskreisdurchmesser} \times \text{Blendenzahl}}$$

Demzufolge wird ein Objektiv mit 35 mm Brennweite unter Voraussetzung eines Zerstreuungskreisdurchmessers von 0,033 mm (Kleinbild) bei einem Blendenwert 8 auf 4,64 m eingestellt, damit der Schärfebereich von 2,32 m bis unendlich reicht.

Hypersensibilisierung Wird eine fotografische Schicht vor der eigentlichen Belichtung kurzzeitig diffusem Licht ausgesetzt, wird unter bestimmten Voraussetzungen ihre Lichtempfindlichkeit (→Filmempfindlichkeit) gesteigert; gleichzeitig verflacht die →Gradation. Eine H. durch Vorbelichtung ist, ebenso wie die →Latensifikation, bei normalen Aufnahmematerialien unüblich geworden und wird nur noch selten zur Kontrastabschwächung beim →Duplizieren von Dias genutzt.

I/J

Imaging →Bildverarbeitung

Impressionistische Fotografie Stilrichtung der →Kunstfotografie von ca. 1880-1910, die sich in ihren Darstellungsweisen an die Wahrnehmungstheorien des Impressionismus in der Malerei anlehnte. So wurde z.B. der fotografischen Abbildungsschärfe ein ästhetischer Wahrheitsgehalt abgesprochen. Die Fotografen arbeiteten vornehmlich mit der Technik des →Gummidrucks, mit dem sich die oft kurzen Pinselstriche der Maler nachahmen und bestimmte Lichteffekte drucktechnisch nacharbeiten ließen. Zur Erzeugung farbiger Bilder wurden die →Edeldruckverfahren und ihre Möglichkeiten der Bildeinfärbung genutzt. Viele Motive der i. F. entsprechen denen der Malerei; doch während die Maler einen momentanen Licht- bzw. Natureindruck als Seherlebnis festhalten, sind i. F.n weitgehend das Ergebnis nachträglicher, oft sehr gelungener Bearbeitung. Vertreter sind Fotografen wie Heinrich →Kühn, Hugo Henneberg, die Gebrüder Hofmeister u.a. Ab 1910 wurde mit anderen kunstfotografischen Stilrichtungen auch diese impressionistische Gestaltungsweise zunehmend in Frage gestellt (→Futurismus, →Straight Photography). Um 1960 versuchten Fotografen wie Ernst →Haas und Walter Boje, mit den Möglichkeiten der Fotografie neue, an impressionistische Sehweisen angelehnte, fotografische Darstellungsweisen zu entwickeln.

Incident-light (engl. = einfallendes Licht) Bezeichnung für →Lichtmessung.

Indirektes Licht Beleuchtungsart, bei der das Licht nicht direkt von einer Lichtquelle ausgehend auf das Motiv fällt, sondern auf dem Umweg über eine Reflexionsfläche abgestrahlt wird. Um ein möglichst weiches, harte Schatten vermeidendes Licht zu erhalten, sollte die streuende Reflexionsfläche möglichst groß sein (z.B. weiße Wände oder Decke, →Aufhellung). Zu beachten ist, daß eine farbige Fläche das Licht natürlich farbig abstrahlen würde (→Farbreflexion). Außerdem muß berücksichtigt werden, daß aufgrund des größeren Beleuchtungsabstands (Lichtquelle — Reflektor — Motiv) die auf das Motiv treffende →Beleuchtungsstärke erheblich abnimmt. Da die indirekte Beleuchtung vornehmlich beim Einsatz von →Blitzgeräten angewendet wird (Bounce-light), gilt demzufolge bei der Berechnung der Blende über die →Leitzahl für die Entfernung auch der (indirekte) Weg des Blitzlichts, nicht der Abstand Blitzgerät — Motiv.

Industriefotografie Einerseits Sach-, andererseits Architekturfotografie im Bereich industrieller Anlagen und Fertigungen. Fotografiert werden die Industrieprodukte in verschiedenen Phasen ihrer Herstellung, die Produktionsvorgänge selbst, das maschinentechnische

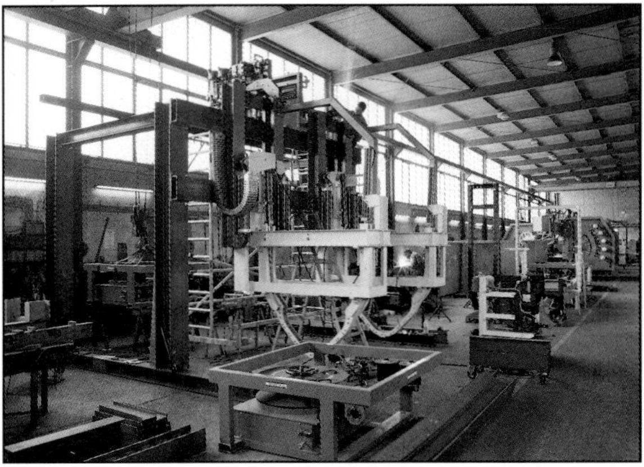

Industrie-fotografie; Foto: Gerd Mertens

und architektonische Umfeld sowie die Firmengebäude (innen und außen). Den Aufgabenstellungen entsprechend, reicht das Spektrum vom Bürobereich bis zur riesigen Gießanlage von Stahlwerken. Meist erwarten die Auftraggeber eine sehr sachliche Darstellung und materialgetreue Abbildungen, seltener haben Fotografen die Möglichkeit, ihre Kreativität spielen zu lassen. Industriefotos werden für die Werbung genutzt, sie illustrieren Wirtschaftsberichte und dokumentieren Firmengeschichte und dienen zur Illustration von Katalogen, Prospekten und Bedienungsanleitungen.

Infrarot Wellenlängen des Spektrums von ca. 700 bis 100 000 →Nanometer (nm). Dieser, für das menschliche Auge unsichtbare, langwellige Bereich schließt sich an den oberen Teil des wahrnehmbaren Spektrums an. Mit speziellen →Infrarotfilmen und normalen Kameras kann der Bereich zwischen 700 und 900, teilweise auch bis 1150 nm, sichtbar gemacht werden. In diesem nahen I. haben viele Gegenstände ein anderes Reflexionsvermögen als im sichtbaren Licht. Besonders auffällig ist die ungewöhnliche Verfärbung des Blattgrüns.

Infrarotfilm Filmmaterial, dessen Emulsion nicht nur für Teile des sichtbaren Spektrums, sondern auch für den infraroten Bereich sensibilisiert ist. Unterschiedliche Filme für schwarzweiße wie auch für farbige Aufnahmen wurden ursprünglich für den militärischen und den wissenschaftlich-technischen Einsatz entwickelt; sie werden aber wegen bildverfremdender Eigenschaften auch in der bildmäßigen Fotografie verwendet. Während spezielle infrarotempfindlich Schwarzweißfilme gleichzeitig eine hohe →spektrale Empfindlichkeit im blauen und ultravioletten Bereich zeigen, sind beim Farbumkehrfilm (Kodak-Ektachrome-Infrarot) die Farbschichten statt für Blau, Grün und Rot für Grün, Rot und Infrarot sensibilisiert, was eine völlige Farbverschiebung bewirkt. Die Empfindlichkeit der Infrarotschicht reicht bis zu 900 →Nanometern (nm). Nur ungefähr angegeben werden kann die Filmempfindlichkeit, da die nutzbaren →Belichtungswerte stark von der gerade vorhandenen, unsichtbaren und auch vom Belichtungsmesser nicht erfaßbaren Infrarotstrahlung abhängig sind. Die Wärmeempfindlichkeit dieser Materialien setzt ihrer Haltbarkeit auch bei kühler →Lagerung enge Grenzen.

Infrarotfilter Dunkelrot bis schwarz gefärbte Aufnahmefilter, die, je nach Typ, den größten Teil des sichtbaren Lichts absorbieren und nur für den Rot- bis Infrarotbereich durchlässig sind. Ihre Verwendung ist nur in Verbindung mit speziellen →Infrarotfilmen sinnvoll.

Infrarotfotografie Aufnahmebereich, bei dem die Motive im Strahlungsbereich der Wellenlängen zwischen ca. 700 und 1150 Nanometer (nm) auf speziellen →Infrarotfilmen aufgenommen werden. Im Bereich dieses normalen Infrarot können konventionelle Aufnahme- und Verarbeitungsgeräte verwendet werden, doch ist zu beachten, daß einige moderne Kunststoffe infrarote Strahlung nicht völlig absorbieren, so daß Verschleierungen oder Fehlbelichtungen u.U. nicht ausge-

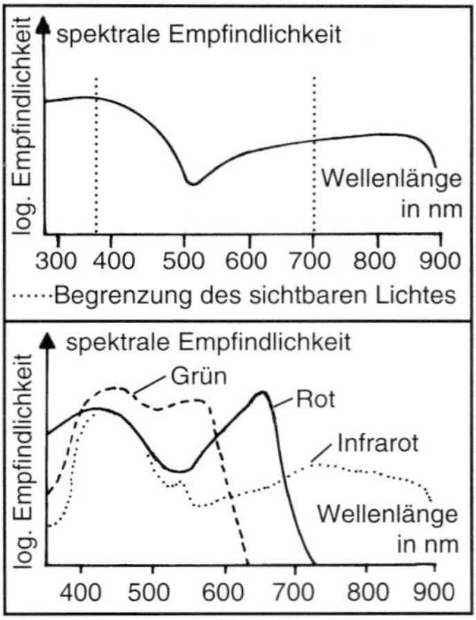

Infrarotfilm: a) spektrale Empfindlichkeitskurve einer infrarotempfindlichen Schwarzweißemulsion und b) der drei Schichten eines Infrarot-Farbfilms

schlossen sind. Bei der →Scharfeinstellung auf das jeweilige Motiv sind wegen der →chromatischen Aberration Korrekturen erforderlich (IR-Index). Infrarotfilme sind nicht ausschließlich für den infraroten Bereich sensibilisiert; um die kurzwellige Strahlung zu absorbieren, sind für den Schwarzweißtyp dichte Rotfilter erforderlich; die farbverfremdende Wirkung des Farbumkehrfilms (Falschfarbenfilm) läßt sich je nach Farbtemperatur der Motivbeleuchtung und Farbe des eingesetzten Filters steuern. Die dadurch erzeugten Farbeffekte werden für →Luftaufnahmen, für die Archäologie, für Medizin und Biologie sowie den Umweltschutz genutzt. Besonders macht man sich dabei

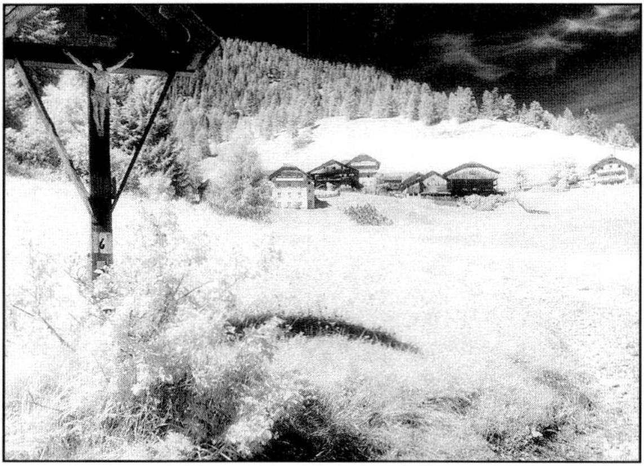

Infrarot-fotografie; Foto: Christoph Seelbach

den Umstand zunutze, daß sich Blattgrün im geschädigten Zustand im Infrarotbild verstärkt verfärbt darstellt (Wood-Effekt, Chlorophyll-Effekt). Eine detaillierte Interpretation ist aber nur mit fundierten forstwissenschaftlichen Kenntnissen möglich.
Darüber hinaus erlauben die Filmmaterialien bei Verwendung von Spezialfiltern auch →Ultraviolett- und →Fluoreszenz-Aufnahmen. Eine Aufzeichnung von Wärmeunterschieden ist allerdings mit Infrarotfilmen nicht ohne weiteres möglich (→Thermographie; Farbabb. 18).

Innenfokussierung Bei →Objektiven längerer →Brennweite muß zur →Scharfeinstellung oft ein langer →Auszug realisiert werden, der bei Ausführung des Objektivs mit einem Schneckengang dieses unhandlich lang machen und zudem die Stabilität beeinträchtigen würde. Daher konstruiert man solche Objektive bevorzugt in der Weise, daß zur Scharfeinstellung →Floating-elements zum Einsatz kommen, d.h. daß also nur die Linsen im Innern des Objektivs bewegt werden, die äußere Länge des Objektivs aber unverändert bleibt.

Innenmessung System der →Belichtungsmessung, das *in* der Kamera angebracht ist und das Licht durch das Objektiv mißt (→TTL-Messung). Die Position der Meßzelle ist von Kameratyp zu Kameratyp unterschiedlich. Bei Spiegelreflexkameras befindet sie sich in der Umgebung des →Pentaprismas, im Strahlengang oder im Kameraboden.

Instamatik-System Ältere, einfache Sucherkamera (ca. 1970) mit vereinfachtem Ladesystem (→Filmkassette) und einem Aufnahmeformat von 28 x 28 mm auf einseitig perforiertem 35 mm-Kleinbildfilm.

Inszenierte Fotografie (Inszenierende Fotografie, Fotoinszenierung) Begriff für eine fotografische Kategorie, bei der, in Abgrenzung zu einer dokumentierenden, Objektivität anstrebenden Arbeitsweise, das Motiv für das Foto konstruiert, aufgebaut und explizit in Szene gesetzt wird.
Nach der Aufnahme hat die Inszenierung als solche ihre Bedeutung verloren. Selbstverständlich ist eine scharfe Abgrenzung zwischen dokumentierender und i. F., je nachdem, wieweit der Eingriff der Fotografen in ein Geschehen und seine Abbildung als Inszenierung gedeutet wird. Für die kommerzielle Fotografie (z.B. →Werbefotografie) ist die Inszenierung nicht neu, für die →künstlerische Fotografie ist sie Anlaß, über Funktionsweisen und Qualitäten des Mediums zu reflektieren, so z.B. darüber, ob der Wahrheitsgehalt eines objektivierten oder eines inszenierten Fotos höher ist; beide zeigen sie ein autentisches Abbild. Ursprünge liegen in der →Concept Art. Frühe Gedanken dazu stammen von Bazon Brock (1972), verstärkt verwendet wird der Begriff ab ca. 1980.

Integralmessung Art der →Belichtungsmessung, bei der aus verschiedenen Helligkeiten der Beleuchtung und/oder der Remission ein Mittelwert gebildet wird. Davon ausgehend, daß sich bei einem ›normalen‹ Motiv die unterschiedli-

Inszenierte Fotografie; Foto: Miro Ito

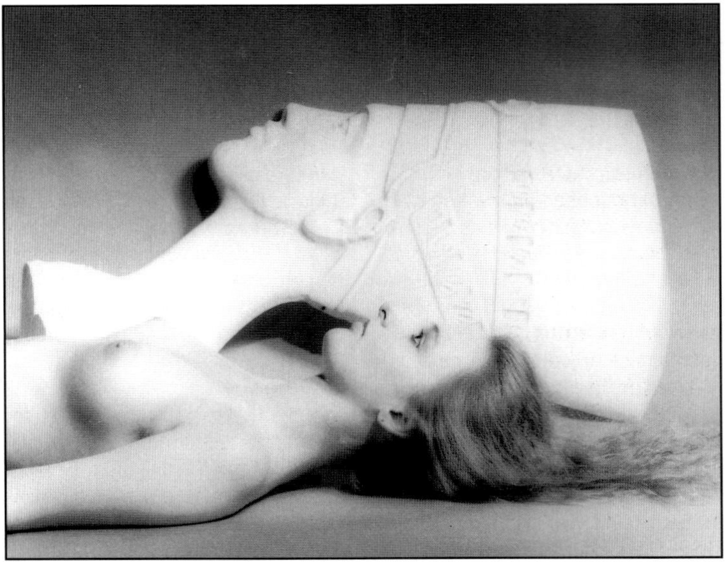

chen Helligkeiten der einzelnen Motivpartien zu einem mittleren Wert (→Dichte 0,70) ergänzen, auf den der →Belichtungsmesser geeicht ist, führt die I. bei ›Normalmotiven‹ zu richtigen Ergebnissen. Da bei den meisten Motiven der Bildschwerpunkt in der Bildmitte liegt, hat man bei kameraintegrierten Belichtungsmessern, vornehmlich in Spiegelreflexkameras (→TTL-Messung), die meßtechnische Berücksichtigung des Bildzentrums verstärkt (mittenbetonte I., →Belichtungsmessung).

Interferenz Überlagerungen, die durch das gegenseitige Einwirken zweier oder mehrerer Wellenbewegungen (z.B. Lichtwellen) auftreten (→Wellenlänge). Schwingungen mit entgegengesetzter Phase und gleicher Wellenlänge löschen sich gegenseitig, phasengleiche Schwingungen verstärken sich. Eine solche eindeutige I. von Lichtwellen tritt allerdings nur auf, wenn monochromatisches Licht einer Lichtquelle vorliegt..

Die räumlich feststehende und daher direkt beobachtbare I. kohärenten, d.h. gleichschwingenden Lichts macht sich u.a. die →Holographie zunutze. In weißem, also aus verschiedenen Wellenlängen gemischtem Licht werden dagegen unter bestimmten Umständen nur einzelne Wellenlängen gelöscht, woraus ein mehrfarbiger, streifiger Eindruck entsteht. Ein Beispiel für solche I.-Erscheinung sind die →Newtonschen Ringe. Durch I.en tritt auch bei sich überlagernden Rastern ein Moiré-Effekt auf.

Intermittenzeffekt Voraussetzung für eine fototechnisch gelungene Aufnahme ist u.a., daß eine bestimmte Lichtmenge auf die lichtempfindliche Schicht trifft. Bei einer Belichtung mit →Blitzgeräten gilt folgende Besonderheit: Ob diese Aufnahme mit *einer* intensiven oder mit *mehreren* aufeinander folgenden Blitzbelichtungen geringerer Intensität (intermittierend) belichtet wird, müßte eigentlich gleich sein, sofern die Gesamtlichtmenge bei beiden Varianten identisch ist (→Belichtung).

Bei etwa ab 5-6 Einzelblitzen können in der Praxis jedoch verschiedene Schwärzungen auftreten, die mit der Theorie der Lichtquanten und dem Fehler im →Reziprozitätsgesetz zusammenhängen. Je nach Filmtyp wirkt sich der I. aber sehr unterschiedlich aus.

Internegativ Negativ, das als nachträglich anzufertigender Zwischenschritt zwischen →Dia und →Abzug steht. Durch die Verwendung von speziellem, maskierten Internegativfilm sind feinste Farb- und Dichtekorrekturen möglich.

Der erhebliche Aufwand lohnt vor allem bei hochwertigen Vergrößerungen und ist dann u.U. den üblichen →Dia-direkt-Verfahren vorzuziehen.

IR →Infrarot

Irisblende →Blende

ISO-Norm (ISO = International Standard Organization) →Filmempfindlichkeit

Isohelie Eine bildumformende Verfremdungstechnik der →Fotografik. Werden die differenzierten Helligkeitswerte eines Fotos mit Methoden der →Tontrennung auf einzelne Graustufen künstlich vergröbert, reduziert und zerlegt, so erhält man Dichteauszüge, die z.B. alle hellen Motivstellen nur noch als Weiß, Motivpartien mittlerer Helligkeit als Mittelgrau und alle Schattenpartien als Schwarz zeigen. Die passergenaue Montage dieser Auszüge wird ab 1932 nach Withold Romer I. genannt. Die einzelnen Tonwerte lassen sich natürlich auch in unterschiedliche, frei wählbare Farben umsetzen. Mit Methoden der elektronischen Bildaufzeichnung und den geeigneten Computergrafikprogrammen entstehen ähnliche Bilder per Farbkarte und Tastendruck auf dem Monitor. →Bildverarbeitung, →Äquidensiten, →Fotoskulptur

Jackson, William Henry (*1843 Keesville/New York, †1942 Denver/ Colorado) Einer der ersten bedeutenden Landschaftsfotografen Amerikas. 1870 bis 1877 fotografierte er für acht Bundesstaaten geologische Übersichtsaufnahmen. Mit seinen Bildern vom Yellowstone-Gebiet erreichte er, daß es von der Regierung 1872 zum ersten Nationalpark der USA erklärte wurde. Von historischer Bedeutung sind seine Fotografien von Indianersiedlungen im Westen Amerikas. Im Gegensatz zu den damals in Europa üblichen pittoresken Landschaftsbildern zeichnen sich seine Aufnahmen, oft entstanden mit einer 50 x 60 cm-Großbildkamera, durch Einfachheit und dokumentarische Präzision aus.

K

K Abkürzung für →Kelvin

Kaesebier, Gertrude (*1852 Des Moines/Iowa, †1934 New York) Nach einer Ausbildung als Porträtmalerin begann sie 1886 zu fotografieren, stark beeinflußt von Alfred →Stieglitz, der ihre Aufnahmen in ›Camera Work‹ veröffentlichte; Mitbegründerin der →Photo-Secession (1902) und Mitglied des ›Linked Ring‹ in New York, dem die bedeutendsten Vertreter amerikanischer →Kunstfotografie angehörten. 1910 Bruch mit Stieglitz und zusammen mit Alvin Langdon Coburn Gründung einer eigenen, rivalisierenden Vereinigung, der ›Pictorial Photographers of America‹.

Kalotte →Diffuserkalotte, →Lichtmessung

Kalotypie (von griech. kalos = schön) Auch unter der Bezeichnung Talbotypie erstes bekanntes Verfahren (W. H. Fox →Talbot) zur Herstellung von Papiernegativen auf fotografischem Wege. Von diesen Negativbildern, die u.a. später mit Wachs transparent gemacht wurden, konnten im →Negativ-Positiv-Verfahren (Kontaktkopie) beliebig viele positive Abzüge erstellt werden (im Unterschied zur →Daguerreotypie). Das Papier wurde mit Silbernitrat und Silberjodid imprägniert und für die Aufnahmen (anfangs) etwa fünf Minuten bei Blende 8 (in vollem Sonnenlicht) belichtet.
Anfangs kopierten die Negative lediglich bei diffusem Licht aus, Talbot entdeckte diese Möglichkeit, die später beim →Auskopierpapier wieder aufgegriffen wurde, bereits 1834, stellte sie aber erst 1839 der Öffentlichkeit vor. Ab 1841 konnte Talbot die Negative in Gallussäure

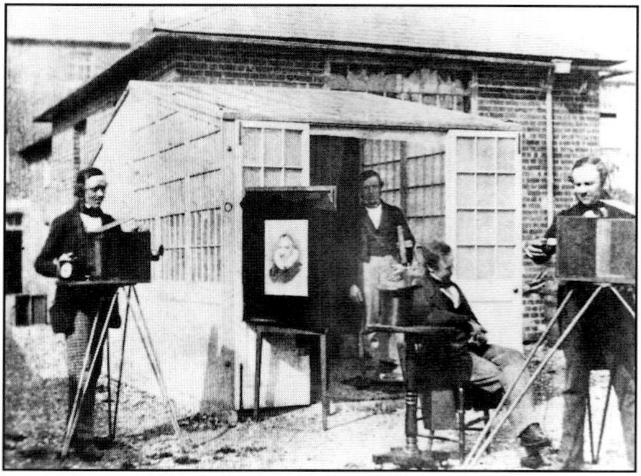

Kalotypie: Kopieranstalt von W. H. Fox Talbot, 1844 (Science Museum, London)

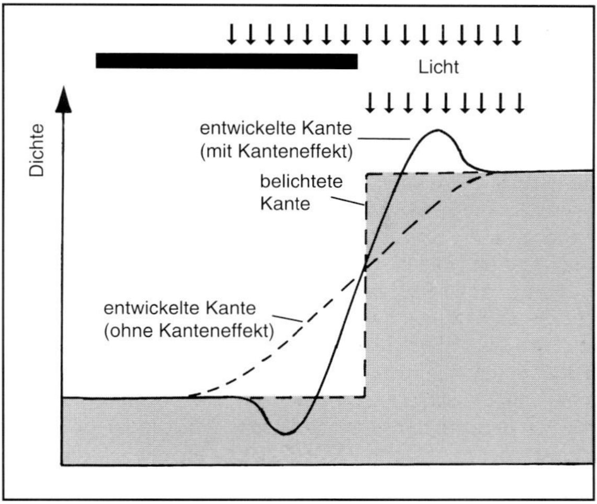

Kanteneffekt

entwickeln (und somit die Empfindlichkeit erhöhen). Die Positive wurden allerdings nach wie vor auskopiert. U.a. zur Bildstabilisierung wurden die Abzüge getont. Mit dem Aufkommen des →Kollodiumverfahrens (ca. 1855) verlor die klassische K. an Bedeutung. An erhaltenen Beispielen wie den auskopierten →Salzpapieren erkennt man, daß die bildbildende (oft verblichene) Schicht, im Unterschied zu modernen Papieren, direkt im Papierfilz verankert ist.

Kaltlichtlampe Halogenlampe mit festem Spiegelreflektor, der den infraroten Anteil der Wärmestrahlen absorbiert. Die Wärme wird rückwärts abgeleitet und verliert dadurch im Lichtaustrittsbereich an Wirkung. K.n werden vielfach in Vergrößerungsgeräten verwendet.

Kaltlichtleuchte →Lichtleiter

Kamera →Camera obscura, →Großbildkamera, →Kleinbildkamera, →Multiplexkamera, →Panoramakamera, →Spiegelreflexkamera, →Stereofotografie, →Sucherkamera, →Systemkamera u.a.m.

Kanteneffekt (Eberhard-Effekt) Bei der →Entwicklung einer fotografischen Schicht können an den Begrenzungen zwischen hellen und dunklen Motivpartien chemisch bedingte, die Schärfe beeinflussende, Veränderungen auftreten. Im Kantenbereich wird an den stark belichteten Stellen der Entwickler sehr schnell verbraucht, was zu erhöhter Schwärzung in diesem Bereich, aber zu verminderter Schwärzung im benachbarten, weniger belichteten Bereich führt. Dieser erhöhte

Kontrast führt zum Eindruck größerer Schärfe; bei ungenügender Umwälzung des Entwicklers entstehen aber helle Säume.

Kaschieren (franz.: cacher = verbergen) Im Fotostudio wird bei der →Ausleuchtung mit mehr oder weniger großen schwarzen Kartons oder Platten (Kascher, Kasch oder Neger) Licht gezielt abgehalten. So lassen sich Gegenlicht, Streulicht und die Beleuchtung in bestimmten Motivbereichen abschatten. Kascher gelten damit als das Gegenteil von →Aufhellern. Im erweiteren Sinne bezeichnet der Begriff das Verbinden von Fotos u.ä. mit stabilen Materialien mit Hilfe von →Klebefolien (→Aufziehen) sowie das Bekleben mit schützenden Oberflächenfolien (→Bildveredelung).

Kassette →Filmkassette

Kelvin (K) Maßeinheit für die Temperatur. Während bei der Celsius-Skala der Gefrierpunkt des Wassers als Nullpunkt bezeichnet wird, liegt dieser bei der K.-Skala bei einem gesondert definierten Wert (absoluter Nullpunkt), der -273° C entspricht. Demzufolge lassen sich Celsius-Grade (°C) in Kelvin (K) umrechnen: K = °C + 273.
In der Fotografie sind die K.werte für die →Farbtemperatur von Bedeutung. Man berücksichtigt dabei, daß bei Lichtquellen (Strahlungsquellen) durch Veränderung der Strahlungsintensität (und damit der Temperatur z.B. des Glühfadens einer Glühlampe) sich auch die Farbe des Lichts verändert. Diesen Lichtfarben von Temperaturstrahlern sind die (Glüh-)Farben eines ›schwarzen‹ Strahlers bei bestimmten Tempe-raturen zugeordnet. So ist das mittlere Tageslicht mit 5500 K de- finiert, kann aber, je nach Sonnenstand usw., zwischen 3800 K und 25000 K schwanken. Farbfilme sind auf 5500 K (→Tageslichtfilm) bzw. 3200 K (→Kunstlichtfilm) abgestimmt.

Kertész, André (1894 Budapest, †1985 USA) Zunächst Wirtschaftsstudium, begann 18jährig als Autodidakt zu fotografieren; erste beeindruckende Fotos aus Ungarn und dem Ersten Weltkrieg; 1925-1935 Aufenthalt in Paris; Kontakt zu Man →Ray, →Brassai und André Breton (→surrealistische Fotografie).
Viele Veröffentlichungen in deutschen und internationalen Illustrierten. 1936 übersiedelte K. nach New York und arbeitete für die großen Magazine und Agenturen. Seine Bildkompositionen zeichnen sich nahezu durchgängig durch eine enorme formale Klarheit in der →Bildgestaltung aus.

Kippender Farbgang Erklärung für einen komplementären →Farbstich bei →Farbfilmen und Farbpapieren. Bei diesen Materialien müssen die den einzelnen Farbschichten zugeordneten →Schwärzungskurven (→Farbdichte) über den gesamten Belichtungsumfang nahe beieinander und parallel verlaufen, um von den →Lichtern bis in die →Schatten des Motivs eine farbrichtige Wiedergabe zu ermöglichen. Schlechte Emulsionseigenschaften und falsche →Lagerung von fotografischen Farbmaterialien können den Verlauf einzelner Farbdichtekurven derart verändern, daß es zu gewissen Überschneidungen kommt. Dies bedeutet, daß in den Schatten und den Lichtern, also im Bereich kleinerer und größerer Belichtungsmengen komplementärfarbige Farbstiche auftreten, die sich nicht ausfiltern lassen; versucht man nämlich den einen Farbstich zu korrigieren, verstärkt man gleichzeitig den anderen.

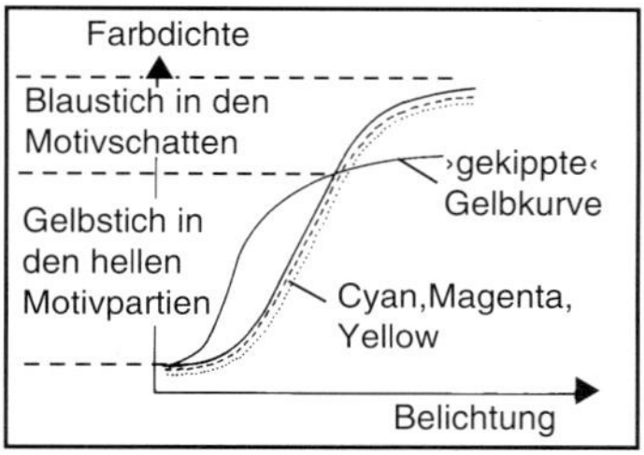

Kippender Farbgang

Kipprhythmus Bewegungsrhythmus für die →Filmentwicklungsdose bei der →Filmentwicklung. Die Dauer der Intervalle und der Häufigkeit, mit der die mit Entwickler gefüllte Dose innerhalb vorgegebener Zeitintervalle gekippt, d.h. kurzzeitig auf den Kopf gestellt wird, beeinflußt die Entwicklungszeit.

Kippentwicklung →Filmentwicklungsdose

Kirlian-Fotografie Spezielles fotoelektrisches Verfahren, bei dem elektrische Entladungen um lebende und nichtlebende Objekte herum auf einem Film aufgezeichnet werden. Die Bezeichnung geht auf das russische Ehepaar Semjon und Walentina Kirlian zurück, die den Bildeffekt 1939 entdeckten. Die Abbildungen kommen in einem Hochfrequenzfeld zustande, in dem ein lichtempfindlicher Film die Hochspannungsentladungen dokumentiert. Neben den ästhetischen Möglichkeiten wird die psychosomatische Aussagekraft entsprechend der Abbildungen untersucht (Aurafotografie). Es ist jedoch umstritten, inwieweit solche Koronaabbildungen von menschlichen Körperteilen zweifelsfreie Rückschlüsse auf seelische Zustände erlauben.

Klebefolien werden für das →Aufziehen von Fotos verwendet. Man unterscheidet vorrangig zwischen →Heißklebefolien und ›kalten‹ Folien und differenziert dann nach den zu verklebenden Materialien (→RC-Papier bzw. →Baryt-Papier und Träger). Im Unterschied zum aufzustreichenden Leim bieten sie eine gleichmäßige äußerst dünne, gut haftende Schicht. Der Umgang mit den doppelseitig klebenden dünnen Kaltk. verlangt allerdings Übung.

Klebemontage →Fotomontage

Kleinbildfilm (KB-Film) Beidseitig perforierter 35 mm breiter Aufnahmefilm für Fotoapparate, der Aufnahmeformate mit einer Kantenlänge von 24 mm und (je nach Kamera) einer Breite von 18 mm, 24 mm, 36 mm und noch länger (für →Panorama-Kameras) zuläßt. Als typi-

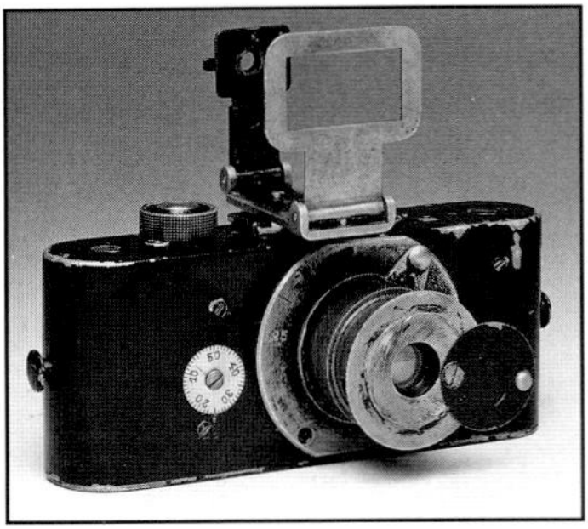

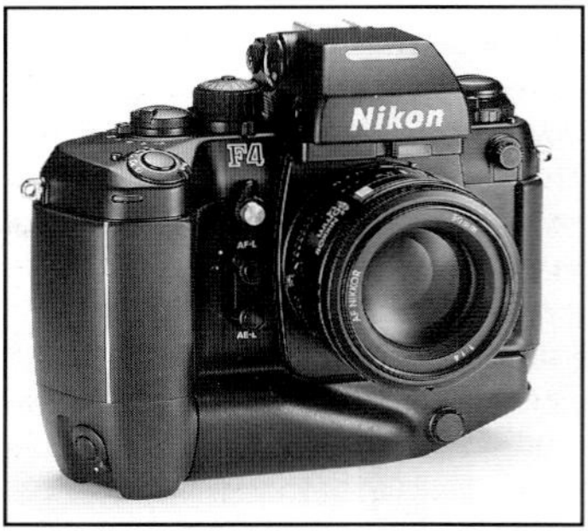

Kleinbildkamera: a) erste Kleinbildkamera, die ›Ur-Leica‹ (Leitz); b) moderne Spiegelreflexkamera (Nikon)

sches, mit Abstand am häufigsten verbreitetes Maß gilt 24 x 36 mm als Kleinbildformat. Es leitet sich historisch aus der Fläche von zwei Kinobildern ab, denn 35 mm Filmmaterial galt und gilt bis heute als Standardmaterial für den Kinofilm (1912 erstmals auch für fotografische Stehbilder genutzt).
Heute tragen die KB-Filme für fotografische Zwecke die Konfektionsbezeichnung 135 für 12, 20, 24 (auch 27) oder 36 Aufnahmen (auch eine Lieferung als →Meterware ist möglich). Der Film ist auf einen Spulenkern aufgewickelt und befindet sich in einer lichtdichten →Filmpatrone. Seit 1992 sind innovative Spezifizierungen dieses Typs im Gespräch (einseitige bzw. keine Perforation, dünneres Material, eingelagerter Magnetstreifen usw.).

Kleinbildkamera Kameratyp für →Kleinbildfilme, in der Regel für das →Aufnahmeformat 24 x 36 mm, also die am weitesten verbreiteten →Sucher- und →Spiegelreflexkameras. Allein in der alten Bundesrepublik wurden pro Jahr 4-5 Millionen Exemplare verkauft. Erste Entwicklungen gab es bereits 1912, doch erst zehn Jahre später ging die ›Leica‹ als lange Zeit bekanntestes Modell einer Kleinbildkamera in Serie (entwickelt von Oskar Barnack).

Kleinstbildkamera Kameras mit →Aufnahmeformaten um 8 x 11 mm. Raffinierte Variationen (in den unterschiedlichsten Gegenständen wie Uhren oder Spazierstöcken eingebaut) wurden besonders durch Spionagegeschichten populär. Für das kleine Filmformat sind spezielle Verarbeitungsgeräte erforderlich. Oft werden auch →Pocketkameras u.ä. zu den K.s gezählt.

Klemmstativ Kleine Kamerahalterung, die sich mit einer langen Schraube über eine Klemmzwinge an Tischkanten, Brettern u.ä. befestigen läßt . →Stativ

Kodachrome Typenbezeichnung von Kodak für spezielle →Farbum-

kehrfilme (Diafilme), die in einem gesonderten Entwicklungsprozeß verarbeitet werden müssen. K.-Filme enthalten, im Unterschied zu anderen Farbumkehrfilmen, in den drei unterschiedlich farbsensibilisierten Einzelschichten keine →Farbkuppler. Diese werden nach der Entwicklung des negativen Silberbildes (Erstentwicklung) während der Zweitentwicklung dem Farbentwicklerbad zugesetzt. Dazu müssen →Zwischenbelichtung und Farbentwicklung in drei Einzelprozessen erfolgen:
1. Belichtung der untersten, rotempfindlichen Schicht mit diffusem Rotlicht, anschließend chromogene →Entwicklung unter Zusatz des Farbkupplers für Blaugrün;
2. Belichtung der oberen, blausensibilisierten Schicht mit blauem Licht, Entwicklung mit Gelb-Komponente;
3. Belichtung der mittleren grünempfindlichen Schicht mit weißem Licht (sie kann durch schleiernde Mittel im Entwicklerbad ersetzt werden), dann Entwicklung mit Purpur-Komponente.
Nach der Behandlung im →Bleichfixierbad ergeben alle drei Schichten zusammen, analog dem Prinzip der subtraktiven →Farbmischung, das vielfarbige Diapositiv. Diese Entwicklung ist aber nur in firmeneigenen Speziallabors möglich. Den K.-Filmen werden besondere Schärfe und Farbreinheit zugeschrieben.

Kollodium Chemische Lösung von Nitrozellulose (Schießbaumwolle) oder Dinitrozellulose in einem Gemisch von Äther und Alkohol; es entsteht dabei eine viskose Flüssigkeit, die beim Trocknen zu einer farblosen Substanz erstarrt. Nach seiner Erfindung 1846 wurde das K. 1851 von Frederic Scott Archer als Träger der fotografischen Sensibilisierungssubstanzen entdeckt (→Kollodiumverfahren). Erst damit gelang es, Silbersalze in großen Mengen festhaftend auf einen Träger aufzubringen.

Kollodiumverfahren Dominierendes fotografisches Aufnahmeverfahren zwischen 1851 und 1900. Dem →Kollodium wurden zunächst Jod- und Bromsalze zugegeben und dies als zähe Lösung auf eine sorgfältig gereinigte Glasplatte gegossen. Vor dem Erstarren der Schicht tauchte man die Platte in eine Silbernitratlösung, durch die die Schicht sensibilisiert und damit lichtempfindlich wurde. Auch die umgehend durchzuführende Belichtung hatte in noch feuchtem Zustand der Schicht zu erfolgen (daher auch: ›nasses‹ K.). Entwickelt wurde die Platte in einer Eisenvitriol-Lösung. Dies bedingt z.B. bei Landschafts- oder Reiseaufnahmen (Roger →Fenton) die Mitnahme eines kompletten Fotolabors mit Zubehör. Trotz des enormen Aufwands beherrschte das K. bis zur Entwicklung der Gelatine-Trockenplatte (ab ca. 1878) und des biegsamen →Films (→Rollfilm) die fotografische Arbeit (Abb. S. 168).

Kolloid Chemische Bezeichnung für einen Stoff aus winzigen Teilchen, die sich in einer Lösung so fein verteilen, daß sie unter dem

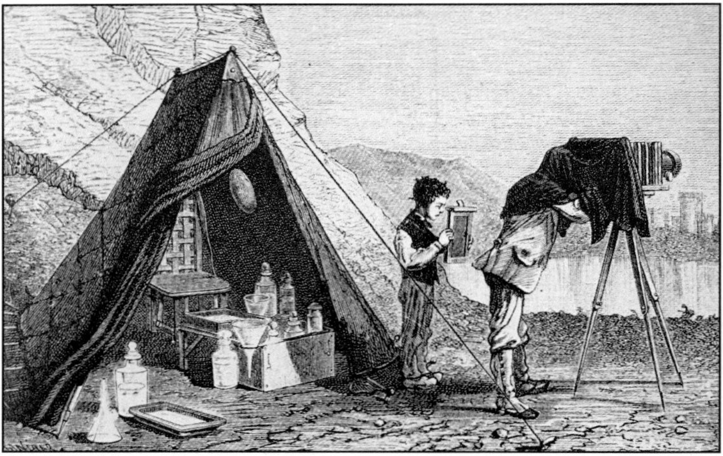

Kollodiumverfahren: Die Beschichtung, Belichtung und Entwicklung der noch feuchten, beschichteten Glasplatten machte beim nassen K. für den Landschaftsfotografen die Mitnahme der gesamten Laborausrüstung erforderlich; Holzschnitt von Gaston Tissandier, um 1865 (Deutsches Museum, München)

Lichtmikroskop nicht mehr sichtbar sind. Ein lösliches K. ist etwa die →Gelatine als Trägermaterial für die fotografische →Sensibilisierung (→Emulsion), aber auch das Albumin (→Albuminpapier), Gummiarabikum (→Gummidruck) oder →Kollodium sind K.e.

Kolorieren Ganzflächiges oder teilweises, nachträgliches Einfärben von Schwarzweißfotos. Meist trägt man →Eiweißlasurfarben mit Pinsel oder Wattestäbchen auf. Einen besonders gleichmäßigen Farbauftrag ermöglicht die Spritzpistole (→Airbrush-Technik). Die hochkonzentrierten, mit Wasser verdünnbaren Farben werden von der Oberfläche des Papiers (→Gelatine) gut aufgesaugt. Zunehmend verwendet man aber auch die verschiedensten anderen Farbsubstanzen. Die Anfänge des K.s gehen auf die Zeit vor der Erfindung der →Farbfotografie zurück. Damals zur Vortäuschung ›realistischer‹ Farbbilder genutzt, dient die Technik heute vorwiegend der gezielten Bildveränderung und →Verfremdung (Farbabb. 26).

Koma Von einem Objektpunkt ausgehende parallele Lichtstrahlen, die schräg durch ein optisches System (→Objektiv) einfallen, werden stärker gebrochen, als solche, die das Objektiv im Hauptpunkt auf der optischen Achse durchdringen. Es entsteht dann kein Bildpunkt, sondern ein unsymmetrischer Fleck mit

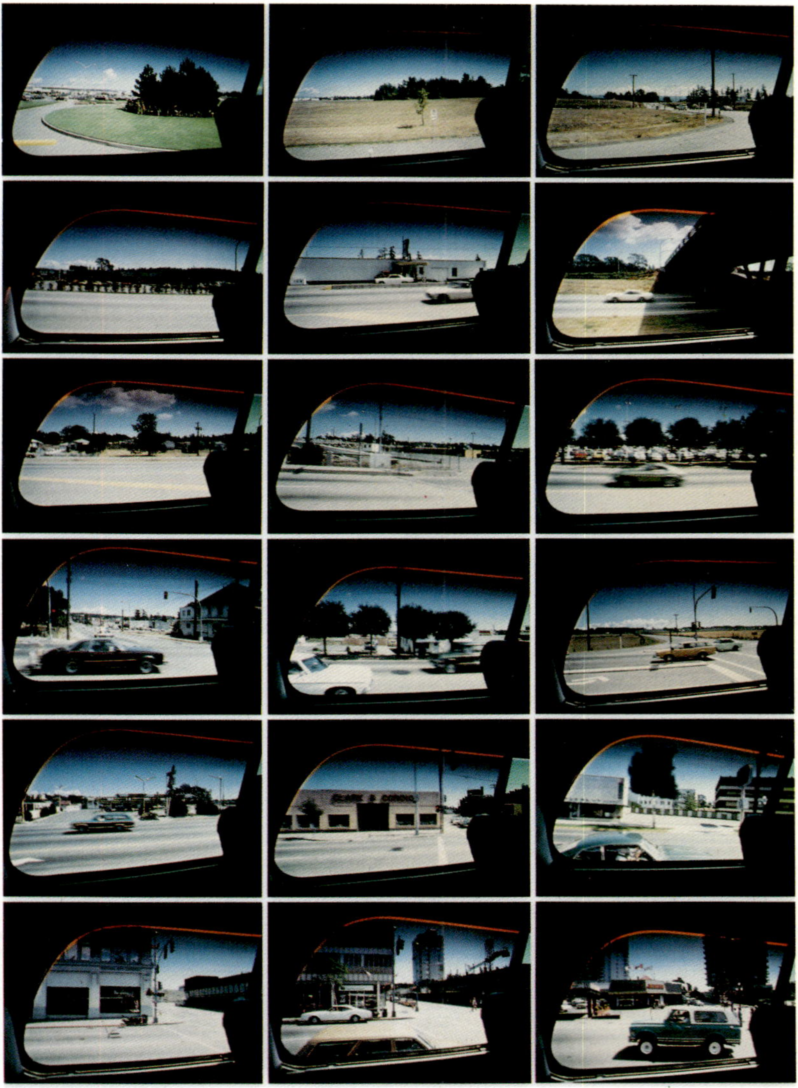

1 Fotosequenz: Raum-Zeit-Sequenz ›Flughafentransfer, Saskatoon‹;
Foto: Harald Mante

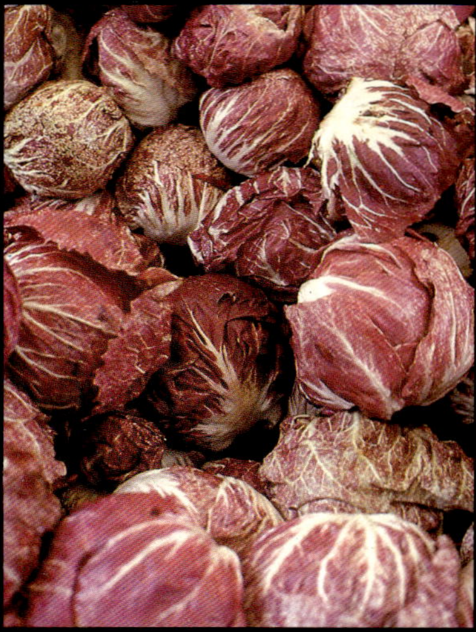

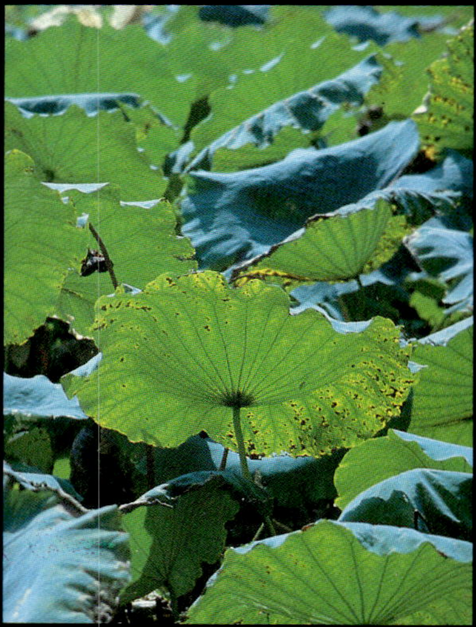

2, 3 Monochrome

4 Farbstern in der Fläche des Farbensechsecks nach Harald Küppers

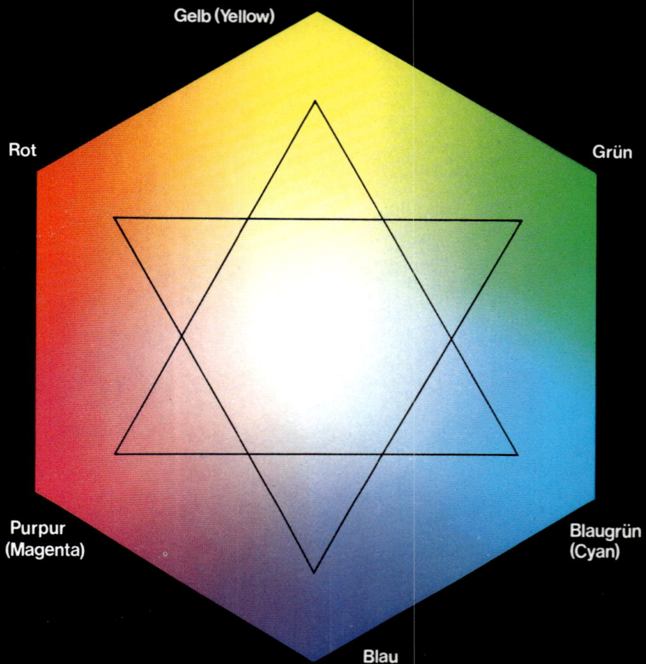

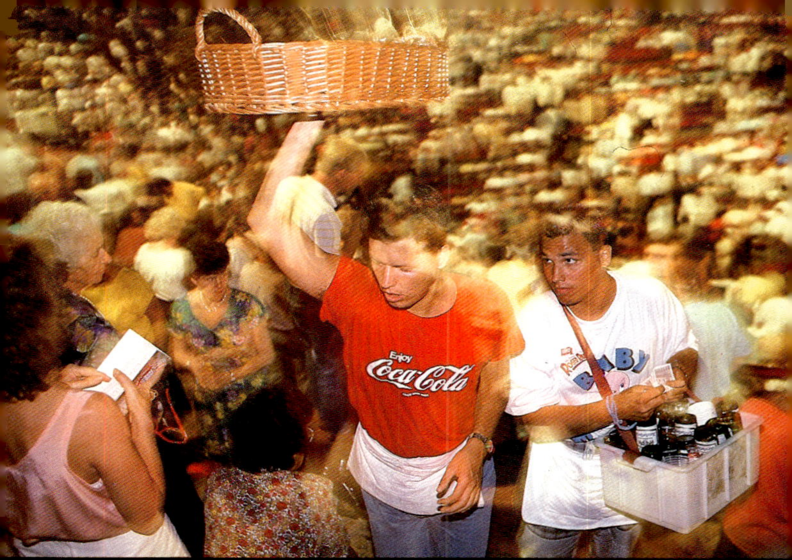

5 Farbdominante; Foto: Harry Handschuh

6 Farbkontrast; Foto: Harry Handschuh

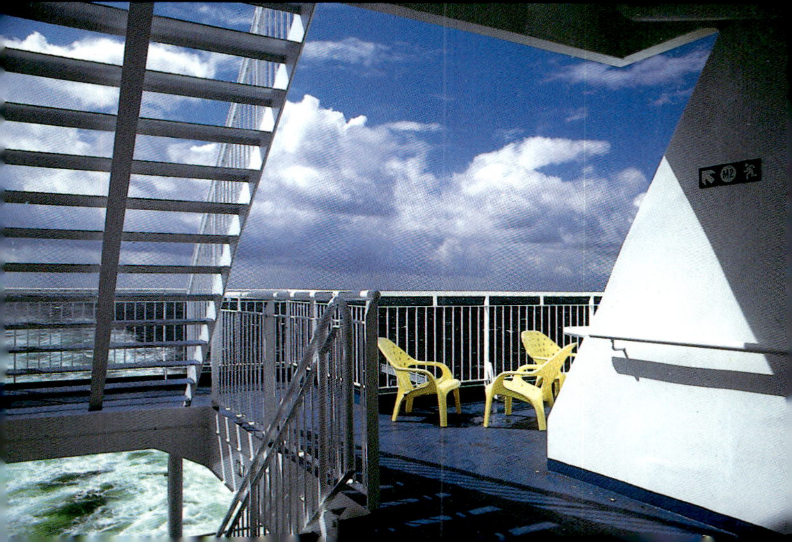

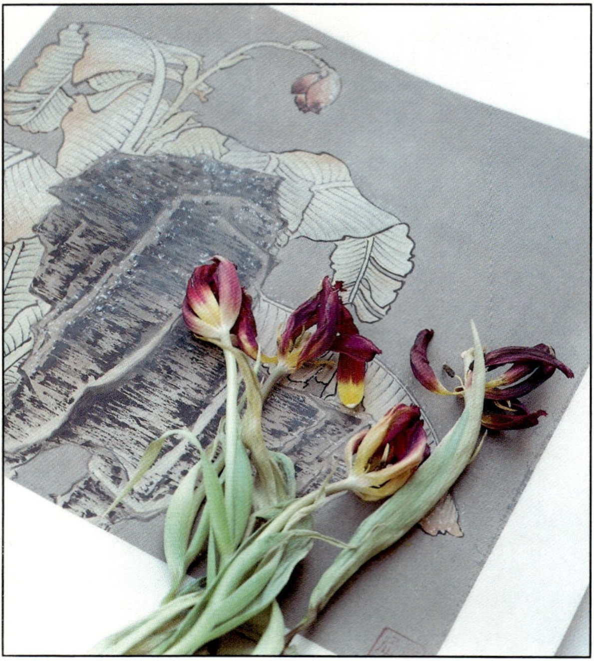

7 *Still-life*

8 *Werbefotografie für eine Anzeigenseite; Foto: Pit Mayen*

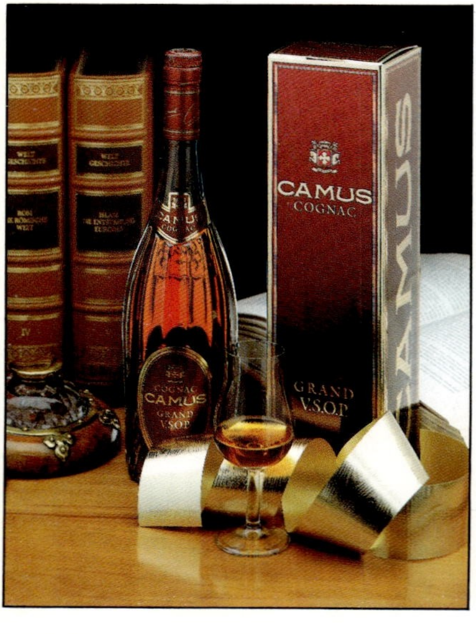

9 *Modefotografie auf dem Laufsteg; Foto: Ulrich Albrecht*

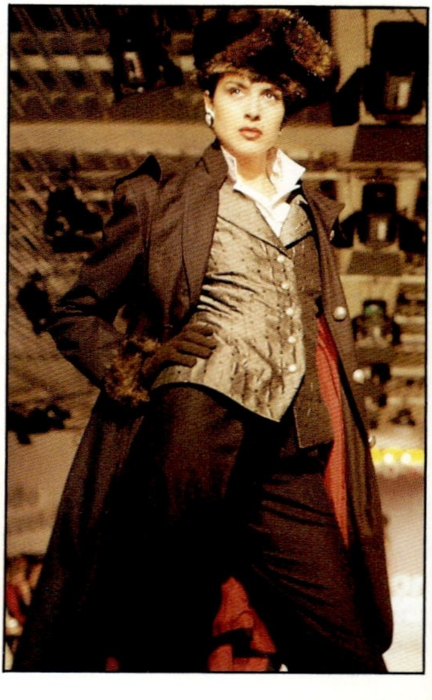

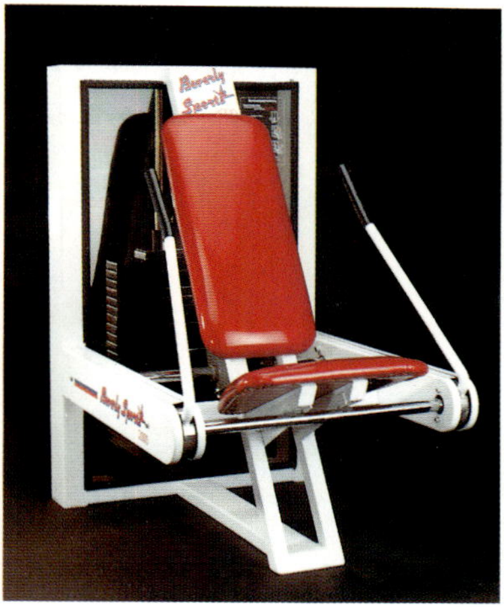

10 Sachaufnahme

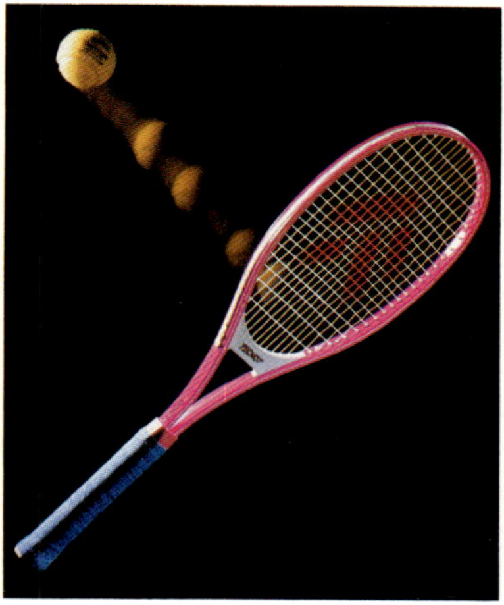

11 Werbefotografie; Foto: Babette Sponheuer

12 Food-Fotografie; Foto: Jörg Lewandowski

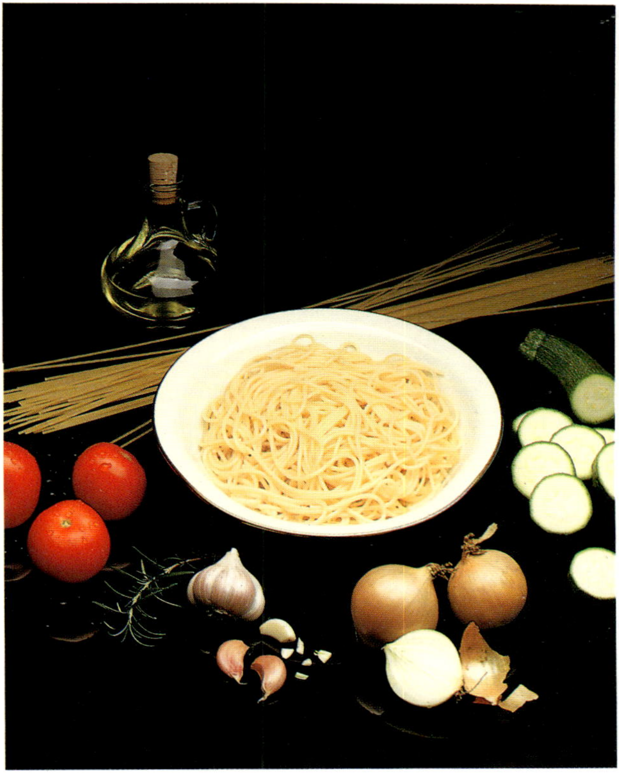

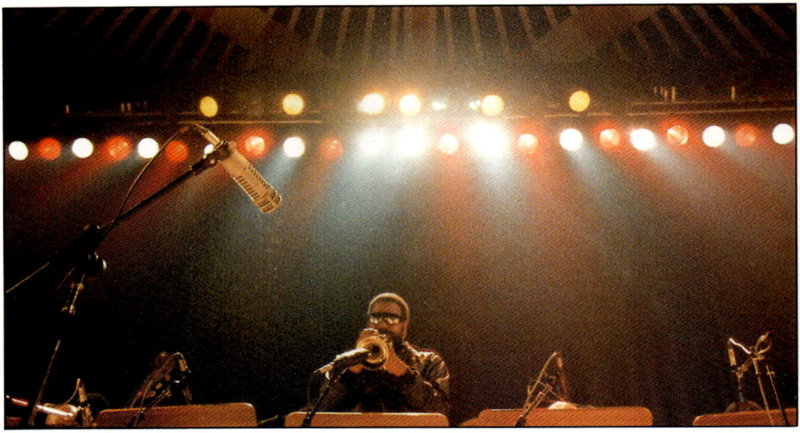

13 Motivkontrast: Bühnenaufnahme/Forcierte Entwicklung

14 Tableau/Serielle Fotografie: Das abfotografierte TV-Bild wurde im Labor auf Sofortbildmaterialien aufbelichtet; Foto: Jürgen Wittsiepe

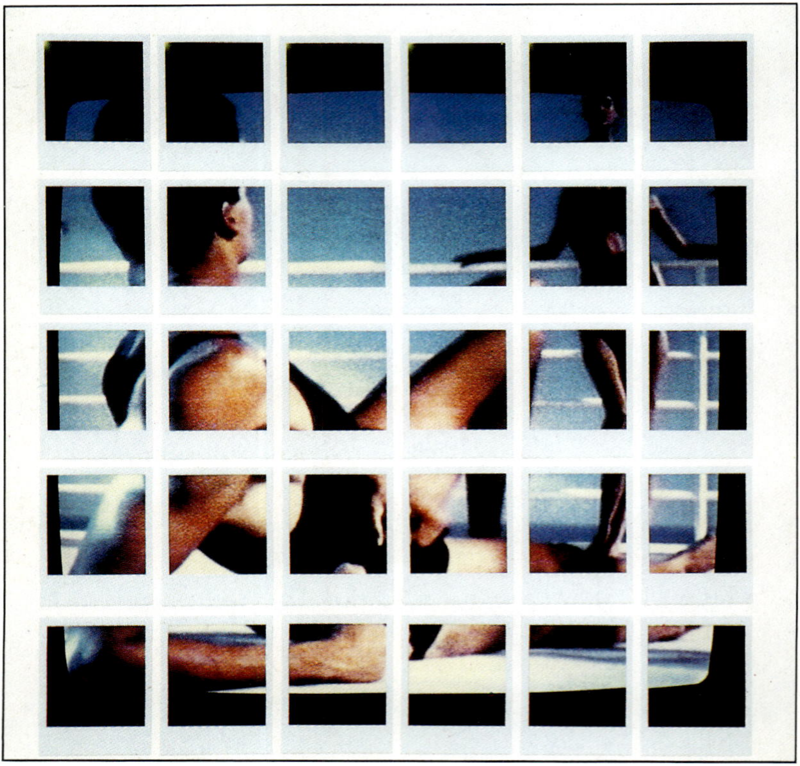

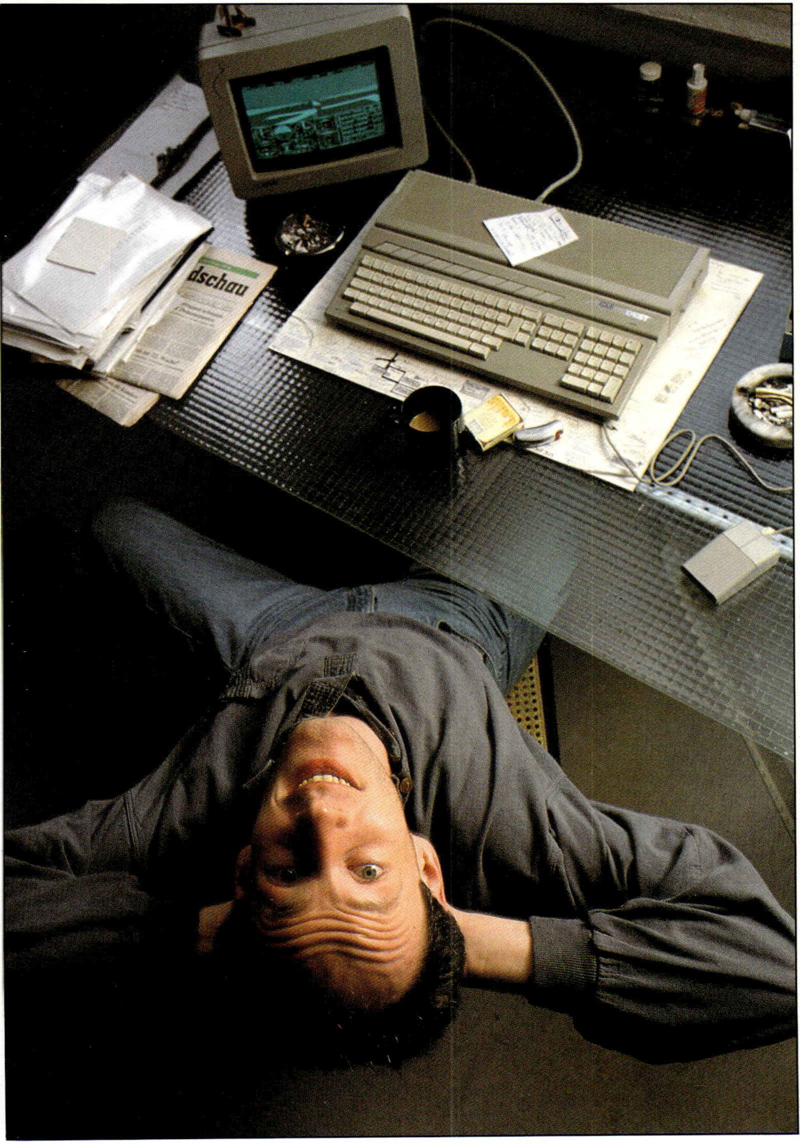

15 Porträt/People; Foto: Ulrich Albrecht

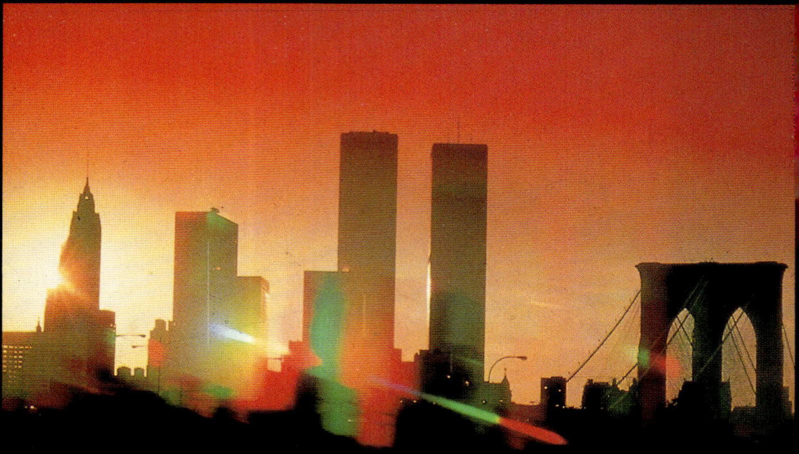

16 Trickfilter/Gegenlicht; Foto: Hama

17 Spiegelung; Foto: Lutz Lerch

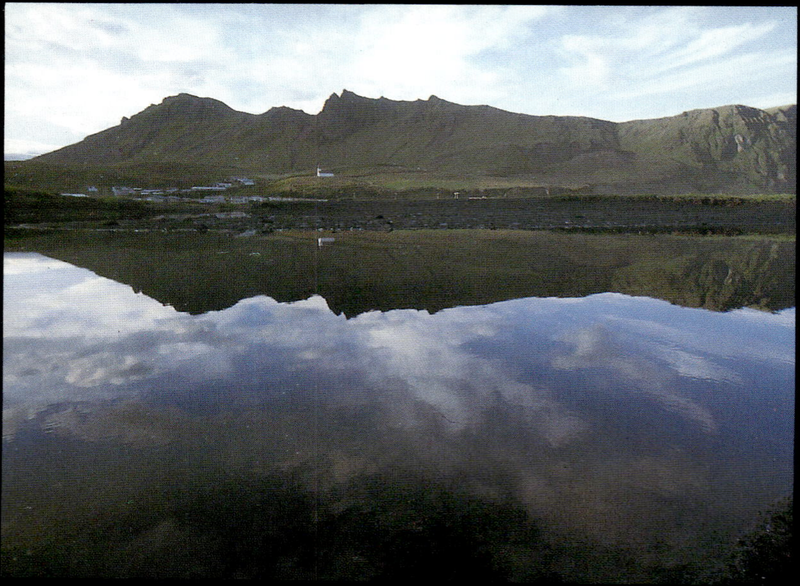

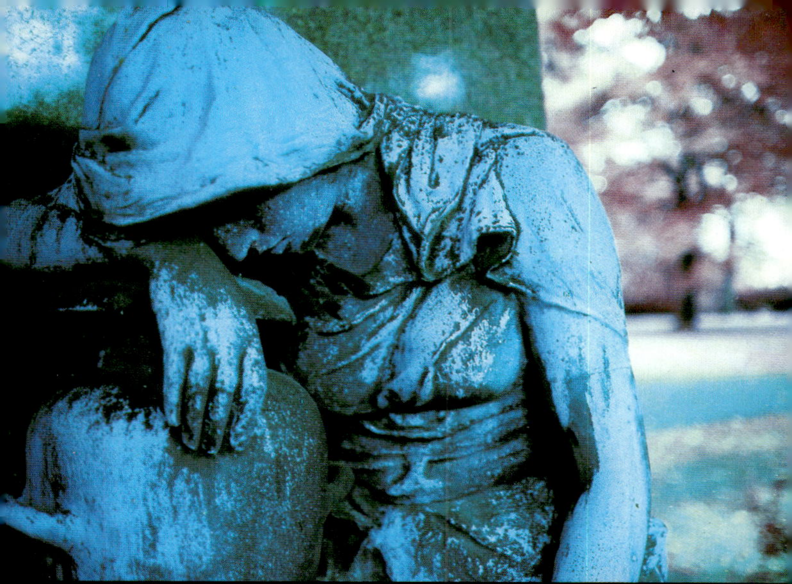

8 Infrarotfotografie

9 a), b) Polarisationsfilter: Je nach Stellung des Filters werden die Reflexe gelöscht und die Farben leuchten intensiver

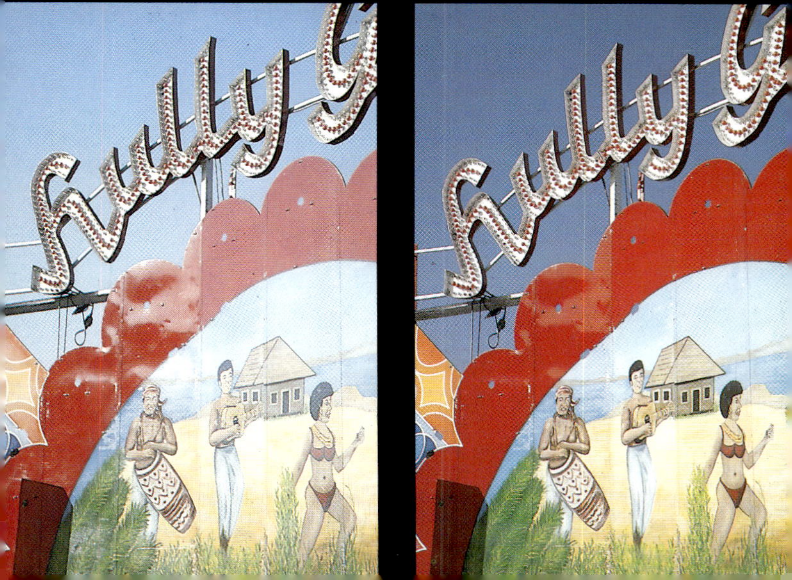

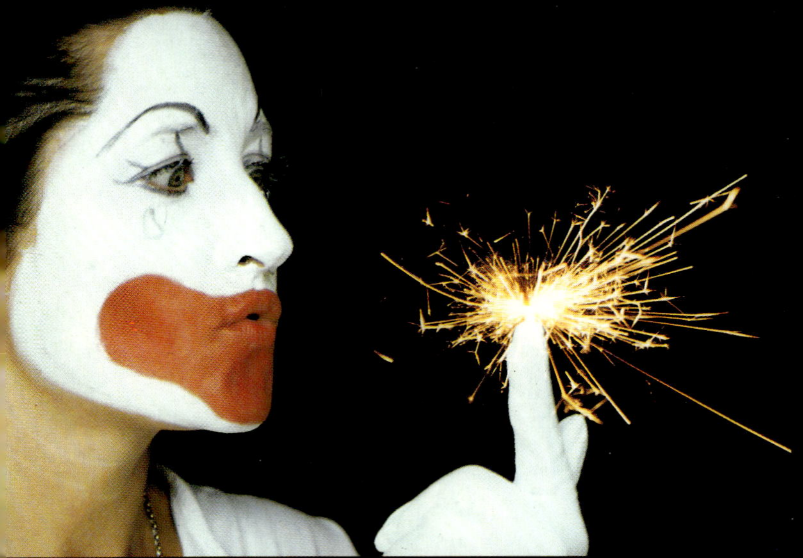

20 Lichtmontage: Doppelbelichtung im Labor; Foto: Norbert Sarrazin

21 Sandwich: zwei Dias, eines davon gekontert, aufeinandermontiert

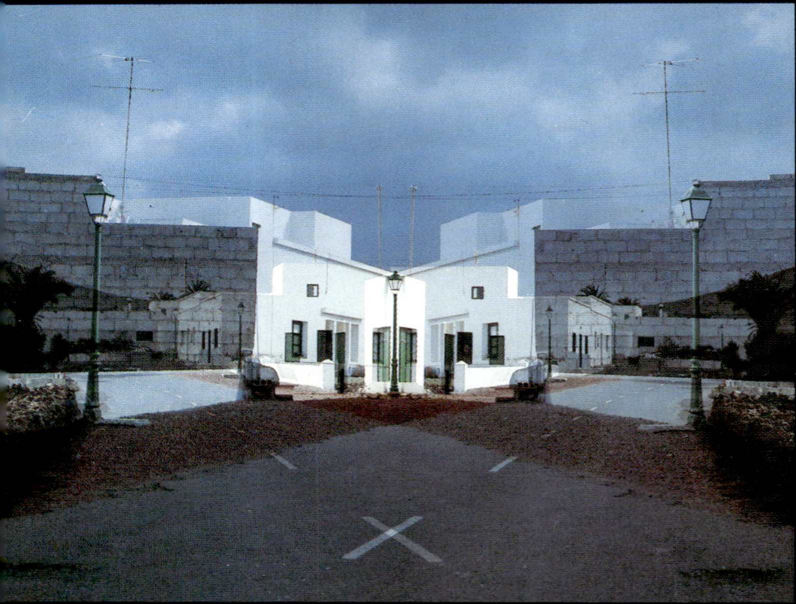

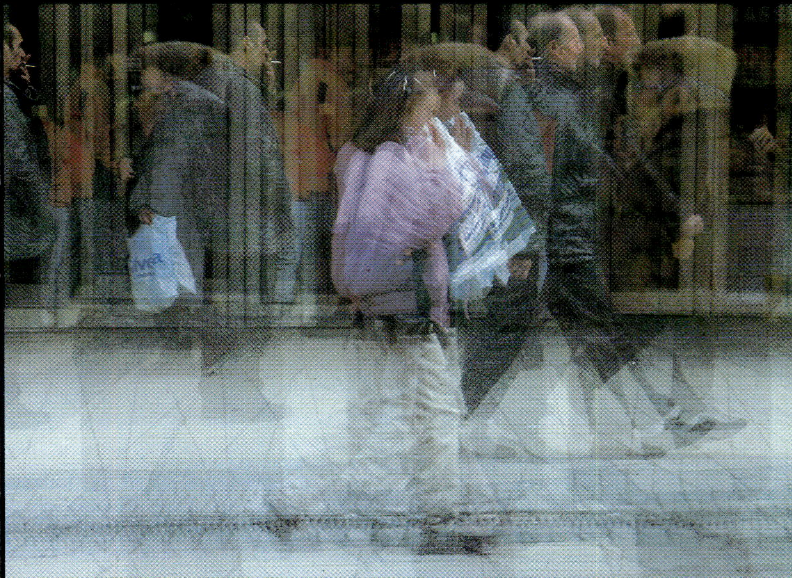

22 Mehrfachbelichtung; Foto: Norbert Sarrazin

23 Maskierung: Als Sandwich wurde eine extrem kontrastreiche Silbermaske zur Verfremdung mit einem Dia kombiniert

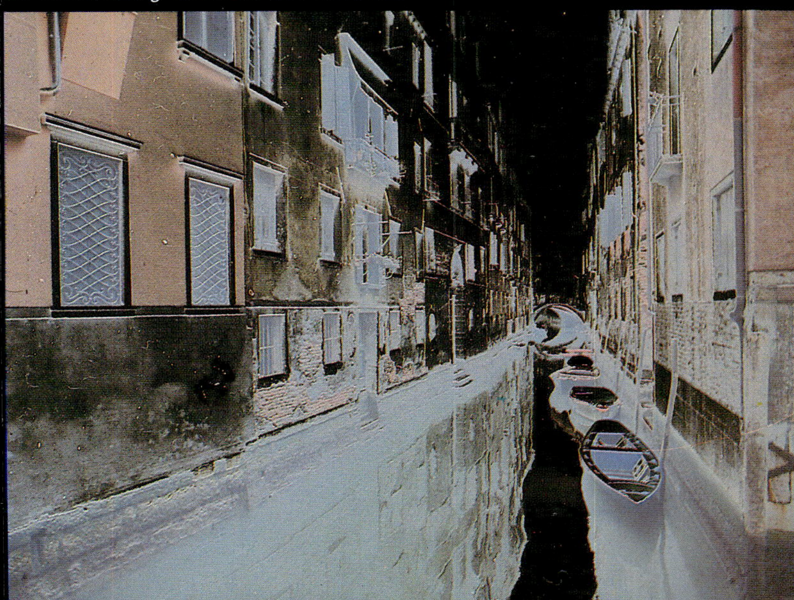

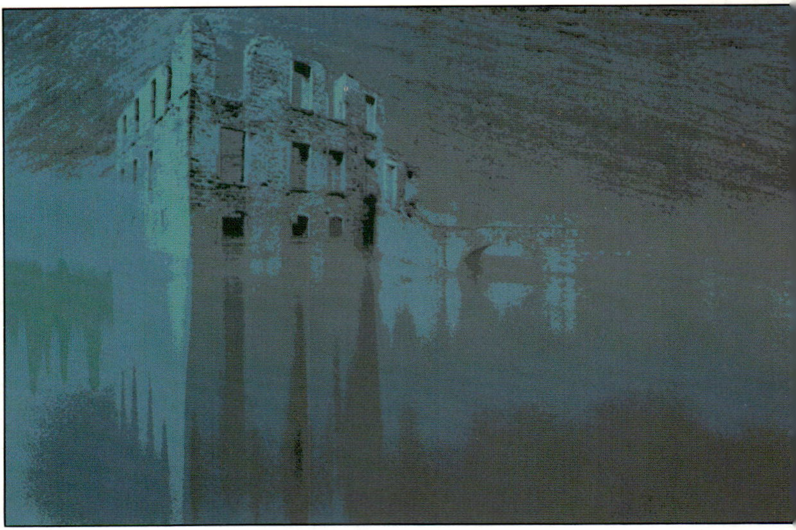

24 Siebdruck: Umsetzen einer Fotografie mit grafischen und drucktechnischen Mitteln; Abbildung: Norbert Sarrazin

25 Fotografik mit Gelatinetonern und Bleichätzverfahren; Foto: Jürgen Wittsiepe

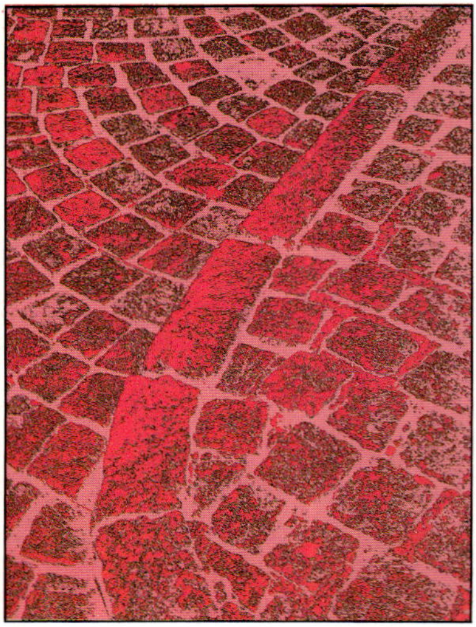

26 Kolorieren; Foto: Miro Ito

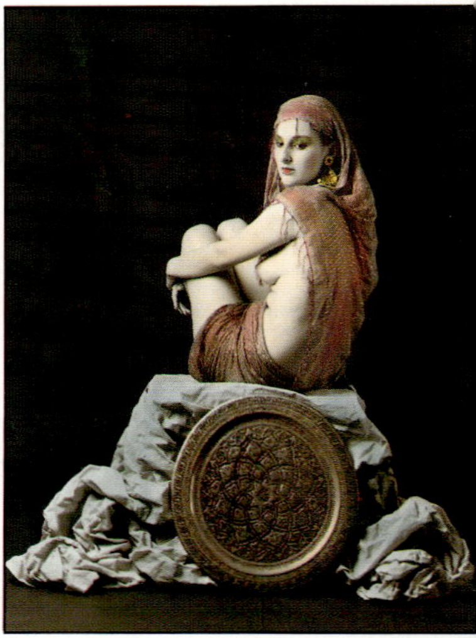

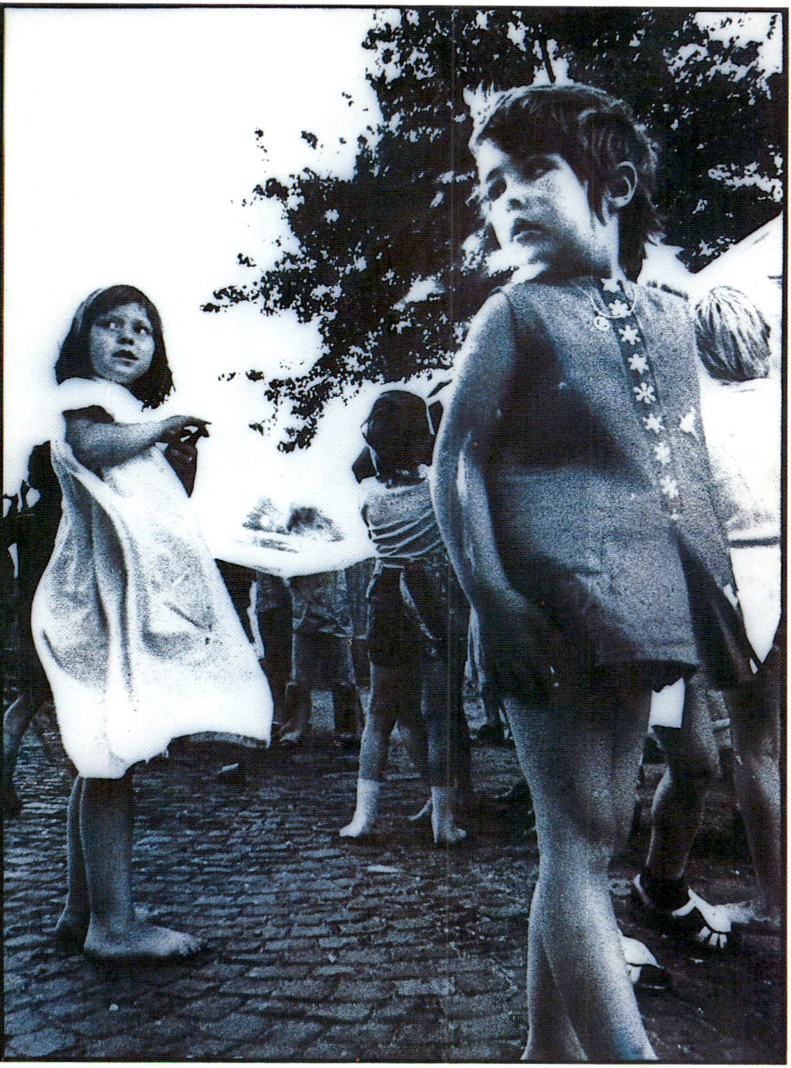

27 *Tonen (Blautoner)*

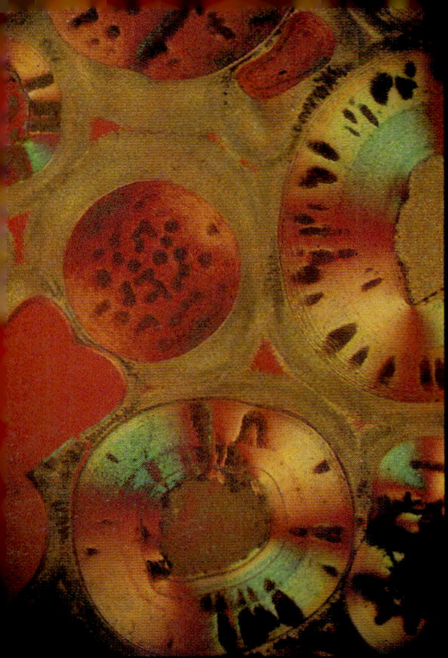

28 Mikroskopfotografie: durchlicht-mikroskopische Aufnahme von Gesteinsproben; Foto: D. Richter

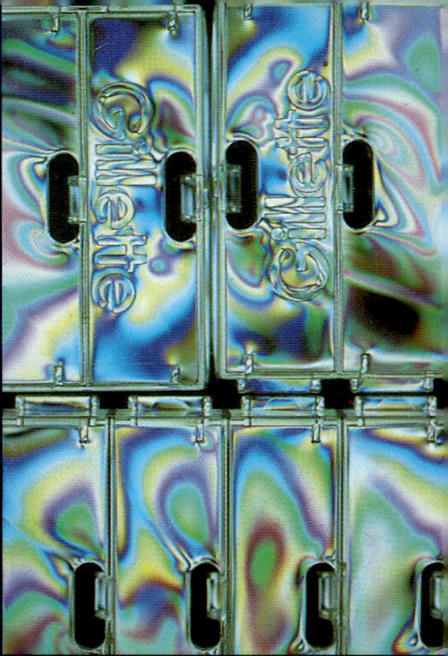

29 Polarisation: Darstellung von Materialspannungen; Foto: Werner Kleinelsen

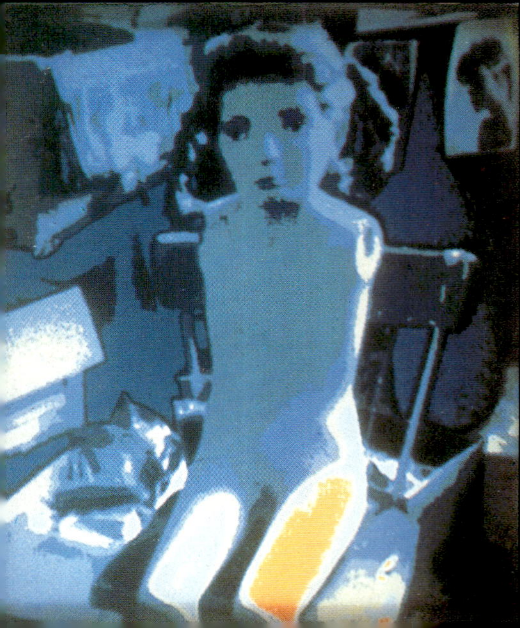

30 Bildverarbeitung; Foto: Lizanne Merrill/ Poli Pierce/ Siemens AG

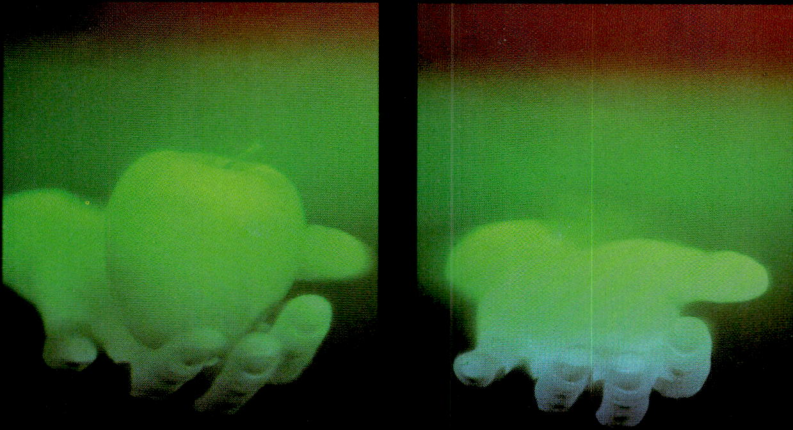

31 a), b) Holographie ›Hand mit Apfel‹: das gleiche Hologramm in unterschiedlichen Aufnahmewinkeln fotografiert; Abbildung/Foto: light fantastics/Museum für Holographie und visuelle Medien, Pulheim

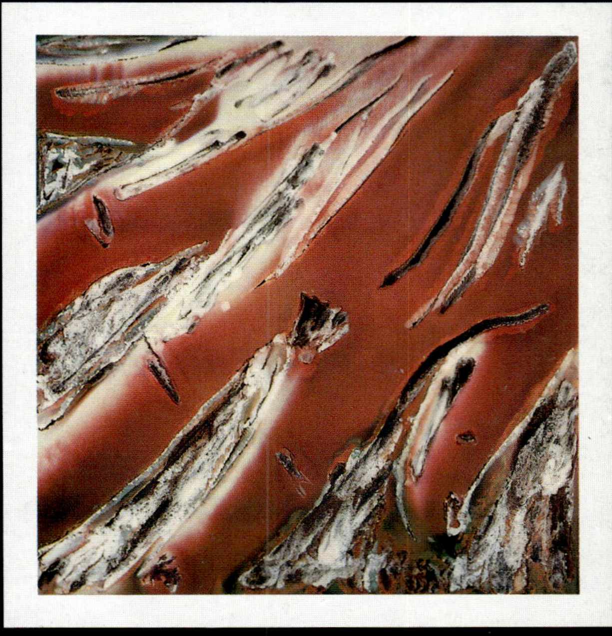

32 Sofortbild/ Verfremdung

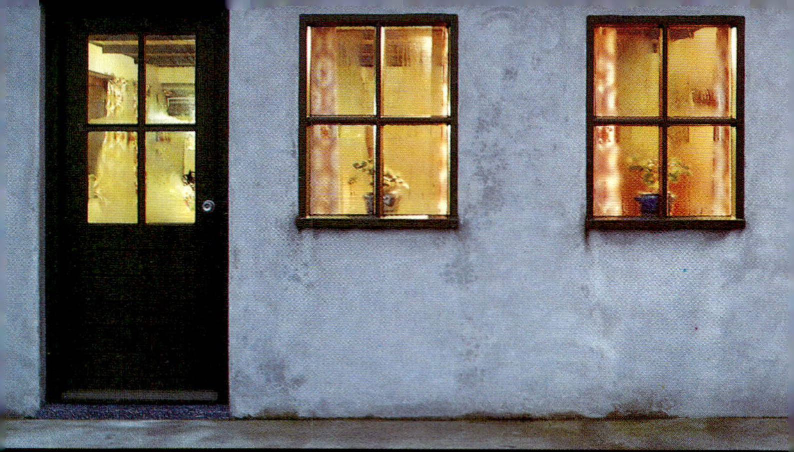

33 Mischlicht / Magic-hour / Farbtemperatur; Foto: Norbert Sarrazin

34 Nachtaufnahme /Langzeitbelichtung; Foto: Harry Handschuh

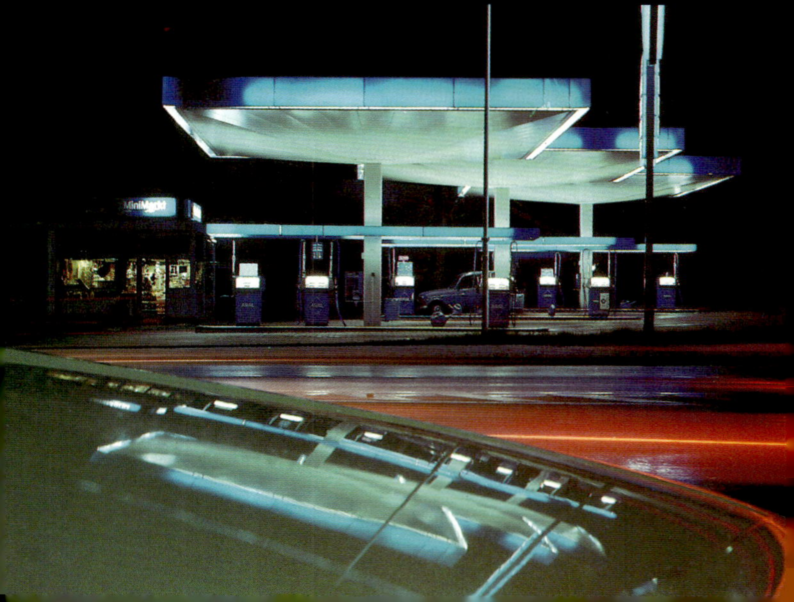

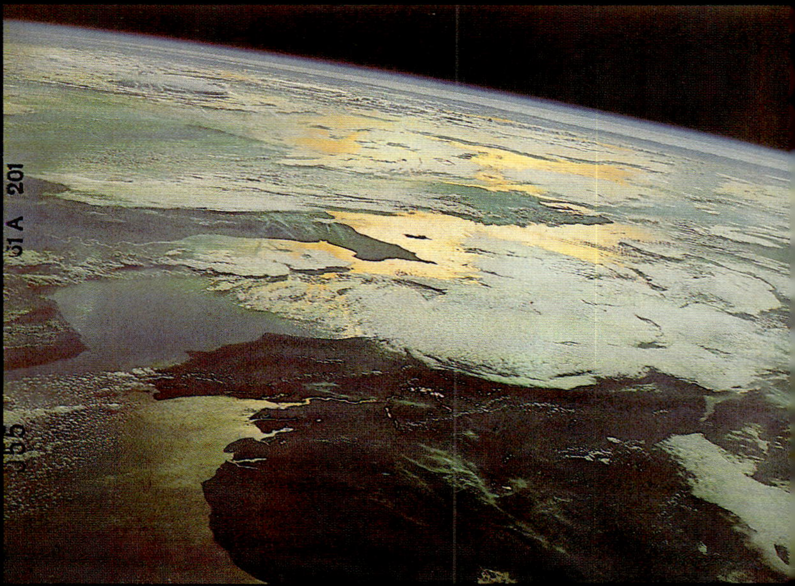

35 Luftbildfotografie: Aufnahme aus 320 km Höhe über der Nordsee von Norden (Südostengland, Themsemündung, Bretagne); Foto: Linhof/NASA/DFVLR

36 Unterwasserfotografie: Foto: Holger Niebuhr

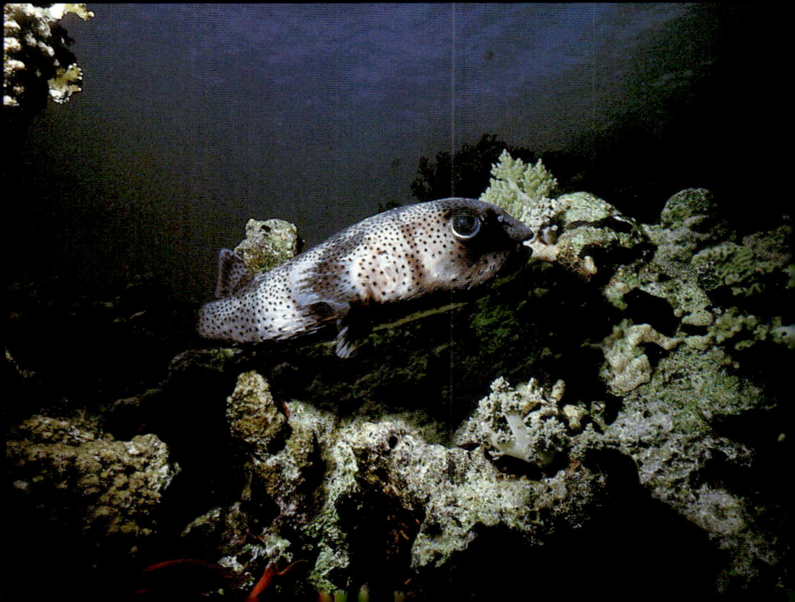

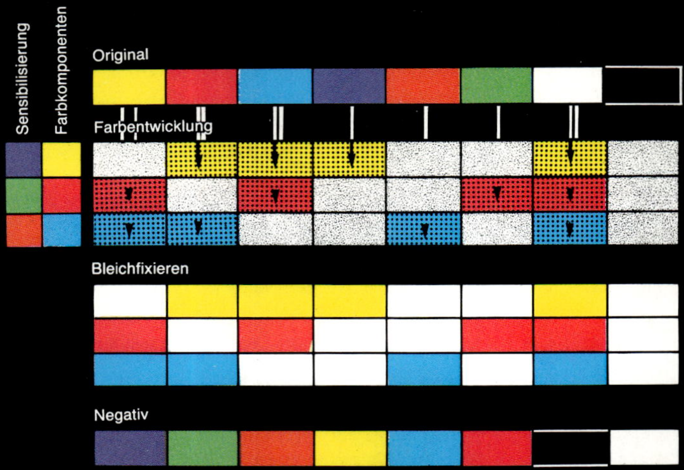

37 Farbentwicklung: Color-Negativ-Prozeß / chromogene Entwicklung

38 Farbentwicklung / Umkehrentwicklung / chromogene Entwicklung / Diafilm

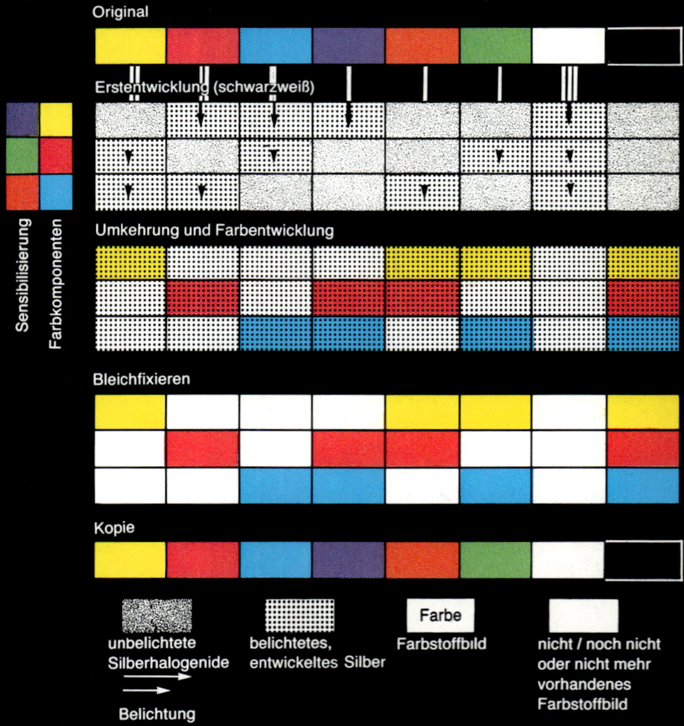

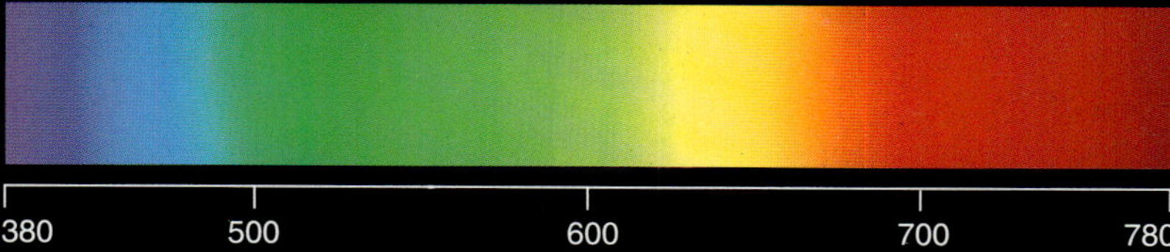

39 Spektrum

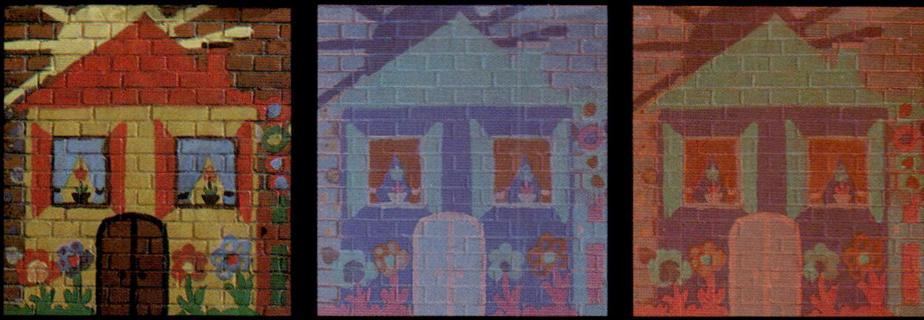

40 a) Positiv; b) Negativ (unmaskiert); c) Negativ

41 Farbauszüge: a) Yellow; b) Magenta; c) Cyan

42 Farbmischung, additiv

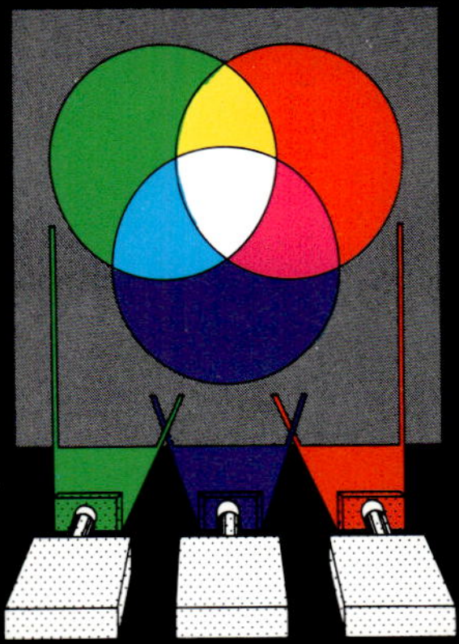

43 Farbmischung, subtraktiv

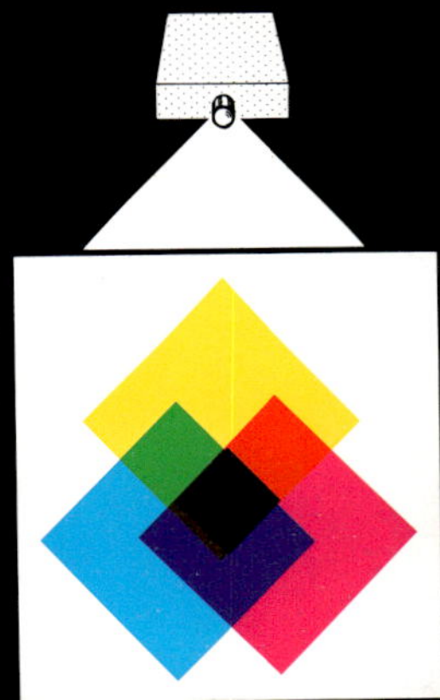

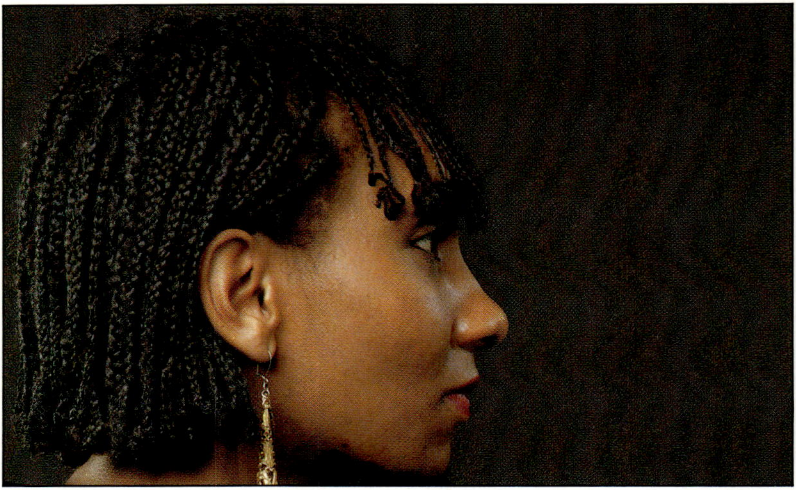

44 *Low-key / Porträt*

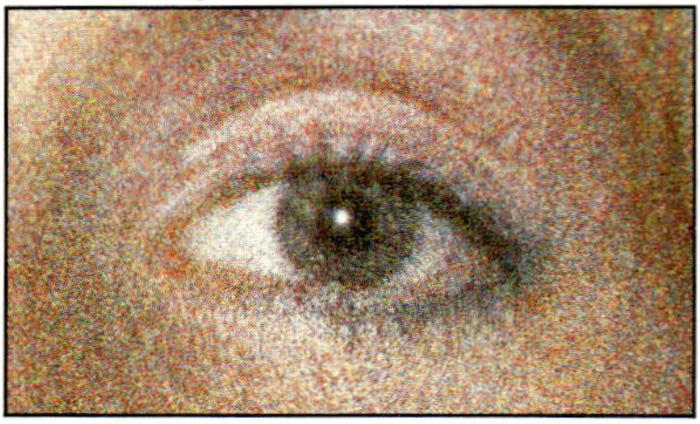

45 *Auflösevermögen:*

a) Korn des Farbfilms
b) Rasterpunkte eines Farbdrucks
c) Farbpunkte eines TV-Bildes
d) Bildpunkte eines digitalisierten Bildes
e) Linien beim Linienraster / Kornraster

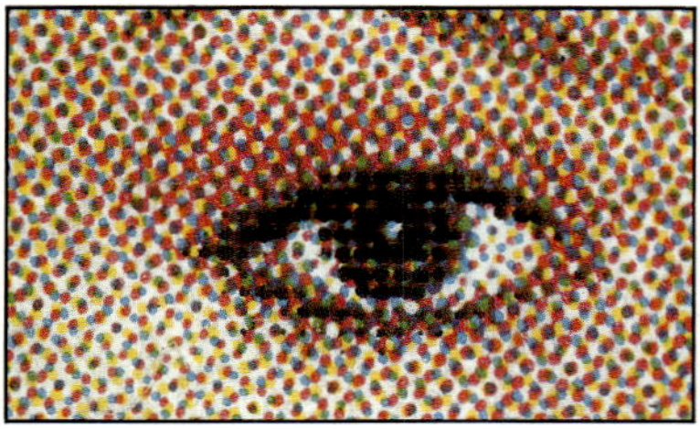

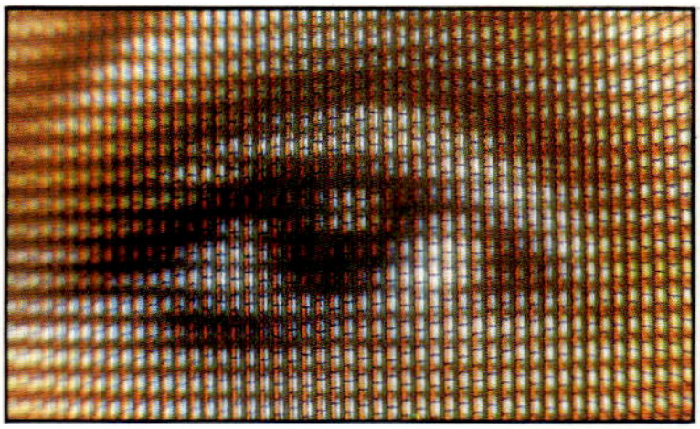

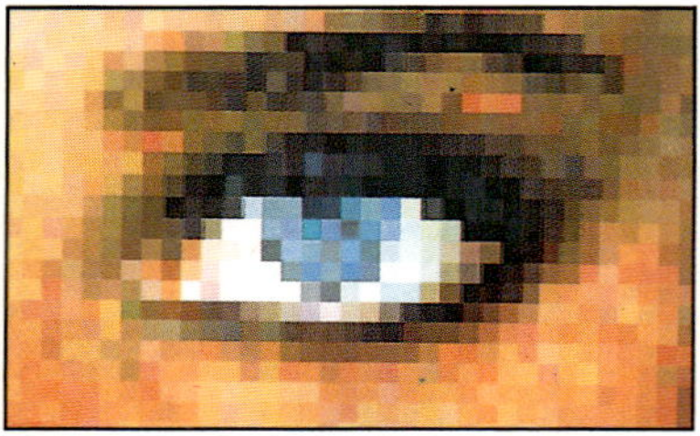

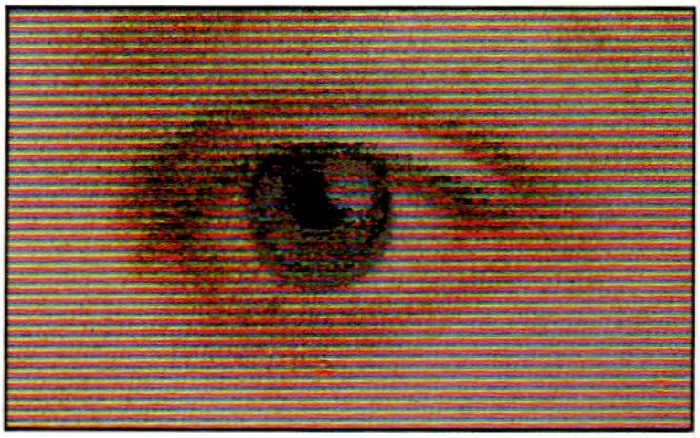

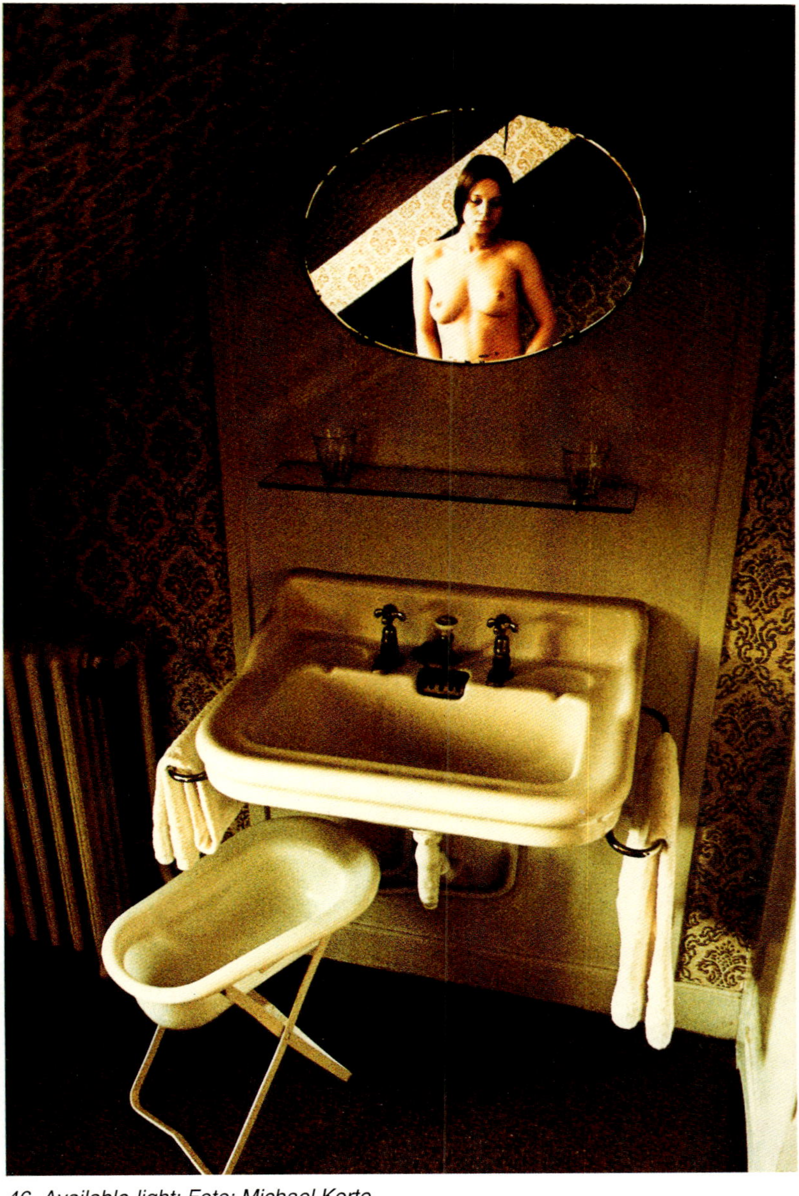

46 *Available-light; Foto: Michael Korte*

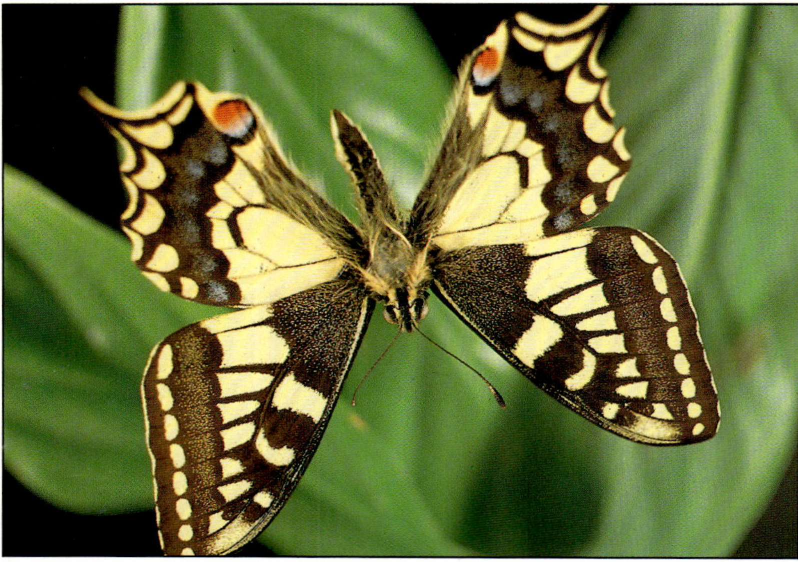

47 Nahaufnahme

48 Blitzlicht / Blitzgerät; Foto: Jürgen Kurtz

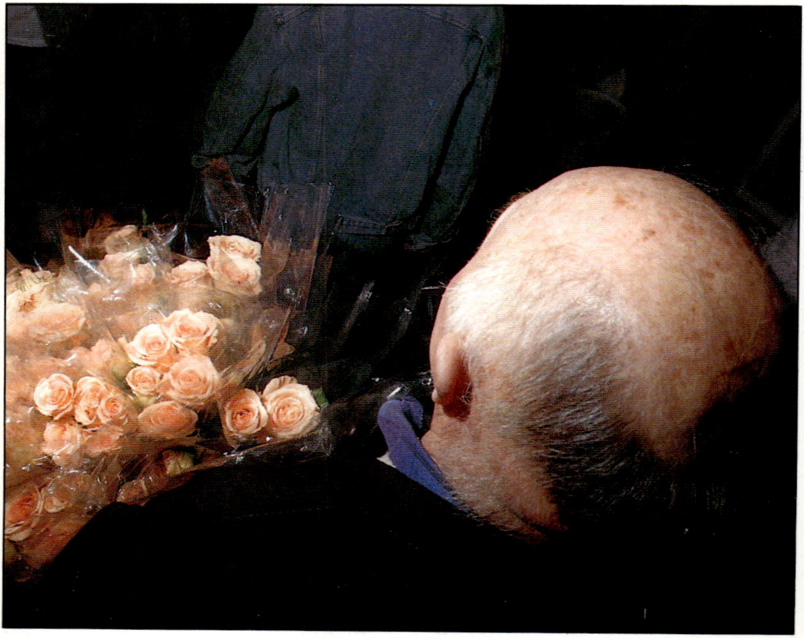

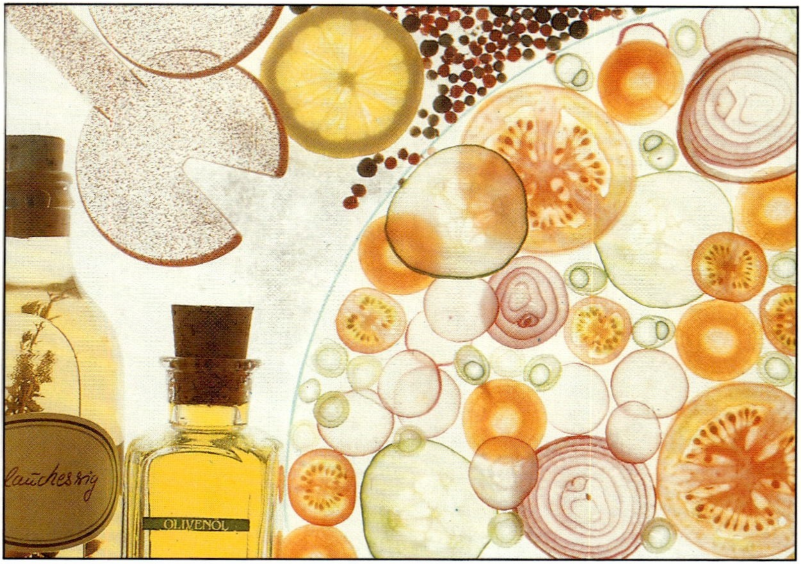

49 Durchlicht / Food-Fotografie; Foto: Babette Sponheuer

50 Einfrieren von Bewegung / Bewegungsschärfe; Foto: Pit Mayen

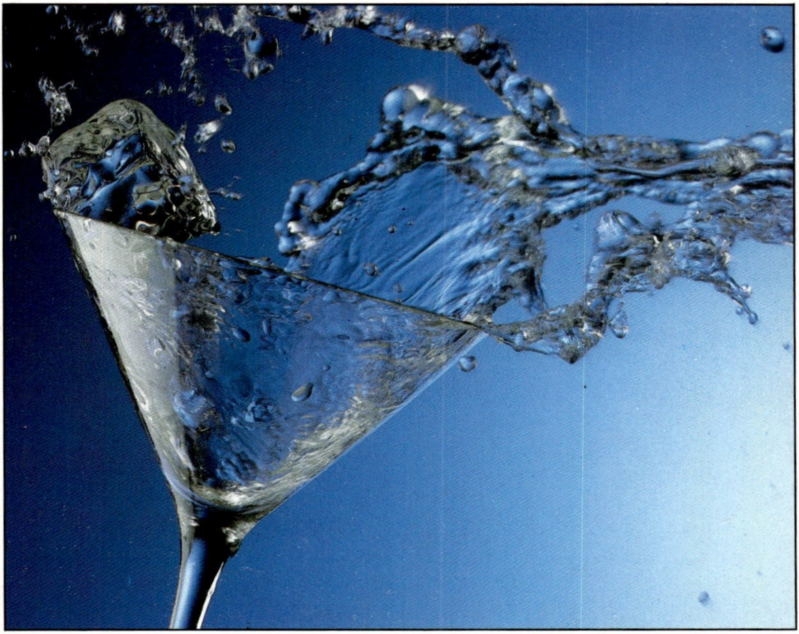

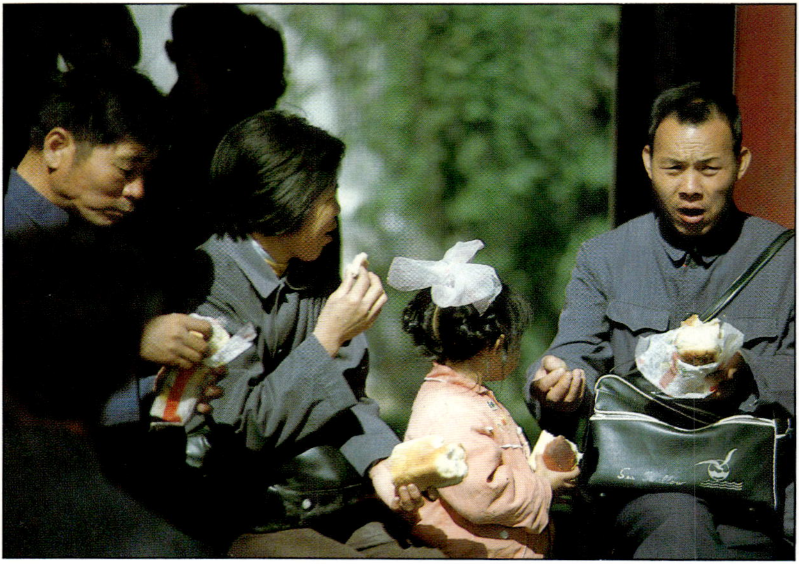

51 Live-Porträt / Fotoreportage

52 Farbtemperatur; Foto: Christoph Seelbach

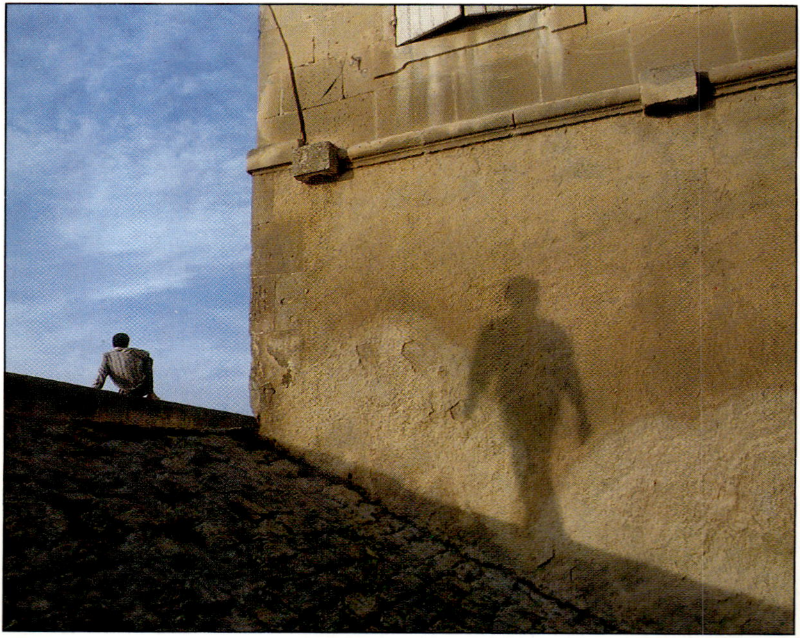

einem kometenschweifähnlichen Auslauf. Im Gesamtbild zeigt sich dieser →Abbildungsfehler als Unschärfe, die, je größer der Bildwinkel ist, zum Rand hin immer stärker wird. Die K. ist mit der →sphärischen Aberration und dem →Astigmatismus verwandt. Sie hat bei modernen, gut auskorrigierten Objektiven kaum noch Bedeutung.

Kompaktkamera Bezeichnung für moderne →Sucherkameras, die Objektiv (→Zoomobjektiv) und kleines Blitzgerät fest integriert haben und zudem mit vielen anwenderfreundlichen Belichtungs- und Bedienungsprogrammen ausgestattet sind. →Bridge-Kamera, →Spiegelreflexkamera

Kompatibel meint die Möglichkeit, Einzelteile aus unterschiedlichen technischen Systemen gegeneinander auszutauschen. Auch in der Fotografie haben Fragen der Kompatibilität von Kamera- und Aufnahmezubehör Bedeutung, da immer mehr Hersteller versuchen, den Kunden an die eigene Produktpalette zu binden (→Bajonett, →Blitzgerätz). Unsicherheiten bezüglich der Kompatibilität finden sich auch oft bei der Verwendung diverser Produkte im →Fotolabor. Inwieweit bestimmte Verarbeitungslösungen in Kombination mit bestimmten Fotopapieren tatsächlich die versprochenen Ergebnisse erreichen, läßt sich oft nur durch Versuche klären.

Kompendium Die aus einem Faltbalgen bestehende, variable →Gegenlichtblende wird vor allem an

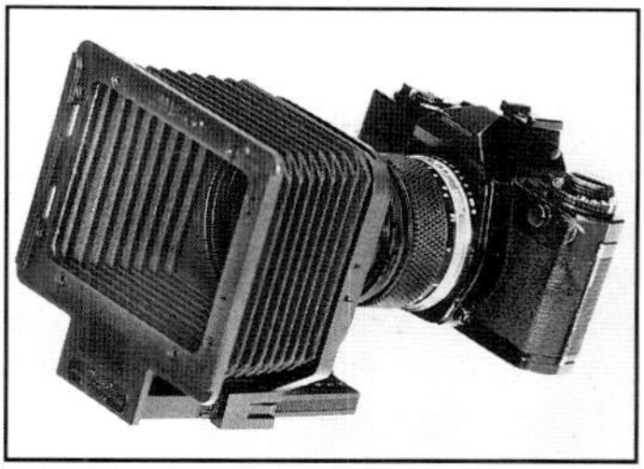

Kompendium

Großbild- und Filmkameras eingesetzt, erfüllt aber auch bei anderen Kameratypen sinnvolle Funktionen. Seine Variabilität ermöglicht eine Abstimmung auf unterschiedliche Brennweiten. Neben der Vermeidung eines Einfalls von →Streulicht dient das K. gleichzeitig u.a. als Befestigungselement für verschiebbare Bildfeldbegrenzungen sowie als Halterung für →Masken, →Weichzeichnerscheiben und →Filter.

Kompensationsfilter Ein Filter zum Ausgleich von →Farbstichen (→Farbkorrekturfilterung). Der Begriff wird auch gebraucht für schwache →Konversionsfilter.

Komplementärfarben (auch: Gegenfarben, Ergänzungsfarben) Ein Farbenpaar, dessen Töne sich gegenseitig als →Lichtfarben zu Weiß ergänzen (additive →Farbmischung) oder als →Körperfarben zu Schwarz werden (subtraktive Farbmischung) . Dabei kann es sich um reine oder auch bereits gemischte Farben handeln (z.B. Grün und Magentarot). Bunte K. liegen sich bei der Darstellung in einem Farbenkreis (→Farbenstern) gegenüber. Sie zeigen zueinander den jeweils höchsten →Farbkontrast. Innerhalb der optischen Farbmischgesetze gilt, daß ein farbiger Gegenstand oder ein farbiges →Filter den Teil des weißen Lichtes absorbiert, der zur eigenen Farbe komplementär ist (→Kontrastfilter).

Kondensator Bauelement zur Speicherung elektrischer Ladungen; spezielle Varianten (Elektrolytkondensator) werden in →Blitzgeräten genutzt und dienen dort der Speicherung der Blitzenergie.

Kondensor Optisches System, aus einer oder mehreren →Linsen bestehend, welches für eine gezielte Ausrichtung des Lichts sorgt, wenn es im Strahlengang der Beleuchtungseinrichtung von Diaprojektoren und Vergrößerungsgeräten angebracht ist. Halbkondensoren bestehen aus einer, Doppelkondensoren aus zwei plankonvexen Linsen (deren Wölbungen einander zugekehrt sind). K.en bündeln das Licht, erhöhen somit die Lichtausbeute und ermöglichen eine gleichmäßige Verteilung des Lichts zur Ausleuchtung des gesamten Bildfeldes. Doppelk.en bewirken darüber hinaus durch eine streng parallele Ausrichtung des Lichts eine erhöhte Kontrastwiedergabe. Im Vergrößerungsgerät führt dies außerdem zu einem verstärkten punktuellen Schärfeeindruck, der mit einer deutlicheren Wiedergabe der Kornstruktur einhergeht (→Callier-Effekt). Diese Nebeneffekte würden durch einen →Diffusor vermieden.

Kontakte: Kontaktbogen mit Ausschnittsucher

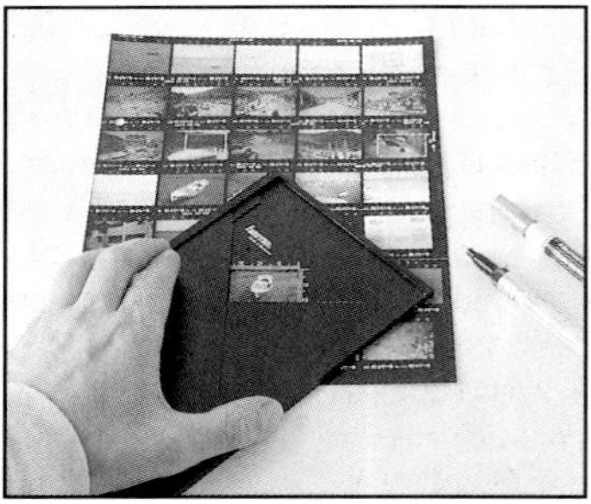

Kontakte Kopie von Negativen oder Dias im Maßstab 1:1, die im direkten Kontakt mit dem Fotopapier (Schicht auf Schicht) belichtet wurden. Wird ein ganzer Film ›kontaktet‹, erhält man einen Kontaktbogen, also ein Blatt Fotopapier, auf dem alle Aufnahmen als eine erste Positivkopie vergleichend beurteilt werden können.
Gerade Kontaktbögen von →Negativen vereinfachen die erste Beurteilung und die →Archivierung. Bei großen →Planfilmvorlagen gelten K. gelegentlich auch als fertige Bildvorlagen.

Kontaktkopierrahmen dienen der Herstellung von →Kontakten im Strahlengang einer Lichtquelle, zumeist eines Vergrößerungsgeräts. Meist mit Hilfe einer beweglichen Glasplatte werden die transparenten Vorlagen und das unbelichtete Material (→Fotopapier) Schicht auf Schicht auf einer Grundplatte im Rahmen zusammengepreßt. Manche im Druckgewerbe verwendeten

Kopierrahmen besitzen einen in die abdeckende Glasplatte integrierten →Graukeil als Hilfe bei der Ermittlung der konkreten Belichtungswerte sowie eine Vakuumpumpe, um zwischen den Materialien einen optimalen Kontakt zu garantieren.

Kontern Seitenverdrehtes Reproduzieren einer Fotografie, was gelegentlich bei der Gestaltung eines →Layouts eines Druckwerks für erforderlich gehalten wird. So dürfen unter Layout-Gesichtspunkten Bildelemente z. B. nicht aus der Druckseite herausweisen. Problematisch ist das K., da es die Wirkung einer gezielt gestalteten Fotografie verändert und die im Bild enthaltene Information verfälschen kann. Dies gilt besonders für Porträtaufnahmen, da die beiden Hälften des menschlichen Gesichts stets ungleich sind und das K. daher dem Gesicht die typische Charakteristik nimmt. Andererseits entspricht das gekonterte Porträt dem Spiegelbild, so daß viele Porträtierte ihr gekontertes Bild›natürlicher‹ finden.

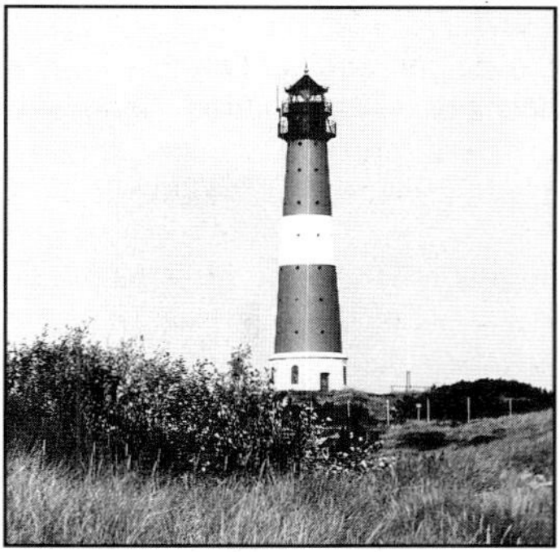

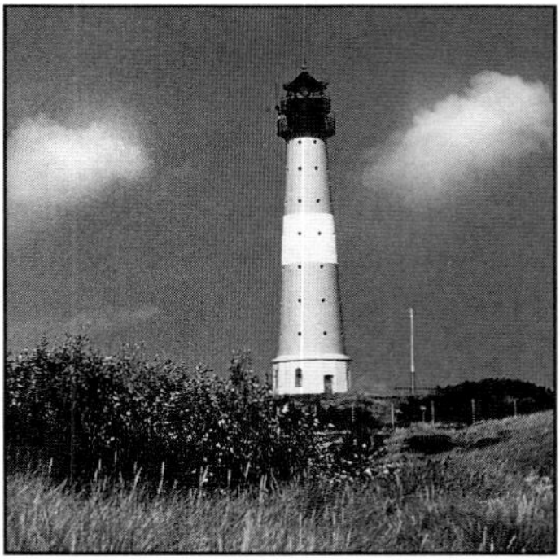

Kontrastfilter: a) ohne Filter; b) Aufnahme mit Rotfilter; Fotos: Babette Sponheuer

Kontrastfilter Farbige →Filter für die Schwarzweißfotografie. Bei der Wiedergabe eines farbigen Motivs in Schwarzweiß kann es passieren, daß die verschiedenen Farben in gleichen Grautönen wiedergegeben werden, wenn sie trotz ihres unterschiedlichen Farbwerts den gleichen Helligkeitswert besitzen. Vor das Objektiv gesetzte Filter in den Farben Gelb, Orange, Rot oder Grün usw. absorbieren (dämpfen) bestimmte Farbanteile des Lichts und tragen somit zur Kontraststeigerung bei der Widergabe der unterschiedlichen Farbtöne bei. Dabei gilt, daß die Motivfarben in der Filterfarbe heller, komplementäre Motivfarben (→Komplementärfarben) dunkler wiedergegeben werden. Diese Verschiebung der Grauwiedergabe der Farben wird z.B. in der Landschaftsfotografie für eine Intensivierung des Kontrasts zwischen blauem Himmel und weißen Wolken genutzt. Je nach Filterwahl von Gelb nach Rot wird demzufolge

Differenz der Belichtungswerte	Kontrast	Dichtedifferenz in log-Dichten
0	1:1	0
1	1:2	0,30
2	1:4	0,60
3	1:8	0,90
4	1:16	1,20
5	1:32	1,50
6	1:64	1,80
7	1:125	2,10
8	1:250	2,40
9	1:500	2,70
10	1:1000	3,00

Kontrastmessung

das Himmelsblau zunehmend dunkler wiedergegeben, bis zum Effekt eines Rotfilters, der den Himmel nahezu schwärzt, was unter Umständen dem Eindruck einer Nachtaufnahme nahekommt. In der Farbfotografie dient ein →Polarisationsfilter der Steigerung der Farbkontraste.

Kontrastindex Aus der →Schwärzungskurve einer Film/Entwickler-Kombination hergeleiteter Zahlenwert, der eine Information über deren →Gradation gibt. Der K. (auch C.I., oder mittlerer Gradient G bezeichnet) ist der Tangens eines Winkels, dessen einer Schenkel durch eine Horizontale bei 0,2 log Dichte über dem →Grundschleier gebildet wird.
Der andere Schenkel verläuft zwischen dem Schnittpunkt dieser Horizontalen mit der Schwärzungskurve und dem Punkt von 2 log Dichte, abgezirkelt über diesem Schnittpunkt auf der Schwärzungskurve. →Gamma-Wert, →Beta-Wert

Kontrastmessung Methode der Belichtungsmessung, bei der nacheinander separat der hellste und der dunkelste Motivteil erfaßt wird. Dies kann — je nach Aussageziel der Messung — mittels →Lichtmessung oder →Objektmessung (meist mit einem Spot- →Belichtungsmesser) erfolgen. Das Ergebnis wird wie folgt analysiert: z.B. Messung für die hellste Stelle = Blende 16, für die dunkelste Stelle = Blende 2,8 (bei gleicher Belichtungszeit); der Unterschied entspricht 5 Blendenstufen, d.h. das hellste Detail ist 2^5mal helals der dunkelste Teil, demnach bträgt der Kontrast $1:2^5$ = 1:32. Je nach →Motivkontrast gelten die Werte der obenstehen den Tabelle.
Spalte Drei nennt die entsprechenden Differenzen, die sich in logarithmischen Dichtewerten bei der Messung mit einem →Densitometer im Farblabor ergeben. Sie gelten für einen →Gamma-Wert von 1 und sind bei den jeweiligen realen Gamma-Werten der →Schwärzungskur-

ve des lichtempfindlichen Materials zu multiplizieren (Negativfilm ca. $\gamma = 0{,}65$; Diafilm $\gamma = 1{,}5 - 1{,}7$). Sinnvollerweise bezieht man sich bei der K. immer nur auf diejenigen Motivpartien, die auch später auf dem Bild noch →Zeichnung zeigen sollen. Solche Messungen sind grundlegend für die Angabe von Objektumfang, →Motivkontrast, →Belichtungs- und →Kontrastumfang usw.

Kontrastumfang Er definiert das Verhältnis zwischen der hellsten und der dunkelsten Stelle eines Motivs, die auf dem Film noch durchzeichnet wiedergegeben werden soll bzw. kann (→Kontrastmessung). Der K. wird damit u.U. unter dem eigentlichen →Motivkontrast liegen, da er den →Belichtungsumfang des Filmmaterials (also dessen begrenzte Möglichkeit, Kontraste wiederzugeben) mit einbezieht. Mit Verlusten in der →Zeichnung von Lichtern und →Schatten ist demzufolge zu rechnen. Der K. eines Motivs wird oft auch nicht im Motiv selbst, sondern erst auf dem Film (also in der fotografischen Wiedergabe) mit einem →Densitometer ermittelt. Zu berücksichtigen bleibt zudem, daß der K. bei der Bildwiedergabe als Papierkopie (→Kopierumfang), Druckbild oder Projektionsbild noch weiter eingeschränkt wird.

Kontrastübertragung Qualitätskriterium für Objektive und Emulsionen von Filmen, das deren Fähigkeit beschreibt, Helldunkel-Kontraste im Bild, der Vorlage entsprechend, wiederzugeben. →Streulicht innerhalb der Filmschichten; mangelnde →Konturenschärfe bei Filmmaterialien sowie →Abbildungsfehler wie →Beugung und andere Korrektionsmängel können den Kontrast erheblich einschränken und damit den Eindruck von →Schärfe entsprechend negativ beeinflussen. Dies macht sich besonders bei sehr detailreichen Motiven bemerkbar, die u.U. zu einem verwaschen wirkenden Grau verschmelzen können. Als Testobjekte mit definiert hohem Kontrast werden unterschiedlich feine Liniengitter verwendet, wie sie auch zur Messung des →Auflösevermögens genutzt werden. Erst aber der Zusammenhang zwischen diesen beiden Kriterien erlaubt verläßliche Aussagen über die Abbildungsqualität von Objektiven und Filmen. Ermittelte Meßwerte lassen sich in der →Modulations-Übertragungsfunktion darstellen.

Kontrastwiedergabe Fotografische Materialien können aufgrund ihres →Belichtungsumfangs und ihrer →Schwärzungskurven nur einen Teil der wirklichen →Motivkontraste adäquat wiedergeben. So liegt z.B. der zulässige Maximalkontrast bei Farbnegativfilmen bei ca. 6 Blendenstufen Differenz zwischen hellsten und dunkelsten Motivpartien (→Kontrastumfang). Allerdings kann vom Fotopapier im folgenden Vergrößerungsprozeß davon maximal ein Kontrast von 1:40 wiedergegeben werden (→Kopierumfang). Bei sehr hohen Motivkontrasten muß daher mit Verlusten der Zeichnung in →Lichtern und →Schatten gerechnet werden (Abb. S. 198).

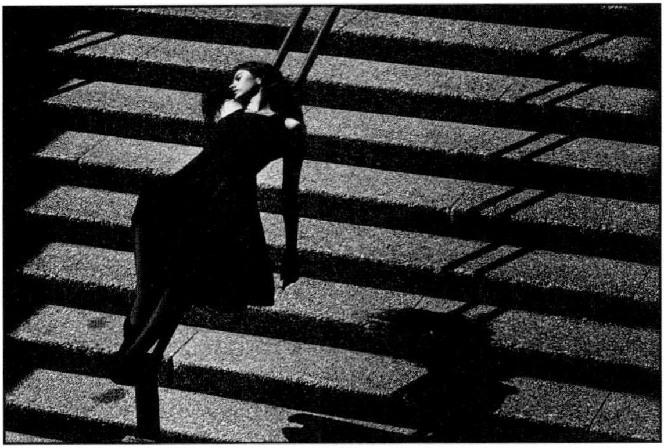

Kontrastwiedergabe, Foto: Rüdiger Kurtz

Konturenschärfe Sie gibt in einer Maßzahl (k-Wert) die Schärfeleistung einer fotografischen →Emulsion an, wobei sie das Ausmaß des →Diffusionslichthofs beschreibt. Dazu wird ein Spalt bzw. eine scharfe Helldunkel-Kante im Kontakt direkt auf die Schicht aufbelichtet. Mit einem speziellen Mikro-Densitometer (→Densitometer) wird nun gemessen, inwieweit die Lichthöfe die Wiedergabe der Kante ›verwaschen‹ erscheinen lassen. Eine hohe Auflösung der Konturen ergibt einen hohen k-Wert, also eine geringe Schärfe.
Der Begriff der K. läßt allerdings die Wirkung der Belichtung und der Entwicklung außer acht; sie gilt als für die fototechnische Forschung wichtige Konstante für die Emulsion, nicht aber für das belichtete und entwickelte Negativ. Die K. hat eine andere Aussagekraft als das →Auflösevermögen und ist in Wissenschaft und Forschung von Bedeutung. Für die fotografischen Praxis ist der k-Wert ein nur wenig nutzbares Maß für die Bildschärfe.

Konvergenz →Perspektive

Konversionsfilter Farbige Aufnahmefilter, die, vor das Objektiv gesetzt, die →Farbtemperatur des Aufnahmelichts an die →spektrale Empfindlichkeit der Filmemulsion anpassen. Soll auf einen →Tageslichtfilm mit Kunstlichtbeleuchtung fotografiert werden, erzeugt der geringe Blauanteil des →Kunstlichts einen braunorangen Farbstich auf den Farbbildern, der bei einer Aufnahme durch ein blaues Filter korrigiert werden kann. Umgekehrt wird man auf Kunstlichtfilm mit einem bräunlichen Filter bei Tageslicht fotografieren. Für eine exakte Korrektur z.B. bei →Reproduktionen ist eine genaue Abstimmung mit Hilfe eines Farbtemperaturmessers erforderlich, mit dem eventuelle Abweichungen in →reziproken Megakelvin angegeben werden. Die verschiedenen K. haben oft (schwer nachvollziehbare) firmenspezifische Bezeichnungen, ihnen sind allerdings meist real nutzbare Angaben für die Abweichung in →Mired-Werten zugeordnet (Minus-Werte für blaue Filter, Plus-Werte für bräunliche Filter). Diese Filter werden außerdem für die Korrektur spezieller Lichtstimmungen (Frühlicht, Abendstimmung etc.) angeboten (→Kompensationsfilter).

Konverter Einfaches optisches System, das zwischen Kamera und Objektiv gesetzt werden kann. K. verändern die Brennweite des Objektivs. Entsprechend der Brennweitenverlängerung (z.B. 2 x) verringert sich auch die Lichtstärke des Objektivs (z.B. 2 Blendenstufen). Die Naheinstellgrenze des Objektivs bleibt dabei erhalten. Daneben erlauben AF-K. (→Autofocus) den Anschluß von Nichtautofocus-Objektiven an AF-Kameras.

Kopie Bezeichnung für eine Nachbildung oder detailgetreue Wiedergabe eines Originals. In der Fotografie wird außerdem häufig auch der →Abzug oder eine →Vergrößerung als K. bezeichnet. Fotografische Abzüge von Negativen oder Dias im Maßstab 1:1 sind Kontaktkopien (→Kontakte). →Nullkopie

Kopierrahmen
→Kontaktkopierrahmen

Kopierumfang Er gibt das Verhältnis der minimalen und maximalen Lichtintensität an, die die schwächste und stärkste definierbare Schwärzung auf einem Fotopapier hervorruft. Der Begriff entspricht damit dem →Belichtungsumfang bei Filmen. Der K. informiert also darüber, wie groß der Negativkontrast sein darf, um sämtliche Nuancen zwischen Schwarz und Weiß abzubilden, was von der →Gradation des Papiers abhängt, die sich in der →Schwärzungskurve darstellen läßt. Papiere mit einer extraweichen Gradation (K. von ca. 1:32, entspricht einer Dichtedifferenz von 1,5 log Dichten) können ein größeres Helldunkel-Spektrum des Negativs bewältigen als extraharte Papiere (ca. 1:4 entspricht 0,60 log Dichten). Durch den K. wird der Belichtungsumfang des Films und damit der →Kontrastumfang des Motivs erheblich eingeschränkt (→Kontrastwiedergabe).

Korn Lichtempfindliche →Silberhalogenidkristalle in fotografischen Materialien. Diese Halogenidkörner sind, in →Gelatine eingelagert, wesentlichster Bestandteil der →Emulsionen, die als lichtempfindliche Schicht auf den Schichtträger aufgegossen ist. Die Größe und Verteilung des K. bestimmt die fotografischen Eigenschaften des Materials. Je größer der Durchmesser der Kristalle (0,2-0,3 μm) desto größer das K., aber auch desto größer die Chance, von einer ausreichenden Lichtmenge getroffen zu werden. So bewirkt ein größeres K. auch eine höhere →Lichtempfindlichkeit. Im Filmmaterial selbst liegen viele K.lagen übereinander.

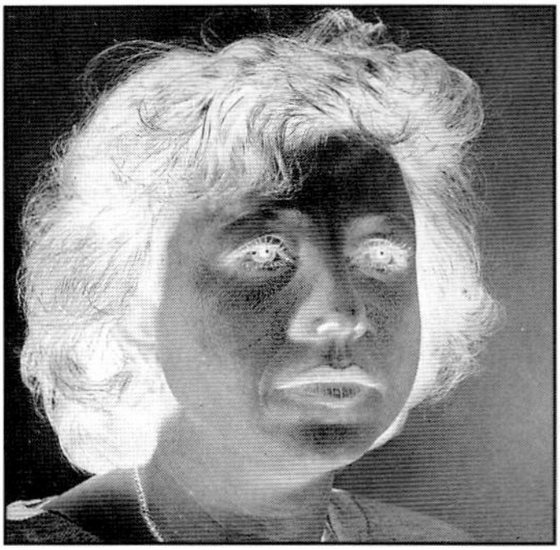

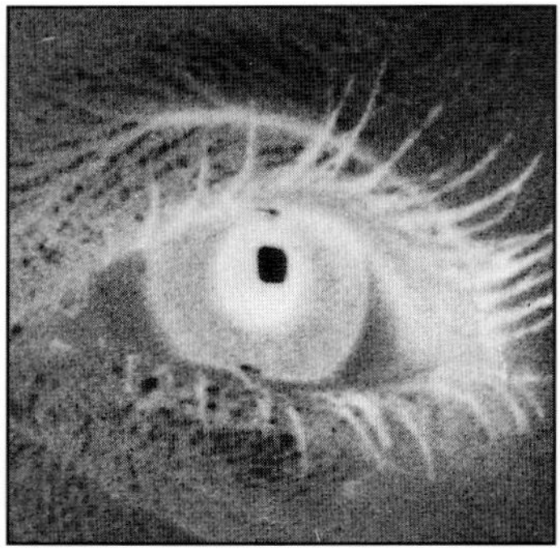

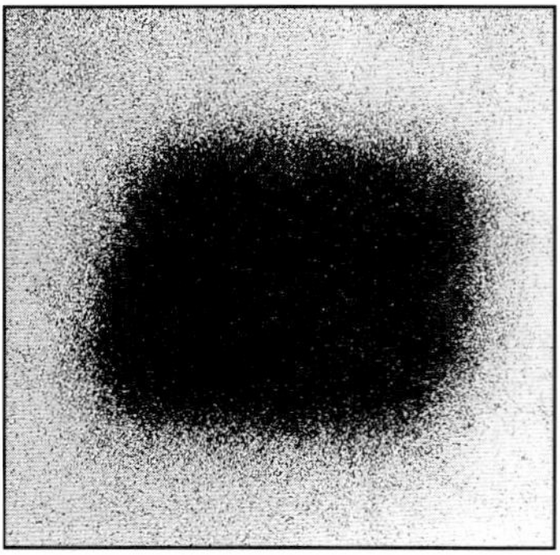

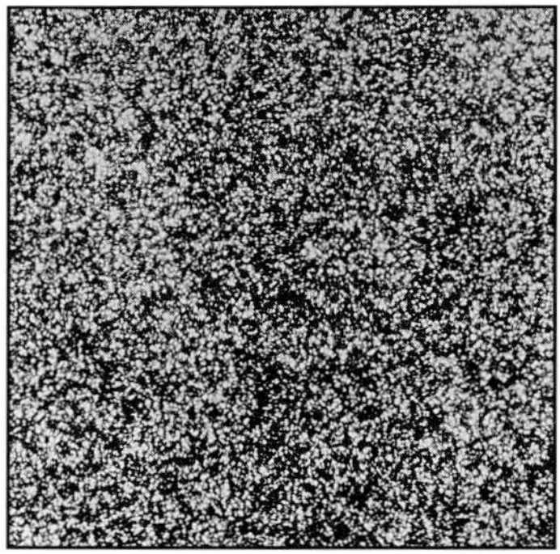

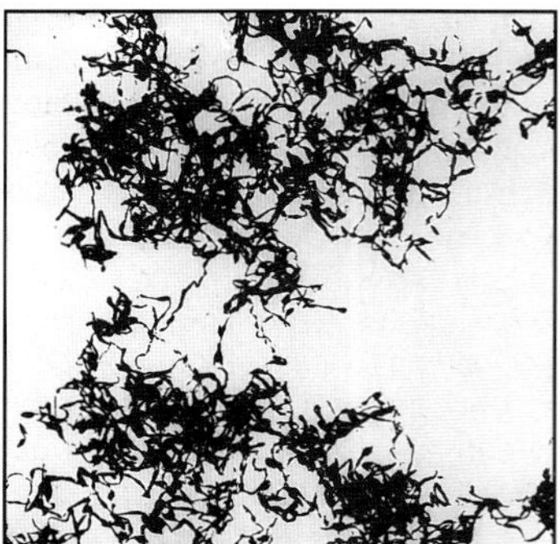

Korn: a) Negativbild in Originalgröße; verschiedene Vergrößerungen: b) 10fach; c) 100fach; d) 300fach; e) 10 000fach (fadenförmige Struktur des Silbers, das bei der Entwicklung aus dem Silberhalogenidkristall entsteht (Agfa)

Bei der →Entwicklung belichteter Filme kommt es zu Kristallwachstum und Koagulaten (Zusammenballungen der zu metallischem Silber umgewandelten Kristalle). Diese K.ballungen sind beispielsweise in Schwarzweißnegativen sichtbar, zeigen aber eben nicht mehr das einzelne K. selbst. Sie hinterlassen den Eindruck der →Körnigkeit. Bei entwickelten Farbfilmen sind diese

Kornballungen bereits im →Bleichbad entfernt, sichtbar sind hier nur noch ›Farbstoffwölkchen‹ (Farbabb. 45a).

Korndämpfung →Kornwiedergabe

Körnigkeit Durch Anhäufung und Ballung der belichteten und durch die Entwicklung umgewandelten →Silberhalogenidkristalle entstehen im Negativ unregelmäßige Strukturen, die den Eindruck von K. hinterlassen. Sie ist abhängig von der Größe des →Korns, der Schichtdicke der →Emulsion, der →Belichtung und der →Entwicklung. Die K. fällt verstärkt in Partien mittlerer Helligkeit (→Dichte) auf. Ohne aufwendige Meßgeräte ist man auf einen visuellen Vergleich im Positiv angewiesen, in dem genaugenommen aber nur die Zwischenräume der Kornballungen des Negativs sichtbar sind. Meßtechnisch ermittelt man mit einem spezielle Mikro-→Densitometer die Schwankungen in der Größenverteilung der Kornanhäufungen. Ein häufig verwendetes Vergleichsmaß ist die daraus resultierende RMS-K. Nach Angaben der Filmhersteller liegt sie zwischen Werten von 5 und 15, teilweise aber auch weit darüber. Die K. ist neben dem →Auflösevermögen, der →Kontrastübertragung usw. nur *ein* Qualitätskriterium. Bei entwickelten Colormaterialien befindet sich nach dem →Bleichbad kein metallisches Silber mehr in der Schicht. Der Eindruck der K. wird hier duch die den Silberkristallen angelagerten Farbstoffe hervorgerufen (→Farbentwicklung).

Kornrasterverfahren Frühes fotografisches Verfahren, mit dem ein farbiges positives Bild auf einer einzigen Platte aufgenommen und wiedergegeben werden konnte (→Farbfotografie). Erste Ideen dazu stammen von L. D. Du Hauron (1868), die sich jedoch erst aufgrund der bis dahin technisch nicht realisierbaren Farbsensibilisierung 1892 von James W. McDonough in Chicago umsetzen ließen. Am bekanntesten wurde die Autochromeplatte der Gebrüder Lumière, die sie von 1893-1905 bis zur Serienreife entwickelten: Auf einer Glasplatte wurden feinste Stärkemehlkörner aufgebracht, die zu gleichen Teilen in den additiven Grundfarben Rot, Grün und Blau eingefärbt waren. Die winzigen Zwischenräume wurden mit Ruß ausgefüllt. Darüber wurde eine panchromatische Emulsion gegossen, die bei der Aufnahme durch die Körnerschicht hindurch belichtet werden mußte. Dabei wirkten die farbigen Stärkekörner als kleinste Rot-, Grün- und Blaufilter (→Filter), die das Licht der jeweiligen Wellenlänge absorbierten (→Absorption). Nach dem Prinzip der →Umkehrentwicklung wurden alle belichte- ten Partien herausgelöst und die unbelichteten geschwärzt. Bei der späteren →Projektion des Bildes konnte das Licht nur an den Stel- len passieren, an denen die Filmschicht nicht geschwärzt, also durchsichtig geblieben war, und wo die winzigen Filter den jeweiligen Anteil des weißen Projektionslichts passieren ließen. Die in der Wiedergabe gezeigten Farbbilder setzten sich aus feinsten

Farbpunkten zusammen, die bei naher Betrachtung von Nahem das Bild aufgerastert (→Raster) erscheinen ließen. Durch die Agfa-Farbenplatte wurde das gering lichtempfindliche Verfahren verbessert und ab 1926 bzw. 1932 auf der Basis eines Rollfilms perfektioniert. Nach 1936 verschwanden die K. zunehmend. Lediglich als →Linienrasterverfahren behielt das Prinzip geringe Bedeutung (→Sofortbildmaterialien; Farbabb. 45e).

Kornwiedergabe Bei Vergrößerungen von grobkörnigen Negativen läßt sich der Eindruck der →Körnigkeit auf dem →Abzug in Grenzen beeinflussen. Ein Vergrößerungsgerät mit Lichtführung durch einen →Kondensor, oder ein Fotopapier mit einer hochglänzenden Oberfläche und einer steilen (harten) →Gradation steigert zwar den Eindruck der Körnigkeit, fördert aufgrund des höheren Kontrasts aber auch den Eindruck einer hohen Bildschärfe (im Unterschied zu Vergrößerungsgeräten mit Mischköpfen, matten Papieroberflächen und weichen Gradationen).

Korrekturfilter Filter zur Angleichung der →Farbtemperatur (→Konversionsfilter), zum Ausgleich von Farbstichen beim Vergrößern (→Farbvergrößerung), zur Dichtekorrektur (→Graufilter) oder zur Steuerung der Kontrastwiedergabe farbiger Motive auf Schwarzweißfotos (→Kontrastfilter).

Körperfarbe Sichtbare Farbe eines nicht selbstleuchtenden Gegenstands. Die spezifische molekulare Struktur der Körperoberfläche, die das auftreffende Licht absorbiert und teilweise reflektiert bzw. bei farbigen transparenten Körpern (z.B. →Filter) durchläßt, bestimmt die wahrgenommene Materialfarbe. Dabei ist die K. auch abhängig von der spektralen Zusammensetzung des auftreffenden Lichts; Lichtquellen mit unterschiedlichen Farbigkeiten und →Farbtemperaturen erzeugen einen unterschiedlichen Eindruck der K.

Kostinsky-Effekt Bei der →Entwicklung eines fotografischen Bildes kann bei unzureichender Bewegung im Abbild eine chemisch bedingte Vergrößerung des Abstands zwischen zwei eng zusammenliegenden Bildelementen auftauchen. Dieses Phänomen ist darauf zurückzuführen, daß bei der Entwicklung an den geschwärzten Stellen der Entwickler verbraucht wird und die hemmenden Entwicklungsprodukte nach allen Seiten wegdiffundieren; so wird eine Entwicklung zwischen den zwei Schwärzungsbereichen und den innenliegenden Schwärzungsrändern nahezu verhindert (→Kanteneffekt).

Kratzer auf Negativen oder Dias sind als mehr oder weniger feine Striche sichtbar (meistens dunkel, bei größeren Schichtablösungen aber auch hell transparent). In Grenzen wird man solche Beschädigungen retuschieren können (→Retusche). Bei schwierigen Fällen hilft ein Lacküberzug. Recht aufwendig ist die Einbettung des

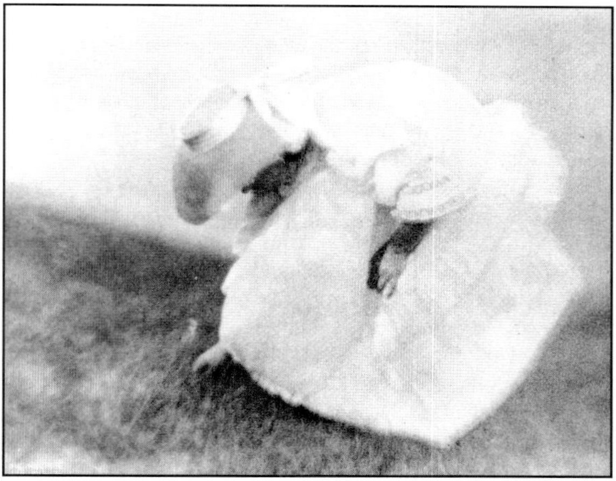

Kunstfotografie: Gummidruck von Heinrich Kühn, 1905/06 (Museum Folkwang, Essen)

Negativs luftblasenfrei in Glyzerin, um auf diese Weise die Kratzer aufzufüllen und in der Flüssigkeit zu vergrößern (→Telegraphendrähte).

Kronglas Hochwertiges optisches Glas mit niedriger Brechzahl und schwacher →Dispersion.

Kühn, Heinrich (*1866 Dresden, †1944 Brigitz/Tirol) Zunächst Studium der Naturwissenschaften und der Medizin, ab ca. 1888 verstärkt Beschäftigung mit der Fotografie; K. wurde 1896 Mitglied im Wiener ›Camera-Club‹ und entwickelte zusammen mit Hugo Henneberg und Hans Watzek (das ›Kleeblatt‹) Techniken für einen mehrfarbigen kombinierten →Gummidruck. 1904 und 1907 Kontakte zu Edward →Steichen und Alfred →Stieglitz sowie Veröffentlichungen in ›Camera Work‹. 1905-1919 kommerzielles Porträtstudio und Hauptteil seiner ›malerischen‹ Fotoarbeiten (→impressionistische Fotografie). K. gilt als Stilbildner der →Kunstfotografie, er experimentierte mit den künstlerischen Möglichkeiten des Kornrasterverfahrens und eröffnete 1912 eine Fotoschule.

Kugelkopf/Kugelneiger →Stativkopf

Kunstfotografie Typisch für diese fotografische Stilepoche zwischen Ende des 19. Jahrhunderts bis ca. 1920 waren die →Edeldruckverfahren, mit denen die Fotografen ähnliche Bildstrukturen erzeugten, wie sie in der Malerei und der Zeichnung üblich waren; damit sollte die Fotografie zur Kunst erhoben werden (d.h. dem damaligen Kunstanspruch genügen). Die Kunstfotografen wehrten sich gegen die plumpen Atelierfotografien und die zufälligen Reisebilder. Sie strebten an,

Stimmungen zu erzeugen sowie die ›Schönheit‹ wahrzunehmen und dies in harmonisch gestaltete Fotos umzusetzen. Fotografen wie Heinrich →Kühn, Robert Demachy sowie die Gebrüder Hofmeister schufen Genreszenen, pittoreske Landschaftsaufnahmen und Fotos in →impressionistischer Manier die das Bild dieser Epoche mitprägten. Insbesondere der Leiter der Hamburger Kunsthalle, Alfred Lichtwark (1852-1914), setzte sich für die (kunst-)erzieherische Wirkung solcher Fotografien ein. Abgelöst wurde die K. durch die gegensätzliche Anschauung der →Neuen Sachlichkeit, des →Neuen Sehens und der →Straight Photography.

Künstlerische Fotografie In Abgrenzung zum →Bildjournalismus, zu einer warenästhetisch verwertbaren Fotografie (→.z.B. Werbefotografie) oder zur Dokumentation spricht man von k. F. bei der Arbeit von freien Fotografen, die, statt einer zielgerichteten Vermarktung den ›ideellen‹ Wert ihrer Arbeit in den Vordergrund stellen. Zweckmäßigerweise, wenn auch im Einzelfall oft schwierig, grenzt man die k. F. von der ›kreativen‹ Fotografie der Werbe-, Porträt- und Landschaftsfotos anderer Berufsfotografen (oder auch Amateure) ab. Andere Abgrenzungen sind erforderlich, wenn Künstler die Fotografie nur als Transportmedium ihrer Ideen nutzen (etwa zur Dokumentation ihrer Aktionen). →Autorenfotografie, →Fotokunst, →Fotodesign, →inszenierte Fotografie, →Concept Art, →Dokumentarfotografie

Kunstlicht Licht künstlicher Lichtquellen, das in der Regel eine andere, meist niedrigere →Farbtemperatur besitzt als das Tageslicht. Doch auch die Nicht-→Temperaturstrahler wie →Leuchtstoffröhren gelten als K., das auf konventionellem →Tageslichtfilm einen →Farbstich hinterläßt (Ausnahme: →Blitzlicht, →Normlicht). Im engeren Sinne ist mit K. aber meistens nur das Licht von Glühlampen u.ä. gemeint, das eine Farbtemperatur von ca. 3200 Kelvin besitzt (→Fotoleuchte, →Heißlicht; Farbabb. 34).

Kunstlichtfilm Die meisten Farbfilme sind auf die →Farbtemperatur des mittleren Tageslichts abgestimmt (→Tageslichtfilm). Bei anderen spektralen Zusammensetzungen des Lichts zeigen die Fotos einen →Farbstich. Für Aufnahmen bei künstlichem Licht (Glühlampen, Fotoleuchten, Halogenlicht, nicht aber →Leuchtstoffröhren!) gibt es einige wenige K.e, die von vornherein auf eine niedrige Farbtemperatur von ca. 3200 Kelvin sensibilisiert sind. Sie sind für den erhöhten Rotanteil unempfindlicher, betonen aber den Blauanteil mehr, so daß eine natürlich wirkende Farbwiedergabe gewährleistet ist. Mit bräunlichen →Konversionsfiltern lassen sich K.e auch bei Tageslicht verwenden.

Kurzzeiteffekt
→Schwarzschild-Effekt

L

Labor →Dunkelkammer, →Fotolabor

Lagerung Lichtempfindliche Materialien sollen möglichst kühl und trocken gelagert werden, da sich sowohl die Lichtempfindlichkeit (→Filmempfindlichkeit) wie die →Gradation durch unsachgemäße Handhabung verändern kann. Während es bei Schwarzweißfilmen und -papieren ausreicht, sie bei unter +20° C in Originalverpackung zu lagern, sollten Farbmaterialien generell bei +2 bis +10°C (also im Kühlschrank) aufbewahrt bleiben. In den meisten Fällen verlängert eine Tiefkühllagerung unter -18°C die Stabilität der Emulsionen erheblich, so daß u.U. die aufgedruckte Haltbarkeitsgrenze problemlos überschritten werden kann (→Überlagerung); ob durch die Tiefkühlung im Einzelfall die →Reifung der Emulsion ungünstig beeinflußt wird, muß den filmspezifischen Datenblättern der Hersteller entnommen werden. Gekühltes Material benötigt nach der Entnahme aus dem Kühlschrank einige Stunden Zeit der Akklimatisierung in der verschlossenen Verpackung, um Niederschlag von Kondenswasser zu vermeiden. Fotomaterialien sind vor Strahlung und Staub zu schützen. Gemeinsame Aufbewahrung von angebrochenen Packungen Fotochemikalien und -papier ist zu vermeiden. Für eine Materiallagerung unter tropischen Verhältnissen gibt es spezielle Datenblätter der Filmhersteller.

Lambertsches Gesetz Es beschreibt den →Helligkeitsabfall der

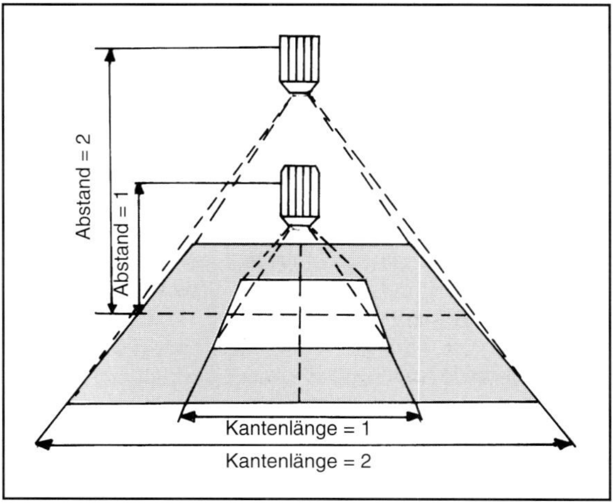

Lambertsches Gesetz (Helligkeitsabfall)

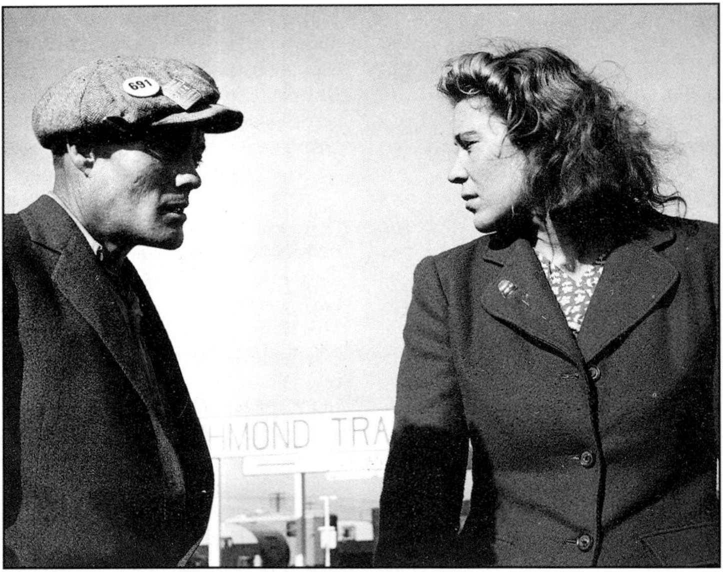

Dorothea Lange, ›USA‹, vor 1940 (Museum Folkwang, Essen)

Wirkung einer Lichtquelle mit zunehmender Entfernung: Die →Beleuchtungsstärke nimmt im Quadrat des Entfernungswerts von der Lichtquelle ab, d.h. eine beleuchtete Fläche ist im Abstand von 2 Metern (zur Lichtquelle) 1/4mal so hell wie im Abstand von 1 Meter und 4mal so hell wie im Abstand von 4 Metern. Das Gesetz geht von einer idealen punktförmigen Lichtquelle aus und liegt z.B. der Berechnung der →Blitzleitzahl zugrunde.

Lamellenschlitzverschluß Ein Kameraverschluß als Lamellenverschluß mit den ausgeprägten Charakteristiken eines →Schlitzverschlusses; miteinander gekoppelt, rechteckige Metallamellen, die als Verschlußwand dienen, werden in einer kurvenförmigen Parallelbewegung ineinander zur Seite geschoben, so daß das Filmfenster völlig freigegeben wird. Von der anderen Seite folgt mit dem Ende der Belichtungszeit die zweite Verschlußwand, die gleichfalls aus mehreren Lamellen besteht, in umgekehrtem Ablauf. Lamellenschlitzverschlüsse sind relativ selten.

Land, Edwin Herbert (*1909 in Bridgeport/Connecticut, †1990 in Cambridge/Massachusetts) Arbeitete ursprünglich als Tüftler und Wissenschaftler an →Polarisationsfiltern für diverse Zwecke in Folienform. 1935 ließ er dafür die Schutzmarke ›Polaroid‹ eintragen. 1948 brachte er eine Kamera auf den Markt, die es erlaubte, direkt nach der Belichtung über ein Walzensystem Verarbeitungschemikalien über das Bild zu verteilen, so daß nach wenigen Minuten ein fertiges →Sofortbild vorlag. 1960 wurde das farbige Sofortbild erfunden (zunächst als Zweiblatt-), 1972 als abfallfreies Einblattprodukt.

Land Art Richtung der →Concept Art, die verstärkt ab 1967 klein- und großräumige, gestalterische landschaftliche Formveränderungen zum Thema hat. Von Ausnahmen abgesehen dient die Fotografie (neben Film und Video) hauptsächlich der Aufzeichnung und Dokumentation des vom Künstler inszenierten, vergänglichen Prozesses. Bekannteste Vertreter sind Walter de Maria und Richard Long.

Lange, Dorothea (*1895 Hoboken/New Jersey, †1965 San Francisco/Kalifornien) Bis 1917 Pädagogikstudium, anschließend bis 1919 Ausbildung zur Fotografin bei Clarence White an der Columbia University in New York und Eröffnung eines Porträtstudios. Nach 1920, in der Zeit wirtschaftlicher Rezession engagierte Sozialfotografie zur Arbeitslosigkeit (als Auftrag) und Bilderserien zum Elend der Wanderarbeiter. L. stieß 1934 kurzzeitig zur Gruppe →f/64. Von 1935-1943 arbeitete sie für die Farm Security Administration, eine Zeit, in der ihre bekanntesten Arbeiten entstanden. Immer wieder besticht ihre Sozialfotografie durch äußerst strenge Bildkompositionen und ruhigen Bildaufbau. Ab 1953 gemeinsame Arbeit mit Ansel →Adams für ›Life‹; es entstanden kritische Bildreportagen über den Nahen Osten und Asien. Daneben Lehraufträge für Fotografie.

Langfilmmagazin →Meterware

Langzeitbelichtung
→Belichtungszeit, →Schwarzschildeffekt, →Stativ

Lartique, Jacques-Henri (*1894 Courbevoie, †1986 Nizza) Begann mit 8 Jahren durch väterlichen Einfluß zu fotografieren; erste Aufnahmen seiner kindlichen Umwelt und bewegte Auto-Sportfotos; L. arbeitete mit dem Medium Film, studierte Malerei und erwarb sich mit seinen Gemälden einen guten Ruf. Die Fotografie betrieb er zwar sehr intensiv (sein Archiv umfaßt heute mehr als 200 000 Aufnahmen), betrachtete sie aber immer nur als Hobby. Die Fotos aus seiner Umwelt waren für ihn ein Tagebuch. Er fotografierte die Bohème seiner Zeit, machte zahlreiche Porträts und viele Aufnahmen von Sportereignissen; L. gilt als Chronist der Privilegierten. Eine Ausstellung 1963 in New York machte ihn als Fotograf berühmt. Viele Ehrungen und Ausstellungen folgten. 1979 übergab er sein fotografisches Gesamtwerk dem französischen Staat.

Laser Lichtquelle, die →monochromatisches und kohärentes (phasengleich in einer Ebene schwingendes) Licht erzeugt (Laser = Light Amplification by Stimulatend Emission of Radiation). Die statischen Erscheinungen der →Interferenz beim Laserlicht sind die Grundlage der →Holographie.

Latensifikation Verstärkung des latenten Bildes nach der →Belichtung, jedoch vor der →Entwicklung. Diese Verstärkung geschieht durch eine gezielte diffuse Nachbelichtung, durch chemische Lösungen oder durch eine Behandlung in chemischen Dämpfen. Dadurch werden die Entwicklungskeime der →Emulsion entwicklungsfähig, die sonst reaktionsunfähig geblieben wären. Die Wirkung entspricht einer Anhebung der →Filmempfindlichkeit. Derartige Verfahren galten in der Vergangenheit als wirksamer als die →Hypersensibilisierung durch Vorbelichtung. Durch die Entwicklung höchstempfindlicher Filmemulsionen sind sie weitgehend unnötig geworden.

Laterna magica; Abb. Liesegang

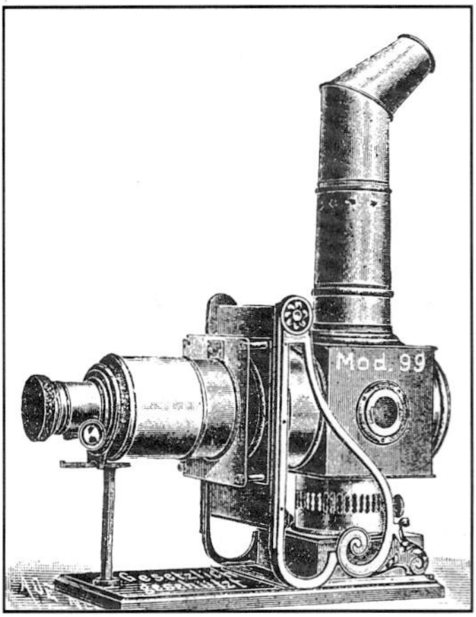

Latentes Bild Unsichtbares, aber bereits gespeichertes fotografisches Bild in der Emulsion nach der Aufnahme. Es entsteht allein durch die Einwirkung des →Lichts auf die →Silberhalogenide. an deren Oberfläche verschiebt die Energie der Photonen des Lichts dabei die Elektronen derart, daß durch die Anlagerung von Silberionen an die eingelagerten Reifkeime eine Abtrennung der Bromatome von den Silberkristallen möglich ist. Das Brom wird von der Gelatine aufgenommen; im metallischen Silber verändern sich die Kristalle zu entwicklungsfähigen Keimen. Diese Veränderungen in der Emulsion entsprechen dem späteren, in der Entwicklung sichtbar werdenden Silberbild (Ausnahme sind die historischen Auskopierpapiere, bei denen das l. B. durch eine extreme Überbelichtung sichtbar wird).Das l. B. bildet sich, bleibt es unentwickelt, mit der Zeit wieder zurück. Bei Farbfilmen vollzieht sich diese Abschwächung in den drei Schichten unterschiedlich schnell, was zu →Farbstichen führt. Eine warme, feuchte →Lagerung beschleunigt die Rückbildung. Deshalb wird eine möglichst baldige Entwicklung nach der Belichtung empfohlen.

Laterna magica Vorläuferin von Dia- und Filmprojektor. Vorformen beschrieb Giovanni B. Porta 1589, der Reflexionen von bemalten Spiegelflächen auf Wandflächen abbildete. Theodo Walgenstein, Christiaan Huygens und Athanasius Kircher verbesserten (wahrscheinlich unabhängig voneinander) diese Vorrichtung um 1680. In der ›Zauberlaterne‹ diente eine Kerze als Lichtquelle, deren Licht durch einen Reflektor gebündelt wurde; die Motive waren auf Glasscheiben gemalt, eine Linse bewirkte eine Verstärkung des Projektionsbildes. In den darauffolgenden Jahrzehnten ließen weitere, perfektioniertere Geräte die L. m. zur Attraktion auf Jahrmärkten werden. Ab 1850 wurden erste Fotografien auf einem Glasträger projiziert.

Laufbodenkamera Ursprünglich aus Gründen der Kompaktheit konzipierte, zusammenklappbare Balgenkamera für verschiedene Filmformate (hauptsächlich →Roll- und →Planfilm). Namengebendes Konstruktionsprinzip ist der vom Kameragehäuse abklappbare Boden, auf dessen Schienen die Objektivstandarte ›läuft‹, um in Aufnahmeposition gebracht zu werden. Mit verschiedenen Möglichkeiten der Standartenverstellung versehen, werden L.s gern als mobile →Großbildkameras genutzt.

Layout (engl.: Anlage, Entwurf) Grafischer Entwurf einer Bild- oder Bild/Text-Idee für Anzeigenseiten, Plakate, Titel, Zeitschriften usw., der einen Eindruck vom später gedruckten Ergebnis hinterlassen soll. Nach der Aufgabenstellung (→briefing) wird zunächst ein Rohl. (›Rough‹, →Scribble) angefertigt, in dem mit wenigen Strichen und

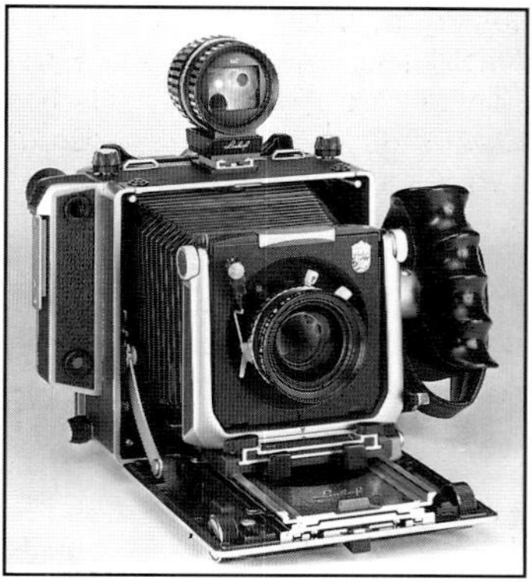

Laufbodenkamera (Linhof)

Farbakzenten Idee, Motiv, Format und Komposition skizziert werden. In der Weiterentwicklung bis zum Reinl. werden diese Gesichtspunkte immer weiter ausgearbeitet und grafisch am Zeichenbrett und/oder am Bildschirm verfeinert, bis sie schließlich — bei Bildlayouts — dem Fotografen als Vorlage im Fotostudio dienen. Gute Kenntnisse der Grafik und Typografie sind für die Arbeit von Layoutern Voraussetzung. Der Umgang mit Fotografien verlangt Sensibilität für technischen und gestalterische Erfordernisse des Mediums (→Doppelseite, →kontern, →Bildverarbeitung).

LCD-Monitor (Liquid Crystal Display) Flüssigkristall-Anzeige auf einer kleinen Monitorfläche auf der Oberseite moderner Kameras. Die Text- und Symbolanzeige informiert über eingestellte Filmempfindlichkeit, Blende, Verschlußzeit, Belichtungsprogramme usw. LCDs finden auch in anderen fotografischen

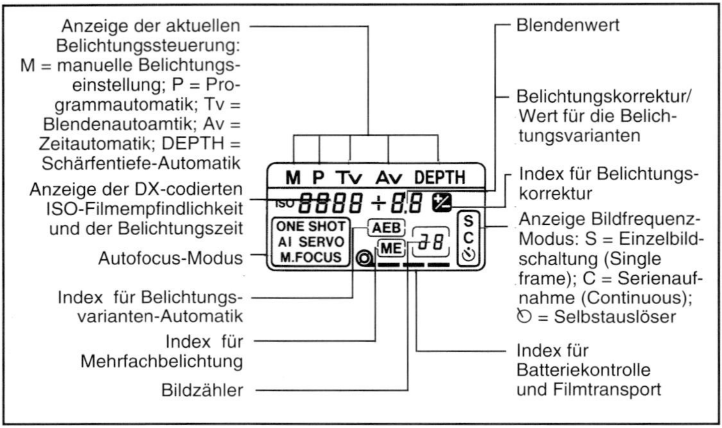

LCD-Monitor

Geräten wie Handbelichtungsmessern und Blitzgeräten Verwendung. Ihr Vorteil liegt in differenzierten Darstellungsmöglichkeiten sehr vieler Informationen auf kleinstem Raum. Sogar eine Benutzerführung ist darüber möglich. Der Energieverbrauch ist entschieden geringer als bei →LEDs. Allerdings ist ein LCD-M. bei schlechtem Licht schwieriger abzulesen, da die Kristalle selbst kein Licht aussenden.

Lebeck, Robert (*1929 Berlin) Studium der Völkerkunde bis etwa 1951. Ab 1952 erste bildjournalistische Arbeit; ab 1955 Leiter der Frankfurter Redaktion ›Revue‹; 1966 Arbeit für den ›Stern‹ in New York; ab 1978 Leiter der Bildredaktion von ›Geo‹; ab 1979 wieder freie Arbeiten. L. gilt als hervorragender ›Einzelbildreporter‹, der komplexeste Geschehen in ein einziges Bild zu fassen vermag.

LED (Light Emitting Diode) Kleine, leuchtende Halbleiterdiode für die (farbige) Anzeige in Kamerasuchern, Blitzgeräten oder Handbelichtungsmessern. LEDs dienen dabei als Kontrollicht, Warnsignal, Anzeigenbeleuchtung usw. Mit mehreren aneinandergeschalteten LEDs lassen sich Buchstaben, Ziffern und Symbole darstellen.

Leitzahl →Blitzleitzahl

Leinwand →Projektionswand

Leuchtkasten (Leuchtplatte, -pult, -tisch) Flacher Kasten mit eingebauter Lichtquelle und einer Opalglasscheibe (Milchglas) vornehmlich für die Betrachtung von Dias und Negativen. Leuchtkästen sind zudem hilfreich bei →Montage- und →Retuschearbeiten. Bei professionellen Leuchtkästen werden hohe Anforderungen an die gleichmäßig helle sowie eine dem Tageslicht entsprechende Beleuchtung gestellt (→Normlicht von 5000 bzw. auch 5500 Kelvin; →Abmustern, →Leuchtstoffröhren). In einfacherer Form werden Leuchtkästen auch als Display für die Präsentation von Großdias gebraucht.

Leuchtrahmensucher Optischer Durchsichtsucher an Sucherkameras, in dem mit einem eingespiegelten hellen Rahmen die tatsächliche Begrenzung des Bildfeldes innerhalb des größeren Sucherbildes angezeigt wird. Oft wird der Leuchtrahmen durch Markierungen zur Korrektur der →Parallaxe ergänzt; bei höherwertigen Kameras paßt er sich veränderten Brennweiten an.

Leuchtstoffröhren finden für die künstliche Beleuchtung von Innenräumen immer mehr Verwendung. Ihr röhrenförmiger Glaskolben ist (für die normale Nutzung) innenwandig mit einem fluoreszierenden Stoff beschichtet, der durch die Gasentladungen in der Röhre zum Leuchten angeregt wird (→Fluoreszenz). Aufgrund der unterschiedlichen Zusammensetzung des Fluoreszenzstoffes sind diverse Weißtöne (mit wärmerem oder kälterem Lichteindruck) möglich, die aber als →Kunstlicht einen grünlichen, bräunlichen oder bläulichen →Farbstich auf einem →Tageslichtfarbfilm hervorrufen können. Da es sich jeweils um ein diskontinuierliches →Farbspektrum handelt, ist eine Korrektur nur annäherungsweise durch spezielle rosa- bis purpurfarbene →Konversionsfilter und

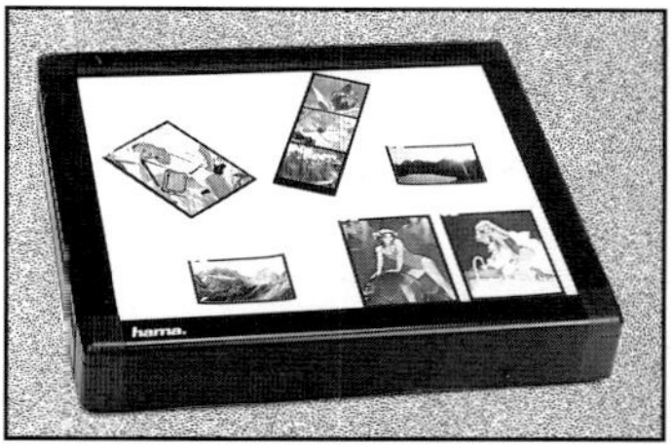

Leuchtkasten (Hama)

Testaufnahmen möglich. Bei Aufnahmen ist eine Vorbrenndauer von mindestens 10 Minuten und eine Belichtungszeit von mehr als 1/30 Sekunde empfehlenswert. Nur hochwertige Normlichtröhren von 5000 bzw. 5500 Kelvin entsprechen in →Leuchtkästen oder bei Probeleuchtungen der Farbtemperatur des Tageslichts.

Leuchtwinkel Winkel, unter dem der →Reflektor einer Lampe (bes. einer →Blitzröhre) das Licht abstrahlt. Bei Kompaktblitzgeräten ist er meist auf den →Bildwinkel von →Weitwinkelobjektiven bis ca. 65° abgestimmt und durch Veränderung des Reflektors oder durch Vorsatzscheiben für andere Bildwinkel verstellbar; da daraus eine veränderte ausgeleuchtete Fläche resultiert, ändert sich dabei auch die →Blitzleitzahl des Blitzgeräts.

Leuchtzeit Dauer des Lichtblitzes bei einem →Blitzgerät. Da bei dessen →Blitzröhre die Leuchtintensität nach der Zündung zwar schnell und stark ansteigt, nach Erreichen des maximalen Scheitelpunkts aber langsamer abfällt, ist die L., Abbrennzeit oder Blitzdauer als die

Zeit definiert, in der die Blitzintensität 50 % ihres Maximums überschreitet; man spricht von der Halbwertzeit t = 0,5 (gelegentlich sind auch Hinweise auf t = 0,1 zu finden). Die L. bei →Computerblitzgeräten liegt zwischen 1/100 und 1/60 000 Sek., bei →Studioblitzgeräten zwischen 1/100 und 1/2000 Sek. (→Blitzbirnen leuchten länger). Die extrem kurzen L.en (→Ultra-Kurzzeiteffekt) der Computerblitze sind allerdings nur möglich bei geringerem Beleuchtungsabstand bzw. sehr hellen Motiven, da die →Thyristorschaltung die Blitzdauer bei ausreichender Belichtung frühzeitig abbricht. Über die →Blitzsynchronisation der Kamera wird der Zündzeitpunkt des Blitzes so gelegt, daß die L. genau in der Offenzeit des →Verschlusses liegt.

Licht Vom menschlichen Auge wahrgenommener Bereich elektromagnetischer Strahlung. Diese breitet sich als elektrisches und magnetisches Feld wellenförmig im Raum aus (→Wellenlängen). Das sichtbare →Spektrum reicht dabei von etwa 380 bis 780 nm (→Nanometer). Auch für den Bereich darüber (→Infrarot) und darunter (→Ultraviolett) wird der Begriff L. oft verwendet. Setzt sich das L. aus energiegleichen Teilen zusammen, spricht man von weißem L. (Sonnenl.). Trifft L. auf Hindernisse, so wird es teils absorbiert (→Absorption), teils reflektiert (→Reflexion) oder gebrochen (→Lichtbrechung). Die Wirkung des L.s auf fotografische Schichten beruht auf Strahlungsenergie. Winzige Teilchen (Lichtquanten oder Photonen) treffen bei der →Belichtung auf Atome oder Moleküle der Bromsilberkristalle (→Silberhalogenide) und werden von ihnen absorbiert, wobei die Energie der Lichtquanten übertragen wird. Bei dieser im Detail doch recht komplizierten Elementarreaktion werden Elektronen abgespalten; die in der Gelatine eingelagerten Reifekeime fangen sie auf und werden zu Belichtungskeimen. Damit können sich die Bromatome vom Silberkristall trennen, und die Kristallgitterstruktur bricht zusammen. Die durch die Lichteinwirkung hervorgerufene Schichtveränderung ist nicht bzw. nur bei extremer Überbelichtung sichtbar; im Regelfall muß das →latente Bild entwickelt werden (Farbabb. 39).

Leuchtzeit: Kurve der Leuchtdauer

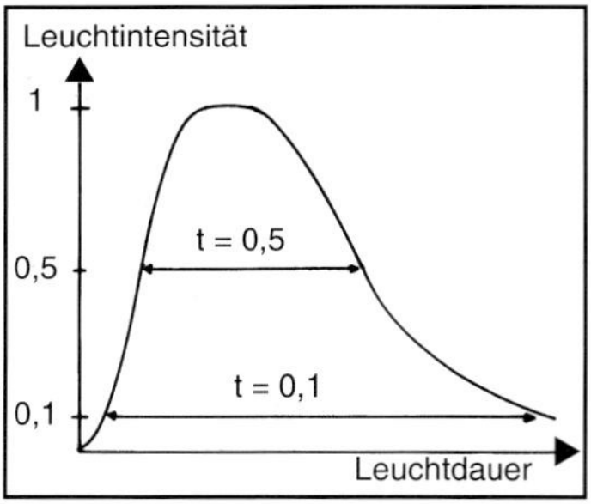

Lichtabfall →Vignettierung, →Helligkeitsabfall, →Lambertsches Gesetz

Lichtbrechung In einem homogenen Medium breitet sich das →Licht geradlinig und mit konstanter Geschwindigkeit aus. Tritt es in ein an-

Lichtbrechung und Teilreflexion an einer planparallelen Glasplatte

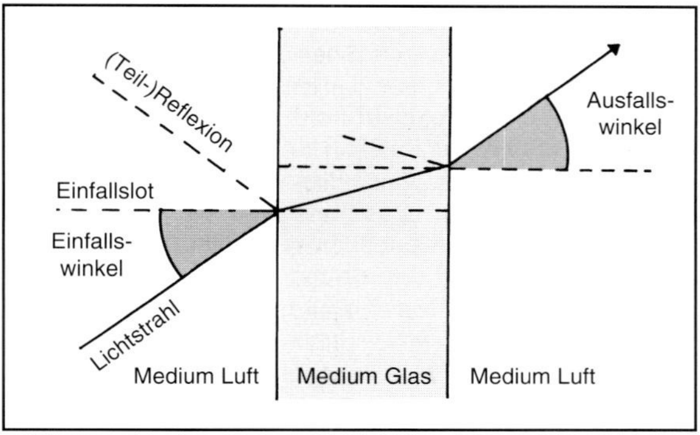

deres Medium, so ändern sich Richtung und Geschwindigkeit. Das Licht wird verlangsamt und zum Einfallslot hin gebrochen, wenn es aus einem optisch dünnen in ein optisch dichtes (→Dichte) Medium tritt. Bei umgekehrter Abfolge verhält es sich umgekehrt. Der Grad der Brechung hängt von der Brechkraft des Mediums, ausgedrückt durch die Brechzahl ›n‹, ab. Dieser Brechungsindex gibt das Verhältnis zwischen der Geschwindigkeit des Lichts in einem Medium (z.B. Glas) und der Lichtgeschwindigkeit an. Für →Objektivkonstruktionen werden unterschiedliche Glassorten mit unterschiedlichen Brechzahlen genutzt, um →Abbildungsfehler zu beseitigen; zusätzlich muß man dabei auch zwischen dem Licht verschiedener Wellenlängen differenzieren, da diese beim Übergang von einem Medium in ein anderes unterschiedlich stark gebrochen werden (→Dispersion).

Lichtbeugung →Beugung

Lichtdouble Ersatzobjekt oder Ersatzperson für das eigentliche Aufnahmemotiv beim →Ausleuchten im →Studio (z.B. bei der →Food-Fotografie oder der Arbeit mit →Modellen). →Dummy

Lichtdruck Historisches Druckverfahren auf der Basis von gegerbter Dichromatgelatine (→Dichromatverfahren). Von Alphonse L. de Poitevin 1855 in Grundzügen entwickelt und von Joseph Albert 1868 perfektioniert, wurde der L. über fast ein Jahrhundert zu einem hochwertigen Druckverfahren. Dazu wird eine Glasplatte wiederholt mit Chromgelatine überzogen und diese Schicht bei 50-60°C getrocknet, was zu haarfeinen Rissen auf der gesamten Oberfläche führt. Durch das intensive Aufbelichten eines Halbtonnegativs wird die Schicht teilweise gehärtet; durch das Auswässern entsteht ein Reliefbild mit einem in den Lichtern und Schatten unterschiedlich ausgeprägten →Runzelkorn. Nach dem Trocknen ist die

Platte für den Druck mit einer Gelatine-Kochsalzlösung anzufeuchten; die feinen Vertiefungen des Runzelkorns nehmen die aufgestrichene, fetthaltige Farbe auf und geben sie beim Druck in einer Flachdruckpresse an das glatte Druckpapier wieder ab. Für den Auflagendruck verdrängte der L. bald die →Woodburytypie und die →Heliogravüre. Später wurden mit der Lichtdrucktechnik auch farbige Fotos in höchster Qualität gedruckt. Heute ist die Technik durch Offsetdruck u.ä. abgelöst.

Lichteinfall Ursache für eine unerwünschte (Teil-)Belichtung von Fotomaterialien infolge von defekten Kameraverschlüssen oder Rückwänden, undichten Filmpatronen oder (im Fotolabor) unzureichendem Verschluß angebrochener Fotopapierverpackungen (→Fremdlicht).

Lichtempfindlichkeit →Filmempfindlichkeit

Lichter Helle, aber noch durchzeichnete Partien in einem Positiv (im Gegensatz zu den →Schatten; gelegentlich spricht man auch von den ›Schwärzen‹). Hellste L., z.B. Reflexe, bezeichnet man als →Spitzlichter. Die L. eines Motivs werden im Negativ stark gedeckt (geschwärzt) wiedergegeben.

Lichterabschwächer (chemisch) Bei überbelichteten oder überentwickelten Schwarzweißfilmen sind die Motivlichter (→Lichter) im Negativ oft unkopierbar stark gedeckt. Um dies zu reduzieren, die Halbtöne aber zu erhalten, wird das Negativ in einer Lösung aus Ammoniumpersulfat, Schwefelsäure und Wasser behandelt. L. ist auch fertig konfektioniert im Handel.

Lichtfarbe Vom Auge wahrgenommene Farbigkeit des Lichts, bedingt durch dessen spektrale Zusammensetzung (→Spektrum). Der Begriff ist eng verbunden mit der →Farbtemperatur. Bei einem Licht, das von künstlichen Lichtquellen kommt und in seiner Zusammensetzung genormt ist, spricht man von Lichtart (→Normlicht).

Lichtführung Gezielte Anordnung der Beleuchtungskörper vornehmlich im →Studio.

Lichthof Lichtsaum (ähnlich einer Überstrahlung), der bei der Abbildung einer Lampe oder einer hellen Fläche o.ä. im Bild in der Schicht des fotografischen Materials entstehen kann; als Ursache kommen Beugung, Brechung und Streuung der einfallenden Lichtstrahlen an

Lichtleiter: Kaltlichtleuchte mit mehreren biegsamen Lichtleitern (Gossen)

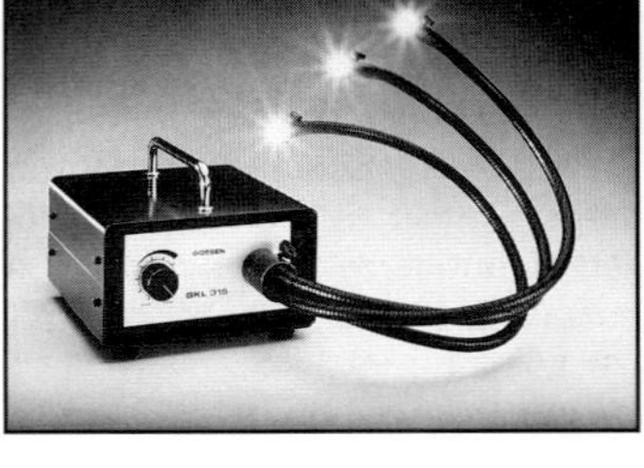

den Kristallflächen der →Silberhalogenide in der →Emulsion (Diffusionslichthof) oder eine Reflexion innerhalb des Schichtträgers (Reflexionslichthof) in Frage. Diffusionslichthöfe können zu einer starken Verminderung des →Kontrasts und damit u.U. auch zu einer Reduzierung des →Schärfeeindrucks führen (→Kanteneffekt).
Man versucht, diese L.bildung durch Veränderung der Kristalle (Flachkristalltechnologie), Reduzierung der Schichtdicke und den Einbau lichtabsorbierender Farbstoffe zu vermeiden. Reflexionslichthöfe werden durch spezielle, lichtabsorbierende Schutzschichten vermieden; bei →Rollfilmen befinden sich dazu speziell eingefärbte Pigmentschichten auf der Rückseite des Schichtträgers, bei →Kleinbildfilmen liegen die L.-Schutzschichten häufig zwischen Schichtträger und Emulsion. Sie werden in den Verarbeitungsbädern angelöst und herausgefärbt.

Lichtleiter Dünne Lichtleitfasern aus einem hochbrechenden Glaskern und einem niedrigbrechenden Glasmantel machen es möglich, daß das Licht im Faserkern durch Totalreflexion ohne Energieverlust (auch im Winkel) weitergeleitet wird. Werden die Fasern zu Bündeln zusammengefaßt und entsprechend ummantelt, erhält man biegsame L., mit denen auch kleinste Objekte (→Nahaufnahmen) punktuell beleuchtet werden können. Als Beleuchtungsquelle dienen Halogenlampen (→Kaltlichtleuchte) mit speziellen Vorschaltgeräten.

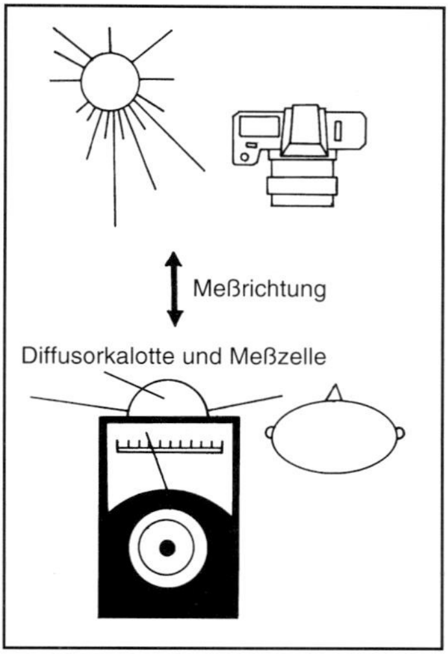

Lichtmessung

Lichtmalerei (Lichtzeichnung, Lichtgrafik) Erzeugung von Lichtspuren auf lichtempfindlichem Material durch manuelle oder apparative Bewegung von Lichtquellen. Die Begriffe werden für die verschiedensten Techniken verwendet, in denen das fotografische Prinzip der Lichtempfindlichkeit mit malerischen, zeichnerischen oder grafischen Techniken kombiniert wird (→Fotografik, →Lichtpendelgrafik, →Luminogramm, →Lichtpinsel).

Lichtmessung Methode der Belichtungsmessung, bei der das auf das Motiv auftreffende Licht (vom Motiv aus in Richtung Kamera) gemessen wird (im Unterschied zur →Objektmessung). Die auch als Incident-light-Messung bezeichnete Methode ist nur mit →Handbelich-

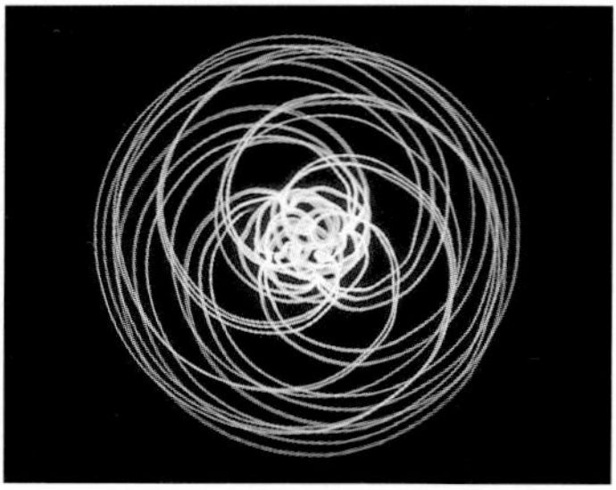

Lichtpendelgrafik;
Foto: Jürgen Wittsiepe

tungsmessern möglich. Dazu wird vor die Meßzelle des Belichtungsmessers eine spezielle Streuscheibe bzw. Streuhalbkugel (→Diffusorkalotte) gesetzt; diese erweitert praktisch den Meßwinkel auf 180°. Indem ausschließlich die →Beleuchtungsstärke der Lichtquellen gemessen wird, verliert z.B. der Einfluß der Eigenfarbigkeit des Motivs (→Objektumfang) an Bedeutung. Das Ergebnis der L. kann also, je nach Motiv, durchaus von Ergebnissen der Objektmessung abweichen.

Lichtmontage Technik der →Fotomontage, bei der Elemente aus mehreren Fotografien zusammengefügt werden, wobei allerdings im Unterschied zur Klebemontage nicht Teile von fertigen Papierabzügen verwendet werden, sondern Bildelemente aus unterschiedlichen Negativen oder Dias; diese werden bereits bei der Bildbelichtung (im Fotolabor) kombiniert. Dabei können die einzelnen zu montierenden Bildpartien entweder nacheinander (Belichtungsmontage) oder gleichzeitig als →Sandwich (Filmmontage) auf →Planfilm oder Fotopapier aufbelichtet werden. Die jeweilige Technik und der Ablauf der Arbeitsschritte hängen von den Ausgangsnegativen und vom beabsichtigten Bildergebnis ab. Beim Sandwich-Verfahren addieren sich die →Dichten der Einzelbilder, kopiert man nacheinander, addieren sich die Belichtungen.
Anders als bei der Klebemontage sind bei der L. auch fließende Übergänge zwischen den einzelnen Bildteilen möglich. Ähnliche Ergebnisse sind auch bei der →Mehfachbelichtung (z.B. →Phantomfoto), bei der →Diaprojektion (→Überblendtechnik) und dem →Foto-composing (→Computergrafik) auf dem Computermonitor möglich (Farbabb. 20).

Lichtpendelgrafik (auch Pendelfotogramm, Rhythmogramm) Spezielle Form des →Luminogramms, bei dem eine frei schwingende Lichtquelle über einer Kamera mit geöffnetem Verschluß kreist und dabei gleichförmige Lichtspuren auf dem Filmmaterial hinterläßt. Einige Fotografen entwickelten dazu spezielle Rhythmogramm-Maschinen (Peter Keetman, Heinrich Heidersberger ab 1948).

Lichtpinsel Belichtungsmethode der →Lichtmalerei, bei der mit einer Lichtquelle mit einem sehr engen Strahlenbündel (Halogenspot oder Blitzstroboskop-Pistole) ein Objekt (meist in der →Sachfotografie) in einem dunklen Raum mit einem Lichtstrahl konturiert und ›bemalt‹

wird. Durch die Momente des Zufälligen entstehen interessante Licht-Schatten-Verläufe. Mit einem solchen L. lassen sich auch Figuren und ähnliches freischwebend in den dunklen Raum malen .

Lichtsaum Linienförmige Spitzlichter, die als helle Konturen ein Motiv (z. B. ein Porträt) im Gegen- oder Seitenlicht umgeben.

Lichtschacht Klappbarer Aufsatz vornehmlich auf →Mittelformatkameras zur streulichtfreien Betrachtung des Mattscheibenbildes.

Lichtschleuse Ein abgedunkelter Durchgang zwischen dem Hell- und dem Dunkelteil eines Fotolabors. Zwei getrennte Türen o.ä., die nicht gleichzeitig geöffnet werden können, verhindern, daß Licht vom Hellraum in die Dunkelkammer fällt, die Dunkelkammer aber dennoch zugänglich bleibt.

Lichtschutzlack Ein transparenter Schutzlack, mit dem die zersetzende Wirkung von UV-Strahlen (Ultraviolett) auf die Farbstoffe von Colorbildern abgeschwächt wird. Der Lack (mit dem Pinsel, als Spray oder als Folie aufgetragen) ergänzt die Wirkung der UV-absorbierenden Schichten in den farbigen Fotomaterialien und dient zusätzlich als mechanische Schutzschicht für die Bildoberfläche.

Lichtsignierung Vorbelichtete Randsignatur bei fotografischen Aufnahmefilmen (Kleinbild). Angegeben sind meist die Filmsorte, die Fabrikationsnummer und außerdem eine Bildnumerierung. Die vorbelichtete Kennzeichnung erscheint am Perforationsrand auf richtig entwickelten →Diafilmen hell, auf Negativfilmen dunkel. Strichcodes auf Color-Negativfilmen dienen der Identifizierung der Filme in automatischen →Printern. Als Nebeneffekt

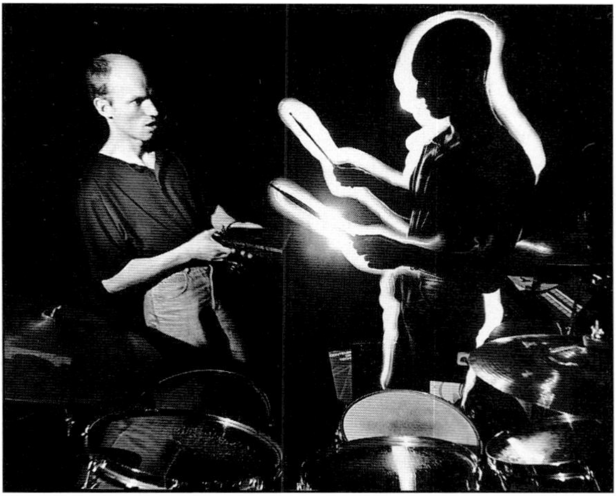

Lichtpinsel: Linienkontur mit einer Taschenlampe, anschließend Blitzbelichtung; Foto: Peikan Razani

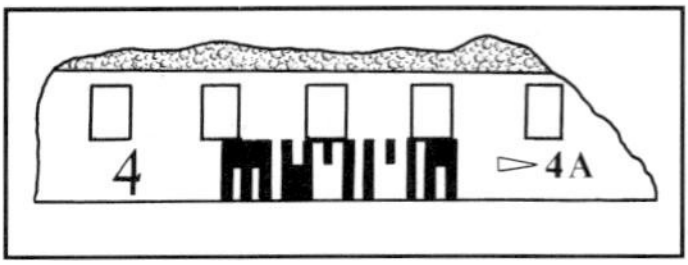

Lichtsignierung: vorbelichteter Strichcode zur Filmerkennung am Perforationsrand

läßt sich an der Dichte der vorbelichteten, entwickelten Signatur oft erkennen, ob es sich bei mangelhaften Ergebnissen um Verarbeitungsfehler handelt. →DX-Codierung

Lichtstärke 1. Verhältniszahl von maximalem Öffnungsdurchmesser eines Objektivs zu seiner Brennweite (→Öffnungsverhältnis). Die L. entspricht stets der kleinsten →Blendenzahl bzw. der größten Öffnung. Lichtstarke Normalobjektive haben L.n zwischen 1:1 und 1:2,0. Tele- und Weitwinkelobjektive sind meist lichtschwächer. Den Vorteilen einer höheren L. stehen oft Nachteile eines größeren Gewichts, eines geringen Schärfebereichs und größere Abbildungsfehler bei offener Blende, sowie höhere Anschaffungskosten gegenüber. 2. Leuchtkraft von Lichtquellen, gemessen in →Candela (cd).

Lichtwert (LW, auch EV = Exposure Value) Zahlengröße, welche die erforderliche Lichtmenge für die →Belichtung kennzeichnet. Dabei wird berücksichtigt, daß mit unterschiedlichen Zahlenpaaren (Belichtungszeit — Blendenzahl) die gleiche Belichtung erzielt wird. Derjenigen Lichtsituation (Belichtung), die bei Blende 1 eine Sekunde Belichtungszeit erfordert, wird der Lichtwert 0 zugeordnet. Rechnerisch läßt sich der L. nach

$$\text{LW} = \log_2 \times \frac{\text{Blendenzahl}^2}{\text{Belichtungszeit}}$$

ermitteln. L.e sind oft auf den Skalen von →Handbelichtungsmessern abzulesen. Sie gestatten auf einfache Weise einen Vergleich unterschiedlicher Lichtsituationen (auch die Messung des →Kontrastumfangs eines Motivs). Zu beachten bleibt, daß die EV-Angaben nicht bei allen Geräten der genannten Berechnung folgen (→Belichtungswert).

Lichtzange Beleuchtungsanordnung, bei der ein Objekt mit zwei gerichteten Lichtquellen von rechts und links gleichermaßen angestrahlt wird. Oft ungünstige Doppelschatten (z.B. bei der Nase in Porträts) können die Folge sein.

Lichtzelt Hülle eines abgestumpften Kegels aus weißem, lichtdurchlässigem Material zur schattenfreien Ausleuchtung vornehmlich kleinerer Objekte. Die Zeltkonstruktion kann auch die Form von Dächern, Würfeln und Rohren haben. Das durchscheinende Material, das wie ein →Diffusor wirkt, erhält eine kleine Öffnung, durch die sich das Objektiv der Kamera hindurchführen läßt, um das Objekt zu fotografieren.

Linearperspektive
→Zentralperspektive

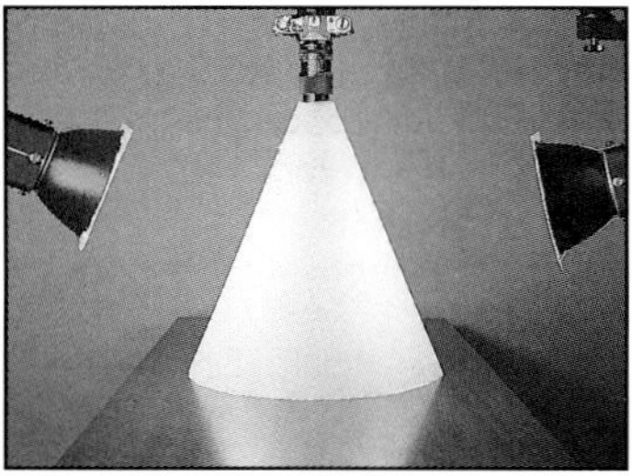

Lichtzelt

Linear-Polfilter →Polarisationsfilter

Linien →stürzende Linien

Linienoptik →Abbildung

Linienrasterverfahren Weiterentwicklung des →Kornrasterverfahrens, bei dem mit einer einzigen Filmschicht durch eine zusätzliche Rasterschicht ein farbiges Bild in den additiven Grundfarben Blau, Grün und Rot entsteht. Bei starken Vergrößerungen wird das Linienraster sichtbar (Farbabb. 45e).

Linse Durchsichtiger Körper, meist von zwei Kugelflächen begrenzt, aus speziellen Glassorten oder Kunststoffarten angefertigt. An den Oberflächen der L. werden die Lichtstrahlen eines Strahlenbündels gebrochen (→Lichtbrechung), was bei geeigneter Anordnung zu einer optischen →Abbildung führt. Unterschieden wird zwischen Sammellinsen (konvex) mit einem dickeren Durchmesser in der Mitte als am Rand, hinter denen die Lichstrahlen zusammenlaufen (konvergieren) und Zerstreuungslinsen (konkav), die, in der Mitte verjüngt, das Strahlenbündel auseinanderlaufen (divergieren) lassen. Sphärisch geschliffene L.n zeigen zum Rand hin einen anderen Krümmungsradius als in der Mitte. Zur Verstärkung ihrer Wirkung und zur Verringerung von Abbildungsfehlern werden unterschiedliche L.n zu L.n-Systemen zusammengefügt. Solche mit insgesamt sammelnden Eigenschaften werden u.a. als →Objektive (→Objektivkonstruktion) genutzt. Kenngröße für eine einzelne L. bzw. ein L.n-System ist die →Brennweite (→Brennpunkt) und ihre Brechkraft (→Dioptrie). →Achromat, →Anastigmat, →Apochromat

List, Herbert (*1903 Hamburg, †1975 München) 1921-1923 Studium der Literaturgeschichte, an-

Linsen:
Grundformen optischer Linsen

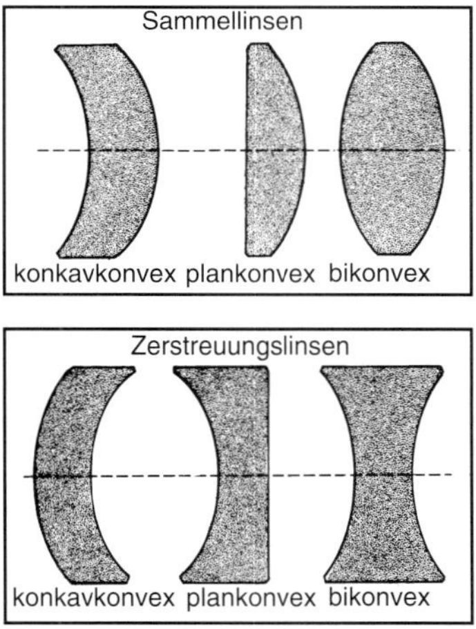

schließend kaufmännische Reisetätigkeit für die väterliche Kaffee-Importfirma in Süd- und Nordamerika; begann ab 1930, durch Andreas →Feininger angeregt, zu fotografieren; 1936 Emigration nach Paris und London, L. galt als Bohemien seiner Zeit; er war weniger Reporter, sondern eher präziser, distanzierter Beobachter seiner Umwelt. Viele seiner Fotografien sind vom Surrealismus sowie von Arbeiten René Magrittes und Giorgio de Chiricos beeinflußt und wurden später als ›magisch‹ und ›metaphysisch‹ (›fotografia metafisica‹) bezeichnet. 1946 kehrte er endgültig nach München zurück; zwischen 1940 und 1960 entstanden zahlreiche Künstlerporträts, einige Reisebildbände und Bildessays. L.s frühe Fotografien nehmen einige Bildideen voraus, die später in den Bildern von Ralph →Gibson, Duane →Michals/USA und Andrè Gelpke als neuartig empfunden wurden.

Herbert List, ›Ohne Titel‹, um 1937

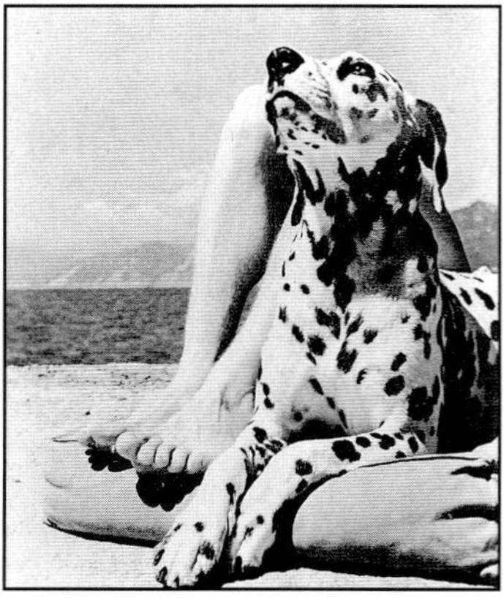

Lithfilm Kopierfilm für die Reproduktion von Strichvorlagen, der über eine besonders steile →Gradation verfügt. Mit L.en werden auch Halbtonbilder für Druckzwecke gerastert.

Litho Bezeichnung für gerasterte Druckfilme.

Live-Porträt →Porträt, das, im Unterschied zum arrangierten, gestellten und gezielt ausgeleuchteten Studiofoto (→Studio), eher einen Schnappschußcharakter besitzt. L.-P.s sind nicht inszeniert, wirken natürlich und sind oft Bestandteil einer Reportage (→Fotoreportage, →Bildjournalismus; Farbabb. 51).

Location (engl.) sind vornehmlich in der kommerziellen Auftragsfotografie (→Modefotografie, →Industriefotografie usw.) die ausgesuchten Originalorte und Kameraperspektiven, an denen bei Außen- *oder* Innenaufnahmen fotografiert wird (im Unterschied zu eventuellen Nachbauten im →Studio). Die Suche (und Organisation, Aufnahmegenehmigung usw.) nach ganz außergewöhnlichen L.s wird u.U. von dafür spezialisierten Agenturen übernommen.

Lochblende Kreisrundes Loch in einem Metall- oder Kunststoffplaten, die als feste, im Unterschied zur →Irisblende, unverstellbare →Blende in ein Objektiv geschoben wird. L.n werden in der →Camera obscura, in historischen Einfachkameras und heute noch bei Spezialobjektiven sowie in der

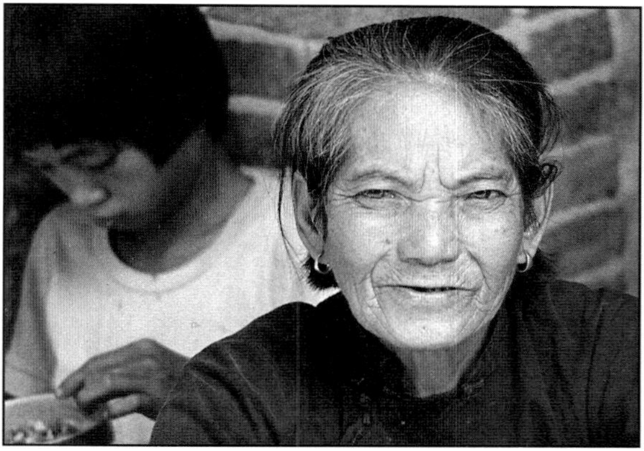
Live-Porträt

Meßtechnik verwendet. Als L.n werden auch Scheiben mit mehreren Löchern bezeichnet, die vor die Frontlinse eines Objektivs gesetzt werden, um den Effekt eines →Weichzeichners zu erzielen.

Lochkamera Einfachste Kameraversion, die statt eines Objektivs nur eine winzige Öffnung als →Lochblende besitzt. Sie entspricht frühen Formen der →Camera obscura und wird heute noch für bildnerische Experimente und technische Messungen genutzt. Das Beugungsbild der L. besitzt ein optimales Auflösevermögen, das vom Lochdurchmesser, der Gegenstands- und der Bildweite sowie der Wellenlänge des Lichts abhängt. Der günstigste Durchmesser des Loches (in mm) beträgt:

$$d = 1{,}9\sqrt{\begin{matrix}\text{Länge der}\\ \text{Lochkamera}\\ \text{in mm}\end{matrix} \times \begin{matrix}\text{Wellenlänge}\\ \text{in mm}\end{matrix}}$$

Geht man von einer durchschnittlichen Wellenlänge von 500 nm (→Nanometer) aus, sollte der Lochdurchmesser ca. 0,45 mm bei einer Kameralänge von 10 cm betragen. Für ein wirklich kreisrundes Loch verwendet man Metallfolie.

Low-key (engl. = Tiefton) Bezeichnung für einen fotografischen Aufnahme- bzw. Beleuchtungsstil, bei dem die dunklen Helligkeitswerte, möglichst nur als tiefe Bildschwärzen, stark überwiegen; nur wenige motivbildende Lichter heben sich hervor (Abb. S. 222; im Gegensatz dazu: →High-key; Farbabb. 44).

Luftbildfotografie Erfaßt alle Aufnahmen, die von einem Drachen, einem Ballon, einem Flugzeug, einem Helikopter oder von Satelliten aus von der Erdoberfläche gemacht werden (Farbabb. 35). Luftaufnahmen spielen eine wichtige Rolle in der Archäologie, der Kartographie, der Ozeanologie, der Meteorologie,

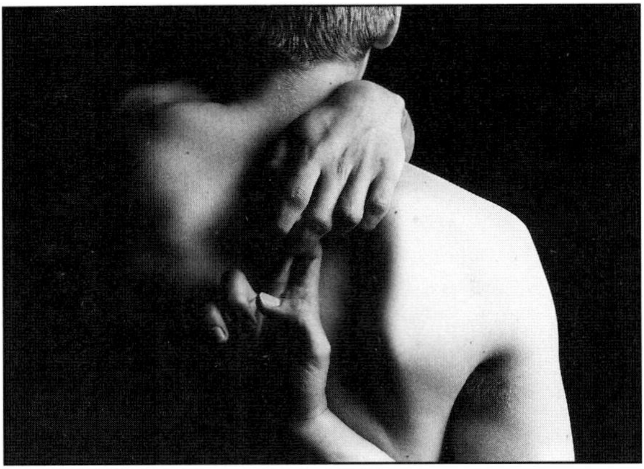

Low-key; Foto: Christel Buchloh

beim Umweltschutz sowie der militärischen Überwachung. Für viele Aufgaben reichen Fotos aus Höhen unter 300 m aus, die mit normalen Kameras gemacht werden können. Man unterscheidet dabei zwischen

Luftbildfotografie: Luftbildkamera mit Visiereinrichtung (Linhof)

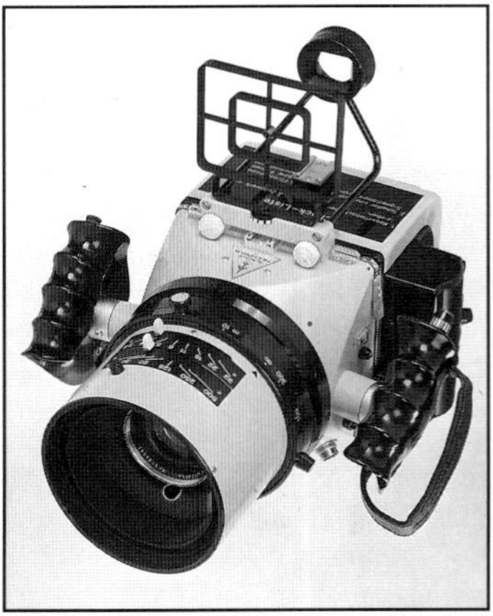

Schrägaufnahmen und Vertikalaufnahmen. Je nach Sonnenstand modelliert das Licht die Erdoberfläche. Für kartographische Aufgaben sind großformatige Spezialkameras mit bis in den Infrarotbereich hinein sensibilisierten Filmen erforderlich. Mittels der →Fotogrammetrie ist eine räumliche Interpretation der Luftbilder möglich. Anfertigung und Veröffentlichung von Luftbildern ist in Deutschland seit 1990 nicht mehr genehmigungspflichtig.

Luftperspektive Der Eindruck von Räumlichkeit in einem Foto kann z.B. bei Landschaftsaufnahmen durch eine stetige Aufhellung der Tonwerte bei flacheren Motivkontrasten mit zunehmender Entfernung und Bildtiefe entstehen. Ursache für diesen Effekt sind bei diesigen und dunstigen Lichtstimmungen die →Lichtbrechung und Lichtstreuung in der Atmosphäre (→Farbenperspektive).

Luminogramm Aufzeichnung von Lichtspuren, die von Lichtquellen unterschiedlichster Art auf lichtempfindlichen Materialien erzeugt werden (→Lichtmalerei). Solche Lichtgrafiken können in einer direkten Belichtung des Fotopapiers oder mit Hilfe einer Kamera entstehen (→Lichtpendelgrafik). L.e gehören in den Bereich einer analytischen, →experimentellen und →Generativen Fotografie. Im Unterschied zum →Fotogramm werden nicht die Spuren eines Gegenstands sondern die Spuren des Lichts aufgezeichnet (Arbeiten z.B. von Kilian Breier ab 1960).

Lumineszenz Die Lichtstrahlung von Stoffen oder Körpern, die ihre Ursache nicht in einer hohen Temperatur der Strahlungsquelle hat (→Temperaturstrahler), sondern durch verschiedenste Anregungen hervorgerufen wird. Entsteht L. durch Bestrahlung mit andersartigem ›Licht‹ (z.B. UV-Strahlung), spricht man von Foto-L. Vereinfacht gilt: Tritt dieses ›kalte Leuchten‹ nur *zusammen* mit einer Erregerstrahlung auf, spricht man von →Fluoreszenz (→Leuchtstoffröhren), leuchten die Stoffe *nach*, von Phosphoreszenz. Das →Spektrum von lumineszierenden ›Lichtquellen‹ ist sehr schmalbandig und oft diskontinuierlich, was zu Problemen bei der Filterung von Farbaufnahmen führen kann (→Farbtemperatur, →Farbstich).

Lumogramm Mit dem Begriff werden direkte Vergrößerungen von flachen, transparenten Objekten

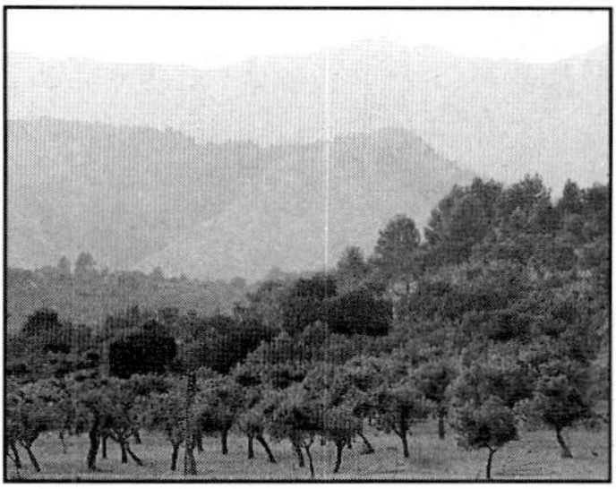

Luftperspektive

bezeichnet, die in die Bildbühne des →Vergrößerungsgeräts gelegt werden. Auf gleiche Weise können auch Kristallstrukturen oder manuell manipulierte Materialien abgebildet werden. L.e sind damit im Bereich zwischen →Luminogrammen und →Fotogrammen einzuordnen.

Lupenobjektiv Eine spezielle Objektivkonstruktion für die Aufnahme im →Nahbereich zwischen 5:1 und 10:1. Die sehr klein konstruierten Objektive besitzen keinen Schneckengang und sind nur in Verbindung mit einem →Balgengerät oder →Zwischenringen zu benutzen.

Luxmeter Meßgerät, mit dem die →Beleuchtungsstärke in Lux (lx) gemessen wird. Ähnliche Meßgeräte werden bei der Belichtungsmessung zur →Lichtmessung verwendet.

LW →Lichtwert

M

M Abkürzung für →Mired (→Farbtemperatur); auch alte Abkürzung für ›medium time‹ (→Blitzsynchronisation).

Magazin Transportbehältnis für gerahmte Dias, das in den →Diaprojektor zur →Projektion eingesetzt wird. Man unterscheidet zwischen M.en für Kleinbild- und Mittelformatdias, unterschiedlichen M.ausführungen je nach Rahmendicke (→Diarahmen) sowie zwischen Langmagazinen (für 30-100 Dias) und Rundmagazinen (für 80-140 Dias). Kameramagazin für Filmmaterial: →Wechselmagazin, →Filmkassette

Magenta Bezeichnung aus der Farbenlehre für Purpur (subtraktive →Farbmischung).

Magic-hour Aus der Filmsprache entlehnter Begriff für die Zeit zwischen nachlassendem Tageslicht und Dunkelheit. Für die →Nachtaufnahme ist diese Zeit wichtig, da die Architektur noch Detailkonturen zeigt und Straßen- und Schaufensterbeleuchtung schon eingeschaltet ist; die extremen Lichtkontraste (→Motivkontraste) sind also noch etwas gemindert (Farbabb. 33).

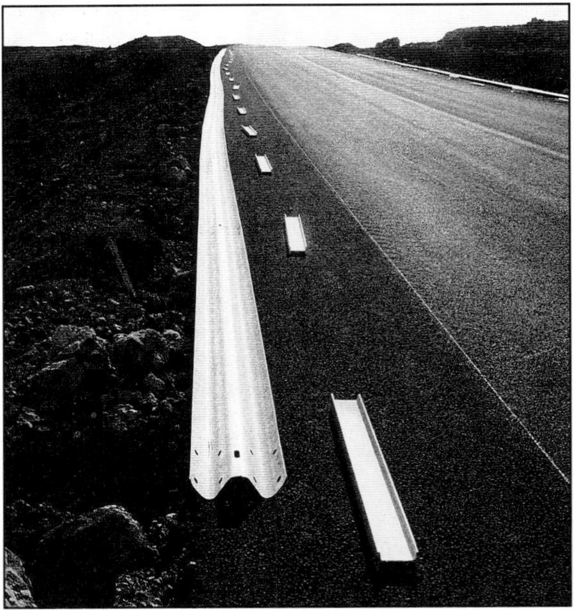

Magischer Realismus

Magischer Realismus Ursprünglich als Begriff für eine Stilrichtung der Malerei der →Neuen Sachlichkeit verwendet und auf die neusachliche Fotografie von Franz Roh 1929 übertragen, wurde die Bezeichnung erst nach 1960 wieder aufgegriffen; oft an der Grenze des Übersteigerten, des Surrealen angesiedelt, werden jetzt wieder einige Fotografen mit ihren Arbeiten dieser Richtung zugeordnet. Ihre Abbildungen sind durchaus ›realistisch‹, zeichnen sich aber oft durch extreme Lichtkontraste (z.B. bei Robert Häusser), schwer nachvollziehbare Bildwinkel oder ganz ungewöhnliche Details aus. Beim Betrachter wird häufig der Eindruck des Unheimlichen und des Beunruhigenden hervorgerufen (→surrealistische Fotografie).

Magnum Die →Bildagentur M. wurde 1947 als ›Magnum-Photos Inc.‹ in New York (und später in Paris) von Henri →Cartier-Bresson, Robert →Capa, George Rodger, David Seymore (Chim) u.a. gegründet. Ihr Ziel: Die Fotografen wollten Eigentümer ihrer Negative bleiben, ein Kontrollrecht über die Verbreitung der Bilder erhalten und völlig unabhängig arbeiten. Zu den Gründungsmitgliedern kamen später Ernst →Haas, Werner →Bischof und zahlreiche andere hinzu, die mit ihren Reportagefotos aus der ganzen Welt das Bild der Nachkriegsjahrzehnte prägten. Etwa nach 1970 bewirkte die veränderte Medienlandschaft, daß sich viele M.-Fotografen verstärkt individuellen großen Projekten zuwandten.

Makrofotografie Der Begriff beschreibt verallgemeinernd das Fotografieren im Nahbereich. Allerdings sind die realisierbaren Abbildungsgrößen bzw. die Grenzen der →Abbildungsmaßstäbe im Unterschied zur →Nahaufnahme nicht klar definiert. Bei normalen Aufnahmeobjektiven, die über eine Makroeinstellung verfügen, ist oft nur der Bereich der möglichen →Scharfeinstellung erweitert; bessere Abbildungsleistung bringt ein spezielles →Makroobjektiv.

Makroobjektiv Spezielle Objektivkonstruktion, die für den Bereich der →Nahaufnahme (bis 1:2 bzw. 1:1) berechnet und korrigiert ist und dort ein besonders hohes →Auflösevermögen zeigt. In der Regel reicht die Entfernungseinstellung aber auch bis →unendlich. Die großen →Bildweiten sind nur mit einem verlängerten Auszug (als →Schneckengang oder →Floatingelements) zu erreichen. Daneben gibt es spezielle M.-Köpfe, die nur in Kombination mit einem →Balgengerät genutzt werden können; der maximale Abbildungsmaßstab reicht dann u.U. bis ca. 5:1. Für noch größere Abbildungsmaßstäbe bedarf es spezieller →Lupenobjektive oder gar Arbeitstechniken der →Mikrofotografie.

Man, Felix H. (eigentlich Hans Baumann; *1893 Freiburg, †1985 London) Kriegsteilnehmer, diverse Beschäftigungen, Kunststudium, ab 1927 Pressezeichner; Arbeit für den >Deutschen Photo Dienst< (Dephot) und die ›Berliner Illustrierte Zeitung‹. Zusammen mit Stefan Lorant als Bildredakteur prägte er einen neuen Stil der Reportagefotografie: weg vom Einzelbild — hin zur Bildstory. Bekannt wurden seine Fotoessays über berühmte Persönlichkeiten (Benito Mussolini, Igor Strawinsky, Max Liebermann u.a.). 1934 Exil in London und Gründung von ›Picture Post‹ (1938), die 1948 die erste Farbreportage veröffentlichte. Nach 1950 beschäftigte sich M. zunehmend mit der Lithographie. Zusammen mit Erich →Salomon und Tim →Gidal zählt M. zu den Pionieren eines klassischen →Bildjournalismus.

Mapplethorpe, Robert (*1946 und †1989 in New York) Bis 1970 Kunststudium am Pratt Institute in New York, arbeitet mit Undergroundfilmen und Bildhauerei. Ab 1972 verstärkt fotografische Tätigkeit, zunächst mit Sofortbildmaterial; bald begann er, Schwerpunkte auf die Porträtfotografie zu legen. M. beschäftigte sich zunächst verstärkt mit deutlich homosexuellen Sujets; gleichzeitig entstanden viele klassische Porträts von namhaften Künstlern in immer ausgefeilterer Schwarzweißtechnik und zunehmend puristischer Gestaltungsweise; ab 1978 auch Blumenstilleben, die in ihrer Kargheit und Lichtführung an Bilder der →Neuen Sachlichkeit erinnern. Eine Hinwendung zur →Concept Art und zum Minimalismus wird deutlich. Seine Ausstellungen bewirken viel Bewunderung und Popularität, seine Männerakte, meist schwarzer Modelle, rufen allerdings auch sehr viel Protest politisch konservativer Kräfte in den USA hervor, bis hin zu Ausstellungsverboten. M. gilt als *der* Vertreter männlicher →Aktfotografie, der wesentlich dazu beigetragen hat, daß dieses Sujet in den verschiedenen Bereichen der Fotografie selbstverständlicher geworden ist.

Maske (Maskierung) In den Helligkeiten (und Farbwerten) zumeist gegenteiliges, deckungsgleiches (Transparent-)Bild, welches für eine Korrektur der Ausgangsvorlage erforderlich ist. In der Fotografie sowie der Reprotechnik unterscheidet man zwischen verschiedenen M.n:
1. →Farbm.n werden in Farbnegativfilmen zum Ausgleich der →Nebenfarbdichten genutzt. Sie überlagern Color-Negativfilme mit einer orangeroten Färbung.
2. →Silberm.n werden als unfarbige Kontrastm.n für die Korrektur von Negativen oder Dias eingesetzt, um deren Gradation zu verändern.
3. Abdeckm.n: silhouettenhaft belichteter oder geschnittener Film o.ä. zum Abdecken von Bildpartien beim Belichten oder bei der Retusche. Auch: schwarze, blendenartige Lochschablonen, die bei der Aufnahme vor dem Objektiv das Bildfeld gezielt begrenzen (→Kompendium; Farbabb. 23, 40b,c).

Matrix-Messung
→Mehrfeldmessung

Mattscheibe Durchscheinende, einseitig aufgerauhte (Glas-)Scheibe, die, in der →Bildebene (Filmebene) eines optischen Systems

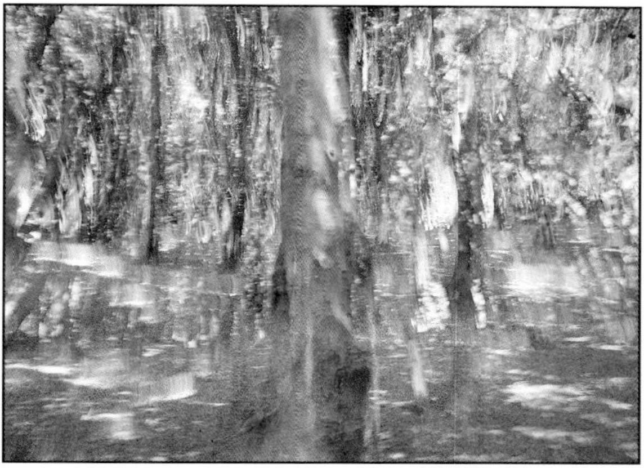

Mehrfachbelichtung mit unterschiedlicher Belichtungszeit

angebracht, das reelle Bild sichtbar macht. Aufgrund der Gesetzmäßigkeiten der →Abbildung erscheint das Bild allerdings seitenverkehrt und kopfstehend. Bei →Spiegelreflexkameras befindet sich die M. nicht in der Filmebene selbst, sondern in einer rechtwinkelig angeordneten Bildebene, auf die das Bild über einen Spiegel umgelenkt und aufrecht gestellt wird. Durch das →Pentaprisma gesehen, erscheint das Bild dann seitenrichtig. Die M. dient als visuelle Scharfeinstellhilfe bzw. -kontrolle. Für die genaue manuelle Fokussierung sind als weitere visuelle Hilfsmittel →Mikroprismenraster, →Schnittbildindikator u.ä. eingelassen bzw. bei Autofocussystemen Meßfelder eingraviert. Neuere Versuche gehen dahin, M.n durch transparente LCD-Flächen zu ergänzen, um auf diese Weise wechselnde Markierungen und Kamerainformationen einblenden zu können. Da einfache Mattscheibenbilder oft einen Helligkeitsabfall zum Rand hin aufweisen, ist die M. zur Korrektur vielfach zusätzlich als →Fresnellinse ausgebildet.

Megakelvin
→Reziproke Megakelvin

Mehrfachbelichtung Zwei oder mehr Belichtungen auf einem Filmstück, ohne daß dieses weitertransportiert wird. Da in modernen Kameras wiederholtes Auslösen durch eine Doppelbelichtungssperre unmöglich gemacht wird, muß diese zunächst entriegelt werden (was allerdings nicht bei allen Kameramodellen möglich ist). Gezielte M.en, bei denen sich verschiedene Motive präzise ergänzen sollen, erfordern eine sorgfältige Planung (z.B. eine Skizze). Zu berücksichtigen ist, daß sich bei der M. in allen Motivteilen die Lichtzonen der Einzelbilder addieren, so daß diese ggf. unterbelichtet werden müssen. Oft läßt sich

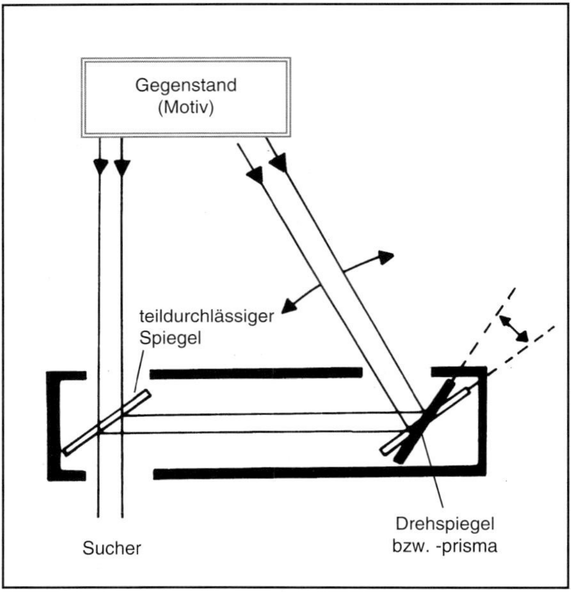

Meßsucher

ein ähnlicher Bildeffekt durch Montage aus einzelnen Bildern auch im Labor erreichen (→Lichtmontage; Farbabb. 11, 20, 22).

Mehrfachprisma Partiell geschliffene →Tricklinse, mit der Mehrfachabbildungen des gleichen Motivs auf einem Bild möglich sind, wobei sich die Randzonen der einzelnen Teilbilder überlagern können. Die Prismenflächen sind entweder kreisförmig oder nebeneinander angeordnet; eine Drehfassung erlaubt eine Verlagerung der Bildfelder um die Aufnahmeachse. Die Wirkung ist etwas von der →Brennweite des Objektivs und der eingestellten →Blende abhängig.

Mehrfeldmessung Meßvariante bei der →Belichtungsmessung, bei der das gesamte Bildfeld in einzelne, ggfs. unterschiedlich geformte Felder (je nach Kameratyp ca. 4-8) unterteilt ist, die automatisch einzeln ausgemessen und im kameraintegrierten Rechner auf ihre Gewichtung hin analysiert werden. Daraus resultiert die erforderliche Gesamtbelichtung des Motivs.

Mehrgradationenpapier
→Gradationswandelpapier

Mehrschichtenvergütung
→Vergütung

Memory-look →Meßwertspeicher

Mensur Flüssigkeitsbehälter mit Eichmarkierungen für Kubikzentimeter bzw. -millimeter u.ä. für das Fotolabor.

Meridional →Sagittal

Meßsucher Optischer Durchsichtssucher, in dessen Bildbegrenzung zusätzlich der kleine Bildausschnitt eines optischen →Entfernungsmessers eingespiegelt ist. Über einen Drehspiegel einstellbar, ist dieser mit dem jeweiligen Objektivauszug (→Auszug) gekoppelt. Für die →Scharfeinstellung müssen das Durchsichtsbild und das Bild des Entfernungsmessers zur Deckung gebracht werden. M. sind in viele →Sucherkameras bis ca. 1970 eingebaut; heute finden sie sich nur noch in sehr hochwertigen Varianten dieses Typs.

Meßwertspeicher Speicherschaltung an der Kamera, mit der ein gemessener Wert (z.B. die Belichtung oder der Autofocus-Meßwert) bis zum Auslösen des →Verschlusses festgehalten werden kann, auch wenn sich währenddessen das Motiv verändert. Dies ist besonders bei einem Kamerabetrieb mit Automatikfunktionen von Bedeutung, da der M. eine Korrektur der sich automatisch ständig verändernden Werte ermöglicht.

Meßwinkel Raumwinkel, der von der Meßzelle eines →Belichtungsmessers erfaßt wird. Er sollte möglichst dem →Bildwinkel des Motivs entsprechen. Handbelichtungsmesser besitzen bei →Objektmessung einen M. von 30° bis 40°, was etwas unter dem Bildwinkel eines →Normalobjektivs liegt. Bei der →Lichtmessung mit einer →Diffusorkalotte beträgt der Meßwinkel 180°. Bei integraler →Belichtungsmessung durchs Objektiv (→TTL-Messung) sind Bild- und M. identisch, was auch bei mittenbetonter →Integralmessung vom Prinzip her nicht eingeschränkt ist. Bei der →Spotmessung und der selektiven Belichtungsmessung ist der M. stark verkleinert.

Meterware Konfektionierung von Filmmaterialien in ›Überlängen‹. So ist perforierter 35 mm-→Kleinbildfilm und 70 mm-Film in verschiedenen Meterlängen (z.B. 17, 30, 45 m) erhältlich. M. wird entweder in speziellen Großraummagazinen an der Kamera verwendet oder mit Filmladegeräten preiswert selbst in Filmpatronen umgefüllt.

MF (Abkürz. für engl.: Manual Focus = manuelle Scharfeinstellung) im Unterschied zu AF(→Autofocus).

Michals, Duane (*1932 McKeesport/Pennsylvania) Als Fotograf Autodidakt. Erste Aufnahmen 1958 während einer Rußlandreise. Porträts bekannter Künstler, u.a. Tennessee Williams, Robert Rauschenberg, Andy Warhol, René Magritte. Ab 1966 erste Sequenzen mit erzählendem Charakter. M.' Arbeiten sind alle völlig in szeniert. Ab 1974 ergänzt er seine Fotoserien, viele davon mit erotisch-religiösem Inhalt, mit Textzeilen. Ab 1976 verstärkt wieder textunterlegte Einzelbilder. M. gehört zu den renommiertesten Vertretern einer erzählenden →Seriellen Fotografie.

Mikrofilm Speziell konfektioniertes Filmmaterial mit sehr hohem →Auflösevermögen. Als Roll- oder →Planfilme (Microfiche) werden sie für die Reproduktion von Text- und Bildseiten verwendet und für die Archivierung eingesetzt. Die Aufzeichnungen der M.e können auf einem bildschirmähnlichen Lesegerät betrachtet und über Kopiersysteme vergrößert werden.

Mikrofotografie Bereich der Fotografie mit →Abbildungsmaßstäben größer 10:1, was sich an die Bereiche der →Nahaufnahme anschließt. Die Kamera wird dazu an ein Mikroskop adaptiert, als Objektiv dient das des Mikroskops, auch in Verbindung mit einem Okular oder einer Zwischenoptik. Die Grenze der Vergrößerung wird durch das Auflösevermögen des Mikroskops bestimmt. Mit hochwertigen Lichtmikroskopen lassen sich bis zu 2000fache Vergrößerungen realisieren. Für stärkere Vergrößerungen mit zusätzlich hohem Schärfebereich verwendet man →Rasterelektronenmikroskope (Farbabb. 28) .→Dunkelfeld

Mikroprismenraster Hilfsmittel zur manuellen →Scharfeinstellung auf der →Mattscheibe der Kamera. In einem kreisrunden bzw. ringförmigen Feld sind sehr viele winzige Vierkantprismen eingeschliffen, die ein unscharf eingestelltes Bild in viele flimmernde Einzelbilder zerlegt. Bei einer scharfen Entfernungseinstellung verschwindet das Flimmern. Das Mikroprisma ist oft mit einem Schnittbildindikator kombiniert; im Unterschied zu diesem funktioniert das Prinzip auch bei geringer →Lichtstärke eines Objektivs.

Minilab Für den Klein- bis Mittelbetrieb ausgelegte, kombinierte Filmentwicklungs-, Belichtungs- und Verarbeitungsmaschine (→Printer). Durch digitalisierte Programmsteuerungen laufen die Vorgänge vieler M.s weitgehend automatisch ab. Bis zu 2000 Negative/Dias können von ›trocken zu trocken‹ (d.h. von der Eingabe des belichteten Films bis zum fertigen Papierabzug) pro Stunde verarbeitet werden. Die richtige Papierbelichtung wird mit Hilfe eines speziellen →Belichtungsmessers und eines →Color-Analysers gesteuert.

Mired (M) Abkürzung von Micro Reciprocal Degree. Dieser rechnerische Wert stellt den 10^6-fachen Kehrwert der in →Kelvin gemessenen →Farbtemperatur dar. Oft findet sich auch die Bezeichnung Dekamired (dM) für 10 M. Neuerdings wird der Begriff ›M.-Wert‹ oft durch →reziproke Megakelvin ersetzt. Mit M.-Werten lassen sich die Abweichungen der Farbtemperatur des Aufnahmelichts von der Farbtemperatur des Films besser benennen und zur Bestimmung geeigneter →Konversionsfilter umsetzen.

Mischbildentfernungsmesser →Entfernungsmesser, →Meßsucher

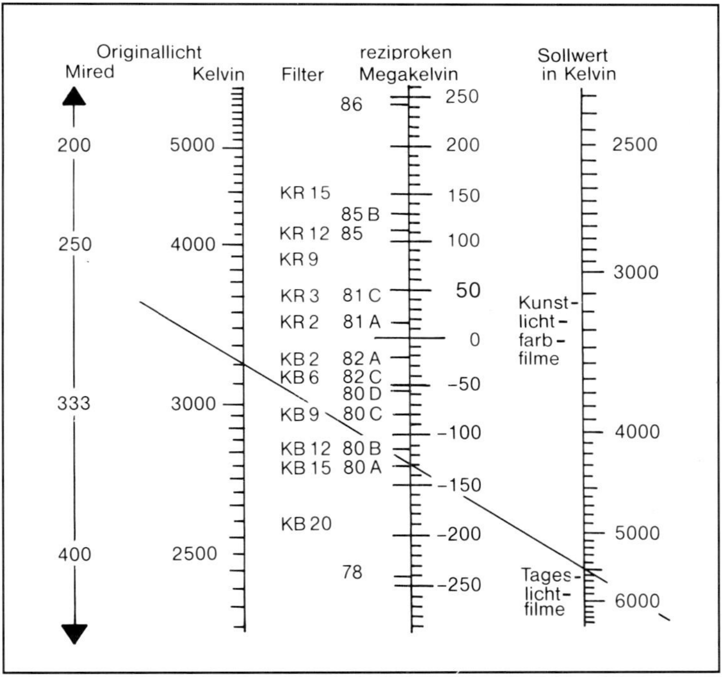

Mired: Um das richtige Konversionsfilter zur Abstimmung der Farbtemperatur auf das Filmmaterial zu finden, kann an diesem Diagramm der Sollwert des Filters mit dem ermittelten Temperaturwert der Motivbeleuchtung durch eine Linie verbunden werden. Dem Schnittpunkt auf der mittleren Senkrechten (rechnerisch die Differenz der Mired-Werte) sind bestimmte Konversionsfilter zugeordnet, die, je nach Marke, unterschiedliche Bezeichnungen tragen

Mischlicht Beleuchtungssituation, bei der das Motiv von Lichtquellen mit unterschiedlicher →Farbtemperatur beleuchtet wird (z.B. bei Innenaufnahmen: Kunstlicht als Raumbeleuchtung und zusätzlich durch das Fenster einfallendes Tageslicht). Als problematisch erweist sich dabei, daß das Auge die unterschiedlichen Farbtemperaturen bei weitem nicht so differenziert wahrnimmt wie ein →Farbfilm, bei dem M. zu meist nicht korrigierbaren →Farbstichen in Teilbereichen des Bildes führt. Je nachdem, welche Lichtart dominiert, wird ein →Tageslichtfilm oder ein →Kunstlichtfilm zu verwenden sein, der ggf. noch durch geeignete →Konversionsfilter angeglichen wird. In einigen Fällen

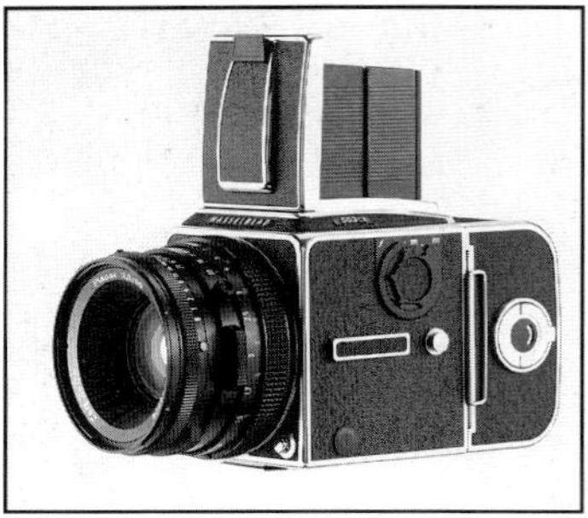

Mittelformatkamera (Hasselblad)

lassen sich die Auswirkungen des M.s durch den Einsatz eines →Blitzgeräts reduzieren. M. tritt aber auch bei der Verwendung unterschiedlicher Lampentypen auf; besondere Probleme bereiten dabei →Leuchtstoffröhren (Farbabb. 33).

Mittelformatkamera Kamera mit einem →Aufnahmeformat, das größer als das Kleinbild (24 x 36 mm) und kleiner als das 9 x 12 cm-→Großbildformat ist (also 4,5 x 6 cm; 6 x 6 cm; 6 x 7 cm usw.). M.s sind vorwiegend für den Einsatz von →Rollfilmen konzipiert und richten sich eher an professionelle Anwender. Es gibt sie als Sucher-, einäugige und zweiäugige Spiegelreflexkameras. Viele Modelle verfügen über weitreichende Ausbaumöglichkeiten (→Systemkamera, →Wechselmagazin, →Lichtschacht, Anschluß an Sofortbildkassetten, digitale Aufzeichnungsmodule usw.).

Mitziehen Aufnahmetechnik für die Darstellung von bewegten Objekten mit langen →Verschlußzeiten. Bewegt sich also ein Motiv parallel zur Filmebene, wird während der Bewegung und Belichtung die Kamera mitbewegt und zwar so, daß das Motiv immer an gleicher Stelle des Sucherfeldes bzw. des →Bildfeldes bleibt. Gelingt dies, erhält man ein

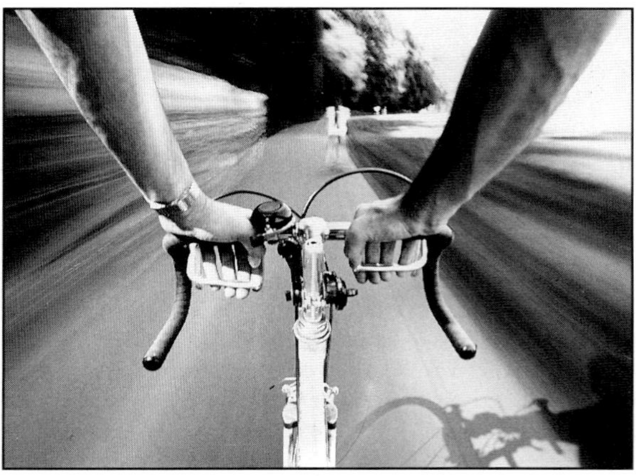

Mitziehen; Foto: Christoph Seelbach

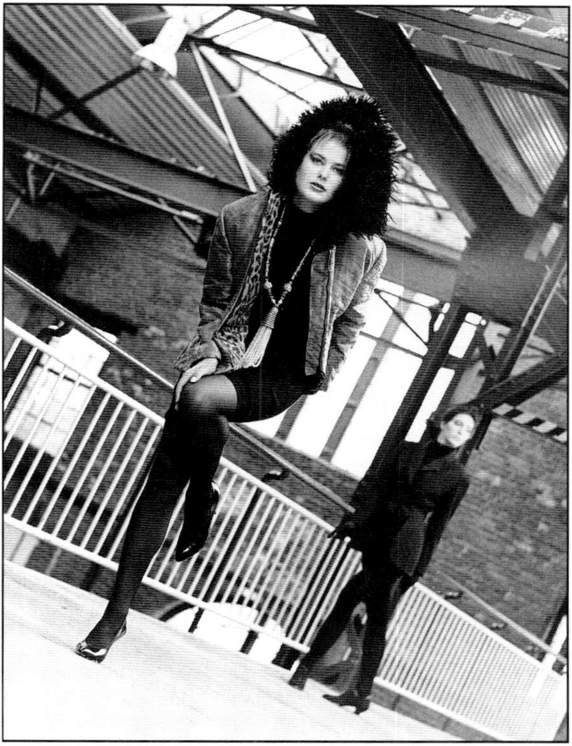

Modefotografie; Foto: Ulrich Albrecht

Bild, bei dem (im Unterschied zur →Bewegungsunschärfe) das bewegte Objekt scharf, der eigentlich statische Hintergrund aber verwischt wiedergegeben ist (→Verwischung). Auf diese Weise wird dem Bildbetrachter ein Geschwindigkeitseindruck suggeriert. Sport- und Tierfotografen machen sich diese Arbeitsweise oft zunutze. Ungewöhnliche Varianten des M.s werden erreicht, wenn die Kamera fest mit dem sich bewegenden Objekt verbunden wird und dieses selbst während der Bewegung abbildet. →Verreißen

M-Kontakt →Blitzsynchronisation

Modefotografie Fotografischer Arbeitsbereich, in dem Kleidung und Accessoires zum Zwecke der Werbung (→Werbefotografie) dargestellt werden. Dabei ist zwischen einer Katalogfotografie (›Bekleidung‹) und der vielseitigeren Zeitschriftenfotografie (›Fashion‹) zu unterscheiden. Für den erstgenannten Be-

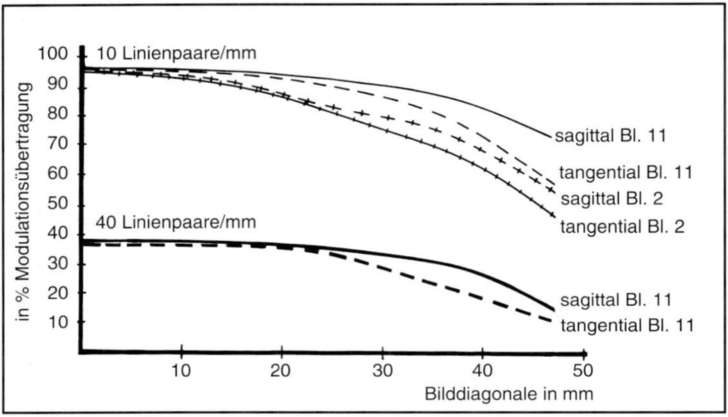

Modulations-Übertragungsfunktion

reich sind sehr detailscharfe, materialgerechte, harmonisch ausgeleuchtete Abbildungen der Stoffe und der Kleidung verlangt (da der Kunde ›nach Katalog‹ kauft). Die Orientierung am Stil eines Modedesigners und der redaktionellen Präsentation von Modezeitschriften und -anzeigen lassen dem Fotografen u.U. viel mehr Spielraum, da eher ›das Image‹ einer Kollektion geprägt werden soll. In jedem Fall arbeitet der Fotograf mit →Modellen zusammen, die über eine →Modellagentur gebucht werden. Frühe Modefotografie ist eng mit der →Glamour-Fotografie wohlhabender Gesellschaftsschichten verbunden. Erst gesellschaftliche Strukturveränderungen nach dem Zweiten Weltkrieg schufen ideale Voraussetzungen für das Aufblühen zahlreicher Modejournale auch für breitere Bevölkerungsschichten. Fotografen und Fotografinnen wie Irving →Penn, Richard →Avedon, David Baily, Regina Relang u.a. prägten die frühen Modebilder durch ihre Sichtweisen mit. Die Stilrichtungen der M. ändern sich ebenso schnell wie die Moden selbst (Farbabb. 9).

Modell (französisch: Mannequin, englisch: Model) Person, die dem Fotografen für Aufnahmen nach Absprache zur Verfügung steht. Professionelle M.e werden in der Regel von →Modellagenturen vertreten, über die sie, gegen entsprechendes Honorar, gebucht werden. Arbeitsgebiet ist dabei nicht nur die →Modefotografie; für die verschiedensten fotografischen Aufgabenstellungen gibt es spezialisierte M.e (für Haare, Füße, Finger, auch die verschiedensten Typen). In jedem Fall sollten die Vereinbarungen (Bildnutzung) zwischen M. und Fotograf in einem Modellvertrag (→Urheberrecht, →Persönlichkeitsrecht) festgehalten werden. Ein gegenständliches M. in der →Sachfotografie heißt →Dummy.

Modellagentur Vertretungsbüro von →Modellen, das gegen Entgelt Aufträge besorgt, Termine organisiert, Honorare abklärt und kassiert sowie versicherungs- und personalrechtliche Fragen in dem meist sehr kurzfristigen Arbeitsverhältnis Fotograf/Modell regelt. Vor einer Buchung kann der Fotograf anhand von Modellfotos (Set-cards) geeignete Modelle auswählen, was dann ggf. zu einem →Casting führt.

Modulations-Übertragungsfunktion (MÜF; auch MTF = Modulation Transfer Function) Grafische Darstellung von dem Zusammenhang zwischen →Auflösevermögen und →Kontrastübertragung bzw. deren Meßwerten. Die MTF macht Aussagen über die qualitative Leistung eines Objektivs oder einer Filmemulsion und der Abweichungen der Abbildung vom Original. Als Testobjekte dienen periodische Strichgitter mit definierter, sich verändernder →Ortsfrequenz (Linienzahl/Linienpaare pro mm) und dem höchsten Kontrast von Schwarz und Weiß. Gemessen wird die Modulation (feinste Kontrastunterschiede) des erzeugten Bildes, die, verglichen mit der Modulation des Testobjekts, angibt, welchen Kontrast das Bild aufweist bzw. ob und wie gut die Linien aufgelöst bzw. reproduziert werden. Bei Objektiven legt man vor der Messung den →Abbildungsmaßstab und die →Blende fest und mißt sowohl für →sagittale als auch tangentiale Strukturen über den gesamten Bildwinkel des Objektivs.

Moholy-Nagy, László (*1895 Borsod/Ungarn, †1946 Chicago/USA) Bis 1918 Jurastudium; Kriegsteilnahme; beeindruckt von den Expressionisten begann er, zu malen und Fotogramme zu erstellen. 1923 Berufung an das →Bauhaus nach Weimar als Leiter der Metallwerkstatt und des Vorkurses. M.-N. experimentierte, beeinflußt durch Kasimir Malewitsch und El Lissitzky, mit →Fotogrammen, →Mehrfachbelichtungen, Fotoplastiken (→Fotoskulptur) und der →Lichtmalerei. Für zahlreiche Werbeentwürfe vereinigte er fotografische und zeichnerische Elemente. 1928 verließ er das Bauhaus, siedelte nach Berlin über, machte Filmexperimente, Bühnenbilder, Werbegrafik und zahlreiche Reisefotos. Daneben Beschäftigung mit Licht- und Farbuntersuchungen sowie Versuchen, im Konstruktivismus und →Dadaismus neue Ausdrucksmöglichkeiten zu finden. 1935 Emigration über London in die USA. Dort 1937 Gründung des ›New Bauhaus‹ in Chicago. Gegner warfen ihm vor, er habe in den USA die Idee des Bauhauses durch Anpassung des angewandten Designs an die Ökonomie der Industrieproduktion geopfert. Seine Bedeutung liegt nicht nur in experimentellen Arbeiten, sondern auch in der theoretischen Reflexion und Strukturierung der damals neuen fotografischen Arbeitstechnik, ebenso in dem Bestreben, der Fotografie eigenen künstlerischen Anspruch zuzuweisen.

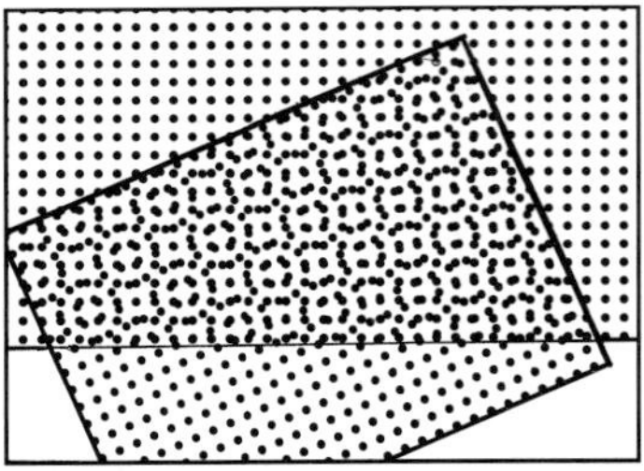

Moiré durch zwei sich überlagernde Raster

Moiré Ein die Bildfläche überdeckendes Muster, das bei der Überlagerung von mehreren →Rastern auftreten kann. Es ist eine optische →Interferenz und tritt auf, wenn z.B. gerasterte Fotovorlagen für den erneuten Druck nochmals gerastert werden. Auch beim Farbdruck kann M. entstehen, wenn die einzelnen →Farbauszüge in ihrer Rasterung falsch gewinkelt werden.

Momentfotografie Der Begriff verweist auf ein Charakteristikum der Fotografie, präzise, aber dennoch zufällige Ausschnitte aus Zeit und Raum festhalten zu können. In der zweiten Hälfte des 19. Jahrhunderts wurden diese neuen Darstellungsmöglichkeiten vom Betrachter mit Erstaunen registriert und verstärkt auch von impressionistischen Malern in ihren Gemälden aufgegriffen.

Monitor →LCD-Monitor

Monochrom Einfarbig, in einer einzigen Farbe gehalten. Nach den Gestaltungslehren zählen auch angrenzende Farbnuancen, u.U. auch angrenzende Mischfarben dazu. Wirkungsvolle m.e Fotografien können durch die gezielte Wahl des →Ausschnittes oder auch eine dominierende Farbe des Aufnahmelichts (z.B. Abendrot) entstehen (Farbabb. 23).

Monochromatisches Licht Einfarbig wirkendes Licht eines kleinen, engbegrenzten Bereichs der Wellenlängen des Farbspektrums (→Spektrum). M. L. kann nach der →Dispersion ausgesondert, durch die Absorption von →Filtern erzeugt oder durch bestimmte Lichtquellen (z.B. Gasentladungslampen) gewährleistet werden. Es ist z.B. für die Verarbeitung von Colornegativpapier im Fotolabor (→spektrale Empfindlichkeit) zur Messung der →Farbdichte oder, in ganz strengen Grenzen, in der →Holographie erforderlich (→Laser).

Montage
→Fotomontage, →Lichtmontage

Motivkontrast Er beschreibt das Verhältnis zwischen der hellsten und dunkelsten Stelle eines Motivs und wird mit der →Kontrastmessung mit Hilfe eines →Belichtungsmessers ermittelt. Im Detail bestimmt wird der M. vom →Reflexionsgrad der Motivflächen (→Objektumfang) und den Beleuchtungsverhältnissen (→Beleuchtungskontrast). Er wird als Produkt beider Parameter (oder Summe beider Belichtungswertdifferenzen) berechnet. Für die Praxis reicht bei Außenaufnahmen häufig eine vergleichende →Objektmessung als →Spotmessung aus. In der Natur erreicht der M. u.U. Werte bis zu 1:1 000 000, das heißt die hellste Stelle ist 2^{20} (= 20 Blendenstufen) heller als die dunkelste. Ein solcher →Helligkeitsumfang kann aber weder vom Auge differenziert werden (maximal 1:300 000 bei Helldunkel-Adaption der Pupille) noch von fotografischen Materialien annähernd wiedergegeben werden (→Kontrastwiedergabe). Ein zu hoher M. muß reduziert werden (z.B. durch →Aufhellung) und ggf. auf einen zulässigen →Kontrastumfang eingeschränkt werden (Farbabb. 13).

Motor →Filmtransport, →Winder

MTF = Modulation Transfer Function (→Modulations-Übertragungsfunktion MÜF)

Multicoated →Vergütung

Multimedia Verknüpfung der verschiedensten Produkte und Systeme der Kommunikations- und Informationsmedien vom traditionellen Text, Bild und Ton bis hin zu hyperrealen und →virtuellen Formen für eine Präsentation jedweder Art. Bei Anwendung moderner Computertechnik handelt es sich meist um eine Kombination von Simulationen, die ein weitreichendes Eingreifen des Benutzers (Interaktivitäten) zulassen. Fotografien werden über diverse Möglichkeiten der Einspeisung (→Photo-CD, →Scanner) sowie Techniken der elektronischen →Bildverarbeitung zu wichtigen Bestandteilen von M.

Multiple-Optik (Mehrfachoptik) meint eine Anordnung mehrerer Objektive an einem Kamerakörper, so daß gleichzeitig (oder nacheinander) mehrere Bilder auf einem Filmfeld belichtet werden können. Schon 1854 verwendete der Franzose Eugène →Disdéri eine solche Objektivkonstruktion für seine kommerzielle Porträtfotografie (→Carte de visite). Moderne Nachfahren finden sich heute noch für die Herstellung von Paßbildern als →Sofortbild. Das Prinzip der Mehrfachoptik wurde auch genutzt bei speziellen Kameras zur Erzeugung von Musterstrukturen für Tapeten und Textilien. Freie künstlerische Arbeiten finden sich u.a. bei Gottfried Jäger.

Multivision Projizierte →Tonbildschau mit mehreren →Diaprojektoren auf einer unterteilten sehr großen Leinwand. Das Bild setzt sich großflächig oder auch mosaikartig aus unterschiedlichen Motiven zusammen. Die Verwendung von 10-20 Projektoren ist dabei nicht ungewöhnlich; auf Messen, Ausstellungen und Repräsentationsveranstaltungen werden auch M.en mit 50 und mehr Projektoren gezeigt. Die Steuerung der Bildabfolge und der →Überblendung für die einzelnen Projektoren erfolgt über professionelle Computerprogramme. Die Speicherung der digitalen Daten erlaubt, daß die M. später automatisch ablaufen kann. Gelegentlich finden sich auch Bezeichnungen wie ›Multi-Image‹ oder ›Panorama-Vision‹, wobei letztere eher auf eine extreme Breitwandprojektion hinweist. In manchen Fällen werden

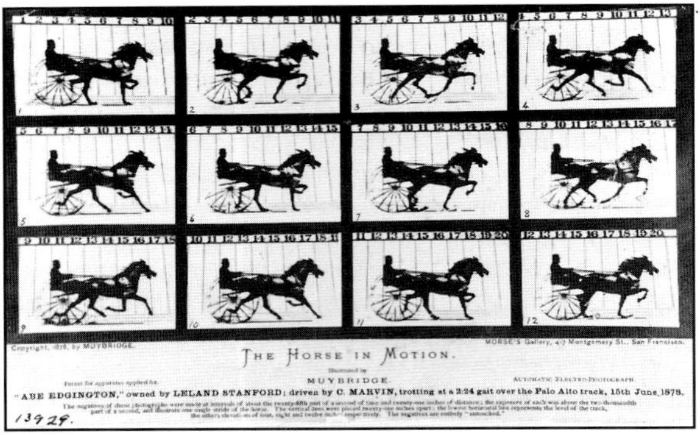

Eadweard Muybridge, ›The Horse in Motion‹ (1878); Belichtungszeit der Einzelbilder 1/2000 Sek., Intervalle jeweils 1/25 Sek.

einzelne Stehbildprojektoren durch Filmprojektoren (Laufbild) ersetzt. →Audiovision

Muschelbruch Unregelmäßig verlaufende Risse, die in der Glanzoberfläche bei auf Hochglanz getrockneten →Barytpapieren auftreten. M. entsteht durch vorzeitiges Ablösen von der Hochglanzfolie der →Trockenpresse.

Muybridge, Eadweard (eigentlich Edward James Muggeridge; *1830 und †1904 in Kingston/England) 1851 Auswanderung nach Amerika, dort Arbeit als Buchhändler. Er begann 1860 zu fotografieren und machte sich mit großformatigen Landschaftsaufnahmen zunächst unter dem Pseudonym ›Helios‹ einen Namen. Ab 1872 als Auftragsarbeit erste Versuche, Bewegungsabläufe von Pferden (später auch von Menschen) in einzelnen Phasen der Bewegung zu erfassen. Zunächst entstanden Einzelbilder, ab 1878 Serienaufnahmen (→serielle Fotografie). M. arbeitete mit bis zu 24 nebeneinander stehenden Kameras, deren spezielle Verschlüsse von den sich bewegenden Objekten selbst (automatisiert) ausgelöst wurden. 1879 konstruierte er ein Gerät zur schnell aufeinanderfolgenden Projektion seiner Phasenbilder, so daß für den Betrachter der Eindruck einer fließenden Bewegung entstand. Dieser als ›Zoopraxiscope‹ bezeichnete Projektor gilt als Vorläufer eines Filmprojektors. M. reiste mit der Präsentation der bewegten Aufnahmen erfolgreich durch Europa. 1887 erschienen in Amerika 781 Montagen seiner Phasenbilder unter dem Titel ›Animal Locomotion‹. Nach einer zweite Europareise kehrte er 1894 in seinen Geburtsort zurück.

M 42 (genauer M 42 x 1) Gewindemaß für ein Schraubgewinde, mit dem (ab 1947 bis weit in die 80er Jahre hinein) universell →Wechselobjektive an Kameras angeschlossen werden konnten. Vorläufer des kameraspezifischen →Bajonetts.

N

Nachbareffekte Chemische Wirkungen bei der Entwicklung fotografischer Schichten zwischen benachbarten Partien mit stark unterschiedlicher Belichtung (→Kanteneffekt, →Kostinsky-Effekt).

Nachbelichten Zusätzliche Belichtung einzelner Teile eines Motivs beim Vergrößern. Da die Wiedergabe des motiveigenen →Kontrastumfangs auf dem Fotopapier in der Regel nicht adäquat möglich ist (→Kopierumfang), versucht man, die im Film relativ stark gedeckten Motivteile unter dem Vergrößerungsgerät partiell nachzubelichten, um an diesen Stellen noch →Zeichnung im Bild zu erhalten. Der Rest des Bildes wird abgedeckt. Durch →Abwedeln und N. kann so die eigentliche, durch die →Schwärzungskurve vorgegebene Reproduzierbarkeit eines Negativs (oder auch Dias) deutlich verändert werden; von Puristen wurde dies von Zeit zu Zeit immer wieder als unzulässige Verfremdung verurteilt, von anderen als notwendige Perfektion des fotografischen Abzugs gefordert (Ansel →Adams).

Nachbelichten: a) nicht korrigierter Abzug; b) Gesicht abgewedelt und Umfeld nachbelichtet

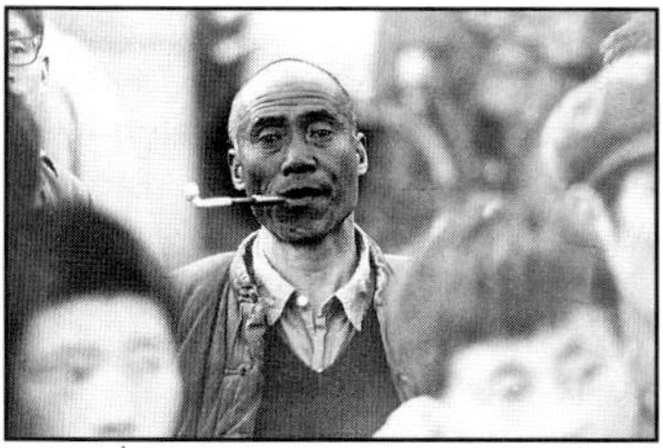

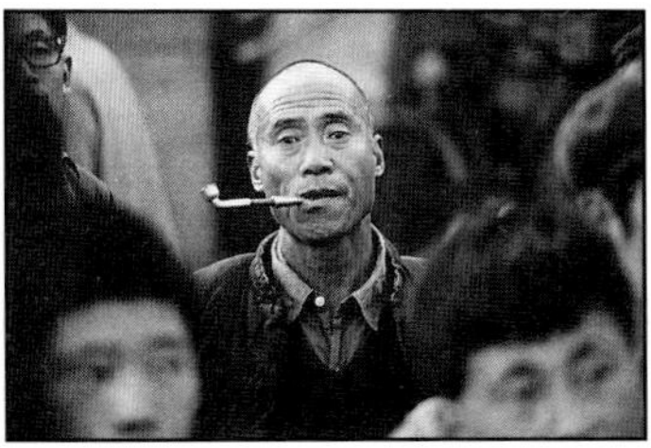

Nachführsystem Bei der Umsetzung der elektrischen Ströme eines →Belichtungsmessers in konkrete Blenden- und Belichtungszeiten wird unter Vorgabe eines Werts die Reihe der anderen Werte solange (manuell) nachgeführt, bis der ausreichende Belichtungswert erreicht ist. In Kameras wird dies bei manueller Einstellung mit analogen Zeigern, roten bzw. grünen Leuchtdioden o.ä. simuliert. Wird dieses Nachführen von einem automatischen Regelungssystem in der Kamera übernommen, spricht man von einer →Belichtungsautomatik.

Nachtaufnahmen Aufnahmen bei Nacht konfrontieren den Fotografen mit äußerst lichtschwachen Aufnahmesituationen, viel öfter aber noch mit Problemen, die sich aus der Verarbeitung extremer Helligkeitsunterschiede ergeben; helle Lampen und kaum beleuchtete kontrastlose →Schatten sind meist *gleichzeitig* Bestandteil des Motivs (→Kontrastumfang). Die geringe Motivbeleuchtung verlangt selbst bei höchstempfindlichen Filmen in der Regel die Verwendung eines →Stativs. Belichtungszeiten von einer Sekunde, ja sogar mehreren Minuten sind nicht ungewöhnlich. Der dabei deutlich werdende →Schwarzschild-Effekt führt zu weiteren Verlängerungen der Belichtungszeit und bei Farbfilmen zusätzlich zu einem →Farbstich. Außerdem sorgen unterschiedliche →Kunstlichtbeleuchtungen, z.B. in der Szenerie einer Großstadt, für weitere Farbstiche, so daß eine →Neutralfilterung kaum möglich, oft aber auch gar nicht erwünscht ist. Die langen Belichtungszeiten schlagen sich z.B. auch in Leuchtspuren nieder, die von den Lichtern fahrender Autos hinterlassen werden.

Bei der Belichtungsmessung führt die →Integralmessung meist zu unzureichenden Ergebnissen, wenn man nicht ganz nah (→Nahmessung) an einem Motivdetail mittlerer Helligkeit mißt. Bessere Ergebnisse verspricht die →selektive Belichtungsmessung. Ohne mehrere variierende Testbelichtungen wird man kaum zu perfekten Ergebnissen kommen. Für besondere Aufgaben, wenn auch höchstempfindliche, ggf. noch →forciert entwickelte Filme nicht weiterhelfen, verwendet man einen →Restlichtverstärker (Farbabb. 48). →Magic-hour

Nadar im Fesselballon über Paris; Karikatur von 1864

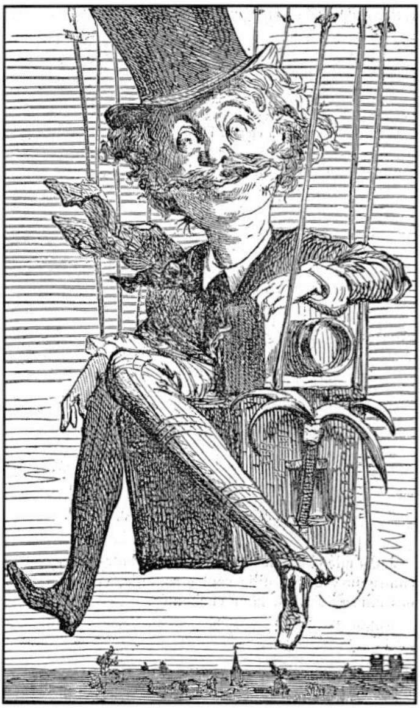

Nadar (eigentlich Gaspard Félix Tournachon; *1820 Lyon, †1920 Paris) Medizinstudium in Lyon; 1842 Umzug nach Paris und Arbeit als Karikaturist und Journalist bei ›Le Charivari‹; Teilnahme an der Februarrevolution 1848 in Paris; 1849 gründete N. die Zeitschrift ›Revue Comique‹ und begann zu fotografieren. 1853 Eröffnung eines Porträtstudios zusammen mit seinem Bruder Adrien; 1855 nahm N. von einem Fesselballon aus das erste Luftbild von Paris auf; 1858 führte er die Verwendung von künstlichem Licht (Magnesium) in die Fotografie ein; 1860/61 entstanden aufsehenerregende Aufnahmen in der Kanalisation und in den Katakomben von Paris. N.s Atelier war jahrzehntelang ein Mittelpunkt der Künstleravantgarde (u.a. organisierte er dort 1874 die erste Ausstellung der impressionistischen Malerei). 1886 führte er ein Interview mit dem Gelehrten Michel Eugène Chevreul, dessen Verlauf sein Sohn Paul in zahlreichen Fotografien festhielt; das Ergebnis gilt als das wohl erste ›serielle‹ Fotointerview. Die Zeitschrift ›Paris Photograph‹ gründete er 1891. Mit 80 Jahren begann er, seine unterhaltsame Autobiographie zu verfassen.

Nahaufnahme Aufnahme im →Abbildungsmaßstab zwischen 1:10 und 10:1 (die in diesem Aufnahmebereich oft gebrauchten Begriffe ›Makrofotografie‹ oder ›Lupenaufnahmen‹ sind nicht exakt definiert). Diese Abbildungsmaßstäbe beziehen sich auf das Verhältnis von Objektgröße und Abbildungsgröße auf dem Negativ (oder Dia) und werden bei der späteren Vergrößerung auf Fotopapier oder bei der →Projektion noch erweitert. Die aufnahmetechnischen Probleme dieses fotografischen Spezialbereichs liegen hauptsächlich in der erforderlichen geringen Entfernungseinstellung und in der geringen →Schärfentiefe. Die Erweiterung der →Bildweite (vereinfacht: Optisches System — Filmebene) kann durch eine Verlängerung des →Schneckengangs am Objektivtubus oder durch ein →Balgengerät bzw. →Zwischenringe erreicht werden. Eine andere Möglichkeit besteht in der Verwendung von →Nahlinsen. Zu berücksichtigen bleibt allerdings, daß normale Aufnahmeobjektive nicht für den Nahbereich korrigiert sind (→Abbildungsfehler) und daher hier eine schlechtere Bildqualität erwarten lassen als spezielle →Makroobjektive. — Nicht immer ist allerdings bei

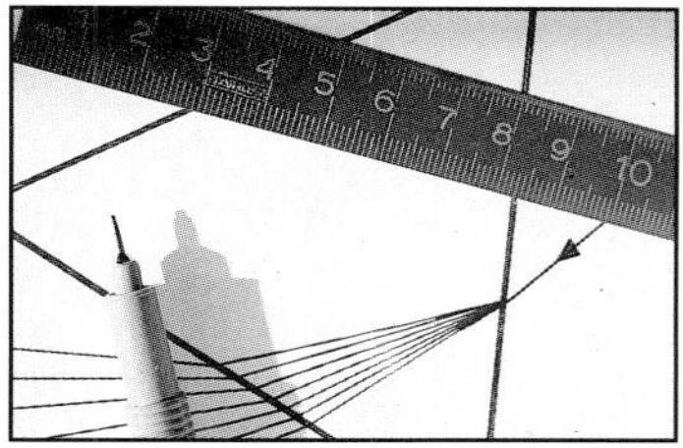

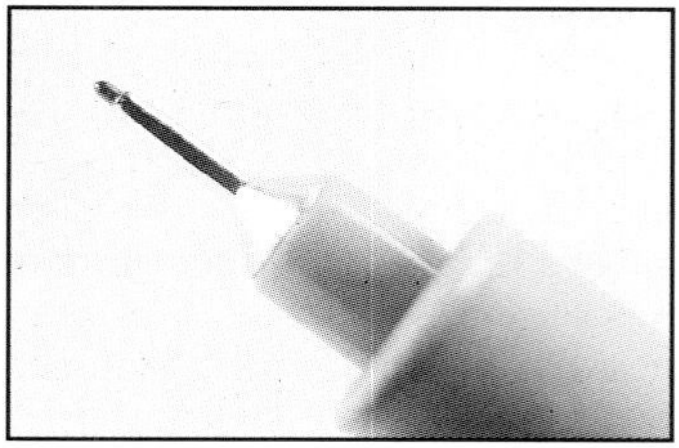

Nahaufnahmen; Aufnahmen des gleichen Motivs im Abbildungsmaßstab 1:3 (a) und 2:1 (b)

N.n ein geringer Aufnahmeabstand (→Gegenstandsweite) wünschenswert. Gerade bei Aufnahmen von Kleintieren und Insekten muß eine gewisse →Fluchtdistanz eingehalten werden.

Aufgrund der Verlängerung des →Auszugs ist ein →Verlängerungsfaktor für die Belichtung zu berücksichtigen, der bei N.n im Maßstab 1:1 bereits zwei (!) Belichtungswerte beträgt (→Blende, effektive). Bei der kameraintegrierten →TTL-Messung wird diese Korrektur allerdings gleich mit erfaßt. Außerdem fordert der oft nur minimale Schärfebereich ein starkes Abblenden, dem durch optische Einschränkungen allerdings auch Grenzen gesetzt sind (→Blende, förderliche). In den Bereich der N. gehören auch die

→Reproduktion kleiner Vorlagen und das →Duplizieren von Dias (Farbabb. 47).

Nahlinse Vorsatzlinse, die es ermöglicht, ein normales Objektiv im Bereich der →Nahaufnahmen zu nutzen. Es handelt sich um eine Sammellinse, die die Brennweite eines Objektivs verkürzt und somit einen Abbildungsmaßstab je nach Anzahl der →Dioptrien bis maximal 1:1 möglich macht. Gute N.n erlauben Nahaufnahmen mit erstaunlich hoher Abbildungsqualität. Werden N.n an →Sucherkameras verwendet, gewinnt die →Parallaxe des Suchers verstärkt an Bedeutung.

Nahmessung Belichtungsmessung nach der Methode der →Objektmessung bzw. Reflexionsmessung, bei der bei eigentlich großer Aufnahmedistanz die bildwichtigsten Motivteile aus nächster Nähe angemessen werden. Das Ergebnis entspricht damit in etwa dem der →Selektiv- oder Spotmessung. Eine N. empfiehlt sich z.B. besonders bei Motiven mit großem Kontrastumfang, wenn kein Spotbelichtungsmesser zur Verfügung steht. Meßstellen sollten dann eine mittlere Helligkeit besitzen (→Graukarte); oder aber man arbeitet nach der Methode der →Kontrastmessung.

Nah-unendlich-Einstellung
→Hyperfokale Distanz

Nanometer (nm) Längeneinheit: 1 Nanometer (nm) = 10^{-9} Meter (m) = 0,000001 Millimeter (mm). In N.n wird die →Wellenlänge elektromagnetischer Strahlung gemessen. Wellenlängen zwischen 380 und 780 nm bilden das →Spektrum, das als sichtbares Licht wahrgenommen wird.

Natriumdampflampe Entladungslampe, die bei hoher Lichtausbeute ausschließlich die →Wellenlängen bei 590 nm abstrahlt. Da hier eine spektrale Empfindlichkeitslücke von →Colornegativ-Papier liegt, eignen sich N.n für die Laborbeleuchtung im Farblabor (→Dunkelkammerlampen).

Natriumthiosulfat (Natriumhyposulfit, Fixiernatron, unterschwefeligsaures Natrium) Lösungsmittel für Halogensilber (→Fixierbad).

Nebenfarbdichten Überlagerung bei der Absorption der drei Schichtfarbstoffe in Farbfilmen. Durch die →chromogene Entwicklung entstehen in den drei Schichten von Farbmaterialien die Farbstoffe Yellow, Magenta und Cyan (→Farbbezeichnung). Nach dem Prinzip der →subtraktiven Farbmischung müßten diese Schichten jeweils exakt ein Drittel der Wellenlänge des →Spektrums absorbieren; praktisch überschneiden sich jedoch die Absorptionskurven.
Diese Überschneidungen, die N., wirken sich hauptsächlich auf Teile der Purpur- und der Blaugrünschicht aus; sie führen zu einer geringeren Farbsättigung, verschwärzlichten Farben sowie zu nicht korrigierbaren →Farbstichen. Um den N. zu begegnen, sind bei Filmmaterialien verschiedene Zwi-

schenschichten, besonders →Farbmasken eingelagert. Außerdem verhindern bestimmte Kuppler in zusätzlichen Trennschichten die Diffusion von Farbstoffzwischenprodukten in die Nachbarschichten und schließen damit unerwünschte (Neben-)Farbstoffbildung aus (→DIR-Kuppler; Farbabb. 40 b, c).

Negativ (fotografisches) Abbild, das die Helligkeitswerte des Originals bzw. des Motivs komplementär zeigt. Im N. manifestiert sich das fotografische Grundprinzip, nämlich daß Licht die Kristalle der →Silberhalogenide schwärzt (z.B. der helle Himmel eines Landschaftsmotivs also dunkel wiedergegeben wird). Ein →Farbnegativ zeigt außerdem zusätzlich die Farben komplementär. Erst durch den Kopierprozeß auf wiederum negativ arbeitendem Fotomaterial entsteht vom N. ein →Positiv. Der Begriff ›Negativ‹ meint ein negatives Bild auf transparentem Filmmaterial (Negativfilm; Farbabb. 40 b, c).

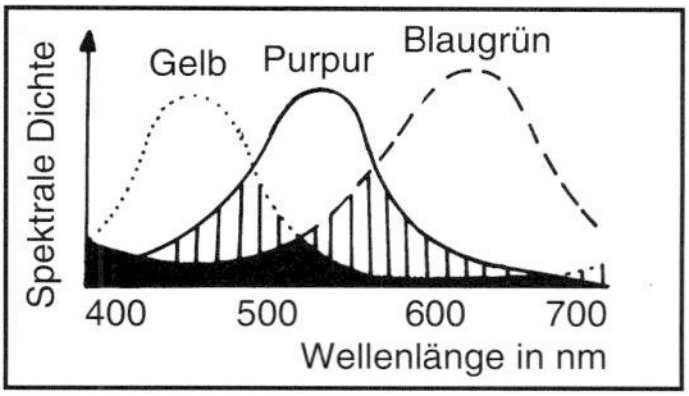

Nebenfarbdichte: Die Absorptionskurven der Schichten eines Farbfilms in Abhängigkeit von der Wellenlänge des (komplementärfarbenen) Aufnahmelichts. Die Überlappungen weisen auf die Nebenfarbdichten hin

Negativdruck Fotografischer oder drucktechnischer Abzug auf Papier u.ä. als →Aufsichtsbild von einem Motiv mit umgekehrten, komplementären Tonwerten und Farben. Solche negativen Halbtonbilder oder auch Strichvorlagen werden oft in der →experimentellen und →künstlerischen Fotografie verwendet, um Unwirklichkeit, Traumhaftes oder Surreales zu visualisieren. Auch wird der N. genutzt, um die

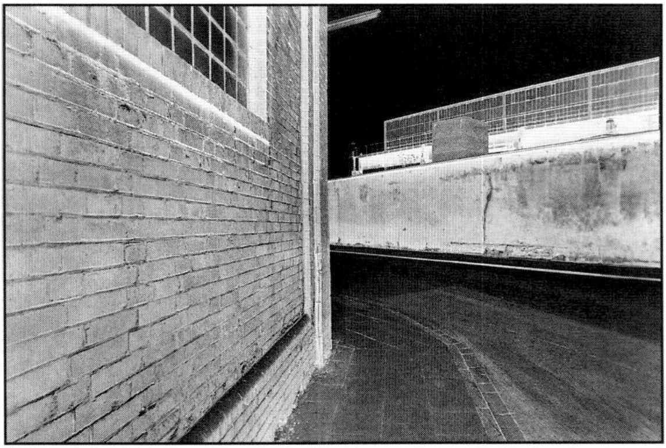

Negativdruck

Fotografie selbst als Medium zu analysieren, da das Negativ als das eigentliche Resultat des Aufnahmeprozesses gilt. Technisch vergrößert man dabei von einem Dia auf negativ arbeitendes Fotopapier; auch eine Kontaktkopie von einem Positiv oder Direktbelichtungen aus der →Lochkamera sind möglich.

Negativ-Positiv-Verfahren Fotografisches Verfahren, bei dem von einem negativen Filmbild (→Negativ) mit einem Vergrößerungsgerät oder im Kontaktverfahren (→Kontaktkopie) ein Positiv auf einem →Fotopapier entsteht, das nach dem gleichen Negativprinzip arbeitet wie der Film. Im Unterschied dazu gibt es →Dia-direkt-Verfahren, Sofortbildtechniken (→Sofortbild), spezielle Kopierprozesse und digitale Aufzeichnungsverfahren, die auf (nahezu) direktem Wege vom positiven Dia einen positiven Abzug ermöglichen.

Neue Sachlichkeit: Aufnahme ›Springkraut‹ (um 1920) aus dem Werk von Karl Blossfeldt

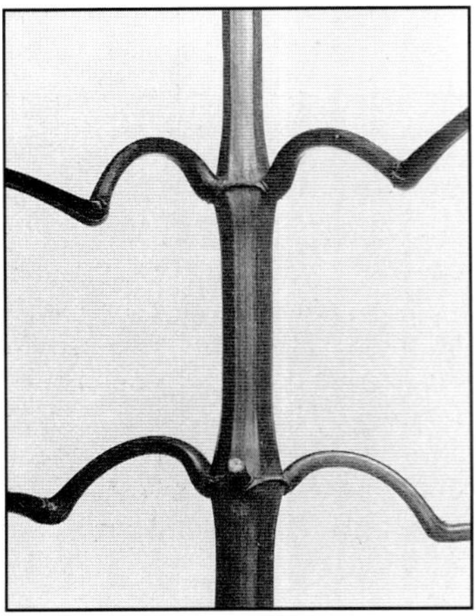

Negativ-Retusche →Retusche

Neger Fotografensprachliche Bezeichnung für schwarze Abdeckkartons. →Kaschieren

Netzmittel Wasserlösliche Verbindungen, die die Oberflächenspannung des Wassers herabsetzen. Verdünntes N. wird im Fotolabor verwendet, um Filme (oft auch Fotopapiere) im Anschluß an die Schlußwässerung darin zu baden, damit sich Trockenflecken durch Tropfenbildung verhindern lassen.

Neue Sachlichkeit Richtung der Malerei und Fotografie, die sich nach 1920 als Gegenbewegung zu den Abstraktionen der Kubisten und Expressionisten und den fotografischen Experimenten von László →Moholy-Nagy und Herbert →Bayer verstand und wieder nach einer ›Eigengesetzlichkeit der Dingwelt‹ suchte (→Magischer Realismus). Während in der Malerei Künstler wie George Grosz und Otto Dix in ihren Bildern eine kritische Auseinandersetzung mit einer in sich widersprüchlichen, vielschichtigen Umwelt ausdrückten, wandten sich einige professionelle Fotografen, allen voran Albert →Renger-Patzsch, nicht nur gegen die neuen bildnerischen Gestaltungsweisen und einen erstarkten Subjektivismus im →Neuen Sehen, sondern gleichzeitig gegen die etablierte romantisie-

rende und malerische →Kunstfotografie. »Dem starren Liniengefüge moderner Technik ... im Bild gerecht zu werden , ist wohl nur der Photographie möglich ... Die absolut richtige Formwiedergabe ... gibt der technisch gekonnten Aufnahme den Zauber des Erlebnisses. Überlassen wir daher die Kunst den Künstlern« (1927). Weitere Vertreter dieser ›reinen‹ Fotografie waren Karl →Blossfeldt und in vielen seiner Porträtfotos auch August →Sander. Mit ähnlicher Zielrichtung hatten zuvor Alfred →Stieglitz und Edward →Steichen in den USA den Begriff der →Straight Photography geprägt. Auch hier waren Bildschärfe und Detailtreue ebenso wie eine ›realistische‹ Abbildung vorrangig.
In Deutschland versuchten die Vertreter einer neusachlichen Fotografie ebenfalls, eigene bildnerische Antworten auf veränderte, durch Wissenschaft und Großindustrie geprägte Weltsichten zu finden, indem sie vermeintliche »Wirklichkeiten« mit ihrer fotografischen präzisen Technik abbildeten. Viele Fotos lassen dabei allerdings den Eindruck entstehen, der Mensch sei von den Dingen beherrscht. Die zunehmende Stilisierung technischer Strukturen und die Ästhetisierung der Fotografien der N. S. führten später dazu, daß Darstellungsformen dieser Richtung relativ leicht vom Nationalsozialismus nach 1933 vereinnahmt werden konnten.

Neues Sehen (Neue Fotografie) Bezeichnung für eine innovative Stilrichtung der Fotografie ab ca. 1925 (benannt nach einer Ausstellung von Walter Dexel ›Neue Wege in der Fotografie‹). Ausgangsüberlegungen des N.n S.s entstammten den Erneuerungsansätzen der russischen Konstruktivisten (Alexander →Rodtschenko) und Vertretern des →Bauhauses, führend unter ihnen László →Moholy-Nagy. Ziel war es u.a., die menschliche Wahrnehmung aus alten ästhetischen Einschränkungen zu befreien, um damit eine veränderte, moderne technische und gesellschaftliche Welt besser begreifen und gestalten zu können. Als »einzig zeitgemäßes technisches Medium« sollte die Fotografie mit den ihr eigenen umfassenden Abbildungseigenschaften helfen, die Welt aus der ›Sicht des Bauchnabels‹ zu zeigen — mit ungewöhnlichen Einstellungen und Perspektiven, extremen Schrägstellungen, ungewohnten Sichten und

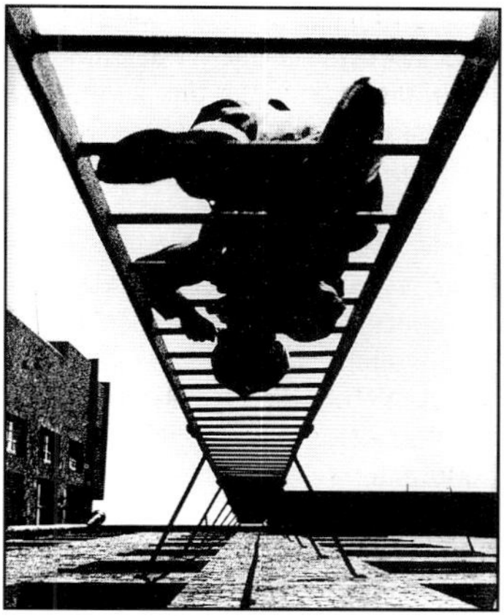

Neues Sehen: Einflüsse von Alexander Rodtschenko, ›Die Feuerleiter‹ (1927)

Licht- und Schattenverläufen. Was Moholy-Nagy auf der intellektuellen Diskussionsebene analysierte, legte Walter Gräff ganz praktisch in gestalterischen Vorschlägen in seinem Buch ›Es kommt der neue Fotograf‹ (1928) nieder. Einflüsse des N.S.s zeigen sich u.a. in vielen Fotografien von →Umbo. Schließlich nahm auch die →Werbe- und Illustriertenfotografie die Anregungen aus dem N. S. verstärkt auf. →experimentelle Fotografie, →Neue Sachlichkeit

Neutraldichtefilter
(ND-Filter) →Graufilter

Neutralfilterung Im →Fotolabor diejenige →Farbkorrekturfilterung beim Vergrößern von Colornegativen oder →Dias, mit der der Papierabzug farbenrichtig wiedergegeben wird, das Bild also frei von einem →Farbstich ist. Um eine ›objektiv‹ neutrale Motivwiedergabe richtig beurteilen zu können, wird bei sehr wichtigen Aufnahmen eine →Graukarte und/oder ein →Graukeil mit in das Bild einbelichtet (z.B. bei Reproduktionen), an dem in dem späteren Abzug der jeweilige Farbstich als Abweichung vom Grau sichtbar wird.
Gelegentlich entspricht die objektiv richtige N. allerdings nicht exakt der subjektiv geprägten Motivinterpretation (z.B. bei Porträts). Hier erweist es sich als sinnvoll, die zunächst ermittelte N. anschließend wieder zu verändern.

Newton, Helmut (*1920 Berlin) 1937/38 Studiovolontariat; 1938 Emigration über Singapur nach Australien, dort erste Fotoarbeiten. Nach kurzer Zwischenstation in London Beginn der Fotoarbeit in Paris (1958). Sein fotografisches Aufgabenfeld läßt sich mit ›Mode, Reichtum, Erotik‹ umschreiben. Die manchmal skurillen, oft sehr direkten Porträts, Werbeaufnahmen und Modebilder, in denen Sexualität und Aggressivität eine wesentliche Rolle spielen, publizierte er in allen großen Magazinen der Welt. N. gilt als einer der bestbezahlten und kreativsten Mode-, Werbe- und Porträtfotografen der 70er und 80er Jahre.

Newtonringe (nach Isaac Newton) Eine spektralfarbene, konzentrisch-kreisförmige Erscheinung, die zwischen zwei glatten transparenten, dicht zusammenliegenden Flächen auftreten können, wenn sie einen keilförmigen minimalen Luftspalt einschließen. Sie finden sich bei glasgerahmten →Dias (→Diarahmen) zwischen Filmrückseite und Glas oder bei Negativbühnen von →Vergrößerungsgeräten, die mit einer oberen Glasandruckplatte ausgestattet sind.
Ursache sind →Interferenzen, die durch die Überlagerung von Lichtschwingungen unterschiedlicher Phasen entstehen. N. lassen sich entweder durch dünne Abstandsmasken zwischen den beiden Flächen vermeiden oder, besser noch, durch die Verwendung von speziellen Anti-Newton-Gläsern, die eine leicht unregelmäßige, matt wirkende Oberflächenstruktur besitzen.

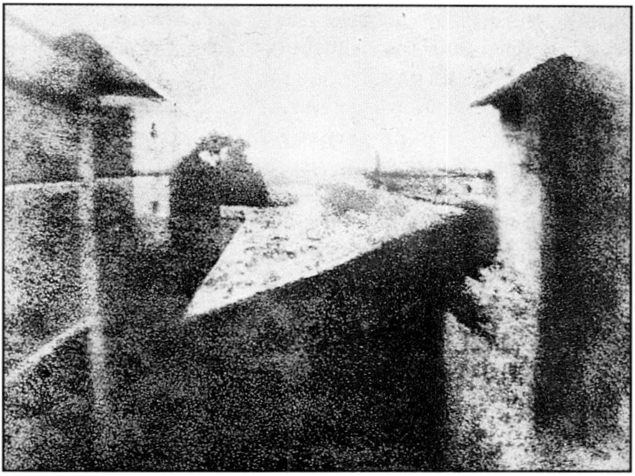

Joseph Nicéphore Niépce, ›Blick aus dem Fenster‹, 1827

Niépce, Joseph Nicéphore (*1765, †1833 in Chalon-sur-Saône) Einer der Erfinder der Fotografie; 1793 erste Ideen, die mit der →Camera obscura erzeugten Bilder auf lichtempfindlichem Material festzuhalten. Seit 1812 unternahm N. gezielte Versuche, Bilder, die in der Camera obscura entstanden, über sensibilisierte Papiere auf einem Druckträger festzuhalten. Er experimentierte mit lichtempfindlich gemachtem Asphalt, um die Bilder auf Stein, Metall und Glas zu übertragen. 1822 gelang es ihm, eine →Kontaktkopie eines transparent gemachten Kupferstichs auf einer mit Asphaltlack beschichteten Glasplatte sichtbar abzubilden und mit Lavendelöl und Terpentin lichtbeständig zu machen. 1827 nahm er vom Fenster seines Arbeitszimmers aus (mit der Belichtungszeit von acht Stunden) auf eine mit Asphalt beschichtete Zinkplatte das wohl erste Foto der Welt ›nach einem Motiv der Natur‹ auf (von Helmut Gernsheim 1952 entdeckt und heute im Besitz der Texas University, Austin, USA). Im gleichen Jahr berichtete er der ›Royal Society of Sciences‹ erstmals über das von ihm als Heliographie bezeichnete Verfahren. Bereits 1826 hatte er erste Kontakte mit Louis Jacques →Daguerre, mit dem er sich 1829 über das gemeinsame Bemühen zur Verbesserung und geschäftlichen Nutzung des Verfahrens vertraglich einigte. Doch N. gelang es nicht, seinen Prozeß einfach handhabbar zu machen. Verarmt starb er 1833. Ausgehend von den N.schen Erkenntnissen modifizierte Daguerre in den folgenden Jahren das Verfahren und machte es 1839 als →Daguerreotypie bekannt.

nm Abkürzung für →Nanometer

Normalobjektiv (Standardobjektiv) Konstruktion eines →Objektivs, dessen →Bildwinkel etwa dem Maß der Diagonalen des →Aufnahmeformats und dem Blickwinkel des starren menschlichen Auges entspricht. Demzufolge werden Aufnahmen mit einem Normalobjektiv vom Aspekt der →Perspektive als ›natürlich‹ empfunden. Je nach Aufnahmeformat und dem damit verbundenen Kameratyp verändert sich die →Brennweite bei gleichbleibendem Bildwinkel:

Aufnahmeformat	*Normalobjektiv/ Brennweite ca.*
Kleinstbild 13 x 18 mm	22 mm
Kleinbild 24 x 36 mm	50 mm
Mittelformat 60 x 60 mm	80 mm
Großformat 90 x 120 mm	150 mm
Großformat 130 x 180 mm	240 mm

N.e werden oft standardmäßig zum Kamerakörper mitgeliefert; sie ermöglichen in Relation zum Konstruktionsaufwand die höchste →Lichtstärke. Dagegen verfügen moderne Kompakt-Sucherkameras (Kleinbildformat) über fest eingebaute Objektive mit einer Brennweite von 35 mm (Weitwinkel) oder über brennweitenvariable →Zoomobjektive.

Normlicht Licht mit einer fest definierten →Farbtemperatur; gemeint ist meistens eine künstliche Beleuchtung, die eine Farbtemperatur von 5000, manchmal auch 5500 Kelvin zeigt.

Nullkopie Erste, ungefilterte →Vergrößerung eines Farbnegativs oder -dias auf Farbpapier. Die N. zeigt in der Regel noch einen mehr oder weniger intensiven →Farbstich; sie ist damit allerdings die Grundlage zur Ermittlung der richtigen →Farbkorrekturfilterung für die →Neutralfilterung (→Farbmischung, →Farbmischkopf).

O

Oberflächenentwickler →Ausgleichsentwickler

Oberflächenspiegel Spiegel, bei dem die Reflexionsschicht nicht hinter einer Glasscheibe angebracht ist, sondern bei dem die spiegelnde Fläche *auf* die Oberfläche einer Glas- oder Metallplatte aufgebracht, meist aufgedampft,ist. Ihr Vorteil ist die ungebrochene Reflexion. O. lenken als Schwingspiegel in →Spiegelreflexkameras das Bild auf die Mattscheibe. Sie sind höchst empfindlich gegen mechanische Beschädigung und Fingerabdrücke (→Spiegel).

Oberlicht Eine meist großflächige Beleuchtung, die das Motiv weich von oben beleuchtet und primär der Anhebung der Allgemeinhelligkeit dient. Für die →Ausleuchtung wird es meistens durch ein →Hauptlicht und einzelne Effektlichter ergänzt.

Objektiv →Linse oder Linsengruppe, die bei der →Abbildung ein möglichst helles und scharfes Bild vom Motiv entwirft. Im 16. Jahrhundert wurde mit einer Linse erstmals das Bild einer →Camera obscura entscheidend verbessert. Bei den heutigen Kameraobjektiven sind mehrere →Linsen mit unterschiedlichen Konstruktionsprinzipien und Verwendungszwecken kombiniert. Je nach →Bildwinkel und →Brennweite unterscheidet man →Weitwinkel-, →Normal- und →Tele- bzw. Fernobjektive. Als spezielle Konstruktionen gelten Spiegellinsen-, Shift- und →Zoomobjektive. Die letztgenannten decken einen ganzen Bereich von Bildwinkel und Brennweiten stufenlos ab. Die Brennweite eines O.s ergibt sich aus dem geforderten Bildwinkel und dem Filmformat, das ausgezeichnet werden soll (→Bildkreis).
Durch eine gezielt berechnete Kombination von miteinander verkitteten und gruppierten →Sammel- und →Zerstreuungslinsen aus spe-

Objektiv: Teilquerschnitte von a) Weitwinkel- und b) Teleobjektiv (Leitz)

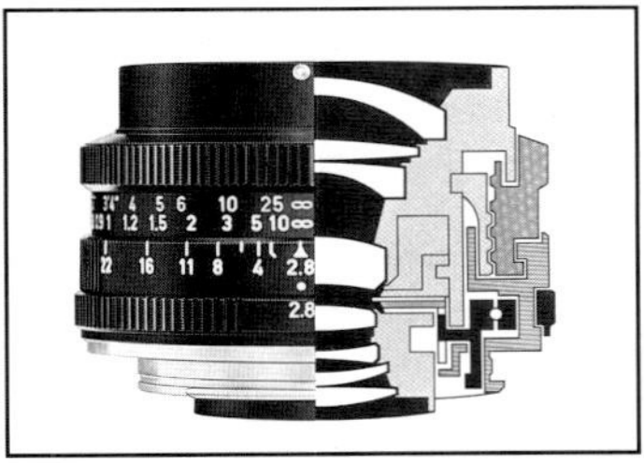

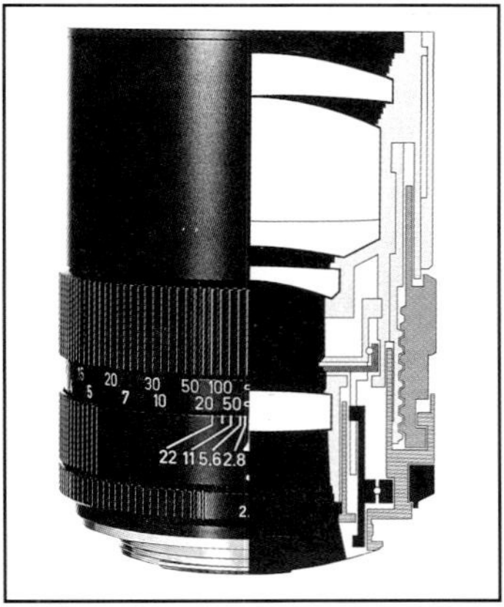

ziell entwickelten Glas- bzw. Kunststoffsorten ist eine Reduktion der meisten →Abbildungsfehler möglich (→Objektivkonstruktion, →Lichtbrechung). Da O.e in der Regel für relativ große Aufnahmeentfernungen (→unendlich) und kleine Bildweiten berechnet und korrigiert sind, weisen sie zumeist einen asymmetrischen Bildaufbau auf. Vornehmlich spezielle →Makroobjektive verlangen eine eher symmetrische Anordnung der einzelnen Linsen. Eine →Vergütung der Linsenoberflächen vermeidet eine Lichtabsorption bzw. Streulicht (Mehrschichtenvergütung). Allerdings steht die Forderung nach hoher →Lichtstärke *und* kompakter Bauweise einer optimalen, fehlerfreien →Abbildung entgegen. Bei den meisten O.en dient entweder ein →Schneckengang im O.tubus oder ein Autofocussystem der →Scharfeinstellung (Fokussierung). Bei einigen →Autofocus-Kameras befindet sich der Autofocus-Motor im O.

In eher einfachen Kleinbildkameras (Kompaktkameras) ist ein O., (oft ein Zoomo.) fest eingebaut. Systemkameras erlauben den Wechsel verschiedener O.e (→Wechselobjektive) über eine Schnellverriegelung (→Bajonett, früher ein spezifisches Schraubgewinde im Maß →M42).

Objektivität (vermeintliche) Anforderung an die Fotografie, das Abgebildete unverfälscht und unmanipuliert darzustellen. Die bildnerische Reproduktion mittels eines technischen Apparats gibt der Fotografie in den Augen vieler Nutzer einen enorm hohen Wahrheitsgehalt (im Unterschied etwa zur Malerei). Und tatsächlich garantiert der technisch-optische Prozeß der →Abbildung eine recht perfekte Wiedergabe im begrenzten →Bildausschnitt. Während z.B. der Maler jedes noch so winzige Detail bewußt der Leinwand hinzufügen muß, hat der Fotograf die vorgefundene Wirklichkeit weitestgehend als Vorgabe zu akzeptieren. Andererseits greift er z.B. bereits durch die Wahl der Aufnahmetechnik, des Filmmaterials (z.B. schwarzweiß/farbig) und des räumlichen sowie zeitlichen Ausschnitts in die inhaltliche Ausprägung der Abbildung mit ein. Die Fotografie erweist sich damit weniger als objektives denn als ein authentisches Medium. Aktuelle Kritik am verläßlichen Wahrheitsgehalt des fotografischen Bildes wird durch die mit elektronischen Mitteln (→Bildverarbeitung) immer einfacher durchzuführende Möglichkeit der Bildmanipulation ausgelöst.

Ein anderer Diskussionsansatz fragt, was eine noch so ›objektive‹ fotografische Abbildung der Wirklichkeit über die Wirklichkeit selbst aussagt (→Bildaussage). Konkret: Inwieweit berücksichtigt z.B. das Foto eines Mehrfamilienhauses die sozialen Beziehungen der Familien, die darin leben? Eine Bildanalyse wird sich in jedem Einzelfall mit solchen Fragen auseinandersetzen müssen. →Dokumentarfotografie, →subjektive Fotografie, →künstlerische Fotografie

Objektivkonstruktion Frühestes Beispiel ist die von Joseph Petzval berechnete O.(1840; Voigtländer). Es handelt sich dabei um das erste gerechte Objektiv, das zugleich über eine, für damalige Verhältnisse hohe, →Lichtstärke von 1:3,2 verfügte und damit erhebliche Fortschritte für die Porträtfotografie ermöglichte. Da es aber nur über einen kleinen →Bildwinkel gute Abbildungsleistungen bot und zudem eine starke natürlich →Vignettierung besaß, bestand ein Bedarf an universell einzusetzenden Objektiven. Ausgehend von der noch mit allen →Abbildungsfehlern behafteten Einzellinse führte der Weg über den aus zwei verkitteten Einzellinsen bestehenden →Achromaten und ein Objektiv, das aus zwei symmetrisch zur Blende gestellten (→Symmetrie 2.) Linsen aufgebaut war (1865; Steinheil-Periskop), hin zum →Aplanat von H. Adolph Steinheil, bei dem die Einzellinsen des Periskops durch Achromate ersetzt sind. Alle diese frühen O.en wiesen aber noch →Astigmatismus auf, der erst durch den Einsatz neuer Gläser (1886; Schott) korrigiert werden konnte. In die Gruppe der Anastigmaten gehören auch die Doppel-Gaus-Objektive (1896; Zeiss Planar), ein aus zwei symmetrischen Gaus-Objektiven zusammengesetztes Objektiv. Die Weiterentwicklung der Doppelanastigmate führte zu weiteren, klassischen O.en. Die Kombination eines zweilinsigen Vordergliedes mit einem verkitteten Hinterglied ergab das Tessar (1902; Zeiss), die Zusammenstellung von Sammellinse/Zerstreuungslinse/ Sammellinse ergab das klassische Triplet (Taylor; 1893). Diese beiden O.en ermöglichten bei einfachem Aufbau eine weitgehende Korrektur der Abbildungsfehler und werden noch heute, vorwiegend in Kompaktkameras, eingesetzt. Eine deutliche Steigerung der Lichtstärke ermöglichten sowohl eine Modifizierung des Triplets (1922; Ernemann Ernostar, Lichtstärke 1:1,8 und 1929 Zeiss Sonnar bis 1:1,5) als auch der Doppel-Gaus-Objektive (1927; Zeiss Biotar bis 1:1,4). Heutige →Normalobjektive gehören zu den Doppel-Gaus-Objektiven, die Lichtstärken bis zu 1:0,7 erreichen.

Objektivvorsatz →Vorsatzlinsen

Objektmessung Eine Methode der →Belichtungsmessung, bei der

Objektmessung

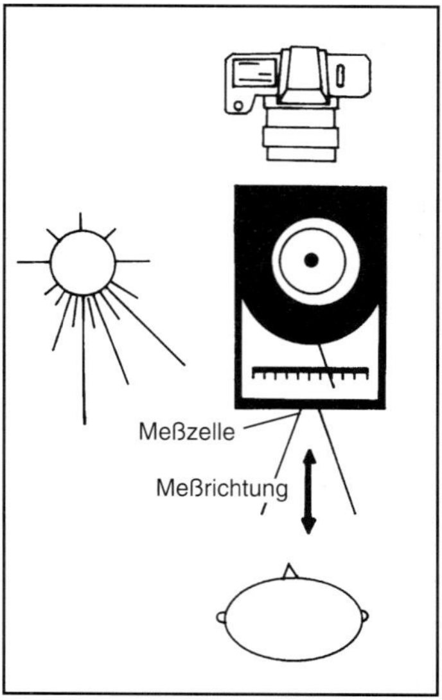

die →Reflexion bzw. →Remission des vom Motiv zurückgeworfenen Lichts gemessen wird. Die Meßrichtung führt also von der Kamera in Richtung Motiv (im Unterschied zur →Lichtmessung).
Sämtliche kameraintegrierten →Belichtungsmesser arbeiten ausschließlich nach der O. Sie kann als (mittenbetonte) Integral-, Selektiv-, Spot- oder Mehrfeldmessung ausgebildet sein. Da mit der Messung des remittierten Lichts die Eigenfarbigkeit (Helligkeit) der Motive einen entscheidenden Einfluß auf das Meßergebnis hat, führt die O. bei einer ausgewogenen Helligkeitsverteilung zwar zu richtigen Resultaten, bei extremen Situationen (Gegenlicht, einheitlich helle oder dunkle Motive) jedoch leicht zu Belichtungsfehlern; in diesen Fällen können oft mit einer genormten →Graukarte als Ersatzobjekt die richtigen Belichtungswerte ermittelt werden.

Objektumfang Je nach der Eigenfarbigkeit und Helligkeit seiner Oberfläche reflektiert ein Aufnahmeobjekt das Licht unterschiedlich (→Reflexionsgrad). Der O. bezeichnet das Verhältnis zwischen dem hellsten und dem dunkelsten Motivdetail (bei gleicher Beleuchtung), das noch durchzeichnet abgebildet werden soll. Die einzelnen Motivteile werden dazu nacheinander z.B. mit der →Spotmessung (→Objektmessung, →Kontrastmessung) angepeilt. Die Fläche der Haut eines Menschen hat demnach einen niedrigen, das Fell eines Zebras einen höheren O. Je nach O. kann nun u. U. der →Beleuchtungskontrast gewählt werden, wobei das Produkt beider Verhältniszahlen den →Motivkontrast ergibt.

Offenblitz Aufnahmemethode, bei der ein Blitz (oder mehrere) bei einer →Langzeitbelichtung, also bei offenem Verschluß, das Motiv be-

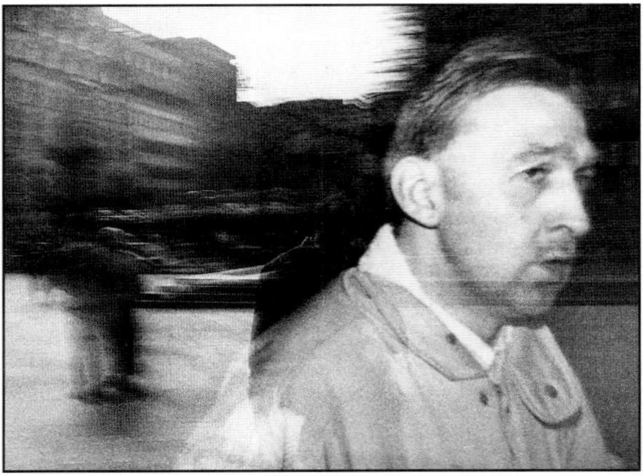

Offenblitz

leuchten. Damit lassen sich z.B. größere abgedunkelte Räume mit einem einzelnen Blitzgerät, an verschiedenen Raumpositionen ausgelöst, gleichmäßig ausleuchten (Wanderblitz). Für die Festlegung der Blende geht man dabei von einer mittleren Blitzdistanz aus, die durch Probebelichtungen nach einem festgelegten Blitzplan überprüft werden muß. In der modernen Reportagefotografie sowie in der →experimentellen Fotografie wird mit der O.-Methode eine Addition von scharfem und verwischtem Bild erreicht. Ähnlich wie beim Aufhellblitz muß dabei die Blitzenergie auf die Blende der Normallichtmessung abgestimmt werden. Die Blende wiederum hängt vom Grad der beabsichtigten →Verwischung und damit von der Belichtungszeit ab, die länger sein muß als die Zeit der kameraeigenen →Blitzsynchronisation; Farbabb. 5).

Öffnungsfehler →Sphärische Aberration, →Abbildungsfehler

Öffnungsverhältnis Das Verhältnis zwischen dem wirksamen Blendendurchmesser und der Brennweite eines →Objektivs. Die wirksame Blendenöffnung kann größer sein als die wirkliche Öffnung, wenn die Blende zwischen den Linsen angeordnet ist. Das maximal erreichbare Ö. (die größte relative Öffnung) eines Objektivs wird als →Lichtstärke bezeichnet; z.B. maximaler Blendendurchmesser eines 50-mm-Objektivs mit dem Ö. von 1:2 ist 25 mm. Die zugehörige →Blendenzahl wird dann als Kehrwert des Ö.es angegeben. Letzteres ist proportional zum Quadrat des tatsächlichen Lichtdurchlasses.

Okular Einfaches optisches System aus einer oder zwei Linsen, durch das das vom Kameraobjektiv erzeugte Bild im Sucher mit dem Auge betrachtet wird. Für Brillenträger erlauben O.e von höherwertigen Kameras Verstellungen (ggf. auch durch zusätzliche Korrekturlinsen; →Dioptrien), um den Sehfehler auszugleichen, so daß eine Bildbeurteilung auf der Mattscheibe von Spiegelreflexkameras und das manuelle Einstellen der Bildschärfe ohne Brille möglich wird.
Gute O.e verfügen zusätzlich über eine innere Abdeckblende, um z.B. den Einfluß von Fremdlichteinfall auf das Belichtungsmeßsystem zu verhindern.

Öldruck Er zählt zu den historischen →Edeldruckverfahren. Ein nach dem →Dichromat-Verfahren beschichtetes Papier wird mit einem Negtiv als Kontaktkopie belichtet. An den belichteten Stellen härtet die Gelatine und kann später fetthaltige Druckfarben aufnehmen. Nach dem Belichten werden die lichtempfindlichen Dichromatsalze ausgewaschen und die Gelatine getrocknet. Dann wässert man wieder, um die Gelatine quellen zu lassen.
Die unbelichteten, ungehärteten Partien nehmen Wasser auf, die belichteten, gehärteten dagegen die mit dem Pinsel aufgetragene Ölfarbe. Zum Vervielfältigen bedient man sich auch des Umdruck-

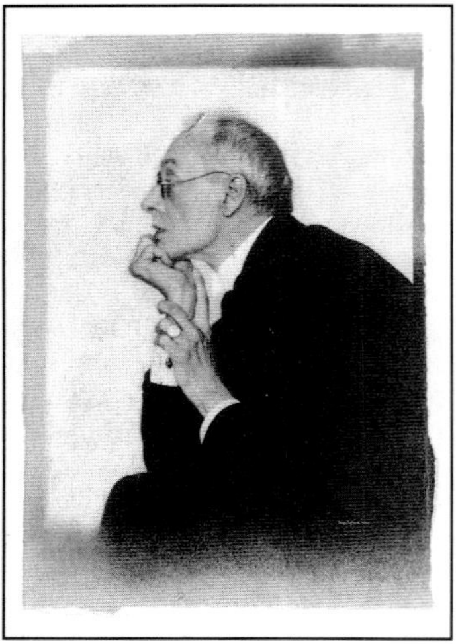

Öldruck mit Reißrand und Klebemarken von Hugo Erfurt: ›Porträt Franz Blei‹, 1928; Fotomuseum, Münchner Stadtmuseum

verfahrens (Ölumdruck). Obwohl das Verfahren seit 1855 bekannt war, wurde es erst ab 1904 für gut zwei Jahrzehnte populär. →Bromöldruck

Opalglas Durchscheinendes, weiß eingefärbtes bzw. beschichtetes Glas, das in fotografischen Arbeitsbereichen für die →Diffusion des Lichts z.B. bei Glühbirnen von älteren Schwarzweiß-Vergrößerungsgeräten (Opallampen) oder auch als Deckplatte von →Leuchtkästen verwendet wird.

Opazität Maßzahl für die Lichtundurchlässigkeit (→Dichte) von Medien; gerechnet als Kehrwert der →Transparenz.

Optik Lehre vom sichtbaren →Licht und der Physik der lichtähnlichen elektromagnetischen Strahlung, die von →Ultraviolett über das sichtbare →Spektrum bis hin zum fernen →Infrarot reicht. Der Forschungsumfang der O. reicht dabei von Untersuchungen im energetischen, atomaren Bereich, den Entstehungstheorien und Erscheinungsformen des Lichts bis hin zur physiologischen O. des Sehens. Daneben wird der Begriff auch als Kurzform für ein optisches System verwendet (→Objektiv).

Optische Achse Gerade, die durch den Mittelpunkt der →Linse eines optischen Systems (→Objektiv) führt; die o. A. bildet eine Symmetrieachse und steht senkrecht zur →Bildebene. Lichtstrahlen, die in der o.n A. eintreten, werden nicht gebrochen, solche, die parallel dazu verlaufen, bezeichnet man als achsenparallel.

Optische Bank Physikalische Versuchsanordnung für Tests und Messungen optischer Erscheinungen. Basis ist eine präzise, kantige oder runde Schiene, auf der sogenannte Reiter oder Standarten mit Linsen, Prismen usw. befestigt und in Beziehung zueinander gesetzt werden können. Im Bereich der Objektivprüfung und -justierung findet eine Variante der o.n B., ein sogenannter Kollimator, Verwendung. Davon abgeleitet wird als o. B. eine →Fachkamera bezeichnet, bei der auf der Schiene die Objektivstandarte und die Filmstandarte durch einen →Balgen lichtdicht miteinander verbunden sind. Beide Standarten sind dabei horizontal und vertikal verschiebbar und können überdies im Winkel verschwenkt werden (→Verstellmöglichkeiten).

Optischer Keil →Graukeil

Optisches Glas →Bezeichnung für besonders hochwertige Glassorten mit genau definierten Brechzahlen, wie sie für →Objektive verwendet werden. Die bekanntesten Glasarten sind Flint- und Kornglas.

Optisches System Gruppe aller bei der Bilderzeugung beteiligten und gezielt einander zugeordneten →Linsen, Spiegel usw.; z.B. ein Fernrohr, ein Mikroskop oder ein →Objektiv.

Original In der Fotografie ein Abzug (→Kopie), der vom Fotografen selbst oder einem von ihm angewiesenen Laboranten hergestellt wurde. Dabei muß es sich keineswegs um ein Unikat handeln, sondern es kann, ähnlich wie in der Druckgrafik, ein Exemplar einer festgelegten Auflage sein. Einige Fotografen signieren, in Anlehnung an die Druckgrafik, ihre Fotografien und versehen sie mit einem Auflagencode (Limitierung und Numerierung). Der Kunsthandel unterscheidet bei O.en zwischen →Vintageprint und →Reprint. Durch den fotografischen Prozeß selbst sowie durch die Perfektion der Reproduktionstechnik ist der Nachweis des O.s oft sehr problematisch. Selbst hochqualifizierte Ausstellungen schmücken sich gelegentlich mit zweifelhaften, als ›Original‹ bezeichneten, →Reproduktionen. Der Begriff des O.s hat auch Bedeutung für das →Urheberrecht.

Optische Bank als Fachkamera

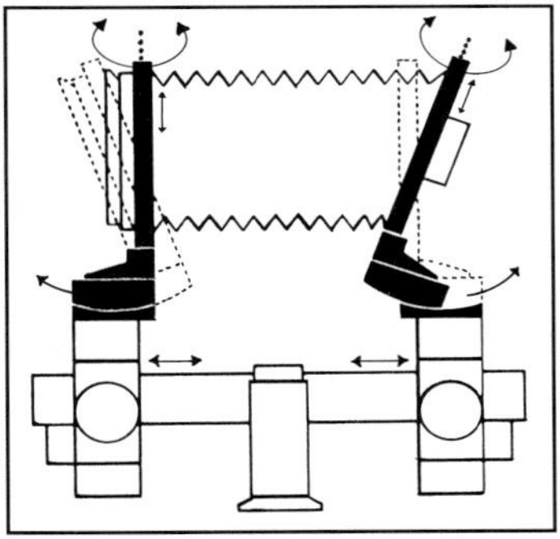

Originalobjektiv Objektiv, das von einem Kamerahersteller passend zum jeweiligen Kamerasystem angeboten wird. Meist werden O.en pauschal engere Fertigkeitstoleranzen und damit ein höherer Qualitätsstandard als →Fremdobjektiven nachgesagt. O.e sind meist teurer als Fremdobjektive. →Wechselobjektive

Orthochromatisch Farbempfindlichkeit einer Emulsion im Spektralbereich von ca. 200 bis 600 →Nanometern (nm) also für Ultraviolett, Blau, Grün und Gelb. Der über 600 nm liegende Rotbereich wird nicht mehr registriert. O.e Filme sind meist sehr niedrigempfindlich, besitzen ein hohes Auflösevermögen, werden aber in der bildmäßigen Fotografie kaum verwendet. Ihr Einsatzgebiet ist, von wenigen Aus-

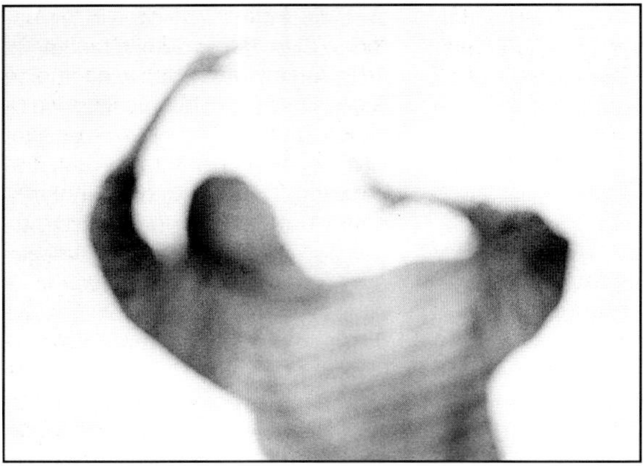

Out-of-focus

nahmen abgesehen, der grafische Bereich der Reproanstalten (→Lithfilm, →Strichvorlage).

Ortsfrequenz Anzahl der Linienpaare oder Perioden pro Millimeter (1/mm) von einem Liniengitter, wie es als Testbild für Objektivtests verwendet wird (→Modulations-Übertragungsfunktion, →Testaufnahme, →Auflösevermögen).

Out-of-focus Bezeichnung für eine Aufnahmetechnik, in der ein Motiv völlig beabsichtigt außerhalb der →Scharfeinstellung (→Schärfentiefe) des Objektivs aufgenommen wird. Die so entstehenden, mehr oder weniger starken Unschärfen unterliegen natürlich den subjektiv gestalterischen Zielen des Fotografen (→künstlerische Fotografie). Das Motiv löst sich hierbei in verschwommene stark silhouettenhafte Konturen mit diffusen Farbverläufen auf (→Defocus).

P/Q

Pabel, Hilmar (*1910 Ratwitch/Schlesien) Ab 1932 erste Reportagen, ab 1941 verstärkt Kriegsberichterstatter. Bei Kriegsende machte er über 2000 Kinderporträts im Auftrag des Roten Kreuzes für den Suchdienst und die geplanten Familienzusammenführungen; außerdem sehr einfühlsame Reportagen über das Nachkriegselend. Ab 1961 Tätigkeit für den ›Stern‹ mit vielen Auslandsberichten aus Notstandsgebieten der Dritten Welt. Besonders bekannt geworden sind viele seiner Bilder aus Tibet. Zahlreiche Arbeiten aus der Zeit des Nationalsozialismus sind heute allerdings in ihrer politischen Bewertung sehr umstritten.

Panchromatisch Eigenschaft einer →Emulsion, die für den Bereich des →Spektrums bis 680 Nanometer, also für die (Licht-)Farben Blau, Grün, Gelb und Rot gleichermaßen sensibilisiert ist. P.e Schichten geben alle Farben mit ihren Helligkeiten, Sättigungen und Intensitäten in adäquaten Grauwerten wieder, eine Eigenschaft, die bei Schwarzweißfilmen gefordert ist. Durch die gegenüber →orthochromatischen Filmen erweiterte allgemeine Farbempfindlichkeit ist auch die →Lichtempfindlichkeit des p.en Materials höher.

Panoramaaufnahme Bedeutet Panorama im strengen Sinn ›Rundumblick von einem Punkt aus‹, also eine Aufnahme, die horizontal einen Bildwinkel von 360° besitzt, so werden meist auch Bilder mit kleineren Winkeln, aber gestrecktem Seitenverhältnis über 1:2 als P. bezeichnet. Zur Erzielung der gewünschten Bildwirkung, zur Vermeidung von Verzerrungen, aber auch um eine spätere Präsentation zu erleichtern, ist ein lotrechtes Ausrichten der Kamera erforderlich. Zur Herstellung der P. benutzt man entweder spezielle →Panoramakameras, →Anamorphot-Objektive oder einfach normale Kameras, die auf einem Stativ ausgerichtet und nach

Panoramaaufnahme: 150°-Winkel mit Schwenkoptik; Foto: Fabian Linden

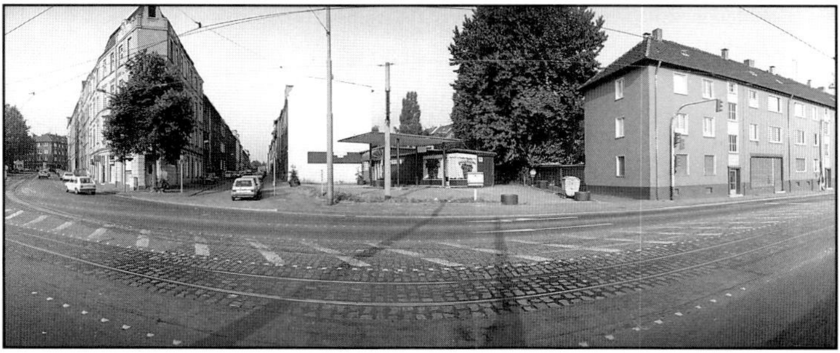

jeder Belichtung entsprechend weitergeschwenkt werden. Bei dieser letztgenannten Methode müssen sich die Motivfelder der Einzelbilder überlappen. Je länger die Brennweite und je stärker die Überlappung, desto genauer lassen sich die beschnittenen Einzelbilder anschließend zum Panorama aneinandersetzen.

Panoramakamera Spezialkamera zur Erstellung einer →Panoramaaufnahme. Entsprechend der etwas weiter gefaßten Definition der Panoramaaufnahme lassen sich drei Konstruktionstypen unterscheiden:
1. Kameras zur Erstellung eines 360°-Panoramas bedingen eine drehbare Konstruktion. Die Kamera rotiert mit einer Spezialbefestigung auf einem Stativ. Als Aufnahmematerial dient →Kleinbild- oder Rollfilm (35 mm, 80 mm, 126 mm), der, abgestimmt auf die Drehgeschwindigkeit, in der Kamera an einem senkrecht hinter dem Objektiv liegenden Schlitz vorbei bewegt wird (Globuscope, Alpa-Roto, Round-Shot).
2. Kameras für Bildwinkel um 150°: Weder Kamerakörper noch der Film müssen während der Aufnahme bewegt werden.
Um einen relativ natürlichen Bildeindruck zu erzielen, benutzt man ein Objektiv mit normalem Bildwinkel, das während der Belichtung geschwenkt wird und so das gesamte Bildfeld auszeichnet. Auffallend ist, daß waagerechte Linien, die außerhalb der Bildmitte liegen, stark gekrümmt sein können. Zur Einhaltung der bildseitigen →Schnittweite ist eine gebogene Filmbühne erforderlich (Widelux, Horizon).
3. Nichtrotierende P.s erlauben Bildwinkel von kaum mehr als 100° und besitzen ein gestrecktes Seitenverhältnis von mehr als 1:2. Da weder Kamera, noch Objektiv oder Film während der Aufnahme bewegt werden, ist ihr Einsatz unproblematisch; auch Freihandaufnahmen sind ohne weiteres möglich; die gekrümmten Waagerechten sind nahezu verschwunden. Im professionellen Bereich werden spezielle Rollfilmkameras mit gestrecktem Filmfenster und Objektiven verwendet, wie sie eigentlich in den →Großformatkameras als Weitwinkelobjektiv benutzt werden (Linhof Technika, Fuji-Panorama G617 u.a.).
Je nach Typ wird ein Bildformat von 6 x 12 cm oder 6 x 17 cm erreicht. Genaugenommen handelt es sich dabei also um schmal geschnittene Superweitwinkelaufnahmen. Mit einem solchen ›Beschnitt‹ arbeiten auch einige Kleinbildkameras, die über eine zuschaltbare Eingrenzung des Filmfensters Panoramaausschnitte möglich machen.

Panoramakamera mit schwenkbarem Objektiv; Foto: Fabian Linden

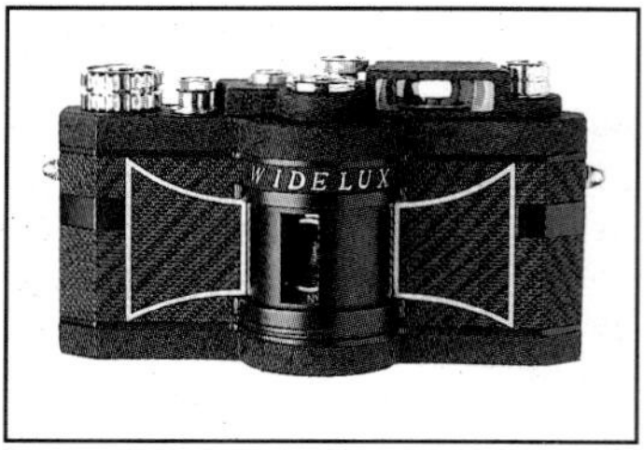

Papierformate →Fotopapiere sind als zugeschnittene Blattware im Handel. Gängig sind folgende Maße:

6 x 9 cm	20 x 25 cm
9 x 13 cm	34 x 30 cm
10 x 15 cm	30 x 40 cm
13 x 18 cm	40 x 50 cm
18 x 24 cm	50 x 60 cm

Es handelt sich dabei um Nennmaße, die teilweise um einige Millimeter von den jeweils angegebenen Realmaßen abweichen. Das →Seitenverhältnis der Fotopapiere stimmt übrigens meist nicht mit dem Seitenverhältnis der →Aufnahmeformate überein. →Rollenpapiere

Papiergrundzahl →Grundzahl

Papiersafe Lichtdichter Kasten zur Aufbewahrung und schnellen Entnahme von Fotopapier im Fotolabor. Die Größe ist abhängig von den verwendeten →Papierformaten. Als Material wird Metall, Kunststoff oder Karton genutzt.

Parallaxe Bei Kameras mit Durchsichtsucher (auch bei zweiäugigen →Spiegelreflexkameras) besteht insbesondere im Nahbereich zwischen dem Bildausschnitt im Sucher, der durch den →Leuchtrahmen angezeigt wird, und dem Ausschnitt, welcher durch das Objektiv auf den Film belichtet wird, eine von der Aufnahmeentfernung abhängige Differenz. Diese P. rührt daher, daß sich der Sucher neben bzw. über dem Objektiv befindet und sein Bild trotz der Parallelität der →optischen Achsen zum Filmbild (→Bildfeld) verschoben ist. Um diesen P.nfehler auszugleichen, läßt sich bei einigen Kameras der den Bildausschnitt begrenzende Leuchtrahmen mit der →Scharfeinstellung verschieben. Bei hochwertigen Kameras wird der Sichtwinkel des Suchers geneigt.

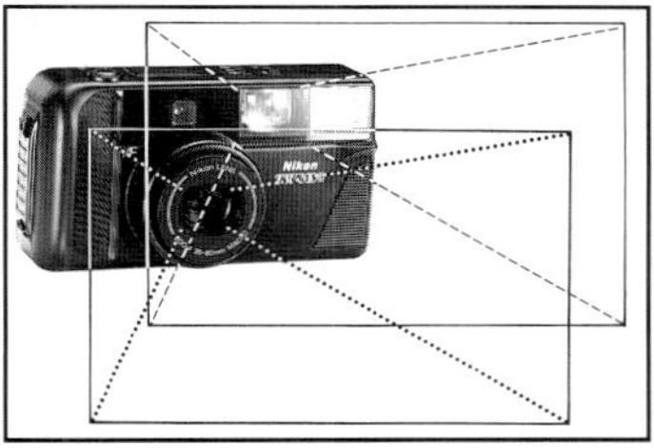

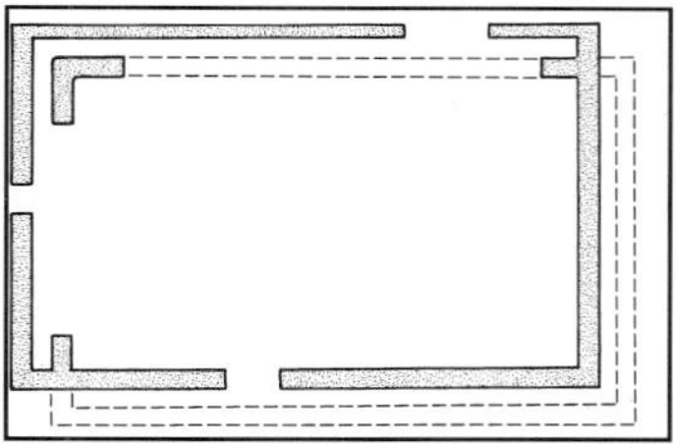

Parallaxe: a) an einer Sucherkamera; b) Markierung im Sucherfeld zum Parallaxenausgleich

Paßbild Porträtfoto (Kopfporträt) zur Personenidentifikation auf Ausweisen. Für den computerlesbaren deutschen Personalausweis muß die Größe des Paßfotos 35 x 45 mm betragen, wobei das Gesicht mindestens 20 mm hoch abgebildet sein muß. Weitere Voraussetzung: weiche Ausleuchtung, heller Hintergrund und Frontalansicht des Gesichts.

Passepartout Papier oder Kartonrahmen, mit einer auf das Bildformat abgestimmten Öffnung, der (abnehmbar) über das Bild gelegt wird. Ein dickerer P.karton bewirkt für das dann optisch tieferliegende Bild eine effektvolle Präsentation. Als besonders wirkungsvoll gelten Ausschnittöffnungen mit schräg zugeschnittenen Kanten (Schrägschnittp.). Wird das Bild zusätzlich unter Glas gerahmt, gewährleistet das P. durch den Abstand zwischen Glas und Bildoberfläche einen gewissen Schutz des Bildes.

Passer Bei der →Lichtmontage oder beim Mehrfarbendruck, oft auch bei der →Maskierung müssen die einzelnen Auszüge exakt zur Deckung gebracht werden. Um dies zu erreichen, belichtet man möglichst vom ersten Arbeitsschritt an am Bildrand angebrachte feine Linienmarkierungen (P.kreuze) mit. Diese bildunabhängigen Hilfen erleichtern das genaue Ausrichten der Vorlagen erheblich.

Pentaprisma

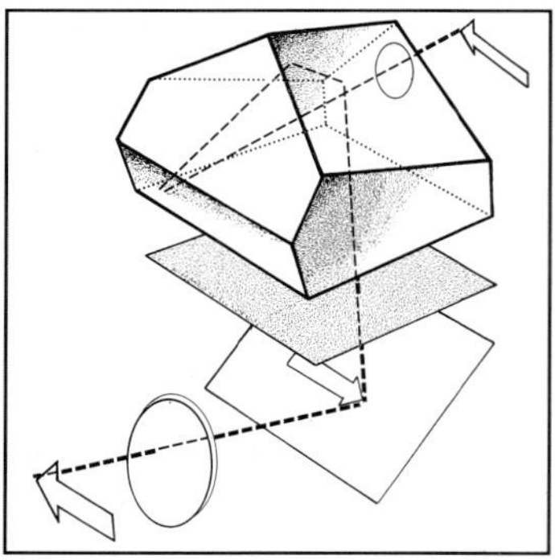

Penn, Irving (*1917 Plainfield/New Jersey) Bis 1942 Maler und Art Director, ab 1943 erste Aufnahmen für ›Vogue‹. Seit 1953 eigenes Fotostudio für Modefotografie, Werbung und Porträts in New York. Daneben immer wieder ethnologische Reisen nach Indien, Afrika und Europa mit vielen Fotoergebnissen. In den siebziger Jahren viele ästhetische Aufnahmen von Abfallprodukten. P. wurde zwar berühmt durch seine mondänen, sehr kühlen Frauenbildnisse für die Modejournale, als künstlerisch wichtiger aber gelten die freien Porträts vieler seiner Zeitgenossen, die meisten in kühnem Anschnitt und Bildausschnitt.

Pentaprisma Glaskörper mit fünf Reflexflächen (die obere dachartig gewinkelt, daher auch ›Dachkantenprisma‹). In den Lichtweg einer →Spiegelreflexkamera einbezogen bewirkt dieser Prismenaufsatz durch seine verspiegelten Reflexionsflächen, daß ein vom Kameraobjektiv über den Spiegel auf der Mattscheibe entworfenes seitenverkehrtes Bild wieder seitenrichtig im Sucher erscheint und in der Aufnahmerichtung betrachtet werden kann.

People (P.-Fotografie) Bezeichnung aus der →angewandten Fotografie (→Auftragsfotografie) für das Abbilden von Menschen in einer vorgegebenen Umgebung (Arbeitsplatz o.ä.). Je nach Auftragskonzeption ist dieser Bereich zwischen der →Porträtfotografie und der →Fotoreportage angeordnet. Meist handelt es sich um gestellte Fotos mit →Modellen oder auch bekannten Personen. Verwendet werden solche Fotos meist im redaktionellen Teil in den Druckmedien (Farbabb. 15).

PE-Papier →RC-Papier

Perforation Einseitig und zweiseitig gelochter Rand an vielen Filmmaterialien (außer Kleinstbild-, Roll- und Planfilmen). Mit Hilfe der P.slöcher transportiert ein Greifer den Film in der Kamera (auch bei der Laufbildprojektion) Bild für Bild weiter.

Persönlichkeitsrecht Es regelt das Recht am eigenen Bild, das heißt, die Zurschaustellung und Verbreitung von Fotos, auf denen einzelne Personen erkennbar abgebildet sind. Zu einer entsprechenden Veröffentlichung bedarf es der ausdrücklichen Genehmigung der/des Abgebildeten. Sie gilt als automatisch erteilt, wenn die/der Abgebildete eine Modellvergütung (Honorar) erhalten hat. Innerhalb dieser rechtlichen Regelung finden sich folgende Ausnahmen:

1. Persönlichkeiten der Zeitgeschichte besitzen wegen eines angenommenen ›öffentlichen Interesses‹ nur ein sehr eingeschränktes Recht am eigenen Bild.
2. Werden Personen als ›Beiwerk‹ aufgenommen, z.B. zufällig vorbeigehende Passanten in einer Straßenszene, ist keine spezielle Genehmigung erforderlich, entsprechendes gilt für Aufnahmen von größeren Personengruppen (Veranstaltungen).
3. Künstlerische Bildnisse von Personen, sofern die Fotos einem höheren Interesse (der Kunst) dienen. Auch hier haben die Abgebildeten nur ein eingeschränktes P.

Von diesen Ausnahmeregelungen nicht berührt ist der Grundsatz, daß das berechtigte Interesse der/des Abgebildeten (z.B. Privat- oder Intimbereich) nicht verletzt werden darf. →Urheberrecht

Perspektive Darstellung der dreidimensionalen, körperlich-räumlichen Wirklichkeit in einem zweidimensionalen Bild, so daß das Motiv auf der Bildfläche einen annähernd gleichen Seheindruck hinterläßt wie das Motiv in der Wirklichkeit selbst; Ziel einer perspektivischen Darstellung ist also die Illusion von Räumlichkeit. Eine Möglichkeit dafür bietet die Linear- oder Zentralp. als geometrische Konstruktion. Sie täuscht, vom einäugigen Sehen her übertragen, Räumlichkeit derart vor, daß sich alle in Wirklichkeit parallelen, in die Tiefe verlaufenden Linien in einem Fluchtpunkt schneiden. Daraus resultiert eine kontinuierliche Verkleinerung der Dinge vom Vordergrund zum Hintergrund hin. Das Maß der Verkleinerung erfolgt proportional zur Entfernung. Ein z.B. 15 Meter von der Kamera entfernter Gegenstand ist immer doppelt so groß abgebildet wie ein gleichgroßer in 30 Metern Entfernung. Dies gilt nicht nur bei einer Frontalansicht eines Motivs sondern auch bei extremer Obersicht (Vogelp.) und bei extremer Untersicht (Froschp.). — Eine flächige Umsetzung von Raum wird in opti-

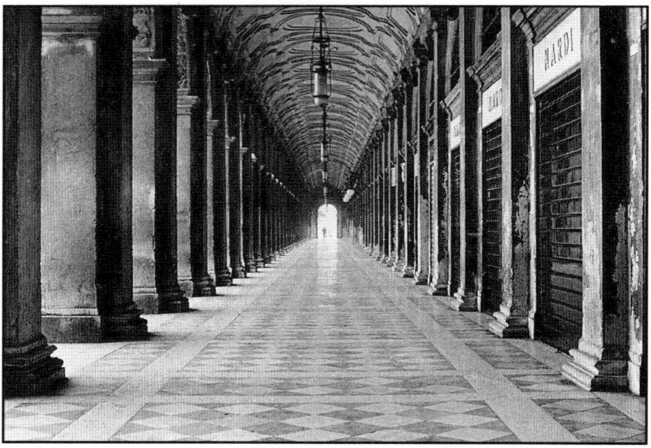

Perspektive: Zentralperspektive

maler Weise von der →Camera obscura ermöglicht. Ihre Blendenöffnung gewährleistet als geometrisches Zentrum eine lineare Fortsetzung der Abbildungsstrahlen in den Bildraum bis zur Bildfläche. Aufgrund der →Abbildungsfehler gilt dieses Ideal bei der Verwendung von Objektiven nur mit geringfügigen Einschränkungen.
In der Fotopraxis bedarf es, um ein Motiv in einer annähernd natürlichen P. abzubilden, eines Objektivs mit einem Bildwinkel, der dem Sehwinkel des menschlichen Auges von ca. 45° entspricht (Normalobjektiv). Die P. selbst ist jedoch nicht vom Bildwinkel (und bei gleichem Aufnahmeformat der damit zusammenhängenden Brennweite) abhängig, sondern nur von der Aufnahmeentfernung. Dies wird deutlich, wenn man eine Teleaufnahme mit dem Ausschnitt einer vom gleichen Aufnahmestandort fotografierten Weitwinkelaufnahme vergleicht; der räumliche Eindruck ist bei beiden Aufnahmen identisch. Einfluß auf die räumliche Wirkung eines Bildes hat auch der →Betrachtungsabstand zu einem Bild (in Abhängigkeit von Bildgröße und Aufnahmeentfernung).
Berücksichtigt wird bei der konstruierten Zentralp. nicht das bifokale menschliche Sehen, das einen Raumeindruck durch ganz andere Parameter erzeugt (→Stereofotografie). Weitere Möglichkeiten zur Verdeutlichung von Räumlichkeit sind in der →Luftp. und der →Farbenp. gegeben.

Phantastische Fotografie
→Surrealistische Fotografie

Phantomfoto Aufnahme, in der in *einem* Bild gleichzeitig das Äußere und Innere eines Gegenstands wiedergegeben wird; vorwiegend als Doppelbelichtung (→Mehrfachbelichtung) im Bereich der →Sachfotografie wird dabei nach einer ersten Belichtung des Gegenstands das ›Gehäuse‹ des Objekts entfernt, so daß die zweite Belichtung das ›Innenleben‹ festhält. Alternativ zur Mehrfachbelichtung können Phantombilder auch aus Einzelbildern als →Sandwich, als →Lichtmontage oder im →Foto-composing zusammenkopiert werden.

Phasendedektion →Autofocus

Photo... →Foto...

Photo CD Laserplatte in der Größe einer Compact-Disc, auf der Bilder, die zuvor über einen speziellen →Scanner digitalisiert wurden, optisch (per Lasertechnik) gespeichert sind. Dieses ab 1990 (zunächst von Kodak) für den Fotomarkt propagierte anwenderfreundliche Gesamtsystem soll es in naher Zukunft ermöglichen, von jedem Großlabor zusätzlich zur konventionellen Filmentwicklung und Bilderanfertigung gleichzeitig einen CD-Speicher zu erhalten, auf dem alle eingereichten Negative oder Dias als Positive gespeichert sind. Die Daten von 100 Farbfotos können auf einer solchen Disc unlöschbar festgehalten werden; über einen speziellen CD-Spieler (der auch Audio-CDs abspielt) ist eine Bildpräsentation auf einem TV-Gerät, über ein spezielles CD-ROM-Laufwerk ist eine Verbindung mit einem Computer (→Bildverarbeitung) möglich. Die eingespeicherten Bildinformationen reichen mit einer Datenmenge von bis zu 18 Megabyte pro Bild, was insgesamt auf 6,5 Megabyte komprimiert ist, selbst für zukünftige hochauflösende TV-Normen (HDTV usw.) voll aus, dazu ist der Speicherinhalt in fünf sich ergänzende Dateien aufgeteilt, die je nach erforderlicher Auflösung abgerufen werden.

Photographica Fotohistorische Objekte wie Kameras und Fotos — aber auch altes Aufnahme-, Entwicklungs- und Projektionszubehör etc.—, die in Sammlungen nach unterschiedlichsten Aspekten zusam-

Photo CD (Kodak)

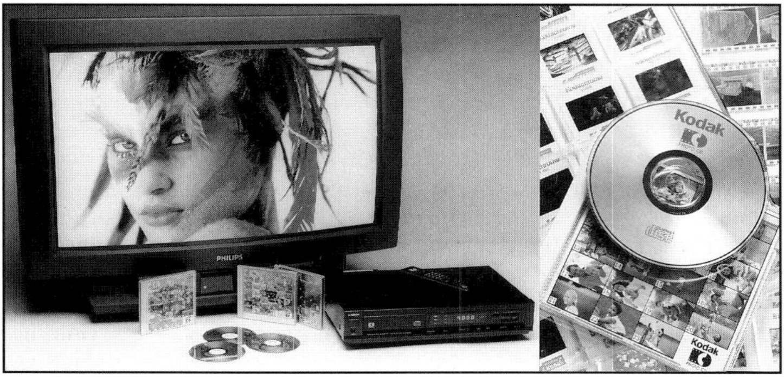

mengetragen werden. Ph. werden sowohl im Kunst- und Antiquitätenhandel als auch auf speziellen Auktionen und Börsen gehandelt. Objekte der Frühzeit der Fotografie, Abzüge bedeutender Fotografen (→Vintage-print, →Original) und technisch interessante Kameras sind besonders begehrt.

Photokina Bedeutendste Industriemesse für Bildmedien mit Schwerpunkt Fotografie, die — gegenwärtig im Zweijahresrhythmus — in Köln stattfindet. 1950 als nationale, ein Jahr später als internationale Messe gegründet, werden jeweils September/Oktober für wenige Tage die Neuheiten der Foto-, Film-, zunehmend auch der Audio-, Video- und Computerindustrie präsentiert. Begleitet wurde die Messe stets von zahlreichen bedeutenden Ausstellungen (L. Fritz →Gruber) sowie Fachtagungen und Symposien.

Photon Lichtquant oder kleinste ›Lichtmenge‹. →Licht

Photo-Secession Gruppe von Vertretern der →Kunstfotografie um Alfred →Stieglitz, die ab 1902 Ausstellungen in Amerika vorstellte sowie die Zeitschrift ›Camera Work‹ herausgab. Die von Stieglitz gegründete ›Galerie 291‹ in New York wurde *das* Zentrum der Malerfotografen jener Zeit. Interner Streit führte ab 1908 zur Spaltung der Gruppe; gleichzeitig wurde die Bedeutung der Vertreter der Secession zunehmend von den Arbeitsweisen einer ›reinen‹ Fotografie (→Straight Photography) zurückgedrängt.

pH-Wert (von lat. potentia hydrogenii = Stärke des Wasserstoffs) Maßzahl für den Säure- bzw. Alkaligehalt einer Lösung. Der pH-W. ist der negative Logarithmus der Konzentration von Wasserstoffionen in einer Lösung. Reines Wasser hat einen neutralen Wert von 7, saure Lösungen besitzen einen kleineren, alkalische einen größeren pH-W. Mit dem pH-W. läßt sich der Zustand verschiedener fotografischer Verarbeitungslösungen kontrollieren. Bei Entwicklungsmaschinen wird meist mit seiner Hilfe die →Regenerierung gesteuert.

Pigmentdruck (auch Kohledruck, Karbondruck) Ein dem →Öldruck verwandtes historisches →Edeldruckverfahren, bei dem die durch →Dichromate sensibilisierte Gelatineschicht Kohlepigmente enthält, so daß ein späteres Einfärben wie etwa beim Öldruck entfällt. Damit die Gelatine richtig durchhärten kann, wird sie nach der Belichtung erst auf ein Übertragungspapier gequetscht und dann entwickelt. P.e entstanden vornehmlich zwischen 1860 und ca. 1940. Sie sind in der Regel noch sehr gut erhalten, da der Kohlefarbstoff recht lichtecht ist. Im Streiflicht ist oft das typische Gelatinerelief zu erkennen.

Pilotlicht →Einstellicht

Planfilm Lichtempfindliches Filmmaterial, das in Form einzelner Blätter in Formaten zwischen 6 x 9

	pH-Wert	Lösungen	
alkalisch	14	4% Natriumhydroxid	Aktivator für
↑	13	0,4% Natriumhydroxid	Farbdiffusionspapiere
	12		
	11	konz. Allzweckreiniger	
			Farbentwickler
	10	Waschlaugen	Lithentwickler
			Positiventwickler (s/w)
	9	Spülwasser	Erstentwickler (color)
	8	Meerwasser, Blut	
			Negativentwickler
neutral	7	destilliertes Wasser	(s/w)
	6	Milch	normale Fixierbäder
			Bleichbäder
	5	Bier	Stabilisatorbäder
	4	saure Milch	
	3	Most, Orangensaft,	saure Fixierbäder
		Essig	frisches Unterbrecher-
			bad
	2	Magensaft	Goldtoner
↓	1	0,3% Salzsäure	Farmerscher Ab-
sauer	0	konz. Schwefel-	schwächer
		oder Salzsäure	Bleichbad Ilfochrome

pH-Wert: Werte verschiedener nichtfotografischer und fotografischer Lösungen

cm und 18 x 24 cm, teilweise auch bis 50 x 50 cm konfektioniert ist (→Aufnahmeformat). P.e ersetzen die früher üblichen fotografischen Glasplatten in →Großbildkameras. Der aus Azetylzellulose oder aus Polyester bestehende →Schichtträger ist ca. 0,2 mm stark und somit dicker als die Basis von →Roll- oder →Kleinbildfilmen (ca. 0,1 mm). P.e werden einzeln oder als →Filmpacks in →Kassetten eingelegt. Um dabei die Schichtseite zu erkennen, sind sie am Rand eingekerbt. Ertastet man (im Dunkeln) die Kerbe *rechts oben*, ist die Schichtseite dem Handhabenden zugewandt. P.e werden in Großbildkameras belichtet und in der Schale, speziellen Dosen (bzw. Doseneinsätzen) oder Hängeentwicklungsmaschinen entwickelt (→Filmentwicklung).

Planlage Begriff, der ein Erfordernis an optische Aufnahmesysteme bzw. -materialien beschreibt: Bei der Aufnahme muß die lichtempfindliche Schicht in einer Ebene

(→Bildebene) völlig plan zu liegen kommen. Nur so wird die →Abbildung über die gesamte Fläche scharf sein. Im →Schichtträger kann die P. u.U. durch Materialspannungen oder Einflüsse von Luftfeuchtigkeit beeinträchtigt werden. In der Kamera gewährleistet die präzise Filmführung und die Federung der →Filmandruckplatte die P. des Films; bei der →Projektion von Dias ist die Führung der →Diarahmen im Projektor, viel mehr aber noch die Frage der Verglasung der Dias von Belang. In →Vergrößerungsgeräten sorgt eine glatte Filmbühne für die P. des Filmstreifens, eine →Vergrößerungskassette für die des →Fotopapiers. In großformatigen →Reprokameras gewährleistet sogar eine pneumatisch arbeitende Ansaugvorrichtung, daß sich großflächige Reprofilme und ihre Vorlagen über die gesamte Fläche exakt parallel gegenüberliegen und somit punktscharf reproduziert werden können.

Platindruck Historisches, 1873 von William Willis vorgestelltes und 1879 eingeführtes Kopierverfahren (Eisensalzverfahren, →Halogene). Das Negativ wird auf ein durch Beschichten von gelöstem Kaliumchloroplatinat und Ferrioxalat sensibilisiertes Papier (ähnlich dem →Salzpapier) umkopiert. Aus Kostengründen wurde die Platinlösung häufig mit dem chemisch verwandten Palladium gestreckt (Palladiumdruck). Während der anschließenden Entwicklung in Kaliumoxalatlösung färbt sich das Platin, aus dem nach dem Fixieren in verdünnter Salzsäure das endgültige Bild besteht. Das Bild befindet sich direkt im Papier und nicht in einer aufgetragenen Emulsionsschicht. P.e zeichnen sich durch äußerst hohe Haltbarkeit und gute Grauwertabstufung aus.

Plattenkamera Vor der Erfindung eines nutzbaren biegsamen, transparenten Filmträgers um 1885 wurden die lichtempfindlichen Emulsionen aus Gründen der →Planlage bei der Belichtung auf Glasplatten gegossen. Diese Glasplatten wurden, wie später die →Planfilme, in →Großbildkameras belichtet. Der Nachteil der Glasplatten war ihr Gewicht und die Zerbrechlichkeit. Für wissenschaftliche und technische Spezialzwecke werden allerdings beschichtete Glasplatten wegen ihrer →Planlage und ihrer Maßhaltigkeit noch heute verwendet.

Pocketkamera Kleine ›Taschenkamera‹, die als Massenartikel für Kassettenfilme auf 16-mm-Filmmaterial Negative im →Aufnahmeformat 13 x 17 mm belichtet. P.s kamen um 1970 auf, setzten sich aber langfristig auf dem Markt nicht durch. Die Gründe lagen in der eingeschränkten Bildqualität bei entsprechenden Vergrößerungen einerseits sowie den erforderlichen hohen Investitionen in den Großlabors andererseits.

Polarisation →Licht breitet sich wellenförmig aus (→Wellenlänge). Dabei schwingen die Wellen frei, das heißt in allen möglichen Ebenen entlang der Richtung des

(Licht-)Strahls. Unter bestimmten Umständen ist es möglich, die verschiedenen Schwingungsebenen auf eine einzige zu reduzieren (P.); das so veränderte Licht bezeichnet man als polarisiertes Licht. Zu unterscheiden ist zwischen linear polarisiertem Licht, dessen Wellenlängen in exakt einer Ebene schwingen, sowie zirkular polarisiertem; dabei schwingen die Wellenlängen kreisspiralig um ihre Ausbreitungsachse. Es besteht aus zwei senkrecht zueinander stehenden Teilwellen, deren Phasendifferenz bei gleichgroßen Amplituden 1/4 einer Wellenlänge beträgt (→Zirkular-Psfilter). In der Praxis wird Licht polarisiert, wenn z.B. ein Lichtstrahl in einem Winkel von ca. 56° auf eine nichtmetallische Oberfläche (Glas, Wasser, u.U. auch Luftmoleküle in der Atmosphäre) fällt und reflektiert wird (P. durch Reflexion). Als →Polarisatoren wirken aber auch bestimmte Kristalle sowie einige polymere Kunststoffe, deren Moleküle in einer Richtung so gestreckt werden, daß sie, eng nebeneinanderliegend, ein optisches Stabgitter bilden, das nur polarisiertes Licht passieren kann (P. durch Brechung; →P.s-Filter). — Mit dem Auge ist frei schwingendes Licht nicht von polarisiertem Licht zu unterscheiden. Als Hilfsmittel (Analysator) dient ein P.s-Filter (Farbabb. 29).

Polarisationsfilter (Polfilter) →Filter, welches das Licht nur in einer Schwingungsebene hindurchläßt (→Polarisation) und alles Licht anderer Schwingungsebenen sperrt. P. werden für fotografische Zwecke als Kunststoffolie gefertigt, die, zur Verwendung an Kameras, zwischen zwei Glasscheiben in einer drehbaren Fassung gelagert ist. Verläuft die Winkelung des Filters nun so, daß seine eigene Durchlaßebene und die Schwingungsebene des polarisierten Lichts parallel zueinander verlaufen, wird das Licht völlig hindurchgelassen, bei

Polarisation: Aus einem in unzähligen Ebenen schwingenden Lichtbündel wird durch das Gitter eines Polarisationsfilters (hier stark vereinfacht auf einen Spalt) das Licht in nur einer Schwingungsebene hindurchgelassen

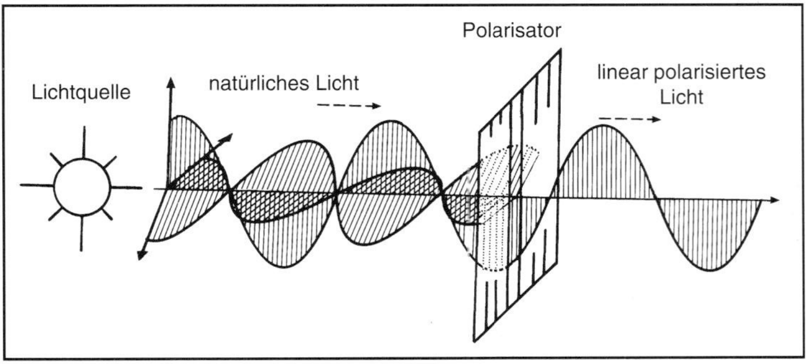

schräger Einstellung teilweise; bei senkrechter Position der Ebenen zueinander wird das Licht gesperrt. Die Wirkung kann bei Durchsicht durch das Filter kontrolliert werden. Auf diese Weise lassen sich (polarisierte) Lichtreflexionen und Spiegelungen auf nichtmetallischen Flächen reduzieren bzw. auslöschen. Gleichzeitig werden die Farben satter wiedergegeben (Farbabb.19); bei seitlich einfallendem Sonnenlicht läßt sich auch das Himmelsblau intensivieren. Die Filter selbst sind farbneutral. Da sie je nach Drehstellung mehr oder weniger Licht absorbieren, ist ein →Verlängerungsfaktor zwischen 4 und 6 zu berücksichtigen. Bei der →TTL-Messung (→Innenmessung) für die →Belichtung und die →Autofocusfunktion wird bei einigen Kameras ein Teil des Meßstrahls durch den teildurchlässigen (Schwing-)Spiegel teilpolarisiert. Da dies zu Meßwertverfälschungen führen kann, benötigen solche Kameras statt eines Linearpolfilters ein →Zirkularpolarisationsfilter, das die Schwingungsebene des Lichts dreht. Da P. aber zugleich auch selbst polarisiertes Licht ermöglichen können, also zum →Polarisator werden, wirken zwei zueinandergedrehte P. wie ein variables Graufilter, in dessen Maximalstellung gar kein Licht hindurchgelassen wird (Farbabb 19).

Polarisator →Polarisationsfilter übernehmen, vor eine Lichtquelle gesetzt, zusätzliche Aufgaben in der experimentellen und wissenschaftlichen Fotografie: Da bestimmte durchscheinende doppel-

Polarisationsfilter: Das Licht wird durch Reflexion an einer Fläche (hier: einer Glasscheibe) polarisiert und anschließend durch ein Polarisationsfilter, je nach Stellung des Gitters, gelöscht. Der durch zusätzliches Streulicht usw. beleuchtete Gegenstand hinter der Reflexionsebene erscheint ohne überlagernde Reflexion

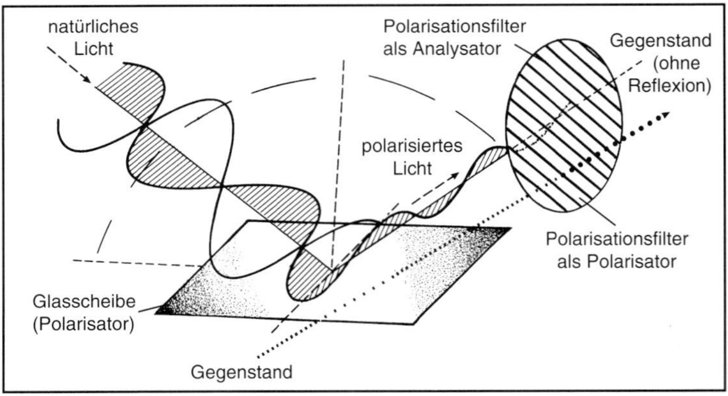

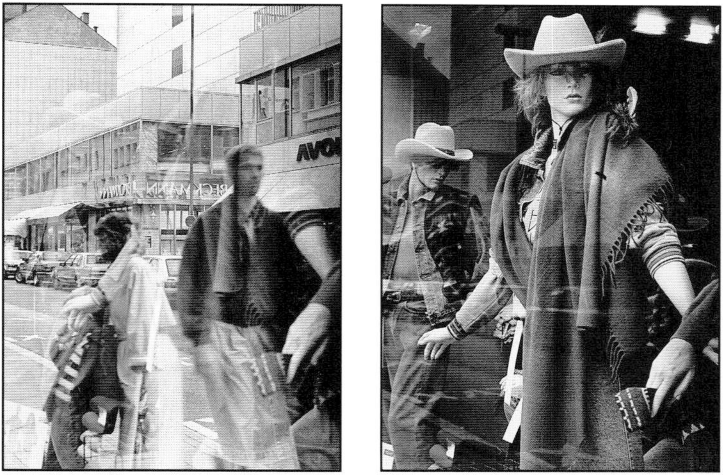

Polarisationsfilter: Wirkung in der Praxis

brechende Kristalle und Kunststoffmaterialien in polarisiertem Licht ein verändertes Erscheinungsbild bekommen, kann dieses als farbenschillerndes Abbild sichtbar gemacht werden, indem man einen Polfilter vor der Lichtquelle anbringt, die das Objekt beleuchtet, und einen zweiten vor dem Aufnahmeobjektiv. Auf diese Weise können in der Chemie Kristalle identifiziert werden. Als Prüfmethode für Materialspannungen unter Belastung werden z.B. Werkstücke modellhaft aus Kunststoff gefertigt und unter polarisiertem Licht aufgenommen; unterschiedliche Spannungszustände werden dabei in verschiedenen Farben sichtbar (spannungsoptische Aufnahmen).
Diese Arbeitstechnik läßt gleichzeitig viel Raum für farbgestalterische Experimente (Farbabb. 28, 29).

Polaroid Von Edwin →Land gegründete Fotofirma; Patentinhaber und Hersteller von →Sofortbildverfahren.

Pop Art Kunstrichtung ab etwa 1960 (in USA und England entstanden), die das Bildgut der Massenkultur teilweise ironisch, teilweise verherrlichend aufgriff und in ihren Exponaten den Zeitgeist der Konsumgesellschaft zum Ausdruck bringen wollte. Mit grellfarbiger, flächiger Bildsprache wurden die Gegenstände des Alltags und die Bilder der Medien dargestellt und damit zum Kunstwerk erhoben (Andy Warhol, Roy Lichtenstein, Tom Wesselmann u.a.). Ausdrucksform der P. A. war hauptsächlich die Malerei; allerdings wurden Fotos ganz selbstverständlich als Vorlage (u.a. für den →Siebdruck) verwendet und

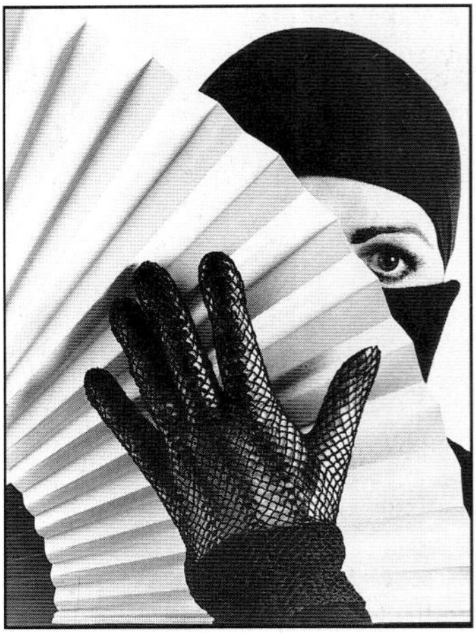

Porträt; Foto: Os Özkan

mit Hilfe neuer Farbigkeiten oder Aneinanderreihungen verfremdet.

Portfolio Sammlung von Fotografien zu einem bestimmten Thema, häufig in Form einer Arbeitsmappe präsentiert. Neben der Ausstellung und dem Buch eine weitere Vertriebsmöglichkeit für →künstlerische Fotografie.

Porträt Bild eines oder mehrerer Menschen. Es wird als Ganzaufnahme (von Kopf bis Fuß), als Brustbild oder als Kopfbild fotografiert. Man unterscheidet außerdem (je nach Haltung des Kopfes) die Frontalansicht, das Halbprofil oder Ganzprofil. Unterschieden wird auch zwischen gestellten und ungestellten P.s (→Live-P.). Das ›klassische Porträt‹ ist das bewußt gestaltete und gezielt ausgeleuchtete P. Es kann dabei mehr um die Darstellung der Wesenseigenschaften der jeweiligen Person oder auch mehr um die Person als Träger einer Rolle (z.B. eines Handwerkers) gehen. Die Vielschichtigkeit des Themas ermöglicht alle fotografischen Anwendungstechniken. Vorzugsweise werden längerbrennweitige →Objektive genutzt, um den Menschen in seiner wirklichen Plastizität, ohne optische →Verzeichnung wiederzugeben (Farbabb. 44, 51).
→Selbstporträt, →Modell, →People, Robert →Mapplethorpe,→Rote-Augen-Effekt, August →Sander, Irving →Penn

Positiv (fotografisches) Abbild, das die Helligkeitswerte des Motivs so zeigt, wie sie dem Motiv entsprechen (im Gegensatz zum →Nega-

Porträt; Foto: René Wynands

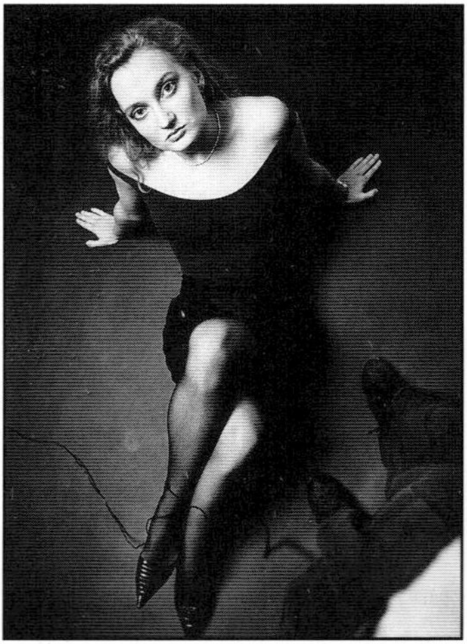

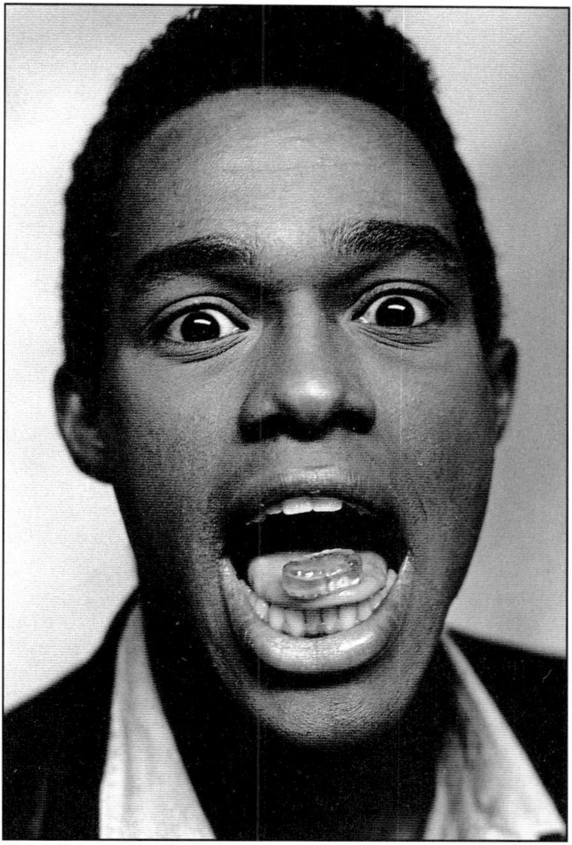

Porträt; Foto: Thomas Einfeldt

tiv). Ein P. kann ein →Aufsichtsbild oder auch eine →Durchsichtsvorlage (Dia) in Farbe oder Schwarzweiß sein (Farbabb. 15, 40 a).

Positiv-Positiv-Verfahren Fotografisches Verfahren, bei dem von einem →Positiv in der Reproduktion mit der Kamera oder einer Kopiereinrichtung direkt wieder ein Positiv entsteht (d.h. ohne ein beständiges Negativ). Das ermöglichen neben dem →Sofortbild, der Diafilm (→Dia), die →Fotopapiere nach dem →Dia-direkt-Verfahren (Farbumkehrpapiere) sowie die Fotokopie und Verfahren der elektronischen Bildwiedergabe (im Unterschied zum Negativ-Positiv-Verf.).

Print (engl. = Druck) Inzwischen internationalisierte Bezeichnung für

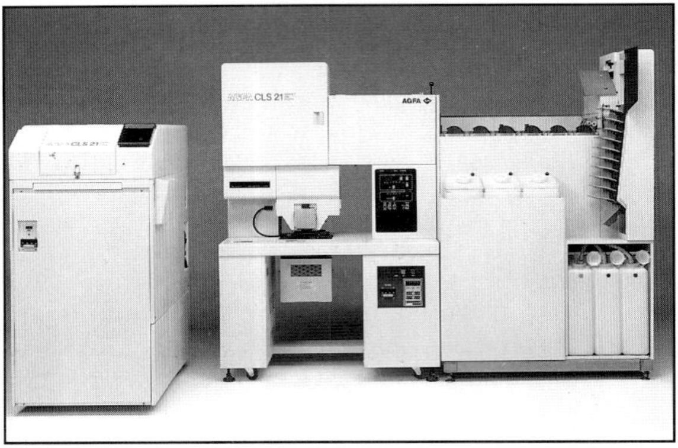

Printer (Agfa)

einen fotografischen Abzug auf Fotopapier (Vergrößerung). →Printer

Printer Automatisches Vergrößerungs- und Verarbeitungsgerät, das im Großlabor oder als →Minilab vom Negativ oder Dia Papierabzüge erstellt. Die Leistung der oft voll elektronisch gesteuerten Geräte reicht von über 100 bis ca. 20 000 Abzüge pro Stunde. Moderne P. können unterschiedliche Filmkonfektionen und Papierformate verarbeiten. Sie ermitteln automatisch die Belichtung und die erforderliche Farbkorrektur (→Color-Analyser).
Unterschiedliche Farbfilme (mit unterschiedlichen Maskierungen) werden über eine am Filmrand aufbelichtete Codierung erkannt (→Lichtsignierung). Leistungsstarke P. sondern völlig unter- oder überbelichtete Vorlagen ebenso wie unscharfe Negative aus. Die visuelle Kontrolle der Ergebnisse wird damit, jedenfalls was die Masse der Fotos betrifft, immer unnötiger. Für die hohen Ansprüche der professionellen Fotografie kann für die gezielte Bildverbesserung ein →Video-Analyser zwischengeschaltet werden. Über eine Kombination aus →Scanner, Rechner plus Monitor sind mit Computergrafikprogrammen vollständige Bildveränderungen möglich (→Digital-print), die im P. dann weiterverarbeitet werden.

Prisma Durchsichtiger, geometrischer Körper aus Glas oder Kunststoff, dessen Flächen je nach Funktion des P.s in bestimmten Winkeln zueinander liegen; auf diese Weise wird der Verlauf von auftreffenden Lichtstrahlen durch Reflexion, →Dispersion und Brechung beeinflußt. Als dachkantiges →Pentaprisma wird es in Spiegelreflexkameras als Prismensucher genutzt. Mehrfachprismen werden zur Bildverfremdung eingesetzt (Tricklinsen).

Probestreifen Abgestufte Testkopie beim manuellen Herstellen einer →Vergrößerung, die der Ermittlung der richtigen Belichtungszeit dient. Außerdem ermöglicht ein P. auch die Bestimmung von →Farbstichen bei Colorvergrößerungen.

Programmautomatik →Belichtungsautomatik, bei der die vom →Belichtungsmesser der Kamera ermittelten Belichtungswerte (Zeit *und* Blende) automatisch nach einem vorgegebenen Programm eingestellt werden. Je nach Art des Programms gibt es Prioritäten für möglichst kurze bzw. wenig verwacklungsgefährdete →Belichtungszeiten (Kurzzeitenprogramm) oder für einen möglichst großen →Schärfebereich (geschlossene Blende; Schärfentiefeprogramm).
Die Kurven markieren die Zeit-Blenden-Kombination, wie sie die jeweilige Automatikfunktion, entsprechend dem →Lichtwert (resultierend aus Motivhelligkeit und Filmempfindlichkeit) ansteuert. Automatikprogramme machen die jeweilige Priorität von der verwendeten Brennweite abhängig (Tele/Weitwinkel-Programme). Bewußte Abweichungen sind dann oft mit einem ›Programm-shift‹ möglich.

Projektion Wiedergabe eines →Durchsichts- oder →Aufsichtsbilds mit Hilfe eines Projektors, der das Abbild der Vorlage an eine →Projektionswand wirft (projiziert). Je größer der Projektionsabstand, desto größer ist auch das Projektionsbild (nach dem →Lambertschen Gesetz aber auch entsprechend dunkler). Die Größe des Projektionsbilds ist zugleich von der →Brennweite des Projektionsobjektivs und dem Vorlagenformat abhängig. Ausgehend von der jeweiligen Berechnung des →Abbildungs-

Programmautomatik

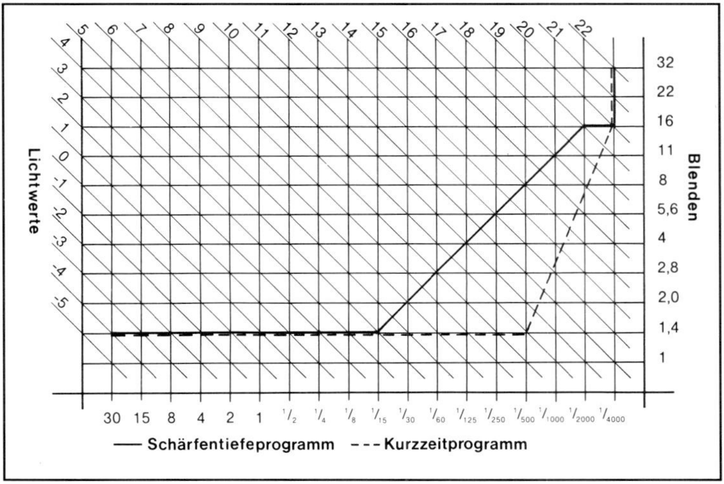

maßstabs gilt folgender Zusammenhang:

$$\frac{\text{Projektionsabstand}}{\text{Breite des Projektionsbilds}} = \frac{\text{Brennweite}}{\text{Breite der Vorlage}}$$

In der Fotografie geht es in der Regel um die P. von Farbdias (→Dias); dabei gilt aus wahrnehmungsästhetischen Gründen, daß das projizierte Bild mit Rücksichtnahme auf die verwendete Aufnahmebrennweite (→Betrachtungsabstand) möglichst groß projiziert und betrachtet werden sollte. Eine abgedunkelte Räumlichkeit steigert die Leuchtkraft der intensiven Diafarben und schaltet ablenkende Umwelteindrücke aus.
Neben der ›normalen‹ Diap. (Bild für Bild mit entsprechenden Dunkelphasen), die, akustisch programmiert, zur →Tonbildschau wird, gibt es Techniken mit mehreren Projektoren oder Projektionseinheiten (→Doppelp.), in denen die Bilder in →Überblendtechnik ohne Dunkelphase, mit weichen Bildübergängen projiziert werden. Für spezielle Projektionsaufgaben wird die →Rückp. auf eine durchscheinende Leinwand genutzt. Im Studio wird das Verfahren der →Hintergrundp. angewandt.

Projektionswand (Bildwand, früher auch: Leinwand) Bildfläche für die →Projektion; unterschieden wird zwischen Stativstellwänden, Hängekonstruktionen und auf Gestelle aufspannbaren Großleinwänden. Für den Amateurbereich werden Größen von meist 150 x 150 cm angeboten, doch größere Formate für professionelle Anwender (bis hin zur Kinobildwandgröße) sind u.U. erwägenswert. Die maximal mögliche Größe hängt allerdings auch von der Lichtleistung des →Projektors (→Diaprojektor), der Objektivbrennweite und der Raumgröße (Projektionsweite), der Raumhelligkeit und von der Oberfläche der Wand ab.
Gerade ihre Oberflächenbeschaffenheit mit ihren unterschiedlichen Reflexionseigenschaften entscheidet mit über die Brillanz des projizierten Bildes, gleichzeitig aber auch über die möglichen Betrachtungswinkel der Zuschauer. Einfache weiß beschichtete Wände streuen das Licht je nach Prägung relativ diffus und reflektieren nur mäßig, erlauben aber eine sehr breit gestreute Sitzanordnung der Bildbetrachter.
Bildwandoberflächen, die mit unzähligen winzigen Perlen oder Perlmuttpigmenten weiß beschichtet sind, steigern die Helligkeit um ein Vielfaches, sie vergrößern damit den maximal möglichen Projektionsabstand, verlangen allerdings einen engeren Betrachtungswinkel. Metallbeschichtete silberfarbene Oberflächen eignen sich besonders für die Hellraumprojektion. Spezielle Hochleistungswände werden für die →Hintergrundprojektion und die →Rückprojektion benötigt.

Projektor Gerät mit einem Objektiv und einer integrierten Lichtquelle zur (meist optisch vergrößerten) Wiedergabe auf einer →Projektionswand. Für durchsichtige Stehbilder (→Dias) wird ein →Diaprojektor, für Laufbilder ein Filmprojektor verwendet. Undurchsichtige →Aufsichtsbilder werden mit einem →Episkop projiziert.

Proportion →Seitenverhältnis

Prozessor Gerät für die →Rotationsentwicklung, das mit einem motorischen Antrieb für eine konstante Rotation der Filmdose oder der Papiertrommel sorgt. Der P. ermöglicht gleichzeitig dank einer Heizvorrichtung und einer Thermostatschaltung eine konstante Erwärmung (→Temperieren) des Trommelumfelds durch ein Wasser- oder Warmluftbad. Meist ist auch ein Fach für die Vortemperierung der Verarbeitungslösungen eingebaut. Bei der amateurgerechten Verarbeitung von Farbfotos gilt der P. als gute Alternative zur Schalenentwicklung (weil konstanter) und zur →Durchlaufentwicklungsmaschine (weil preiswerter bei geringem Durchsatz).

Prozeßstabilität Grad der Robustheit von Fotopapieren und Filmen gegen Schwankungen bei der Konstanz der Zusammensetzung der Verarbeitungsbäder. Im Laufe eines Verarbeitungstages werden →Entwickler, →Fixierbad usw. nämlich zunehmend verbraucht, verunreinigt und dabei in ihrer chemischen Struktur geringfügig verändert. In gewissen Grenzen wird vom Fotomaterial verlangt, daß diese Prozeßschwankungen ohne gravierende Fehlergebnisse toleriert werden (→Regenerierung).

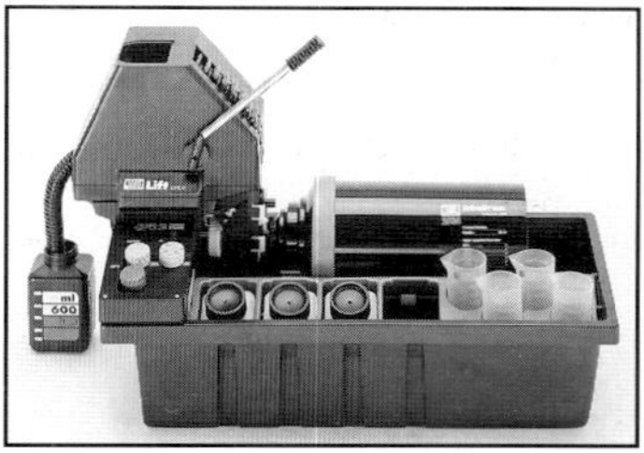

Prozessor (Jobo)

Pseudosolarisation (→Sabattier-Effekt) Wird ein belichtetes Positiv oder Negativ während der Entwicklung im Fotolabor einer diffusen Zweitbelichtung ausgesetzt, so tritt in Bildpartien ab mittlerer Helligkeit eine Bildumkehrung ein. Sie entsteht durch die abgelagerten Oxidationsprodukte des Entwicklers, der an diesen Stellen inaktiv wird.
Durch die Zweitbelichtung werden gleichzeitig die bisher unbelichteten Keime entwicklungsfähig gemacht. Durch ein Fortschreiten der Entwicklung entstehen in ein und derselben Emulsion Schwärzungen mit negativer und positiver Bildeinwirkung. Dazwischen verlaufen, besonders in Bereichen mit hohem Kontrast, helle Trennlinien. Fotochemisch ist als Ursache der →Kostinsky-Effekt (oder horizontaler →Eberhard-Effekt) zu nennen. Eine reine Linien-P., die Ähnlichkeit mit einer negativen Federzeichnung hat, entsteht allerdings nur nach einer ultraharten Schwarzweißvorlage. Will man die P. gezielt als Technik der →Fotografik nutzen, sind neben der →Gradation der Vorlage weitere Einflußfaktoren zu berücksichtigen: Material/Entwicklerkombi-

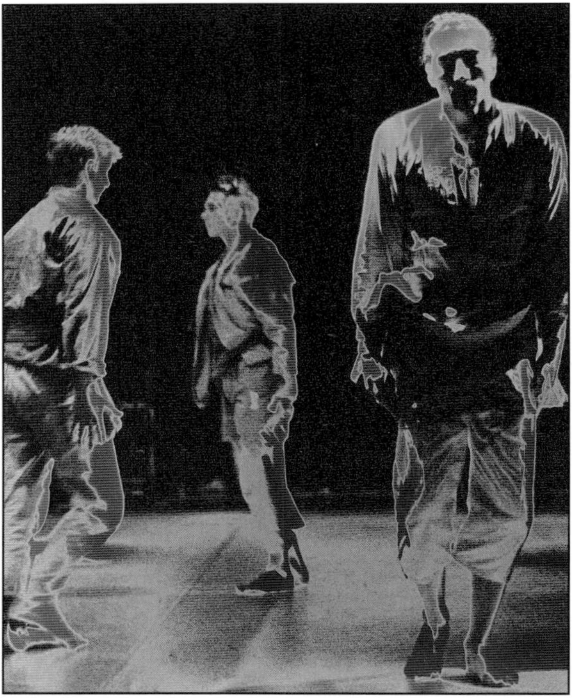

Pseudosolarisation; Foto: Babette Sponheuer

nation, Intensität der Erstbelichtung, Dauer der Erstentwicklung, Zustand und Farbe des Entwicklers, Intensität und Dauer der Zweitbelichtung und die Gesamtentwicklungszeit. Grundsätzlich ist die P. in Schwarzweiß und Farbe möglich, doch gerade moderne Farbemulsionen erschweren die gezielte Anwendung dieser Arbeitstechnik deutlich. In der Schwarzweißfotografie verwendet man am besten hart arbeitende →Lithfilme.

Punktlicht Licht aus einer Lichtquelle, das in Verbindung mit einem optischen Linsensystem extrem gebündelt und parallel gerichtet ist. P. garantiert in hochwertigen →Vergrößerungsgeräten eine optimale Schärfewiedergabe, da die →Körnigkeit punktgenau abgebildet wird. Auch bei Scheinwerfern mit Spotlichtwirkung spricht man von P.

Punktmessung Die →Belichtungsmessung mit einem sehr kleinen →Meßwinkel. Während dies bei der Kamera eher als →Spotmessung bezeichnet wird, wird der Begriff P. für die Belichtungsmessung im Fotolabor verwendet. Die Meßsonde eines speziellen Labor-→Belichtungsmessers wird dazu auf das Grundbrett des Vergrößerungsgeräts gelegt. Werden mehrere Punkte zur Ermittlung eines Mittelwerts gemessen, spricht man von einer Mehrp. Ebenso wie in der Aufnahmetechnik ist die Richtigkeit des Meßergebnisses von der richtigen Wahl der Meßpunkte abhängig.

Pupille In der Optik die virtuelle →Abbildung der Blendenöffnung, die vom Objektiv sowohl im Ding- wie im Bildraum erzeugt wird. Blickt man von der Front- oder von der Hinterlinse eines Objektivs auf die Blendenöffnung, scheint diese verschieden groß zu sein; man spricht von der Eintritts- bzw. →Austrittsp. Die P.nwerte haben u.a. Bedeutung für die Berechnung von Lichtstärken und Belichtungsfaktoren bei der Objektivkonstruktion.

Quecksilberdampflampe Gasentladungslampen mit einer Entladung in Quecksilberdampf. Ihr Licht liegt im Bereich von Ultraviolett; als Violettglasstrahler verwendet man sie im Unterhaltungsbereich (sogenanntes Schwarzlicht) und in der Wissenschaft. Wird der Glaskolben dieses Lampentyps durch eine Leuchtstoffschicht ergänzt, entsteht eine für das Auge weiß erscheinende Lichtfarbe, in Wirklichkeit hat diese →Leuchtstoffröhre ein diskontinuierliches Farbspektrum, was sie für fotografische Beleuchtungszwecke problematisch macht. Fälschlicherweise auch oft als ›Neonlampe‹ bezeichnet wird dieser Lampentyp häufig zur Gebäudebeleuchtung verwendet (→Mischlicht).

Quellrelief →Dichromat-Verfahren

R

Rahmensucher (Sportsucher) Einfacher Durchsichtsucher mit einem, dem Seitenverhältnis des Kamerabilds entsprechenden Austrittsfeld und einer zweiten, in einem bestimmten Abstand angebrachten visierähnlichen Öffnung. Ist das Auge bei der Durchsicht in der richtigen Position, entspricht das eingerahmte Feld dem jeweiligen Bildfeld. Als Sportsucher (Zubehör) bei wenigen Spiegelreflexkameras erleichtert der R. das schnelle Auffinden des richtigen Ausschnitts.

Randsignatur
(bei Filmen) →Lichtsignierung

Raster (Druckraster) Folien oder Glasplatten mit regelmäßiger (Linienr., Kreuzr.) oder unregelmäßigen Strukturen (z.B. Kornr.) zur Zerlegung der Tonwerte eines →Halbtonbilds in Punkte (bzw. Linien). Erst die Punkte des gerasterten Bildes können mit üblichen Druckverfahren wiedergegeben werden. Helle Motivpartien erscheinen im positiven Bild als eine Sammlung kleiner Punkte, dunkle Bereiche als größere Rasterpunkte. Bei richtigem Betrachtungsabstand löst sich für das Auge die Punktstruktur auf und das gedruckte Bild wirkt wie die Halbtonvorlage. Die Feinheit des R.s hängt vom Verwendungszweck und beim Druck z.B. auch von der Qualität des Druckpapiers ab. So zeigt ein gedrucktes Zeitungsbild meist ein 30er R., für hochwertige Bildbände auf Kunstdruckpapier sind R.-Weiten von 70 Linien/cm üblich. Für den Druck von Farbfotos muß jeder einzelne →Farbauszug gerastert werden (Farbseparation). Die gerasterten Farbauszüge bzw. deren Abdrucke werden in bestimmten Winkelungen übereinandermontiert, um ein →Moiré zu vermeiden (→Passer). Solche Druckr. sind in Arbeitsweise und Wirkung nicht zu verwechseln mit grafischen →Strukturfolien (Farbabb. 45 b, e).

Raster

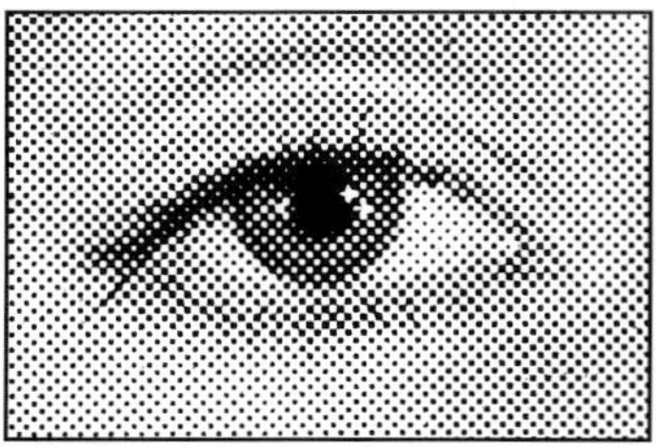

Rasterelektronenmikroskop
Gerät zur elektronischen Bildaufzeichnung enormer (optischer) Ver-

Rasterelektronenmikroskop: Aufnahme der Pollen des Holunders; Foto: Zeiss

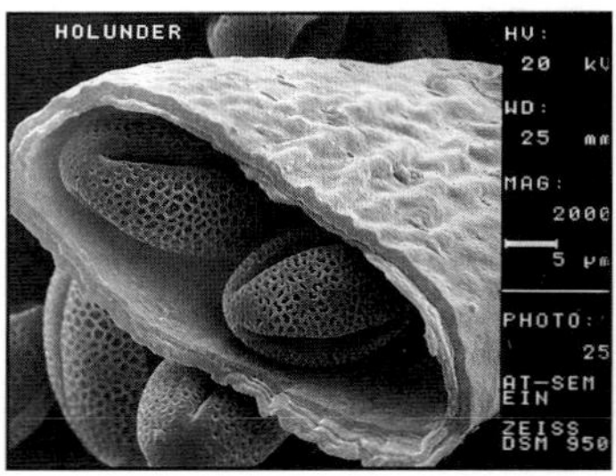

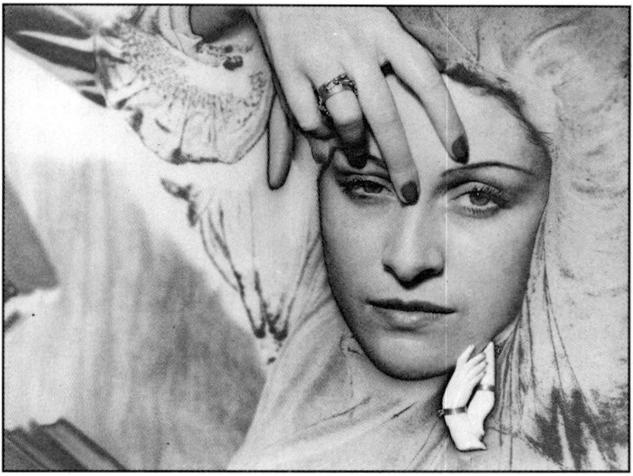

Man Ray, ›Die Malerin Dora Maar‹, 1936 - Teil-Pseudosolarisation (Museum Folkwang, Essen) © VG Bild-Kunst, Bonn 1992

größerungen (bis ca. 250 000fach) und Darstellung winziger Objekte (z.B. Gewebeproben). Vorteile gegenüber der →Mikrofotografie liegen in den Vergrößerungsmaßstäben und dem unbegrenzten →Schärfebereich. →Nahaufnahme

Raumtemperaturprozeß Während für die Verarbeitung (→Entwicklung) von Schwarzweißmaterialien meist Entwicklerlösungen in einer Bädertemperatur von 20°C erforderlich sind, verlangt die Farbentwicklung in der Regel höhere Temperaturen.
Um die Anschaffung aufwendiger Temperiereinrichtungen zu vermeiden, werden gerade im Amateurbereich vereinzelte Arbeitssätze für die Film- oder Papierverarbeitung angeboten, die ebenfalls eine Verarbeitung bei einer Bädertemperatur von 20°C erlauben. Damit verlängern sich die Verarbeitungszeiten allerdings erheblich.

Ray, Man (eigentl. Emmanuel Rudnitzky; *1890 in Philadelphia, †1976 Paris) Studium der Malerei in New York; beeinflußt von Alfred →Stieglitz und Marcel Duchamp (mit dem er 1921 nach Paris zog). Studium an der ›Académie des Beaux Arts‹. Bekanntschaft mit den Dadaisten (→Dadaismus) und Teilnahme an deren Ausstellungen. Experimente mit der kameralosen Fotografie, →Fotogrammen (→Rayogramme) und der →Pseudosolarisation. 1925 Teilnahme an der Pariser Surrealisten-Ausstellung. 1940 Flucht vor den Nationalsozialisten über Lissabon in die USA, 1951 Rückkehr nach Paris. Viele seiner Arbeiten gaben der künstlerischen Fotografie bis heute weitreichende Inspirationen. Allerdings sollte seine Arbeit, ähnlich wie bei Duchamp, multimedial, das heißt im Zusammenhang mit den Aktivitäten in Malerei, Plastik und Film gesehen werden.

Rayogramme (Rayographs) Von Man →Ray praktizierte kameralose Fotografie auf der Basis des →Fotogramms, für dessen Erfinder er sich hielt (ab ca. 1922). Man Ray wollte, daß sich die Dinge selbst abbilden und daß sie sich, entsprechend seinen dadaistischen und surrealistischen Vorstellungen, ungeplant, unbeabsichtigt und zufällig arrangierten (→Dadaismus, →surrealistische Fotografie). Man Ray nutzte vorzugsweise dreidimensionale Objekte für seine R.

RC-Papier (RC = Abkürz. für engl. Resin Coated = kunststoff-, genauer: polyäthylen-beschichtet) RC-P. ist ein Fotopapier mit beidseitig kunststoffbeschichtetem Trägermaterial (früher: PE-Papier). Da auf diese Weise kein Wasser bzw. keine Chemikalien in den Papierfilz eindringen können, sind gegenüber den traditionell üblichen →Barytpapieren kürzere Verarbeitungs-, Wässerungs- und Trocknungszeiten möglich. Verschiedene Oberflächenstrukturen wie Hochglanz, Halbmatt usw. sind selbst bei Lufttrocknung problemlos. RC-P.e wurden ursprünglich für die Verarbeitung in Durchlaufentwicklungsmaschinen entwickelt, gelten heute allerdings generell als Standardmaterial. Heute gibt es konventionelles Barytpapier nur noch für sehr anspruchsvolle Schwarzweißfotografen. Nicht völlig geklärt ist bis dato die langfristige →Archivfestigkeit von Fotografien auf RC-P.

Reflektor R.en lenken das sich von einer Lichtquelle allseitig ausbreitende Licht in eine gezielte Richtung. Je nach Art und Struktur ihrer Oberfläche, ihrer Größe sowie dem Grad ihrer Krümmung charakterisieren sie die Lichtwirkung. Sie sind Bestandteil vieler Lampen, regeln in →Blitzgeräten den →Leuchtwinkel und bestimmen im →Studio die →Ausleuchtung des Motivs. Spiegelnde R.en erzeugen ein härteres Licht als weiße, streuende R.en.

Reflexe Das von der spiegelnden Oberfläche eines beleuchteten Gegenstands zurückgeworfene (reflektierte) Licht. Werden R. bewußt mit ins Bild einbezogen, wird der →Kontrastumfang erhöht, und das Licht selbst ergänzt als zusätzliche Dimension, als atmosphärisches oder formgestalterisches Element das Foto. R. von Wasserflächen oder Glasfronten finden sich als →Spitzlichter in vielen Landschaftsfotos. Bei →Sachaufnahmen gilt es, die R. durch geeignete Lichtführung zu steuern; reduzieren lassen sich R. oft durch →Polarisationsfilter oder ein Mattspray. Durch die Lichtbrechung in Kameraobjektiven entstehen die vieleckigen →Blendenreflexe.

Reflexionsgrad Er gibt das Reflexionsvermögen eines Objekts bzw. seiner Oberfläche im →Reflexionswinkel an. So hat schwarzer Samt ein Reflexionsvermögen $\leq$ 1 %, weißes Papier von ca. 85 %. Mit dem Grad der Reflexion der Materialoberflächen von Fotoobjekten wird bei der →Belichtungsmessung der →Objektumfang festgelegt. Gemessen wird dabei (genaugenommen) jedoch meist die →Remission, da das Licht bei lichtstreuenden Oberflächen nur selten im optimalen Winkel reflektiert wird.

Reflexionslichthof →Lichthof

Reflexionswand →Aufhellung

Reflexionswinkel Winkel, mit dem ein Lichtstrahl, der von einer ebenen Oberfläche reflektiert wird, zum Einfallslot hin austritt. Der R. entspricht dabei dem Einfallswinkel (→Lichtbrechung).

Regenerierung Austausch bzw. Erneuerung verbrauchter chemischer Bestandteile einer Verarbeitungslösung, ohne daß die gesamte Lösung ausgewechselt wird. Durch eine kontinuierliche Zugabe von Regeneratoren kann auf wirtschaftliche Art und Weise die Wirkung der Lösungen auf lange Zeit konstant gehalten werden, was besonders bei der Colorverarbeitung und bei der Maschinen- bzw. Tankentwicklung von Bedeutung ist. Als Regeneratoren werden oft konzentrierte Verarbeitungslösungen in abgewandelter Zusammensetzung verwendet. Die Menge der Regeneratorenzugabe wird entweder nach Durchlauf (z.B. pro qm Fotopapier), nach sensitometrischen (→Sensitometrie) oder nach analytischen Messungen bestimmt. Häufiger Meßwert ist z.B. der →pH-Wert einer Lösung (→Prozeßstabilität).

Reifung Bei der Herstellung lichtempfindlicher →Emulsionen werden die entstehenden Verbindungen einer (Wärme-)Nachbehandlung unterzogen, die eine Veränderung der Halogenidkeime (→Licht) bewirkt. Der Reifungsprozeß kann selbst nach der Fertigung noch einige Zeit andauern. So kann etwa eine zu frühe Tiefkühllagerung frischer Filme eine ausreichende Reifung verhindern (→Lagerung).

Relief (Reliefbild) →Fotorelief

Remission Reflexion von Leuchtdichten (meist) an nicht spiegelnden, diffusen Flächen. Der R.s-Grad bezieht sich auf die Reflexion in Beobachtungs- bzw. Meßrichtung, unterscheidet sich also vom →Reflexionsgrad, der vom idealen →Reflexionswinkel ausgeht. Mit den R.s-Eigenschaften der Motivoberflächen wird der →Objektumfang bestimmt. In der →Sensitometrie wird (bei →Aufsichtsbildern) die Dichte als dekadischer Logarithmus des reziproken Werts der R. definiert. Wenn also die Hälfte des auftreffenden Lichts von einem Bildteil remittiert wird, weist er eine R. von 50 % (= 0,5) auf. Nach D = log (1/R) beträgt die Dichte dieses Bildteils 0,30 log (→Densitometer).

Renger-Patzsch, Albert (*1897 Würzburg, †1966 Wamel bei Arnsberg/Ostwestfalen) Vom fotografisch interessierten Vater beeinflußt, begann er in sehr jungen Jahren zu fotografieren; nach Kriegsdienst und abgebrochenem Chemiestudium Übernahme der Leitung des Bildarchivs im Folkwang- und Auriga-Verlag in Hagen (1922); dort

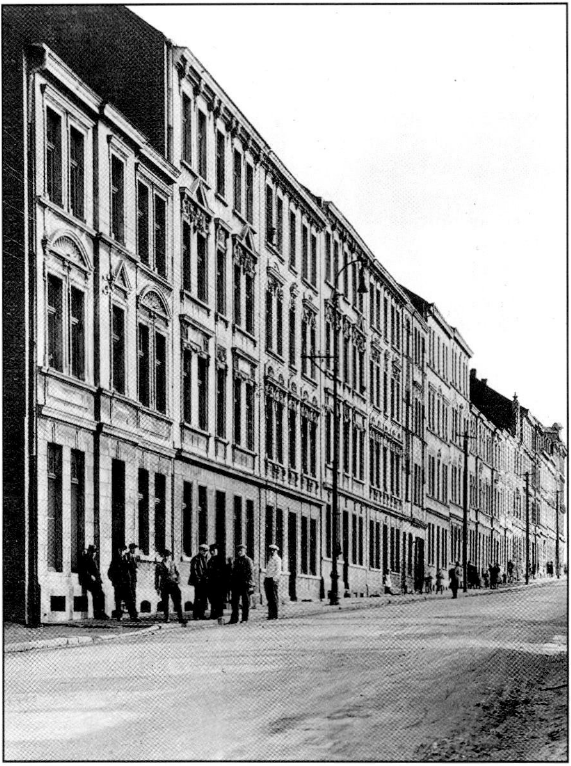

Albert Renger-Patzsch, ›Straße in Essen‹, 1932 (Museum Folkwang, Essen)

fotografierte er u.a. für die Buchreihe ›Die Welt der Pflanze‹ (1924). 1925 Bildband über ›Das Chorgestühl von Cappenberg‹; im gleichen Jahr macht er sich in Bad Harzburg selbständig; erste Ausstellungen und Reflexionen zur ›Photographie als Kunst‹ (1927). 1928 Veröffentlichung des Bildbands ›Die Welt ist schön‹ (nach Titelvorgabe des Verlegers), ein Werk, das als typisches Beispiel der Fotografie der →Neuen Sachlichkeit gilt. R.-P. zog um nach Essen, arbeitete am Folkwang-Museum und wurde 1933 für ein Jahr Dozent an der Folkwang-Schule; später fotografische Arbeit für Industrie und Architekten. 1944 zerstörte ein Bombenangriff den Großteil seines Archivs. Die strenge Sachlichkeit und die präzise Gestaltung bleibt auch später, als die Natur zunehmend sein bevorzugtes Motiv wurde, typisch für seine Fotografie.

Reportagefoto →Bildjournalismus

Reprint Abzug von einem Originalnegativ, der diese Bezeichnung bei Sammlern trägt, wenn zwischen Aufnahme und Vergrößerung mehr als fünf Jahre liegen (im Unterschied zum →Vintage-print).

Reproauszugsfilter
→Farbauszugsfilter

Reproduktion Möglichst originalgetreue Wiedergabe einer fertigen Bild- oder auch Schriftvorlage mit Hilfe fotografischer oder elektronischer Verfahren. Für die Praxis der R. unterscheidet man: →Aufsichtsbilder und →Durchsichtsvorlagen, →Halbtonbildern und →Strichvorlagen, Farb- oder Schwarzweißvorlagen (→Reproduktionstechnik). R.en können für Zwecke der Archivierung oder Dokumentation (→Archiv, →Duplizieren) oder für die →elektronische Bildverarbeitung und verschiedene Druckverfahren benötigt werden. Demzufolge fertigt man entweder Halbtonrepros oder gerasterte Drucklithos an (→Litho, →Raster, →Scanner).

Reproduktionstechnik Bei der konventionellen fotografischen Reproduktion wird die Kamera (genauer: deren Filmebene) mit Hilfe eines Reprogestells genau parallel zur Vorlagenebene eingestellt. Für den professionellen Bereich, besonders in der Druckverarbeitung, sind dazu spezielle Reprokameras im Einsatz. Nur so wird eine winkelgenaue Wiedergabe gewährleistet. Reproobjektive sind auf eine minimale →Verzeichnung und — wegen der in der Regel sehr geringen Abbildungsmaßstäbe bei der Aufnahme — auf eine optimale Abbildungsqualität im Nahbereich korrigiert (→Nahaufnahme). Bei der Vorlagenbeleuchtung ist auf eine gleichmäßige, meist zweiseitige Ausleuchtung und — bei Farbreproduktionen — eine farbstichfreie Wiedergabe zu achten (→Farbtemperatur). Dient z.B. die Reproduktion eines Gemäldes als spätere Druckvorlage, ist es sinnvoll, am Bildrand zusätzlich eine Graukarte und/oder einen Farbtestkeil aufzunehmen. Um Reflexionen der Vorlagenoberfläche auszuschalten, läßt sich das Reproduktionslicht mit großen Polarisationsfolien filtern; geglaste Vorlagen sollten nach Möglichkeit ausgerahmt werden. Für die Druckvorlagenherstellung sind Reprokameras fast völlig durch →Scanner abgelöst, die das Bild auf direktem Wege in elektronische Signale umwandeln und in gerasterte →Farbauszüge (Farbseparation) umsetzen (→Raster). Dabei lassen sich bereits vorab am Bildschirm Korrekturen in →Dichte, →Gradation, Farbigkeit, Format usw. einstellen.

Reproduktionstechnik: einfaches Reprogestell mit Kamerasäule und zweiseitiger Beleuchtung (Dunco)

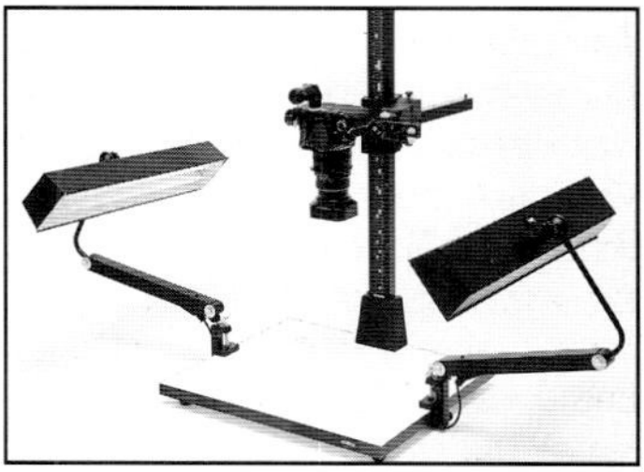

Restlichtverstärker Ein nach dem Prinzip der Elektronenstrahlröhre arbeitendes Gerät, bei dem das auf eine Photokathode auftreffende →Licht dort eine Elektronenemission hervorruft. Dieser Elektronenstrahl wird von einer Anode beschleunigt und auf einen Leuchtschirm gelenkt. Beim Einsatz mit einer Kamera wird das Kameraobjektiv vor die Kathode gesetzt, auf die somit zunächst das Bild projiziert wird. Das Bild des Leuchtschirms wiederum wird mit einer zusätzlichen Optik aufgenommen und auf dem Film abgebildet. Gegebenenfalls können auch mehrere Elektronenstrahlröhren mit einer Glasfaseroptik verbunden werden, um die Lichtverstärkung nochmals zu erhöhen. Es sind so Verstärkungen bis zu 100 000fach möglich, das Bild ist allerdings monochrom.

Retrofocus-Konstruktion
→Weitwinkelobjektiv

Retrostellung Üblicherweise sind →Objektive für große Aufnahmeabstände und kleine →Bildweiten berechnet, meist mit asymmetrischer Linsenanordnung. Bei Aufnahmen im extremen Nahbereich mit relativ kleinem Aufnahmeabstand und sehr großen Bildweiten ist es für die Abbildungsqualität vorteilhaft, das Objektiv um 180° gedreht vor die Kamera zu setzen. Bei dieser R. verbindet ein Adapter im Filtergewinde das Objektiv mit der Kamera. Ein zusätzliches →Balgengerät dient dazu, →Abbildungsmaßstab und →Scharfeinstellung zu variieren. Die Übertragung vieler Automatikfunktionen zwischen Kameragehäuse und Objektiv (z.B. →Autofocus u.ä.) ist in R. natürlich nicht mehr möglich.

Retusche Manuelle Korrektur von Negativen oder Positiven mit Bleistift, Abdeck- oder Lasurfarben, →Abschwächern usw. Können kleine Fehler im Bild wie Kratzer, abgebildeter Staub, Flusen usw. noch durch einfaches →Ausflecken behoben werden, so sind zur wirkungsvollen Bildveränderung aufwendige R.-Arbeiten erforderlich. Generell gilt, daß dabei ein Abdunkeln einer Motivpartie einfacher ist als ein Aufhellen.
So werden in der konventionellen Porträtfotografie nach wie vor z.B. Gesichtsfalten im Negativ retuschiert. Eine Negativgröße von mindestens 6 x 9 cm ist dazu allerdings erforderlich. Im Positiv werden oft zur Freistellung von Motiven Hintergründe mit Abschwächern weggebleicht oder mit Farbe (Spritzpistole) abgedeckt; bei kleinen Flächen reicht für die Arbeit auch ein feiner Marderhaarpinsel. Sehr schwierig sind R.-Arbeiten auf hochglänzenden Fotopapieren. Die auf der Positivoberfläche vielfach noch sichtbaren Restspuren von Farbe lassen sich meist erst durch eine →Reproduktion verdecken.
Die elektronische R. auf dem Bildschirm erlaubt ähnliche Korrekturen mit bestimmten Grafikprogrammen. Sinnvollerweise wird man dabei in vergrößerten Ausschnitten — Punkt für Punkt oder großflächiger — das Bild verändern, um eine saubere, später unsichtbare Feinarbeit zu er-

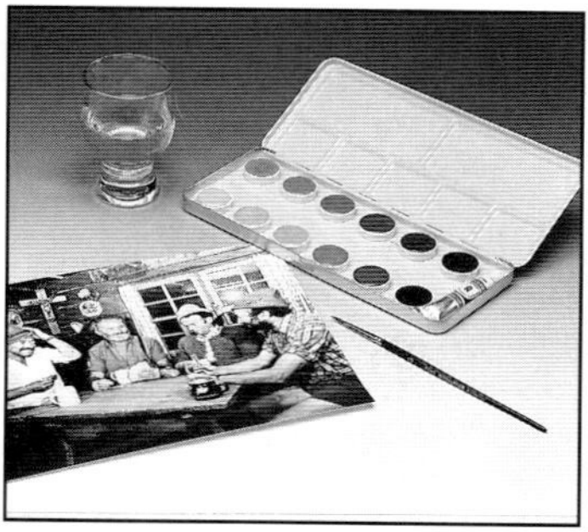

Retusche (Hama)

halten. Dabei stehen unterschiedliche elektronische Werkzeuge (Pinsel, Spray, Grauwert usw.) zur Verfügung.

Reziproke Megakelvin (MK^{-1}) Wert für die →Farbtemperatur, der dem →Mired-Wert entspricht. Ergibt sich aus der Abweichung der Farbtemperatur des Aufnahmelichts von der Abstimmung der Farbtemperatur des verwendeten Films (→Tageslichtfilm, →Kunstlichtfilm) eine Differenz, so ist diese in Mired-Werte umzurechnen. Liegt die Farbtemperatur des Aufnahmelichts über der Filmvorgabe, ergibt dies einen positiven (+) Verschiebungswert, liegt er unter dieser, einen negativen (-) Wert. Daran sind bestimmte →Konversionsfilter angepaßt. Anhand von Tabellen läßt sich so leicht das geeignete Filter für eine erforderliche Farbkorrektur finden.

Reziprozitätsgesetz Von Robert W. Bunsen und Henry E. Roscoe 1862 formulierte Gesetzmäßigkeit, die besagt, daß die fotografische Auswirkung einer Belichtung vom *Produkt* der →Beleuchtungsstärke und der Belichtungsdauer abhängig sei. Das heißt, daß eine geringe Lichtintensität bei langer Zeit die gleiche Wirkung hervorruft, wie eine intensive Beleuchtung bei kurzer Zeit, sofern nur das Produkt beider Faktoren gleich ist. Der Wiener Astronom Karl Schwarzschild fand jedoch heraus, daß diese Konstanz nur im Bereich ›mittlerer‹ Belichtungsintensitäten und -zeiten gilt. Jenseits dieses Bereichs ist die durch die →Belichtung erzeugte Dichte geringer. Der daraus abgeleitete Reziprozitätsfehler wird daher auch mit →Schwarzschild-Effekt bezeichnet.

Rhythmogramm →Lichtpendel

Rijs, Jacob A. (*1849 Ribe/Dänemark, †1914 Barre, Massachusetts/USA) Früher Verfechter einer sozialdokumentarischen Fotografie. R. begann als Gerichtsreporter für die ›New York Tribune‹; 1890 wird seine Bilddokumentation ›How the Other Half Lives‹ erstmals publiziert. Bekannt wurden seine ungeschminkten, kritischen Bildreportagen aus den Slums von New York. Mit seinen Bildberichten protestierte er u.a. in einer groß angelegten Fotodokumentation gegen die Kinderarbeit in den Fabriken (ab 1903), ein Werk, das ab 1908 von Lewis W. →Hine fortgesetzt wurde.

Ringblitzgerät Kompaktes →Blitzgerät mit ringförmiger →Blitzröhre und entsprechendem Reflektor. Das Kameraobjektiv wird durch die

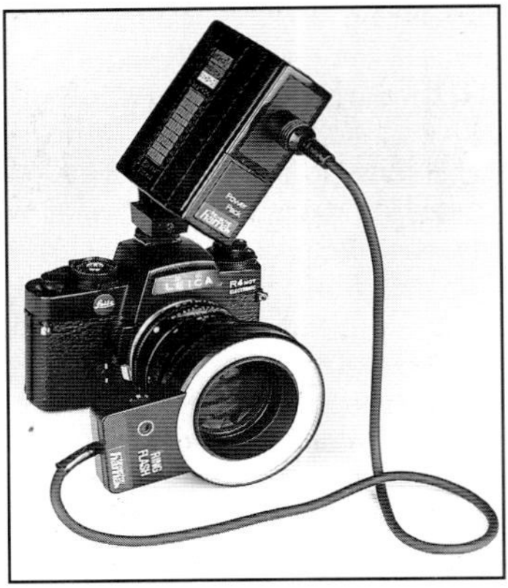

Ringblitzgerät (Hama)

Öffnung des Rings hindurchgeführt, so daß Aufnahmerichtung und Beleuchtungsrichtung zusammenfallen. Auf diese Weise werden die Fotoobjekte (selbst bei geringen Aufnahmeentfernungen) schattenfrei ausgeleuchtet; demzufolge ist der Einsatzbereich auch meist der →Nahbereich.

Ringmotor Antriebsmotor für die →Scharfeinstellung bei Kameras mit →Autofocus, der sich *im* Objektiv befindet. Alternativ zu dieser herstellerspezifischen Konstruktion kann der Motor auch im Kameragehäuse untergebracht werden.

Rodtschenko, Alexander Michailowitsch (*1891 St. Petersburg, †1956 Moskau) Kunststudium 1910-1914 in Moskau. Nach der Begegnung mit Kasimir Malewitsch Auseinandersetzung mit dem Kon-

Alexander Rodtschenko, ›Kanalbau - das Orchester‹, 1933 (Museum Folkwang, Essen)

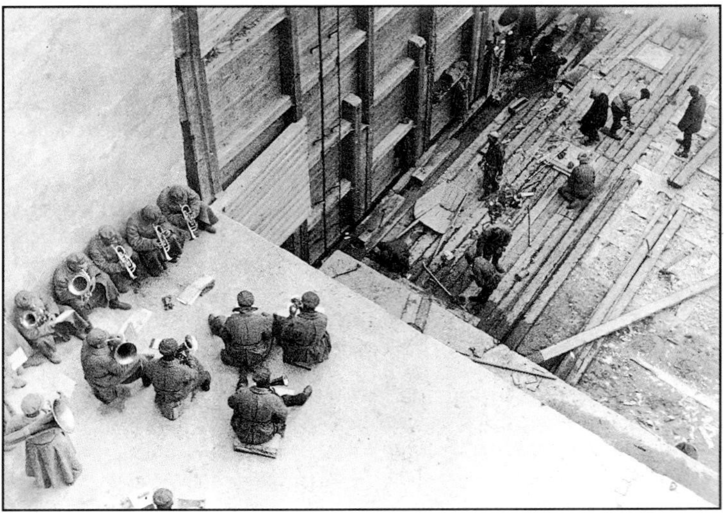

struktivismus in der Malerei, die er ab 1922 zugunsten der Fotografie aufgab. Ab 1924/25 erschienen erste, streng komponierte Fotografien in der Zeitschrift ›Lef‹. Auffällig sind dabei die extremen Auf- und Untersichten, schrägen Horizonte und stürzenden Linien. Ab 1933 arbeitete R. als Bildjournalist für ›UdSSR im Bau‹ und wandte sich ab 1935 wieder zunehmend der Malerei zu. Für die Avantgarde-Fotografie in Europa erhielt sein Schaffen zentrale Bedeutung (→Neues Sehen).

Rollenpapier Konfektionierung von Fotopapier nicht als zugeschnittene Blattware (→Papierformate), sondern als Rolle von mehreren Metern Länge in unterschiedlichen Breiten. R. wird einerseits für →Printer benötigt, andererseits für Großvergrößerungen genutzt.

Rollfilm 60 mm breiter Filmstreifen, der mit einem Schutzpapier versehen auf einer Kunststoffspule aufgewickelt ist und in →Mittelformatkameras verwendet wird. Je nach Kamerakonstruktion sind verschiedene Aufnahmeformate zwischen 4,5 x 6 cm und 6 x 9 cm und länger möglich. Man unterscheidet vornehmlich zwischen der Konfektionierung 120 und 220.

Der 120er Film erlaubt 8 Aufnahmen im Format 6 x 9 cm oder 12 Aufnahmen im Format 6 x 6 cm usw. Er ist parallel mit dem lichtundurchlässigen Schutzpapier, das am Anfang und Ende des Films übersteht, aufgewickelt. Die auf dem Papier aufgedruckten Zahlen gelten als Bildzählhilfe in alten Boxkameras mit einem kleinen roten Sichtfenster.

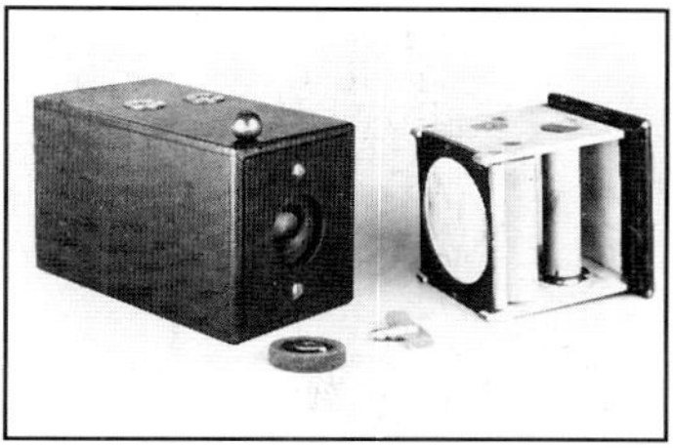

Rollfilm: Erste Rollfilmkamera von George Eastman (1888) mit runden Bildern (Kodak)

Der 220er Filmtyp ist doppelt so lang, besitzt jedoch keinen durchgehenden Papierstreifen. Erstmals als Patent eingereicht wurde der transparente, biegsame R. auf der Basis von Nitrozellulose 1887 von dem Amerikaner Hannibal →Goodwin. Fast zeitgleich eroberte die Eastman-Company (später Kodak) mit einem ähnlichen Material den Markt, was, zusammen mit der Konstruktion der ersten einfachen Boxkameras und der Filmgießmaschinen (→Emulsion), die Entwicklung der Fotografie weiter popularisierte.

Röntgenfotografie basiert auf der Durchleuchtung von Objekten mit kurzwelliger elektromagnetischer Strahlung (→Wellenlänge zwischen 0,001 und 30 nm). Hierfür sind spezielle zweiseitig beschichtete Filme erforderlich. Röntgenbilder entstehen in Art eines →Fotogramms, quasi als Schattenbilder der bestrahlten Objekte. Haupteinsatzgebiete sind die Medizin, die Materialprüfung und die Kristallographie.

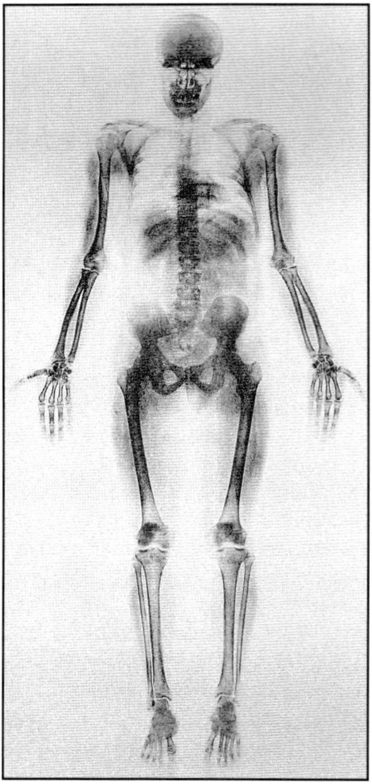

Röntgenfotografie: Röntgenaufnahme von Robert B. Janker, aus: ›Zeitprofile, 30 Jahre‹, Kulturpreis der Deutschen Gesellschaft für Photographie, 1988, S. 158

Gerade in der Medizin werden zudem verstärkt Bildwandler eingesetzt, die die Abbildung auf einen Monitor umsetzen, von dem sie dann abfotografiert (Röntgenschirmbildfotografie) oder mittels eines Druckers ausgegeben werden.

Rotationsentwicklung Verarbeitungstechnik von Filmen und Fotopapieren, bei der die belichteten Fotomaterialien in einer lichtdichten Dose (bei Filmen →Dosenentwicklung) oder Trommel entwickelt werden. Während der Entwicklung rotiert der mit Fotochemikalien angefüllte Behälter um die eigene Längsachse. Bei den Entwicklungstrommeln werden die Fotopapiere mit der Schichtseite zur Achse an der Innenwand der Trommel angebracht. Damit reicht eine sehr geringe Menge an Verarbeitungslösungen aus, die, als Einmalchemie verwendet, eine höhere Verarbeitungskonstanz als die →Schalenverarbeitung garantiert. Ein motorisches Rotationsgerät sorgt zusätzlich für einen regelmäßigen Bewegungsrhythmus. Rotation in einem temperierbaren Wassermantel- oder Umluftbad (→Prozessor) ermöglicht ergänzend eine temperaturkonstante Schnellverarbeitung von Filmen und Fotopapieren auch bei hohen Verarbeitungstemperaturen, was insbesondere in der Farbfotografie üblich ist.

Rote-Augen-Effekt entsteht bei farbigen geblitzten Porträtaufnahmen, wenn das →Blitzgerät zu nahe an der Aufnahmeachse angeordnet ist. Der Fehler tritt häufig bei Kompaktkameras mit integriertem Blitz, manchmal auch bei mit Blitzgerät bestückten Spiegelreflexkameras auf.
Das Rot in den Pupillen ist dabei eine Reflexion der Blutgefäße in der Netzhaut. Eine Abhilfe ist nur durch eine Veränderung der Modellposition oder einer Vergrößerung des Abstands zwischen Blitzgerät und

Kamera möglich. Eine andere Abhilfe setzt auf programmierte, leichte Vorblitze, um damit die Pupillen zu verengen.

Rückprojektion (kurz: Rückpro) Technik der →Projektion, bei der sich Betrachter und Projektor auf entgegengesetzten Seiten der Projektionsfläche befinden. Projiziert wird also von hinten durch die Projektionsleinwand hindurch.
Dieser Weg wird häufig bei Ausstellungen genutzt, weil so kein Betrachter den Strahlengang stört und eine Raumverdunklung fast unnötig ist. Dazu sind stark durchscheinende Bildwände erforderlich, die in ihrer Wirkung einer brillanten Mattscheibe gleichkommen. Während die R. bei →Tonbildschauen und →Multivision nach wie vor praktiziert wird, wird sie für Aufnahmezwecke als →Hintergrundprojektion (von hinten) im →Studio durch die qualitativ bessere Frontprojektion abgelöst.

Runzelkorn Bezeichnung für eine Veränderung (Schrumpfung) der Gelatineschicht eines fotografischen Films, die durch gravierende Temperaturschwankungen bei der Filmverarbeitung ausgelöst wird. Dabei runzelt die Gelatine (und nicht das Korn!) zu einer sich über das ganze Negativ ausbreitenden netzartigen erhabenen Struktur (Retikulation). Der Fehler ist irreparabel, kommt allerdings bei modernen Filmemulsionen glücklicherweise nur noch selten vor.

S

Sabattier-Effekt Bezeichnung für die →Pseudosolarisation, benannt nach dem französischen Fotoamateur Armand Sabattier, der den Effekt erstmals 1860 beschrieb.

Sachaufnahme Fotografie von Gegenständen zum Zweck der Demonstration, Dokumentation, Illustration und Werbung. Aufnahme- und beleuchtungstechnisch ist eine möglichst ›natürliche‹, klare Wiedergabe der Form, der Struktur, der Materialoberfläche und der Farbigkeit des Materials von Bedeutung. Dabei gilt es, mit wenigen Mitteln (Licht, Schatten, Spiegelungen, Accessoires usw.) auch die unscheinbarsten Objekte interessant zu machen, wobei dann die Übergänge zum →Still-life fließend sind. Eine gute S. verlangt solides handwerkliches Können vom Fotografen. Sie ist heute noch vornehmlich ein Sujet für die Arbeit an der →Großbildkamera mit all ihren Verstellmöglichkeiten. Viele Produktaufnahmen in dieser Publikation gelten als S., wie sie u.a. für Kataloge verwendet werden (→Dummy; →Industriefotografie,→Table-top, →Werbefotografie; Farbabb. 10).

Safety-film →Sicherheitsfilm

Sagittal (und tangential) Begriff aus dem Bereich der optischen →Abbildung. Außerhalb der optischen Achse liegende Strichmuster (Liniengitter, →Auflösung) werden unterschiedlich ›scharf‹ (→Schärfe) abgebildet, je nachdem, ob sie zur Bildmitte ausgerichtet sind (sagittal) oder parallel zum Bildkreisrand verlaufen (tangential). Was für solche Liniengitter gilt, wie sie u.a. zur Ermittlung der →Modulations-Übertragungsfunktion genutzt werden, gilt für jeden außerhalb der Bildmitte liegenden Punkt, der durch ein Strahlenbündel abgebildet wird. Seine s.e Schnittebene wird durch den Hauptstrahl des Bündels und die optische Achse festgelegt. Die tangentiale Schnittebene geht ebenfalls von diesem Hauptstrahl aus, steht aber senkrecht zum S.-Schnitt (→Astigmatismus). Abweichend von sagittal/tangential ist auch meridional/sagittal gebräuchlich.

Salomon, Erich (*1886 Berlin, †1944 Auschwitz) Jurastudium und Promotion in München, Berlin und Rostock. S. gilt neben Felix H.→Man als *der* Pionier eines traditionell-klassischen Bildjournalismus.

sagittal

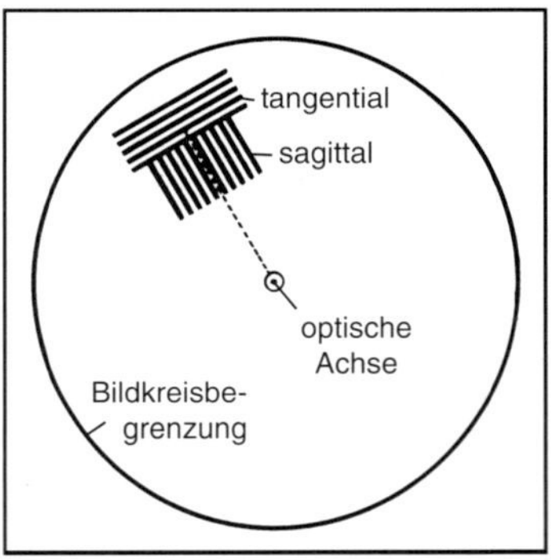

1918-25 fotografierte er für den Ullstein-Verlag, später für die ›Berliner Illustrierte Zeitung‹, die ›Times‹ und andere internationale Zeitschriften. Ausgerüstet mit frühen Modellen kleiner handlicher Kameras (Ermanox, Leica) mit lichtstarken Objektiven fotografierte er Gerichtsverhandlungen und Parlamentssitzungen (bei vorhandenem Licht). Berühmt wurden seine Fotos von den politischen internationalen Gipfeltreffen Anfang der 30er Jahre. S. wurde immer wieder als ein Meister der ›diskreten‹ Beobachtung und Bildberichterstattung bezeichnet. 1931 Veröffentlichung des Bildbandes ›Berühmte Zeitgenossen in unbewachten Augenblicken‹; 1934 Flucht nach Holland; 1944 Tod im Konzentrationslager Auschwitz.

Salzpapier Lichtempfindliches Material aus der Anfangszeit der Fotografie, auf dem →Abzüge hergestellt wurden. Das Papier wurde zunächst in Kochsalzlösung getaucht und dann durch Silbernitrat auf einer Seite sensibilisiert. Beim Kopieren (→Kontakte vom Negativ oder →Fotogramme) belichtete man bis zum Erscheinen des Bildes (auskopieren) und fixierte anschließend, arbeitete also ohne Entwickler (→Kalotypie). Im Gegensatz zum →Albuminpapier scheint visuell das Bild *im* Papier und nicht *auf* einer Schicht zu liegen.

Sammellinse Optische →Linse, die im Linsenzentrum dicker ist als am Rand (auch: Konvexlinse). Sie vereinigt achsenparallele Strahlen in einem Schnittpunkt (→Brennpunkt; z.B. Lupe). Umgekehrt werden die von einer punktförmigen Lichtquelle ausgehenden Strahlen parallel ausgerichtet. →Objektivkonstruktionen bestehen aus mehreren, zueinander berechneten unterschiedlichen S.n und Zerstreuungslinsen.

Sander, August (*1876 Herdorf/Siegerland, †1964 Köln) Nach Hilfsarbeiterjahren im Eisenbergwerk ab 1892 erste Fotoarbeiten; 1896-98 eine Serie von Soldatenporträts während der Militärzeit; Besuch der Malakademie in Dresden; 1902 Eröffnung eines Fotostudios in Linz; Goldmedaille bei der Weltausstellung in Paris; 1910 Übersiedlung nach Köln; dort intensive kommerzielle und freie Porträtarbeiten. S. begann eine Fotodokumentation mit dem Thema ›Menschen ohne Maske‹; er fotografierte weniger Individuen, sondern eher Typen: Handwerker, Arbeiter, Arbeitslose, Bürger, Industrielle usw. Seine Aufnahmen waren meist gestellt; in seinen Ganzporträts ging es ihm um eine Typologie des Menschen. 1927 stellte er Arbeiten ›Menschen des 20. Jahrhunderts‹ im Kölner Kunstverein aus. 1929 erschien sein Buch ›Antlitz der Zeit‹. 1934 wurde S.s Sohn als Kommunist verhaftet, sein Buch beschlagnahmt: Seine Bilder galten als ›unerwünscht‹. S. zog sich zurück und konzentrierte sich fortan auf die Landschaftsfotografie (Abb. S. 292).

Sandwich-Montage Um zwei (oder mehr) Bilder optisch zu einem neuen verschmelzen zu lassen, be-

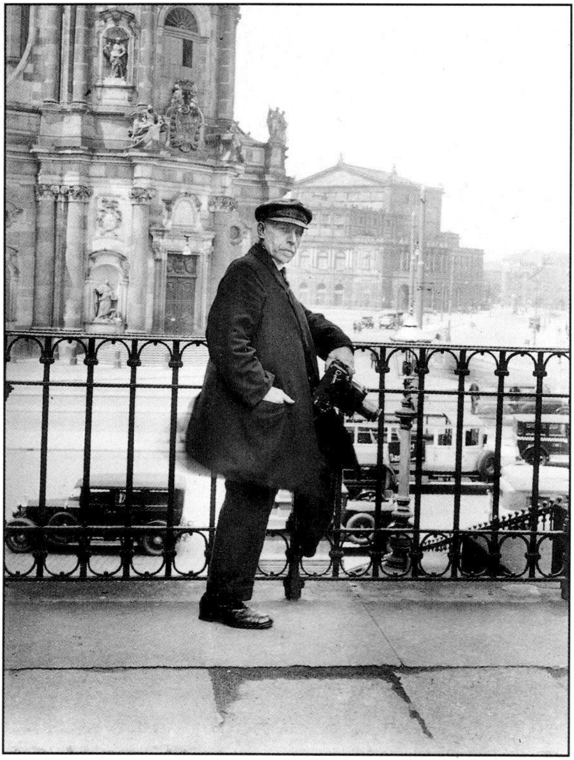

August Sander, ›Standfotograf in Wien‹, 1931 (Museum Folkwang, Essen)

steht neben der →Mehrfachbelichtung die Möglichkeit der Montage von zwei Negativen oder Dias (Schicht auf Schicht). Dieses ›Sandwich‹ kann projiziert oder vergrößert werden. Auch wenn gestalterisch die gleichen Grundüberlegungen wie für die Mehrfachbelichtung gelten, unterscheiden sich die Ergebnisse jedoch in wesentlichen Details. Bei der Mehrfachbelichtung addiert sich das Licht in den Motiven, beim Sandwich addieren sich die Dichten des Films — und diese sind im Negativ und im Dia von ein und demselben Motiv unterschiedlich. So zeigt ein Abzug des Sandwichnegativs ein etwas anderes Bild als ein Sandwichdia (Farbabb. 21, 23; →Lichtmontage, →Fotomontage).

Saudek, Jan (*1935 Prag) Ausbildung an einer Schule für Industriefotografie und Technik (1950-55). Wohl unter dem Eindruck des Katalogs der Ausstellung ›The Family of Man‹ (Edward →Steichen), begann er zunächst, reportagehafte Szenen zu fotografieren. 1960 bezog er in Prag ein Kellerstudio, wo seine skurrilen, meist unwirklichen Porträts entstanden. Meist handelt es sich um kleine Bildserien, schwarzweiß und handkoloriert. S. zeigte seine Bilder in den USA, auf den Rencontres d'Arles und auf der →›photokina‹. Sein unverkennbarer Stil machte ihn neben Josef Koudelka zu einem der bekanntesten tschechischen Fotografen.

Satellitenblitz →Servoblitz

SCA-Adapter →Blitzautomatik

Scanner (von engl.: to scan = abtasten) Elektronisch arbeitendes Gerät, mit dem Texte, Grafiken und Fotos (als Aufsichtsvorlagen oder Filmbilder) direkt in einen Rechner (Computer) ›eingelesen‹ werden können. Man unterscheidet zwischen einfachen Handy-Scannern (die manuell über die Vorlage geführt werden müssen), den Flachbettscannern und hochwertigen Trommelscannern. Daneben gibt es elektro-optische S., die ähnlich wie eine Aufnahmekamera funktionieren. Über einen →CCD-Bildwandler wird dabei das analog aufgebaute Foto in Zeilen abgetastet und digitalisiert und kann dann über ein Grafikprogramm (→Computergrafik) weiterverarbeitet werden (→Bildverarbeitung). Die Qualität eines S.s hängt u.a. von seinem →Auflösevermögen (hier: Anzahl der ›pixel‹ pro Fläche) ab. Farbtaugliche S. lesen farbige Vorlagen über die Filter Rot, Grün und Blau ein (→Farbmischung).

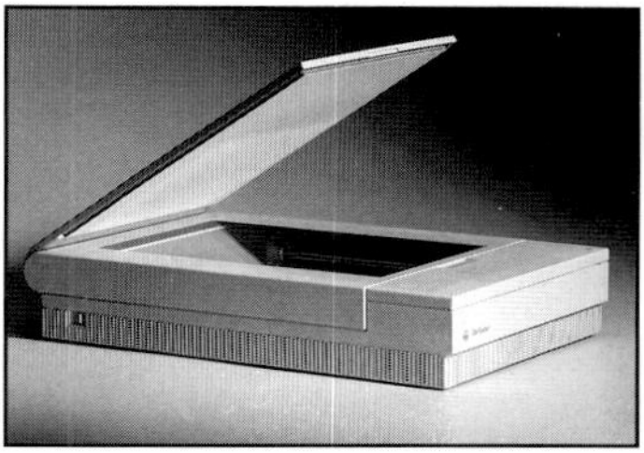

Scanner (Apple)

Scanner-Modul Kleine Flachscanvorrichtung, die direkt als →Wechselmagazin oder Kamerarückwand an die Kamera angeschlossen wird und damit den Film ersetzen. Im Unterschied zur →Still-video-Technik geschieht die Digitalisierung direkt und die Abtastfläche ist größer, was die Auflösung erheblich verbessert. →Bildverarbeitung, →Retusche, Kontrastausgleich können direkt auf dem neben der Kamera stehenden Monitor geschehen; testende →Sofortbilder und →Clip-Entwicklung sind unnötig. Die relativ lange Scandauer von einigen Sekunden grenzt allerdings den Einsatz dieser Technik vorläufig noch etwas ein.

Schadographie 1919 experimentierte der Maler Christian Schad (1894-1982) mit einer kameralosen Fotografie, indem er Gegenstände und Papierschablonen auf lichtempfindlichem Fotopapier anordnete und aufbelichtete. Die Dadaisten (→Dadaismus), zu denen Schad zählte, bezeichneten diese →Fotogramme später als S.n. Wenig später entwickelte Man →Ray die ersten →Rayogramme, ohne von Schads Arbeiten zu wissen. Im Vergleich zeigt sich, daß Schad hauptsächlich flache Elemente, Häkelmuster, zweidimensionale Gegenstände, Zeitungselemente etc. verwendete, während Man Ray dreidimensionale Gegenstände wie Flaschen, Gläser, Alltagsgegenstände usw. benutzte. Auf Anregung von Helmut Gernsheim begann Schad 1980 wieder mit der Anfertigung weiterer S.n.

Schalenverarbeitung Konventionelle Verarbeitungsmethode für Fotopapiere, bei der sich die Verarbeitungslösungen in einzelnen, in der Größe genormten Kunststoffschalen befinden. Manuell wird das Blatt Fotopapier in die erste Schale getaucht und, nach entsprechender Abtropfzeit, von Schale zu Schale transportiert (→Entwicklung). Die Bädertemperatur entspricht der Raumtemperatur oder kann durch Thermostate und Heizstäbe (Schalenwärmer) erhöht werden. Nach wie vor werden hauptsächlich Schwarzweißbilder in der Schale verarbeitet; im Amateurbereich wird auch zunehmend wieder eine Colorentwicklung in der Schale praktiziert. →Trommel-, →Rotationsentwicklung, →Durchlaufentwicklungsmaschine

Scharfeinstellung (Fokussierung) Justierung des Abstands →Objektiv — Filmebene mit dem Ziel, die →Bildebene des abzubildenden Objekts mit der →Filmebene zur Deckung zu bringen (→Entfernungseinstellung). Liegen die →Brennpunkte der vom Objekt ausgehenden Lichtstrahlen exakt in der Filmebene, so ist das Bild scharf eingestellt (fokussiert). Da sich dazu bei der →Abbildung Bildweite und Gegenstandsweite ändern, muß man den →Auszug des Objektivs entsprechend einstellen. In der Praxis wird dazu das gesamte Objektiv mit Hilfe von →Schneckengang oder Faltbalgen verschoben, oder aber es werden nur Teile des Objektivs bewegt (→Floating-elements, →Innenfokussierung, Frontlinseneinstellung). Die S. erfolgt manuell durch den Fotografen oder über →Autofocus. Visuelle Hilfsmittel außer der Entfernungsskala des Objektivs sind die Mattscheibe, ggf. auch ein →Schnittbildindikator und ein →Mikroprisma; einen optischen →Entfernungsmesser besitzen wenige →Meßsucherkameras. Zur exakten manuellen S. von Projektoren gibt es Einstelldias; bei Vergrößerungsgeräten helfen →Einstellnegative und Einstellupen zur Scharfstellung auf das Filmkorn (→Scharfsteller).

Schärfe Allgemeiner Begriff für die technische Abbildungsqualität eines optischen Systems oder einer fotografischen Schicht; Ziel ist es, daß feinste Details noch möglichst genau wiederzugeben. S. als solche ist mathematisch jedoch nicht faßbar; der S.-Eindruck entsteht als Zusammenspiel verschiedener Faktoren. Die wichtigsten Kriterien sind dabei das →Auflösevermögen und die →Kontrastwiedergabe (→Modulations-Übertragungsfunktion) und die →Konturenschärfe. Einfluß haben natürlich auch die →Scharfeinstellung und die →Schärfentiefe, die →Körnigkeit und die →Bewegungsschärfe (→Zerstreuungskreis).

Schärfendehnung Während bei normalen Aufnahmen die Schärfenebene parallel zur →Filmebene verläuft, ermöglicht die S. eine Verdrehung dieser Schärfenebene und damit für viele Aufnahmesituationen eine scheinbare Erweiterung des →Schärfebereichs ohne →Abblenden. Dies ist möglich nach der →Scheimpflugschen Regel, welche besagt, daß auch diejenige Objektebene scharf auf dem Film abgebildet wird, die mit der Objektivebene und der Filmebene eine gemeinsame Schnittgerade hat. Dies kann nur erreicht werden, wenn sich die Objektivebene und/oder die Film-

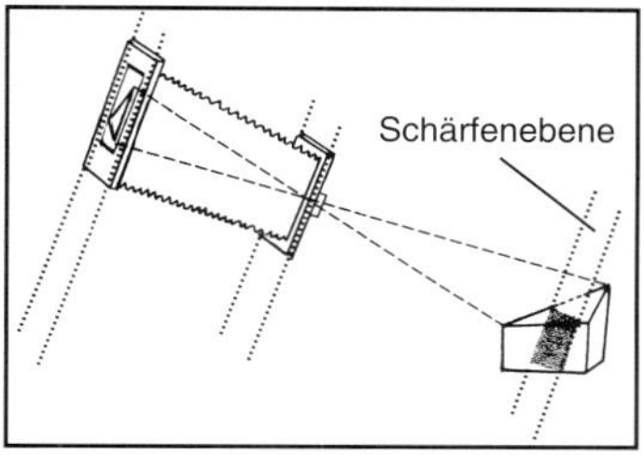

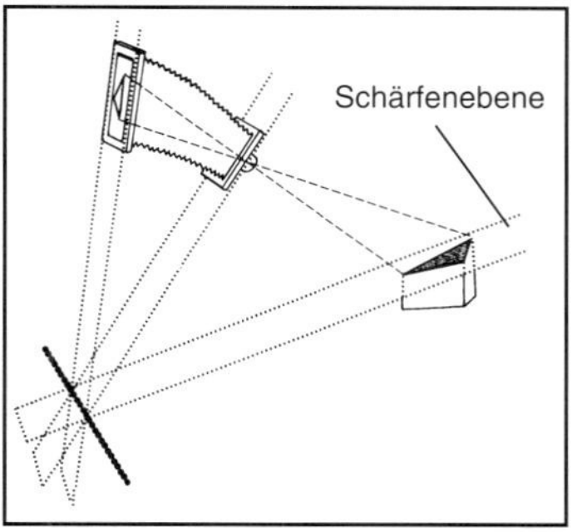

Schärfendehnung: Die Drehung der Achsen nach Scheimpflug bewirkt eine Verlagerung der Schärfenebenen

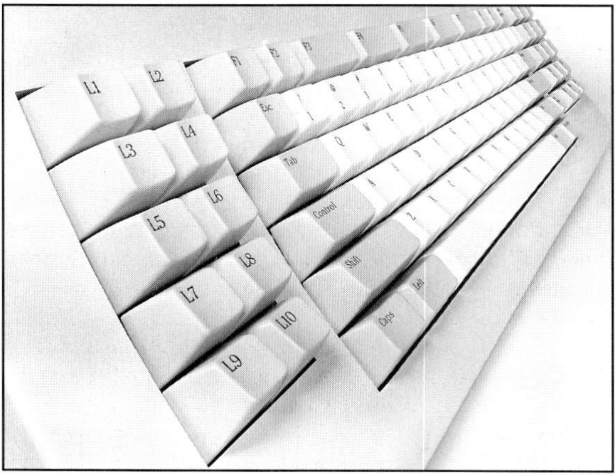

Schärfendehnung; Foto: Thomas Vährmann

ebene verschwenken lassen. Die Schwenkstandarten einer →Großbildkamera mit ihren →Verstellmöglichkeiten erlauben die praktische Anwendung des Schnittkantengesetzes. Durch die Verlagerung der Schärfenebene vergrößert sich der →Schärfebereich nicht, also auch hier erzeugt erst ein zusätzliches →Abblenden einen Schärferaum. Die Abhängigkeit von Schwenkgrad und möglichst geringem Abblenden erfordern aufwendige fototechnische Berechnungen, deren Lösung durch entsprechende Computerprogramme vereinfacht wird. Annäherungen lassen sich aber auch ›nach Sicht‹ einstellen. Das gleiche Prinzip der S. wird beim →Vergrößern zum →Entzerren →stürzender Linien im Bild genutzt.

Schärfentiefe Räumliche Tiefe des Motivbereichs, die in einer →Abbildung scharf wiedergegeben wird. Genaugenommen wird allerdings bei der Abbildung durch ein →Objektiv nur eine Ebene, die →Bildebene, scharf abgebildet. Alle Punkte vor und hinter dieser Bildebene werden, da für sie keine →Scharfeinstellung vorgenommen wurde, auf dem Film als Kreisflächen abgebildet, deren Größe mit wachsender Entfernung von der Ebene zunimmt. Aufgrund des begrenzten →Auflösevermögens des menschlichen Auges werden diese →Zerstreuungskreise, solange sie eine bestimmte Größe nicht überschreiten, denn noch als Punkt, d.h. ›scharf‹ gesehen. Der Übergang ist folglich kontinuierlich.

Schärfentiefe mit offener (links) und mit geschlossener Blende (rechts)

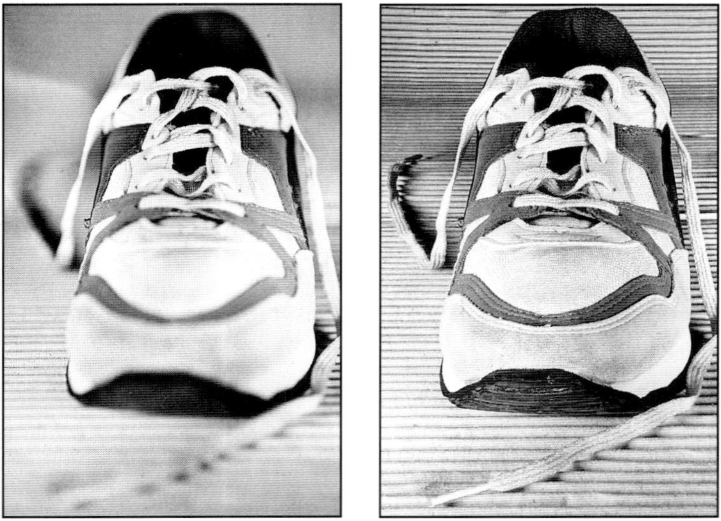

$$\text{Schärfentiefe (in mm)} = \frac{2 \times \text{Zerstreuungskreisdurchmesser} \times \text{Blendenzahl} \times \left(1 + \text{Abbildungsmaßstab}\right)}{\text{Abbildungsmaßstab}^2}$$

Da der Durchmesser der Zerstreuungsscheibchen bei kleinem →Öffnungsverhältnis und kleinem →Abbildungsmaßstab abnimmt, läßt sich durch →Abblenden und/oder die Benutzung eines →Weitwinkelobjektivs eine größere S. erzielen. Die S. kann nach der oben stehenden Formel berechnet werden.
Der jeweilige Schärferaum reicht (als Faustregel) von der Kamera aus, in absoluten Entfernungsmaßen gesehen, , von ca. einem Drittel vor bis zu ca. zwei Dritteln hinter den Scharfstellpunkt; genauer ist die Berechnung über die →Entfernungseinstellung. Auf vielen Objektiven ist die sich aus der jeweiligen Blende ergebende S. an einer Skala ablesbar, oft finden sich auch Tabellen in der Bedienungsanleitung. Bei einigen Autofocus-Kameras läßt sich die S. vorprogrammieren; die Kamera ermittelt dann die erforderliche Blende und Entfernung. Der gezielte Umgang mit der S. gilt als ein grundlegendes Gestaltungsmittel in der Fotografie.

Schärfentiefe: Skizzierte Veränderung der Zerstreuungskreisdurchmesser

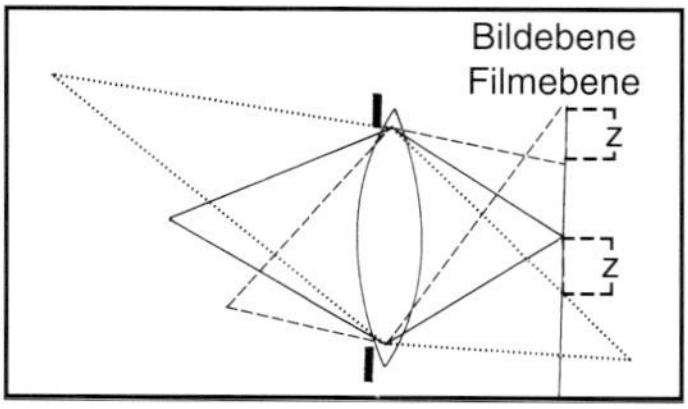

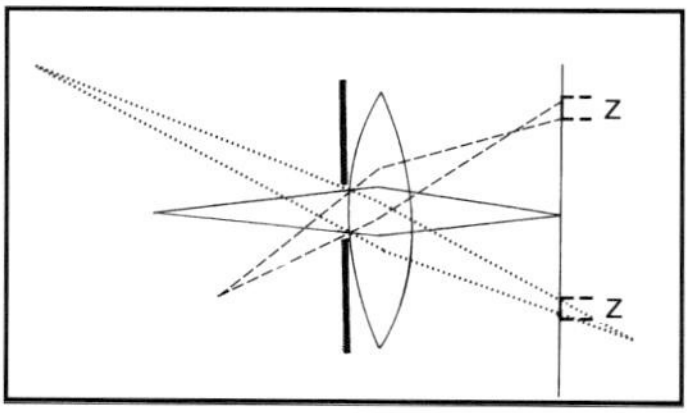

Schärfentiefekontrolle Visuelle Überprüfung der Schärfentiefe auf der Mattscheibe. Sie macht bei Offenblendenmessung die gesonderte Einstellung der Blende auf den ermittelten Blendenwert erforderlich (→Abblenden mit einem →Abblendhebel). Die Schärfezunahme ist sichtbar, allerdings wird das Bild erheblich dunkler.

Scharfsteller Optisches Hilfsinstrument, mit dem beim →Vergrößern das projizierte Bild exakt scharfgestellt werden kann. Dabei wird ein Teil des Projektionsbilds mit einem Spiegel zum Betrachter umgelenkt und mit einer Lupe vergrößert. Gute S. (Abb. S. 298) erlauben eine Scharfeinstellung auf die Körnigkeit des Films (kornscharf). →Einstellnegativ

Schatten Dunkle, stark bedeckte Partien in einer Positivkopie oder einem Dia (im Gegensatz zu

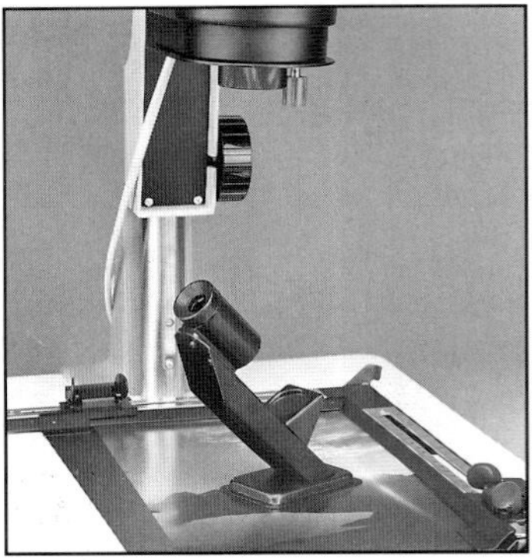

Scharfsteller (Hama)

→Lichtern). Vielfach ist es ein Beleuchtungsproblem, in den S. noch für ausreichende Struktur zu sorgen (→Schattenzeichnung, →Motivkontrast, →Schwärzen).

Schattenzeichnung Bei kontrastreicher Motivausleuchtung übersteigt der →Kontrastumfang oft die →Kontrastwiedergabe des Films. Die Motivschatten erscheinen dann nicht mehr differenziert, sondern werden einheitlich schwarz.
Um dennoch etwas →Zeichnung in die →Schatten zu bringen, verwendet man Reflexionsflächen oder Zusatzlichtquellen (→Aufhellung). In der Schwarzweißfotografie kann man die S. durch eine gezielte →Filmentwicklung und geeignete Papiergradation verbessern (→Zonenmeßsystem). Beim Vergrößern helfen manchmal →Abwedeln und →Nachbelichten.

Scheimpflug, Theodor (*1865 Wien, †1911 Vorderbrühl) Österreichischer Vermessungsingenieur, der sich bei der Geländeaufnahme und Kartenerstellung der →Fotogrammetrie bediente. Dabei entdeckte er beim →Entzerren die nach im benannte S.sche Regel (→Schärfendehnung), nach der sich die Schärfenebene bei der Aufnahme unter bestimmten Bedingungen verlagern läßt.

Scheiner-Grade Historische Angabe der Lichtempfindlichkeit fotografischer Materialien; z.B. entsprachen 32° Scheiner einer heutigen →Filmempfindlichkeit von ISO 100/21°. Das System der Festlegung der Lichtempfindlichkeit von Julius Scheiner (1858-1913) verlor 1934 mit dem Aufkommen der →DIN-Angaben an Bedeutung.

Schicht →Emulsion

Schichtseite Seite des fotografischen Films oder Papiers, die mit der →Emulsion beschichtet ist. Beim Film ist die S. die mattere Seite des Materials (→Planfilm), beim Fotopapier meist die glänzendere oder glattere, je nach Oberfläche.

Schichtträger Material, auf das die lichtempfindliche →Emulsion als fotografische Schicht aufgegossen wird. Der S. besteht beim fotografischen Film hauptsächlich aus transparenter Azetylzellulose oder Polyester (→Sicherheitsfilm) und ist bei Roll- und Kleinbildfilmen ca. 0,1 mm, bei Planfilmen ca. 0,2 mm stark. Der S. von Fotopapieren besteht aus einem relativ dicken Papierfilz, der bei den →RC-Papieren beidseitig mit einem Kunststoff beschichtet ist.

Schleier Minimale Schwärzungen auf einer unbelichteten →Emulsion nach der Entwicklung. So kann an bestimmten emulsionsabhängigen S.-Keimen eine Reduktion zu metallischem Silber auch ohne Lichteinwirkung erfolgen (→Grunds.). Auch eine unbeabsichtigte Vorbelichtung oder ähnliches kann Verschleierung führen (→Graus.). Fleckenhafte S. und Schlieren haben meist ihre Ursache in verunreinigten Chemikalien bzw. Bädern bei der Verarbeitung (→dichroitische S.).

Schlitzverschluß In das Kameragehäuse integrierter →Verschluß, der unmittelbar vor der Filmebene angeordnet ist und durch seine Öffnungszeit die Belichtung des Films regelt. Im vereinfachten Grundprinzip besteht er aus zwei Vorhängen (Rollos), die horizontal oder vertikal vor dem Film ablaufen. Je nach gewählter →Belichtungszeit folgt der zweite Verschlußvorhang dem ersten, wenn dieser das →Bildfeld vollständig freigegeben hat (→Blitzsynchronisation) oder auch bereits früher; die beiden Vorhänge bilden dann einen Schlitz, der das Bildfeld überstreicht. Die ›Vorhänge‹ moderner Schlitzverschlüsse bestehen heute aus hauchdünnen, sich überlappenden Metallamellen aus High-Tech-Legierungen. Bei sehr hoher Ablaufgeschwindigkeit und kleiner Schlitzbreite sind so Belichtungszeiten bis 1/12 000 Sek. möglich, allerdings dauert der Verschlußablauf selbst etwas länger, was bei bewegten Objekten u.U. zu Verzerrungen führt.

Schnappschuß Spontane, reportagehafte Personen- (oder Tier-) Aufnahme, ohne gezielte Vorbereitung. Für Schnappschüsse müssen Zeit, Blende und Entfernung weitgehend vorher an der Kamera eingestellt sein — oder man benutzt →Belichtungsautomatik und →Autofocus (→Fixfocus). Ein gelungener S. hat stets einen lebendigen Ausdruck.

Schneckengang Gewinde im Objektivtubus, mit dessen Hilfe die Linsenkonstruktion bei der →Scharfeinstellung schraubenähnlich verschoben werden kann, um den →Auszug und damit die →Bildweite zu verändern. Die Stabilität des S.s ist ein Kriterium für die fertigungstechnische Qualität eines Objektivs.

Schnellfokussierhilfe Spezielle Objektive mit langer Brennweite für Sportfotografen ermöglichen eine manuelle →Scharfeinstellung durch das nuancierte Zusammendrücken

Schlitzverschluß: Vereinfachte Skizze mit erstem und zweitem Verschlußvorhang, horizontal ablaufend

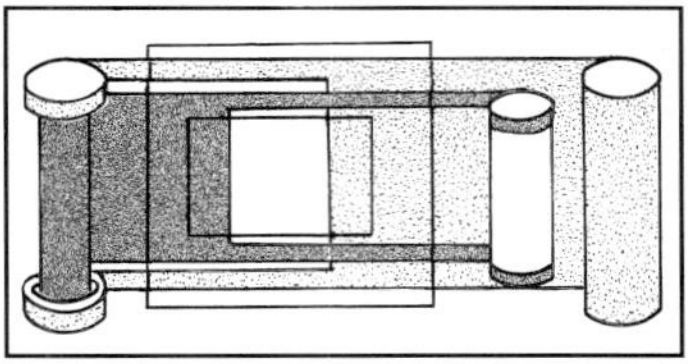

eines Pistolengriffs, der am Objektivtubus angebracht ist. Diese Vorrichtung erlaubt schnelles Reagieren und dient bei der Handhabung der langen und schweren Objektive gleichzeitig als Stütze.

Schnellkupplung →Stativkopf

Schnittbildindikator Optische Hilfe bei der manuellen →Scharfeinstellung auf der →Mattscheibe im Sucher einer Spiegelreflexkamera. Bei unscharfer Fokussierung zeigt ein kleiner Kreis in der Suchermitte den mittleren Motivausschnitt in zwei Kreishälften deutlich verschoben. Erst mit zunehmender Scharfeinstellung nähern sich die Motivlinien einander an.
Dazu sind zwei Meßkeile in einem bestimmten Winkel zueinander in die Einstellscheibe eingelassen. Diese lenken die Randstrahlen eines Objektpunkts dermaßen ab, daß die Bildverschiebung auftritt. Die Nutzung der Randstrahlen für die Meßkeile setzt allerdings ein →Öffnungsverhältnis (→Lichtstärke) von mehr als 1:3,5 voraus; sonst bleibt ein Meßkeil abgeschattet; ähnliches passiert bei schrägem Einblick in den Sucher.

Schnittkantengesetz →Schärfendehnung

Schnittweite Die Strecke zwischen dem vorderen bzw. hinteren Linsenscheitel des →Objektivs und der Gegenstandsebene (dingseitige Sch.) bzw. der →Bildebene (bildseitige Sch.; →Bildweite; →Abbildung).

Schraubgewinde Die Fototechnik meint damit die Befestigung eines

Schnittbildindikator: Meßkeile und ihre Wirkung

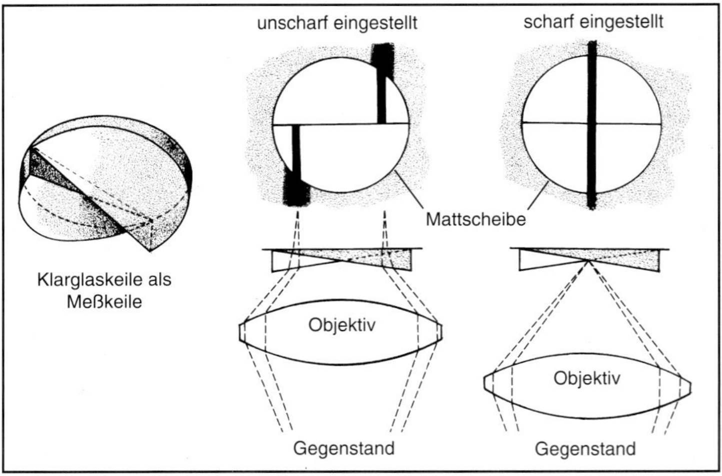

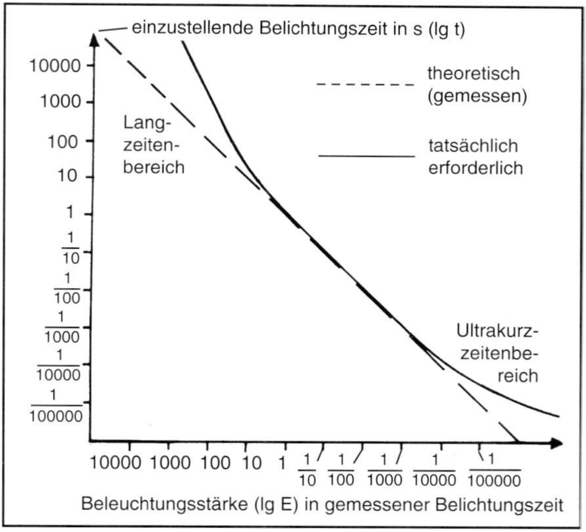

Schwarz-schild-Effekt

Objektivs am Kamerakörper (oder auch Vergrößerungsgeräts) mit Hilfe eines Gewindes (im Unterschied zum →Bajonett). Bis in die 70er Jahre war lange Zeit das →M42-Gewinde, davor auch ein M39-Gewinde üblich.

Schulterstativ Schulterstütze für Kameras, die selbst beim Einsatz längerer Brennweiten in der Sport- und Tierfotografie eine relativ ruhige Kameraführung ermöglichen. Die Konstruktion mit der Kamera wird dabei, ähnlich wie ein Gewehrkolben, an der Schulter abgestützt.

Schwarzfilter →Infrarotfilter

Schwarzschild-Effekt Für sehr lange wie sehr kurze Belichtungszeiten erweist sich die konstante Berechnung der Belichtung (Produkt aus Beleuchtungsstärke und Belichtungszeit: H = E x t) als Angabe fotografischer Belichtungsmesser als fehlerhaft, da außerhalb eines mittleren Belichtungsbereichs auf dem fotografischen Material eine geringere Schwärzung erreicht wird, als zu erwarten ist.
Diese Abweichungen von der Konstanzregel des →Reziprozitätsgesetzes (Reziprozitätsfehler) sind darauf zurückzuführen, daß bei äußerst kurzen Belichtungszeiten (Ultrakurzzeiteffekt) ebenso wie bei geringer Lichtintensität (langen Belichtungszeiten) nur wenige Silberkeime zu entwicklungsfähigen, stabilen Belichtungkomplexen anwachsen, während kleinere Subkeime in kürzester Zeit wieder zerfallen.

Bei Farbfilmen weisen die einzelnen Farbschichten ein unterschiedliches Schwarzschild-Verhalten auf, was bei extrem langen wie kurzen Belichtungszeiten zusätzlich zu einer Verschiebung des Farbgleichgewichts, d.h. zu einem →Farbstich führen kann (der sich aber ausfiltern läßt). Der Effekt wirkt sich bei verschiedenen Filmtypen unterschiedlich aus, macht sich aber fast durchgehend bei Zeiten von weniger als 1/1000 Sek. und länger als 1/2 Sek. zunächst langsam, dann immer rapider bemerkbar. Die filmspezifischen erforderlichen Korrekturen durch →Verlängerungsfaktoren kann man den technischen Datenblättern der Hersteller entnehmen. Zum Problem wird der S.-E. bei extrem kurzen Leuchtzeiten der computergesteuerten →Blitzgeräte im Nahbereich und bei wirklichen →Langzeitbelichtungen (→Nachtaufnahmen). Der S.-E. kann sich auch beim Vergrößern (→Vergrößerung) auf Fotopapier in der Dunkelkammer auswirken. Benannt ist der Effekt nach dem Astronomen Karl Schwarzschild (1873-1916), der den Fehler im Reziprozitätsgesetz 1899 von neuem herausfand, nachdem das Phänomen bereits 1844 und später (1874) von William de Abney festgestellt worden war.

Schwarzweißfotografie In der Frühzeit der Fotografie waren alle Aufnahmen einfarbig, meist mehr oder weniger schwarzweiß. Oft liegen die Farbtönungen der alten Aufnahmen im jeweiligen Herstellungsprozeß begründet, gelegentlich wurde auch mit Tonungsbädern ›nachgeholfen‹. Daß es jedoch zunächst nicht gelang, die bunte Wirklichkeit mehrfarbig abzubilden, wurde lange Zeit als Makel betrachtet, dem man durch →Kolorieren abzuhelfen versuchte.
Heute wird zu 95 % in Farbe fotografiert, der S. verbleiben weite Bereiche der technischen Dokumentation, des Bildjournalismus für Tageszeitungen und der sehr engagierten gestalterischen Fotografie. Letztgenannter Aspekt findet seine Ursache u.a. darin, daß die →Farbfotografie mit ihrer genormten Wiederverarbeitung nach der Belichtung dem Fotografen kaum eine weitere Beeinflussung oder Steuerung erlaubt; im Schwarzweißbereich jedoch können ganzheitlich orientierte, künstlerisch ambitionierte Fotografen den Entstehungsprozeß des Bildes von der Aufnahme bis zur fertigen →Vergrößerung auf vielfältigste Weise beeinflussen (→Entwicklung, →Abwedeln, →Zonensystem).

Schwärzen Stellen in einem Foto, das tiefste →Schatten zeigt, müssen eine Maximalschwärzung erreichen. Wichtig für einen guten Abzug ist es, daß diese Partien ohne →Schattenzeichnung wirklich tiefschwarz sind (und nicht nur dunkelgrau!). Seltener spricht man von den ›Weißen‹.

Schwärzung Das Bildsilber in einer belichteten und entwickelten Schicht wird, je nach Verteilung in der Bildschicht, schwarz oder grau wahrgenommen (→Silberhalogenide, →Entwicklung). In der →Sensi-

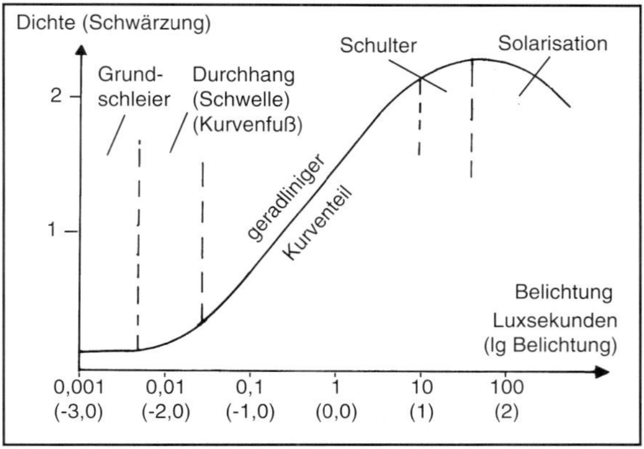

Schwärzungskurve: Idealtypischer Verlauf in einer fotografischen Schicht

tometrie wird die S. auch als Grauwert oder →Dichte eines Bildteils bezeichnet, die in logarithmischen Werten zwischen 0,15 und 3 angegeben wird. Im Fall von Farbfilmen spricht man analog hierzu von →Farbdichten.

Schwärzungskurve Die →Schwärzung einer lichtempfindlichen Schicht verläuft keineswegs durchgängig exakt proportional zur Lichteinwirkung, sie läßt sich allenfalls in einer Kurvenform darstellen. Die Form und Lage der Kurve hängt unmittelbar von der Struktur der →Silberhalogenide, der Filmempfindlichkeit, der Intensität der Belichtung und der Art der →Entwicklung ab. Bei konstanter →Filmempfindlichkeit und gleichbleibenden Entwicklungsbedingungen wird die Abhängigkeit der Schwärzung von der Belichtung in der jeweils materialspezifischen S. dargestellt. Dazu wird die ›Intensität der →Belichtung‹ (bzw. deren Logarithmus) auf der Abszisse, die →Dichte auf der Ordinate abgetragen. Der Verlauf einer S. ist vereinfacht wie folgt zu beschreiben: Sie beginnt nicht bei der Dichte 0, sondern mit einem waagerechten Abschnitt, der für den →Grundschleier charakteristisch ist. Sie steigt dann nicht sofort geradlinig an, sondern hat, nach Erreichen eines minimalen Schwellenwerts zunächst einen flacher verlaufenden Teil, den Durchhang. Nach dem sich anschließenden, mehr oder weniger geradlinigen Teil, in dem die Schwärzung einigermaßen proportional zur Belichtung erfolgt, flacht die Kurve in ihrer Schulter wieder ab, bevor die Schwärzung im Scheitel ihren Sättigungswert, der von der Gesamtmenge des in der Emulsion enthaltenen Silbers abhängt, erreicht und dann wieder, im Bereich der →Solarisation, langsam abfällt. Der Verlauf der S. gibt Aufschluß über die →Gradation des Films oder Fotopapiers (→Gamma-Wert, →Beta-Wert).

Schwefeltonung Die Umwandlung des Bildsilbers eines entwickelten Schwarzweißabzugs in Schwefelsilber, d.h. zu einem Bild, dessen →Schwärzen von Braungelb über Braun bis nach Rötel reichen. Der exakte Farbton ist von der jeweiligen Tonerzusammensetzung, aber auch vom verwendeten Papiertyp abhängig. Der klassische Schwefeltoner enthält Kaliumsulfit, was in der chemischen Reaktion zu übelriechender Gasentwicklung führt. Moderne konfektionierte Brauntoner arbeiten allerdings geruchsneutral. Die S. wurde bereits seit Beginn der Fotografie ausgeführt (d.h. allerdings nicht, daß alle historischen braunfarbigen Fotografien getont sind!). Durch die Umwandlung des Bildsilbers werden übrigens einwandfrei verarbeitete Abzüge auf →Barytpapier gegen Umwelteinflüsse weitgehend resistent (→Selentonung).

Schwellenwert →Schwärzungskurve

Scribble (engl.: Gekritzel) Flüchtige, grobe (zeichnerische) Skizzierung einer visuellen Idee oder Vorstellung. S.s dienen als Vorentwurf oder Besprechungsgrundlage (→Layout) für eine Bildproduktion.

Seitenverhältnis Verhältnis von Höhe zu Breite bei einem Negativ oder Positiv. Das S. von →Aufnahmeformat und genormtem →Papierformat stimmt in den seltensten Fällen überein; z.B.: Um das Kleinbildformat 24 x 36 mm (entspricht 2:3) auf ein Fotopapier von 30 x 40 cm zu vergrößern, ist ein Beschnitt von Negativ *oder* Fotopapier erforderlich. Auch wenn dies regelmäßig von fotografierenden Anfängern mit Bedauern kommentiert wird, sollte das zu nutzende S. eines Bildes doch vornehmlich vom Motiv selbst und nicht vom Aufnahmeformat oder vom Fotopapier abhängen. Ein bekanntes, klassisches S. ist das des →Goldenen Schnitts (etwa 3:5 oder 5:8). Es gilt in vielen Gestaltungslehren als äußerst harmonisch; andererseits ist beim Menschen die Bildwahrnehmung auch bezüglich der ›idealen‹ S.se in immer größerem Maße von der Bildpräsentation der visuellen Medien (Zeitschriften, Film, TV, Video, Computer) geprägt. Extreme S.se in der Fotografie finden sich z.B. bei →Panoramaaufnahmen.

Seitenverkehrt →kontern

Sekundäres Spektrum →chromatische Aberration

Selbstauslöser Vorlaufwerk, zumeist kameraintegriert, durch dessen Verzögerung der Verschluß erst einige Zeit (meist ca. 10 Sek.) nach dem Druck auf den Auslöser geöffnet wird. Bei mechanisch gesteuerten Verschlüssen ist der Selbstauslöser zuvor mit einem Hebel zu spannen; ausgelöst läuft er mit leisem Surren ab. Elektronische Verschlüsse steuern die Vorlaufzeit direkt; meist blinkt dabei eine rote Leuchtdiode an der Kamera zunehmend schnell auf. — Der S. ermöglicht es nicht nur dem Fotografen, selbst mit aufs Bild zu kommen, er gewährleistet auch ein möglichst vibrationsfreies, ruhiges Auslösen (etwa bei langen →Verschlußzeiten und Stativeinsatz).

Selbstporträt Bildnis, auf dem der Bildautor sich selbst als →Porträt abgebildet hat. Technisch wird dazu ein →Fernauslöser oder ein →Selbstauslöser genutzt. Mit Hilfe eines zusätzlichen Spiegels läßt sich die eigene Körperhaltung und Mimik während der Aufnahme kontrollieren. Um sich selbst als Fotograf zu charakterisieren, kann dabei durchaus die aufnehmende Kamera direkt in die Bildkonzeption einbezogen werden. Fotografiert man geradewegs in den Spiegel hinein, ist zu überlegen, ob das spiegelbildliche, also seitenverkehrte Abbild des Fotografen beim Vergrößern zu →kontern ist.
Interessante Aspekte des S.s bestehen darin, daß der/die Porträtierte sich selbst exakt so darstellen und in-szenieren kann, wie er/sie es will (→inszenierte Fotografie), was selbstverständlich sehr hohe Abstraktionsgrade erreichen kann. Der Wechsel in verschiedene Rollen und die Darstellung der eigenen Ausdrucksfähigkeit ist dabei ebenso möglich, wie das Erkunden eigener innerer Zustände. Fotokünstler wie Jürgen Klauke (*1943) nutzten das Selbstporträt lange Zeit, um ihr eigenes Ich zum Gegenstand ihrer Realitätsbeobachtungen zu machen (→Body Art).

Selentonung Umwandlung des Bildsilbers von Schwarzweißbildern in eine gegen Umwelteinflüsse relativ resistente Selen-Verbindung. Der Selentoner steigert, je nach Fotopapier, gleichzeitig die →Schwärzen des Bildes, kann allerdings bei zu intensiver Anwendung zu einer violetten Verfärbung führen (→Toner, →Archivierung).

Selenzelle →Fotoelement

Sensibilisierung Lichtempfindliches Silberbromid (→Silberhalogenide) absorbiert nur Licht mit →Wellenlängen $\leq$ 490 nm, also nur den blauen bis nahen ultravioletten Spektralbereich. Um eine fotografische →Emulsion auch für andere Spektralfarben empfindlich zu machen, gibt man optische Sensibilisatoren zu; das sind Farbstoffe, die die Halogenide in die Lage versetzen, auch längerwelliges Licht zu absorbieren (entdeckt von Hans Wilhelm Vogel, 1873). Je nach Sensibilisatoren wird die Emulsion →orthochromatisch, →panchromatisch oder →infrarotempfindlich.
Die drei lichtempfindlichen Schichten eines →Farbfilms sind jeweils nur für Blau, Grün und Rot sensibilisiert. Die charakteristischen Kurvenverläufe der Spektralempfindlichkeit einzelner Filme geben genaue Auskunft (→Farbempfindlichkeit). Neben der optischen S. werden Emulsionen durch chemische S. (Zugabe von spezieller Gelatine und Schwermetallionen) in ihrer allgemeinen →Empfindlichkeit verbessert.

Sensitometrie Meßtechnische Erfassung der durch physikalische (→Licht) und chemische (→Entwickler) Einwirkungen hervorgerufene Veränderungen (→Schwärzung) einer lichtempfindlichen Schicht. In der Praxis wird dabei mit einem →Densitometer die →Dichte eines stufenweise belichteten Filmstücks gemessen und mit den so ermittelten Daten eine →Schwärzungskurve erstellt, um Aussagen über die →Gradation des Films machen zu können (→Belichtungsumfang). Die daraus abzuleitenden Erkenntnisse ermöglichen zudem dem Hersteller von Filmen und Fotopapieren standardisierte Meßverfahren zur Kontrolle der Fertigung der →Emulsionen.

Sensor Elektronisches Bauelement, das Temperatur, elektromagnetische Strahlung, chemische Werte usw. erfaßt und in elektrische Signale umsetzt. Bei den S.tasten moderner Kameras werden keine mechanischen Teile mehr direkt bewegt, stattdessen führt ein Berühren des S.s (z.B. durch minimale Erdströme) zum Auslösen von elektronischen Schaltungen. Auch lichtempfindliche →Fotoelemente u.ä. gelten als S.en.

Serielle Fotografie Im Unterschied zum →Einzelbild sollen durch eine gleichzeitige Präsentation von mehreren aneinandergereihten Aufnahmen Abläufe verdeutlicht und Vergleiche ermöglicht, sogar auch Geschichten erzählt werden. In Abgrenzung z. B. zur →Bildreportage sind die Ergebnisse der Arbeitsweisen S.r F. zumeist künstlerischen Stilrichtungen (wie z. B. →Concept Art) zuzuordnen. Aber auch die Serienaufnahmen einer Motorkamera gehören zur S.n F. Als Kriterium wird eine gemeinsame formale Gestaltungspräzision (glei-

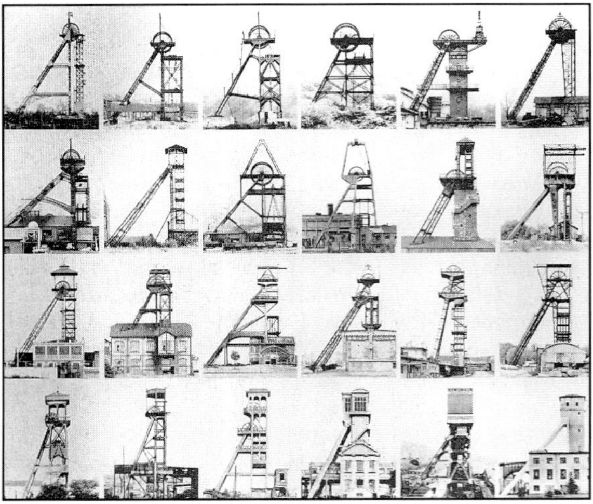

Serielle Fotografie: Sammlung gleichartiger Objekte; Fotos: Bernd und Hilla Becher, ›Fördertürme‹, 1970

cher Ausschnitt, gleicher Bildaufbau o.ä.) der einzelnen Aufnahmen gesehen. Die Bilder werden meist als →Tableau präsentiert. Man unterscheidet grob zwischen der Bildfolge, der →Fotosequenz, der Bildreihe und der Variation. Historische Vorläufer sind die Darstellungen von Bewegungsabläufen von Menschen und Tieren durch Eadweard →Muybridge. Aktuellere strukturelle Überlegungen und Beispiele stammen in der Bundesrepublik von Harald Mante (Farbabb. 1).

Serienbildschaltung Kameraschaltung, mit der mehrere Aufnahmen direkt nacheinander ausgelöst werden. Der Kameramonitor zeigt dazu in der Regel den Buchstaben ›C‹ (=continuous); →Filmtransport.

Serienblitz Blitzmöglichkeit bei Serienaufnahmen, wobei in der Regel die Leistung erheblich reduziert wird; →Stroboskop.

Servoblitz (auch Satellitenblitz, Slaveblitz) Zusätzliches →Blitzgerät, das drahtlos über eine →Fotodiode gezündet wird.

Sequenz →Fotosequenz, →serielle Fotografie

Set-card →ModellAgentur

Shiften (engl. = verschieben) Der Begriff wird einerseits verwendet, wenn mit den →Verstellmöglichkeiten einer Fachkamera bzw. speziellen Shiftobjektiven der Bildausschnitt zu korrigieren (verstellen) ist, ohne den Kamerastandpunkt zu

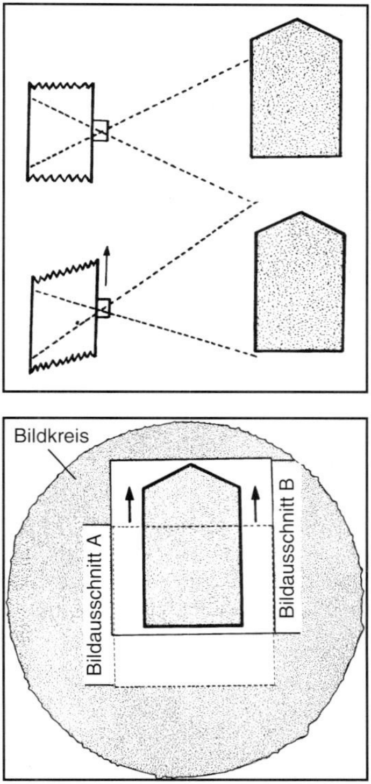

Shiften: a) und b) durch Verstellung der Objektivebene, was c) eine Motivverschiebung innerhalb des Bildkreises bewirkt

verändern. Zum anderen wird der Begriff im Zusammenhang mit einer →Belichtungsautomatik verwendet. Kameras mit →Programmautomatik verfügen über zusätzliche Shiftprogramme, die die Programmkurve verschieben.

Shooting Gerade umfangreichere und aufwendigere Fotoproduktionen erfordern in der Regel viel Vorbereitung, Organisation, Detailplanung und Tests (z.B. Produktionen in der →Modefotografie). Der eigentlich wichtigste Teil, der Termin der fotografischen Aufnahme — das Shooting —, nimmt dabei nur einen Bruchteil der Zeit für die Gesamtproduktion ein. Allerdings muß dabei dann, schon allein aus Kostengründen, alles funktionieren, das heißt Fotograf, Stylisten und →Modelle sind anwesend, aufnahmetechnische Fragen sind geklärt, die Konzeption der Bilder ist bekannt usw.

Sicherheitsfilm Transparenter, nicht brennbarer (→Schichtträger für Foto- und Kinofilme (→Film). Verwendet wird Acetylzellulose oder Polyester. Auf Filmpackungen und als Randsignatur findet sich dazu oft der Hinweis ›Safety-film‹. Seit der Erfindung eines biegsamen, transparenten Schichtträgers (1889) hatte man zunächst Zellulosenitrat (Zelluloid) verwendet, das als Basis des →Rollfilms mit der Kodak-Box schnell populär wurde. Die extrem leichte Brennbarkeit des Materials führte aber seit den zwanziger Jahren zur Abkehr von diesem Grundstoff.

Siebdruck Druckverfahren, bei dem das Druckbild in einem feinmaschigen, in einem Rahmen verspannten Gewebe aus Metall, Nylon oder Kunstseide liegt. An den zu druckenden Stellen sind die Gewebeporen offen, an den nicht zu druckenden Stellen verschlossen. Das Druckbild ist also →negativ. Mit einer Rakel wird die Druckfarbe durch die offenen Siebstellen gestrichen. Als Durchdruckverfahren weist der S. einen satten Farbauftrag auf. Der Fotos. ist besonders für mittlere Auflagen, große Formate und plakative Verfremdung sowie die Verschmelzung von grafischen und fotografischen Elementen im künstlerischen Bereich nutzbar (Farbabb. 24).

Siemensstern Kreis- bzw. Sternmuster, das mit einer großen (jeweils festgelegten) Anzahl radial angeordneter schwarzer Streifen (die zum Mittelpunkt schmaler werden) als Aufnahmeobjekt für Test- und Prüfzwecke genutzt wird (→Testaufnahmen). Fotografiert man dieses Muster mit ausreichendem Abstand, werden die Linien zur Mitte hin weniger ›scharf‹ (→Schärfe) abgebildet und in einer verwaschenen Graufläche übergehen. Der Umfang dieser Fläche geteilt durch die Linienanzahl des Prüfsterns macht in ›Linien pro mm‹

Siemensstern

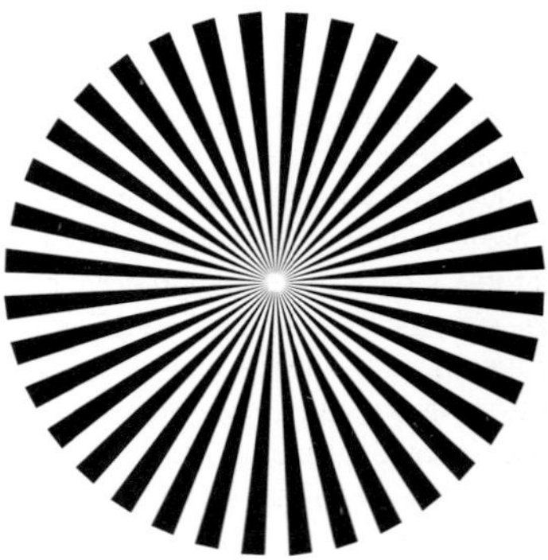

eine Aussage über das →Auflösevermögen. Seinen Namen hat das Sternmuster von der Firma Siemens, die es ursprünglich für die Prüfung von Objektiven (von Schmalfilmkameras) verwendete.

Silberfarbbleichverfahren Farbpositivverfahren nach dem Prinzip einer chromolytisch, d.h. farbauflösenden Entwicklung. Im Unterschied zur →chromogenen Entwicklung, bei der die Farbstoffe erst aufgrund der Reaktion der →Farbkuppler entstehen, sind in den für das S. geeigneten Fotomaterialien die Farbstoffe neben den Silberhalogeniden bereits in den Schichten eingebettet. Die Silberkristalle sind je nach Schicht für violettblaues, grünes oder orangerotes Licht empfindlich. Die Farbstoffe entsprechen den jeweiligen →Komplementärfarben. In einem ersten Schritt entwickelt man die belichteten Silberhalogenide zu einem Schwarzweißnegativ. Anschließend wird dieses metallische Silber wie der parallel angelagerte Farbstoff aus den Schichten herausgebleicht. Die noch unbelichteten Silberkristalle werden herausfixiert, so daß ein positives Farbbild zurückbleibt; dabei entsteht der Eindruck eines vielfarbigen Bildes aufgrund der subtraktiven Farbmischung der drei Schichten. Die verwendeten Azofarbstoffe weisen wegen ihrer Reinheit ein sehr hohes Maß an Farbsättigung, Farbechtheit und Lichtbeständigkeit auf. Das S. wird hauptsächlich für Farbkopien nach Dias verwendet (z.B. Ilfochrome, früher Cibachrome).

Silberhalogenide Chemische Verbindungen zwischen den →Halogenen Brom, Chlor und Jod mit Silber zu Silberbromid, Silberchlorid, Silberjodid, die als lichtempfindliche AgX-Kristalle (Silbersalze) grundlegende Bestandteile für die Entstehung des fotografischen Bildes sind. Die Silberkristalle sind ca. 0,1 bis 1 µm (tausendstel mm) groß und sind aufgrund moderner Kristalltechnologien meist sehr flach ausgerichtet. Sie liegen in mehreren Lagen, in Gelatine eingebettet, in der Schicht (→Emulsion). Eine Lichteinwirkung führt zur Freisetzung von Elektronen und Bildung von Belichtungskeimen im fotografischen Primärprozeß; es entsteht das latente Bild. Die Entwicklung führt anschließend zu einer völligen Trennung von Halogenen und metallischem Silber (Reduktion). Die sich überlappenden Silberbestandteile werden schließlich als →Korn bzw. als →Schwärzung sichtbar. Die Lichtempfindlichkeit der S. beschränkt sich auf den Bereich des blauen bis ultravioletten (→Aktinität) Lichts (→Spektrum). Für die fotografischen Arbeitsgebiete werden sie zusätzlich sensibilisiert (→Sensibilisierung; Abb. S. 286).

Silbermaske (Graumaske) Positive oder negative Kontaktkopie auf schwarzweißem Filmmaterial von bereits entwickelten Negativen oder Dias. Je nach Art und →Dichte läßt sich mit einer S., die passergenau (→Passer) mit dem Originalbild montiert wird, der Eindruck der →Gradation des Originals verändern. Insbesondere bei Abzügen

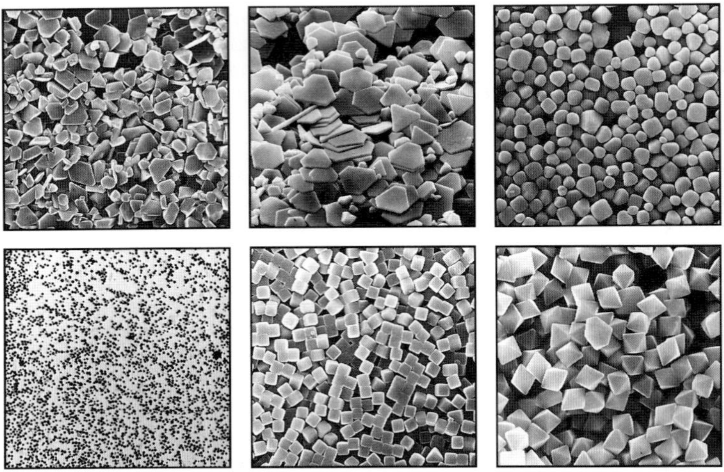

Silberhalogenide: Unterschiedliche Kristallformen (in 5000facher, Abb. unten links in 10 000facher Vergrößerung; Agfa)
Obere Reihe (von links nach rechts): durchmischte Siedeemulsion; Tafelkristalle für Filme; Ammoniakemulsion (z. B. Röntgenfilm)
Untere Reihe: äußerst feinkörnige Mikratemulsion für einige Farbfilmschichten; Kubenkristalle in Fotopapieren; Oktaeder

von kontrastreichen Farbdias wird damit eine differenzierte Helligkeits- und Farbwiedergabe möglich. Mit sehr kontrastreichen Silbermasken kann eine →Verfremdung bewirkt werden.

Silberrückgewinnung Beim fotografischen Prozeß bleibt ein Großteil des zur Bildentstehung benötigten Bildsilbers in den Verarbeitungsbädern zurück. Da es als Schwermetall die Umwelt besonders stark belastet und zudem ein wertvoller Rohstoff ist, gilt es, das Silber vornehmlich aus Fixier- und Bleichbädern zurückzugewinnen. Man unterscheidet verschiedene Methoden, bei denen das Silber in relativ konzentrierten Zwischenprodukten zurückbleibt; aus diesen kann das Silber nur in speziellen Scheideanstalten zurückgewonnen werden:

1. Elektrolytische Silberabscheidung: An zwei eingelassenen Elektroden wird eine Gleichstromspannung angelegt; das Silber schlägt sich dann an der Kathode nieder.
2. Metallaustausch: Die zu entsilbernde Lösung wird mit einem unedlen Metall (z.B. Eisenwolle) in Kontakt gebracht, entsprechend dem elektrochemischen Spannungsfeld scheidet sich das edle Silber am unedlen Eisen ab.
3. Ionenaustausch an Kunstharzen,

an denen sich die Silberverbindungen ablagern.
4. Chemische Fällung: Durch Zugabe geeigneter chemischer Stoffe setzt sich Silber als Schlamm ab.

Silbersalzdiffusion Bei einigen fotografischen Verfahren werden →Silberhalogenide durch eine Entwickler- oder Aktivatorlösung angeregt, in eine andere Materialschicht zu wandern (diffundieren), um dort entwickelt zu werden (Schwarzweiß-Sofortbild).
Entsprechende Fotomaterialien bestehen entweder aus einem Negativmaterial und einem Übertragungspapier (zuzüglich Entwicklerpaste) oder nur aus einem vielschichtigen Einblattmaterial. Bei Farbbildern diffundieren nicht die Silberhalogenide, sondern die Farbstoffe (Farbdiffusion).

Silbersalzverfahren Fotografisches Verfahren, bei dem sich das Bild aus lichtempfindlichen Silbersalz-Verbindungen aufbaut. Neben der heute noch üblichen Arbeitsweise mit →Silberhalogeniden liegen historische Wurzeln in →Daguerreotypie, →Albuminpapier, →Ambrotypie, →Ferrotypie, →Kollodium-Verfahren usw. In einigen Varianten der Verfahren wurde dabei das Silber durch Eisen oder andere Metalle ersetzt (→Platindruck). In Unterscheidung zu den S. wurde dagegen bei den →Edeldruckverfahren mit gefärbten →Quellreliefs auf der Basis von Gelatine gearbeitet.

Silhouette Schwarzes, kontrastloses Schattenbild, das bei der Aufnahme eines Gegenstands im direkten oder indirekten Gegenlicht entsteht. Die Schwärzung des Schattenrisses wird durch eine leichte Unterbelichtung unterstützt (→Belichtung).

Siliziumzelle →Fotodiode

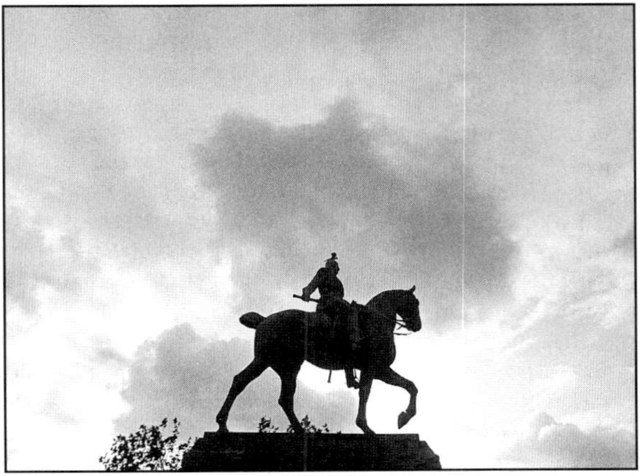

Silhouette

Simultankontrast →Farbkontrast

Skylightfilter Leicht rosa gefärbtes Korrekturfilter für Farbaufnahmen. Durch eine geringe Anhebung der →Farbtemperatur wird eine wärmere Farbwiedergabe erreicht. Eine Verblauung von Aufnahmen in Berg- und Seeregionen wird verhindert, da ein solches Filter gleichzeitig auch das UV-Licht sperrt (UV-Sperrfilter, →Ultraviolettfilter). Das S. gilt für viele Allroundaufnahmen als Standardfilter.

SLR-Kamera (engl. =Single Lens Reflex) →Spiegelreflexkamera

Sofortbildfotografie Das Sofortbild beruht auf einer Erfindung des Amerikaners Edwin H. →Land und wurde 1947 auf den Markt gebracht. Aus patentrechtlichen Gründen sind die →Sofortbildverfahren bis heute an die Firma Polaroid gebunden. Das farbige Sofortbild mit den speziellen Kameras zielt einerseits besonders auf den Amateur, der seine Fotos ›sofort‹ erhalten will, in wirtschaftlich aber viel größerem Maße auf die Nutzung in Forschung, Wissenschaft und Technik, wo zur Dokumentation die Sofortbildtechnik lange Zeit nicht wegzudenken war. Berufsfotografen nutzen spezielle Sofortbildmagazine oder -kassetten an ihren Kameras, um vor der eigentlichen Belichtung des Aufnahmefilms Kontrollbilder zur Beurteilung von →Beleuchtung und →Belichtung zu erhalten. Daneben hat sich eine eigene Sofortbildkunst entwickelt (Farbabb. 32). Es ist damit zu rechnen, daß der Einsatz des Sofortbildes in einigen Bereichen durch digitale Aufzeichnungsmedien und entsprechende Möglichkeiten des Ausdruckens zurückgehen wird.

Sofortbildfotografie: Sofortbildkamera

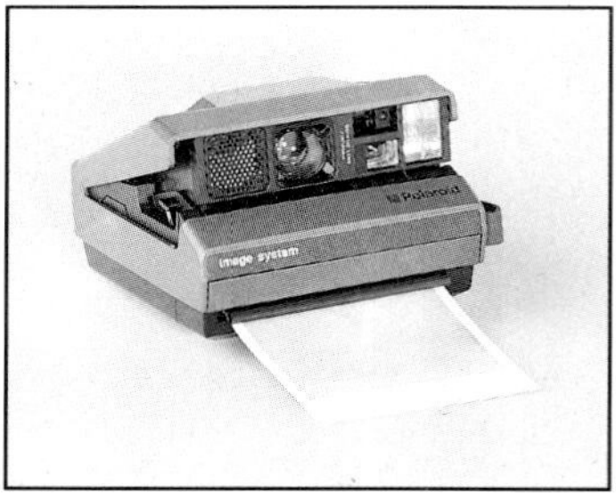

Sofortbildmaterialien Bei den Aufsichtmaterialien handelt es sich um eine Art Kombination aus Film- und Papiermaterial, die jeweils ein Unikat entstehen lassen. Die Formate reichen von ca. 7 x 7 cm bis (als Besonderheit) 50 x 60 cm. Für spezielle Sofortbildkameras werden Einblattfilme verwendet, in Spezialkassetten zum Anschluß an diverse Kameras meist Zweiblattmaterial. Daneben gibt es einen speziellen Schwarzweiß- und einen Farbdiafilm, der sich in einem Spezialgerät in wenigen Sekunden entwickeln läßt (Linienraster, →Kornrasterverfahren, Farbabb. 45e).

Sofortbildverfahren Fotografische Bildentstehungsverfahren, bei denen unmittelbar nach der Belichtung innerhalb einiger Sekunden ein fertiges positives Schwarzweiß-

oder Farbpapierbild entsteht. Die S. basieren auf dem Prinzip der →Silbersalzdiffusion. Dabei wandern die *nicht* belichteten Silberhalogenide bzw. die daran angekoppelten Farbstoffe (Farbdiffusion) von einer Negativschicht in eine Bildschicht, auf der letztlich das positive Bild verbleibt. Der Entwickler befindet sich (als Paste) bereits in jedem Filmbild eingelagert. Über ein Rollenquetschsystem wird er in den dazugehörenden speziellen Kameras oder Sofortbildkassetten nach der Belichtung gleichmäßig auf der Negativschicht verteilt.
Gleichzeitig drücken viele Sofortbildkameras das Foto motorisch aus der Kamera heraus, ansonsten wird das Bild manuell herausgezogen. Man unterscheidet zwischen dem Trennbild- und dem komplizierten Einstufenverfahren. Bei dem ersteren wird nach der Entwicklung das Positiv vom Negativteil abgezogen; beim Einstufenverfahren bleibt das Pack dagegen als stabiles Foto zusammen. Hierfür ist ein äußerst komplizierter Schichtaufbau erforderlich.

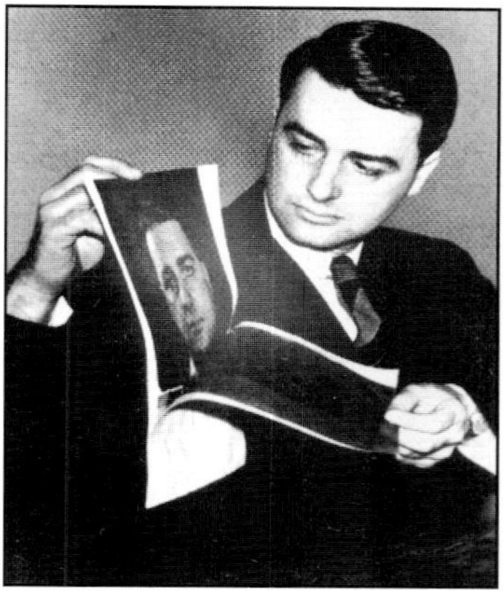

Sofortbildmaterial: Der Physiker Edwin H. Land präsentiert 1947 das erste Sofortbildmaterial als Trennbildverfahren (Polaroid)

Softbox Großflächige Lichtwanne für →Studioblitzgeräte aus textilen Materialien; daher besonders leicht (→Flächenleuchte).

Softlinse (Softfocus, Softobjektiv) →Weichzeichner

Solarisation Belichtungseffekt, bei dem beim Überschreiten hoher Belichtungsintensitäten die Schwärzung einer fotografischen Schicht (nach Erreichen eines Maximums) wieder abnimmt. Die dabei auftretende Bildumkehrung wird aus dem Verlauf der klassischen →Schwärzungskurve ersichtlich. Auf frühen Filmemulsionen wurde dieser Effekt bei überbelichteten Aufnahmen der Sonne erkannt, die im Negativ überraschenderweise eine geringere →Dichte aufwiesen als der sie umgebende Himmel (Solarisation nach lat.: Sol = Sonne). Die eigentlichen Ursachen für seine Entstehung sind zwar immer noch umstritten, jedoch tritt der Effekt bei modernen Fotomaterialien sowieso kaum mehr auf. Der Begriff S. wird fälschlicherweise oft mit der →Pseudosolarisation (→Sabattier-Effekt) gleichgesetzt.

Sonar Entfernungsmesser zur akustischen Feststellung der Entfernung. Einige Sofortbildkameras

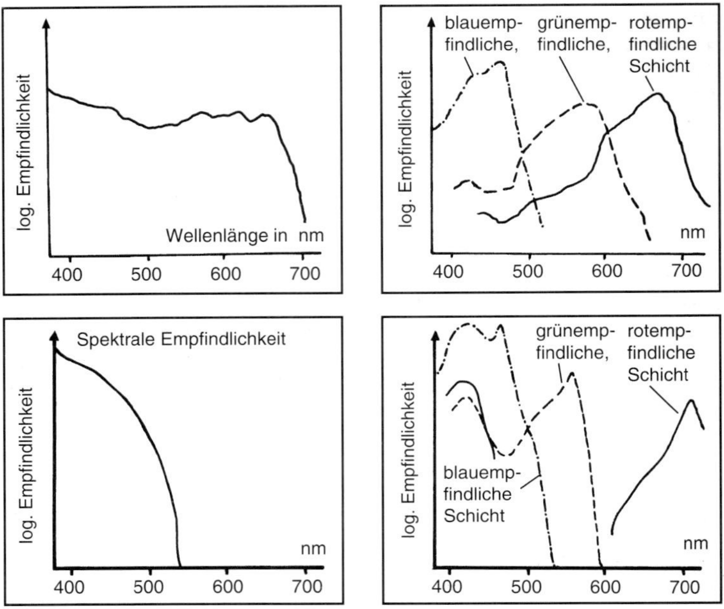

Spektrale Empfindlichkeit:
oben: panchromatischer Schwarzweißfilm (links); Einzelschichten eines Farbfilms (rechts);
unten: Fotopapier, schwarzweiß (links); Fotopapier, Color-Negativ (rechts)

(→Sofortbild) verfügen über einen breitstrahlenden Ultraschallsender, der einen Impuls von 1 ms Dauer aussendet.

Die Reflexion dieses Impulses wird von der Kamera wieder aufgenommen. Je nach der Zeitdauer zwischen Impulssendung und Empfang wird mit einem Objektivstellmotors ein →Autofocus-System (d.h. automatische Scharfeinstellung) möglich.

Sonnenblende
→Gegenlichtblende

Spannungskonstanthalter
Vorschaltgerät, das Schwankungen in der Netzspannung ausgleicht und so für gleichbleibende →Farbtemperatur einer Lichtquelle sorgt. Dies ist insbesondere bei Farbvergrößerungsgeräten sinnvoll.

Spannungsoptische Aufnahmen
→Polarisator

Spektrogramm Diagramm zur →spektralen Empfindlichkeit von fotografischen Materialien (→Sensibilisierung).

Spektrale Empfindlichkeit Lichtempfindliche Silberhalogenide in fotografischen Schichten sind eigentlich nur für Ultraviolett, Blau und Blaugrün empfindlich. Um eine Empfindlichkeit für alle Farben zu erzielen, werden den →Emulsionen optische bzw. spektrale Sensibilisatoren beigegeben (→Sensibilisierung), die diese begrenzte Farbempfindlichkeit, je nach Material, erweitern. So reicht die Empfindlichkeit →orthochromatischer Emulsionen bis nahe an den Rotbereich des Spektrums heran; panchromatische Emulsionen sind für alle Spektralfarben empfindlich; bei →Infrarotfilm reicht die s. E. über das sichtbare Spektrums hinaus bis in den Bereich des nahen Infrarot. Für den mehrschichtigen Aufbau fotografischer Farbmaterialien werden die Emulsionen jeweils nur für eine der drei Grundfarben Rot, Blau oder Grün sensibilisiert (→Farbmischung). Die genaue Empfindlichkeit für die einzelnen Spektralfarben läßt sich im Kurvenverlauf der s.n E. darstellen.

Spektraleffektfilter Ein →Trickfilter, welches als Aufnahmefilter eine farbliche Aufspaltung von Lichtstrahlen in seine spektralen Farbanteile im Bild bewirkt. Durch in die Filterscheibe eingravierte Kreise, Linien, Prismen usw. und die daran auftretende Beugung der Lichtstrahlen werden diese intensiven spektralfarbigen Effekte besonders an den →Spitzlichtern eines Motivs erzeugt.

Spektralfarben Reine Farben des sichtbaren Spektrums, wobei jede S. einen genau definierten engen Bereich darstellt. Mit zunehmender →Wellenlänge reichen die S. von Blau und Grün über Gelb und Orange bis Rot. Sowohl das Auge, wie auch die →Silberhalogenide in fotografischen Emulsionen sind nicht ohne weiteres für alle S. gleichermaßen empfindlich (→Sensibilisierung).

Spektrum (genauer: das sichtbare Spektrum) Teil des Gesamtspektrums elektromagnetischer Strahlung mit →Wellenlängen zwischen 380 und 780 nm. Dieser mit →Licht bezeichnete Bereich kann durch →Dispersion in seine →Spektralfarben zerlegt werden. Jenseits dieses

Spektrum und seine Randgebiete

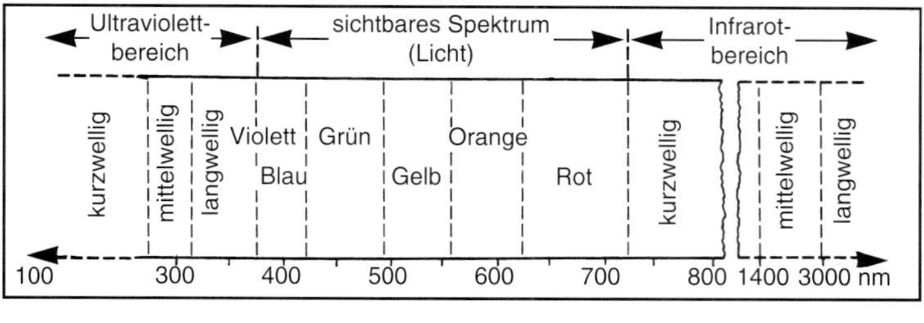

›Regenbogenspektrums‹ liegen der UV- und der Infrarotbereich (→Ultraviolett- und →Infrarot-Fotografie; Farbabb. 39).

Sperrfilter →Filter, die nach der Strahlungsart bzw. der →Wellenlänge des Lichts benannt sind, für die sie *undurchlässig* sind (z.B. →Ultraviolettfilter, UVa-Filter)

Sphärische Aberration Das Abbildungsverhalten einer →Linse ist nicht einheitlich, sondern verändert sich von der Linsenmitte zu den Randzonen hin. Da hierbei auch die Größe bzw. Öffnung einer Linse ausschlaggebend ist, spricht man bei diesem →Abbildungsfehler auch vom Öffnungs- oder Kugelgestaltfehler, wenn es sich um axial einfallende Strahlen handelt (bei seitlich einfallenden Strahlen tritt ein verwandter Abbildungsfehler, die →Koma, auf). Man unterscheidet:
1. *Sphärische Längsaberration*: Die unterschiedliche Strahlenvereinigung durch Linsenmitte und Randzone führt nicht zu einem, sondern zu mehreren →Brennpunkten auf der optischen Achse. Bei Sammellinsen liegen die Brennpunkte der durch die Randzonen tretenden Strahlen näher an der Linse als die Brennpunkte der Strahlen, die die Linsenmitte durchstoßen; bei Zerstreuungslinsen verhält es sich umgekehrt. Um nun gleiche →Schnittweiten für alle Linsenzonen zu erhalten, bedient man sich einer Kombination von Sammel- und Zerstreuungslinsen mit geeigneten Durchbiegungen. Trotzdem wird immer ein Restfehler, der Zonenfehler, bleiben.
2. *Sphärische Queraberration*: Rand- und Mittelzonen einer Linse führen nicht nur zu unterschiedlichen Schnittweiten, sondern unterscheiden sich auch in ihren →Brennweiten, die Strahlen der Randzonen bilden die Gegenstände in einer anderen Größe ab als die Strahlen der Mittelzone. Zur

Sphärische Längsaberration an einer Sammellinse

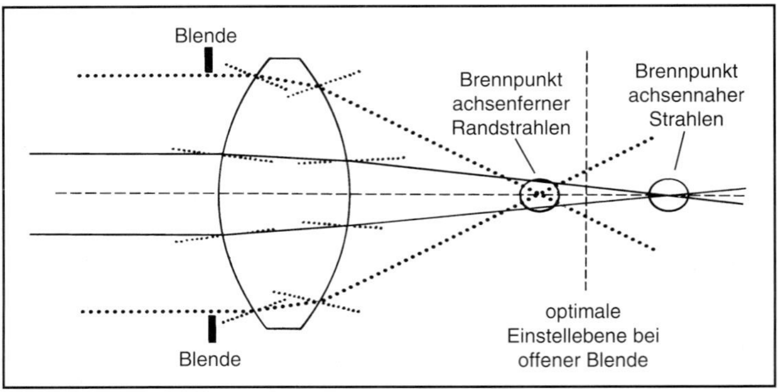

Korrektur der s. Quera. muß die Einhaltung der Sinusbedingungen beachtet werden (→Symmetrie 2.).

Spiegel sind Oberflächen, die das →Licht so stark reflektieren, daß eine Strahlenumlenkung eintritt. S. bestehen in der Regel aus einer planparallelen Glasplatte, auf deren Rückseite eine reflektierende Metallschicht aufgedampft ist. Um eine Beeinflussung des Strahlengangs durch das Glas zu vermeiden, kann man auch die Reflexionsschicht *auf* das Glas legen (→Oberflächenspiegel). Hält man die Metallschicht entsprechend dünn, so wird nur ein Teil des Lichts reflektiert, der andere aber durchgelassen. Diese halbdurchlässigen S. benutzt man als →Strahlenteiler bei →Belichtungs- und Entfernungsmessern, bei einigen Schwingspiegeln in →Spiegelreflexkameras, aber auch im Studio zur →Hintergrundprojektion.

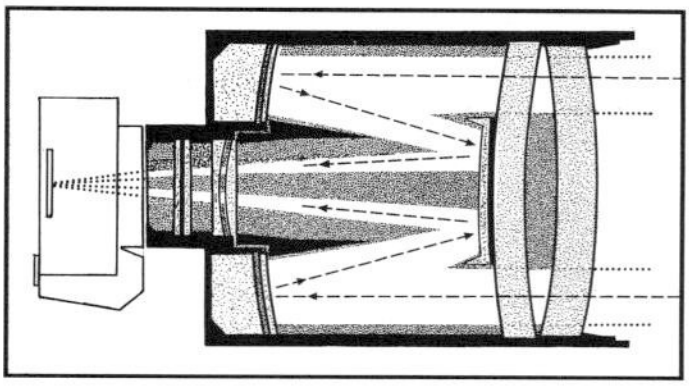

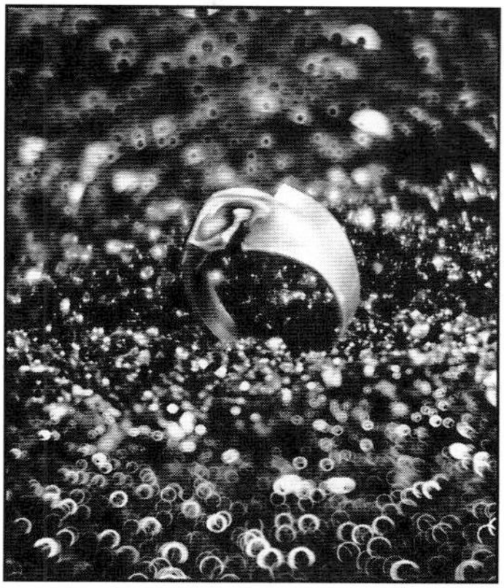

Spiegelobjektiv: Querschnitt (oben); die Beugungsscheibchen werden zu Ringen (vgl. Abb. Zerstreuungskreis, S. 373)

Spiegelobjektiv Eine →Abbildung läßt sich nicht nur mit einer Linse, sondern auch mit einem Spiegel erzielen, wobei das mit einem Spiegel erzeugte Bild frei von →chromatischen Aberrationen ist.
Hinzu kommt, daß sich die Baulänge eines aus Spiegeln aufgebauten →Objektivs durch die Strahlenumlenkung reduziert und Spiegel gerade bei längeren Brennweiten im Vergleich zu einer Linse eine geringere →sphärische Aberration aufweisen. S.e eignen sich daher vorwiegend zur Konstruktion längerer Brennweiten oder extrem hoher Lichtstärken. Allerdings wird bei S.en die Blende durch die Konstruktion festgelegt, das heißt, sie lassen sich nicht →abblenden, und es sind, bedingt durch die ringförmige Eintrittspupille, die Beugungsscheibchen und etwaige Blendenreflexe ringförmig. Üblicherweise werden meist keine reinen S.e gebaut, sondern die Spiegel werden noch mit zusätzlichen Linsen kombiniert.

Spiegelreflexkamera Kameratyp, bei dem das vom jeweiligen Objektiv jedweden →Bildwinkels erfaßte Bild über einen Umlenkspiegel (→Spiegel, →Oberflächenspiegel)

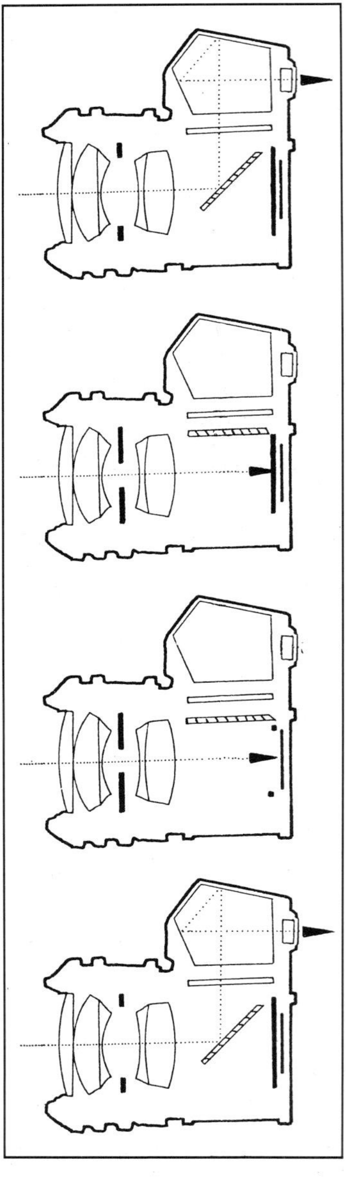

Spiegelreflexkamera (von oben nach unten): Das Motiv wird über den Sucher durch das Objektiv anvisiert; nach dem Auslösen schließt sich die Blende, und der Spiegel klappt hoch; der Verschluß öffnet sich, und der Film wird belichtet; danach schließt sich der Verschluß, der Spiegel klappt herunter, und die Blende öffnet sich; der Blick durch den Sucher wird wieder freigegeben

auf die →Mattscheibe der Kamera reflektiert wird. Dabei kann es entweder direkt durch einen →Lichtschacht oder durch ein Sucher-Okular über ein →Pentaprisma betrachtet werden. Den größten Marktanteil an diesem Kameratyp haben die einäugigen S.s für das →Kleinbildformat (verwendet wird oft die engl. Abkürzung SLR = Single Lens Reflex) sowie das →Mittelformat. Dabei wird im Augenblick des Auslösens der Umlenkspiegel hochgeklappt und der Weg für die Abbildung zum Bildfenster hin freigegeben. Daneben gibt es noch einige wenige zweiäugige S.s (für das Mittelformat), die zwei nahezu gleiche und übereinander angeordnete Objektive besitzen. Das untere dient dabei als Aufnahme-, das obere als Betrachtungsobjektiv. Über einen feststehenden Umlenkspiegel wird das Bild auf die Mattscheibe projiziert (Vorteil: die laute und verwacklungsfördernde Bewegung des Spiegels bleibt aus). Das Prinzip der S. (im Unterschied zur →Sucherkamera) ist seit 1880 bekannt; es setzte sich im Kleinbildbereich nach ersten Entwicklungen um 1935 erst ab 1960 vollständig durch. Weil das Sucherbild mit dem bei der Belichtung in der Filmebene entworfenen Bild nahezu identisch ist (der Sucher zeigt 92%-100% des Bildfelds), kann der Bildausschnitt präzise beurteilt werden. Eine exakte →Scharfeinstellung auf die Mattscheibe ist ebenso möglich, wie eine Kontrolle der →Schärfentiefe. Die Belichtungsmessung erfolgt durch das Objektiv (→TTL = Through The Lens) und zwar bei allen möglichen →Wechselobjektiven, dem jeweiligen →Bildwinkel angepaßt. SLR-Kameras sind in der Regel ausbaufähige →Systemkameras.

Spiegelung Ein Bild, das nicht direkt erfaßt wird, sondern erst durch die Umlenkung eines →Spiegels oder einer spiegelnden Fläche (Wasser, Chrom, Lack usw.). Als ebene Spiegelfläche bei Landschaftsaufnahmen kann z.B. die stille Oberfläche eines Sees ein kopfstehendes Doppelbild der Natur zeigen. Der Blickwinkel entscheidet nach Maßgabe der Reflexionsgesetze (→Reflexion) über die genaue Lage des Spiegelbilds. Spiegelbilder haben aber oft auch deshalb einen besonderen Reiz, weil verschiedene Bildelemente, die räumlich total voneinander getrennt sind, mittels eines Spiegels in eine Betrachtungsebene gebracht werden können. Dabei erscheint die S. allerdings seitenverkehrt (spiegelverkehrt, →kontern). Sollen spiegelnde Flächen frontal, also ohne perspektivische Verzeichnung aufgenommen werden, so ist es oft schwer zu vermeiden, daß der Fotograf selbst mit abgebildet wird. In vielen Fällen helfen die Verstellung mit einer →Fachkamera oder der Einsatz eines Objektivs mit Perspektivenkontrolle (→Verstellmöglichkeiten, →shiften).
Ansonsten wird man versuchen, die Kamera weitgehend zu ›tarnen‹ und eventuell mit einem →Fernauslöser zu betätigen, so daß Fotograf und Kamera auf dem Foto nicht mehr sichtbar sind (Farbabb. 17).

Spitzlicht Hellste Lichtpunkte ohne jegliche →Zeichnung in einem positiven Bild, wie sie z.B. bei Gegenlichtaufnahmen als →Reflexe zu beobachten sind. Damit grenzen sich S.er von den →Lichtern ab. Sparsam und gezielt verwendet geben sie einem Foto im Zusammenspiel mit den →Schwärzen die erforderliche Brillanz.

Spot →Effektlicht,
→Punktlicht, →Studioblitzgerät

Spotmessung Methode der →Belichtungsmessung als →Objektmessung (in Richtung Motiv) mit besonders engem Meßwinkel. Dieser reicht bei →Handbelichtungsmessern bis zu 1°. Bei kameraintegrierten Spotmessern mit →TTL-Messung ist der effektive Meßwinkel von der Brennweite des verwendeten Objektivs abhängig. Wird ein etwas größerer Meßwinkel erfaßt, spricht man oft von einer Selektivmessung. Bei einer S. werden nur die motivrelevanten Details ange-

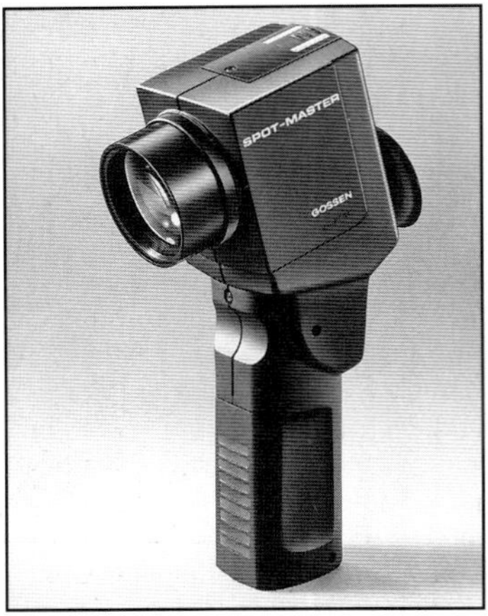

Spotmessung: Spotbelichtungsmesser (Gossen)

messen; zu helles Umgebungslicht oder ein zu dunkles Umfeld bleiben, im Unterschied zur →Integralmessung, unberücksichtigt. Mit einem Spotbelichtungsmesser kann besonders schnell der →Objektumfang ermittelt werden (→Kontrastmessung).
Auch im Fotolabor ist mit einem geeigneten →Laborbelichtungsmesser eine S. auf dem Grundbrett des Vergrößerns möglich. Man spricht dabei meist von einer →Punktmessung.

Springblende Bei einäugigen →Spiegelreflexkameras wird die →Blende meist erst im Moment des Auslösens auf den gewünschten und eingestellten Wert geschlossen (→Vorwahlblende), um vor und nach der Aufnahme ein möglichst helles Sucherbild zu haben.

Spurensicherung Der Begriff beschreibt eine Arbeitsweise ästhetischer Dokumentation. Dabei geht es um ein Festhalten ethnologischer, archäologischer, aber auch persönlicher Zustände und Ereignisse und — soweit sie der Vergangenheit angehören — ihre Rekonstruktion. Die Fotografie ist dabei wichtigstes Dokumentationsmedium.
S. ist also ein Konzept einer ästhetischen Suche nach (alltäglichen) Zusammenhängen zwischen gestern und heute. Das kann sich sowohl auf Natur-, Arbeits- und Wohnlandschaften beziehen, als auch auf das Sammeln und Verarbeiten individueller Erinnerungsfragmente. Das künstlerische Konzept ›Spurensicherung‹ hat also weniger mit traditionell wissenschaftlich-objektivierbarer Analyse zu tun, als vielmehr mit dem subjektiven Begreifen von Zusammenhängen.

Standardobjektiv
→Normalobjektiv, →Objektiv

Standarte Zunächst ein Teil der →optischen Bank zur Fixierung von Optiken, Filtern, Spiegeln oder Lampen; dann (abgeleitet) ebenfalls Bestandteil von →Fachkameras und →Balgengeräten. Auch dort dienen S.n nicht nur als Halterung von Mattscheibe und Objektiv, sondern auch von Zubehör wie Kompendium, Spiegel und Filtern. Feinmechanisch präzise gefertigte S.n mit diversen Feintrieben und Drehachsen bieten umfangreiche →Verstellmöglichkeiten.

Standfoto Fotografische Aufnahme bei einer Filmproduktion zur Dokumentation von einzelnen Einstellungen. Einzelne S.s werden auch zu Werbezwecken in Druckmedien benötigt.

Stativ Stützgestell zur Befestigung der Kamera bei Aufnahmen mit längeren Belichtungszeiten. Gemeint ist meist ein Dreibein mit ausziehbaren Teleskopstützen und einer verstellbaren Mittelsäule, an der die Kamera mit Hilfe eines →Stativkopfs festgeschraubt wird. Wichtigstes Kriterium für die Qualität eines S.s ist seine Stabilität; diese ist abhängig von der Konstruktion und ganz erheblich auch vom Eigengewicht des Gestells. Für Sonderzwecke gibt es das →Schulterstativ, →Klemmstativ, →Einbeinstativ usw. sowie die schweren Säulenstative für das Fotostudio.

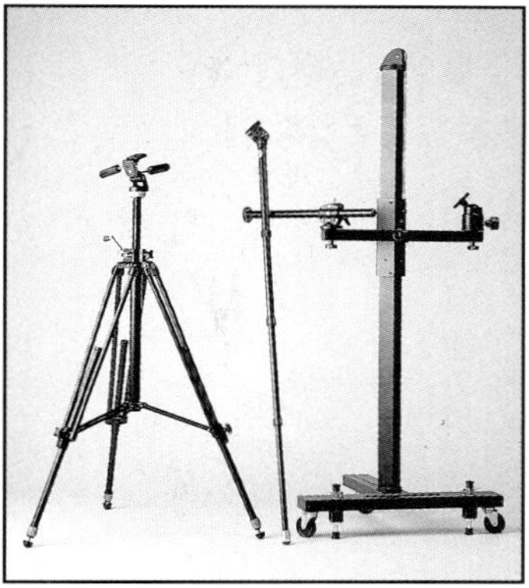

Stativ: Dreibeiniges Kamerastativ, Einbeinstativ und schweres Studiostativ mit Ausleger

Stativgewinde Befestigungsgewinde zur Verbindung zwischen Kamera und Stativ bzw. Stativkopf. Bei Kleinbildkameras findet sich ein 1/4-Zoll-Innengewinde im Kameraboden, bei Mittel- und Großbildkameras ein 3/8-Zoll-Gewinde. Das Zollgewinde besitzt gegenüber einem metrischen Gewinde eine größere Steigung, so daß sich die Kamera über eine entsprechende Schraube mit wenigen Umdrehungen festschrauben läßt. Gewindeadapter erlauben einen Wechsel auf das jeweils andere Zollmaß.

Stativkopf Verstellbares Befestigungselement zwischen Kamera und Stativ. Um die Kamera auf dem Stativ gezielt schwenken und ausrichten zu können, unterscheidet man zwischen einem Zwei- bzw. Dreiwegekopf mit der differenzierten Einzelverstellung der Längs-, Quer- und der Panoramaachse sowie dem Kugelgelenk mit seinen freien Ausrichtungsmöglichkeiten.

Stehbild Eine fotografische Standbildaufzeichnung im Unterschied

Stativkopf: Dreiwegekopf und Kugelgelenk

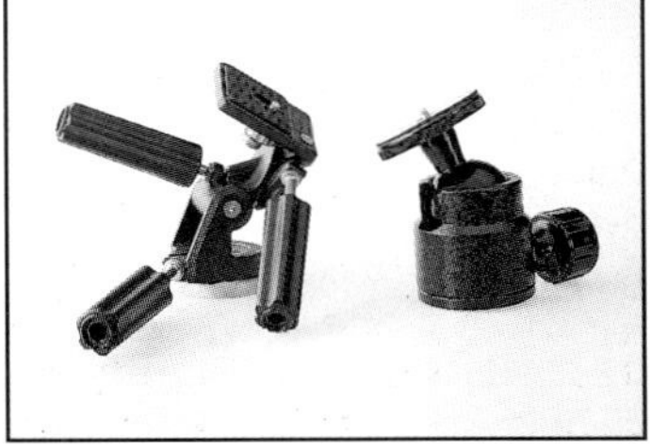

zum Laufbild (Kinomathographie; →Videolaufbild). →Still-video

Steichen, Edward (eigentl. Eduard Jean Steichen; *1879 Luxemburg, †1973 West Redding/ Connecticut) Die Familie übersiedelte 1881 in die USA; 1894-98 Kunststudium und Lithographenlehre in Milwaukee. Seit 1886 Beschäftigung mit der Fotografie, im Jahr 1900 erste Kontakte zu Alfred →Stieglitz; auf einer Europareise Einfluß von Robert Demachy und Bekanntschaft mit Auguste Rodin. 1902 Gründungsmitglied der →Photo-Sezession. Es entstanden viele hervorragende Porträts und gesellschaftliche Situationsaufnahmen.
1905 Unterstützung von Stieglitz bei der Eröffnung der ›Galerie 291‹ in New York, anschlie-ßend Rückkehr nach Europa/Paris. Auseinandersetzung mit Strömungen der →Kunstfotografie. Rückkehr in die USA und Experte für Luftbildfotografie bei der Armee. In den 20er und 30er Jahren Arbeit als erfolgreicher Mode- und Werbefotograf für ›Vogue‹ usw. Seit 1947 Direktor der Fotoabteilung des ›Museum of Modern Art‹ in New York und Organisation zahlreicher renommierter Ausstellungen, u.a. ›Family of Man‹ (1955), der bis dahin größten Fotoausstellung der Welt.

Steinert, Otto (*1915 Saarbrücken, †1978 Essen) Medizinstudium und bis 1948 Tätigkeit als Arzt; in der Fotografie Autodidakt; ab 1948 Leiter der Fotoklasse an der Werkkunstschule Saarbrücken; 1949 Gründung der Gruppe →›fotoform‹, 1952-59 Direktor der Werkkunstschule. In dieser Zeit organisierte S. drei programmatische internationale Ausstellungen zu einem fotografischen Bereich, den er mit →›Subjektive Fotografie‹ bezeichnete; hauptsächlich die erste Ausstellung dieser Art hatte zur Folge, daß sich die künstlerischen Fotografie in Deutschland enorm weiterentwickelte. S. verstand seine Arbeit als eine Fortführung der Avantgarde der 20er Jahre (→Bauhaus, →Neues Sehen) und konzentrierte sich in seinen eigenen Bildern zunächst eher auf die abstrakten Bildwelten.
Er bestand auf einem individuellen Gestaltungswillen, der im gewählten Motiv manipulierbares Rohmaterial sieht. 1959 wurde S. Professor an der Folkwang-Schule in Essen. Bald begann er, sich verstärkt der Reportagefotografie zuzuwenden, um dabei das Motiv im Foto wesenhaft zu verdichten und das Geschehen nahezu symbolisch zu erfassen. Von seinen Schülern verlangte er, daß das *ganze* Bild mit Information anzufüllen sei. S. gilt als der bedeutendste Fotolehrer der Nachkriegszeit. Viele seiner Studentinnen und Studenten erreichten weitreichendes Renommee in den verschiedensten Bereichen der Fotografie.

Stereofotografie Spezialbereich der Fotografie, mit dem in zweidimensionalen Fotos auch Informationen über räumliche Verhältnisse übertragen werden können. Dazu bedarf es von einem Motiv jeweils zweier parallel versetzter Bilder, die

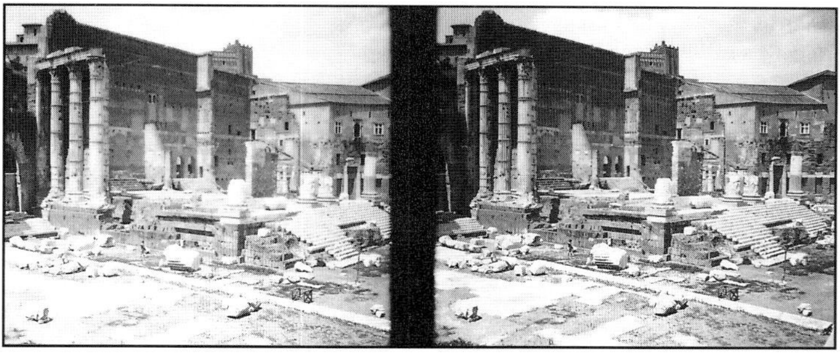

Stereofotografie: Stereoaufnahmen mit verschobenem Bildausschnitt

einen minimal verschobenen Ausschnitt zeigen. Da das zweiäugige Sehen des Menschen auf dem gleichen Prinzip beruht, läßt sich ein räumlicher Eindruck erzeugen, wenn man dem rechten Auge die Bildinformation des rechten Bildausschnitts zuleitet und dem linken den linken Bildausschnitt. Im Gehirn werden die beiden Teilbilder zu einem Bildeindruck verschmolzen und die Unterschiede als räumliche Information ausgewertet.
Dieses 1832 von Charles Wheatstone entdeckte Prinzip des stereoskopischen Sehens hat in der S. breite Anwendung gefunden. In Stereokameras werden die zwei Teilbilder meist gleichzeitig und voneinander getrennt mit identischen Objektiven aufgenommen, die im Augenabstand (ausgehend von 65 mm Achsenabstand) zueinander montiert sind; aber auch zwei aufeinander folgende Aufnahmen mit versetzter Kamera sind möglich. Andere Techniken gehen von einem Objektiv mit vorgesetzten bildteilenden Prismen oder Spiegeln aus. Die Betrachtung der nebeneinander liegenden Einzelbilder ist mit einem Stereoskop bzw. einem Linsenbetrachter möglich, der sie über zwei getrennte Optiken den Augen zuführt. Die beiden Einzelbilder können auch im →Anaglyphen-Verfahren versetzt übereinander gedruckt bzw. projiziert werden. Voraussetzung für den Stereoeffekt ist hierbei die vorherige Einfärbung der Bilder in Komplementärfarben und die Verwendung einer entsprechend eingefärbten Brille. In der eigentlichen Stereoprojektion werden

Stereofotografie: Stereokamera für 35 mm-Kleinbildfilm, Japan 1954

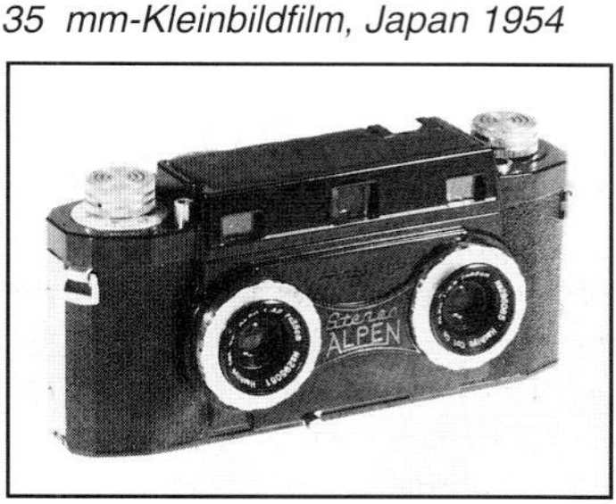

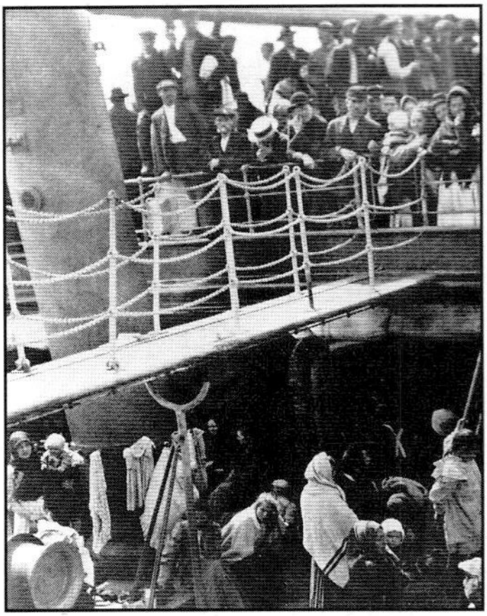

Alfred Stieglitz, ›The Steerage‹, 1907 (George Eastman House, Rochester, New York)

die Teilbilder in rechtwinklig zueinander polarisiertem Licht (→Polarisation) übereinander projiziert und mit einer speziellen Brille betrachtet, die durch entsprechende Ausrichtung der Polarisatoren jedem Auge das zugehörige Bild zukommen läßt, das jeweils andere aber löscht. Die S. wird in der Wissenschaft genutzt, wenn es um dreidimensionale Darstellungen oder räumliche Vermessung (→Fotogrammetrie) geht. Daneben hat sie aber auch immer Fotografen zur Darstellung alltäglicher Szenen inspiriert. In vielen Anwendungsgebieten wird sie von der →Holographie abgelöst.

Sterneffektfilter Ein farbloses →Trickfilter mit einer eingravierten Gitterstruktur, in einer Drehfassung gelagert. Mit dem Filter werden in den →Spitzlichtern eines Motivs (starke Reflexe, Scheinwerfer usw.) zwei-, vier- oder sechsfache Strahlensterne durch Lichtbrechung erzeugt.

Stieglitz, Alfred (*1864 Hoboken/New Jersey, †1946 New York) Schulzeit und Studium (an der technischen Hochschule) in Berlin; 1890 Rückkehr in die USA; viele eigene Fotos von Alltagsszenen, die anfangs noch recht romantisch wirkten, später aber zunehmend seine Vorliebe für eine direkte Fotografie verdeutlichten. 1902 Mitbegründer der →Photo-Secession und ab 1903 Herausgabe von ›Camera Work‹; mit Unterstützung von Edward →Steichen Eröffnung der ›Galerie 291‹ in New York, wo S. anfangs nur Fotografen der Photo-Secession ausstellte, später aber auch viele Maler und Grafiker (u.a.Pablo Picasso, Paul Cezanne, Georges Braque) präsentierte. S. hatte den Vorsatz, als Mentor der Fotografie diesem Bildmedium eine feste Position in der Kunst zu sichern (→Straight Photography). Er förderte allerdings in Ausstellungen, Publikationen und seiner Sammlung weitgehend die traditionellen Vertreter der Secession (→Kunstfotografie, →Edeldruckverfahren), obwohl diese augenscheinlich in deutlichem Gegensatz zu seinen Forderungen an die Fotografie standen (Ausnahme: seine Unterstützung von Paul →Strand). 1917 gab S. Galerie und Zeitschrift auf. Er begann, sich zunehmend mit metaphysischen, theoretischen Konzepten und ihrer fotografischen Umsetzung zu beschäftigen und wandte sich ab ca. 1937 endgültig von der Fotografie ab.

Still-life oder verkürzt: stills; engl. = Stilleben) Gemeint sind Fotos von arrangierten Gegenständen und Objekten. Ursprünge liegen in den Werken der klassischen Malerei. Der Mensch bzw. Teile davon, sollten, wenn überhaupt, nur sehr reduziert einbezogen werden. Moderne S.-l.s finden sich heute meist im Bereich der →Werbefotografie (→Sachaufnahme, →Table-top, →Food-Fotografie; Farbabb. 7).

Still-video Elektronische Aufzeichnung von →Stehbildern durch eine spezielle Still-video-Kamera (Camcorder) oder ein spezielles Kamerarückteil für Spiegelreflexkameras, mit denen das Bild als Bildsignale auf einer Video-Floppy-Disc oder einer IC-Speicherkarte aufgezeichnet werden. Die Kamera nutzt als Bildwandler einen →CCD-Sensor; statt eines lichtempfindlichen Films wird die Diskette oder der IC-Speicher (Festkörperspeicher) eingelegt, mit dem bis zu 50 Bilder aufgenommen werden können. Eine Löschung der Aufnahmen und die Wiederverwendung der Diskette/des Speichers ist möglich. Über ein internes oder externes Abspielsystem, das mit einem Fernsehgerät oder einem Monitor verbunden ist, lassen sich anschließend sofort die Einzelbilder betrachten (allerdings erfordern unterschiedliche Fernsehnormen in der Welt eine Abstimmung von Kamerasystem und TV-Norm). Mit diversen Druckern (z.B. →Thermodruckverfahren), hoch-

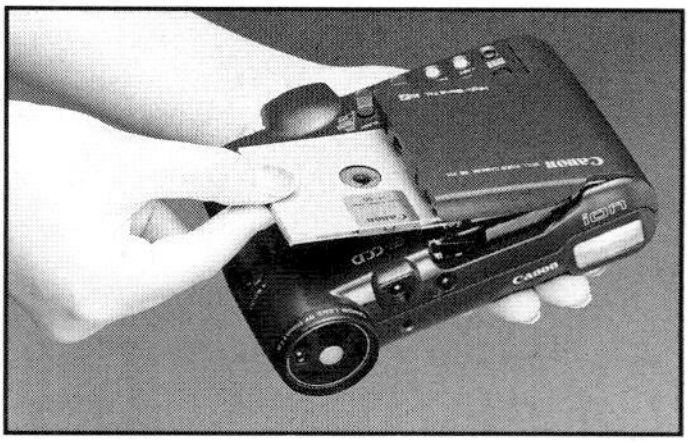

Still-video (Canon)

wertigen Fotokopiersystemen oder speziellen Fotosatzbelichtern können Abzüge dieser Aufnahmen erstellt werden. Ihr →Auflösevermögen ist durch die Speicherkapazität des Bildspeichers begrenzt. Über geeignete Schnittstellen ist eine Kombination mit anderen elektronischen Geräten und Systemen (Computer, Datenfernübertragung usw.) möglich (→Bildverarbeitung, →Computergrafik).

Stoppbad →Unterbrecherbad

Strahlenteiler Optische Vorrichtungen wie Prismen oder teildurchlässige →Spiegel, mit denen ein einfallender Lichtstrahl geteilt wird. S. finden im Kamerabau sowie in der →Holographie Verwendung.

Straight Photography Stilbezeichnung für eine direkte, unmittelbare, geradlinige (engl.: straight) Fotografie in Amerika. Wer ›straight‹ fotografierte, wollte in seinen Bildern die Wirklichkeit nicht verklären und manipulieren, sondern fühlte sich der ›Wahrheit‹ des Aufnahmegegenstands verpflichtet. Diese als neu angesehene fotografische Sichtweise wurde zur Ablösung der oft romantisierenden →Kunstfotografie ab etwa 1915 von Edward →Steichen und Alfred →Stieglitz formuliert. Es erschien demzufolge nicht mehr notwendig, die Bilder mit →Edeldruckverfahren der Malerei anzugleichen, um den Kunstanspruch der Fotografie zu behaupten. Als Vorreiter dieser neuen Sichtweise gilt Paul →Strand. Das Streben nach Realität der Abbildung schloß eine subjektive Verdichtung allerdings nicht aus. Sie führte einerseits zu den gegenständlichen Abstrahierungen eines Edward →Weston um 1930, fand Parallelen in der →Neuen Sachlichkeit, entwickelte sich jedoch auch zu einem dokumentarischen, nüchternen Stil, der bis heute vornehmlich bei vielen amerikanischen Fotografen nachwirkt.

Strand, Paul (*1890 New York, †1976 Paris) Besuchte zwischen 1904 und 1909 den Fotounterricht bei Lewis W. →Hine an der ›Ethical Culture School‹ in New York. Mit 22 Jahren eröffnete er sein eigenes Fotostudio. Er fotografierte Architektur, viele sozialkritische Reportagen, Stilleben und abstrakte Kompositionen. S. wurde, von Alfred →Stieglitz gefördert, zunächst Mitglied der →Photo-Secession und stellte 1916 erstmals in dessen ›Galerie 291‹ aus. Seine dort und in der Zeitschrift ›Camera Work‹ gezeigte ungeschminkte direkte Fotografie lassen ihn zu einem Vorreiter eines neuen Realismus (→Straight Photography) werden. Nach einigen Arbeiten mit avantgardistischen Filmprojekten begann S. ab 1926 Pflanzen zu fotografieren; 1929-32 arbeitete er sporadisch in Mexiko mit Ansel →Adams zusammen, bis 1935 war er in Mexiko für die Regierung tätig. Es folgten Dokumentarfilme, eine Reise in die Sowjet-

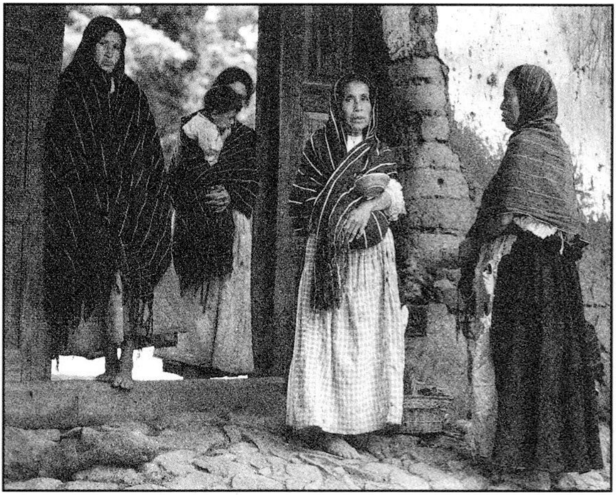

Paul Strand, ›Women of Santa Ana, Lake Patzcuaro, Michoacan, Mexico‹, 1933; Copyright © 1940, Aperture Foundation Inc., Paul Strand Archive

union und später Fotomontagen für den Wahlkampf von Franklin D. Roosevelt (1944). Sein umfangreiches Werk wurde 1945 in einem großen Überblick im Museum of Modern Art in New York gezeigt. In den folgenden Jahren verfaßte S. Bildbände über Frankreich, Italien, Ägypten usw. 1950 siedelte er endgültig nach Paris über.

Street Photography Stilbegriff für ein ›Fotografieren auf der Straße‹, weniger als klassische →Fotoreportage, sondern eher als Element künstlerischer Fotografie. Ziel ist das subjektive Einfangen von zumeist unspektakulären Kombinationen aus Situationen, Personen und urbaner Räumlichkeit. Als Schlüsselwerk dieser Arbeitsweise gilt Robert →Franks Arbeit ›Die Amerikaner‹ (1959). Viele amerikanische Fotografen haben in der Folgezeit diese Bildsprache weiter abstrahiert. Gerade in Europa hat der freiere Umgang mit dem Blitzgerät (→Offenblitz) für ein aktualisiertes Interesse an der ›Straßenfotografie‹ gesorgt.

Streiflicht Lichtführung, bei der das Licht in einem sehr flachen Winkel auf das Motiv fällt, dessen Oberfläche gewissermaßen nur ›streift‹. Dadurch wird erreicht, daß strukturierte Motivoberflächen besonders plastisch wirken, da nur die erhabenen Teile beleuchtet werden, alle tiefer liegenden Partien jedoch im Schatten liegen. S. wird z.B. in der →Sachfotografie für die plastische Darstellung schwach strukturierter Materialoberflächen genutzt, in der →Architekturfotografie dient es der optischen Strukturierung von Fassaden.

Streulicht Diffuses, schwach gerichtetes Licht, das durch →Remission an rauh strukturierten Oberflächen oder durch Transmission bei optisch dichteren oder trüben Medien entsteht. S. läßt sich weder in der Kamera noch bei Objektiven, beim →Vergrößern oder bei der Projektion völlig vermeiden. Es wirkt sich durch eine diffuse Bildüberlagerung nachteilig auf die Wiedergabe der Motivkontraste aus. Gezielt eingesetzt wird diese weiche S.-Wirkung allerdings beim →Diffusor und bei verschiedenen →Reflexionswänden.

Streuscheibe →Diffusor

Strichfilm (→Lithfilm, →Dokumentenfilm) Schwarzweißes Filmmaterial, welches über eine extrem steile →Gradation verfügt (bis →Gamma = 2,5) und vornehmlich in der Reprotechnik verwendet wird. Es dient speziell der Wiedergabe von →Strichvorlagen, gerasterten Halbtonbildern oder zur Umsetzung von Halbtonbildern in reine Strichbilder (Verhärtung, →Fotografik). S.e werden in einem speziellen Lithentwickler verarbeitet. Aufgrund ihres hohen Kontrasts und ihrer niedrigen Empfindlichkeit eignen sie sich kaum als normale Kamerafilme.

Strichvorlage (Strichbild) Vorlage, die nur Schwarz und Weiß, also keine Grautöne (Halbtöne) aufweist, wie Federzeichnungen, Holz-

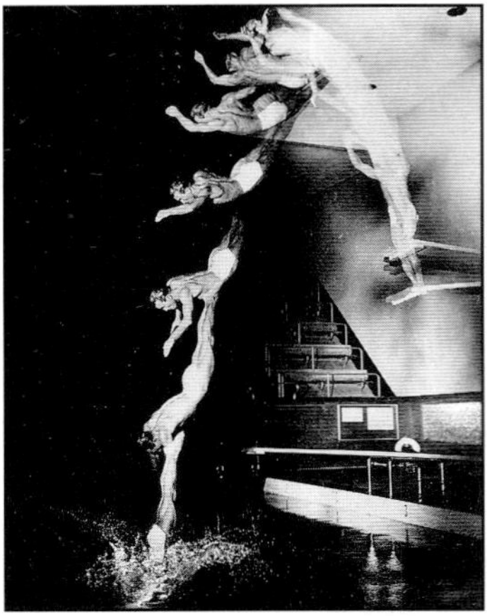

Strobofotografie: ›Turmspringer‹, um 1935; Foto: Harold Edgerton; aus: ›Zeitprofile — 30 Jahre Kulturpreis der Deutschen Gesellschaft für Photographie, 1988, S. 269

schnitte, u.ä., Schrift, Rasterbilder oder auf Schwarz und Weiß reduzierte Fotografien (im Unterschied zur →Halbtonvorlage). S.n werden auf →Strichfilm reproduziert (→Reproduktion).

Strobofotografie Dabei werden schnelle Bewegungs- und Zeitabläufe in einzelnen Phasen auf einem Bild festgehalten (ähnlich wie bei einer →Mehrfachbelichtung). Bei feststehender Kamera verwendet man dabei entweder Spezialgeräte mit einem rotierenden Sektorenverschluß oder ein Stroboskop-Blitzgerät (bei offenem Kameraverschluß). Letzteres kann in kürzester Zeit sehr viele (bis zu 50 000/Sek.!) Blitze abgeben (→Hochfrequenzfotografie).

Auf den Bildergebnissen werden die Einzelbelichtungen in dunklem Raum teilweise mit Überlappungen als Bewegungsphasen sichtbar. Verwendet man für die einzelnen Belichtungen unterschiedliche farbige Filter, werden auch die Bildphasen in unterschiedlichen Farben wiedergegeben. Man spricht dann von Strobo-Chromatographien.

Struktur Aufbau, Bezugs- und Regelsystem von komplexen Einheiten. In der →Bildgestaltung bezieht sich die S. meist auf die Wiedergabe der Oberflächen der Motive. Diese Wiedergabe wird dann oft durch enge Begrenzung des →Ausschnitts, Beleuchtung (→Streiflicht), Kontrast und reduzierte Anordnung von Motivflächen abstrahiert. Eine formale Gliederung wird zumeist betont.

Strukturfolien Transparente Folien mit feinen Liniennetzen oder Rasterungen, die beim →Vergrößern mit dem Negativ oder Dia in die Bildbühne eingelegt werden. Damit lassen sich unterschiedliche Oberflächenstrukturen (z.B. Leinen- oder Rauhglasstrukturen) als effektvolle Simulation mit auf das Bild aufbelichten. →Raster

Studio Für fotografische Aufnahmezwecke eingerichteter Arbeitsraum eines Fotografen. Ein Fotostudio ist heute in der Regel mit →Studioblitzgeräten, Hintergrundkarton, →Hohlkehlen, →Stativen usw. ausgestattet. Für ein Porträtstudio reicht u. U. ein kleines Zimmer. In der Werbefotografie können

Studios von über 150 qm erforderlich sein, um dort Autos, Maschinen u.ä. gezielt ausleuchten und fotografieren zu können. Für besondere Aufnahmezwecke kann man Fotostudios auch mieten.

Studioblitzgerät Für die Ausleuchtung von Motiven im Fotostudio verwendet man an Stelle von Scheinwerfern (→Heißlicht, →Fotoleuchten) leistungsstarke und stromnetzbetriebene →Blitzgeräte. S.e besitzen eine →Blitzleitzahl ab ca. 50 bis über 400. Andere Leistungsangaben sind Wattsekunden (WS), Joule (J) oder ›wirksame Arbeitsblende bei 2 Metern (!) Entfernung‹. Als Besonderheit verfügen sie neben der →Blitzröhre über ein →Einstellicht, d.h. eine Halogenbeleuchtung mit genau proportionaler Leuchtleistung zur regelbaren Lichtabgabe des Blitzes. Da meistens mit mehreren Studioblitzen gearbeitet wird, kann damit ›nach Sicht‹ das Motiv sorgfältig ausgeleuchtet werden. Bei der Aufnahme mit dem viel helleren Blitzlicht wirkt sich das Einstellicht bei den relativ kurzen Verschlußzeiten für die →Blitzsynchronisation nicht aus (→Blitzbelichtungsmesser). Mit neueren Geräten ist eine Lichtsteuerung auch über die →TTL-Blitzautomatik an der Kamera möglich. S.e verfügen über integrierte Kondensatoren oder, bei großen Blitzanlagen, über externe Generatorteile mit mehreren Geräteanschlüssen. S.e sind mit einer Fotozelle ausgestattet; so reicht auch bei umfangreichen Blitzanlagen der Kameraanschluß an *ein* Blitzgerät. Beim Auslösen dieses Geräts zünden alle anderen automatisch mit. Die Lichteinwirkung und Ausleuchtung von S.en läßt sich mit verschiedenen Zubehörteilen steuern (→Reflektor, →Blitzschirm, Waben- und Spotvorsätze, →Flächenleuchten verschiedener Größe usw.).

Stufenlinsenscheinwerfer Stufenlinsen sind in konzentrischen Kreisen abgestuft; als lichtbündelndes Element werden sie vor Lichtquellen (→Studioblitzgerät, →Heißlicht usw.) angebracht. Das Lichtfeld einer solchen Lichtquelle ist in der Regel fokussierbar durch die

Stufenlinsenscheinwerfer: Klassisches Theaterlicht und harte Schatten; Foto: Gerd Mertens

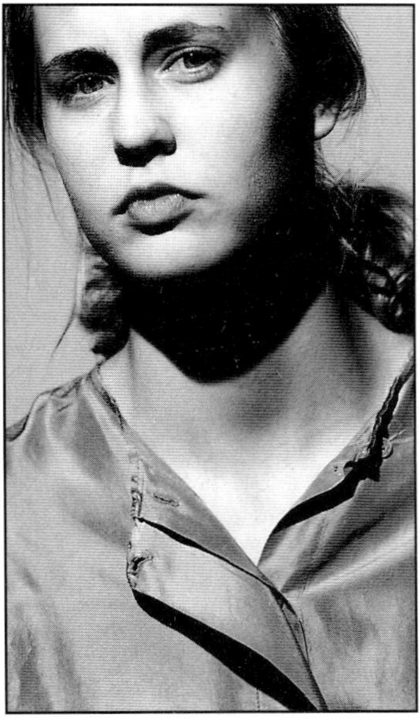

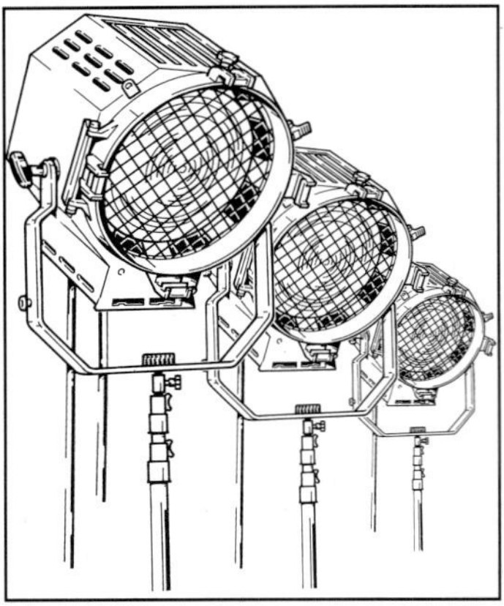

Stufenlinsenscheinwerfer (Multiblitz)

Veränderung des Abstandes zwischen Lampe und Linse. Das Licht an sich ist eigentlich sehr modulierend weich, gibt aber sehr harte Schatten. Im Theater- und Filmbereich ist die Verwendung solcher S. üblich, in der Fotografie werden sie oft für harte Spotlichter genutzt. Das Prinzip der Stufenlinse wird auch als →Fresnellinse als Mattscheibenergänzung genutzt.

Stürzende Linien Aus den Gesetzen der Perspektive abzuleitender Effekt der Verzerrung, vornehmlich bei Aufnahmen von Gebäuden, die sich im Bild mit zunehmender Höhe zu verjüngen scheinen (obwohl dies natürlich im Widerspruch zur Wirklichkeit steht). Fototechnisch gesehen liegt das Problem in einer Neigung der Kamera (bzw. der Filmebene) zur Gegenstandsebene (Gebäudefassade); bei der Aufnahme wird diese Schrägstellung um so größer sein müssen, je geringer die Aufnahmeentfernung ist. Nach den Regeln der Perspektive gilt, daß sich mit zunehmender Entfernung von einem Betrachtungspunkt real parallele Linien aufeinander zuzubewegen scheinen (und sich schneiden; →Fluchtperspektive).
Solche perspektivischen Verzerrungen können auch bei Innenaufnahmen und anderen nicht-architektonischen Motiven auftreten. S. L. werden zwar vom Auge objektiv gleichermaßen gesehen wie von der Kamera, in der alltäg- lichen Betrachtung aber bei weitem nicht so kraß wahrgenommen wie später auf dem Foto.
In Grenzen kann die optische Verzerrung bei der Aufnahme ausgeglichen werden, um eine ›natürliche‹ Abbildung zu erzielen. Für dieses →Entzerren benötigt man entweder eine →Fachkamera mit ihren →Verstellmöglichkeiten oder eine vergleichbar ausgerüstete andere Kamera, die eine Parallelverschiebung des Objektivs zuläßt (→shiften). Generell gilt, daß sich stürzende Linien vermeiden lassen, wenn eine Neigung der Kamera bei der Aufnahme senkrecht stehender Motive vermieden wird und die Filmebene parallel zur Gegenstandsebene ausgerichtet ist. — Eingeschränkt ist auch ein nachträgliches Entzerren beim →Vergrößern möglich.

Subjektive Fotografie Begriff für eine Richtung der Fotografie nach 1945, die sich, durch Otto →Steinert bekanntgeworden, von der →›angewandten‹ Fotografie bewußt

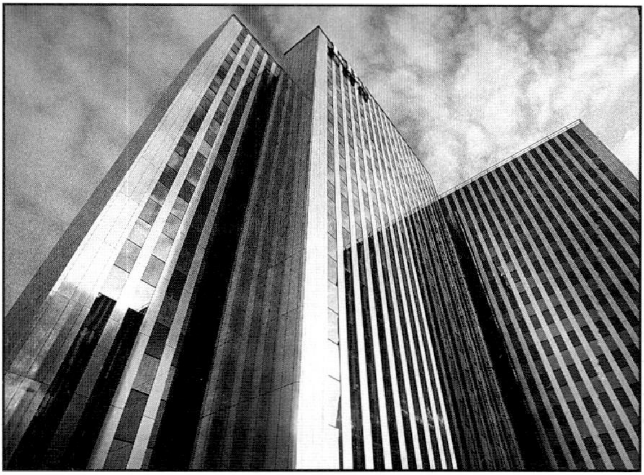

Stürzende Linien

absetzte. Steinert strebte eine Weiterentwicklung der künstlerischen Fotografie in der Nachkriegszeit in Deutschland an und bezog sich dabei auf die Lehren des →Bauhauses, die →Neue Fotografie der 20er Jahre und speziell auf die Arbeiten von László →Moholy-Nagy. Steinert und die ihn publizistisch unterstützenden Kunsthistoriker Franz Roh und Schmoll gen. Eisenwerth stellten dabei den Objektivitätsanspruch und den Dokumentationscharakter eines Fotos grundsätzlich in Frage. Als Steigerung einer rein reproduktiven fotografischen Abbildung formulierte Steinert Stufen der Abstraktion, bei denen an oberster Stelle die »darstellende und die absolute fotografische Gestaltung« stehen. Steinert richtete 1951 eine mittlerweile legendäre Ausstellung mit internationaler Beteiligung mit dem Titel ›Subjektive Fotografie‹ aus. Die Motive der ausgestellten Fotos reichten von der völlig abstrahierten →Fotografik bis hin zum verdichteten Reportagebild; nicht das Bildmotiv an sich war für Steinert bei der Auswahl wichtig, sondern der schöpferische Gestaltungs- und Darstellungswille der Fotografen. 1954 und 1958 folgten zwei weitere Ausstellungen zum gleichen Titel, deren Innovationskraft sich allerdings als weitaus schwächer erwies. Steinert übernahm 1959 die Fotoabteilung der Folkwangschule in Essen, wo er sich in den 60er Jahren von den frühen Postulaten der subjektiven Fotografie abwandte.

Subtraktive Farbmischung
→Farbmischung

Sucher Das Funktionsteil der Kamera, mit dem das Motiv anvisiert und der Motivausschnitt festgelegt wird. Man unterscheidet zwischen dem →Durchsichts. (→Rahmens., →Leuchtrahmens.), dem →Lichtschacht sowie dem →Prismens. von Spiegelreflexkameras. Das S.bild sollte möglichst genau dem →Bildfeld entsprechen. Bei Spiegelreflexkameras zeigt es meist aber nur 92% bis 98% des abgebildeten Motivausschnitts.

Sucherkamera Kameratyp mit einem →Durchsichtsucher, im Unterschied zum aufwendigen →Prismensucher der →Spiegelreflexkameras. Den marktmäßig größten Anteil haben die einfacheren Kompaktkameras, die inzwischen aber auch über →Autofocus, →Zoomobjektiv und →Belichtungsautomatik verfügen. Sie sind handlich, relativ preiswert und garantieren dem Normalverbraucher ein unbeschwertes Fotografieren unter normalen Aufnahmesituationen. Daneben gibt es sehr hochwertige →Meßsucherkameras für das Kleinbild- und Mittelformat.

Sucherkamera: hochwertiges Modell mit Wechselobjektiv (Leitz; oben); kompakte Autofocus-Sucherkamera mit Brennweitenwechsel und Blitz (Olympus; unten)

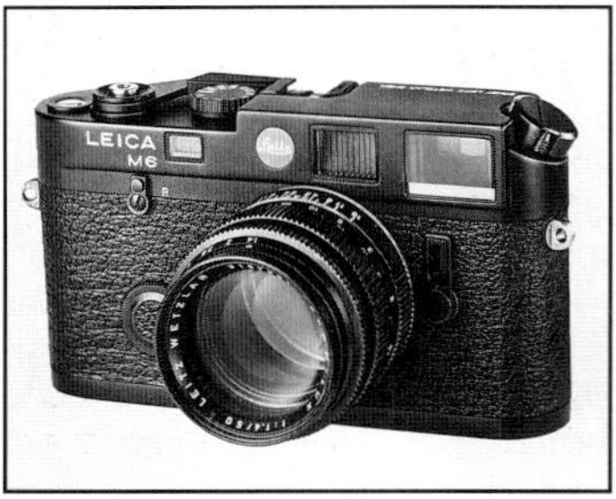

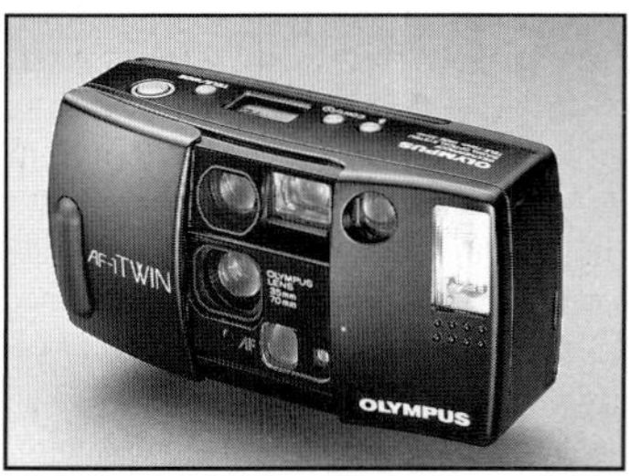

Sucherparallaxe →Parallaxe

Sudek, Josef (*1896 Kolin, †1976 Prag) Tschechischer Fotograf, der zunächst als engagierter Amateur begann und ab 1922 an der Staatlichen Grafikschule in Prag Fotografie studierte. Er war Mitbegründer der ›Tschechischen Fotografischen Gesellschaft‹ (1924). Ab 1927 arbeitet er verstärkt mit einer 18x24-cm-Plattenkamera; es entstanden Aktstudien und Interieurs. Bekannt geworden sind vor allem seine stimmungsvollen Landschaften und die symbolisch-phantastischen Stilleben.

Superweitwinkel →Weitwinkelobjektiv

Surrealistische Fotografie Aus der Kunstbewegung des Dada heraus (→Dadaismus) proklamierten avantgardistische Künstler in den 20er Jahren den Surrealismus. André Breton formulierte 1924 in einem Manifest, daß Träume und Visionen eine ebenso gültige Form des Begreifens von Wirklichkeit seien, wie das normale, vom Verstand her kontrollierte Denken. Dieses ›Surreale‹ mit seinen phantastischen und metaphysischen Aspek-

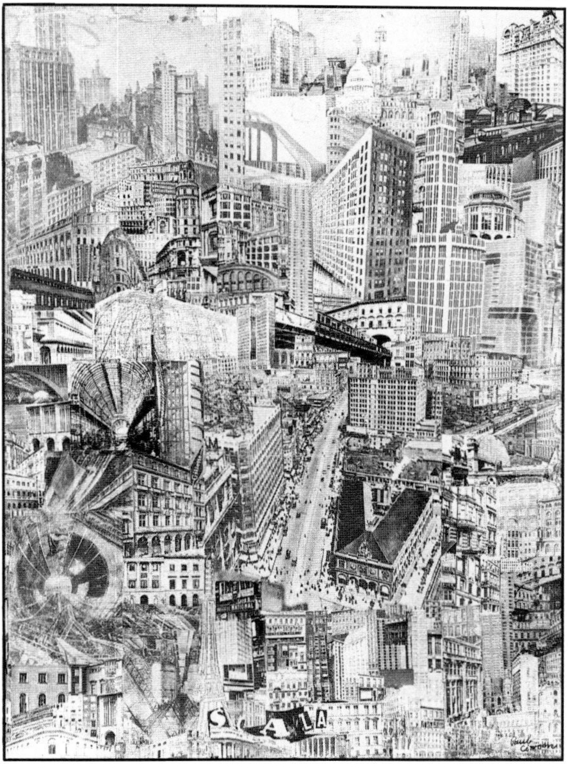

Surrealistische Fotografie: ›Metropolis‹, 1923; Foto: Paul Citroen; © VG Bild-Kunst, Bonn 1992

ten müsse zum Inhalt der Kunst gemacht werden. Diese Forderung, die Welt neu zu sehen, brachte den Fotografen neue Gestaltungsdimensionen. Verstärkt bedienten sich die Fotosurrealisten der Mittel von Collage und →Fotomontage. →Mehrfachbelichtungen und Verwischungen gehörten ebenso zu den surrealistischen Gestaltungsmitteln. Frühe Vertreter waren Man →Ray und Herbert →Bayer (→experimentelle Fotografie); auch von André →Kertész, Henri →Cartier-Bresson und Erich →Salomon entstanden Fotos, die dem Surrealismus zugerechnet werden können. Die Versuche, Unbewußtes und Imaginäres im authentischen Foto wiederzugeben, hat gravierende Auswirkungen bis in die Fotografie unserer Zeit. Aus den 70er Jahren sind die Arbeiten von Duane →Michals und die formal strengen Kompositionen von Ralph →Gibson bekannt. Für die Folgezeit sind Fotos von André

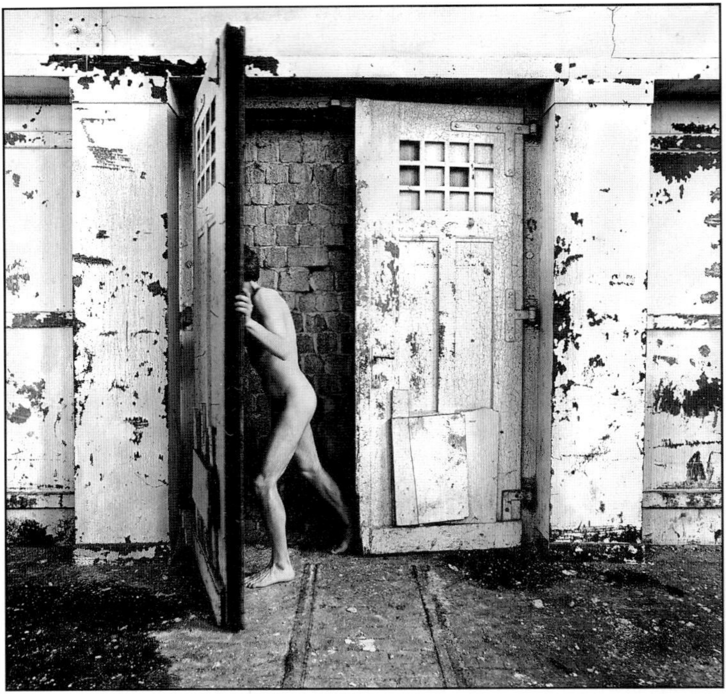

Surrealistische Fotografie: Surreale Elemente finden sich in den verschiedensten Bildkompositionen; Foto: Michael Korte/Theo Oberheitmann

Gelpke, Heinrich Riebesehl, Robert Häusser zu nennen. Surrealistische Ansätze finden sich auch in Bereichen der →Inszenierten Fotografie und des →Magischen Realismus.

Symmetrie 1. (gestalterisch) Spiegelbildliche Anordnung der Formen und Motivteile zu beiden Seiten einer vorhandenen oder imaginären Trennlinie. Als Extremform der Ausgewogenheit der Bildelemente verweist sie auf Ruhe, Überschaubarkeit und Ordnung; allerdings ist dabei auch die Gefahr von Langeweile gegeben. Symmetrischer Bildaufbau ergibt sich häufig durch eine Sichtweise in der →Zentralperspektive. Gestalterisch wirkt eine symmetrische Darstellung um eine senkrechte Achse meist visuell einleuchtender als eine um einen horizontalen Drehpunkt angeordnete. →Asymmetrie

2. (technisch) Bei der →Objektivkonstruktion ist die symmetrische

Anordnung der Linsen mit der Blende als S.ebene ein geeignetes Mittel zur Korrektur einiger →Abbildungsfehler. Symmetrische Objektive sind frei von →Koma und →Verzeichnung und, bei einem →Abbildungsmaßstab von 1:1, für die →chromatischen Queraberration des Hauptstrahls korrigiert. Wenn zudem →Astigmatismus, →sphärische Aberration und chromatische Längsaberration im Vorder- und Hinterglied eines symmetrischen Objektivs korrigiert werden, so ist auch das Gesamtobjektiv für diese Abbildungsfehler korrigiert. Daher werden z.B. →Makro- und Reproobjektive oft symmetrisch angelegt.

Synchronisationszeit
→Blitzsynchronisation

Systemkamera Kamera, die nach Art eines Baukastensystems mit einer großen Anzahl von Zubehörteilen aus- und umgebaut werden kann (→Wechselobjektiv, →Sucher, →Zwischenringe, →Wechselmagazin, Vorsätze, motorischer →Filmtransport usw.). Die umfangreichsten Ausbaumöglichkeiten bieten die einäugigen →Spiegelreflexkameras für das →Kleinbild- und →Mittelformat.

T

T (nach engl.: time = Zeit) Einstellung des Verschlusses für Langzeitbelichtungen bei alten Kameras, wobei beim ersten Auslösen der Verschluß geöffnet wird, bei einem zweiten Auslösen dieser wieder schließt (→Verschlußzeit).

Tableau Der Begriff wird verwendet für eine Präsentation mehrerer Einzelbilder, die in festgelegter Ordnung auf einem gemeinsamen Untergrund(-karton) befestigt sind. Oft werden Ergebnisse →Serieller Fotografie (→Fotosequenz) auf T.s präsentiert (Farbabb. 1, 14).

Table-top Fotografischer Arbeitsbereich, bei dem Szenen miniaturisiert im Studio (auf einem Tisch, daher die Bezeichnung) aufgebaut werden. Im T.-t. wird oft mit kleinen Figuren und Modellen eine neue, künstlich gestaltete Realität aufgebaut (die allerdings auch völlig irreal wirken kann). T.-t.s können als ein Spezialgebiet des →Still-life gelten, benötigen in der Regel eine künstliche Beleuchtung mit einem →Hauptlicht (als Ersatz für die Sonne). Bei vielen Werbeaufnahmen werden Techniken der T.-t.-Fotografie angewandt, ohne daß man dies den Aufnahmen später ansieht (→Dummy).

Tageslicht-Entwicklungsdose Normalerweise müssen Aufnahmefilme im Dunkeln zur →Dosenentwicklung in die lichtundurchlässige Entwicklungsdose eingespult werden. Durch eine spezielle Konstruktion ist bei einer T.-E. für →Kleinbildfilme eine Verarbeitung auch ohne Dunkelkammer möglich, da der Film samt Patrone in die Dose eingesetzt wird.

Tageslichtfarbfilm Farbfilm, der der →Farbtemperatur des mittleren Tageslichts von 5500 Kelvin bzw. 182 Mired angepaßt ist (Typ: Daylight). Die Abstimmung bezieht sich auf einen Durchschnittswert; je nach Sonnenstand, Bewölkungsgrad usw. liegt die reale Farbtemperatur darüber oder darunter, was zu einem →Farbstich führen würde, der mit einem →Farbtemperaturmesser aber kontrolliert und mit →Konversionsfiltern gut korrigiert werden kann. Unter den künstlichen Lichtquellen weisen nur →Blitzgeräte und einige blau ummantelte Spezialleuchten 5500 Kelvin auf. Glühlampenlicht erzeugt einen gelborangen Farbstich, der durch ein blaues Konversionsfilter oder die Verwendung eines →Kunstlichtfarbfilms auszugleichen ist.

Talbot, William Henry Fox (*1800 Melbury/England, †1887 Lacock Abbey) Universalgelehrter, Philologe, Naturwissenschaftler, Kunstgelehrter. Seit 1834 experimentierte er mit der Camera lucida und der →Camera obscura. Er fand, nach Anregung von John F. W. Herschel, ein fotografisches →Negativ-Positiv-Verfahren, das er (noch vor der Publikation des →Daguerreotypie-Verfahrens) unter der Bezeichnung

→Kalotypie (Talbotypie) patentieren ließ. Die englische Royal Society gab seine Erfindung unter ›The Process of Calotypic Photogenic Drawing‹ am 10. Juni 1841 bekannt, fünf Jahre, nachdem T. sein erstes Foto — ein Bild, das er von seinem Haus in Lacock aufgenommen hatte — gelungen war. Im Unterschied zur Daguerreotypie, bei der ein negatives Bild als Unikat auf einer Silberplatte erzeugt wurde, handelte es sich bei der Talbotypie bereits um ein Verfahren, bei dem von einem Negativ mehrmals ein lichtempfindliches Papier belichtet werden konnte. T. selbst schuf eine große Anzahl von Bildern, insbesondere Landschafts- und Architekturfotografien. 1844 erschien sein erstes fotografisch illustriertes Buch ›The Pencil of Nature‹, wenig später ›The Sun Pictures of Scotland‹. Auch die in seinen Vorversuchen hergestellten Fotogramme von Pflanzen und Schmetterlingen erregten Aufsehen. 1849 meldete T. ein weiteres Patent an. Es betraf die Verwendung von Porzellan als fotografischem Bildträger. T., der die universellen Möglichkeiten der Fotografie früh erkannte, gilt gleichzeitig als Pionier der →Mikrofotografie und früher Anwender von →Panoramaaufnahmen.

Tank →Filmentwicklungstank

Tangential →sagittal

Taumeln →torkeln

Teildurchlässiger Spiegel →Spiegel, →Strahlenteiler

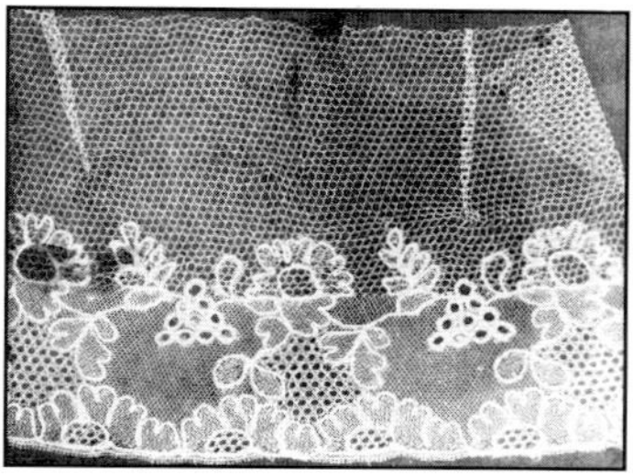

W. H. Fox Talbot, ›Spitzen‹, aus: ›The Pencil of Nature‹, 1844; die Abbildung zeigt einen Negativdruck

Telegrafendrähte Beschädigungen auf Filmstreifen, die in Längsrichtung geradlinig als feine Kratzspuren über mehrere Bilder verlaufen (→Kratzer). Im Positiv sind T. als dünne Striche sichtbar. Mehrere Ursachen sind möglich: Beschädigung der Kamera (Transportrollen) oder der Filmpatrone (Staubkörper im Patronenschlitz) oder aber Fehler bei der Filmverarbeitung (Transportrollen bei Entwicklungsmaschinen oder beschädigte Abstreifzangen). Eine Fehlerbeseitigung ist nur durch aufwendige →Retusche möglich.

Telekonverter →Konverter

Teleobjektive verfügen über einen kleineren →Bildwinkel und eine längere Brennweite als →Normalobjektive. Um eine daraus resultierende Konstruktion mit extremer und unhandlicher Baulänge wie bei einem →Fernobjektiv zu vermeiden, verwendet man eine Telekonstruktion. T. bestehen aus einem vorderen, sammelnden Linsenelement und aus einem hinteren, zerstreuenden. Die →Schnittweite wird auf diese Weise dermaßen verkürzt, daß sie kleiner als die Brennweite ist. Dadurch kommt die bildseitige →Hauptebene in der Nähe der Frontlinse zu liegen, und die Konstruktion bleibt relativ kurz (→Abbildung). T. werden u.a. genutzt, wenn man für eine formatfüllende Abbildung nicht nahe genug an das Aufnahmeobjekt herankommt. So sind sie unentbehrliches Hilfsmittel z.B. der Tier- und Sportfotografen. Gleichzeitig komprimieren T. die räumliche Tiefe, was meistens einer Verdichtung des Bildinhalts dienlich ist. T. mit einem Bildwinkel von ca. 20°-30° (bezogen auf das Kleinbildformat ca. 135-85 mm Brennweite) gelten als ›klassische‹ Porträtobjektive, da damit aufgenommene formatfüllende Kopfporträts besonders ›natürlich‹ wirken. →Spiegelobjektiv

Televorsatz Lichtbündelnder Vorsatz vor dem Reflektor eines →Blitzgeräts, um den →Leuchtwinkel auf den Bildwinkel eines Teleobjektivs einzuschränken. Damit geht eine Erhöhung der →Blitzleitzahl und auch der Reichweite des Blitzes einher (→Zoomreflektor).

Temperatur Bei der Verarbeitung von fotografischen Materialien ist die T. (und meist auch die T.-konstanz) ein entscheidender Faktor. Je nach Sprachgebrauch der Hersteller finden sich Angaben in °C (Grad Celsius) oder F (Grad Fahrenheit); ggf. müssen die Werte umgerechnet werden:

$$\text{Grad F} = \frac{9 \times {}^{\circ}\text{C}}{5} + 32$$

$$\text{Grad }^{\circ}\text{C} = \frac{5 \times (\text{Grad F} - 32)}{9}$$

Temperaturstrahler Natürliche oder künstliche Strahlungsquelle, die →Licht durch eine Energieumwandlung mittels Erwärmung von Materialien (Glühfäden in Lampen usw.) erzeugt. Je nach Strahlungsintensität und -quelle zeigen sie eine unterschiedliche →Farbtemperatur (→Lichtfarbe, →Fotoleuchte, →Heißlicht).

Temperieren Das Anpassen der →Temperatur von Verarbeitungsbädern an die jeweilige Prozeßvorschrift. Im Amateur- sowie im Schwarzweißbereich werden vorwiegend Materialien bei 20-24°C verarbeitet, was angesichts der meist angeglichenen Raumtemperatur recht einfach konstant gehalten werden kann (→Raumtemperaturprozeß). Die meisten Prozesse der Farbverarbeitung erfordern Bädertemperaturen von 29°C bis über 40°C, wobei oft eine Genauigkeit von ± 0,2°C erforderlich ist. Um diese Hochtemperaturprozesse konstant ablaufen zu lassen, sind Temperiergeräte bzw. Verarbeitungsmaschinen mit eingebauter Temperierung erforderlich (→Prozessor, →Durchlaufentwicklungsmaschine).

Testaufnahmen Vor besonders relevanten und aufwendigen Aufnahmen werden Probebilder gemacht, die dem Fotografen zusätzliche In-

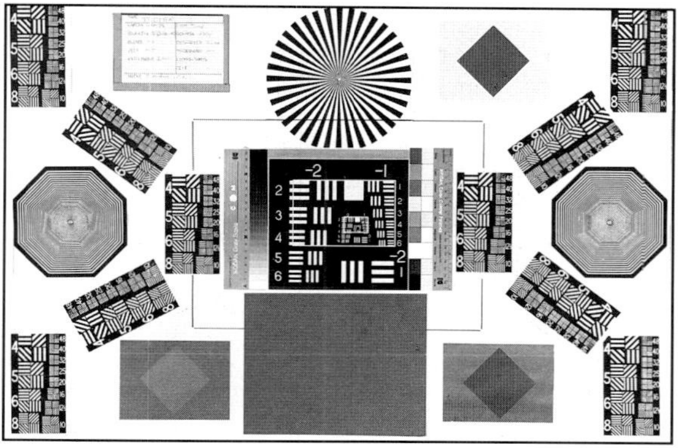

Test-aufnahmen: Testtafel

formationen über die technischen Bedingungen der Aufnahme geben. Solche T. der Aufnahmesituation, meist auf →Sofortbildmaterial, geben Aufschluß über letzte Details der Belichtung, Komposition und Schärfentiefe. Zum anderen erlauben T. von speziellen Testtafeln mit →Siemensstern und Liniengitter eine meßtechnisch überprüfbare Beurteilung des →Auflösevermögens sowohl des Objektivs als auch des Films sowie dessen →Konturenschärfe. Aufnahmen von Testtafeln mit →Graukeil und genormten Farbtafeln ermöglichen die Überprüfung der Farbwiedergabe und der Umsetzung von Farben in Grauwerte. Sie erleichtern ein späteres Ausfiltern von →Farbstichen und sind Grundlage für die Erstellung der →Schwärzungskurve eines Films.

Testblitz Probeblitz am →Blitzgerät; über ein optisches bzw. akustisches Signal kann festgestellt werden, ob die maximale Blitzintensität für die Ausleuchtung ausreicht.

Testtafel →Testaufnahmen

Theaterfotografie Sparte der professionellen Fotografie, die im Bereich Schauspiel, Oper, Tanztheater, Musical arbeitet. Theaterfotografen sind meist Freiberufler, bei großen Bühnen auch oft festangestellt. Ihre Fotos, die vornehmlich während der normalen Proben entstehen, dienen der Öffentlichkeitsarbeit und ebenso der Werbung in Schaukästen, Prospekten, auf Plakaten usw.

Reine Fotoproben (Stellproben), sind, da mit immer lichtempfindlicheren Filmmaterialien gearbeitet werden kann (→Filmempfindlichkeit), selten geworden. Dennoch bleibt als fototechnische Schwierigkeit der Umgang mit dem harten Bühnenlicht (→Bühnenaufnahmen) und die Bewältigung der daraus resultierenden enorm großen →Motivkontraste (→ Stufenlinsenscheinwerfer). Für die inhaltliche Arbeit ist die Kenntnis der Stücke und der jeweiligen Regieintention von Bedeu-

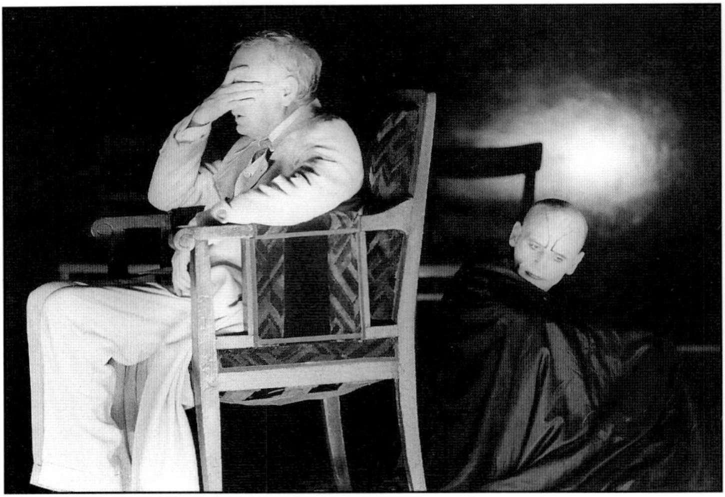

Theaterfotografie: Naheinstellung aus ›Faust I‹; Foto: Klaus Lefebvre

tung; auch verlangt der Umgang mit den Schauspielerpersönlichkeiten vom Fotografen große Sensibilität. Neben dieser Bühnenfotografie sind Theaterfotografen in der Regel an Bauproben des Bühnenbilds beteiligt; ebenso fertigten sie Figurinen (Schauspielerfotos für die Kostümbildner und die Maske) an. Neuere Ansätze in der T. lösen sich von dem sichtbaren Geschehen auf der Bühne, um eher die innere Gedanken- und Erlebniswelt des Stückes visuell umzusetzen. Vertreterinnen der klassischen T. sind z.B. Rosemarie Clausen (1907-1990) und Ilse Buhs.

Thermodruckverfahren Druckverfahren, bei dem die Farbpigmente mittels Wärme auf einem Schichtträger (Papier/Folie) fest verankert werden. Moderne Thermodrucker ermöglichen es, daß digitalisierte Bildinformationen (→Computergrafik, →Photo-CD, →Digitalkamera, →Still-video) in ein schwarzweißes oder farbiges farbstabiles Bild (Hardcopy) mit hoher →Auflösung umgewandelt werden. Dabei werden beim Thermo-Transferdruck von einem Farbband über winzige erhitzte Widerstände des Thermodruckkopfs (beim Farbdruck) die jeweiligen Farbpigmente der Farben Yellow, Magenta und Cyan (→Farbmischung) gelöst und auf Spezialpapier/Folie übertragen.
Die Anzahl der Heizwiderstände bestimmt dabei die maximale Auflösung des Bildes. Thermodrucker werden über Schnittstellen mit den diversen Bildspeichern bzw. Dateien verbunden.

Thermographie Aufzeichnung von Wärmestrahlung, die jenseits des sichtbaren →Spektrums angesiedelt ist. Während mit →Infrarotfilmen nur eine Strahlung bis etwa 1150 Nanometer aufgezeichnet werden kann, ist es für die T. erforderlich, Strahlungen bis zu 5 µm und mehr zu erfassen. Hierzu benötigt man elektronische Spezialkameras und Sensoren.

Thyristor Schaltelement in Computer-→Blitzgeräten, das die Abgabe der Blitzenergie über die →Blitzröhre nach Maßgabe der Belichtungsmeßzelle regelt.

Tiefdruck Druckverfahren, bei dem alle druckenden Teile in die Druckform eingeätzt wurden, also tiefer liegen, als die nichtdruckenden. Historischer Vorläufer ist der Kupferstich. Die Helldunkel-Wirkung eines gedruckten Bildes entsteht durch vorgegebene gleich große, aber unterschiedlich tiefe Rasternäpfchen mit unterschiedlicher Farbaufnahme. Der Eindruck eines Halbtonbilds entsteht also nicht durch unterschiedliche Rasterpunktgröße (→Raster), sondern durch unterschiedlich starken Farbauftrag.
Die wirtschaftliche Bedeutung liegt in der Herstellung hochwertiger Drucksachen und Zeitschriften mit sehr hohen Auflagen; kennzeichnend ist dabei die hohe Gleichmäßigkeit des Druckbilds bei nur geringen Farbschwankungen; allerdings erweist sich die Druckvorbereitung als sehr aufwendig und kostenintensiv.

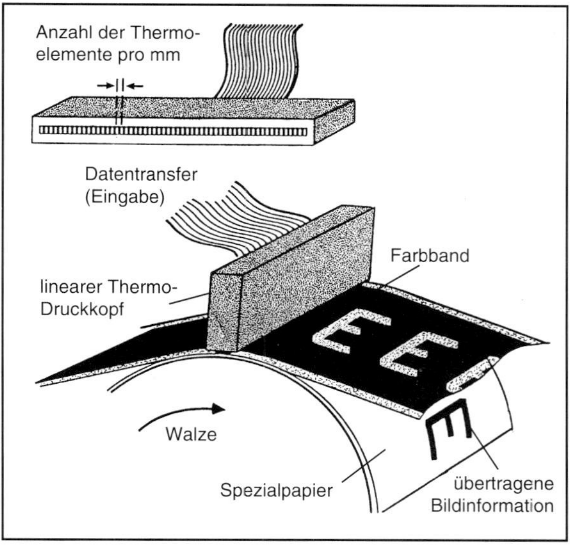

Thermodruckverfahren

Tiefenschärfe →Schärfentiefe

Time-code →Überblendung, →Tonbildschau

Timer →Belichtungszeitschaltuhr

Tonbildschau Die Präsentation von →Dias als →Diaprojektion mit original vorgetragenem oder auf Tonband gespeichertem Kommentar, eventuell zusätzlich mit Musik o.ä. unterlegt.
Eine Perfektionierung ist mit vorbereitetem, automatischem Bildwechsel möglich; dabei werden die Dias entweder mit einem im Projektor eingebauten Impulsgeber in gleichen Zeitintervallen gewechselt, oder aber die Standdauer wird dank eines auswechselbaren Speicherchips auf unterschiedliche Zeiten programmiert. Eine solche Speicherung ist auch auf der freien Spur einer Tonbandkassette möglich. Parallel zum Bildwechsel kann dann auf einer zweiten Spur der Ton aufgezeichnet werden (Voraussetzung ist ein Stereorecorder, mit dem beide Spuren *getrennt* aufgenommen werden können! Für eine Stereowiedergabe benötigt man demzufolge ein Vierspurgerät.). Für die Signalspeicherung zum Bildwechsel bedarf es zusätzlich eines speziellen Steuergeräts, mit dem meist auch der Bildwechsel für einen zweiten Projektor geregelt werden kann, um eine Tonbildschau als →Überblendung zu realisieren. Ein Ausbau über eine Computersteuerung (→time-code) mit nahezu beliebig vielen Projektoren bei vollendeter Tonqualität läßt sich als professionelle Dia-Audiovision umsetzen. Der Vorteil einer Diapräsentation als T. liegt in der Möglichkeit einer perfekt vorbereiteten, beliebig oft identisch wiederholbaren Darbietung, die, wenn überzeugend ausgeführt, den Mangel, daß es sich eben um eine ›Konserve‹ handelt, vergessen läßt. →Audiovision, →Diaporama

Tontrennung Verfahren, um einzelne Helligkeitsstufen (Graustufen, Dichtestufen) aus einem →Halbtonbild herauszulösen. Vom Originalnegativ oder einer vergrößerten, positiven Planfilmkopie werden im Kontaktverfahren (→Kontakte) mit verschiedenen Belichtungszeiten einzelne →Lithfilme belichtet, die, hart entwickelt, unterschiedliche Dichteumfänge der Halbtonvorlage abdecken. Nach diversen Verfahren können diese nun passergenau kombiniert werden. Die Abweichung zwischen jeweils zwei dieser Auszüge zeigt eine Dichtestufe. In der Praxis erhält man sie durch geeignete passergenaue Kombination der Filme (→Passer, →Mehrfachbelichtung, →Lichtmontage). Je nach Originalvorlage und Anzahl der Belichtungsstufen sind die Dichtestufen entweder breiter oder feiner.
Durch die →Montage dieser Graustufen (ggf. mit zusätzlicher Umwandlung in Farbstufen) entsteht eine →Isohelie. Mit Programmen der Computergrafik ist eine T. auf elektronischem Wege viel einfacher geworden, da das digitalisierte Bild per Tastendruck in Dichtestufen zerlegt werden kann.

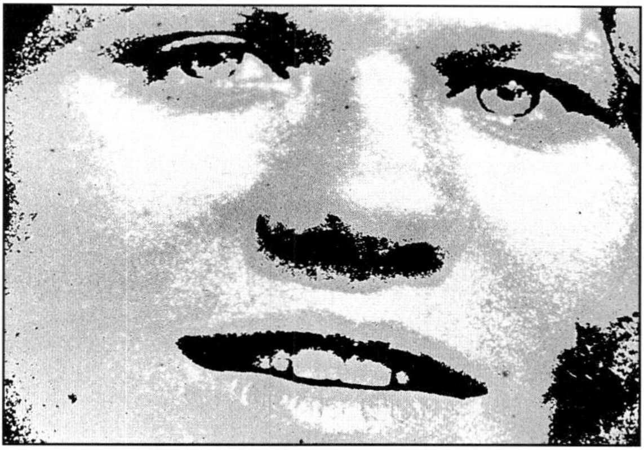

Tontrennung

Tonung Chemische Umwandlung von metallischem Bildsilber in eine farbige Verbindung bei einem Schwarzweißfoto (Farbabb. 25, 27). Unterschieden wird zwischen direktem und indirektem Tonen, wobei beim ersteren die Einfärbung direkt erfolgt; bei der indirekten T. muß das bereits fertiggestellte Foto zunächst gebleicht (→Bleichbad) werden, damit das Bildsilber wieder in →Silberhalogenid zurückgeführt wird. Anschlie-ßend erfolgt das eigentliche Tonerbad. Die wichtigsten Verfahren sind die →Schwefeltonung (Brauntonung), die →Selentonung, die Goldtonung sowie die Blautonung . Daneben wird auch die nachträgliche Einfärbung der Gelatine der Bild-emulsion als Tonung bezeichnet (→Emulsion, →Gelatinetonung). →kolorieren

Tonwertwiedergabe Wiedergabe von Farben und ihren Helligkeiten in entsprechenden Schwarzweiß- bzw. Grauwerten. Ziel der →Sensibilisierung bei →panchromatischen Emulsionen ist eben eine solche richtige T. Da oftmals aber unterschiedliche Farben gleiche Grauwerte besitzen, werden in der →Schwarzweißfotografie korrigierende Filter verwendet (→Kontrastfilter).

Torkeln bezeichnet eine problematische Eigenschaft von →Fachkameras, wenn man sowohl um die vertikale als auch um die horizontale Achse (→Verstellmöglichkeiten) schwenkt. Nach dem ersten Schwenk kommt es, je nach Kamerakonstruktion, meist dazu, daß die andere Schwenkachse nicht mehr in der Film- oder Objektivebene liegt, sondern diese durchsticht. Als Folge ist eine erneute Korrektur der Scharfeinstellung erforderlich. Das T. tritt nicht auf, wenn die Kamera so konstruiert ist, daß beim ersten Schwenken nicht nur die →Standarte, sondern zugleich die zweite Achse mitgeschwenkt wird.

Torzeit →Belichtungsmesser

Transparenz Sie ist ein Maß für die Lichtdurchlässigkeit von durchscheinenden Medien (z.B. Glas, Papier, auch: die fotografische Schicht eines Negativs). Es entspricht dem Verhältnis von durchfallendem zu auffallendem Licht und wird als Dezimalbruch oder in Prozentwerten angegeben (z.B. 0,33 oder 33 %). Dementsprechend bedeutet eine T. von 0 bzw. 0 % eine Undurchlässigkeit für Licht und eine T. von 1 bzw. 100 % eine absolute Durchlässigkeit. Die T. (genauer: ihr Kehrwert = die Opazität) ist also ein zulässiges Maß für Ergebnisse der →Entwicklung. Der negative Logarithmus der T. wird als →Dichte bezeichnet und mit einem (Transmissions-)→Densitometer gemessen.

Trickfilter: Punktlinse, Parallelprisma, Sterngitter, Sechsfachprisma, Weichzeichner, Soft-image (B+W/ Schneider)

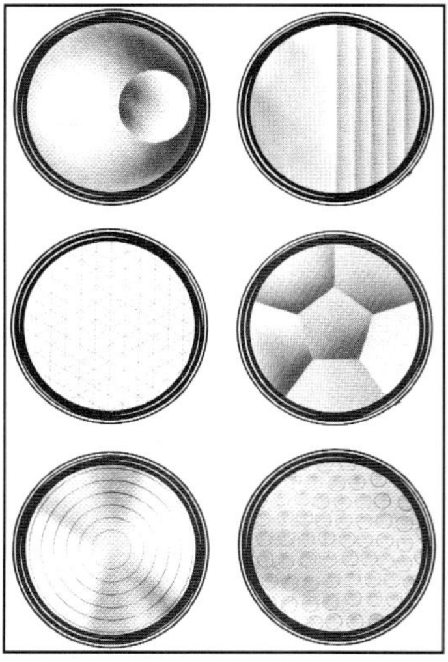

Trennbildverfahren →Sofortbild

Triac Elektrisches Schaltelement in →Diaprojektoren, mit dem die Helligkeit der Projektionslampe stufenlos über Impulse geregelt werden kann. Ein eingebauter T. ist Voraussetzung für die Nutzung als AV-Projektor (→Überblendung).

Trickfilter (und Tricklinsen) →Filter und →Linsen, die eine Verfremdung der fotografischen Aufnahme durch verschiedenste Effekte bewirken. Sie erzeugen eine farbige Einfärbung, Verläufe, Stern- und Spektraleffekte, Weichzeichnung, Aufspaltung des Bildes in Einzelsegmente usw. (→Spektraleffektfilter, Mehrfachprismen,→Weichzeichner, →Sternfilter; Farbabb. 16).

Trockenplatte Im Jahre 1871 publizierte der englische Arzt Dr. Richard L. Maddox ein Verfahren, Bromsilber mit Gelatine zu vermengen, auf Glasplatten aufzugießen und als trockene lichtempfindliche Emulsionsschicht zu verwenden. Er leitete damit eine Ablösung des seinerzeit üblichen nassen →Kollodium-Verfahrens ein, das ein Belichten der frisch beschichteten, noch feuchten Platte sowie deren sofortige Entwicklung erforderlich machte.
Die größere Handlichkeit der Trockenplatte trug entscheidend zur Verbreitung der Fotografie bei

und ermöglichte die Entwicklung des →Rollfilms.

Trockenpresse Werden →Barytpapiere an der Luft getrocknet, wellen sie sich sehr stark (Papierverzug). Eine glatte Trocknung erfordert entweder eine Flachpresse (für Einzelbildtrocknung) oder eine Zylinderpresse für den Durchlauf. Bei der T. wird das gewässerte Foto mittels eines gespannten Tuches auf dem aufgeheizten Metallkörper aufgepreßt und so getrocknet. Für eine Hochglanztrocknung ist eine zusätzliche Spiegelfolie erforderlich, auf die die Bildseite bei der →Trocknung zu liegen kommt (→Muschelbruch).

Trocknung Da belichtete Filme und Fotopapiere naß verarbeitet werden (→Verarbeitung), ist als letzter Verarbeitungsschritt eine T. erforderlich. Am einfachsten können alle fotografischen Materialien an der Luft in einem staubfreien Ort getrocknet werden (staubfrei, weil sonst die feuchte Gelatine der Emulsion die Staubpartikel aufnimmt und in trockenem, gehärtetem Zustand einschließt). Beschleunigt werden kann die T. mittels Warmluftgebläsen oder einer T. unter Infrarotstrahlung. Filme erlauben dabei in einem Trockenschrank mit einem Heizgebläse eine Maximaltemperatur von +40°C, →RC-Papiere werden in Durchlauftrocknern über Walzensysteme bei maximal +85°C getrocknet. Nur →Barytpapiere verlangen aufgrund ihres dicken, ungeschützten Papierfilzes, der sich voll Wasser saugt,

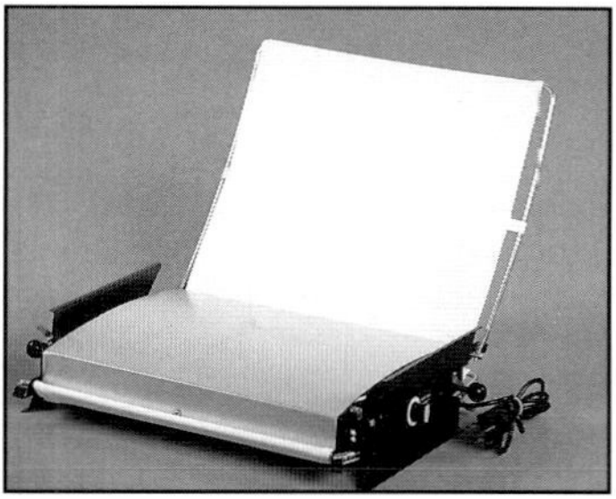

Trockenpresse: Flachpresse für Barytpapiere (Büscher)

eine verhältnismäßig aufwendige T. in einer →Trockenpresse.

Trommeln Lichtdichte Entwicklungsbehälter für die Papierverarbeitung bei der →Rotationsentwicklung.

TTL-Messung (TTL = engl.: Through The Lens) →Belichtungsmessung ›durch das Objektiv‹. Gemessen wird (je nach Bildwinkel des Objektivs) nur das Licht, das auch auf den Film gelangt. Bei Spiegelreflexkameras ist TTL.-M. heute selbstverständlich (→Belichtungsmesser, →Innenmessung).

Tubus Rohrähnliches Verbindungsstück zwischen Objektiv und Kamera bzw. Vergrößerungsgerät. Ein Objektiv-T. dient meist der Verlängerung oder Verkürzung des →Auszugs.

U

Überbelichtung →Belichtung, die über der von einer korrekten Belichtungsmessung angegebenen liegt. Da Licht die →Silberhalogenide schwärzt, erzeugt eine Ü. zu dichte Negative, was im Positiv durch die Tonwertumkehrung zu zu hellen →Dias oder →Vergrößerungen führt. Negativfilme verkraften eine Ü. besser als Diafilme. Überbelichtete Negative können (in Grenzen) verkürzt entwickelt und/oder beim →Vergrößern länger belichtet werden. Überbelichtete Dias zeigen jedoch ›ausgefressene‹ →Lichter und fahle Farben, die keine Korrektur verbessern kann.

Überblendung (Überblendtechnik) Begriff aus dem Bereich der →Diaprojektion. Bei der üblichen Projektion von Dias zeigt sich bei jedem Wechsel von einem Dia zum nächsten eine kurze Dunkelphase, die der Projektor zum Diawechsel braucht. Werden zwei (oder mehr) Projektoren verwendet, kann in einem aufeinander abgestimmten Bildwechsel diese Dunkelphase vermieden werden, indem für den Wechsel die Leuchtintensität eines projizierten Dias zunehmend reduziert wird, während gleichzeitig das Projektionsbild des nächstfolgenden Dias heller wird. Verwendet man ein spezielles Steuerungsgerät, sind diese Bildwechsel als ›harte‹ Ü. (eindeutiger Bildwechsel) oder ›weiche‹ Ü. (langsamer Bildwechsel) realisierbar. Gerade für die weiche Ü. sind speziell ausgestattete AV-Projektoren erforderlich. Der zeitliche Ablauf, die Standzeit der Dias sowie das Tempo der einzelnen Wechsel, kann mit einer Handsteuerung eingegeben oder über eine Tastatur programmiert (Time-code) werden. In der Regel werden diese Impulse auf ein Magnetband aufgezeichnet oder in einem Speicherchip festgehalten (→Tonbildschau, →Multivision). Die weichen Übergänge beim Diawechsel erfordern eine besondere Abstimmung und Auswahl der aufeinanderfolgenden Dias. Von Bedeutung ist dabei das sogenannte ›dritte Bild‹, also jene Abbildung, die, einer Doppelbelichtung ähnlich, auf der Projektionsleinwand als Überlagerung der Einzelbilder im Moment des Diawechsels entsteht.

Überblendung (Liesegang)

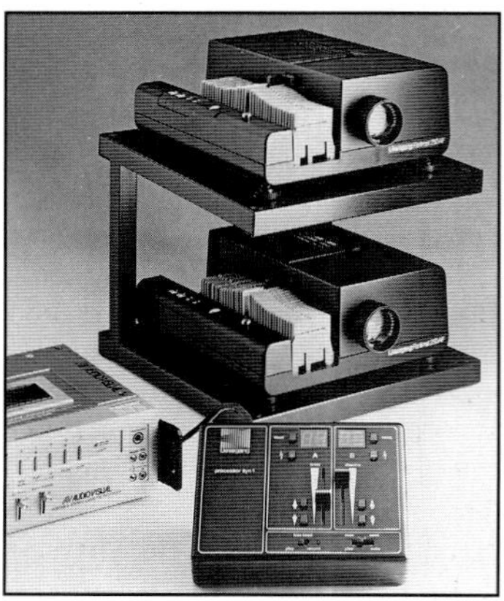

Überentwicklung Sie tritt bei einer zu langen, zu hoch temperierten

und zu bewegungsintensiven →Entwicklung auf. Bei Negativ- wie Diafilmen führt dies zu zu hohen Dichten und Kontrasten. Bei Filmen und Fotopapieren kann es außerdem zu einer Verschleierung (→Schleier) der Bildweißen kommen.
Da eine Ü. insbesondere die mittleren →Dichten anhebt, wirkt sie, mit einer →Unterbelichtung kombiniert, wie eine empfindlichkeitssteigernde Maßnahme (→forcierte Entwicklung).

Überlagerung Filme und Fotopapiere müssen innerhalb bestimmter Zeiträume belichtet und verarbeitet werden. Bei Filmen und Farbpapieren ist dafür ein Mindesthaltbarkeitsdatum aufgedruckt, bis zu dem, ein gewisser Spielraum eingeschlossen, der Hersteller die Qualität garantiert (vorschriftsmäßige →Lagerung vorausgesetzt).
Eine Überschreitung dieser Begrenzung führt also keineswegs zur völligen Unbrauchbarkeit der Materialien; doch aufgrund von Veränderungen der →Emulsion bzw. der Kristallstruktur der Silberhalogenide kann es zu Empfindlichkeitsverlusten und Veränderungen in →Dichte, →Kontrast, →Grundschleier und bei Farbmaterialien zusätzlich zu Farbverschiebungen (→Farbstich, →kippende Farben) kommen.

Überstrahlung Durch sehr starke direkte Lichteinstrahlung (→Gegenlicht) oder intensive Lichtreflexion (→Spitzlicht) können u.U. die Konturen eines fotografierten Gegenstands aufgerissen wirken; außerdem bewirkt die Lichtstreuung eine Verminderung des Bildkontrasts durch eine Lichtüberlagerung der →Schatten. Das Licht strahlt dabei ›über‹ den Aufnahmegegenstand hinweg. Ist dieses als gezielt eingesetzte Bildwirkung nicht erwünscht, ist eine Abhilfe nur möglich, indem man den Aufnahmestandort oder die Lichtquelle verlagert, bzw. indem man für eine Verringerung der Lichtintensität sorgt (Abb. S.348).

Ultrakurzzeiteffekt →Reziprozitätsgesetz, →Schwarzschild-Effekt

Ultraviolett Bezeichnung für den Bereich elektromagnetischer Strahlung jenseits der unteren Grenze des sichtbaren →Spektrums. Obwohl für das Auge unsichtbar, sind fotografische Schichten hier teilweise noch empfindlich, was für die bildmäßige Fotografie u.U. problematisch ist (→Ultraviolettfilter), für einige wissenschaftlich analytische Verfahren jedoch gezielt genutzt wird (→Ultraviolett-Fotografie).
Man unterscheidet üblicherweise langwellige UV-Strahlung bis 320 nm (→Nanometer, →Wellenlänge), mittleres UV bis etwa 280 nm (das u.a. eine Bräunung der Haut bewirkt) sowie kurzwellige UV-Strahlung unter 280 nm, die mit Speziallampen erzielt wird.

Ultraviolettfilter (UV-Filter) Spezielles, tief blauschwarzes Aufnahmefilter für die Arbeitsbereiche der →Ultraviolett-Fotografie, welches *nur* ultraviolette Strahlung unter ca. 360 →Nanometer (→Wellenlänge) hindurchläßt und für alles sichtbare Licht undurchlässig ist.

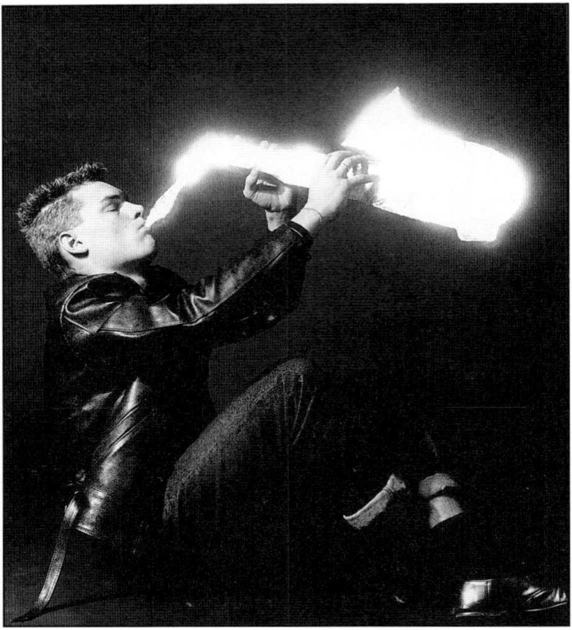

Überstrahlung; Foto: Christoph Seelbach

Fälschlicherweise oft verkürzt als UV-Filter bezeichnet wird das Ultraviolett-*Sperr*filter (auch UVa-Filter = ultraviolett absorbierend). Dieses in der ›normalen‹ Fotografie oft verwendete Aufnahmefilter sperrt je nach Typ UV-Strahlung bis ca. 400 Nanometer aus und läßt das sichtbare Licht der darüber liegenden Wellenlängen hindurch. UV-Sperrfilter sind farbneutral, filtern aber den durch den hohen UV-Lichtanteil entstehenden Blaustich bzw. Dunstschleier bei Aufnahmen im Hochgebirge weg. Daher findet sich auch die Bezeichnung Dunst- oder Haze-Filter. Die schwachen Versionen der UVa-Filter sind aufgrund der Glaswahl der Linsen und ihrer mehrschichtigen →Vergütung bei modernen Objektiven weitgehend unnötig geworden; sie haben allenfalls noch als Objektivschutz der Frontlinse Bedeutung. Für spezielle wissenschaftliche Analyseverfahren werden auch gelbliche UVa-Filter (bis ca. 480 Nanometer) verwendet, mit denen die durch UV-Strahlung erzeugte →Fluoreszenz verstärkt sichtbar gemacht werden kann.

Ultraviolett-Fotografie Fotografischer Arbeitsbereich im UV-Licht bzw. die gezielte fotografische Registrierung ultravioletter Strahlung. Verwendet werden spezielle Ultraviolettstrahler wie Quecksilberhochdrucklampen oder Quarzglaslampen. Jegliche Strahlungsemissionen im sichtbaren →Licht (Wellenlängen über ca. 380 nm) werden durch vorgeschaltete schwarzblaue →Ultraviolettfilter absorbiert. Selbstverständlich muß die Filmemulsion für Strahlung dieser kurzen Wellenlängen auch noch empfindlich sein (→spektrale Empfindlichkeit) und die Objektive für diese durchlässig (Linsenglas aus Quarz oder Feldspat). Die UV-F. wird nicht nur in der Materialprüfung und den verschiedensten Bereichen wissenschaftlicher Analyse, sondern aufgrund ihrer hohen Auflösung (eine Folge der sehr kurzen Wellenlängen) auch in der →Mikrofotografie eingesetzt. Viele Effekte entstehen durch die Umwandlung gezielt eingesetzter ultravioletter Strahlung in Erscheinungen der →Fluoreszenz.

Umbo (eigentl. Otto Umbehr; *1902 Düsseldorf, †1980 Hannover) 1921-23 Studium am Bauhaus, später Kamerasssistent in Berlin; arbeitete als Bildjournalist beim ›Deutschen Photodienst‹ (Dephot), ab 1933 als freier Fotograf oft in antibürgerlicher Außenseiterexistenz. Viele seiner Bilder dokumentieren das →Neue Sehen in der Fotografie jener Epoche. Im Krieg Verlust des Bildarchivs. Nach 1945 Wiederaufnahme der bildjournalistischen Arbeit.

Umentwickeln Korrekturmaßnahme, mit der zu dünne oder zu dichte Schwarzweißnegative durch eine Wiederholung der →Entwicklung in Grenzen korrigiert werden können. Zunächst wird das vorhandene Bildsilber in einem →Bleichbad in →Silberhalogenid zurückverwandelt. Anschließend folgt eine erneute Entwicklung, bis die gewünschte Dichte und der angestrebte Kontrast erreicht ist. Eine deutliche Kontraststeigerung erreicht man mit Positiventwickler. Alle Arbeitsschritte können bei Raumlicht, also nach Sicht, stattfinden. Das U. ist dem →Abschwächen oder →Verstärken meist vorzuziehen.

Umkehrentwicklung Verfahren der →Entwicklung, bei dem das belichtete, negative Silberbild zwar zunächst entwickelt, letztlich jedoch wieder aufgelöst wird; durch eine →Zwischenbelichtung oder ein chemisches Umkehrbad werden die unbelichteten Silberhalogenide für die Zweitentwicklung entwicklungsfähig gemacht. Erst bei der sich anschließenden Zweitentwicklung entsteht das positive Bild, das dem erstbelichteten Negativbild komplementär ist. Bei →Farbumkehrfilmen ermöglichen eingelagerte →Farbkuppler das farbige →Dia. Das metallische Silberbild, welches das Farbbild zunächst noch überlagert, wird in einem →Bleichbad herausgelöst. Neben der U. bei Filmen gibt es auch entsprechende Entwicklungsprozesse für Fotopapiere (→Dia-direkt-Verfahren).

Umkehrfilm Filmmaterial, das nach der Entwicklung ein positives tonwert- (und farb-)richtiges Durchsichtsbild (→Dia) ergibt. Die Bilder sind für die Projektion, die Vergrößerung oder den Druck geeignet. Neben den hauptsächlich genutzten →Farbumkehrfilmen gibt es auch spezielle →Duplikatfilme sowie großformatige Filme für Großbilddias in Leuchtdisplays und für Overhead-Projektoren. Außerdem können fast alle Schwarzweiß-Negativfilme in einer →Umkehrentwicklung zu Schwarzweißdias umgewandelt werden (Farbabb. 38).

Umkehrring Adapterring, um ein Kameraobjektiv mit dem Filtergewinde an die Kamera (→Retrostellung) anzuschließen, was oft der besseren Abbildungsqualität bei Aufnahmen im Nahbereich dient.

Umkopieren Herstellen einer →Kontaktkopie von einem →Negativ oder →Dia. Dabei erhält man, je nach Kopiermaterial, ein Duplikat (→Duplizieren), vom Dia auch ein →Internegativ oder ein Schwarzweißnegativ, bzw. vom Negativ auch ein Dia. Dabei läßt sich sowohl der Kontrast, die Dichte und die Farbigkeit verändern. In der →Fotografik ist das Umkopieren ein Arbeitsschritt zur →Verfremdung.

Umweltschutz hat unter verschiedenen Aspekten für den Fotografen gewichtige Bedeutung. Einerseits geht es um Entsorgung der Verarbeitungsbäder (→Fixierbad, →Entwickler), wobei insbesondere verbrauchte Fixierbäder durch ihren biologisch nicht abbaubaren Silbergehalt zum Problem werden können (→Silberrückgewinnung). Auch →Batterien gehören nicht in den Müll, sondern sind der Entsorgung zuzuführen. Ein anderes Problem ist das Verhalten einzelner Fotografen selbst, die z.B. rücksichtslos mit umfangreicher Kameraausrüstung in die Natur, ja sogar in Naturschutzreservate eindringen, nur um seltene Tierarten unbedingt aus der Nähe zu fotografieren.

Unbunt Bezeichnung aus der →Farbenlehre für alle Grauwerte von Weiß bis Schwarz, also das Fehlen von Farbe.

Unendlich (maximaler) Entfernungspunkt bzw. -bereich, ab dem alle Punkte, ungeachtet ihrer wahren Entfernung, scharf in der →Bildebene eines Objektivs abgebildet (→Abbildung) werden, da alle bilderzeugenden Strahlen annähernd parallel zur Aufnahmeachse in das Objektiv fallen. Auf rechnerischem Weg läßt sich der U.-Punkt definieren, wenn seine →Gegenstandsweite der 1500fachen Brennweite entspricht. Auf Objektiven ist der u.e Entfernungsbereich durch das Zeichen ∞ markiert.

Universalmagazin Genormtes →Magazin für den Transport von →Dias im Projektor.

Unschärfe in der Bildwiedergabe bedeutet, daß die als →Zerstreuungskreise wiedergegebenen Bildpunkte tatsächlich auch als Kreisscheiben und nicht mehr punktähnlich wahrgenommen werden, was durch eine abweichende →Scharfeinstellung bedingt ist. U. ist nicht unbedingt ein Aufnahmefehler. Sie kann gezielt für die Bildgestaltung

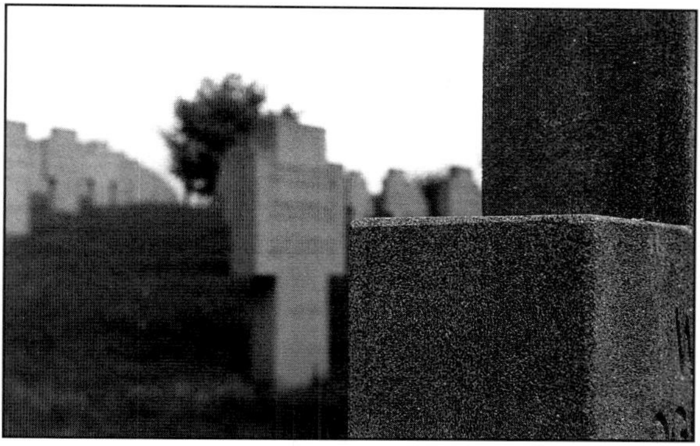

Unschärfe; Foto: Martin Franken

eingesetzt werden. (→Defocus, →Out-of-focus, →Schärfe, →Zerstreuungskreis)

Unterbelichtung Belichtung, die unter einer korrekt gemessenen Belichtung liegt. Unterbelichtete →Negativfilme zeichnen sich durch geringe →Dichte (zu hell), unterbelichtete →Umkehrfilme durch zu hohe Dichte (zu dunkel) aus. Eine U. läßt sich in Grenzen durch eine Verlängerung der Entwicklungszeit (→Überentwicklung) ausgleichen; damit tritt ein Effekt ein, der einer Empfindlichkeitssteigerung ähnelt (→forcierte Entwicklung). Ansonsten ist der Ausgleich einer U. bei Schwarzweißfilmen durch →Verstärken oder einer Reproduktion im →Dunkelfeld (in Grenzen) möglich. Beim Vergrößern hilft gelegentlich eine extraharte Papiergradation. Eine Korrektur von unterbelichteten Farbfilmen ist kaum möglich.

Unterbrecherbad (Stopbad) Zwischenbad im Verarbeitungsprozeß von Fotomaterialien, um die Wirkung des alkalischen →Entwicklers zu stoppen, also die Entwicklung abzubrechen und ein Verschleppen von Entwicklersubstanzen in das Bleich- oder Fixierbad zu verhindern. Ein U. besteht meist aus 2 %iger Essigsäurelösung nebst Zusätzen. Wird ein Indikator zugesetzt, ist visuell durch Farbumschlag sichtbar, wenn das U. verbraucht ist.

Unterwasseraufnahmen verlangen spezielle Druckgehäuse für die Kamera oder abgedichtete Spezial-

Unterwasseraufnahmen: Unterwasserkamera (Nikon)

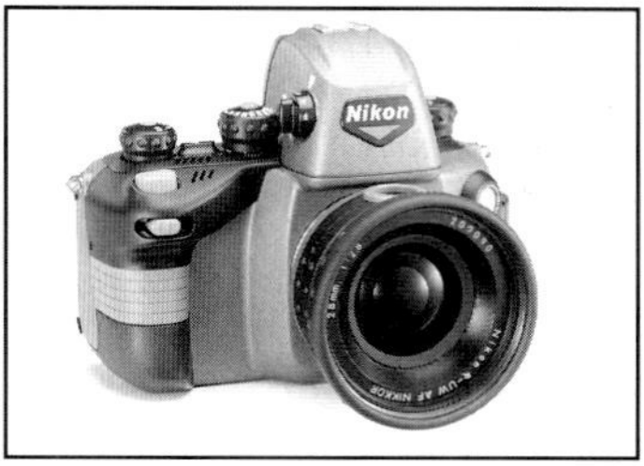

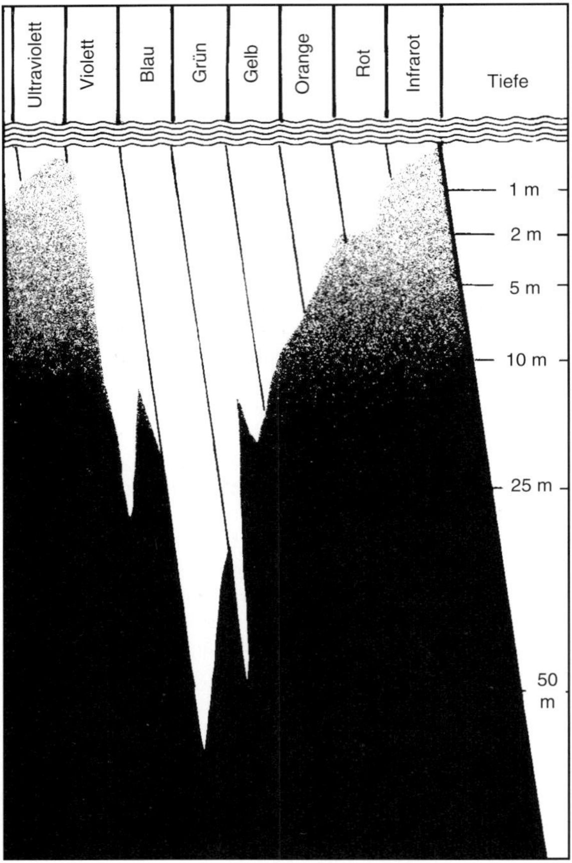

Unterwasseraufnahmen: Veränderung der spektralen Anteile bei unterschiedlichen Tiefen

kameras. Im Handel befindliche verschließbare Kunststofftaschen reichen allenfalls für Fotos knapp unter der Wasseroberfläche. Durch die veränderte →Lichtbrechung scheinen alle Entfernungen um 25 % verkürzt, gleichzeitig verringert sich der effektive Bildwinkel des Objektivs um etwa ein Drittel. Mit zunehmender Tiefe läßt nicht nur die Lichtintensität deutlich nach, auch die langwelligen Spektralfarben (Rot, Orange usw.) werden herausgefiltert (ab etwa 5 m Tauchtiefe ist kein Rot mehr vorhanden). Aufgrund der Lichtstreuung sind im allgemeinen kaum Aufnahmen möglich, wenn die Aufnahmeentfernung größer als etwa ein Drittel der Sichtweite beträgt. Zur Aufhellung sind spezielle Elektronenblitze notwendig, die zur Vermeidung weiterer Lichtstreuung *seitlich* zur Aufnahmerichtung eingesetzt werden (Farbabb. 36).

Urheberrecht Rechtsgrundlage, mit der dem Hersteller eines Werkes (hier: einer Fotografie) bestimmte Rechte, z.B. das Recht auf Nutzung (hauptsächlich Vervielfältigung, Verbreitung und Vermarktung) zugestanden wird. Nach dem deutschen Urheberrechtsgesetz wird dabei zwischen einem (künstlerischen) Lichtbildwerk und einem (handwerklich-technischen) Lichtbild unterschieden. Dabei genießt nur das erstere den vollen Schutz des Gesetzes, während ein Lichtbild nur sogenannten Leistungsschutz erfährt. Zusätzlich gibt es eine Kategorie von Bildern, die als ›Dokumente der Zeitgeschichte‹ bezeichnet werden.
Als Urheber eines Werks ist derjenige anzusehen, der die Aufnahme angefertigt hat. Er dokumentiert seine Urheberschaft durch die Anbringung eines Urheberrechtsvermerks (Copyright-Vermerk) am Werk. In Deutschland beträgt die Schutzdauer 25 Jahre für das einfache Lichtbild, 50 Jahre für ein Lichtbild als Zeitdokument und 70 Jahre für das Lichtbildwerk. In anderen Staaten gelten teilweise andere Fristen. →Persönlichkeitsrecht

UV-Filter →Ultraviolettfilter

V

Varioobjektiv →Zoomobjektiv

Verarbeitung von fotografischen Materialien im →Fotolabor (→Entwicklung, →Filmverarbeitung, →Dosenentwicklung, →Prozeßstabilität)

Verarbeitungsfehler Für eine falsche Verarbeitung von fotografischen Materialien liegen die Ursachen meist
- in einem ungenauen Ansatz oder falscher →Regenerierung der Chemikalien;
- in einer falschen Abfolge der Bäder;
- in Fehlern in der Bewegung, der Temperatur oder der Verarbeitungszeit;
- in Verunreinigungen der Verarbeitungsbäder;
- in einer falschen Handhabung des Materials (z.B. Laborlicht).

Als außerordentlich problematisch erweist sich eine fehlerhafte →Filmverarbeitung, da die Fehler nur in wenigen Fällen wieder korrigiert werden können, das heißt, daß unter Umständen wichtige Aufnahmen vernichtet sind. Bei V. in kommerziellen Labors sind diese zwar haftbar zu machen, sie ersetzen aber in der Regel nur das beschädigte Material, nicht den Aufwand für die Herstellung der Fotos.

Verblitzungen Die Bezeichnung für elektrostatische Entladungen, die an Kameras, Filmpatronen oder Verarbeitungsmaschinen auftreten können. Unter Umständen bleiben dann feine Lichtspuren mit dünnen Verästelungen zurück. V. lassen sich durch Anhebung der Luftfeuchtigkeit und Verlangsamung der Transportbewegung reduzieren.

Verfallsdatum →Überlagerung

Verfremdung Gezielte Veränderung eines Motivs bei der fotografischen Aufnahme bzw. im →Fotolabor oder bei der →Bildverarbeitung durch Abänderung von Tonwerten, Farben, räumlichen Zuordnungen usw. Die bildnerische V. kann dem Betrachter neue Sichten und tiefere Erkenntnisse über das ›Normalmotiv‹ vermitteln. Eindeutige V.en werden bei der Aufnahme mit →Trickfiltern, →Offenblitz, →Verwischung, →Infrarotaufnahme →Mehrfachbelichtung usw. erzielt, im Fotolabor mit →Pseudosolarisation, →Isohelie, →Rastern und weiteren Verfahren der →Fotografik; auch →Kolorieren, →Fotoskulptur sowie →Fotocomposing gehören dazu. Abgesehen von diesen eher technischen Methoden berühren Aspekte der V. auch Mittel der →Bildgestaltung und des →Bildaufbaus sowie Fragen der Bildkonzeption und der →Fotoästhetik: z.B. die Frage, ob ein Fotograf eine bestimmte Sache nüchtern dokumentieren oder eventuell durch eine verfremdende Übersteigerung inszeniert darstellen will (→inszenierte Fotografie; Farbabb. 32).

Vergrößerung Ein mit Hilfe eines →Vergrößerungsgeräts projiziertes und entwickeltes Bild von einem

Negativ/Dia im Abbildungsmaßstab <1:1. Beim Vergrößern wird die transparente Vorlage auf →Fotopapier belichtet. Die Belichtungszeit wird durch einen →Probestreifen oder einen zuvor geeichten Laborbelichtungsmesser ermittelt. Sie ist abhängig von der →Dichte der Vorlage, der →Empfindlichkeit des Fotopapiers, der Intensität der Lichtquelle, der →Lichtstärke des Objektivs und vom Vergrößerungsmaßstab. →Großvergrößerungen über 30 x 40 cm (→Papierformat, →Rollenpapier) erfordern oft besondere Vergrößerungstechniken wie zum Beispiel →Wandprojektion oder Bodenprojektion. Der größtmögliche →Vergrößerungsfaktor wird durch die labortechnischen Voraussetzungen, aber auch durch das →Auflösevermögen und die →Körnigkeit des Filmmaterials sowie durch die Qualität des Aufnahme- und →Vergrößerungsobjektivs begrenzt.
Demzufolge gilt, daß ein größeres Aufnahmeformat auch eine größere, technisch gute Vergrößerung erlaubt. Beim Vergrößern kann durch Eingriffe in den Belichtungsvorgang (z. B. durch →Abwedeln, →Nachbelichten, →Weichzeichnen, →Korrekturfilterung der Farbigkeit) die Abbildung manipuliert werden. Wird nur ein Teil des vollen Aufnahmeformats (Filmbild) vergrößert, so spricht man von einer Ausschnittsvergrößerung (→Bildausschnitt).
Dank derartiger qualitätssteigender Einflußmöglichkeiten im Fotolabor erhält eine gezielte Vergrößerungsarbeit einen ähnlich hohen Stellenwert wie eine überlegte Aufnahmetechnik.

Vergrößerungsfaktor Er gibt an, wievielmal ein Gegenstand bzw. Objektfeld oder Negativ vergrößert worden ist. Der V. wird meist auf eine Strecke, z.B. die Formatdiagonale, bezogen (auch lineare Vergrößerung genannt), seltener auch auf den Flächeninhalt (→Abbildungsmaßstab).

Vergrößerungsgerät Projektionsgerät für Negative/Dias zur Belichtung von Vergrößerungen im Fotolabor. Dabei durchdringt das gestreute (→Diffusor) oder gerichtete (→Kondensor) Licht einer Lichtquelle die transparente Vorlage, die in einer Negativbühne ausgerichtet wird. Über ein →Vergrößerungsobjektiv wird das Bild auf eine Grundfläche projiziert, auf der, oft in einem speziellen →Vergrößerungs-

Vergrößerungsgerät (Dunco)

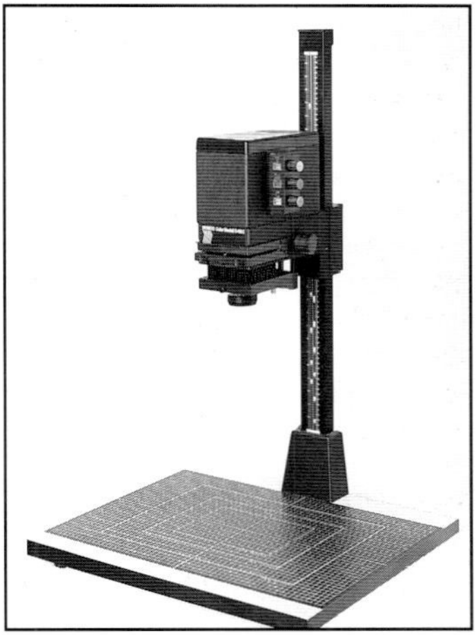

rahmen, das Fotopapier belichtet wird. Die Belichtungszeit wird durch das Ein- und Ausschalten einer Lampe (→Belichtungsschaltuhr) geregelt. Als Lichtquelle dienen →Opal- oder Halogenleuchten, teilweise auch Blitzröhren. Bei Farbvergrößerungsgeräten befindet sich zwischen Lichtquelle und Negativbühne eine variable einstellbare Filtereinheit (→Farbmischkopf) zur Korrektur von →Farbstichen.

V.e unterscheiden sich auch nach dem jeweils maximal zu vergrößernden →Aufnahmeformat. Bei einigen Typen ist über eine mechanische oder elektronische Vorrichtung eine automatische Scharfeinstellung (→Autofocus) möglich.

Sind die Objektiv-, die Negativ- und die Projektionsebene schwenkbar, kann man eine Abbildung (ähnlich wie bei der →Fachkamera) nach dem Scheimpflug-Prinzip →entzerren (→Schärfendehnung).

Vergrößerungskassette

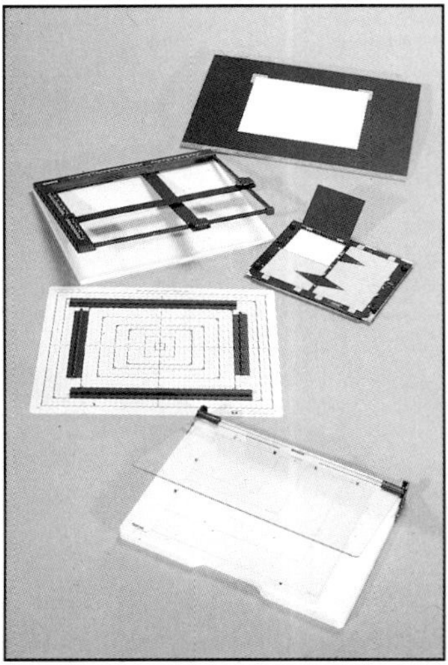

Vergrößerungskassette Flacher Rahmen, der in die Projektionsebene des →Vergrößerungsgeräts gelegt wird, um bei der Belichtung das Fotopapier plan zu halten (→Planlage). Zuvor wird das projizierte Bild auf die Grundfläche der Vergrößerungskassette scharfgestellt. Durch zwei oder vier verschiebbare oder magnetisierte Halteleisten lassen sich die Ränder des Papiers festklemmen, gleichzeitig kann man den →Bildausschnitt festlegen. Bei anderen Rahmentypen wird das Papier durch eine Glasscheibe abgedeckt. Wieder andere Rahmen arbeiten mit einer Ansaugvorrichtung.

Vergrößerungsobjektiv →Objektivkonstruktion ohne Schneckengang zur Scharfeinstellung, das besonders für den →Nahbereich und gegen →Verzeichnung korrigiert ist. Die →Scharfeinstellung beim Vergrößern erfolgt durch einen Faltbalgen oder eine tubusähnliche Vorrichtung am Vergrößerungsgerät (→Tubus).

Die Wahl des richtigen Objektivs hängt mit dem jeweils voll ausgezeichneten →Bildkreis und damit mit dem zu vergrößernden →Aufnahme- bzw. Negativformat zusammen. Je kleiner der Bildkreis, desto kleiner das maximale Format des Negativs. Als Standard gelten Objektivbrennweiten, die der →Brennweite des für das Aufnahmeformat

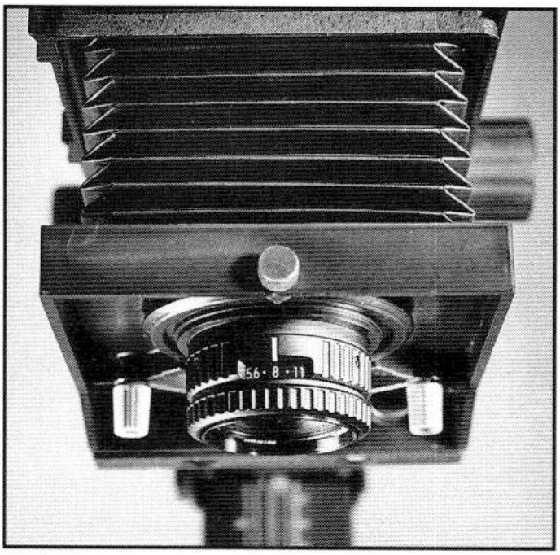

Vergrößerungsobjektiv mit Blendenring am Faltbalgen eines Vergrößerungsgeräts

geltenden →Normalobjektivs entsprechen (50 mm für Kleinbild, 80 mm für 6 x 6 Mittelformat usw.). Spezielle Weitwinkelobjektive erlauben allerdings eine Erweiterung des →Abbildungsmaßstabs beim Vergrößern ohne entsprechend gravierende Erweiterung des Projektionsabstands.

Je höher der →Vergrößerungsfaktor, desto besser sollte die Objektivqualität sein. Auch hier gilt, daß man durch →Abblenden die optische Leistung der Objektivkonstruktion verbessern kann. Ein Kriterium für die optische Leistungsfähigkeit von V.en kann die Anzahl der Linsen sein.

Vergütung Tritt Licht von einem optischen Medium in ein anderes ein, so entstehen an den Grenzflächen Reflexionsverluste (→Reflexion). Dabei werden an jeder Glas-Luftfläche ca. 5 % des einfallenden Lichtes reflektiert, was sich z.B. bei

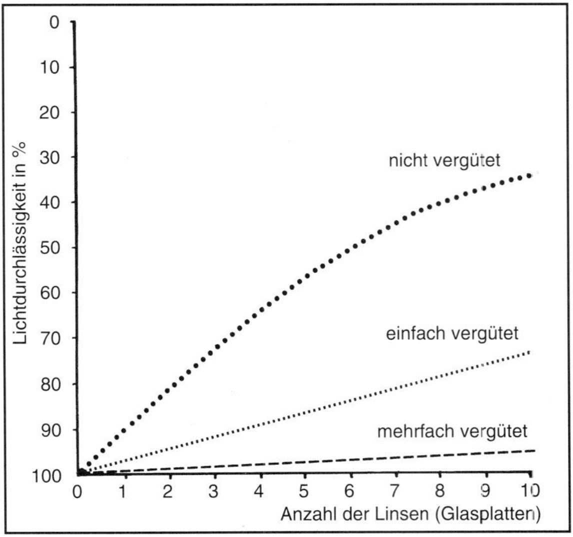

Vergütung

einem aufwendigen zehnlinsigen Objektiv bis auf eine verminderte Durchlässigkeit von 35 % steigert. Die Lichtreflexion erzeugt zudem →Streulicht, das eine erhebliche Kontrastminderung bewirken kann. Dieses Streulicht läßt sich durch Ausnutzung der →Interferenz vermindern, indem man die Grenzfläche (Linsenoberfläche) mit einem Schichtauftrag einer definierten Dicke und einer definierten Brechzahl versieht. Diese Maßnahme wird als V. bezeichnet und in der Praxis durch ein Aufdampfen von Metallfluoriden realisiert.
Da jede Schicht theoretisch nur für eine bestimmte →Wellenlänge wirksam ist (→Dispersion), legt man meist mehrere Schichten übereinander, die durch abgestufte Brechzahlen darüber hinaus einen weicheren Übergang des Lichts ermöglichen (Mehrschichtvergütung, Multicoating). Gegenüber unvergüteten →Objektiven sind die Bilder mehrschichtenvergüteter Objektive (und Filter) kontrastreicher und brillanter, auch ist die effektive Lichtdurchlässigkeit höher.

Verlängerungsfaktor Zahlenwert, mit dem die Belichtungszeit multipliziert wird, was bei der Verwendung von Filtern (→Filterfaktor) und bei →Nahaufnahmen oft erforderlich ist (→Auszug). Statt einer Verlängerung der Zeit kann auch die Blende geöffnet werden. Es gilt:

V-Faktor	1	1,5	2	3	4	8	16
Blenden-stufen öffnen	0	0,5	1	1,5	2	3	4

Verlauf Gleichmäßige Veränderung der Helligkeit und/oder Farbe bei Aufnahmehintergründen und speziellen Filtern (→Verlaufsfiltern). Ein Hintergrundv. kann entweder durch gezielte Lichtführung z.B. bei →Sachaufnahmen (→Helligkeitsabfall) oder fertig konfektionierte Verlaufshintergründe erzeugt werden (→Hohlkehle; Abb.).

Verlauffilter Effektfilter, das über einen Teil der Filterfläche hinweg einen kontinuierlich zunehmenden Dichte- bzw. Farbdichteverlauf aufweist. Dadurch läßt sich das Bildfeld bei der Aufnahme in unterschiedlich farbbetonte Bereiche mit fließendem Übergang teilen. Um die Lage des Verlaufbereichs zu steuern, empfehlen sich V. als Filterscheiben, die verschiebbar in einen drehbaren Filterhalter gesteckt werden. In der Landschaftsfotografie werden Verlaufsfilter oft zur Abdunklung und Dramatisierung des Himmels im Bild verwendet.

Verreißen Beabsichtigte Bewegung der Kamera während der Belichtung in eine Richtung (→Verwischung; →Verwackeln).

Verschleierung →Schleier

Verschluß Vorrichtung im Strahlengang einer Kamera, die durch Öffnen und Schließen das Belichten des Films erlaubt (→Belichtungszeit); während dieser Vorgang mechanisch erfolgt, wird die Steuerung der V.-Zeit meist elektronisch, seltener mechanisch vorgenommen, wobei nach DIN 19015 und

19016 eine Abweichung von maximal ± 20 % zur eingestellten Zeit zulässig ist. Je nach technischer Bauweise und Funktion unterscheidet man hauptsächlich →Zentral- und →Schlitzverschluß.

Verschlußzeit Zeit der Öffnung des Verschlusses für die →Belichtung (→Belichtungszeit). Je nach Kamerasystem verfügt man über einen unterschiedlich großen Bereich von ca. 10 Sek. bis zu 1/12000 Sek. (kürzere Zeiten lassen sich nur mit Mitteln der →Hochfrequenzfotografie erreichen). Die jeweilige Zeit wird entweder manuell eingestellt oder durch eine vorhandene Zeit- oder Programmautomatik (→Belichtungsautomatik) übertragen. Viele Kameras verfügen über eine fest vorgegebene Verschlußzeitenreihe (1/30; 1/60; 1/125; 1/250 usw.). Sie ist analog zur Blendenreihe so abgestuft, daß die Veränderung um eine Zeitstufe eine Verdoppelung bzw. Halbierung der Belichtung bewirkt. Bei einigen Kameras ist aber auch eine nahezu stufenlose Veränderung der V. möglich. Die V.en werden auf den Kameras durch ihren Kehrwert (z.B. 60 für 1/60) gekennzeichnet.
Daneben findet sich noch die Einstellung ›B‹ (nach engl.: bulb = Bezeichnung für pneumatischen Auslöseball; oder deutsch: beliebig); dabei bleibt der Verschluß so lange geöffnet wie der Auslöseknopf gedrückt wird. Ebenfalls für Langzeitbelichtungen an vornehmlich historischen Kameras steht die Markierung ›T‹ (nach engl.: time), wobei ein erstes Auslösen den Verschluß öffnet, eine zweite Betätigung des Auslösers den Verschluß wieder schließt.

Verstärken Veraltete chemische Korrekturmethode, um die Dichte von zu schwach entwickelten oder belichteten Schwarzweißnegativen (→Unterbelichtung) in Grenzen zu erhöhen. Dabei werden z.B. Metallsalze an das Bildsilber angelagert. Da solche Verstärker meist eine Reihe giftiger und umweltproblematischer Stoffe enthalten (Quecksilber, Uran, Chrom usw.), sind heute die Methoden der →Umentwicklung vorzuziehen. Ein Verstärken auf optischem Wege bewirkt eine Reproduktion im →Dunkelfeld.

Verstellmöglichkeiten Während bei fast allen Kameras die Film- und die Objektivebene starr zueinander angeordnet sind, bieten vorwiegend →Fachkamras, aber teilweise auch einige Spezialobjektive für Kleinbild- und Mittelformatkameras die Möglichkeit der Verstellung. Die Verstellungen können sowohl mit der Objektiv- als auch der Bildstandarte ausgeführt werden und erfordern Objektive mit entsprechend großem →Bildkreis. Man unterscheidet dabei zwischen ›Verschieben‹ und ›Verschwenken‹.
Verschieben, auch →shiften genannt, erfolgt parallel sowohl in horizontaler als auch vertikaler Richtung und erlaubt Korrekturen des Bildausschnitts von einem feststehenden Kamerastandpunkt aus (z.B. Architekturaufnahmen ohne →stürzende Linien, frontale Aufnahmen von →Spiegeln, ohne daß das

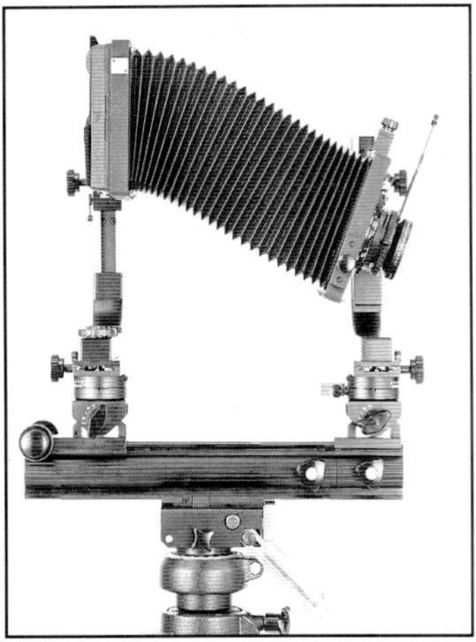

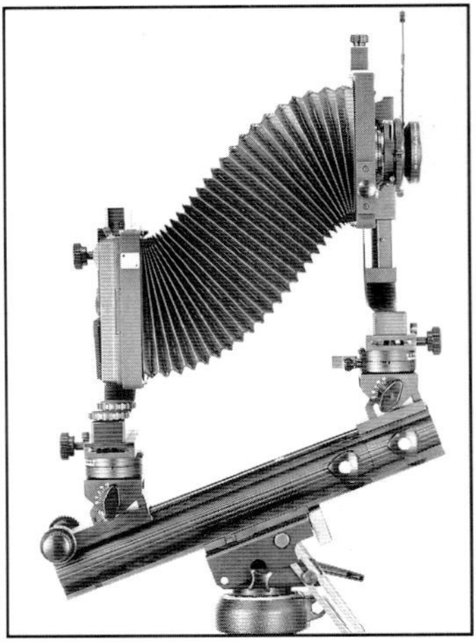

Verstellmöglichkeiten: Verschieben der Standarten an einer optischen Bank (links); Schwenken der Objektivstandarte (rechts); Fotos: Linhof

Spiegelbild der Kamera im Bild erscheint). ›Verschwenken‹ erfolgt um vertikale und horizontale Schwenkachsen und dient zur →Schärfendehnung nach Theodor →Scheimpflug sowie zum →Entzerren. Bei Schwenkungen mit der Bildstandarte wird zudem die Perspektive verändert.

Verwackelung Unbeabsichtigte Bewegung der Kamera während der Belichtung, die zu einer →Verwischung sämtlicher Motivkonturen führt (natürlich läßt sich dieser Effekt auch beabsichtigt einsetzen). Ursache ist meist eine zu lange →Belichtungszeit beim Fotografieren aus der Hand. Dabei steht die →Verschlußzeit in Zusammenhang mit der Abbildungsgröße bzw. der Brennweite. Es gilt die Faustregel: längstzulässige Belichtungszeit ≤ Kehrwert der Brennweite in Sek. Ist dies aufgrund der Lichtsituation nicht zu realisieren, sollte man besser ein stabiles →Stativ (mit Drahtauslöser) zur Hilfe nehmen. Die Berücksichtigung o.g. Regel schließt allerdings →Bewegungsunschärfe nicht aus. Andere Ursachen für ein Verwackeln können in der Bewegung der Masse des →Spiegels bei Spiegelreflexkameras oder dem Ablauf des →Schlitzverschlusses liegen.

Verwischung Werden Objektpunkte nicht mehr als Punkte, sondern aufgrund einer relativ zu langen →Belichtungszeit als Striche abgebildet, spricht man von V.en. Dies kann durch unbeabsichtigtes Bewegen der Kamera (→Verwacke-

lung), durch ein beabsichtigtes →Verreißen der Kamera (→Mitziehen) oder durch eine zu schnelle Bewegung des Motivs (→Bewegungsunschärfe) während der Belichtung geschehen. Das Maß der V. im letztgenannten Fall hängt stark vom Abbildungsmaßstab, von der Geschwindigkeit und der Bewegungsrichtung ab. Eine Bewegung, die parallel zur Filmebene verläuft, wird stärker verwischt als eine Bewegung senkrecht dazu.
Die gezielte V. gilt als modernes Gestaltungsmittel der Fotografie. Die Darstellung eines zeitlichen Ablaufs im Einzelbild wird damit möglich. Interessante Bildeindrücke ergeben sich bei einer Kombination von Verwischung und Blitz (→Offenblitz).

Verzeichnung (Distorsion) Dieser →Abbildungsfehler führt dazu, daß bei der Aufnahme Motivlinien, die parallel zum Bildfeld (nicht aber durch dessen Mitte!) verlaufen, u.U. gekrümmt abgebildet werden; die Krümmung, die zum Bildrand hin zunimmt, kann nach innen (kissenförmig) oder nach außen (tonnenförmig) verlaufen; konstruktionsbedingt kann die Verzeichnung auch leicht wellenförmig ausgeprägt sein. An der Art der V. hat die Lage der Blende einen gewissen Anteil; ihre eigentliche Ursache liegt in einer Veränderung des Abbildungsmaßstabs zum Bildrand hin, was mit der unterschiedlichen Winkelung der einfallenden Lichtstrahlen (zur optischen Achse) zu tun hat (→Bildfeldwölbung). Je nach optischer Konstruktion läßt sich die V. in Grenzen ausgleichen. Sie tritt häufig auf bei Weitwinkelobjektiven, oft auch bei Zoomobjektiven. V.en machen sich besonders bei Architekturaufnahmen sowie bei der →Reproduktion bemerkbar, wenn gerade Motivlinien am Bildrand gekrümmt wiedergegeben werden (Abb. S. 362).

Verzerrung Unnatürliche, extrem perspektivisch verschobene Darstellung. V.en finden sich zum Bei-

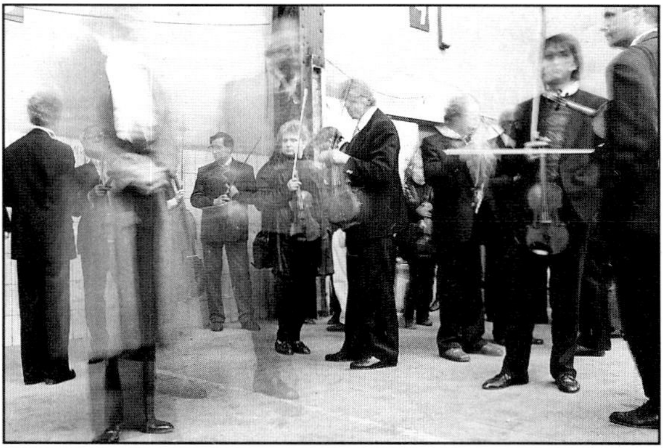

Verwischung

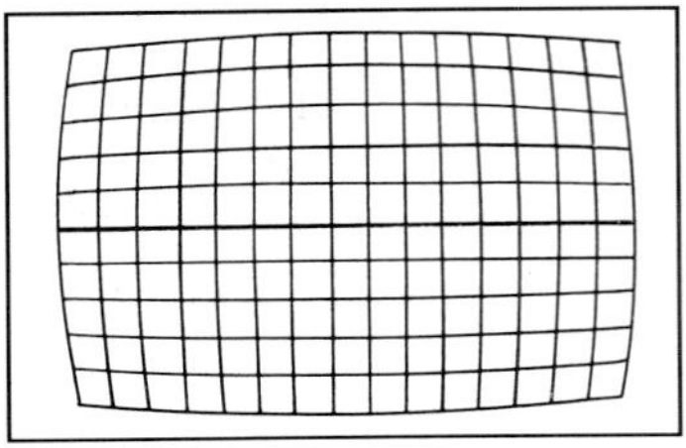

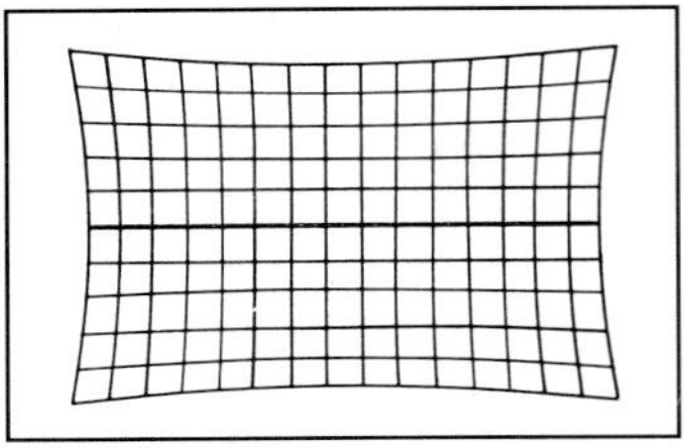

Verzeichnung: tonnen- und kissenförmige Wölbung

spiel bei Porträtaufnahmen mit starken →Weitwinkelobjektiven, auch →stürzende Linien bei Architekturfotos gehören dazu (→Entzerren). In der →experimentellen Fotografie werden auch biegbare Zerrspiegel verwendet (→Verfremdung).

Video Während die Fotografie auf einer Speicherung der Bildinformation durch lichtempfindliche →Silberhalogenide (oder ähnliche Stoffe) basiert, ist mit V. ein optisch-elektronisches Aufzeichnungs- und Wiedergabeverfahren gemeint. Dabei wird in einer Kamera, deren optischer Teil dem einer Foto- oder Filmkamera ähnelt, das Bild auf einen →Bildwandler (→CCD) gelenkt, dort in elektrische Signale umgewandelt, die in einem Recorder über einen Videokopf in magnetische Impulse umgesetzt und auf Magnetband aufgezeichnet werden. Für die Wiedergabe ist eine Rückumwandlung erforderlich, um das Bild mittels einer Fernsehbildröhre auf einem Fernsehgerät, einem Monitor oder einem LCD-Bildschirm sichtbar zu machen. Mit V. ist in der Regel eine Laufbildaufzeichnung, mit →Still-video eine →Stehbildaufzeichnung gemeint. Der Vorteil der V.-Technik liegt primär in der prompten Wiedergabemöglichkeit des Bildes, in den vielfältigen Verarbeitungsmöglichkeiten (→Bildverarbeitung) der diversen elektronischen Systeme (Computer usw.) und in der Wiederverwendbarkeit des Bandmaterials. Grenzen liegen nach wie vor im Auflösevermögen.

Dennoch hat die V.-Technik die klassische Fotografie in vielen Anwendungsbereichen abgelöst, vor allen Dingen dort, wo es ganz allgemein um die Aufzeichnung von Bildern, nicht aber unbedingt von →Aufsichtsbildern (mit hervorragender Abbildungsqualität) geht.

Video-Analyser Gerätekombination von →Color-Analyser, Video-Bildwandler (→Bildwandler) und Kontrollmonitor für die professionelle Ausarbeitung von Abzügen von Colornegativen. Es ist nahezu unmöglich, ein maskiertes Colornegativ gedanklich in ein Positiv umzusetzen und gleichzeitig die erforderliche Farbkorrektur angesichts der orangeroten →Maske visuell zu bestimmen. Beim V.-A. wird mit Hilfe der Bildwandler-Einheit das eingelegte Negativ nicht nur digitalisiert und auf einem Monitor abgebildet, sondern gleichzeitig zum Positiv umgekehrt. Nach Sicht kann man nun die Filtereinheiten so lange verändern, bis das Bild absolut ›stimmt‹ (→Neutralfilterung). Für die Feinkorrektur läßt sich ein Graukeil u.ä. einblenden. Die Meßtechnik des V.-A. muß auf das Vergrößerungsgerät und die Verarbeitungstechnik bzw. den →Printer geeicht werden. Über Schnittstellen ist ein Computeranschluß möglich.

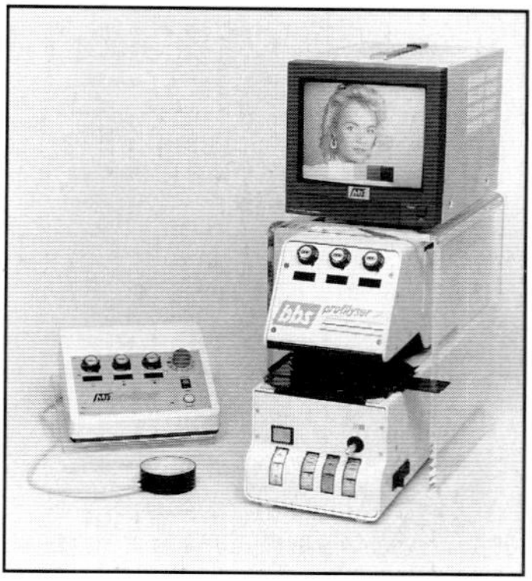

Video-Analyser (bbs)

Videodrucker (Videoprinter) Geräte, die Papierausdrucke oder Overheadfolien von elektronisch gespeicherten Bildern (im weitestens Sinne) aus Video, →Still-video oder Computern schwarzweiß oder farbig ausdrucken. Fast alle dieser Bildausgabegeräte arbeiten nach unterschiedlichen →Thermodruckverfahren.

Videotransfer Bezeichnung für per →Video bzw. →Still-video aufgezeichnete konventionelle fotografische Bilder zum Zwecke der Präsentation in einem anderen Medium (Dia-Video-Transfer), der →Bildverarbeitung und der Datenfernübertragung (über Telefonleitungen; →Scanner).

Vignettierung Zunehmender Helligkeitsabfall zum Rand des →Bildkreises hin, was sich im Bild durch verstärkte Abdunkelungen in den Bildecken bemerkbar macht. Eine *natürliche* V. ist darauf zurückzuführen, daß für schräg durch das Objektiv fallende Strahlenbüschel der effektive Querschnitt der Blendenöffnung (→Blende) verringert und die Strecke bis hin zur Bildebene vergrößert ist. Darüber hinaus zeigt schräg auf den Film auftreffendes Licht eine geringere →Beleuchtungsstärke als senkrecht auftreffendes. Eine solche V. ist als →Helligkeitsabfall bei →Weitwinkelobjektiven stärker ausgeprägt als bei Objektiven mit einem kleineren Bildwinkel. Eine Ursache für *künstliche* V. sind falsche, nicht auf die Objektivbrennweite zugeschnittene →Gegenlichtblenden oder hervorstehende Fassungen der →Filter. Eine künstliche Abschattung der Randzonen entsteht auch bei einem für den Bildwinkel zu kleinen →Leuchtwinkel bei Blitzaufnahmen. Porträtfotografen praktizieren teilweise heute immer noch mit entsprechenden Vorsatzblenden absichtlich ovale oder runde V.en (Abb. S. 364).

Vintage-print (engl.) Mit diesem Begriff werden Abzüge (→Kopie)

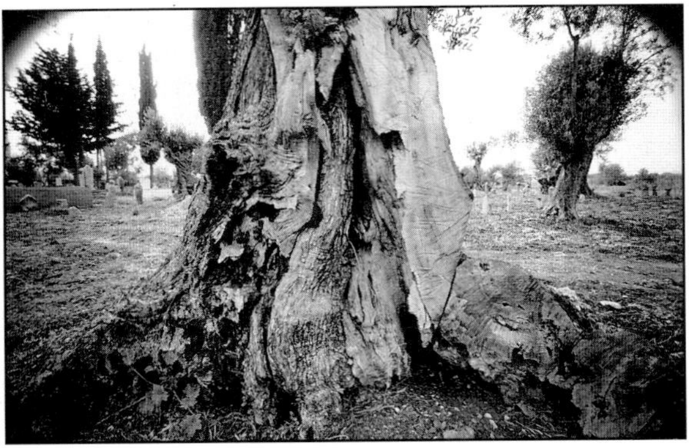

Vignettierung: natürliche Vignettierung an den Bildrändern und künstliche Vignettierung in den Bildecken

bezeichnet, die bis zu fünf Jahre nach der Aufnahme (in der Regel vom Bildautor selbst) angefertigt wurden (sonst handelt es sich um →Reprints). Der Begriff hat verstärkt Bedeutung für historische Fotografien und ihren Marktwert (→Original).

Virtuelles Bild Bei der optischen →Abbildung vereinigen sich die von einem Objektpunkt ausgehenden Strahlen *nicht* in einem Brennpunkt, wenn sich der Gegenstand innerhalb der dingseitigen →Brennweite einer Sammellinse (z.B. Lupe) befindet. Ähnliches gilt für das virtuelle Abbild bei einer Zerstreuungslinse. Die Lichtstrahlen eines Objektpunktes vereinigen sich dabei nur scheinbar in ihrer gedachten theoretischen Verlängerung. Demzufolge kann ein v. Abbild nicht ohne weiteres auf eine Fläche projiziert bzw. festgehalten werden. Zur Betrachtung bedarf es eines zusätzli-

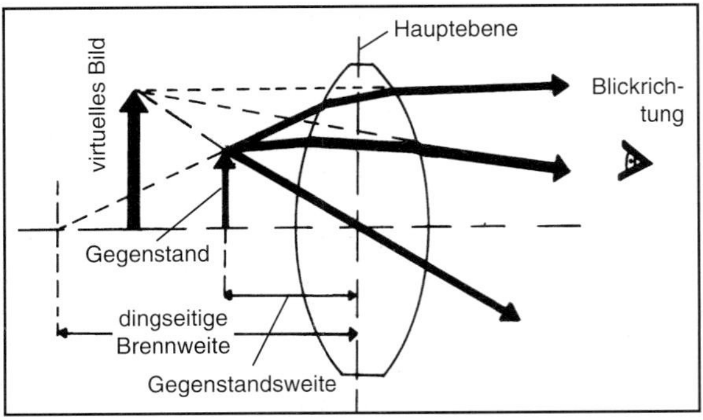

Virtuelles Bild an einer Sammellinse

chen optischen Systems (z.B. des Auges).
Mit ›virtuell‹ werden auch von Computerprogrammen geschaffene real wirkende Bilder bezeichnet, die, nur aufgrund von Daten und Berechnung entstanden, den Eindruck größter Wirklichkeit beim Betrachter erzeugen (virtuelle Realität).

Visualismus Tendenz der künstlerischen Fotografie nach 1975 (begrifflich geprägt von Andreas Müller-Pohle), neue, ungewöhnliche, sehr persönlich ausgesuchte Wirklichkeitsausschnitte mit konventioneller Kameratechnik unverzerrt aufzunehmen. Die Fotografen isolieren Situationen und Objektkonstellationen, um im gewählten Realitätsausschnitt Hintergründiges hervorzuheben oder Reales in eine irreale Atmosphäre zu tauchen. »Die visualistische Fotografie definiert sich durch ihre Abweichung von der allgemeinen Wahrnehmung. Sie strebt nicht nach Abbildern, sondern nach Gegenbildern, und das Objekt ist nicht Zweck (der Abbildung) sondern Mittel zum Bild.« (Müller-Pohle). Der V. knüpft an Bereiche des →›Neuen Sehens‹ der zwanziger Jahre an und versteht sich als Gegenpol zum Dokumentarismus (→Dokumentarfotografie). Analoge Bildergebnisse fanden sich einige Jahre vorher bei Ralph →Gibson und Lee Friedländer.

Vorbelichtung Wird eine →Emulsion vor der eigentlichen Belichtung kurzzeitig diffusem Licht ausgesetzt, dessen Intensität unter einer den Grundschleier verändernden Belichtung bleibt, wird die →Filmempfindlichkeit gesteigert (→Hypersensibilisierung) und die →Gradation verflacht. →Latensifikation

Vorblitz →Rote-Augen-Effekt

Vorlaufwerk Die Mechanik des →Selbstauslösers.

Vorsatzlinse Optische Linse, die, ähnlich wie ein Filter, vor die Frontlinse des Objektivs gesetzt wird. V.n verändern den Strahlengang im Objektiv und verkürzen als →Nahlinse die Brennweite. Auch verschiedene →Tricklinsen werden als V.n bezeichnet.

Vorwässern Bei einigen Verarbeitungsprozessen von fotografischen Materialien wird vor den Erstentwickler eine Wässerung gesetzt. Damit wird gerade bei sehr kurzen Verarbeitungszeiten erreicht, daß der →Entwickler sehr schnell und gleichmäßig in die angequollene Gelatineschicht der →Emulsion eintritt. Eine Vorwässerung ist bei der Angabe von Entwicklungszeiten in der Regel zusätzlich zu berücksichtigen.

Vorwahlblende Bei →Spiegelreflexkameras zunächst die vom Fotografen gewählte Blendenöffnung, auf die die Blende im Moment des Auslösens geschlossen wird (→Springblende), bei Kameras mit Zeitautomatik auch die Blende, nach der die →Belichtungsautomatik der Kamera die entsprechende →Verschlußzeit wählt.

W

Walzenentwicklungsmaschine →Durchlaufentwicklungsmaschine, →Entwicklung

Wärmeschutzfilter sind in →Diaprojektoren und →Vergrößerungsgeräten im Strahlengang zwischen der Lichtquelle und der Bildbühne angebracht. Mit ihren speziellen Absorptionseigenschaften vermeiden sie eine Hitzeentwicklung auf dem Dia oder Negativ.

Wässerung Häufige Verarbeitungsstufe im Verarbeitungsprozeß von fotografischen Materialien. Aufgabe einer Zwischen- oder Schlußw. ist die restlose Beseitigung von chemischen Substanzen, die in Emulsion und Trägerschicht von Filmen und Fotopapieren aus vorangegangenen Verarbeitungsbädern zurückgeblieben sind. Von der Gründlichkeit der Zwischenw. hängt z.B. die Vermeidung unerwünschter chemischer Reaktionen in den nachfolgenden Verarbeitungsbädern ab. Die Schlußw. bestimmt maßgeblich die Haltbarkeit (→Archivfestigkeit) fotografischer Materialien. Der Zusatz eines →Netzmittels in der letzten Phase der Schlußwässerung soll die Bildung von Kalkflecken bei der Trocknung verhindern.

Wechselmagazin An die Kamera anzuschließender Behälter für Filmmaterial. Ein W. kann jederzeit vom Kamerakörper gelöst werden. Im Zusammenspiel mit mehreren Magazinen erlaubt es dem Fotografen, damit direkt nacheinander eine Motiveinstellung mit verschiedenen Filmmaterialien aufzunehmen. W.e werden hauptsächlich für Kameras für das →Mittelformat angeboten. Bei →Fachkameras arbeitet man mit Wechselkassetten.

Wechselobjektive ermöglichen die Bewältigung verschiedenster fotografischer Aufgaben mit einem Kamerakörper und den jeweils geeignetsten Objektivkonstruktionen; vorausgesetzt natürlich, daß die Kamera für den Objektivwechsel eingerichtet ist. So läßt sich der gewünschte Bildausschnitt durch die Wahl eines Objektivs mit entsprechendem →Bildwinkel bzw. entsprechender →Brennweite (→Weitwinkel-, →Normal-, →Tele-, →Fern- oder →Zoomobjektiv) formatfüllend festhalten.
Objektive mit hohen →Lichtstärken für den Einsatz bei sehr ungünstigen Lichtverhältnissen oder spezielle Makroobjektive für die →Nahaufnahme tragen den aus diesen Aufgabengebieten hervorgehenden

Wechselmagazin

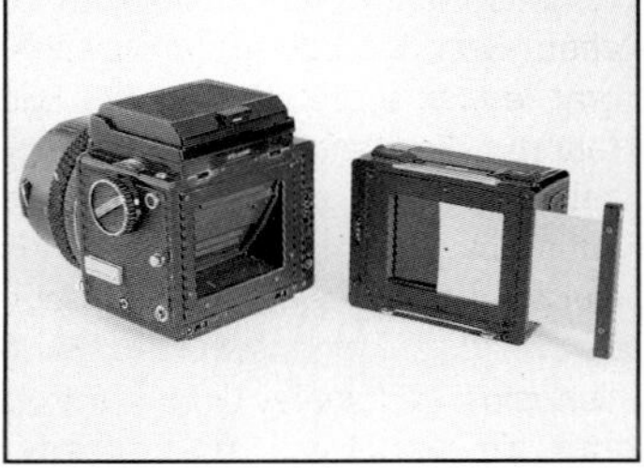

Anforderungen an ihre optische Leistung durch entsprechende Korrektur der →Abbildungsfehler Rechnung. Andererseits ermöglichen es →Weichzeichnerobjektive dem Fotografen, gerade durch die Nichtkorrektur einiger Abbildungsfehler besondere Bildwirkungen zu erzielen. W. werden durch ein →Schraubgewinde oder ein →Bajonett am Kamerakörper befestigt. →Fremdobjektiv, →Originalobjektiv

Wechselsack Lichtdichter Beutel mit lichtdichten Eingriffen für die Arme bzw. Hände und lichtdicht verschließbarer Öffnung, der es dem Fotografen auch ohne Dunkelkammer jederzeit erlaubt, z.B. →Planfilme in →Filmkassetten nachzuladen oder etwa eine Kamera zu öffnen, wenn der Filmtransport blockiert ist. Wie in der Negativdunkelkammer ist man beim Arbeiten im W. auf seinen Tastsinn angewiesen.

Weegee (eigentlich Arthur Felling; *1899 Zloczew/Polen, †1968 New York) Wuchs ab 1910 unter ärmlichen Verhältnissen in New York auf, arbeitete 1915-35 bei einer Bildagentur als Laborant und übernahm erste Reportageaufträge. Ab 1935 Bildjournalist mit Spezialisierung auf nächtliche Unfälle, Verbrechen, Brände usw. Als ›Polizeifotograf‹ erhielt er 1938 als erster Bildreporter die Genehmigung, ein Polizeifunkgerät in seinen Wagen einzubauen. So war er häufig vor der Polizei am Ort grausamer Geschehen, die er drastisch und schonungslos (mit meist direktem Blitz) im Bild festhielt. 1947 Überwachung der Verfilmung seines Buches ›Naked City‹ in Hollywood. Ab 1952 in New York zahlreiche Karrikaturen der High Society. Ab 1960 Reisen für Foto-, Film- und Buchprojekte.

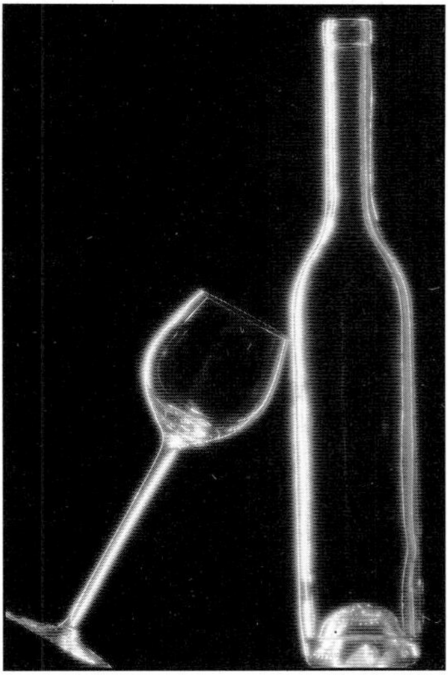
Weichzeichner

Weichzeichner Objektivvorsätze, -einschübe oder -konstruktionen, die den Kontrast der →Abbildung verringern; dabei wird ein scharfes Kernbild von Zerstreuungsscheibchen überlagert, die das Bild leicht diffus erscheinen lassen. Zusätzlich ergibt sich eine Überstrahlung der →Lichter in die Schattenpartien. W. unterdrücken kleinste Details (z.B. Pickel und grobe Poren bei →Porträts) und vermindern extreme Kontraste. Spezielle W.-Objektive sind so gerechnet, daß ein deutlich

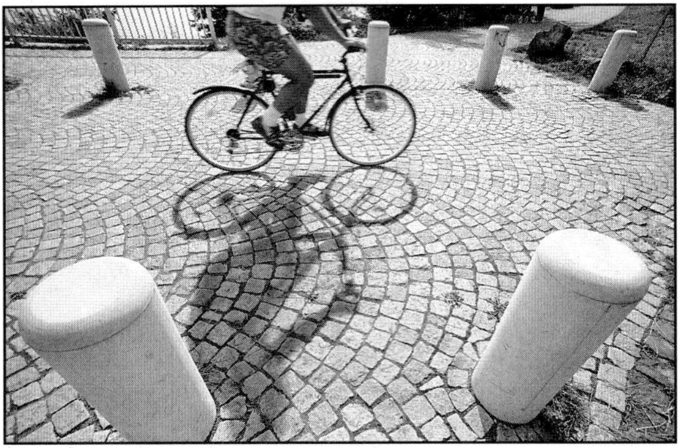

Weitwinkelobjektiv: Die Verzerrung durch die Objektivkonstruktion erlaubt interessante Sichtweisen

sichtbarer Rest der →Abbildungsfehler, meistens →sphärische und →chromatische Aberrationen, bestehen bleibt. Die Dosierung des W.-Effekts geschieht durch die Einbeziehung der Randstrahlen mittels Siebblende oder durch bewußtes Verschieben einzelner Linsen (→Floating Elements) aus der optimalen Position. W. als →Vorsatzlinse erzeugen durch Strukturierung ihrer Oberfläche Überstrahlungseffekte und Unschärfen. Diese Strukturen können eingeschliffene Ringe (Dutoscheibe), Gitter oder unregelmäßige Noppen sein. Als Improvisation läßt sich auch eine hauchdünn mit Fett o.ä. bestrichene Glasscheibe oder ein Gaze-Gewebe verwenden. Mit etwas veränderter Wirkung kann ein W.-Effekt auch im Labor erzeugt werden. Moderne →Defocus-Systeme, die über die Kreativprogramme moderner Kameras gesteuert werden, erzeugen einen W.effekt mittels unterschiedlicher Scharfeinstellungen während der Belichtung.

Weitwinkelobjektiv Es erfaßt einen großen →Bildwinkel von ca. 60° bis 180°. Dabei werden mit zunehmendem Bildwinkel →Brennweite (bezogen auf das Kleinbildformat ca. 40 - 6 mm) und bildseitige →Schnittweite kleiner. Die daraus resultierende Lage der Hinterlinse dicht vor der Filmebene ist bei →Sucher- und →Großbildkameras unproblematisch. Bei →Spiegelreflexkameras bedient man sich der Retrofocuskonstruktion, um den nötigen Platz für den Schwingspiegel zu gewinnen. Dabei wird vor das sammelnde Linsensystem ein zerstreuendes Linsensystem gebracht, welches die Lage der bildseitigen →Hauptebene nach hinten verlagert. Dieser zusätzliche Aufwand wirkt sich nachteilig auf die Korrektur der →Abbildungsfehler aus, da er eine höhere Linsenzahl erfordert. Bei großem Bildwinkel werden zudem →Verzeichnung und →Vignettierung immer schwieriger zu beheben. Verzichtet man auf Korrektur der Verzeichnung, so läßt sich der

Bildwinkel sogar bis 180° steigern (→Fisheye-Objektiv). Neben einem größeren Bildwinkel als ein Normalobjektiv liefert ein W. mehr →Schärfentiefe bei gleicher Blende. Bezieht man nahe Motivdetails mit ins Bild ein, kann die Tiefenwirkung der Aufnahme deutlich gesteigert werden.

Wellenlänge Nach der physikalischen Wellentheorie läßt sich elektromagnetische Strahlung (wozu auch das Licht gehört) erklären, indem man von energiemäßig angeregten, ständig schwingenden Elektronen ausgeht, die mit jeder Änderung des elektrischen Feldes eine Störung des Magnetfeldes bewirken. Diese elektromagnetischen Störungen breiten sich periodisch wellenförmig aus. Je nach Schwingfrequenz der Elektronen ist die W. — der Abstand zwischen zwei Wellenbergen — unterschiedlich lang. Energiereiche Gammastrahlen sind äußerst kurzwellig, Radiostrahlen haben W.n bis zu 10 km. W.n zwischen etwa 380 und 750 Nanometer (1 nm = 10^{-9} m) sind für das Auge als ›Licht‹ sichtbar. Die Amplitude der Welle zeigt die Strahlungsintensität (beim Licht: die Helligkeit). Die Schwingungszahl pro Sekunde wird als Frequenz angegeben. Die W. bestimmt den Farbeindruck: Der Mensch nimmt den Bereich von ca. 400-500 nm als Blau, ca. 500-600 nm als Grün und 600-700 nm als Rot wahr (→Spektrum). Das mittlere Sonnenlicht (weißes Licht) besteht aus gleichen Anteilen dieser Spektralbereiche. Der →Infrarotbereich be-

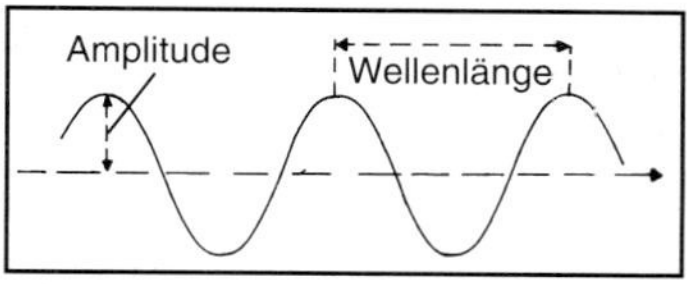

Wellenlänge

sitzt längere, der →Ultraviolettbereich kürzere W.n (Farbabb. 39).

Werbefotografie Bereich einer (publizistischen) Fotografie, die dazu beitragen soll, Aufmerksamkeit für ein Produkt, eine Leistung, eine Idee oder ein Image zu erzeugen und zu verbreiten. Historisch ist die Entwicklung der W. eng mit der technischen und ökonomischen Entwicklung der Druckmedien und der Werbebranche verbunden. Erst ab 1881 war es dank der →Autotypie möglich, Fotos zu drucken, doch erst der radikal expandierende, nach hohen Auflagen strebende Zeitschriftenmarkt erreichte ab ca. 1920 den Durchbruch der Fotografie in diesem Bereich. Damals wie heute sind viele Werbeaufnahmen →Sachaufnahmen und →Still-lifes, häufig auch Personenaufnahmen (→People, →Modefotografie), die in Katalogen, Anzeigen usw. abgebildet sind; doch gehören auch fast alle anderen Bereiche der Fotografie dazu (z.B. →Food-Fotografie). Der Erstellung von Werbeaufnahmen gehen heute in der Regel umfangreiche Marketing-Untersuchungen voraus, so daß die Aufgabe des Fotografen oft ›ausschließlich‹ darin besteht, eindeutig klar skizzierte Bildkonzeptionen fotografisch zu realisieren (→Layout). So ist W.

heute fast ausschließlich →inszenierte Fotografie, auch wenn viele Aufnahmen sehr spontan, reportagehaft wirken (Farbabb. 8, 11).

Weston, Edward (*1886 Highland Park/Illinois, †1958 Carmel/Kalifornien) Nach kurzer fotografischer Ausbildung eröffnete er ein Porträtstudio in Kalifornien (1911) und stellte bald seine malerischen Fotos (→Kunstfotografie, →Öldruck) international aus. Nach ersten Annäherungen an die moderne Malerei Treffen mit Paul →Strand und Alfred →Stieglitz, die einen grundsätzlichen Wandel in seiner fotografischen Arbeit einleiteten. 1923 Übersiedlung nach Mexiko und Bekanntschaft mit dem Maler Diego Rivera. W. begann, verstärkt sachliche, realistische Bilder von Menschen, Landschaften und alltäglichen Dingen zu fotografieren (→Straight Photography). Seine 20 x 26 cm großen Negative, mit den streng formalen Motivkompositionen, in denen sein Hang zur Abstraktion deutlich wird, deuten auf seine Qualitätsansprüche hinsichtlich Schärfe-, Detail- und Tonwertreichtum hin. 1927 Rückkehr nach Kalifornien, 1932 Anschluß an die Gruppe →f/64. Als erster Fotograf erhielt W. 1937 ein Guggenheim-Stipendium; 1948 letzte Fotografie von ›Point Lobos‹; W. gilt heute als einer der bedeutendsten Vertreter der klassischen Moderne in der Fotografie.

Winder Motorischer Filmtransport, der mit einer →Stativschraube unter die Kamera geschraubt wird und über ein Kupplungssystem mit dem Transportmechanismus verbunden ist. Bei modernen Kameras ist ein W. eingebaut. Während ein W. bis zu drei Bilder pro Sekunde transportiert, kann ein Motor bis zu zehn Bilder pro Sekunde bei einer Kleinbildkamera erreichen.

Winkelsucher An das Sucherokular einer Kamera ansetzbares Zubehörteil, das mit einem Umlenkspiegel bei bestimmten Aufnahmesituationen einen vereinfachten Sucherblick ermöglicht (→Reproduktion, →Nahaufnahme).

Wolf, Reinhart (*1930 Berlin, †1988 Hamburg) Studierte Literatur, Kunstgeschichte und Psychologie in den USA und Hamburg, ab 1955 Bayrische Staatslehranstalt für Photographie/München, Studienaufenthalt in Paris; 1956 Gründung eines Fotostudios in Hamburg, ab 1970 vermehrt Werbefilme. W. gilt als einer der prägnantesten →Still-life-, Werbe- und Food-Fotografen Deutschlands. Neben seinen kommerziellen Auftragsarbeiten fotografierte er industrielle Bauten ebenso wie Scheunen und immer wieder die Spitzen von Hochhäusern (hauptsächlich mit der 8 x 10-Inch-→Großbildkamera (z.B.›New York‹, 1980). 1987 erschien ›Japan‹, ein manieristisches Meisterwerk der →Food-Fotografie.

Woodburytypie (Reliefdruck) Historisches Druckverfahren (→Edeldruckverfahren) auf der Grundlage von gegerbten Dichromatschichten (→Dichromat-Verfahren); von Wal-

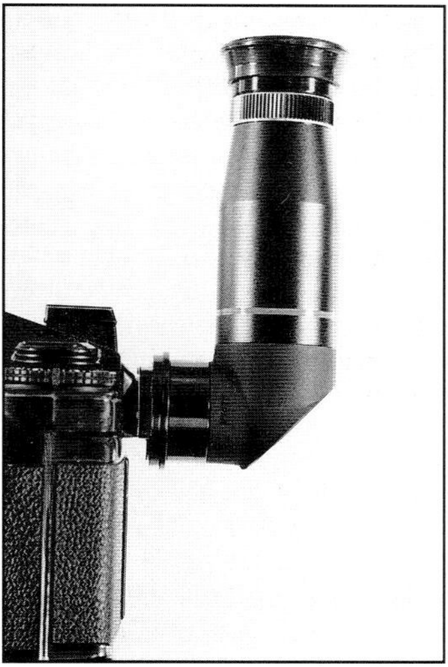

Winkelsucher

ter Bently Woodbury 1864 in London patentiert. Eine lichtempfindliche Chromgelatineschicht auf einer Glasplatte wird dabei durch ein Halbtonnegativ belichtet, gehärtet und anschließend teilweise ausgeschwemmt. Das so erhaltene Gelatinerelief des Fotos muß nun unter sehr hohem Druck in eine weiche Bleiplatte übertragen werden. Wurde eine solche Platte gehärtet, konnten bis zu 600 Drucke von ihr gezogen werden. Statt Blei verwendete man später auch Bleche (Stannotypie). Als Variante wurde ab 1891 die Druckform mit eingefärbter Gelatine ausgefüllt und diese dann auf das Papier umgedruckt.

Mit der W. ließen sich im Unterschied zu vielen anderen Druckverfahren jener Zeit wirklich differenzierte Halbtöne wiedergeben; die Ergebnisse können jedoch nur schwer von →Pigmentdrucken unterschieden werden. Das Druckverfahren hatte sich vornehmlich in Frankreich, Großbritannien und den USA durchgesetzt; in Deutschland wurde eher das Verfahren des →Lichtdrucks verwendet.

Wrattenfilter Eingetragenes Warenzeichen der Firma Kodak für deren Gelatine-Filter (→Filterfolien). Aufgrund der großen Anzahl der verfügbaren Filtertypen und deren Verbreitung im professionellen Bereich werden W. gerne als Bezugspunkt für Filterhinweise von Filmherstellern und von anderen Filterproduzenten für eigene Filter genommen. W. sind 0,1 mm stark (Toleranz ±0,01 mm) und bezüglich ihrer Stabilität in vier Klassen eingeteilt. Zu den W. gehören auch die →CC-Filter.

X/Y/Z

X-Kontakt →Blitzsynchronisation

Yellow engl. für Gelb, Grundfarbe der →subtraktiven Farbmischung.

Zeichnung Von einem technisch perfekten Foto wird erwartet, daß die Abbildung in den tiefsten →Schatten und höchsten →Lichtern noch Z., das heißt Struktur, zeigt. Angesichts des Verlaufs der Schwärzungskurve wird aber deutlich, daß dies nicht selbstverständlich ist, sondern ausgefeiltes, technisches Arbeiten verlangt. So bereitet es bei Motiven mit hohem Kontrast wie z.B. →Gegenlichtaufnahmen manchmal Probleme, einzelne Motivbereiche noch durchgezeichnet erscheinen zu lassen.

Zeitautomatik
→Belichtungsautomatik

Zeitenvorwahl
→Belichtungsautomatik

Zentralperspektive →Perspektive

Zentralverschluß Aus mehreren, kurvenförmig begrenzten Stahllamellen bestehender →Verschluß, mit dem die →Belichtungszeit in der Kamera geregelt wird. Die Lamellen werden zur Belichtung um feste Drehpunkte nach außen geschwenkt und kehren nach Ablauf der →Verschlußzeit wieder in die Ausgangsstellung zurück; sie geben also bei allen Verschlußzeiten das gesamte Bildfeld gleichzeitig zur Belichtung frei, was für die →Blitzsynchronisation von Bedeutung ist. Aufgrund der Bewegungsumkehr im Verschlußablauf liegt die kürzeste Belichtungszeit in der Regel bei 1/500 Sek.
Der Z. wird meist als Zwischenlinsenverschluß in der bildseitigen →Hauptebene (dort hat der Strahlengang den kleinsten Durchmesser) angeordnet, aber auch als →Hinterlinsenverschluß ausgeführt.
→Schlitzverschluß

Zerstreuungskreis Bei der →Abbildung durch ein optisches System erscheinen Punkte der Gegenstandsebene auf der Bildebene ebenfalls als Punkte. Dagegen werden alle Punkte vor oder hinter der Gegenstandsebene nicht mehr als Punkte, sondern mehr oder weniger als Scheibchen erscheinen, wobei der Durchmesser dieser Z.e mit wachsender Entfernung der zugehörigen Punkte zunimmt. Dem menschlichen Auge erscheinen diese Kreise noch als Punkte, wenn sie den sogenannten zulässigen Z.-Durchmesser nicht überschreiten. Das menschliche Auge kann Einzelheiten, die es unter einem kleineren Sehwinkel als 50-90 Bogensekunden erblickt, nicht mehr getrennt wahrnehmen, daher erscheinen die Scheibchen dann noch als Punkte, wenn sie kleiner als 1/1000 der Betrachtungsentfernung (→Bezugssehweite) sind. Beim Kleinbildformat geht man als Berechnungsgröße von 1/1500 aus.
Nimmt man an, daß bei einer Bildpräsentation die Betrachtungsent-

fernung bei ausreichend großen Bildern der Formatdiagonalen entspricht, so gelten als zulässige Z.-Durchmesser für das →Kleinbildformat 0,033 mm, für das →Mittelformat 0,05 - 0,075 mm. Bei einem →Vergrößerungsfaktor von z.B. fünffach linear vergrößert sich auch die ›erlaubte Unschärfe‹, da sich auch die →Bezugssehweite verfünffacht. Ein Z. von 0,15 mm ist im Bild dann noch tolerierbar.
Die Größe der Z.e ist abhängig von der Aufnahmeentfernung, der eingestellten Blende und der Brennweite. Sie ist damit von Bedeutung für die →Schärfentiefe. Visuell sehr auffällig sind Z.e von hellen Punkten oder Reflexen im Gegenlicht, die außerhalb der Schärfenebene liegen. →Spiegelobjektiv

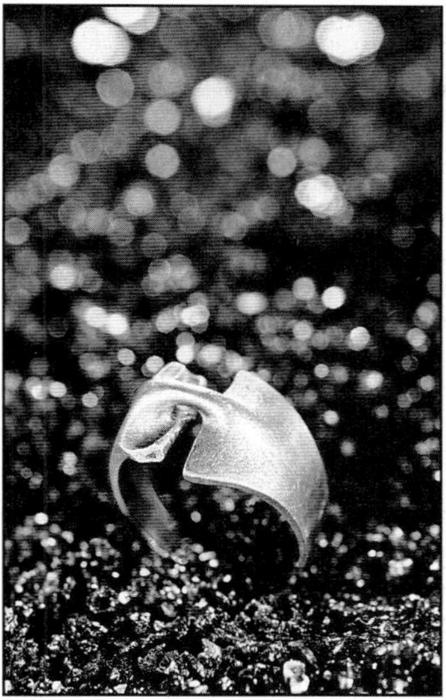

Zerstreuungskreis

Zerstreuungslinse Eine bikonkave oder konvexkonkave →Linse, die in der Mitte stets dünner ist als am Rand. Sie wandelt ein parallel einfallendes Strahlenbündel in divergierende Strahlen um. Aufwendig berechnete Z.n werden gezielt bei der →Objektivkonstruktion für die Korrektur von →Abbildungsfehlern genutzt.

Zirkular-Polarisationsfilter Spezielles →Polarisationsfilter, das das Licht nicht nur linear polarisiert (→Polarisation), sondern zusätzlich die Schwingungsebene des Lichts in eine kreisförmige Spiralbewegung um die Ausbreitungsachse versetzt. Dies wird durch die Ergänzung des Polfilters um einen sogenannten Viertelwellen-Kompensator (Lambda-Viertelplatte) erreicht. Dadurch wird das nach der Polarisation zunächst noch in einer Ebene schwingende Licht in zwei senkrecht zueinander schwingende Teile zerlegt, deren Phasen um eine viertel Wellenlänge bei gleicher Amplitude verschoben sind. In Z.n ist die Viertelplatte als Folie fest mit dem Polfilter verkittet. Z. werden an Kameras benötigt, deren Meßstrahl bei der TTL-Messung (→Innenmessung) durch einen teildurchlässigen Spiegel ausgegrenzt und u.U. zudem noch über einen Hilfsspiegel auf die Sensoren des Belichtungsmessers (oder des →Autofocus-Systems) gelenkt wird. Da diese teildurchlässigen Spiegel selbst eine teilpolarisierende Eigenschaft haben und zwei zueinander gedrehte

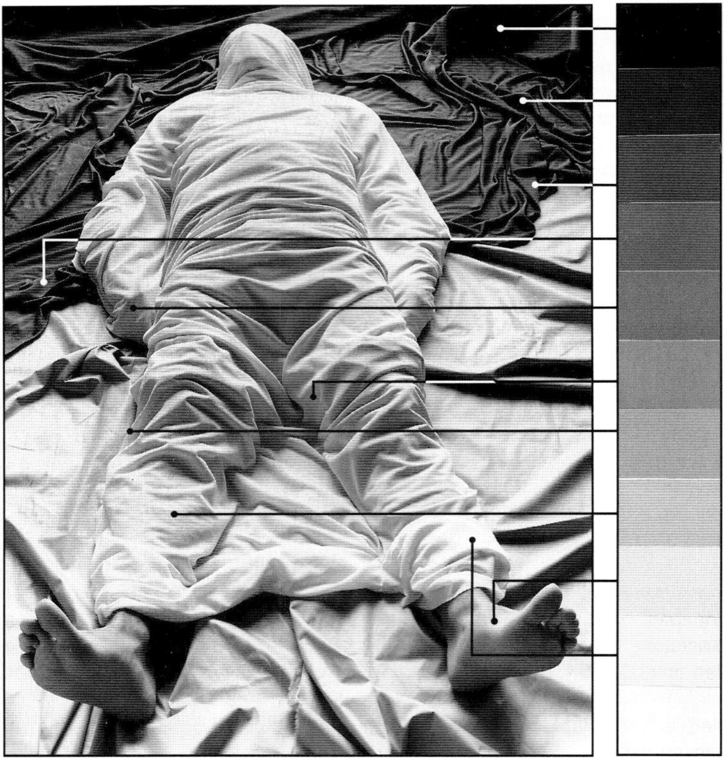

Zonenmeßsystem; Foto: Birgit Recke

Polfilter das Licht bis zur Löschung reduzieren können, kann auf diese Weise der Meßstrahl je nach Lage der Schwingungsebene abgeschwächt werden, was zu einem falschen Meßergebnis führt. Bei zirkular polarisiertem Licht verhindert die ständig symmetrisch rotierende Schwingungsebene entsprechende Wechselwirkungen mit den polarisierenden Eigenschaften der teildurchlässigen Spiegel; nur damit ist dann eine korrekte Messung möglich. Fast alle →Spiegelreflexkameras mit →Spotmessung und →Autofocus benötigen ein Z.

Zonenfehler
→sphärische Aberration

Zonensystem (auch: Zonenmeßsystem) Ein von Ansel →Adams entwickeltes, auf densitometrischer Grundlage basierendes System der

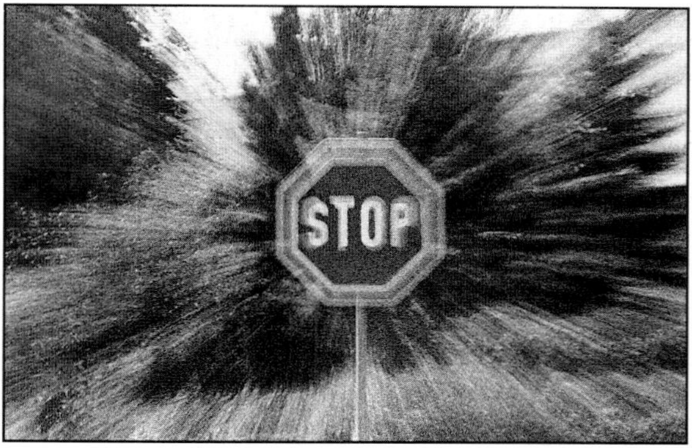

Zoomeffekt

→Belichtungsmessung, das es dem Fotografen erlaubt, sein Bildkonzept mit Hilfe gezielter Umsetzung der vorhandenen Tonwerte in bestimmte Grauwerte auf dem späteren Positiv zu realisieren. Ausgehend von der Tatsache, daß ein Fotopapier normalerweise einen Kontrastumfang von zehn Blendenstufen umsetzen kann, werden alle für die Bildkomposition relevanten Partien einzeln mit dem Belichtungsmesser ausgemessen und ihnen, unter Berücksichtigung des Verlaufs der Schwärzungskurve der benutzten Film/Entwickler-Kombination, eine Zone zwischen I und X zugewiesen. Dabei entspricht Zone V dem mittleren Grau einer →Graukarte, während Zone I eine →Dichte des Negativs von 0,1 über dem →Grundschleier bedeutet.

Zoomeffekt Verwischeffekt, der vom Bildzentrum strahlenförmig ausgeht. Wird bei einer →Langzeitbelichtung mit einer Kamera, die mit einem →Zoomobjektiv bestückt ist, der Bildwinkel *während der Aufnahme* verändert, verwischen die Motivdetails am Bildrand stärker als in der Mitte.

Zoomobjektiv Ursprünglich aus der Filmtechnik stammendes →Objektiv mit manuell oder motorisch veränderbaren →Bildwinkeln und →Brennweiten (bis ca. 1:7), das folglich eine kontinuierliche Veränderung des Bildausschnitts zuläßt. Das Prinzip der Brennweitenverstellung beruht auf einer kontinuierlichen Veränderung der relativen Lage einzelner Linsengruppen zueinander. Die Brennweitenveränderung wird mittels eines gesonderten Drehrings (Zweiring- oder Drehzoom), eines Schieberings (Schiebezoom) oder motorischer Verstellung vorgenommen. Gute Korrektur der →Abbildungsfehler, deren Ausmaße sich zudem mit der eingestellten Brennweite verändern, sowie Beibehaltung von →Scharfeinstellung und →Öffnungsverhältnis sind bei heutigen Z.en gewährleistet, erfordern aber einen enormen konstruktiven Aufwand mit einer hohen Linsenzahl und →Floating-elements. Aus Kostengründen und zugunsten einer kompakten Bauweise wird oftmals auf eine hohe →Lichtstärke verzichtet.

Zoomreflektor Bei vielen Kompaktblitzgeräten (→Blitzgerät) kann der →Leuchtwinkel durch Einengung oder Ausdehnung des Blitzreflektors (in Grenzen) verändert und so der verwendeten Objektivbrennweite angepaßt werden.

Zubehörschuh Einschub auf der Kameraoberseite von →Spiegelreflexkameras zum Aufsetzen von Zubehör wie →Blitzgeräten usw. Eingelassene Kontakte sorgen für die Blitzauslösung bzw. für die Übertragung von automatischen Blitzfunktionen.

Zweistufen-Entwicklung Spezialentwicklung von Schwarzweiß-Negativfilmen, die in *zwei* aufeinanderfolgenden Lösungen entwickelt werden (→Entwicklung). Das Ergebnis ist in der Regel gesteigerte →Filmempfindlichkeit bei gleichzeitigem Ausgleich der Kontraste.

Zwischenbelichtung (Zweitbelichtung) Entscheidende Stufe im Verarbeitungsprozeß von →Umkehrfilmen. Die unbelichteten, nach der Erstentwicklung nicht geschwärzten Silberkristalle werden in einer diffusen Zweitbelichtung entwicklungsfähig gemacht und in der Zweitentwicklung zu einem positiven Bild entwickelt. Bei →Farbumkehrfilmen wird heute die Z. durch ein chemisches Umkehrbad ersetzt (→Umkehrentwicklung).

Zwischenring Zubehörring zur starren Verlängerung des Objektivauszugs (→Auszug), um größere →Bildweiten und dadurch einen größeren →Abbildungsmaßstab zu erzielen (→Nahaufnahme). Bei Bedarf lassen sich mehrere Z.e aneinandersetzen. Im Unterschied zum →Balgengerät lassen Z.e keine stufenlos variable Veränderung des Abbildungsmaßstabs zu.

Zwischenwässerung
→Wässerung

Von Felix Freier sind in unserem Verlag erschienen:

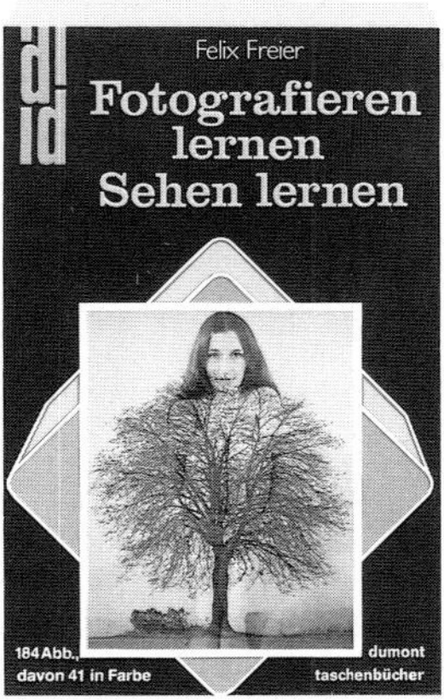

Fotografieren lernen - Sehen lernen

377 Seiten mit 41 farbigen und 142 einfarbigen Abbildungen und Zeichnungen, Literaturhinweisen, Firmenanschriften, Register, kartoniert (DuMont Taschenbücher, Band 101)

»Von der Fototechnik über die Aufnahmepraxis zur Bildgestaltung werden in diesem Buch alle wichtigen Fragen angeschnitten, die den Fotoamateur interessieren. Es sind alles ganz konkrete Tips aus der Praxis für die Praxis, aber auch der theoretische Unterbau, die technischen, chemischen und physikalischen Voraussetzungen für die fotografische Praxis kommen nicht zu kurz. Die vom Autor meist selbst gemachten Illustrationen passen sich vorzüglich in den textlichen Rahmen ein. Eine gediegene Einführung in die Amateurfotografie.« *Photoblätter*

»Nachdem die Vielfalt an Kameras, Objektiven, Zubehör und Filmmaterial dargelegt ist, gibt der Verfasser Entscheidungshilfen beim Kauf, um sich dann der Aufnahmepraxis und den unterschiedlichen Motiven eingehend zuzuwenden. Freier flicht immer wieder Aufnahmebeispiele ein, die Themen wie Bildergeschichten, Aktfotos oder die Reproduktion von Bildern vom Fernsehschirm behandeln.« *Ruhr-Nachrichten*

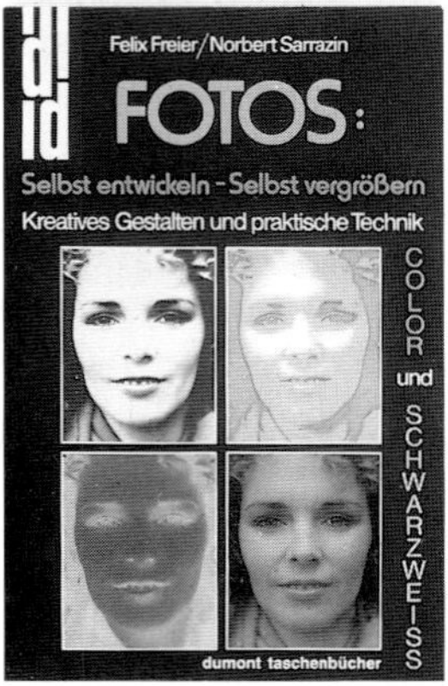

Fotos: Selbst entwickeln - Selbst vergrößern

Kreatives Gestalten und praktische Technik - Color und Schwarzweiß

Von Felix Freier und Norbert Sarrazin. 378 Seiten mit 33 farbigen und 108 einarbigen Abbildungen und Zeichnungen, Literaturhinweisen, Firmenanschriften, Stichwortverzeichnis, kartoniert
(DuMont Taschenbücher, Band 160)

»Die Autoren beschreiben, welche Geräte für die Einrichtung einer Dunkelkammer benötigt werden, gehen ausführlich auf den Umgang mit der Chemie ein - auch im Hinblick auf umweltbewußte Verarbeitung und Beseitigung - und erläutern Filmentwicklung, Vergrößerungstechniken, Verarbeitung von Fotopapieren für S/W und Color. Darüber hinaus gibt das Buch umfangreiche Anleitungen und Tips zu kreativen Möglichkeiten des Fotolabors. Ein gut gemachtes und empfehlenswertes Buch für Anfänger und auch Fortgeschrittene.« *foto-scene*

»Die Autoren wenden sich in diesem didaktisch sehr gut aufgebauten Band in erster Linie an Einsteiger, die sich dieses Themengebiet grundsätzlich erschließen wollen. Jedoch werden auch erfahrene Laboranten mit vielen Praxistips versorgt.« *Foto Hobbylabor*

Bitte beachten Sie auch folgende Veröffentlichungen aus unserem Verlag:

Die Farbenlehre der Fernseh-, Foto- und Drucktechnik

Farbentheorie der visuellen Kommunikationsmedien
Von Harald Küppers. 176 Seiten mit 26 farbigen Abbildungen und 44 Zeichnungen, Bibliographie, kartoniert (DuMont Taschenbücher, Band 163)

»Nachdem sich der Autor bereits international einen Namen mit Publikationen zur Farbenlehre- und theorie gemacht hat, knüpft er mit seinem neuen Buch an seine bisherigen Veröffentlichungen an. Mit zahlreichen Farbtafeln und Tabellen veranschaulicht er, daß die verschiedenen Farbmischgesetze nichts anderes sind als Interpretationsmöglichkeiten der Gesetzmäßigkeit des Sehens, daß auch jene Farbmischgesetze die Grundlage von Farbfernsehen, Farbfotografie und Farbdruck sind. Sie sind optische Informationsübermittlungen, die durch Reproduktionsprozesse zustande kommen. Er erklärt nicht nur allgemeinverständlich, wie diese Reproduktionsprozesse heute funktionieren, vielmehr zeigt er Perspektiven zur Verbesserung dieser Technologien auf.« *Nordsee-Zeitung*

Das Fotogramm in der Kunst des 20. Jahrhunderts

Die andere Seite der Bilder - Fotografie ohne Kamera
Von Florian M. Neusüss. 499 Seiten mit 9 farbigen, 11 zweifarbigen und 744 einfarbigen Abbildungen, zahlreichen literarischen Dokumenten und Künstlerkommentaren, ausführlichen Bio- und Bibliographien, Leinen mit Schutzumschlag

»Im DuMont Verlag ist ein Buch erschienen, das man ohne zu übertreiben als ein Standardwerk der Fotogramm-Technik bezeichnen kann. Der Autor beschreibt die Entwicklung und Nutzung von Fotogrammen. Wie schon der Titel des Buches ahnen läßt, beschäftigt er sich überwiegend mit der künstlerischen Seite dieser Technik. Trotz der zweifelsfreien Kompetenz dieses Buches wirkt es nicht wissenschaftlich trocken und unnahbar. Neusüss stellt in seinem Buch 150 Künstler und ihre Fotogramm-Arbeiten vor. Unter ihnen befinden sich Namen wie: ... Marcel Duchamp, Max Ernst, ... Pablo Picasso, Kurt Schwitters,... . Den Künstlern Christian Schad, Man Ray, Laszlo Moholy Nagy und Raoul Hausmann gilt dabei ein besonderes Interesse. Mehr als 700 überwiegend schwarzweiße Abbildungen dokumentieren eindrucksvoll, wie kreativ sich Künstler des Fotogramms angenommen haben und wie vielfältig die Berührungspunkte mit der übrigen Kunst sind.«

Photo News

DuMont Taschenbücher

Stand Herbst ´92

Band 2
Horst W. und Dora Jane Janson
Malerei unserer Welt

Band 3
August Macke - Die Tunisreise

Band 4 Uwe M. Schneede
René Magritte

Band 6 Karin Thomas
DuMont's kleines Sachwörterbuch zur Kunst des 20. Jahrhunderts

Band 8 Christian Geelhaar
Paul Klee

Band 13 Joseph-Émile Muller
DuMont's kleines Lexikon des Expressionismus

Band 14 Jens Christian Jensen
Caspar David Friedrich

Band 15 Heijo Klein
DuMont's kleines Sachwörterbuch der Drucktechnik und grafischen Kunst

Band 18 Horst Richter
Geschichte der Malerei im 20. Jahrhundert

Band 23 Horst Keller
Marc Chagall

Band 25 Gabriele Sterner
Jugendstil

Band 26 Jens Christian Jensen
Carl Spitzweg

Band 28 Hand Holländer
Hieronymus Bosch

Band 30
Johannes Pawlik (Hrsg.)
Malen lernen

Band 31 Jean Selz
DuMont's kleines Lexikon des Impressionismus

Band 32 Uwe M. Schneede
George Grosz

Band 33 Erwin Panosky
Sinn und Deutung in der bildenden Kunst

Band 35 Evert van Uitert
Vincent van Gogh

Band 37 Bob Haak
Rembrandt

Band 38 Ingeborg Tetzlaff
Romanische Kapitelle in Frankreich

Band 39 Joost Elffers (Hrsg.)
DuMont's Kopfzerbrecher
TANGRAM

Band 40 Walter Pach
Pierre Auguste Renoir

Band 44 Fritz Baumgart
DuMont's kleines Sachlexikon der Architektur

Band 47 Paul Vogt
Der Blaue Reiter

Band 59 Hugo Munsterberg
Zen-Kunst

Band 65 Harald Küppers
Das Grundgesetz der Farbenlehre

Band 66 Sam Loyd/
Martin Gardner (Hrsg.)
Mathematische Rätsel und Spiele

Band 69 Erich Burger
Norwegische Stabkirchen

Band 70 Ernst H. Gombrich
Kunst und Fortschritt

Band 71 José Pierre
DuMont's kleines Lexikon der Pop Art

Band 73 Gabriele Sterner
Barcelona: Antoni Gaudí

Band 74 Eckart Kleßmann
Die deutsche Romantik

Band 77 Wolfgang Hainke
Siebdruck

Band 78 Wilhelm Rüdiger
Die gotische Kathedrale

Band 83
Ekkehard Kaemmerling (Hrsg.)
Bildende Kunst als Zeichensystem

Band 84 Hermann Leber
Plastisches Gestalten

Band 85 Sam Loyd/
Martin Gardner (Hrsg.)
Noch mehr mathematische Rätsel und Spiele

Band 88 Thomas Walters (Hrsg.)/
Gabriele Sterner
Jugendstil-Graphik

Band 90 Ernesto Grassi
Die Theorie des Schönen in der Antike

Band 91 Hermann Leber
Aquarellieren lernen

Band 93 Joost Elffers/Michael Schuyt
Das Hexenspiel

Band 95 Karl Hennig
Japanische Gartenkunst

Band 99 Bernd Fischer
Wasserburgen im Münsterland

Band 101 Felix Freier
Fotografieren lernen - Sehen lernen

Band 103 Kurt Badt
Die Farbenlehre van Goghs

Band 112 Alexander Adrion
Die Kunst zu zaubern

Band 114 Peter-T. Schulz
Der Kuckuck und der Esel

Band 115 Angelika Hofmann
Ton

Band 123 Fritz Winzer
DuMont's Lexikon der Möbelkunde

Band 124 Walter Dohmen
Die Lithographie

Band 127 Peter-T. Schulz
Rapunzel

Band 128 Lu Bro
Wie lerne ich Zeichnen

Band 130 Bettina Gruber/Maria Vedder
DuMont's Handbuch der Video-Praxis

Band 131
Anneliese und Peter Keilhauer
Die Bildsprache des Hinduismus

Band 133 Barbara Salberg-Steinhardt
Die Schrift:
Geschichte — Gestaltung — Anwendung

Band 135 Karlheinz Schüssler
Die ägyptischen Pyramiden

Band 139 Peter-T. Schulz
Guten Tag! Eine Gulliver-Geschichte

Band 142 Rudolf Wittkower
Allegorie und der Wandel der Symbole in Antike und Renaissance

Band 143 Martin Warnke (Hrsg.)
Politische Architektur

Band 145 James F. Fixx
Rätsel und Spiele mit Seitensprung

Band 146
Rose-Marie und Rainer Hagen
Meisterwerke europäischer Kunst
als Dokumente ihrer Zeit erklärt

Band 148 Renée Violet
Kleine Geschichte der japanischen Kunst

Band 149 Lawrence Treat
Detektive auf dem Glatteis

Band 150
Alexandra Lavizzari-Raeuber
Thangkas

Band 156 Herbert Alexander Stützer
Kleine Geschichte der römischen Kunst

Band 157 Paul Maenz
Die 50er Jahre

Band 159 Anita Rolf
Die Geschichte der chinesischen Kunst

Band 160 Felix Freier/Norbert Sarrazin
Fotos: Selbst entwickeln - Selbst vergrößern

Band 163 Harald Küppers
Die Farbenlehre der Fernseh-, Foto- und Drucktechnik

Band 164 Nora Gallagher
Wohnzimmerspiele - alt und neu

Band 167 Eckhard Neumann (Hrsg.)
Bauhaus und Bauhäusler

Band 170 Hans Sedlmayr
Die Revolution der modernen Kunst

Band 171 Ernst H. Gombrich
Eine kurze Weltgeschichte für junge Leser

Band 173 Eve-Marie Helm
555 Teekessel

Band 174 Abbie Salny/ Marvin Grosswirth
Phantastische Mensa-Rätsel

Band 177 Vittorio Lampugnani
Architektur als Kultur

Band 178 Michael Koulen **Go**

Band 182 Martin Schuster
Kunsttherapie

Band 184 Wilfried Hansmann
Balthasar Neumann

Band 185 Manfred Görgens
Kleine Geschichte der indischen Kunst

Band 190 Peter Bolz/Bernd Peyer
Indianische Kunst Nordamerikas

Band 191 Abbie Salny/ Marvin Grosswirth
Das endgültige Mensa-Quiz-Buch

Band 193 Gerald Kahan
E = mc2

Band 195 Wolfgang Hautumm
Die griechische Skulptur

Band 197 Andreas Mäckler (Hrsg.)
Was ist Kunst...?

Band 200 Peter-T. Schulz
Ein Glück!

Band 201 Ernst Kitzinger
Kleine Geschichte der frühmittelalterlichen Kunst

Band 203 Wolfgang Müller
Kleine Geschichte der altamerikanischen Kunst

Band 205 Joachim Knuf
Unsere Welt der Farben

Band 206 Peter Sager
Unterwegs zu Künstlern und Bildern

Band 211 Marion Milner
Zeichnen und Malen ohne Scheu: Ein Weg zur kreativen Befreiung

Band 212 Toshihiko und Toyo Izutsu
Die Theorie des Schönen in Japan

Band 213 Scot Morris
Rätsel für Denker und Tüftler

Band 214 Karlheinz Schüssler
Kleine Geschichte der ägyptischen Kunst

Band 218 Joachim Petsch
Eigenheim und gute Stube

Band 219 Till Förster
Kunst in Afrika

Band 220 H. A. Ripley
»Wer ist der beste Detektiv?«

Band 221 Johannes Stahl
An der Wand

Band 222 Herbert Alexander Stützer
Ravenna und seine Mosaiken

Band 223 Rolf Harris
Cartoon-Zeichnen leicht gemacht

Band 224 Jochen Maes
Fahrradsucht

Band 225 Erwin Panofsky
Gotische Architektur und Scholastik

Band 226 Richard Kostelanetz
John Cage im Gespräch

Band 227 Oskar Bätschmann
Entfernung der Natur

Band 228 Otto J. Brendel
Was ist römische Kunst?

Band 230 Kasimir Malewitsch
Suprematismus - die gegenstandslose Welt

Band 231 Andreas Mäckler/ Christiane Schäfers (Hrsg.)
Was ist der Mensch...?

Band 232 Martin Kuckenburg
Die Entstehung der Sprache und Schrift

Band 233 Peter-T. Schulz
Erleben ist alles

Band 234 Gerhard Kebbel
DuMont's verblüffendes Fremdwörterbuch

Band 235
Hans-Thomas Gosciniak (Hrsg.)
Kleine Geschichte der islamischen Kunst

Band 236
Klaus Eid/Hakon Ruprecht
Collage und Collagieren

Band 237 Andreas Verstappen
Waechters Erzählungen

Band 238 Michael Jäger
Die Theorie des Schönen in der Italienischen Renaissance

Band 239 William C. Seitz
Claude Monet

Band 240 Cristina Perincioli/ Cillie Rentmeister
Computer und Kreativität

Band 241 Internationales Design Zentrum Berlin (Hrsg.)
Energien gestalten

Band 242
Dan Ritchard/Kathleen Moloney
Die Kunst des Bauchredens

Band 243 Michael Holt
3 x 3 = 9?

Band 244 Felix Thürlemann
Vom Bild zum Raum

Band 245 Ralph Tegtmeier
Sternenglaube - Sternenzauber

Band 246 Günther Sptizing **Athos**

Band 247
Esther und Klaus Gallwitz (Hrsg.)
Rußlandbilder

Band 248 Kai-Uwe Hemken
El Lissitzky

Band 249 Andreas Franzke
Dubuffet

Band 250 Evi Melas **Delphi**

Band 251 Ulrich Vielmuth
Lexikon der Videofilmer

Band 252 Andreas Mäckler
Anthroposophie und Malerei

Band 253
Marco Meirowitz/Paul I. Jacobs
Visuelles Denken

Band 254 Christian W. Thomsen (Hrsg.)
Aufbruch in die Neunziger

Band 255 Franziska Ehmcke
Der japanische Tee-Weg

Band 256 Johann N. Schmidt
Wolken-Kratzer

Band 257 Edith Decker/ Peter Weibel (Hrsg.)
Vom Verschwinden der Ferne

Band 258 Friedhelm W. Fischer
Max Beckmann

Band 259 Winfried Hönes
Was ist Glück...?

Band 260 Walter Kugler
Rudolf Steiner und die Anthroposophie

Band 261 Herbert Alexander Stützer
Frühchristliche Kunst in Rom

Band 262 Horst Gatermann
Die Osterinsel

Band 263 Hajo Düchting
Franz Marc

Band 264
Joachim Heusinger von Waldegg
James Ensor

Band 265 Jutta Ströter-Bender
Zeitgenössische Kunst der ›Dritten Welt‹

Band 266 Wolfgang Walenski
Der Offsetdruck

Band 267 Christa Murken-Altrogge
Paula Modersohn-Becker

Band 268 George Michell
Der Hindu-Tempel

Band 269 Klaus Urbons
Copy Art

Band 270 Hans Gekeler
Taschenbuch der Farbe

Band 271 Gustav Vriesen
Robert Delaunay

Band 272 Burchard Brentjes
Die Kunst der Mauren

Band 273
Hermann Bauer/Hans Sedlmayr
Rokoko

Band 274 Harald Küppers
Schule der Farben

Band 275 Hans Christian Kirsch (Hrsg.)
William Morris
Wie wir leben und wie wir leben könnten

Band 276 Russel Page
Ich schuf Gärten in aller Welt

Band 277 Margery Fish
Blumen für jeden Tag

Band 278 Martin Schuster
Wodurch Bilder wirken

Band 279 Peter Gendolla
Zeit - Zur Geschichte der Zeiterfahrung

Band 280 Eva Howarth
DuMont's Schnellkurs ›Kunstgeschichte‹

Band 281 Eva Howarth
DuMont's Schnellkurs ›Architektur‹

Band 282 Jutta Ströter-Bender
Die Muttergottes

Band 283 Dieter Daniels
Duchamp und die anderen

Band 284 Wilfried Hansmann
Im Glanz des Barock

Band 285 Gerd Presler
Glanz und Elend der zwanziger Jahre

Band 287 Gregory Fuller
Kitsch-Art

Band 288 Felix Freier
DuMont`s Lexikon der Fotografie

Band 290 Margery Fish
Die schönsten Blumen für den Cottage-Garten
(Oktober ´92)

Band 291 Ingrid Kreide-Damani
Kunstethnologie
(Januar ´93)

Band 292 Mario-Andreas Lüttichau
Otto Müller

Band 293 Herbert Alexander Stützer
Die Etrusker und ihre Welt
(Januar ´93)